CHRISTIANO **CASSETTARI**
COORDENADOR

MÁRCIO GUERRA **SERRA**
MONETE HIPÓLITO **SERRA**
AUTORES

REGISTRO DE IMÓVEIS

QUINTA EDIÇÃO

DE ACORDO COM AS NOVIDADES INSERIDAS
PELA LEI 13.986/2020 (LEI DO AGRO)

2020 © Editora Foco
Coordenador: Christiano Cassettari
Autores: Monete Hipólito Serra e Márcio Guerra Serra
Diretor Acadêmico: Leonardo Pereira
Editor: Roberta Densa
Assistente Editorial: Paula Morishita
Revisora Sênior: Georgia Renata Dias
Capa Criação: Leonardo Hermano
Diagramação: Ladislau Lima e Aparecida Lima
Impressão miolo e capa: FORMA CERTA

Dados Internacionais de Catalogação na Publicação (CIP) (Câmara Brasileira do Livro, SP, Brasil)

S487r   Serra, Monete Hipólito
Registro de Imóveis / Monete Hipólito Serra, Márcio Guerra Serra; coordenado por Christiano Cassettari. - 5. ed. - Indaiatuba : Editora Foco, 2021.

448 p. : 17cm x 24cm.

Inclui bibliografia e índice.

ISBN? 978-65-5515-269-2

1. Direito. 2. Direito imobiliário. 3. Direito registral. I. Serra, Márcio Guerra. II. Cassettari, Christiano. III. Título.

2021-1042   CDD 341.2739   CDU 347.23

Elaborado por Vagner Rodolfo da Silva - CRB-8/9410

Índices para Catálogo Sistemático:

1. Direito imobiliário 341.2739   Direito imobiliário 347.23

DIREITOS AUTORAIS: É proibida a reprodução parcial ou total desta publicação, por qualquer forma ou meio, sem a prévia autorização da Editora FOCO, com exceção do teor das questões de concursos públicos que, por serem atos oficiais, não são protegidas como Direitos Autorais, na forma do Artigo 8º, IV, da Lei 9.610/1998. Referida vedação se estende às características gráficas da obra e sua editoração. A punição para a violação dos Direitos Autorais é crime previsto no Artigo 184 do Código Penal e as sanções civis às violações dos Direitos Autorais estão previstas nos Artigos 101 a 110 da Lei 9.610/1998. Os comentários das questões são de responsabilidade dos autores.

NOTAS DA EDITORA:

Atualizações e erratas: A presente obra é vendida como está, atualizada até a data do seu fechamento, informação que consta na página II do livro. Havendo a publicação de legislação de suma relevância, a editora, de forma discricionária, se empenhará em disponibilizar atualização futura.

Erratas: A Editora se compromete a disponibilizar no site www.editorafoco.com.br, na seção Atualizações, eventuais erratas por razões de erros técnicos ou de conteúdo. Solicitamos, outrossim, que o leitor faça a gentileza de colaborar com a perfeição da obra, comunicando eventual erro encontrado por meio de mensagem para contato@editorafoco.com.br. O acesso será disponibilizado durante a vigência da edição da obra.

Impresso no Brasil (03.2021) – Data de Fechamento (03.2021)

2021
Todos os direitos reservados à
Editora Foco Jurídico Ltda.
Avenida Itororó, 348 – Sala 05 – Cidade Nova
CEP 13334-050 – Indaiatuba – SP

E-mail: contato@editorafoco.com.br
www.editorafoco.com.br

Sumário

APRESENTAÇÃO	XI
1. NATUREZA JURÍDICA DOS SERVIÇOS NOTARIAIS E DE REGISTRO	1
2. FINALIDADE E ATRIBUIÇÕES DO REGISTRO DE IMÓVEIS	3
3. REGRAS GERAIS DE ESCRITURAÇÃO	4
4. ORDEM DE SERVIÇO	6
5. PUBLICIDADE	10
6. CONSERVAÇÃO	13
7. COMPETÊNCIA	15
8. LIVROS PRÓPRIOS DO REGISTRO DE IMÓVEIS	18
9. LIVRO N. 1 – PROTOCOLO	20
10. LIVRO N. 4 – LIVRO INDICADOR REAL	23
11. LIVRO N. 5 – LIVRO INDICADOR PESSOAL	25
12. LIVRO N. 3 – REGISTRO AUXILIAR	26
13. LIVRO N. 2 – REGISTRO GERAL (MATRÍCULA)	30
14. LIVRO DE AQUISIÇÃO DE IMÓVEIS RURAIS POR ESTRANGEIROS	34
15. DAS PESSOAS – PARTES, TERCEIROS INTERESSADOS, REQUERENTE E APRESENTANTE	35
16. Sistemas registrais imobiliários	37
16.1 Sistemas de inoponibilidade, sistemas de registro de documentos ou sistema declarativo	39
16.2 Sistema francês	39
16.3 Sistema de presunção de exatidão ou de fé pública ou sistema de inscrição constitutiva relativa	41

16.4	Sistema alemão	41
16.5	Sistema da inatacabilidade ou sistema da inscrição constitutiva absoluta ou substantiva	42
16.6	Sistema australiano	42
16.7	Sistema brasileiro	43
	16.7.1 Sistema Torrens	44
	16.7.2 Sistema de aquisição de imóveis rurais por estrangeiros	48

17. EVOLUÇÃO HISTÓRICA DO NOSSO SISTEMA REGISTRÁRIO ... 67

18. TRANSIÇÃO ENTRE AS TRANSCRIÇÕES E MATRÍCULAS ... 74

19. DAS HIPÓTESES DE ABERTURA DE MATRÍCULA ... 77

20. PRINCÍPIOS DO REGISTRO DE IMÓVEIS ... 81

20.1	Princípio da segurança jurídica	81
20.2	Princípio da unitariedade da matrícula	82
20.3	Princípio da inscrição	82
20.4	Princípio da continuidade ou trato sucessivo	84
20.5	Princípio da legalidade	85
20.6	Princípio da instância ou rogação	86
20.7	Princípio da especialidade	86
20.8	Princípio da cindibilidade	88
20.9	Princípio do *tempus regit actum*	89
20.10	Princípio da prioridade	90
20.11	Princípio da publicidade	92
20.12	Princípio da presunção e da fé pública	93
20.13	Princípio da concentração	94

21. ATOS PRATICADOS NA MATRÍCULA (DIFERENÇA ENTRE REGISTRO E AVERBAÇÃO) ... 98

22. QUALIFICAÇÃO REGISTRAL ... 104

23. PROCEDIMENTO DE DÚVIDA ... 107

24. CANCELAMENTOS DE ATOS NO REGISTRO DE IMÓVEIS ... 111

25. BLOQUEIO DE MATRÍCULA ... 114

26. TÍTULOS ADMITIDOS NO REGISTRO DE IMÓVEIS ... 116

27. EMISSÃO DE TÍTULOS EM MOEDA ESTRANGEIRA		120
28. CERTIDÕES EXIGIDAS DOS ÓRGÃOS PÚBLICOS		121
28.1	Certidão negativa de débitos junto à previdência social e à receita federal	122
28.2	Hipóteses de dispensa da comprovação de regularidade fiscal junto à previdência social e à receita federal	124
28.3	Responsabilidade dos tabeliães e registradores sobre a fiscalização da regularidade previdenciária e da receita federal pelos atos que praticam	126
28.4	Exigências fiscais no registro de títulos decorrentes de arrematação em hasta pública e adjudicação compulsória	127
28.5	Polêmica relativa à inexigibilidade das certidões negativas fiscais para a prática de atos de disposição patrimonial	128
28.6	Certidão negativa referente às dívidas decorrentes de multas ambientais	130
28.7	Certidão negativa de débitos fiscais referente ao imóvel rural	131
	28.7.1 Imunidade e isenção quanto ao ITR	133
	28.7.2 Prova de inscrição do imóvel rural no cadastro de imóveis rurais	135
	28.7.3 Fiscalização das obrigações acessórias no que se refere aos imóveis urbanos	135
29. BEM DE FAMÍLIA		138
29.1	Quem pode instituir	139
29.2	Objeto do bem de família instituído	142
29.3	Instituição	144
29.4	Efeitos da instituição do bem de família voluntário	147
	29.4.1 Isenção de execuções por dívida	147
	29.4.2 Uso vinculado e da inalienabilidade	147
	29.4.3 Irrelevância da indicação do bem à penhora	148
29.5	Extinção	148
	29.5.1 Do prazo de duração do bem de família voluntário	148
	29.5.2 Hipóteses de extinção do bem de família	149
29.6	O bem de família legal	150
29.7	Diferenças entre o bem de família legal e o instituído	152
30. HIPOTECA		153
30.1	Hipoteca Convencional	153
30.2	Hipoteca Legal	153
30.3	Hipoteca judicial	155
30.4	Elementos e Características da Hipoteca	157

31. ALIENAÇÃO FIDUCIÁRIA DE BENS IMÓVEIS 164

32. CONTRATOS DE LOCAÇÃO DE PRÉDIO NOS QUAIS SE TENHA ESTIPULADO A CLÁUSULA DE VIGÊNCIA OU PREFERÊNCIA 173

33. PENHOR DE MÁQUINAS E APARELHOS UTILIZADOS NA INDÚSTRIA, INSTALADOS E EM FUNCIONAMENTO 175

34. SERVIDÕES PREDIAIS 177

35. USUFRUTO, USO E HABITAÇÃO QUANDO NÃO RESULTAREM DO DIREITO DE FAMÍLIA 180

36. RENDAS CONSTITUÍDAS SOBRE IMÓVEIS OU A ELAS VINCULADAS POR DISPOSIÇÃO DE ÚLTIMA VONTADE 187

37. COMPROMISSO DE COMPRA E VENDA 189

38. ANTICRESE 194

39. DOTE 196

40. COMPRA E VENDA PURA E CONDICIONAL 197

41. PERMUTA 202

42. DAÇÃO EM PAGAMENTO 204

43. DOAÇÃO 206

44. ENFITEUSE 211

45. TRANSFERÊNCIA DE IMÓVEL À SOCIEDADE QUANDO INTEGRAR QUOTA SOCIAL 214

46. DOS TÍTULOS JUDICIAIS 216

47. CARTAS DE ARREMATAÇÃO, DE ADJUDICAÇÃO E DE HOMOLOGAÇÃO DE SENTENÇAS ESTRANGEIRAS 217

48. PENHORAS, ARRESTOS E SEQUESTROS (REGRAS GERAIS) 221
    48.1   ARRESTOS 222
    48.2   SEQUESTROS 223
    48.3   PENHORAS 225

| 48.3.1 Algumas questões polêmicas da penhora .... | 233 |
| 48.4 Cancelamento da penhora .... | 239 |

49. AVERBAÇÕES PREMONITÓRIAS 242

50. CITAÇÕES DE AÇÕES REAIS OU PESSOAIS REIPERSECUTÓRIAS RELATIVAS A IMÓVEIS 245

51. FORMAIS DE PARTILHAS E ATOS DE ADJUDICAÇÃO DE IMÓVEIS EM PROCESSOS DE INVENTÁRIO OU ARROLAMENTO QUANDO NÃO HOUVER PARTILHA 247

52. SENTENÇAS QUE NOS INVENTÁRIOS, ARROLAMENTOS E PARTILHAS ADJUDICAREM BENS DE RAIZ EM PAGAMENTO DAS DÍVIDAS DA HERANÇA 249

53. PROTESTO CONTRA ALIENAÇÃO DE BENS 250

54. USUCAPIÃO 252
    54.1 Usucapião extrajudicial 254

55. IMISSÃO PROVISÓRIA NA POSSE E RESPECTIVA CESSÃO E PROMESSA DE CESSÃO 268

56. RESERVA LEGAL 269

57. ÁREA DE PRESERVAÇÃO PERMANENTE 273

58. NOTIFICAÇÃO PARA PARCELAMENTO EDIFICAÇÃO OU UTILIZAÇÃO COMPULSÓRIA DE IMÓVEL URBANO 276

59. TOMBAMENTO 278
    59.1 TOMBAMENTO PROVISÓRIO E DEFINITIVO 279
    59.2 EFEITOS DO TOMBAMENTO 280
    59.3 DIREITO DE PREFERÊNCIA 281
    59.4 CANCELAMENTO DO TOMBAMENTO 282

60. CÉDULAS DE CRÉDITO 283
    60.1 Cédulas de crédito rural (Decreto-lei n. 167/67) 284
        60.1.1 Cédula de crédito rural pignoratícia 287
        60.1.2 Cédula de crédito rural hipotecária 291
        60.1.3 Nota de crédito rural 292
    60.2 Cédula de crédito industrial (Decreto-lei n. 413/69) 293

60.3	Cédula de crédito à exportação (Decreto-lei n. 6.313/75)	295
60.4	Cédula de crédito comercial (Lei n. 6.840/80)	296
60.5	Cédula de produto rural (Lei n. 8.929/94)	296
	60.5.1 Patrimônio Rural em Afetação	299
60.6	Cédula imobiliária rural	301
60.7	Cédula de crédito bancária (Lei n. 10.931/2004)	301

61. CONTRATOS DE PENHOR RURAL 303

62. A PROPRIEDADE CONDOMINIAL 306

- 62.1 Introdução 306
- 62.2 Do Condomínio Comum 306
  - 62.2.1 Classificações do condomínio comum 309
  - 62.2.2 Extinção do condomínio comum 310
- 62.3 Do Condomínio Especial 311
  - 62.3.1 Introdução 311
  - 62.3.2 Conceito e natureza jurídica 312
  - 62.3.3 A questão da personalidade jurídica 315
  - 62.3.4 A aquisição de imóveis pelo condomínio edilício 315
  - 62.3.5 Constituição do condomínio especial 316
    - 62.3.5.1 As vagas de garagem 318
    - 62.3.5.2 A atribuição 320
  - 62.3.6 Modificação do condomínio edilício 321
  - 62.3.7 Extinção do condomínio edilício 321
- 62.4 A Incorporação Imobiliária 322
  - 62.4.1 Introdução 322
  - 62.4.2 Conceito e natureza jurídica 323
  - 62.4.3 Do registro 323
- 62.5 O condomínio de lotes 334
- 62.6 O condomínio urbano simples 336
- 62.7 A multipropriedade 338

63. DOS LOTEAMENTOS E DESMEMBRAMENTOS URBANOS 344

- 63.1 Introdução 344
- 63.2 Conceitos 345
- 63.3 Do projeto 347
- 63.4 O art. 18 da Lei 6.766/79 e demais documentos necessários 348

	63.4.1	Título de propriedade (art. 18, I, LPS)	349
	63.4.2	Histórico dos títulos de propriedade do imóvel, acompanhados dos respectivos comprovantes (art. 18, II, LPS)	349
	63.4.3	Certidões (art. 18, III e IV, LPS)	350
	63.4.4	Memorial descritivo da área loteada (art. 9º, § 2º, LPS)	351
	63.4.5	Termo de aprovação (art. 10, LPS)	352
	63.4.6	Cronograma de execução das obras (art. 9º, *caput*)	352
	63.4.7	Instrumento de garantia (art. 9º)	352
	63.4.8	Planta do loteamento (art. 9º, LPS)	353
	63.4.9	Relação dos lotes (art. 9º, LPS)	353
	63.4.10	Contrato-padrão – obrigatório (arts. 18, VI, e 26 da LPS)	354
	63.4.11	Comunicação e publicação de edital (art. 19, LPS)	356
63.5		O registro do Loteamento e seus efeitos	356
	63.5.1	Fraude à LPS	357
63.6		Alteração e cancelamento do Loteamento após seu registro	358
63.7		Distinção entre condomínio e loteamento	359
63.8		Loteamentos Fechados	362
63.9		O desmembramento de pequena monta (dispensa do registro especial da LPS)	362
63.10		O loteamento de imóveis rurais	363

64. REGULARIZAÇÃO FUNDIÁRIA URBANA 365
   64.1 Loteamentos irregulares implantados na vigência da Lei 6.766/79 367
   64.2 Loteamentos irregulares implantados antes da vigência da lei n. 6.766/79 373
   64.3 Demarcação Urbanística 374
   64.4 Legitimação de posse 376
   64.5 Legitimação Fundiária 378
   64.6 Usucapião especial e coletiva 379
   64.7 O REGISTRO DA REGULARIZAÇÃO FUNDIÁRIA URBANA 381

65. DIREITO REAL DE LAJE 383

66. DIREITO REAL DE USO DE IMÓVEL PÚBLICO 385

67. TERMOS ADMINISTRATIVOS OU SENTENÇAS DECLARATÓRIAS DE CONCESSÃO DE USO ESPECIAL PARA FINS DE MORADIA 388
   67.1 Autorização de uso urbanística 390

68. RETIFICAÇÃO NO REGISTRO DE IMÓVEIS 393

    68.1   Retificação de ofício ou sumária 396

    68.2   Retificação administrativa consensual ou ordinária (confrontantes) 403

    68.3   Falta de impugnação do procedimento retificatório 414

            68.3.1   Apresentada impugnação 414

    68.4   Apuração de áreas remanescentes 415

    68.5   Retificação ou demarcação de áreas públicas 416

    68.6   Alteração ou estabelecimento de divisas por escritura pública 417

    68.7   Hipóteses de dispensa de retificação 417

    68.8   Faculdade de realização de diligências pelo oficial 420

    68.9   Possibilidade de aproveitamento do título anterior à retificação 420

    68.10   Responsabilidade do profissional e do requerente acerca dos dados apresentados 421

    68.11   Necessidade de protocolização do procedimento retificatório 422

69. GEORREFERENCIAMENTO 423

    69.1   Prazos para o cumprimento dos requisitos do georreferenciamento de imóveis rurais 427

    69.2   Gratuidade do procedimento de georreferenciamento 429

    69.3   Hipóteses de necessidade de georreferenciamento do imóvel 430

REFERÊNCIAS BIBLIOGRÁFICAS 433

APRESENTAÇÃO

A Coleção Cartórios foi criada com o objetivo de permitir aos estudantes, tabeliães, registradores, escreventes, juízes, promotores e profissionais do Direito acesso a estudo completo, profundo, atual e didático de todas as matérias que compõem o Direito Notarial e Registral.

A obra sobre o Registro de Imóveis contém: a parte geral do registro imobiliário, os atos ordinários e os procedimentos especiais que tramitam no ofício imobiliário. No livro de Tabelionato de Notas trata da teoria geral do Direito Notarial e dos atos praticados neste cartório, como as escrituras, os reconhecimentos de firma e a autenticação dos documentos. Já o de Registro Civil divide-se em duas obras: um volume sobre o Registro Civil das Pessoas Naturais, que contém a parte geral do registro civil das pessoas naturais, o registro de nascimento, a habilitação e o registro de casamento, o óbito e o Livro "E"; já o outro volume se refere ao Registro Civil de Pessoas Jurídicas, que trata dos atos em que se registram as pessoas jurídicas que não são de competência das juntas comerciais estaduais.

Em Tabelionato de Protesto encontram-se todas as questões referentes ao protesto de títulos e documentos da dívida, estabelecidas nas leis extravagantes, dentre elas a de protesto. No livro sobre Registro de Títulos e Documentos, estão reunidas todas as atribuições desse importante cartório e, ainda, análises de outros pontos importantes para serem estudados.

Há, ainda, um volume dedicado a quem se prepara para a 2ª fase do Concurso de Cartório, contendo os modelos dos atos praticados em todas as especialidades, de maneira comentada.

A coleção terá um volume sobre Teoria Geral do Direito Notarial e Registral, que está sendo preparado, e que pretende abordar os aspectos da Lei dos Notários e Registradores (Lei n. 8.935/94).

Reconhecidos no cenário jurídico nacional, os autores possuem vasta experiência e vivência na área cartorial aliando teoria e prática, por isso esperamos que esta Coleção possa ser referência a todos que necessitam estudar os temas nela abordados. Preocupamo-nos em manter uma linguagem simples e acessível, para permitir a compreensão daqueles que nunca tiveram contato com esse ramo do Direito, reproduzindo todo o conteúdo exigido nos concursos públicos e cursos de especialização em Direito Notarial e Registral, além de exemplificar os assuntos sob a ótica das leis federais e com as posições dominantes das diversas Corregedorias-Gerais de Justiça dos Estados e dos Tribunais Superiores.

Minhas homenagens aos autores dos livros desta Coleção, que se empenharam ao máximo para que seus livros trouxessem o que de mais novo e importante existe no Direito Notarial e Registral, pela dedicação na divulgação da Coleção em suas aulas, palestras, sites, mídias sociais, blogues, jornais e diversas entidades que congregam, o que permitiu que ela se tornasse um sucesso absoluto em todo o país, logo em suas primeiras edições. Gostaria de registrar os meus mais sinceros agradecimentos a todas as instituições que nos ajudaram de alguma forma, especialmente a ANOREG BR, ENNOR, ARPEN BR, COLÉGIO NOTARIAL DO BRASIL, IRIB, IEPTB e IRTDPJ, na figura de seus presidentes e diretores, pelo apoio irrestrito que nos deram, para que esta Coleção pudesse se tornar um grande sucesso. Qualquer crítica ou sugestão será bem-vinda e pode ser enviada para o meu e-mail pessoal: contato@professorchristiano.com.br.

Salvador, fevereiro de 2020.

Christiano Cassettari
www.professorchristiano.com.br
Instagram: @profcassettari

1
NATUREZA JURÍDICA DOS SERVIÇOS NOTARIAIS E DE REGISTRO

Antes de adentrarmos no estudo específico do Serviço de Registro de Imóveis, é necessário situá-lo em sua categoria, ou seja, nos Serviços Notariais e Registrais, bem como delimitar sua natureza jurídica, o que, em muitos aspectos, será imprescindível para a compreensão da sistemática atual e do papel do Registrador Imobiliário frente aos serviços por ele exercidos.

Dessa forma, conforme o art. 236 da Constituição Federal, "os serviços notariais e de registro são exercidos em caráter privado, por delegação do Poder Público". Tal conceito é complementado pelo art. 3º da Lei n. 8.935/94, que regulamentou referido dispositivo constitucional, que, por seu turno, define: "Notário, ou tabelião, e oficial de registro, ou registrador, são profissionais do direito, dotados de fé pública, a quem é delegado o exercício da atividade notarial e de registro".

Dos dispositivos elencados, destaca-se o conceito de que os Serviços Notariais e de Registros são recebidos pelo particular por meio de delegação. Delegar consiste em atribuir atividade própria da administração a um ente privado ou público. Assim, conclui-se, pela análise dos referidos textos, que as atividades notariais e registrais são públicas por excelência, sendo exercidas, contudo, em caráter privado, por particulares investidos na função pública por delegação.

Dito de outra forma, hoje predomina o entendimento de que a natureza da atividade é de serviço público, mas sua gestão é particular.

Do caráter privado do exercício dessas atividades, extrai-se, ainda, que os prepostos (funcionários contratados para auxiliar na prestação dos serviços) deverão ser contratados diretamente pelo delegado, por meio do regime previdenciário comum (INSS) e pelas normas contidas na Consolidação das Leis do Trabalho (CLT). Existem, ainda hoje, em algumas serventias, os chamados funcionários estatutários, que seriam funcionários regidos por normas específicas, em muitos casos semelhantes às dos funcionários públicos estaduais.

Todavia, essa categoria de prepostos é um resquício da sistemática anterior à Constituição de 1988, na qual não se tinha claro o caráter privado do exercício da atividade, quando estas eram normalmente exercidas com os serviços judiciais (exemplo: 1ª Vara Cível e Tabelião de Notas, funcionando nas dependências do Fórum local). Porém, tais funcionários, por não titularizarem cargo público, nem terem, via de regra, prestado real concurso público, não são funcionários públicos, mas, sim, prepostos com regime previdenciário diferenciado.

A remuneração dos oficiais e tabeliães é feita por meio do pagamento, pelos usuários, dos emolumentos que são devidos pelos atos por eles praticados, cuja regulamentação é de competência de cada Estado, conforme as regras gerais fixadas pela Lei Federal n. 10.169, de 29 de dezembro de 2000. A natureza jurídica das custas é discutida pela doutrina, mas há muito tempo tem o Supremo Tribunal Federal firmado entendimento, no sentido de tratar-se de taxa, modalidade de tributo (RE 116.208-2, DOU de 8-6-1990).

A delegação do serviço pelo Poder Público ocorre por meio de concurso de provas e títulos, realizado pelo Poder Judiciário, com participação, em todas as suas fases, da Ordem dos Advogados do Brasil, do Ministério Público, de um notário e de um registrador (art. 15 da Lei n. 8.935/94), de forma que nenhuma delegação deverá permanecer vaga, sem abertura de concurso, por mais de seis meses, um ideal que tem sido amplamente perseguido pelo Conselho Nacional de Justiça, por meio de suas normas, regulamentando este tipo de concurso (Resoluções 80 e 81, de 9-6-2009).

2
FINALIDADE E ATRIBUIÇÕES DO REGISTRO DE IMÓVEIS

Qualquer sistema de registro, seja imobiliário, de empresas, ou de qualquer outra natureza, tem, como fim último, conferir segurança jurídica ao setor que tutela. No caso do registro de imóveis brasileiro, a segurança que se busca é a estática, ou seja, a do titular dos direitos referentes a determinado imóvel, sendo atribuição do tabelião a tutela da segurança jurídica dinâmica (do adquirente).

Para atingir tal finalidade remota, vale-se da publicidade, a qual é a finalidade próxima do registro. Inscrevendo fatos juridicamente relevantes e publicando direitos, presumidamente conhecidos de todos, é que se busca conferir segurança jurídica ao sistema registral imobiliário.

Para a persecução de tal finalidade, a lei confere um plexo de atribuições ao registro de imóveis. Elas estão previstas na Lei n. 6.015, de 31 de dezembro de 1973, a chamada Lei de Registros Públicos (LRP). O art. 172 contém sucinto resumo de tais atribuições, afirmando que no Registro de Imóveis serão feitos o registro e a averbação dos títulos ou atos constitutivos, declaratórios, translativos e extintos de direitos reais, sobre imóveis reconhecidos em lei, *inter* vivos ou *mortis causa*, quer para sua constituição, transferência e extinção, quer para sua validade em relação a terceiros, quer para a sua disponibilidade.

De maneira mais abstrata, podemos afirmar que o registro de imóveis é a instituição competente para a formação e conservação do assento dos dados relacionados aos direitos reais previstos na legislação pátria, bem como das demais informações cuja inscrição a lei determinar para efeitos de publicidade.

Inscrição é a inserção de dados no registro imobiliário, que em nossa sistemática atual, resumidamente, se faz por atos de registro, por atos de averbação ou pela abertura de novas matrículas. No entanto, tais atos não esgotam a competência do Registro de Imóveis, que pratica, ainda, uma série de outros, como assentamento em livros diversos (ex.: aquisição de imóveis rurais por estrangeiro), expedição de certidões, notificação (nas hipóteses expressamente previstas na lei) etc. Inscrição pode se referir também a uma das classificações dos sistemas registrais.

Desse modo, podemos ampliar as atribuições do Registro de Imóveis para incluir a organização, a conservação e o controle do ingresso de atos no fólio real. Tal controle é feito por meio da análise da legalidade deles e da conformação do ato que se almeja inscrever aos requisitos e exigências normativas, o que se denomina qualificação registral.

Importante observar que o termo "fólio real" é dotado de múltiplos significados. Pode tanto se referir a uma classificação dos sistemas registrais imobiliários existentes no mundo (como será analisado mais adiante), ou se referir a todos os dados arquivados na serventia, ou simplesmente ser usado para designar a matrícula (Livro n. 2).

3
Regras Gerais de Escrituração

Como já observamos, ao tratar da natureza jurídica da atividade notarial e de registro, tal natureza é exercida em caráter privado, o que faz a administração da serventia ser de responsabilidade do delegado do serviço (art. 41, Lei n. 8.935/94, e art. 11, Lei n. 6.015/73), fiscalizado pelo Poder Judiciário, estabelecendo a lei, em muitas situações, apenas normas gerais a serem seguidas, dando, inclusive, liberdade de escolha a estes delegados em algumas situações.

No que se refere à escrituração dos livros da Serventia, este caráter norteador da legislação e a liberdade de ação do oficial, dentro dos limites legais, ficam bem claros na medida em que o oficial pode optar por abrir um ou mais livros da mesma espécie, dependendo do caso, escolher o tamanho dos livros a serem adotados, respeitados os limites estabelecidos pela lei, optar pela substituição dos livros existentes na serventia pelo sistema de fichas, com exceção do Livro n. 1 – Protocolo, bem como, na atualidade, escolher a melhor forma de informatização de seus sistemas.

Assim, no que se refere às regras de escrituração, cumpre-nos, neste tópico, apenas destacar essas regras gerais, sendo que parte da análise delas será feita com a análise dos livros específicos.

A primeira regra geral trazida pela Lei n. 6.015/73 é a de que os registros poderão ser escriturados, publicitados e conservados em meio eletrônico, obedecidos os padrões tecnológicos estabelecidos em regulamento (§ 3º do art. 1º). Em seguida encontramos que a escrituração será feita em livros encadernados (art. 3º). Isso significa que, nas hipóteses para as quais a lei determinar que a escrituração seja feita na forma de livro, sem prever a possibilidade de sua substituição pelo sistema de fichas, ou quando, mesmo prevista esta substituição, o oficial optar por manter a escrituração no sistema de livros, estes deverão ser encadernados. Tal regra não impede a utilização de livros com folhas soltas, até mesmo para possibilitar o processo de escrituração mecânica (art. 3º, § 2º).

Os livros podem ter de 0,22m a 0,40m de largura e de 0,33m a 0,55m de altura, cabendo ao oficial a escolha, dentro destas dimensões e de acordo com a conveniência do serviço.

Os livros de escrituração serão abertos, numerados, autenticados e encerrados pelo oficial do registro. Tais atos não podem ser delegados a prepostos, visto que estes fazem parte do controle central da serventia, o qual deve ser exercido pelo titular. Para a prática destes atos, pode ser utilizado processo mecânico de autenticação, previamente aprovado pela autoridade judiciária competente, ou seja, carimbos, chancelas etc.

O parágrafo único do art. 4º deixa claro que esta obrigação também é extensível aos tabeliães ao determinar que os livros notariais, nos modelos existentes, em folhas fixas ou soltas, serão também abertos, numerados, autenticados e encerrados pelo tabelião, que determinará a respectiva quantidade a ser utilizada, de acordo com a necessidade do serviço.

Considerando a quantidade de registros, o juiz poderá autorizar a diminuição do número de páginas dos livros respectivos, até a terça parte do consignado na lei (art. 5º, Lei n. 6.015/73). Essa disposição permite que o volume de registros seja levado em conta quando da abertura do livro, permitindo a redução (e não o aumento) do número de folhas do livro, para evitar que, em circunscrições de pequeno movimento, se mantenham livros abertos por longos períodos, o que dificulta a manutenção deles, bem como representa um gasto desnecessário para a serventia, que, ao adquiri-los, possuiria mais material do que o necessário para o desenvolvimento do serviço. Como os livros, em geral, são de 300 páginas, é viável a diminuição em até 100 páginas.

O art. 6º da Lei n. 6.015/73 dispõe: "Findando-se um livro, o imediato tomará o número seguinte, acrescido à respectiva letra, salvo no registro de imóveis, em que o número será conservado, com a adição sucessiva de letras, na ordem alfabética simples, e, depois, repetidas em combinações com a primeira, com a segunda, e assim indefinidamente. Exemplos: 2-A a 2-Z; 2-AA a 2-AZ; 2-BA a 2-BZ etc.". Assim, a regra é a designação dos livros por letras que se mantêm, acrescendo-se números para declarar a sequência dos livros. Por exemplo, no Registro Civil das Pessoas Naturais, o Livro A é o livro de nascimentos; o primeiro deles será o livro A-1; na sequência teremos o A-2; e assim por diante.

Todavia, na Serventia Registral Imobiliária, os livros básicos são designados por números (o Livro Protocolo, por exemplo, é o Livro n. 1) e, para diferenciar a sequência, devemos acrescentar letras à designação básica do livro. Assim, o primeiro Livro Protocolo da Serventia será o 1-A, o segundo o 1-B, e assim por diante, conforme descrito na lei.

O número de ordem dos registros não será interrompido no fim de cada livro, continuando indefinidamente nos seguintes da mesma espécie (art. 7º, Lei n. 6.015/73). Essa disposição visa ressaltar que existe uma continuidade dos atos, de modo que um livro será a sequência do outro. Isso fica evidenciado tanto pela sequência na designação deles como pela sequência numérica dos números de ordem neles contidos.

Importante destacar que, embora este seja ainda o sistema predominante, há anos existem significativos movimentos para a estruturação de um registro eletrônico, em que todo o sistema trabalhará com base no meio digital, abandonando o suporte em meio físico. Atualmente se emitem certidões em meio eletrônico, mas o suporte, o meio de se estruturar e arquivar os dados e as informações, ainda ocorre por meio do papel impresso.

Nesse contexto devemos destacar a Recomendação n. 14, datada de 2 de julho de 2014, emitida pelo Conselho Nacional de Justiça, o qual recomenda a adoção, pelas Corregedorias estaduais, dos parâmetros e definições elaborados pelo Laboratório de Sistemas Integráveis Tecnológico (associação sem fins lucrativos vinculada à USP), o qual desenvolveu, a pedido do CNJ, o Sistema de Registro Eletrônico Imobiliário (SREI).

Esse projeto teve como objetivo a definição de requisitos técnicos para implantação de sistemas de registro eletrônico para cartórios de registro de imóveis no Brasil, de modo a estabelecer os parâmetros mínimos que permitirão usar de forma segura e duradoura o sistema eletrônico de registro.

4
ORDEM DE SERVIÇO

Sob esse título de Ordem de Serviço, encontramos os regramentos gerais de funcionamento das Serventias Notariais e de Registros, tais como: horários e dias de expediente; prática de atos fora de horário; necessidade de se atentar para a ordem de preferência dos títulos; recebimento de custas e impedimentos.

O Serviço Notarial e de Registro começará e terminará às mesmas horas, todos os dias úteis, com exceção do Registro Civil das Pessoas Naturais, que, pela natureza dos Serviços que presta, também deverá funcionar aos sábados, domingos e feriados, ainda que por sistema de rodízio e plantão (art. 8º, Lei n. 6.015/73, e art. 4º, Lei n. 8.935/94).

Do dispositivo legal, observa-se que a lei não determinou um horário fixo de funcionamento das serventias, de modo que esse horário não é uniforme em todo o país, devendo ser estabelecido pelo oficial, mediante autorização do juiz corregedor local ou por lei estadual, atendidas as peculiaridades locais. Regras para fixação desse horário, geralmente, encontram-se estabelecidas nas Leis de Organização Judiciária do Estado ou pelas Normas de Serviços criadas pelo Poder Judiciário, emitidas pela Corregedoria Geral da Justiça ou da Presidência do Tribunal Estadual.

A fixação do horário de atendimento pelo Poder Judiciário deve atender à regra estabelecida pelo § 2º do art. 4º da Lei n. 8.935/94, a qual determina que o atendimento ao público será de, no mínimo, seis horas diárias. Dessa forma, é possível que se estabeleça, em determinadas situações, horários reservados somente para o expediente interno da Serventia.

O desrespeito aos horários fixados pelas normas competentes para prática de atos de registro tem como consequência a NULIDADE do ato, nos termos do art. 9º da Lei n. 6.015/73, que assim estabelece: "Será nulo o registro lavrado fora das horas regulamentares ou em dias que não houver expediente, sendo civil e criminalmente responsável o oficial que der causa à nulidade". Segundo Walter Cruz Swensson, em sua obra *Lei de registros públicos anotada*, p. 28, a intenção do legislador, neste caso, foi evitar a ocorrência de eventuais fraudes, principalmente o lançamento de títulos no protocolo, em hipóteses que a precedência na prenotação assegura a prioridade do registro.

No que se refere à responsabilidade civil ressaltada pelo artigo, esta depende da efetiva comprovação do prejuízo causado pelo ato, visto serem o dano e o nexo causal entre o ato e o prejuízo requisitos para a existência dela.

Já no que se refere à responsabilidade criminal, neste caso não existe um tipo penal específico que preveja o ato, de modo que a responsabilidade penal poderia advir da possibilidade do enquadramento da conduta no crime de prevaricação, previsto no art. 319 do Código Penal, que tem como tipo praticar ato de ofício contra disposição expressa da lei, para satisfazer interesse ou sentimento pessoal.

Devemos ressaltar, contudo, que o fato de o oficial ou seus prepostos deixarem o ato pré-pronto para formalizá-lo no dia seguinte não se enquadraria na conduta, visto que a prática do ato termina com a sua formalização, ou seja, impressão e assinatura pelo oficial, ou preposto, regularmente autorizado, em presença, se for o caso, das partes e testemunhas, sempre levando em consideração a precedência dos direitos apresentados.

No caso específico das Serventias de Registro Imobiliário, o art. 208 da Lei n. 6.015/73 prevê que "o registro começado dentro das horas fixadas não será interrompido, salvo motivo de força maior declarado, prorrogando-se o expediente até ser concluído". Todavia, o art. 209 do mesmo dispositivo legal estabelece que "durante a prorrogação nenhuma nova apresentação será admitida, lavrando o termo de encerramento no Protocolo". Esta última norma visa manter inviolada a prioridade, evitando que se protocolem títulos fora do expediente, o que poderia ocasionar possíveis favorecimentos indevidos.

Com exceção dos atos a serem praticados pelo Registro Civil das Pessoas Naturais, todos os títulos apresentados no horário regular de expediente e que não forem registrados até a hora do encerramento do serviço aguardarão o dia seguinte, no qual serão registrados preferencialmente aos apresentados nesse dia (art. 10, Lei n. 6.015/73). No caso específico das Serventias Imobiliárias, esse título necessariamente deverá ser protocolado (art. 182, Lei n. 6.015/73) e tem um prazo de 30 dias para registro (art. 188, Lei n. 6.015/73), sempre respeitando o princípio da prioridade (art. 186, Lei n. 6.015/73).

O funcionamento do Serviço deve ainda atender à regra trazida pelo art. 43 da Lei n. 8.935/94, que determina que "cada serviço notarial ou de registro funcionará em um só local, vedada a instalação de sucursal", dispositivo em total consonância com a unicidade das serventias extrajudiciais e a pessoalidade da delegação, da qual decorre a necessidade de supervisão direta das atividades delegadas pelo oficial. A expressão "em um só local" não deve ser ampliada para um só município, comarca ou circunscrição. A legislação é clara e estabelece que a Serventia deve possuir uma única sede.

Existem alguns Estados que permitiam a prática de abertura de sucursais, tais como Paraná, Rio de Janeiro, Rio Grande do Norte e Espírito Santo, sendo que, após a edição da referida lei, vem surgindo várias discussões sobre a validade delas, dentre as quais podemos citar o julgamento do PCA n. 2008.10.00.001199-4, pelo Conselho Nacional de Justiça, que determinou o fechamento de sucursais de cartórios no Espírito Santo. De um lado, os titulares que possuem as sucursais alegavam que são atos jurídicos perfeitos, uma vez que foram autorizadas antes da existência da proibição trazida pela Lei n. 8.935/94; de outro, o CNJ entendeu que o princípio da unicidade das serventias deve ser extraído da Constituição Federal, não havendo, assim, direito adquirido, a não ser para aquelas criadas antes da vigência da Constituição de 1988. A situação do caso em tela encontra-se hoje aguardando julgamento pelo Supremo Tribunal Federal, tendo o Tribunal denegado a liminar requerida no mandado de segurança.

O art. 14 da Lei n. 6.015/73 dispõe sobre o direito conferido aos Registradores de receber os emolumentos pela prática dos atos a eles requeridos: "Pelos atos que praticarem, em decorrência desta Lei, os Oficiais do Registro terão direito, a título de remuneração, aos emolumentos fixados nos Regimentos de Custas do Distrito Federal, dos Estados e dos Territórios, os quais serão pagos, pelo interessado que os requerer, no ato de requerimento ou no da apresentação do título".

Como já visto, os Delegados dos Serviços Notariais e Registrais exercem a atividade pública em caráter privado, sendo remunerados não pelo Estado, mas diretamente pelas partes que requerem os serviços. Essa remuneração se dá por meio do pagamento de emolumentos, os quais são fixados por lei estadual, em vista do disposto na Lei n. 10.169/2000.

Os emolumentos são tabelados por lei, devendo ser uniformes dentro de um mesmo Estado, sendo irregular tanto a cobrança a mais quanto a cobrança a menos deles (art. 30, X, e art. 31, III, Lei n. 8.935/94). Podem ser exigidos já no momento do requerimento do serviço, não sendo necessário aguardar a conclusão deste para cobrá-los.

No que tange aos emolumentos, os oficiais de Registro são obrigados a dar recibo dos valores recebidos (art. 30, IX, Lei n. 8.935/94), bem como fixá-los em local visível, de fácil leitura e acesso ao público (art. 30, VII, Lei n. 8.935/94).

Além do recibo, deve ainda o oficial fazer constar do próprio documento o valor correspondente às custas de escrituras, certidões, buscas, averbações e registros de qualquer natureza (art. 14, parágrafo único, Lei n. 6.015/73).

Importante destacar que a maioria das leis estaduais estabelece a composição das custas contendo além da parte que cabe aos oficiais outros repasses destinados a outros entes públicos tais como Tribunais de Justiça, Ministério Público, Estados etc. Neste caso esta divisão de valores também deve estar especificada no recibo fornecido pela Serventia.

Vale ressaltar também que às custas têm natureza jurídica de taxa, conforme já decidido Ação Direta de Inconstitucionalidade nr. 13783089 que teve origem no Distrito Federal.

Dentro das disposições referentes à Ordem de Serviço, prevê também a Lei de Registros Públicos, Lei n. 6.015/73 (doravante denominada de LRP), situações em que o oficial de Registro está impedido de praticar o ato, devido ao grau de parentesco entre ele e o interessado no registro.

Essa situação está prevista no art. 15 da referida lei. Para Ceneviva (CENEVIVA, Walter. *Lei dos Registros Públicos comentada*. São Paulo: Saraiva, 2010.), "Parentesco com o interessado no registro é impediente de atuação direta do serventuário, que deve passar a seu substituto a responsabilidade do ato. O mesmo ocorre quando o interesse for do próprio oficial, seu cônjuge ou companheira(o). O impedimento é até o 3º grau, por consanguinidade ou afinidade, em linha reta ou colateral, por analogia aos impedimentos dos juízes e testemunhas, nos termos do CPC".

A mesma regra é repetida pelo art. 27 da Lei n. 8.935/94, que assim dispõe: "No serviço de que é titular, o notário e o registrador não poderão praticar, pessoalmente, qualquer ato de seu interesse, ou de interesse de seu cônjuge ou de parentes, na linha reta, ou na linha colateral, consanguíneos ou afins, até o terceiro grau". Entende-se que os companheiros estão também abrangidos por esta regra.

Justifica-se tal impedimento pois, nos casos elencados, seria muito fácil surgirem conflitos de interesses, afetando a higidez necessária para os registros. Além disso, um fato de ato público, celebrado diretamente por aquele que possivelmente teria interesse no mesmo, certamente feriria a moralidade administrativa. Ademais, nestes casos, a imparcialidade necessária para o exercício da fé pública poderia restar prejudicada. Walter Ceneviva, em sua obra *Lei dos notários e registradores comentada* (p. 166), vai até mais longe, ao afirmar que inexistiria fé pública no ato que o notário ou registrador pratique em seu próprio benefício.

Apesar da declaração de impedimento, a legislação não macula os atos realizados em discordância com estes dispositivos com os vícios de nulidade ou anulabilidade, de modo que, caso estes sejam realizados e neles não se encontre nenhum outro tipo de vício, serão considerados válidos.

Ressalta-se ainda que a legislação não exige que o ato seja praticado em outra Serventia, mesmo porque, no caso do Registro de Imóveis, esta solução se mostraria inviável, tendo em vista que a regra para a prática dos atos neste tipo de Serventia é o local do imóvel, de modo que somente uma Serventia pode praticar atos sobre determinado imóvel. Dessa forma, caso o Registrador queira comprar um imóvel na circunscrição para a qual recebeu a delegação do serviço, terá que registrá-lo na Serventia em que é titular. Assim, a lei apenas determina que nestes casos o ato seja lavrado pelo seu substituto.

5
PUBLICIDADE

A publicidade a ser analisada neste capítulo diz respeito às regras para o franqueamento de informações contidas na Serventia Imobiliária. Dentre estas regras, a primeira que devemos analisar é a contida no art. 16 da Lei n. 6.015/73, que trata da FORMA como deve ser exercida a publicidade dentro dos Registros Públicos e dispõe que: "Os oficiais e os encarregados das repartições em que se façam os registros são obrigados: 1º a lavrar certidão do que lhes for requerido; 2º a fornecer às partes as informações solicitadas".

Dessa primeira regra, já podemos extrair que a lei garante acesso às informações, todavia não garante acesso livre e direto à fonte destas informações, o que significa dizer que a parte não pode exigir acesso e manuseio direto aos livros da serventia, podendo sim solicitar que o oficial extraia as informações e as repasse de forma verbal ou por meio de certidão. Por isso, afirma-se que adotamos o sistema da publicidade indireta,[1] em regra, sem acesso direto pelo interessado no registro.

Essa ideia é totalmente condizente com as regras referentes à guarda e conservação dos livros. Consta nas regras que o delegado deve garantir segurança a eles, no que se refere à proteção tanto contra furtos, roubos e extravios como contra adulterações, deteriorações e danificações, mantendo-os em local protegido e em condições adequadas de armazenamento, e que, para garantir estas características, em regra, não será franqueado ao público.

No tangente à AMPLITUDE da publicidade dos atos que se encontram sob a égide das serventias registrais, encontramos o art. 17 da Lei n. 6.015/73, estabelecendo que: "Qualquer pessoa pode requerer certidão do registro sem informar ao oficial ou ao funcionário o motivo ou interesse do pedido". Este dispositivo é completado pelo art. 18 da mesma lei, que diz: "Ressalvado o disposto nos arts. 45, 57, § 7º, e 95, parágrafo único, a certidão será lavrada independentemente de despacho judicial, devendo mencionar o livro de registro ou o documento arquivado no cartório".

Assim, no que se refere à amplitude da publicidade dos atos contidos nas Serventias Registrais, a regra é a da publicidade livre e ilimitada, sendo ressalvados apenas os casos em que a lei expressamente determinar, tais como as informações relativas à legitimação de filho, adoção, mudança de nome decorrente de ato determinado pelo Programa de Proteção a Testemunhas, dentre outros previstos na legislação esparsa.

Contudo, nenhum caso de exceção refere-se às Serventias imobiliárias.

---

1. Interessante exceção à regra da publicidade indireta, em que foi franqueada a publicidade direta, está prevista no art. 24 da Lei n. 6.766/79 – a chamada Lei do Parcelamento do Solo Urbano – a qual prevê que "o processo de loteamento e os contratos depositados em Cartório poderão ser examinados por qualquer pessoa, a qualquer tempo, independentemente do pagamento de custas ou emolumentos, ainda que a título de busca".

Muito se discute, na atualidade, sobre o confronto dessa publicidade ilimitada com as regras constitucionais de proteção à intimidade, sendo que os registros, de uma forma geral, possuem vários elementos que, em mãos erradas, poderiam ser utilizados de forma a prejudicar a parte, tais como seu endereço, dados do cônjuge, montante do patrimônio e das dívidas, bem como os credores, se for o caso. Todavia, por ora o que prevalece é a literalidade dos referidos dispositivos, de modo que o oficial é obrigado a lavrar certidões do que lhes for requerido e a fornecer às partes as informações solicitadas, sempre que não exista lei ou determinação judicial que as restrinja.

Como a forma mais comum de publicidade que encontramos nas Serventias Registrais se dá por meio do fornecimento de certidões, o legislador estabeleceu várias normas regulamentando o assunto.

Assim, no que se refere à forma de expedição, ou à sua tipificação, as certidões podem ser em inteiro teor, em resumo, ou em breve relato, mediante quesitos, todas devidamente autenticadas pelo oficial ou seus substitutos legais. Neste caso, o ato de autenticação deve ser interpretado como o ato de aposição da fé pública no referido documento, o que se dá por meio da assinatura do oficial, ou do preposto, ao qual tenha havido delegação de poderes específicos para tanto.

A certidão de inteiro teor poderá ser extraída por meio datilográfico ou reprográfico. Na certidão expedida mediante cópia reprográfica da matrícula, após o último ato, lavrar-se-á o encerramento, que poderá ser datilografado ou carimbado, visando evitar que sejam indevidamente acrescidas outras informações ao documento após a sua expedição. Além disso, caso haja mais de uma folha, recomenda-se numerar e rubricar cada uma, indicando ainda o número total de folhas que compõem a certidão (ex.: 1/2 e 2/2).

No que se refere ao prazo de fornecimento da certidão, não poderá ser retardado por mais de cinco dias, sob pena de responsabilidade do oficial (art. 19, Lei n. 6.015/73). Para que se proceda ao controle deste prazo, o oficial deverá obrigatoriamente fornecer protocolo do respectivo requerimento, do qual deverão constar a data deste e a data prevista para entrega da certidão, sempre que o fornecimento não seja imediato (art. 20, parágrafo único, Lei n. 6.015/73). Dessa forma, segundo a conveniência do serviço, as serventias poderão empregar, em relação aos pedidos de certidões, sistema de controle semelhante ao previsto para a recepção de títulos.

De toda certidão deverá constar, conforme o caso, a data em que o imóvel passou ou deixou de pertencer à circunscrição, bem como a qual Serviço pertencia ou passou a pertencer. Tal recomendação é salutar tanto para evidenciar que a origem dos direitos relatados, em determinada certidão, se deu em outra Serventia, e que, se for o caso, o interessado deve diligenciar a esta, a fim de analisar os referidos direitos, quanto para que, nos casos pertinentes, destacar que a competência registral sob aquele imóvel não pertence mais à Serventia, de modo que podem existir atos posteriores ao último indicado na referida certidão.

Assim, pode ocorrer a situação em que parte da circunscrição de determinada Serventia foi passada a outra, por ter se criado uma nova comarca, por exemplo. Essa nova Serventia abrirá a matrícula do imóvel na situação em que ele se encontrar, por ocasião do primeiro registro, a ser realizado após a transferência de competência. Passado algum tempo, o proprietário aliena ou grava aquele imóvel. Caso o oficial da Serventia anterior não faça constar da certidão anterior da matrícula que o aviso de que o referido imóvel não faz mais parte da sua competência, poderiam ocorrer situações em que pessoas de má-fé utilizariam certidões atualizadas do registro antigo, que não conteriam a transferência da propriedade ou o ônus efetuado na nova Serventia, para lesar terceiros de boa-fé. Todavia, com o referido aviso, a parte fica alertada de que deve verificar também, na nova Serventia, a possibilidade de existência de atos sobre o imóvel.

As certidões deverão ser fornecidas em papel e mediante escrita que permitam a sua reprodução por fotocópia ou por outro processo equivalente. Sempre que houver qualquer alteração no ato cuja certidão é pedida, deve o oficial mencioná-la, obrigatoriamente, não obstante as especificações do pedido, sob pena de responsabilização (art. 21, Lei n. 6.015/73). Este dispositivo visa evitar que a parte consiga manipular os dados da certidão, propondo quesitos que possam induzir terceiros a erro, por exemplo, solicitando que se expeça certidão dizendo quem seria o proprietário do imóvel de acordo com o R-3, sendo que já existem registros posteriores que teriam transferido essa titularidade. Também se incluem nessa previsão os casos em que existe título protocolado, mas ainda não registrado, que visa alguma inscrição naquela matrícula.

Os oficiais devem ter muita cautela ao expedir certidões solicitadas com base no Indicador Real, ou seja, com base na descrição do imóvel, tomando o cuidado de relatar, em caso negativo, que não existe imóvel exatamente com as características solicitadas. Isso não impede que o referido imóvel faça parte de um ou mais imóveis registrados na Serventia, ou que sua descrição se encontre feita diferentemente na Serventia, de modo a impossibilitar a sua localização pelos dados apresentados.

Isso é muito importante, pois é comum que se façam pedidos descrevendo imóveis, principalmente rurais, apresentando descrições com base na realidade fática da propriedade, e utilizando-se de formas modernas de medição, enquanto é possível que este mesmo imóvel esteja descrito de forma precária na Serventia, ou que seja parte de outro descrito nela, e que, pelos dados apresentados, o oficial não consiga apontar com certeza esse fato, situação que deve vir relatada na certidão para, se for o caso, a parte apresentar novos dados para complementar a busca.

6
CONSERVAÇÃO

Devido ao fato de os Serviços Notariais e de Registros serem uma atividade pública exercida em caráter privado, o delegado dos Serviços Notariais e de Registro exerce sua atividade em nome do Poder Público, de modo que o acervo da Serventia tem natureza pública, pertencendo ao Poder Delegante, entregue em confiança ao delegado.

Em decorrência desse raciocínio e em virtude da relevância das informações contidas nos livros de registro, estabelece o art. 22 da Lei n. 6.015/73 que os livros de registro, bem como as fichas que os substituam, somente sairão do respectivo cartório mediante autorização judicial. Essa disposição visa evitar o risco maior de extravio e danificação que a saída do cartório traria a estes livros e fichas.

Tamanha foi a preocupação do legislador com esse acervo que a mesma lei, em seu art. 23, ressalta ainda que todas as diligências judiciais ou extrajudiciais que exigirem a apresentação de qualquer livro, ficha substitutiva de livro ou documento, efetuar-se-ão no próprio cartório.

Nessa mesma linha de raciocínio, encontramos o parágrafo único do art. 46 da Lei 8.935/94, que estabelece que, se houver necessidade de estes livros e fichas serem periciados, o exame deverá ocorrer na própria sede do serviço, em dia e hora adrede designados, com ciência do titular e autorização do juízo competente.

Dessa forma, salvo nos casos de autorização judicial, não importa quem seja o requisitante, os livros e fichas substitutivas não devem deixar a Serventia, mesmo porque o oficial é responsável pela guarda e conservação deles, não podendo abrir mão da prerrogativa legal instituída pelos referidos artigos, que visam proteger o patrimônio público.

A Lei n. 8.935/94 em seu art. 46 também traz a necessidade de o acervo permanecer sob a supervisão do Delegado, bem como sua responsabilidade, ao dispor: "Os livros, fichas, documentos, papéis, microfilmes e sistemas de computação deverão permanecer sempre sob a guarda e responsabilidade do titular de serviço notarial ou de registro, que zelará por sua ordem, segurança e conservação".

A responsabilidade pela guarda dos livros também aparece como o primeiro dos deveres atribuídos aos notários e oficiais de registros, no art. 30 da Lei dos Notários e Registradores, que assim dispõe: "São deveres dos notários e oficiais de registro: I – manter em ordem os livros, papéis e documentos de sua serventia, guardando-os em locais seguros".

A segurança que deve ser garantida ao acervo se dá no que se refere à proteção tanto contra furtos, roubos e extravios como contra adulterações, deteriorações e danificações, devendo ser mantidos em local protegido e que possua condições adequadas de armazenamento, bem como procedendo aos tratamentos adequados para restaurá-los, caso haja sinais de deterioração.

No caso de desmembramento da Serventia, seus arquivos continuaram a ela pertencer integralmente (arts. 26 e 27, Lei n. 6.015/73), sendo que somente os atos que se praticarem a partir da instalação da nova Serventia serão feitos nesta, sem necessidade de repetição dos atos praticados na antiga circunscrição; estes serão considerados atos jurídicos perfeitos. Os dados serão transportados à nova Serventia por meio da apresentação, pelo usuário, de certidões atualizadas.

7
Competência

Quando tratamos de competência, estamos relacionando-a à atribuição para a prática de determinado ato, recebido pelo oficial de Registro de Imóveis por meio da delegação conferida pelo Poder Público, sendo dividida em material e territorial.

Segundo o art. 12 da Lei n. 8.935/94, "aos oficiais de Registro de imóveis, de títulos e documentos, civis das pessoas jurídicas, civis das pessoas naturais e de interdições e tutelas compete a prática dos atos relacionados na legislação pertinente aos registros públicos, de que são incumbidos, independentemente de prévia distribuição, mas sujeitos os oficiais de registro de imóveis e civis das pessoas naturais às normas que definem as circunscrições geográficas".

Assim, podemos observar que, no que se refere ao aspecto material, a competência consiste justamente no poder recebido para a prática de determinados atos, previstos em lei, pelo Registrador de Imóveis, ou seja, o Registrador só pode praticar os atos a ele atribuídos mediante lei. Como esta especifica os limites do poder a ele delegado, somente poderemos falar em fé pública quando o Delegado estiver agindo dentro dos limites das atribuições a ele transferidas.

Já a competência territorial dos Registradores de Imóveis não se foca em quais tipos de atos podem ser praticados por eles, de uma forma geral, mas, sim, em quais atos concretos devem ser praticados por determinados delegados. No que se refere aos Registros de Imóveis, a forma de divisão dos casos concretos se faz por meio das circunscrições.

A circunscrição poderia ser definida como determinada base territorial ligada diretamente a uma Serventia de Registro de Imóveis, dentro da qual os atos atribuídos por lei como de competência do Registro de Imóveis (competência material) devem ser praticados pelo Registrador de Imóveis que recebeu a delegação para a prática destes atos naquele território. Importante observar que a circunscrição pode abranger toda a comarca, quando então haverá um único registro de imóveis (ex.: Cajuru é uma comarca que abrange três municípios, possuindo um único registro de imóveis na sede da comarca) ou pode abranger parte da comarca (ex.: a comarca de São Paulo capital abrange somente o município da capital, mas está dividida em 18 circunscrições imobiliárias). São as leis estaduais de organização do Poder Judiciário que irão fixar isso.

Assim, temos como regra geral, no que se refere ao Registro de Imóveis, que estes têm competência territorial para a prática dos atos sobre imóveis que se localizem dentro de sua circunscrição geográfica, nos termos do art. 169 da Lei n. 6.015/73: "Todos os atos enumerados no art. 167 são obrigatórios e efetuar-se-ão no cartório da situação do imóvel".

O art. 167, anteriormente referido, é o que especifica a grande maioria dos atos relacionados à competência material primária do Registro de Imóveis, ou seja, a criação, extinção, modificação e transferência de direitos reais sobre imóveis, por intermédio dos atos de registro e averbação a serem praticados pela Serventia Imobiliária.

Ainda dentro da regra geral de competência ligada à circunscrição onde se encontra o imóvel, existe uma situação peculiar quando lidamos com um imóvel que se encontra parte dentro da circunscrição da Serventia A e parte dentro da circunscrição da Serventia B (imóvel situado nos limites das circunscrições).

Neste caso, não podemos considerar que cada circunscrição registrará o seu pedaço, tendo em vista que não estamos tratando da hipótese de existirem duas matrículas, ou seja, uma para a parte do imóvel da circunscrição A e outra para a parte do imóvel da circunscrição B, mas, sim, da hipótese de existir uma única matrícula. Nesta situação, pelo princípio da unitariedade da matrícula, cada matrícula deve se referir a um único imóvel, de modo que, mesmo este imóvel ficando parte em uma circunscrição e parte em outra, ele será uno e deverá ser assim tratado pelos dois registros. Isso resulta na regra trazida pelo art. 169, II, da Lei n. 6.015/73, o qual estabelece que "os registros relativos a imóveis situados em comarcas ou circunscrições limítrofes, que serão feitos em todas elas, devendo o Registro de Imóveis fazer constar dos registros tal ocorrência".

Em resumo, para a hipótese de um imóvel pertencer parte em uma circunscrição e parte em outra, mas sendo ele único, ou seja, não tendo sido solicitado o desmembramento com a abertura de uma matrícula para cada parte situada em circunscrição distinta, toda vez que for necessária a prática de um ato sobre este imóvel o registro ou a averbação se dará sobre o todo, pois o imóvel só existe como um todo, em cada uma das circunscrições que o abrangerem.

Vista a regra geral no que se refere à competência territorial, encontramos algumas exceções.

A primeira delas é a prevista no art. 169, I, da Lei n. 6.015/73, que estabelece: "As averbações que serão efetuadas na matrícula ou à margem do registro a que se referirem, ainda que o imóvel tenha passado a pertencer a outra circunscrição".

Existe a possibilidade de a circunscrição originária de um determinado Registro de Imóveis ser desmembrada, surgindo, assim, uma nova serventia, que terá competência sobre a base territorial que foi destacada da circunscrição originária. Neste caso, o Registro de Imóveis original, em regra, já possui o registro dos imóveis que estão passando a pertencer à nova Serventia. Estes registros são atos jurídicos perfeitos e, como tal, não exigem sua repetição no novo Cartório, como deixa claro o art. 170 da Lei n. 6.015/73.

O legislador – levando em consideração a desnecessidade de a parte efetuar a abertura de matrícula na nova circunscrição antes que ela efetivamente necessite da realização de um registro, bem como a situação de que as averbações, de forma geral e de acordo com a sistemática registrária, seriam atos que objetivariam nada mais do que a alteração ou extinção de um registro já existente, no caso em tela praticado no cartório ao qual a circunscrição pertencia anteriormente – abriu uma exceção, possibilitando que a parte pratique este ato de averbação no mesmo local onde já se encontrava o registro.

Essa possibilidade, embora tenha sua razão de ser, deve ser utilizada com muita cautela, tendo em vista que pode gerar duas matrículas sobre o mesmo imóvel, com informações conflitantes. Isto se dá, pois é possível que a nova Serventia abra matrícula para o imóvel e não comunique a Serventia anterior sobre o fato. Esta, diga-se de passagem, é uma prática muito salutar e se encontra prevista em muitas normas de serviços de diversos estados, mas, infelizmente, não encontra previsão nacional, de modo que não é obrigatória em alguns estados. É possível, ainda, que esta comunicação seja feita, mas, no ínterim entre o seu envio e a sua chegada ao destino, seja solicitada uma averbação no Cartório de origem. Isso possibilitará que a parte consiga uma certidão atualizada, constando uma averbação praticada a menos de 30 dias e outra, igualmente atualizada, em que não conste tal informação, o que poderia ser utilizado indevidamente.

Essa situação se agrava na medida em que encontramos algumas averbações que podem gerar mudanças substanciais no direito real, como ocorre na hipótese de averbarmos da incorporação de uma empresa que era proprietária do imóvel por outra, ou ainda nos estados que passaram a entender que, após as mudanças ocorridas na penhora, promovidas pela Lei n. 10.444/2002, esta passou a ser averbada.

Talvez pela insegurança jurídica que essa exceção traz ao sistema, o Estado de São Paulo passou a adotar uma interpretação restritiva desse dispositivo, entendendo que as averbações serão efetuadas na matrícula ou à margem da transcrição ou inscrição a que se referirem, ainda que o imóvel tenha passado a pertencer a outra circunscrição, salvo se passou a pertencer a outra comarca (admitidas algumas exceções).

Antes da Lei 13.465/2017 o art. 171 da Lei n. 6.015/73 previa que "os atos relativos a vias férreas serão registrados no cartório correspondente à estação inicial da respectiva linha".

Todavia, esta redação foi alterada deixando de ser uma exceção sendo que a nova redação estabelece que: "Os atos relativos a vias férreas serão registrados na circunscrição imobiliária onde se situe o imóvel".

Além dessa competência primária, relacionada diretamente com os direitos reais sobre imóveis, existe outra parcela da competência material do Registro de Imóveis que não se relaciona diretamente com os direitos reais sobre bens imóveis, como observamos no art. 177 da Lei n. 6.015/73, que estabelece: "O Livro n. 3 – Registro Auxiliar – será destinado ao registro dos atos que, sendo atribuídos ao Registro de Imóveis por disposição legal, não digam respeito diretamente a imóvel matriculado".

Nesses casos, então, as competências serão diversas, pois nem sempre existe imóvel envolvido. É o que ocorre, por exemplo, nas escrituras de pacto antenupciais, que deverão ser registradas no domicílio conjugal. Estes casos, todavia, serão analisados de forma dispersa no decorrer desta obra, conforme forem sendo analisados os institutos que os ensejam.

8
Livros Próprios do Registro de Imóveis

Existem Livros Gerais, que são comuns a todas as Serventias, tais como os Livros de Visitas e Correição, os Livros-Caixa, dentre outros, e existem os Livros Específicos das Serventias de Registro de Imóveis, os quais estão previstos no art. 173 da Lei n. 6.015/73, que assim dispõe: Haverá, no Registro de Imóveis, os seguintes livros: I – Livro n. 1 – Protocolo.

II – Livro n. 2 – Registro Geral.

III – Livro n. 3 – Registro Auxiliar.

IV – Livro n. 4 – Indicador Real.

V – Livro n. 5 – Indicador Pessoal.

Além desses Livros, também temos o Livro de Aquisição de Imóveis Rurais por Estrangeiros, previsto no art. 10 da Lei n. 5.709/71.

Alguns Estados ainda apresentam Livros Específicos previstos em suas Normas, tais como os Livros de Recepção de Títulos, utilizados para o controle de entrada de títulos que, a requerimento da parte, sejam apresentados somente para exame e cálculo, de acordo com o art. 12, parágrafo único, da Lei n. 6.015/73, e o antigo Livro de Registro de Indisponibilidade de bens, previsto para o registro das indisponibilidades previstas em lei, com decretação judicial para que, mesmo que não existam imóveis em nome daquelas pessoas, fique o registro latente no cartório, aguardando a possibilidade de que estes venham a adquirir bens na circunscrição.

Com exceção do Livro n. 1 (Protocolo), todos os demais poderão ser substituídos por fichas, de acordo com a autorização prevista no parágrafo único, art. 173, da Lei n. 6.015/73. Essa substituição se mostrou muito prática, de forma que a maioria das Serventias hoje trabalha com os seus livros já em formato de fichas. A substituição por fichas possibilita que, no caso do Livro n. 2 (Registro Geral), mais conhecido como matrícula, se proceda à continuação dos atos praticados sobre o mesmo imóvel em um lugar só, dispensando a necessidade da utilização de livros de transporte, que dificultam o manuseio e a coleta de informações. Já nos Livros ns. 4 e 5 (Indicadores Pessoal e Real), a vantagem se torna ainda mais nítida, visto que se trata de livros índices e, como tais, se forem substituídos por fichas, a organização alfabética pode ser atualizada a cada ficha. No sistema de livros encadernados, porém, mesmo que se tenha um livro para cada letra do alfabeto, os nomes não ficam ordenados alfabeticamente, devendo-se consultar o livro todo para ter certeza de que determinado nome encontra-se lançado naquele livro de indicador pessoal, o que se torna cada vez mais difícil à medida que existam vários livros para a mesma letra.

A restrição quanto à substituição do Livro n. 1 – Protocolo por sistema de fichas se dá devido à prioridade que este representa. O ingresso no Livro protocolo garante que o título que primeiro ingressar terá prioridade de registro em relação aos demais títulos que sejam com ele contraditórios, como veremos mais detalhadamente adiante, motivo pelo qual o legislador vedou a substituição por fichas, com receio de que esta substituição pudesse gerar dúvidas sobre qual título teria primeiro ingressado na Serventia.

9
Livro n. 1 – Protocolo

O Livro Protocolo é designado pelo n. 1 e, de acordo com o art. 174 da Lei n. 6.015/73, servirá para apontamento de todos os títulos apresentados diariamente, ressalvado o disposto no parágrafo único do art. 12 da referida lei.

O parágrafo único do referido art. 12 dispõe que independem de apontamento no Protocolo os títulos apresentados apenas para exame e cálculo dos respectivos emolumentos. Assim, observamos que a parte pode requerer o ingresso na Serventia Imobiliária de títulos que ela não tem intenção de registrar imediatamente, visando somente que o oficial de Registro de Imóveis proceda ao exame dos requisitos registrários e ao cálculo dos emolumentos devidos.

Essa prática é comum, por exemplo, nos casos em que o comprador está adquirindo um imóvel e o vendedor não registrou ainda o título que transfere o bem para o seu nome, motivo pelo qual o comprador pode ter interesse em verificar se o título que fará esta transferência comporta registro, se é necessário mais algum ato para que se alcance a transferência e qual o valor do registro, visto que muitas vezes ainda esse valor é levado em consideração para o fechamento do negócio.

Em muitos Estados, como o de São Paulo, existe um livro específico para o recebimento desses títulos que ingressam somente para exame e cálculo, e, como a parte não está requerendo o registro, estes títulos não gozam de prioridade, o que significa que, caso outro título contraditório ingresse no Protocolo, este será registrado prioritariamente, independente de seu ingresso posterior, pois os títulos que ingressam no protocolo são para registro, diferentemente dos apresentados meramente para exame e cálculo. Em virtude disso, devemos tomar a cautela de solicitar, por escrito, o requerimento da parte, para que o título ingresse somente para exame e cálculo quando for o caso, bem como fazer constar do referido requerimento que a parte tem ciência de que tal ingresso não beneficiará o título, com a prioridade registrária.

Temos, então, que todos os títulos que ingressarem para registro (*lato sensu* – registros, averbações, abertura de matrículas, notificações, quando for o caso etc.) devem ser inscritos no Livro Protocolo, salvo expresso pedido do apresentante para que seja ingressado para exame e cálculo. Esta regra, além de ser uma previsão legal, é uma segurança para as partes e para o próprio Registrador, permitindo comprovar documentalmente a data correta do ingresso de cada título, bem como a ordem de prioridade dele em relação aos demais.

O Livro Protocolo conterá um número de ordem que seguirá indefinidamente nos livros da mesma espécie, a data da apresentação, o nome do apresentante, a natureza formal do título (se é uma compra e venda, um inventário, um requerimento de retificação etc.), bem como uma coluna final, onde serão anotados os atos praticados em função daquele título (o ato de registro, averbação, abertura de matrícula etc.).

O número de ordem do título no Protocolo seguirá a sequência rigorosa de sua apresentação na Serventia Imobiliária, devendo ser reproduzido no título, com a data de sua prenotação (ingresso no Livro Protocolo). Isto se dá porque é ele que assegurará a prioridade do título, a qual garantirá a preferência dos direitos reais nele contidos sobre os demais direitos reais contraditórios. Em virtude disso, mesmo que o apresentante seja o mesmo, cada título deverá receber um número de ordem individual para garantir a escala de preferência de seus registros.

Nenhuma exigência fiscal, ou dúvida, obstará a apresentação do título e o seu lançamento do Protocolo, com o respectivo número de ordem, nos casos em que, da precedência, decorra a prioridade de direitos para o apresentante (art. 12, Lei n. 6.015/73). Esta disposição legal deixa claro que o Registrador de Imóveis é obrigado a prenotar qualquer documento apresentado pela parte, independentemente de ele saber, de antemão, que o título não está apto a registro, caso em que, mesmo assim, o título deve ser prenotado e, após análise, devolvido com a exigência necessária para tornar o referido título apto a registro, ou a indicação de outra forma, para que a parte atinja o fim almejado.

Uma vez protocolizado o título, o Registrador, como regra geral, tem um prazo de 30 dias para proceder aos atos nele previstos. Assim, o prazo de validade da prenotação é de 30 dias, existindo algumas hipóteses que suspendem este prazo, tais como no caso da suscitação de dúvida e na hipótese de que seja apresentada uma hipoteca em grau superior àquele em que deveria ser registrada. Neste último caso, entende-se que o título admitiria a existência de uma hipoteca precedente, motivo pelo qual o legislador estabeleceu o sobrestamento do registro e um prazo de 30 dias para que a hipoteca precedente seja apresentada ao protocolo, como dispõe o art. 189 da Lei n. 6.015/73. Além destes casos de suspensão de prazo, ainda encontramos hipóteses como a da Retificação Administrativa de Registro, que não obedece ao prazo de 30 dias para registro e a usucapião administrativa, cujo prazo de validade de prenotação poderá ser prorrogado enquanto for necessário, segundo o artigo 216-A, § 1º. As exceções serão analisadas no decorrer desta obra com os institutos específicos a que se referem.

Importante ainda observar que em 2011 foi alterada a Lei de Registros Públicos, introduzindo uma hipótese expressa de que o protocolo passou a ter prazo de validade de 60 dias, conforme o parágrafo único do art. 205: "Nos procedimentos de regularização fundiária de interesse social, os efeitos da prenotação cessarão decorridos 60 (sessenta) dias de seu lançamento no protocolo".

A escrituração do Livro Protocolo também deve controlar o prazo de validade da prenotação, motivo pelo qual, apesar de não previsto na Lei n. 6.015/73, é recomendável que se acrescente, dentre as informações contidas neste livro, a data para uma possível devolução do título com exigências e o reingresso deste, se for o caso, como é previsto em várias normas estaduais. Isto porque, como veremos adiante, é possível que o Registrador, ao exercer a qualificação registrária, encontre obstáculos para o registro do título e devolva-o à parte, para que ela cumpra exigências visando transpor estes obstáculos registrários. Neste caso, pode ocorrer de a parte simplesmente não cumprir essas exigências e deixar passar o prazo de 30 dias da prenotação, caso em que esta deve ser cancelada pelo Registrador, dando espaço para o registro de eventuais outros títulos que tenham como objeto direito reais sobre o mesmo imóvel, mas que tinham ordem de preferência inferior devido à sua ordem no Protocolo.

Tal disposição está prevista no art. 205 da Lei n. 6.015/73, que assim dispõe: "Cessarão automaticamente os efeitos da prenotação se, decorridos 30 (trinta) dias de seu lançamento no Protocolo, o título não tiver sido registrado por omissão do interessado em atender às exigências legais".

Ainda buscando garantir a prioridade da prenotação, o Livro Protocolo será encerrado diariamente, de forma a evitar que títulos sejam protocolizados fora do horário de expediente (art. 184, Lei n. 6.015/73).

10
Livro n. 4 – Livro Indicador Real

O Livro Indicador Real é designado sob o n. 4 e, de acordo com o art. 179 da Lei n. 6.015/73, "será o repositório de todos os imóveis que figurarem nos demais livros, devendo conter sua identificação, referência aos números de ordem dos outros livros e anotações necessárias". Da descrição trazida pela lei, percebe-se que o Livro Indicador Real é um livro índice que busca elencar todos os imóveis existentes na serventia e indicar quais atos foram praticados sobre o imóvel, trazendo o número de ordem e o Livro no qual cada ato foi praticado.

Como já visto, o Livro Indicador Real pode ser substituído pelo sistema de fichas, o que facilita enormemente as buscas, sendo importante ressaltar que, neste caso, um único imóvel pode possuir várias fichas que o indiquem, todas possuindo o mesmo conteúdo, ou seja, os atos praticados em relação ao imóvel indicado. Assim, se um imóvel antes tinha frente para a rua A e o nome da rua passou a ser B, o correto é que o Registrador mantenha a ficha que indicava o imóvel com frente para a rua A, indicando nela a mudança de nome, e abrir outra ficha para o imóvel, indicando frente para a rua B, pois assim, caso a parte procure o imóvel pelo nome da rua antigo ou pelo novo, conseguirá encontrá-lo por meio do Indicador Real. O mesmo se dá se o imóvel é situado numa esquina: deve haver uma ficha para o imóvel, indicando a rua da frente e a rua lateral; e assim por diante. Assim, quanto mais fichas com elementos de indicação diferentes sobre o imóvel, mais provável será que, quando o interessado indague sobre ele, o oficial consiga localizá-lo por este sistema.

Caso o Registrador opte por não substituir o Livro Indicador Real por fichas, este conterá um número de ordem que seguirá indefinidamente nos livros da mesma espécie e deverá ser acompanhado de um livro índice, ou fichas pelas ruas, quando se tratar de imóveis urbanos, e pelos nomes e situações, quando se tratar de imóveis rurais. Poderá, ainda, neste caso, desdobrá-lo, a seu critério, para facilitar o serviço (art. 181, parágrafo único, Lei n. 6.015/73), possibilitando, por exemplo, que ele abra um livro para cada bairro, cidade ou distrito que se encontre em sua circunscrição, ou que separe os imóveis urbanos dos imóveis rurais.

Contudo, a tendência mais moderna é de substituir as fichas antigas pelo cadastramento dos imóveis pelo sistema informatizado da serventia, o que permite fazer buscas muito mais precisas e rápidas do que a antiga ficha em papel, inclusive possibilitando ser usada maior quantidade de parâmetros de pesquisas, como o número do cadastro do imóvel na planta fiscal municipal.

Existem, inclusive, Estados que têm permitido a substituição integral das fichas físicas pelo cadastramento dos imóveis feitos pelos sistemas informatizados das serventias, desde que seja feita a migração integral dos dados. Pensamos que inevitavelmente o futuro do registro de imóveis caminha nesse sentido, especialmente diante da necessidade moderna de acessibilidade da informação por meio da internet, o que já vem sendo operacionalizada pelas centrais estaduais, as quais permitem tanto a busca eletrônica, quanto também a visualização das matrículas online.

11
Livro n. 5 – Livro Indicador Pessoal

O Livro Indicador Pessoal é designado sob o n. 5 e, de acordo com o art. 180 da Lei n. 6.015/73, "dividido alfabeticamente, será o repositório dos nomes de todas as pessoas que, individual ou coletivamente, ativa ou passivamente, direta ou indiretamente, figurarem nos demais livros, fazendo-se referência aos respectivos números de ordem".

Da mesma forma que o Livro n. 4, Indicador Real, é um livro índice que busca elencar todos os imóveis existentes na serventia e indicar quais atos foram praticados sobre o imóvel, trazendo o número de ordem e o Livro no qual cada ato foi praticado, o Indicador Pessoal é um livro índice que busca elencar todas as pessoas que, por qualquer motivo, são de alguma forma parte em qualquer ato praticado pela Serventia Imobiliária, trazendo o número de ordem e o Livro do ato em que elas apareceram.

Dessa forma, não podemos simplificar o indicador pessoal, pensando-o como um índice dos titulares de direitos reais sobre imóveis existentes na serventia, pois ele é muito mais que isso. A pessoa pode aparecer em um ato como anuente e, ainda assim, deve ser apontada no Indicador Pessoal. O mesmo vale para um casal que apenas tenha o seu pacto nupcial registrado, ou para aquele que aparece apenas como credor em uma nota de crédito, e assim por diante. O objetivo do Indicador Pessoal é garantir que se possa localizar qualquer ato em que determinada pessoa tenha sido apontada dentro daquela Serventia, independentemente do fato de o ato em questão constituir ou não direitos reais para a referida pessoa.

O Livro Indicador Pessoal também poderá ser substituído pelo sistema de fichas, o que facilitará muito as buscas, pois, dessa forma, é possível se manter uma organização alfabética única, acrescentando-se já na ordem as novas fichas. Todavia, o Registrador pode optar por mantê-lo no sistema de Livro, caso em que o Livro n. 5 conterá o número de ordem de cada letra do alfabeto, que seguirá, indefinidamente, nos livros da mesma espécie, podendo os oficiais adotar, para auxiliar as buscas, um livro índice ou fichas em ordem alfabética.

Caso o Registrador opte por não substituir o Livro Indicador Pessoal por fichas, poderá desdobrá-lo a seu critério para facilitar o serviço (art. 181, parágrafo único, Lei n. 6.015/73), possibilitando, por exemplo, que se abra um livro para cada letra do alfabeto, ou ainda para grupos de letras.

Aqui também tem ocorrido o mesmo fenômeno apontado no capítulo do indicador real, em que se tem feito o cadastramento das partes no sistema de informática da serventia, com mais dados cadastrados e maior precisão nas pesquisas (por exemplo, pode ser cadastrado e usado como parâmetro de busca, o número do RG, a filiação etc.). Também tem sido permitida a substituição das fichas físicas pelas informações do sistema, desde que seja feita a migração integral dos dados.

12
LIVRO N. 3 – REGISTRO AUXILIAR

O Livro n. 3 – Registro Auxiliar – será destinado ao registro dos atos que, sendo atribuídos ao Registro de Imóveis por disposição legal, não digam respeito diretamente a imóvel matriculado (art. 177, Lei n. 6.015/73). Embora a regra dos títulos que ingressem no Registro de Imóveis seja de que estes visem a constituição, transmissão ou extinção de direitos reais sobre imóveis, não são todos os títulos que atendem a estes requisitos. Existem direitos que, embora não enquadrados nos anteriormente descritos, foram atribuídos por lei como de competência do Registro Imobiliário; neste caso, estes direitos não serão inscritos na matrícula, que somente tem a finalidade de expressar os direitos reais sobre o imóvel e os atos correlatos a estes, tanto que, por vezes, é chamada de fólio real. Em virtude disso, surgiu o Livro n. 3, que, como o próprio nome diz, foi destinado aos registros auxiliares, ou seja, àqueles que, embora não versem diretamente sobre direitos reais imobiliários, têm ingresso no Registro de Imóveis por disposição legal. Importante destacar que toda vez que a lei determinar a obrigatoriedade do registro na Serventia Imobiliária, esta é a única forma que estes títulos encontram para alcançar a sua publicidade *erga omnes*.

Caso o Registrador opte por não substituir o Livro Registro Auxiliar por fichas, poderá desdobrá-lo a seu critério para facilitar o serviço (art. 181, parágrafo único, Lei n. 6.015/73), possibilitando, por exemplo, que se abra um livro para cada algarismo final do registro, sendo os registros de número final 1 feitos no Livro n. 3-1, os de final 2 no Livro n. 3-2, e assim sucessivamente.

Feitas estas disposições preliminares, seguiremos com uma análise rápida dos direitos atribuídos a registro no Livro n. 3, tendo em mente que aqui tratamos de uma análise geral do livro e que a maioria destes direitos serão alvo de análise separada em capítulo específico, motivo pelo qual nestes casos traçaremos por ora somente alguns comentários preliminares. Assim, segundo o art. 178 da Lei n. 6.015/73, registrar-se-ão no Livro n. 3 – Registro Auxiliar:

> I – a emissão de debêntures, sem prejuízo do registro eventual e definitivo, na matrícula do imóvel, da hipoteca, anticrese ou penhor que abonarem especialmente tais emissões, firmando-se pela ordem do registro a prioridade entre as séries de obrigações emitidas pela sociedade.

Este inciso, na realidade, encontra-se revogado pelo art. 62, II, da Lei n. 6.404/76, que determina a inscrição das debêntures nas Juntas Comerciais, de modo que não é mais necessário o seu registro nas Serventias Imobiliárias;

> II – as cédulas de crédito industrial, sem prejuízo do registro da hipoteca cedular.

Devido à extensão do assunto, trataremos dele em um capítulo separado.

III – as convenções de condomínio edilício, condomínio geral voluntário e condomínio em multipropriedade;

Outro título que deve obrigatoriamente ter ingresso no registro de imóveis são as convenções de condomínio, e como elas não criam, transferem ou extinguem um direito real sobre imóveis propriamente dito, deverão ter ingresso no livro de Registro Auxiliar.

Segundo o art. 1.333 do Código Civil, a convenção que constitui o condomínio edilício deve ser subscrita pelos titulares de, no mínimo, dois terços das frações ideais e torna-se, desde logo, obrigatória para os titulares de direito sobre as unidades, ou para quantos sobre elas tenham posse ou detenção. Para essa finalidade, são equiparados aos proprietários, salvo disposição em contrário, os promitentes compradores e os cessionários de direitos relativos às unidades autônomas (§ 2º do art. 1.334).

Estabelece o parágrafo único do art. 1.333 que, para ser oponível contra terceiros, a convenção do condomínio deverá ser registrada no Cartório de Registro de Imóveis. Importante ressaltar que a Convenção de Condomínio somente poderá ser registrada após a criação do condomínio especial, o que se faz a partir do registro de sua instituição, e antes disso não existe a figura jurídica do condomínio, o qual permite o registro de uma convenção. Nesse ponto, poderíamos ir mais além, afirmando, que o registro da instituição do condomínio já exigiria o concomitante registro da convenção, pois não se pode admitir a criação de um condomínio sem o registro das regras que o devam reger;

Segundo o art. 1.358-B do Código Civil a multipropriedade rege-se pelas disposições estabelecidas para o Condomínio Edilício e de forma supletiva e subsidiária pelas demais disposições do Código Civil.

IV – o penhor de máquinas e de aparelhos utilizados na indústria, instalados e em funcionamento, com os respectivos pertences ou sem eles.

Trata-se do chamado penhor industrial ou mercantil (quando a obrigação que se vise garantir tenha sido contraída por comerciante ou empresário no exercício de sua atividade econômica), regulado pelo Código Civil e que será objeto de análise em capítulo específico;

V – as convenções antenupciais.

As convenções antenupciais são os pactos estabelecidos entre os nubentes, visando a regulamentação patrimonial durante a vigência do casamento. Como as convenções só terão validade após o casamento, o primeiro requisito para o registro delas é que o casamento tenha sido efetivado, visto que tais convenções são elaboradas em momento anterior ao casamento e apresentadas durante seu processo de habilitação. Nesse momento são consideradas apenas uma declaração de intenções sem efetividade imediata. Somente após a efetiva realização do casamento é que as convenções antenupciais passam a ser aplicadas ao casal.

O art. 244 da Lei n. 6.015/73 estabelece que as escrituras antenupciais serão registradas no Livro n. 3 do cartório do domicílio conjugal, sem prejuízo de sua averbação obrigatória, no lugar da situação dos imóveis de propriedade do casal, ou dos que forem sendo adquiridos e sujeitos a regime de bens diverso do comum, com a declaração das respectivas cláusulas, para ciência de terceiros, ou seja, somente após o registro no Livro n. 3 é que tais convenções passarão a produzir efeitos perante terceiros.

A lei fala que o registro se fará no domicílio conjugal, mas não deixou claro se haveria necessidade de novo registro toda vez que este fosse alterado para uma circunscrição diversa. O entendimento que se consolidou a respeito é no sentido de que bastaria o registro no primeiro domicílio conjugal, visto que o pacto deve ser registrado logo após o casamento. Este entendimento, todavia, não vedou que, caso as partes desejem por qualquer motivo realizar novamente o registro na nova circunscrição, quando da alteração do domicílio conjugal, este possa ser efetivado.[2]

Para garantir a publicidade da existência do pacto em todos os imóveis que os nubentes tinham ou venham a ter após o casamento, exigiu a lei que se faça a averbação das cláusulas que o diferencie do regime comum em todas as matrículas referentes a estes imóveis. Nessa averbação, deve constar também o número de registro e Cartório do registro do pacto, bem como os dados da escritura que o instituiu, para que os terceiros interessados em conhecer mais sobre ele saibam onde obter informações;

VI – os contratos de penhor rural.

O penhor rural divide-se em penhor agrícola e penhor pecuário. No que se refere ao penhor pecuário, encontramos uma divisão, visto que o art. 127, IV, da Lei n. 6.015/73 dispõe que os contratos de penhor de animais, não compreendido nas disposições do art. 10 da Lei n. 492/34, serão registrados no Cartório de Títulos e Documentos.

O referido art. 10, por sua vez, dispõe que podem ser objeto de penhor pecuário os animais que se criam pascendo para a indústria pastoril, agrícola ou de laticínios, em qualquer de suas modalidades, ou de que sejam eles simples acessórios ou pertences de sua exploração.

Dessa forma, toda vez que o animal estiver ligado diretamente à produção, seja porque é o próprio produto ou porque faça parte do processo de produção, será caso de penhor pecuário, o qual tem registro no Livro n. 3 da Serventia Imobiliária. Por outro lado, quando o animal não se enquadrar nessas características, como no caso de um cavalo de raça usado apenas para fins de lazer, o registro do penhor sobre ele se dará na Serventia de Registro de Títulos e Documentos.

Cumpre ressaltar ainda, que o penhor de um animal pode ser enquadrado dentro da categoria de penhor agrícola, na hipótese em que o animal for um instrumento de produção, tal como o boi que puxa o arado (art. 1.442, V, Código Civil Brasileiro).

---

2. São Paulo tem adotado um entendimento mais moderno, que melhor atende ao espírito da norma. A posição atual é que o registro deve ser feito no último (leia-se, atual) domicílio do casal, conforme item 85 do capítulo XX das normas de serviço deste estado.

Os requisitos do título, bem como o detalhamento do instituto, serão analisados mais adiante em capítulo específico.

> VII – os títulos que, a requerimento do interessado, forem registrados no seu inteiro teor, sem prejuízo do ato praticado no Livro n. 2.

Os registros realizados nas matrículas (Livro n. 2) serão feitos por extratos. Da mesma forma se dá no que se refere aos títulos registrados no Livro Registro Auxiliar (Livro n. 3) quando a lei não dispuser de forma contrária. Em decorrência disso, surgiu a possibilidade, trazida pelo art. 178, VII, da Lei n. 6.015/73, de a parte requerer que um título que já tenha sido registrado por extrato o seja também no seu inteiro teor no Livro n. 3. Isso pode ser interessante na medida em que garante que as demais informações contidas no título e que não digam respeito diretamente ao direito registrado (motivo pelo qual teriam ficado de fora do extrato) possam ficar depositadas na mesma serventia, o que facilitaria a publicidade dessas informações, pois o interessado que vislumbrasse o registro principal teria acesso fácil a este complementar.

Comparando esse inciso com os demais do art. 178 da LRP, percebemos uma diferença primordial entre eles: é o único que traz hipótese de registro facultativo, enquanto todos os demais são obrigatórios para que atinjam os fins a que se propõem, notadamente no que se refere à sua oponibilidade *erga omnes*. O fato de a parte optar por esse registro facultativo, todavia, não garante a oponibilidade *erga omnes* a direitos aos quais a lei não a atribuiu. Este registro garante apenas a publicidade desses títulos. Contudo, os direitos contidos nestes estarão assegurados, pois, para que se possa realizar tal registro facultativo, é necessário que se proceda previamente ao registro dos direitos com reflexos reais neles previstos.

Além destes atos, deverão também ser registrados no Livro n. 3 (Registro Auxiliar) os atos de Tombamento definitivo dos bens de propriedade particular. Isso se extrai do art. 13 do Decreto-lei n. 25/37, que dispõe: "O tombamento definitivo dos bens de propriedade particular será, por iniciativa do órgão competente do Serviço do Patrimônio Histórico e Artístico Nacional, transcrito para os devidos efeitos em livro a cargo dos oficiais do registro de imóveis e averbado ao lado da transcrição do domínio". Assim, como a lei determina que haja transcrição do domínio além da averbação da sua notícia à margem do domínio, e como não foi previsto livro especial para tal ato, somente restaria o Livro Registro Auxiliar para que se procedesse à referida transcrição. O instituto do Tombamento também será analisado mais detalhadamente em capítulo específico.

13
Livro n. 2 – Registro Geral (Matrícula)

O Livro n. 2 – Registro Geral é composto pelas matrículas dos imóveis pertencentes à circunscrição imobiliária do respectivo registro. Contudo, é correto se afirmar que todos os imóveis que se encontrem na circunscrição do Registro estarão matriculados neste, principalmente em virtude de três motivos.

O primeiro deles diz respeito à forma de transição eleita pelo legislador quando da mudança do sistema anterior (Decreto n. 4.867/39) para o sistema atual (Lei n. 6.015/73). Para este fim, o legislador elegeu uma transição gradual feita por ocasião do primeiro registro, a ser efetuado na vigência da nova lei (art. 176, § 1º, I, Lei n. 6.015/73), o que significa dizer que todos os imóveis nos quais não ocorreram modificações desde a vigência da referida lei, ou cujas modificações se deram apenas por meio de averbações, continuam apenas transcritos na serventia, não existindo ainda matrícula referente a eles.

O segundo diz respeito às situações em que a serventia foi desmembrada de outra; neste caso, o momento eleito pelo legislador como sendo obrigatória a abertura de matrícula na nova serventia também é a ocasião do primeiro registro a ser efetuado nesta, motivo pelo qual podem existir casos em que o imóvel ainda se encontre transcrito ou matriculado na serventia que detinha anteriormente a competência para a prática de atos sobre o imóvel.

Temos ainda o último, em que nunca se tenha requerido nenhum tipo de ato sobre o imóvel, motivo pelo qual ele não se encontrara no fólio real.

Assim, o que temos é que todo imóvel objeto de título a ser registrado deve estar matriculado no Livro n. 2 – Registro Geral (art. 227, Lei n. 6.015/73); caso este ainda não esteja matriculado, primeiro se deve proceder à abertura da matrícula para, em seguida, nela fazer constar o ato. Contudo, para que isso possa ocorrer, deve decorrer de registro anterior (forma derivada) ou seguir algumas das hipóteses que permite inserir novo imóvel, sem registro anterior (forma originária), no sistema registral. Caso o título enseje somente averbações, estas poderão ser feitas à margem do registro anterior, dispensando a abertura da matrícula neste momento, como mais bem analisado no capítulo que trata sobre as normas de competência do Registro de Imóveis.

Feitas essas considerações, de acordo com o art. 176 da Lei n. 6.015/73, "o Livro n. 2 – Registro Geral – será destinado à matrícula dos imóveis e ao registro ou averbação dos atos relacionados no art. 167 e não atribuídos ao Livro n. 3". O art. 167 referido é o que dispõe sobre as atribuições do Registro de Imóveis, elencando os atos que nele devem ser praticados a título de registro e averbação.

Assim, o Livro n. 2 é composto pelas matrículas que consistem num histórico dos direitos reais sobre o imóvel, no qual serão lançados todos os registros e averbações relativos a ele. O Livro n. 2, como já visto, poderá ser substituído por fichas, forma mais comumente adotada pelos Registradores e que permite que todas as informações sobre o imóvel fiquem agrupadas, sem necessidade da utilização de livros de transporte na hipótese de se esgotar o espaço reservado para os atos no livro original.

Caso o registrador opte por não substituir o Livro n. 2 por fichas, poderá abrir e escriturar até 10 livros de Registro Geral, obedecendo, neste caso, a sua escrituração ao algarismo final da matrícula, sendo as matrículas de número final 1 feitas no Livro n. 2-1, as de final 2 no Livro n. 2-2, e assim sucessivamente, conforme dispõe o art. 181 da Lei n. 6.015/73.

Segundo o art. 176, § 1º, II, da Lei n. 6.015/73, são requisitos da matrícula:

1) o número de ordem, que seguirá ao infinito.

O número de ordem, como já vimos, não deve ser interrompido de um ano para o outro, ou de um livro para o outro, seguindo sempre ao infinito nos livros da mesma espécie. Este padrão visa reforçar a continuidade do serviço e a sequência dos atos. Também não é adequado usar letras ou outras formas para criar mais de uma matrícula com o mesmo número (ex.: Matrículas 1.060, 1.060-A e 1.060-B. Deve existir apenas a 1.060);

2) a data.

A data referida corresponde à data em que é aberta a matrícula, sendo que cada ato praticado nela também possuirá a data em que foi realizado, seja esta ou não a mesma data da abertura da matrícula, bem como a data de protocolização do título que lhe deu ensejo, pois os efeitos do registro retroagem à data de sua protocolização (art. 1.246 do CC), momento de ingresso deste na serventia imobiliária;

3) a identificação do imóvel, que será feita com a indicação:

a) se rural, do código de imóvel, dos dados constantes do CCIR, da denominação e de suas características, confrontações, localização e área;

b) se urbano, de suas características e confrontações, localização, área, logradouro, número e de sua designação cadastral, se houver.

Essas indicações podem ser completadas pelo disposto no art. 225 da Lei n. 6.015/73, que determina que os tabeliães, escrivães e juízes farão com que, nas escrituras e nos autos judiciais, as partes indiquem, com precisão, os característicos, as confrontações e as localizações dos imóveis, mencionando os nomes dos confrontantes e, ainda, quando se tratar só de terreno, se esse fica do lado par ou do lado ímpar do logradouro, em que quadra e a que distância métrica da edificação ou da esquina mais próxima, exigindo dos interessados certidão do registro imobiliário. Dispondo, ainda, que se consideram irregulares, para efeito de matrícula, os títulos nos quais a caracterização do imóvel não coincida com a que consta do registro anterior.

Esses elementos compõem a chamada especialidade objetiva do imóvel, ou seja, compõem os elementos suficientes para adequadamente descrever o imóvel de modo que este não poderá se confundir com nenhum outro, devendo estar completos para que esta seja garantida;

4) o nome, domicílio e nacionalidade do proprietário, bem como:

a) tratando-se de pessoa física, o estado civil, a profissão, o número de inscrição no Cadastro de Pessoas Físicas do Ministério da Fazenda ou do Registro Geral da cédula de identidade, ou, à falta deste, sua filiação;

b) tratando-se de pessoa jurídica, a sede social e o número de inscrição no Cadastro Geral de Contribuintes do Ministério da Fazenda.

Os dados citados formam a especialidade subjetiva do imóvel, ou seja, formam a qualificação das pessoas titulares de direitos sobre o imóvel. Estes dados também devem estar completos; caso não estejam, é necessário que a parte requeira a sua complementação mediante apresentação de documentos oficiais que os comprovem;

5) o número do registro anterior.

O número do registro anterior é um elemento imprescindível para que o registrador consiga traçar a história do imóvel. A partir da abertura da matrícula, todos os atos que devam ser praticados no imóvel serão praticados na sequência em que foram apresentados. Todavia, antes da abertura da matrícula, existe a possibilidade de este imóvel já ter sido anteriormente matriculado ou transcrito, caso em que a história dele se inicia antes da abertura da matrícula atual. Nesse caso o número do registro anterior é que possibilitará o acesso a esses registros anteriores.

É muito comum no meio imobiliário que as pessoas se refiram à certidão vintenária do imóvel, que nada mais é do que uma certidão que abrange o histórico do imóvel nos últimos vinte anos. Esses dados não necessariamente se encontram em uma única matrícula, caso em que será necessário recorrer ao número do registro anterior e, assim, puxar o histórico da propriedade até que se complete o período desejado.

Em termos de curiosidade, esse período de 20 anos foi utilizado por ser o prazo máximo da usucapião no Código Civil de 1916, bem como por haver a regra de que não se cancela a aquisição de um imóvel cujo adquirente já tenha reunido em suas mãos todas as condições da usucapião, por questões de economia processual, uma vez que, mesmo que fosse decretada a invalidade da aquisição, o imóvel retornaria para as mãos do adquirente, visto que este já o teria adquirido por meio da prescrição aquisitiva, como veremos mais detalhadamente no capítulo que trata do cancelamento do registro. Assim, tinha-se que o comum era a análise dos títulos anteriores até o prazo máximo da usucapião, para garantir a inexistência de vícios que poderiam invalidar um dos elos da cadeia registrária e, assim, atingir a pessoa que estaria se valendo da titularidade constante da matrícula para a prática de algum ato. Levando-se em conta que o prazo máximo da usucapião, após o Código Civil de 2002, passou a ser de 15 anos, para esta finalidade atualmente basta que se requisite uma certidão que relate o histórico do imóvel nos últimos 15 anos.

6) tratando-se de imóvel em regime de multipropriedade, a indicação da existência de matrículas, para cada fração de tempo.

Por fim, a Lei 13.465/2017 alterou a LRP, introduzindo nesta o artigo 235-A. Por este artigo, foi criado o Código Nacional de Matrícula (CNM), que corresponde à numeração única de matrículas imobiliárias em âmbito nacional, sendo constituído de 15 (quinze) dígitos, organizados em 4 (quatro) campos obrigatórios, observada a estrutura

"CCCCC.L.NNNNNNN-DD". Cada matrícula de cada serventia terá sua própria CNM, sendo, inclusive, previsto que o CNM referente a matrícula encerrada ou cancelada não poderá ser reutilizado. A regulamentação desta norma foi dada pelo provimento 89/2019 do Conselho Nacional de Justiça.

A partir da data de implantação do Sistema de Registro Eletrônico de Imóveis - SREI, os oficiais de registro de imóveis devem usa a CNM para as matrículas que forem abertas e renumerar as matrículas existentes quando do primeiro ato a ser lançado na matrícula ou na hipótese de extração de certidão. O provimento determinou ainda, de forma questionável, uma vez que é questão que deve ser regulado em lei, serem gratuitos o ato de averbação de renumeração das matrículas existentes, bem como a comunicação da abertura de nova matrícula à serventia originária.

Não confundir isto com a exigência administrativa, normalmente constante dos códigos de normas dos diversos estados da federação, de que o registro de imóveis conste em todas as matrículas o Código Nacional da Serventia (CNS). Esse código é o número de cadastramento que cada serventia recebe perante o CNJ, sendo único e servindo para individualizar cada cartório. Difere da CNM pois está irá individualizar cada matrícula do registro de imóveis em nível nacional e, inclusive, em sua composição incluirá até o CNS do cartório.

Quanto às regras de preenchimento da matrícula, temos ainda que no alto da face de cada folha do livro será lançada a matrícula do imóvel, o que vale dizer que serão lançados os requisitos analisados até agora e descritos no art. 176 da Lei n. 6.015/73, quais sejam, a data, o número de ordem, a qualificação objetiva e subjetiva do imóvel, bem como o registro anterior. Encerrada essa caracterização inicial do imóvel, no espaço restante e no verso serão lançados, por ordem cronológica e em forma narrativa, os registros e averbações dos atos pertinentes ao imóvel matriculado (art. 231, Lei n. 6.015/73). Sendo inteiramente preenchido o espaço restante na frente e no verso, será feito o transporte para a primeira folha em branco do mesmo livro, ou do livro da mesma série que estiver em uso, onde continuarão os lançamentos, com remissões recíprocas. Se o Registrador optar por usar o sistema de fichas, será aberta uma nova ficha que será a continuação da primeira, apenas indicando, pela numeração, de que se trata de outra ficha (Exemplo: ficha 1, ficha 2, ficha 3 etc.).

Cada lançamento de registro será precedido pela letra "R", e o da averbação pelas letras "AV", seguindo-se o número de ordem do lançamento e o da matrícula (exemplos: R-1/1, R-2/1, AV-3/1, R-4/1 etc.).

Por fim, importante observar que, nos termos do artigo 230 da LRP, se a matrícula nova for decorrente de outra anterior, é fundamental que haja o transporte para a nova de todos os ônus ainda subsistentes na anterior, com remissão ao registro que a fez surgir.

14
Livro de Aquisição de Imóveis Rurais por Estrangeiros

O Livro de Aquisição de Imóveis Rurais por Estrangeiros está previsto na Lei n. 5.709/71, e seu regulamento é feito pelo Decreto n. 74.965/74. Destina-se ao controle de aquisição de imóveis rurais por estrangeiros, evitando que estes adquiram imóveis no Brasil sem controle algum e em grandes quantidades, criando bolsões dentro do território nacional que podem conduzir ao desejo de separar essas partes do território do restante.

Portanto, este Livro visa auxiliar uma forma mais rígida de controle, tendo como intuito preservar a soberania nacional. O estrangeiro, para adquirir imóvel rural no Brasil, necessita, em regra, de autorização dos órgãos competentes, existindo um limite de terras a ser adquirido em um mesmo Município, por estrangeiros de uma forma geral. Além disso, acima de determinado percentual desse limite máximo de estrangeiros, fica vedada a aquisição de estrangeiros de uma mesma nacionalidade. Esse controle sobre a quantidade de terras e a nacionalidade de seus adquirentes é feito com base no Livro de Aquisição de Imóveis Rurais por Estrangeiros, que contém o lançamento de todas as aquisições de imóveis rurais por estrangeiros dentro de uma serventia, possibilitando que se aufira quanto do território do município se encontra em determinado momento nas mãos de estrangeiros, discriminando esse controle por grupo de nacionalidades.

O livro de aquisição de imóveis rurais por estrangeiros é, então, um livro de controle, um livro auxiliar que não visa constituir, transferir ou extinguir direitos reais, o que é feito com a inscrição no livro próprio, visando apenas manter um apontamento separado desses atos para que se possa ter um mapa claro deles e, assim, auxiliar o controle exigido pela legislação.

Segundo o art. 10 da Lei n. 5.709/71, "os Cartórios de Registro de Imóveis manterão cadastro especial, em livro auxiliar, das aquisições de terras rurais por pessoas estrangeiras, físicas e jurídicas, no qual deverá constar: I – menção do documento de identidade das partes contratantes ou dos respectivos atos de constituição, se pessoas jurídicas; II – memorial descritivo do imóvel, com área, características, limites e confrontações; e III – transcrição da autorização do órgão competente, quando for o caso".

As aquisições de imóveis rurais por estrangeiros que não atenderem ao disposto na regulamentação específica serão nulas (contidas na Lei n. 5.709/71 e Decreto n. 74.965/74) e o oficial será responsabilizado.

Essa questão é abordada com mais detalhes no item 16.7.2.

15
Das Pessoas – Partes, Terceiros Interessados, Requerente e Apresentante

Em vários momentos na Lei de Registros públicos, deparamo-nos com designações como partes, terceiros interessados, apresentantes e requerentes, de modo que é necessário que façamos a distinção entre elas para que possamos entender melhor quem são as pessoas referidas nos atos previstos por essa legislação.

Assim, partes são as pessoas que figuram diretamente no ato jurídico levado a registro, tais como compradores, devedores, doadores, donatários, credores etc.

O art. 220 da Lei n. 6.015/73, buscando uma uniformidade de designação para credores e devedores, trouxe que: são considerados, para fins de escrituração, credores e devedores, respectivamente:

I – nas servidões, o dono do prédio dominante e dono do prédio serviente;

II – no uso, o usuário e o proprietário;

III – na habitação, o habitante e proprietário;

IV – na anticrese, o mutuante e mutuário;

V – no usufruto, o usufrutuário e nu-proprietário;

VI – na enfiteuse, o senhorio e o enfiteuta;

VII – na constituição de renda, o beneficiário e o rendeiro censuário;

VIII – na locação, o locatário e o locador;

IX – nas promessas de compra e venda, o promitente comprador e o promitente vendedor;

X – nas penhoras e ações, o autor e o réu;

XI – nas cessões de direitos, o cessionário e o cedente;

XII – nas promessas de cessão de direitos, o promitente cessionário e o promitente cedente.

Contudo, os terceiros interessados são aquelas pessoas que, embora não sejam partes diretas no ato, têm interesse jurídico nele, ou seja, pessoas que poderiam ser afetadas por este ato, por exemplo, aquelas que dependam do registro de título anterior para ver seu título registrado.

O requerente, por sua vez, irá variar de acordo com o ato que se requer. Caso o requerimento seja para que se faça a alteração de algum dos elementos do registro, somente poderá figurar como requerente aquele que figure como parte. Já se o requerimento for para a solicitação de uma informação ou certidão, poderá ser requerente qualquer pessoa que deseje essa informação, como já analisamos no capítulo que trata sobre a publicidade no Registro de Imóveis. Em suma, quando falamos de requerente, este deverá ter os poderes necessários para a prática do ato.

Já o apresentante pode ser qualquer pessoa, independentemente de comprovação de qualquer interesse consoante à regra do art. 217 da Lei n. 6.015, que dispõe: "O registro e a averbação poderão ser provocados por qualquer pessoa, incumbindo-lhe as despesas respectivas".

Um exemplo prático pode ajudar a entender melhor. Já tivemos um caso em que a segunda via de uma escritura de venda e compra de imóvel foi apresentada para registro pelo advogado (apresentante) de um credor (terceiro interessado) do comprador do imóvel com o intuito de poder, em seguida, promover a penhora deste imóvel. Tal ato foi perfeitamente válido e autorizado pela LRP, pois a escritura foi celebrada validamente entre o vendedor e o comprador, o qual apenas evitou de registrá-la por querer ocultar o bem de seus credores.

16
Sistemas Registrais Imobiliários

O estudo comparado dos sistemas registrais imobiliários se mostra de grande importância para o profissional relacionado com o direito notarial e registral, não só para que entendamos o funcionamento, alcance e objetivos do sistema adotado pelo Brasil, como também para que consigamos identificar os pontos positivos e negativos desse Sistema, visando o seu aperfeiçoamento.

O funcionamento do Sistema Registral Imobiliário de cada país tem reflexos diretos em sua economia, tendo em vista que objetiva garantir a segurança jurídica nas transações sobre direitos reais e, como consequência disso, fomenta a segurança do crédito por meio da proteção aos direitos reais de garantia, gerando negócios e desenvolvimento que levam ao aquecimento da economia.

Sendo assim, Sistema Registral pode ser definido como o conjunto de regras e princípios acerca da criação, modificação e extinção dos direitos reais. Engloba não só a tutela desses direitos, como também a liberdade de contratar sobre eles e os efeitos decorrentes da sua publicidade inscritiva.

Cabe lembrar que os direitos reais se diferenciam dos pessoais ou obrigacionais, na medida em que os primeiros vinculam uma pessoa a um objeto, sendo essa relação oponível *erga omnes*, do que decorre o chamado direito de sequela. Já os direitos pessoais vinculam duas pessoas entre si, as quais podem até dispor sobre determinado objeto, mas a vinculação ocorre somente entre as partes que contrataram, não obrigando terceiros que não participaram do negócio a respeitá-lo.

Existem diversas formas de classificações dos principais Sistemas Registrais, sendo que por ora trataremos apenas das mais comuns, visando manter a didática e o foco desta obra.

Assim, do ponto de vista formal, os Sistemas Registrais se dividem em:

- SISTEMAS DE TRANSCRIÇÃO: nessa categoria os sistemas copiam ou transcrevem a totalidade do título apresentado sem se preocupar em extrair dele somente seus aspectos reais, de modo que o registro fica permeado por aspectos puramente obrigacionais. Exemplo desse tipo de sistema é o francês, no qual o registro consiste no arquivamento em pastas organizadas por pessoa, nas quais se arquivam os títulos de transmissão.[3]

---

3. Não confundir em decorrência do nome esta modalidade de sistema registral com as nossas antigas transcrições, visto que não se tratava de cópia fiel do título, mas, sim, de extrato do documento apresentado, enquadrando-se na categoria INSCRIÇÃO.

- SISTEMAS DE INSCRIÇÃO: o assento registral corresponde a um extrato do título, extraindo deste apenas as disposições que têm caracteres de direito real. Somente tais caracteres são suscetíveis de publicação por meio do registro em função dos efeitos dele decorrentes (validade perante terceiros). Exemplo deste tipo de sistema é o brasileiro.

- SISTEMAS DE CLASSIFICAÇÃO: os livros de registro apresentam previamente compartimentos ou campos, nos quais se revela abreviadamente o direito resultante do documento. Esses livros se apresentam como um formulário pré-impresso em que só se preenchem as lacunas. Essa categoria é apropriada para as legislações em que se tenha estabelecido taxativamente quais são os direitos inscritíveis (*numerus clausus*), posto que os direitos neste caso estão tipificados em sua enumeração e em seu conteúdo. É típico do sistema alemão, no qual existe uma forma rígida de como deve ser apresentado o título, de modo que assim se preenche no livro apenas o nome do título e, em seguida, seus elementos que admitem variação.

Sob o ponto de vista da organização, temos os seguintes Sistemas:

- SISTEMAS DE FÓLIO REAL: nestes a organização do registro sé dá com base no objeto, ou seja, todos os lançamentos de direitos reais são estruturados em função do imóvel ao qual estes direitos se refiram. É o que ocorre no nosso sistema atual, onde os direitos reais são estruturados em matrículas, as quais por sua vez são divididas por imóveis, sendo que a cada matrícula corresponde um imóvel.

Observa-se claramente essa característica com a leitura do art. 176, § 1º, I, da LRP, que assim dispõe:

> Art. 176, § 1º, "I – cada imóvel terá matrícula própria, que será aberta por ocasião do primeiro registro a ser feito na vigência desta Lei; (...)"

- SISTEMAS DE FÓLIO PESSOAL: nestes a organização se dá em virtude das pessoas envolvidas na relação obrigacional, independentemente do imóvel que esteja envolvido na transação. Muitos doutrinadores defendem que o sistema anterior ao atual no Brasil, ou seja, o sistema das transcrições, assemelhava-se mais ao Sistema de Fólio Pessoal do que ao Sistema de Fólio Real. O sistema anterior não era organizado por imóveis, os lançamentos eram feitos por tipo de ato e na sequência cronológica em que foram apresentados, e a única forma de seguir o histórico dos atos praticados sobre o imóvel seria por meio do indicador pessoal da serventia; isso porque este sistema, como não tinha foco no imóvel, permitia que a descrição dele fosse diferente a cada negócio.

Sob o ponto de vista dos efeitos que o registro produz, temos:

- 1) SISTEMAS DE INOPONIBILIDADE ou, ainda, SISTEMAS DE REGISTROS DE DOCUMENTOS ou SISTEMA DECLARATIVO (Ex.: Sistema Francês);
- 2) SISTEMAS DE REGISTRO DE DIREITOS ou, ainda, SISTEMA CONSTITUTIVO:

- a) SISTEMAS DE PRESUNÇÃO DE EXATIDÃO OU DE FÉ PÚBLICA OU SISTEMAS DA INSCRIÇÃO CONSTITUTIVA RELATIVA (Ex.: Sistema Alemão);
- b) SISTEMAS DE INATACABILIDADE (Ex.: Sistema Australiano).

Essa é a classificação relacionada ao valor jurídico da publicidade gerada pelos assentos que se praticam no Registro de Imóveis. Assim, o sistema registral, de acordo com essa classificação, pode desde simplesmente dar publicidade do direito imobiliário inscrito até servir como base para o próprio surgimento deste.

16.1 SISTEMAS DE INOPONIBILIDADE, SISTEMAS DE REGISTRO DE DOCUMENTOS OU SISTEMA DECLARATIVO

A característica primordial desses tipos de sistemas consiste em que neles o surgimento do direito real não se dá com o registro, mas, sim, com o surgimento do título, sendo que o registro dele se limita a dar mera publicidade do direito preexistente.

Nesses tipos de sistemas, a constituição do direito real é inteiramente independente do instituto registral. Todavia, apesar de a ausência do registro não prejudicar a existência do direito real, seu efeito *erga omnes* exige a presença da notoriedade. Desse modo, quem inscreve seu título aquisitivo no registro fica a salvo de quaisquer reclamações que formulem aqueles que, em data anterior ou ao mesmo tempo, adquiriram o mesmo direito ou outro incompatível com o inscrito e não procederam ao seu registro, ou o fizeram posteriormente.

Dentre os sistemas, existem gradações nos efeitos do registro, variando desde aquele em que o título não registrado não vale apenas contra aquele que for com ele contraditório e estiver registrado até aquele em que a validade perante qualquer pessoa, inclusive aquela que não possuir título algum, está condicionada ao registro.

Sendo assim, nesses tipos de sistemas, se houver dois títulos válidos sujeitos ao registro para os fins de validade perante terceiros, prevalecerá aquele que foi primeiro registrado.

Em termos práticos, esses sistemas registrais consistem no arquivamento de títulos que servem de prova pré-constituída em eventuais demandas judiciais. Fazem parte desse grupo, dentre outros, os sistemas francês, italiano e português. Como o sistema francês é o mais famoso dentre estes e serve muitas vezes como ponto de contraposição ao sistema brasileiro em debates, passamos a uma análise um pouco mais detalhada de seu funcionamento.

16.2 SISTEMA FRANCÊS

Mecanicamente consiste no arquivamento de uma cópia do documento que caracteriza o direito real apresentado em pastas organizadas por pessoas. Nestas pastas, anexam-se os títulos por ordem cronológica até que, ao chegar a um determinado volume, são encadernados.

Os documentos são apresentados em duas vias, ficando uma arquivada no Registro e sendo a outra devolvida à parte com as indicações do número do registro e da pasta do arquivamento.

Apesar de o arquivamento ser feito por pessoa, existe um sistema de interligação dos dados dos respectivos índices referentes a cada imóvel para facilitar as buscas. Algo semelhante ao nosso indicador real, mas que não conteria o número da matrícula daquele imóvel, e sim o número e pastas de arquivamento de todas as transações referentes a ele.

Adota os princípios da publicidade material registral restrita, ou seja, as informações constantes do registro imobiliário só poderão ser acessadas pelas pessoas que demonstrarem legítimo interesse.

Também se filia ao princípio de *numerus clausus* dos direitos inscritíveis, o que significa dizer que somente serão admitidos a registro os direitos previamente estipulados por lei e nos limites desta.

A obrigatoriedade da inscrição ainda estabelece um prazo de três meses para ela, sob pena de imposição de multa e responsabilidade por quaisquer prejuízos que o atraso na inscrição cause a terceiros.

Exige-se que nenhum documento possa ser publicado sem que previamente o tenha sido o do transmitente, fazendo, assim, um controle da disponibilidade dos direitos levados a registro mediante exigência da continuidade deles.

Os direitos reais se transmitem pelo consentimento das partes legitimamente manifestado, independentemente de inscrição. A inscrição funciona como forma de oponibilidade a terceiros, de modo que os títulos não inscritos não prejudicam terceiros que tenham direitos concorrentes sobre o mesmo imóvel e que tenha levado estes direitos a registro.

Encerradas as breves considerações ao sistema francês, passamos à análise das demais classes de sistemas, do ponto de vista dos efeitos que a inscrição imobiliária produz.

Devemos ressalvar que as duas demais classes são uma subdivisão dos chamados sistemas de direitos ou sistemas constitutivos, nos quais o que ingressa no registro não são apenas as informações acerca dos títulos formadores do direito real, mas, sim, o título para a própria constituição deste direito real.

Em decorrência dessa mudança de paradigma, o ato de inscrição passa a ser mais rígido, sendo revestido de uma análise da legalidade e cercado por uma série de princípios que devem ser analisados no ato da inscrição, visando trazer mais segurança ao sistema.

Assim, nesses tipos de sistemas, o direito só será inscrito quando o registrador auferir que não prejudicará nenhum outro direito real já inscrito nos termos da legislação vigente, e que o pedido de registro atende aos requisitos legais para a inscrição.

16.3 SISTEMA DE PRESUNÇÃO DE EXATIDÃO OU DE FÉ PÚBLICA OU SISTEMA DE INSCRIÇÃO CONSTITUTIVA RELATIVA

Como já vimos, por fazerem parte dos Sistemas de Direitos ou Sistemas Constitutivos, a constituição do direito real se dá pelo registro, motivo pelo qual o ingresso no Registro de Imóveis passa por um rígido controle para garantir a eficácia do sistema. O que diferencia os sistemas integrantes dessa classe é o maior ou menor grau de presunção de que os direitos inscritos correspondem à realidade adotada por eles. Sendo assim, a regra é que a pessoa que figura no Registro de Imóveis como titular de um direito real o é na realidade, salvo a possibilidade em maior ou menor grau de impugnação do registro.

Dentre os sistemas enquadrados nessa categoria, o que mais se destaca é o alemão, o qual, por ter alguns pontos de contato com o sistema brasileiro, merece um estudo comparado.

16.4 SISTEMA ALEMÃO

Para este sistema, como para todos os Sistemas de Direitos ou Constitutivos, o contrato é um instrumento produtor de obrigações sem força para transmitir ou constituir o direito real. É um primeiro passo a ser seguido, constituindo uma fase chamada obrigacional.

Encerrada essa fase, inaugura-se outra (Auflassung) na qual o intuito de transferir ou criar o direito real deve ser manifestado diante do Registro Imobiliário. Essa manifestação deve ser clara e definitiva, não se admitindo que se faça sob condição ou termo. Essa fase é necessária nesse Sistema, para que se desvincule o título que originou o direito real do registro, fazendo com que o Sistema possua uma presunção absoluta de veracidade, ou seja, o direito, uma vez levado ao registro, é válido, independentemente de se verificar posteriormente que o título que lhe deu origem possuía algum vício que possibilitaria a sua invalidação.

Existe assim, diferentemente do que ocorre no sistema brasileiro, uma fase intermediária entre o contrato puramente obrigacional e o registro, mas é somente com o registro que se opera a transferência do domínio. Dessa forma, só será proprietário aquele em nome de quem se encontra registrado o imóvel. Nesse ponto, assemelha-se ao sistema brasileiro, todavia vai além ao dar presunção absoluta de veracidade ao conteúdo do registro: "o que está no registro é exato, porque o registro diz",[4] como já citamos anteriormente. Desse modo, mesmo que posteriormente se prove ser nula ou anulável aquela transmissão, tendo ela ingressado no fólio real estará convalidada a bem da segurança jurídica decorrente do Sistema.

Essa característica decorre do chamado princípio da abstração adotado pelo sistema alemão. Esse princípio estabelece que os contratos obrigacionais ou causais e o contrato real (que autoriza a inscrição) são por princípios independentes um do outro. Em con-

---

4. Enneccerus, Kipp, Wolff. *Tratado de derecho civil*. Barcelona: Bosch, 1935, p. 136, citados por Victor Hugo Tejerina Velázquez.

sequência disso, qualquer vício existente no contrato criador não se estende ao contrato real. O contrato real é abstrato e tem como elemento objetivo o acordo das partes sobre a modificação jurídica do direito real, não fazendo parte dele o contrato obrigacional.

Apesar de o contrato obrigacional não ser mencionado no contrato real (o que limparia a existência de possíveis vícios), o registrador para aceitar a inscrição deve analisar também esse contrato obrigacional, para evitar que, caso esses contratos possuam algum tipo de vício, o direito ali iniciado chegue a se tornar um direito real. Desse modo, deve o registrador comprovar a legalidade do processo como um todo para que defira o pedido de inscrição, e, caso se perceba algum vício no direito obrigacional antes que ele tenha ingresso no registro e assim crie o direito real, este será apontado como impedimento para a prática do ato. Com a inscrição, todavia, fica definitivamente concluída a modificação jurídico-real, tendo o direito real presunção absoluta de veracidade.

O registro imobiliário alemão é público, todavia esta publicidade não é ilimitada como ocorre no Brasil. O acesso às informações é restrito àqueles que tiverem interesse jurídico justificado (proprietário ou adquirente do direito).

O sistema alemão também se baseia no princípio do trato sucessivo (continuidade), o qual exige a necessidade de inscrição prévia de quem outorgou o direito para a efetivação do registro deste, uma vez que ninguém pode outorgar mais direitos do que possui.

16.5 SISTEMA DA INATACABILIDADE OU SISTEMA DA INSCRIÇÃO CONSTITUTIVA ABSOLUTA OU SUBSTANTIVA

Como já visto, essa classe de sistemas faz parte dos Sistemas de Direitos ou Sistemas Constitutivos, nos quais a constituição do direito real só se dá com o registro no título na serventia registral imobiliária competente. Todavia, o diferencial dessa classe específica encontra-se no fato de que a proteção do registro não se baseia somente na presunção absoluta de realidade da inscrição, que também é característica deles, mas principalmente na sistemática de formação dessa inscrição que gera a inatacabilidade do direito.

Para se ter o primeiro acesso ao fólio real nessa classe de sistemas, o direito real passa por uma minuciosa averiguação para garantir sua veracidade e realidade, sendo que, caso o referido direito seja considerado apto, gerará um título em duplicata, sendo uma via mantida no registro e outra entregue ao titular solicitante da inscrição.

As transmissões posteriores devem ser anotadas em ambos os títulos; em caso de divergência, prevalece o conteúdo da via arquivada no registro. Esse sistema tem como seu maior exemplo o sistema australiano, que inspirou o Sistema Torrens no Brasil, e guarda com ele muita semelhança.

16.6 SISTEMA AUSTRALIANO

Conhecido pelo nome de "Sistema Torrens", foi criado por Robert Richard Torrens, visando dar uma opção de segurança para as propriedades que não tinham títulos provindos da Coroa na Austrália (os quais eram inatacáveis). Em decorrência disso, criou um sistema de "matriculação" para esses imóveis. Esse sistema era voluntário, mas, uma vez realizado, enquadrava o direito real no sistema registral, tornando-o inatacável e criando um título único e absoluto.

Para se proceder a essa "matriculação", é necessário apresentar solicitação de inscrição acompanhada de plantas, memoriais e toda sorte de documentos, visando caracterizar perfeitamente o imóvel e a titularidade. Essa documentação passa pelo crivo de juristas, engenheiros, topógrafos e outros profissionais habilitados que sejam necessários para se chegar com exatidão aos característicos da propriedade.

Em seguida, procede-se a uma publicação acompanhada dos documentos apresentados e dos laudos obtidos, bem como da individualização da propriedade e dos proprietários, fixando prazo para que possíveis terceiros prejudicados venham a se opor. Vencido esse prazo sem impugnação, é emitido o título de propriedade. Após isso, a cada transmissão do direito real do título, ou se renova o procedimento, cancelando o título anterior e emitindo um novo em nome do novo titular, ou se procede à tradição desse título mediante endosso.

Observe que o título é emitido em função do que foi apurado no registro e está registrado de modo que o registro nesse caso é constitutivo, sendo o título uma mera prova do que está registrado.

16.7 SISTEMA BRASILEIRO

O sistema brasileiro é eclético, um misto entre sistemas declarativos e constitutivos. Em regra, apresenta-se na forma constitutiva, mas existem casos em que se admite a alteração do direito real independentemente do registro (sistema declarativo), como ocorre nas hipóteses de aquisição originárias e de sucessão *causa mortis*. Nessas hipóteses, o registro visa apenas atingir o requisito da publicidade do direito real que já se formou em ato anterior e atender ao princípio da continuidade no momento em que vier a ocorrer nova alteração no direito real.

Podemos observar o caráter declarativo da inscrição dos direitos decorrentes da sucessão hereditária no art. 1.784 do Código Civil, que dispõe: "Aberta a sucessão, a herança transmite-se, desde logo, aos herdeiros legítimos e testamentários". Neste caso, o titular já adquiriu o direito, no momento da morte do proprietário, pelo chamado princípio da *saisine*, tanto que se usa a situação do momento do falecimento para que se proceda ao inventário e à partilha, mesmo que estes sejam realizados em momento futuro em que essa situação inicial já se alterou.

Em sua forma constitutiva, o sistema registral brasileiro se assemelha muito ao alemão, sendo que a maior diferença entre os dois sistemas reside na diferença no grau de presunção de veracidade atribuída ao registro. No sistema alemão, como anteriormente já analisado, uma vez inscrito o título, esta inscrição traz em si presunção absoluta (*juris et de jure*) do direito real nele inserto. O que significa dizer que eventuais vícios existentes no contrato obrigacional que lhe deu origem não afetarão o direito real dele decorrente, resolvendo-se a questão para o prejudicado tão somente na esfera indenizatória.

Já no Brasil, o registro traz em si apenas uma presunção relativa (*juris tantum*) de veracidade do direito real que materializa. Nesse sentido, temos o § 2º do art. 1.245, que estabelece que "enquanto não se promover, por meio de ação própria, a decretação de invalidade do registro, e o respectivo cancelamento, o adquirente continua a ser havido como dono do imóvel". Desse modo, no Brasil, se houver qualquer tipo de invalidade no título obrigacional originário do direito real, pode o prejudicado procurar a esfera jurisdicional para declarar a consequente invalidação do registro dele decorrente.

Então, no sistema brasileiro, defeitos do contrato contaminam o registro, podendo gerar sua invalidação, e mesmo que o adquirente estivesse de boa-fé estaria sujeito à perda do direito real, resolvendo-se a questão para ele no âmbito indenizatório. No sistema alemão, por sua vez, a mesma situação seria resolvida de forma diversa. Aquele que tivesse inscrito o direito real com ele permaneceria, sendo o prejudicado pela invalidade existente no contrato obrigacional quem deveria se contentar com a esfera indenizatória.

A publicidade material no sistema brasileiro também se difere do alemão, uma vez que qualquer pessoa pode aqui no Brasil solicitar certidões dos atos registrados independentemente de demonstrar seu interesse jurídico. Nesse sentido, encontramos o art. 17 da Lei n. 6.015/73, que assim dispõe: "Qualquer pessoa pode requerer certidão do registro sem informar ao oficial ou ao funcionário o motivo ou interesse do pedido". Todavia, no sistema alemão, para que a pessoa obtenha informações, é necessário que ela demonstre seu interesse, devendo ser o titular do direito real ou a pessoa que o está adquirindo.

Vistos em linhas gerais e de forma comparada os principais aspectos do sistema registral brasileiro, destacamos que na realidade todo o analisado se refere à regra em termos de sistema no Brasil, mas que existem outras modalidades de Sistema Registral convivendo no nosso país para algumas situações específicas, tais como o Sistema Torrens, o Sistema de Propriedades Públicas e o Sistema de Aquisição de Imóveis Rurais por Estrangeiros, sendo que este último, apesar de se inserir no sistema geral, apresenta algumas peculiaridades que o distinguem e ensejam o seu estudo em separado.

16.7.1 Sistema Torrens

O Sistema Torrens foi implementado no Brasil por Rui Barbosa, tendo a sua base no sistema da Austrália. Surgiu com o Decreto n. 451-B, de 31-5-1890, e sua posterior regulamentação trazida pelo Decreto n. 955-A, de 5-11-1890.

Apesar de o referido sistema não ser muito utilizado nos dias de hoje, a sua criação deve ser analisada no contexto histórico em que foi criado para que se possa compreender os motivos de sua criação, bem como se ter uma ideia de porquê, pouco a pouco, foi sendo deixado de lado.

Dessa forma, o Sistema Torrens foi idealizado e implantado em um momento histórico no qual surgiam no Brasil as primeiras regras para a formação de uma sistemática registral, sendo que não fazia muito tempo que tinha surgido a primeira possibilidade de registro centralizado dos direitos de propriedade (1864), sendo essa ainda muito falha na medida em que não abrangia todos os atos relativos à transmissão de imóveis, deixando de fora as transmissões judiciais e *causa mortis*, e ainda declarava que a transmissão não se operava a respeito de terceiros, senão pela transcrição desde a sua data, mas que essa transcrição não induziria à prova do domínio (art. 8º, Lei n. 1.237, de 24-9-1864). Isso sem contar que naquela época a maioria dos imóveis ainda não se encontrava registrada, tendo em vista que anteriormente a essa legislação, mesmo que a parte desejasse realizar o registro de sua propriedade, não encontrava amparo legal, existindo apenas um registro de hipotecas criado pela Lei Orçamentária n. 317, de 31-10-1843, regulamentada pelo Decreto n. 482, de 14-11-1846.

Assim, observa-se que naquele período existia uma grande insegurança no que se refere aos direitos reais no Brasil, sendo esse um grande atrativo para o surgimento de uma opção na qual a parte teria garantida a inatacabilidade de seu direito, uma vez que este ganhasse ingresso no registro.

Feitas essas considerações iniciais, passamos à análise do Sistema em si, que traz como sua principal característica a intocabilidade do direito registrado, ou seja, a impossibilidade de ser desconstituído por terceiros. Nesse sentido, encontramos a lição de Serpa Lopes, em seu Tratado de registros, citado por Nicolau Balbino, em sua obra *Registro de imóveis* – doutrina, prática e jurisprudência (p. 117), que diz: "Finalmente o ponto deveras mais interessante é o valor jurídico dessa inscrição. A ideia de todo sistema Torrens consiste em conferir um direito incontestável a quem se vale do registro e é portador de um certificado. Tem o poder de destruir o titular verdadeiro que se manteve oculto ao público, direito esse que é imolado como direito real e substituído por um simples direito pessoal, consistente numa ação de indenização contra o titular registrado que se aproveitou do erro. No mais, a garantia é imensa. O certificado é um título de propriedade absoluto. Contra o que o possui, a ação de reivindicação não é possível senão no caso de fraude, de erro de limites, ou quando a ação emana de um igual portador de um certificado de título anterior. O certificado, por esse modo, é um título destinado a resistir a toda ação, seja qual for o seu fundamento jurídico".

O trecho citado demonstra claramente que possíveis vícios do título não afetariam a propriedade inscrita no sistema Torrens, bem como demonstra que, caso se verifique posteriormente à sua inscrição que esta abarcou propriedades, ou parte destas, não pertencentes aos transmitentes, tendo o real proprietário se omitido em apresentar sua oposição ao registro, essas propriedades ficam transmitidas ao adquirente com inscrição Torrens, restando àquele que foi despojado de sua propriedade pela inscrição, somente direitos pessoais que em última análise se resolvem na esfera indenizatória. Salvo na hipótese de o proprietário que está perdendo sua propriedade pela inscrição Torrens ser titular do mesmo direito anteriormente que o seu direito prevalecerá. Deixa claro também o autor que se admite a desconstituição ou alteração do registro em caso de fraude ou erro de limites conforme dispõe o art. 76 do referido Decreto n. 451-B.

Passando à análise do instituto, trazendo sua normatização originária, bem como sua adequação às regras atuais, originalmente sua inscrição poderia compreender tanto imóveis urbanos quanto rurais, todavia deixou de ser citado no Código Civil de 1916, o que trouxe grande discussão a respeito de sua revogação. Essa celeuma se finalizou com a entrada em vigor do Código de Processo Civil de 1939, o qual trouxe o instituto em seu art. 457, restringindo-o, porém, aos imóveis rurais, ao dispor que "o proprietário de imóvel rural poderá requerer-lhe a inscrição no registro Torrens".

Desse modo, de 1890 a 1939, foi possível a inscrição de imóveis rurais e urbanos no Sistema de Registro Torrens, sendo que a partir de 1939 ela não é mais permitida pela nossa legislação, o que não significa dizer que não existam até hoje imóveis urbanos com esse registro, tendo em vista que, de acordo com o art. 3º do Decreto n. 955-A, uma vez inscrito nesse sistema, o imóvel não perde mais essa característica, muito pelo contrário. Como bem elucidou Décio Antonio Erpen, em artigo publicado na *Revista de Direito Imobiliário*, 19-20/60, de 1987, trazido pela obra Registro imobiliário: dinâmica registral, v. VI (p. 305), o número de propriedades urbanas vinculadas ao sistema Torrens cresceu muito de 1939 para cá, devido ao aumento das concentrações urbanas que levou ao fracionamento dessas propriedades, tanto mediante desmembramentos laterais como por meio de condomínios horizontais, de modo que, se o imóvel desmembrado ou sobre o qual se constituíram condomínios era filiado ao sistema Torrens, também o serão todos os novos criados a partir dos referidos empreendimentos. Hoje, entretanto, nova inscrição Torrens é perfeitamente possível, estando a legislação que a regulamentou válida e vigente, todavia, esta inscrição na atualidade se restringe aos imóveis rurais.

Assim, se o Código Civil de 1916 não revogou o Sistema Torrens, é certo que ele, ao decretar a obrigatoriedade de um novo sistema registrário comum a todas as propriedades, fez necessária uma análise conjunta dos dois institutos, revogando, ainda que tacitamente, todas as disposições previstas no Decreto n. 451-B e sua regulamentação que fossem conflitantes com o sistema de propriedades previsto no referido Código. Dessa forma, devemos destacar que hoje o Sistema Torrens não existe de forma independente no nosso país, ou seja, ele convive com o sistema principal comum, de modo que a transmissão da propriedade se dá com o registro na matrícula; todavia, a propriedade, uma vez constituída sob o Sistema Torrens, terá os efeitos de presunção absoluta de veracidade em contraposição ao sistema comum, no qual se garante apenas a presunção relativa. Com isso, para que a propriedade venha a ter presunção absoluta de veracidade, se o imóvel for rural é possível que se realize o procedimento de inscrição no Sistema Torrens, sendo que quando da finalização dele será realizado o registro no sistema comum, noticiando que essa propriedade está incursa nos aspectos do Registro Torrens.

Assim, mesmo que o imóvel tenha sido inserto na sistemática Torrens antes do modelo atual de matrículas implantado pela Lei n. 6.015/73, quando esse registro for transportado para o Sistema atual, esse imóvel será matriculado e em seguida já será transportada a notícia de que a propriedade objeto daquela matrícula está inserta no Sistema Torrens, sendo mantida então a sua invulnerabilidade.

Fazendo uma rápida análise de suas características quando da implementação, no momento da inscrição de uma propriedade no Sistema Torrens era feito o assentamento desse fato no Registro de Imóveis e era expedido um Título Torrens, sendo que se possibilitava a ocorrência de alienações e onerações no próprio título mediante endossos e tradição sem que fosse necessária a prévia formalização do negócio causal por meio de ato notarial.

Observa-se com isso a primeira causa de esvaziamento do sistema em nosso país, visto que a garantia inicialmente conferida não se mantinha nas alienações posteriores que se faziam de modo extremamente informal e sem a segurança inicial priorizada pelo Sistema no momento da inscrição. Assim, uma vez emitido o título Torrens, existiam duas formas de transferência da propriedade expressa nele, mediante endosso ou ao se realizar novamente todo o processo para inscrição Torrens, caso em que era cancelado o título anterior e emitido um novo. Na primeira hipótese (transmissão mediante endosso), a inatacabilidade da propriedade permanecia somente até a emissão do título, podendo todas as transmissões procedidas por meio de endosso ser contestadas, visto que não estariam revestidas da presunção absoluta de veracidade do registro.

Como decorrência dessa sistemática de alienações e onerações, o proprietário, quando pretendesse alienar ou gravar seu direito real, deveria estar de posse de seu título Torrens para provar que o imóvel ainda era seu e que estava livre.

Em caso de perda ou destruição do título, o art. 21 do Decreto n. 451-B previa a possibilidade de expedição de novo título, desde que o processo fosse cercado das cautelas ali elencadas, tais como publicações, declarações a respeito de eventuais encargos ou alienações feitas sobre o imóvel etc.

Atualmente não se admite mais alienações ou onerações no próprio título, pois, como já vimos, ele existe em paralelo com o sistema comum, no qual a regra é que a constituição, transmissão ou extinção de direitos reais sobre imóveis só se faz com o registro dos títulos que lhes deram origem no cartório de registro de imóveis competente.

O requerimento de Registro Torrens deve ser feito diretamente perante o oficial de Registro de Imóvel ao qual pertencer a circunscrição do imóvel que se pretenda inscrever nessa categoria. O oficial nesse caso tem o papel de receber e protocolizar os documentos elencados pela lei. Todos os documentos que têm ingresso no Registro de Imóveis devem passar por um juízo de legalidade, conforme analisaremos mais adiante, de forma que, mesmo o documento sendo protocolado no Registro de Imóveis para ser encaminhado para o Juiz competente, este ingresso passará pelo crivo do registrador, que poderá se opor ao pedido por não terem sido cumpridos os requisitos legais ou ainda por verificar discrepâncias entre os dados apresentados e os encontrados na Serventia; neste caso, o oficial concederá 30 dias para que o interessado regularize os problemas apontados pelo Registrador. Essa oposição, como em qualquer outro título, pode ser questionada pela parte que poderá requerer a suscitação de dúvida.

O pedido de Registro Torrens deve ser formalizado por requerimento instruído com os documentos comprobatórios do domínio do requerente com a comprovação de quaisquer atos que limitem ou modifiquem essa propriedade; memorial contendo os encargos do imóvel, os nomes dos ocupantes, confrontantes e quaisquer interessados, indicação das respectivas residências, bem como planta do imóvel com escala de 1/500 a 1/5.000. Caso sobre o imóvel exista ônus reais, o credor deles deve anuir no pedido de Registro Torrens nos termos do art. 279 da Lei de Registros Públicos.

Considerando-se em ordem o pedido, o oficial o encaminhará ao Juízo Cível competente, que, se entender que os documentos justificam a propriedade do requerente, mandará expedir editais, que serão afixados no lugar de costume e publicados uma vez no órgão oficial do Estado e três vezes na imprensa local, se houver. Esse edital deverá ficar afixado pelo prazo de 2 a 4 meses, sendo que a pessoa que se julgar com direito sobre o imóvel, no todo ou em parte, poderá contestar o pedido no prazo de 15 dias contados do final do prazo de afixação do edital. O juiz também ordenará que se notifiquem as pessoas interessadas apontadas, no requerimento e ouvirá o Ministério Público. Se não houver impugnações, o juiz ordenará que se proceda à inscrição do imóvel no sistema Torrens. Havendo impugnações, o procedimento será o ordinário, cancelando-se, mediante mandado, a prenotação, de forma que, caso o pedido seja concedido nas vias originárias, será expedido novo mandado que será um título novo, devendo receber novo número de protocolo na data de seu ingresso.

Percebe-se que o procedimento para a inscrição no sistema Torrens é um procedimento administrativo que deverá correr junto ao Juiz Corregedor Permanente. Caso haja impugnações das pessoas que se sentirem prejudicadas e que atenderam à convocação do edital ou daquelas que foram devidamente notificadas no bojo do procedimento, este resta encerrado, devendo as partes recorrer às vias ordinárias, ou seja, ao processo jurisdicional comum, no qual terão acesso à ampla dilação probatória. Observa-se ainda que o pedido acompanhado dos documentos que o instruírem, como todos os títulos que ingressarem na Serventia Imobiliária, deve ser protocolado. Todavia, esse caso específico não está sujeito à regra geral do prazo de 30 dias para registro em virtude das próprias disposições legais que disciplinam o seu procedimento (notificações, expedições de editais, prazos para contestação etc.), que tornam impossível o cumprimento desse prazo, de forma que o protocolo fica em aberto até que o Juiz determine a inscrição ou o cancelamento do título.

16.7.2 Sistema de aquisição de imóveis rurais por estrangeiros

O Sistema de Aquisição de Imóveis Rurais por Estrangeiros é um sistema paralelo que convive com o comum, tendo o intuito de regulamentar as aquisições de imóveis rurais por estrangeiros com o fim de evitar alienações de partes consideráveis ou estratégicas do território nacional a pessoas estrangeiras, o que poderia comprometer a Segurança e/ou a Soberania Nacional, bem como ameaçar o domínio da infraestrutura nacional, prejudicar o controle imigratório, dificultar o controle dos investimentos estrangeiros no país, dentre várias outras razões.

Deve ser utilizado com o sistema comum, pois não é utilizado como forma constitutiva do direito real, mas, sim, como forma de controle da quantidade e localidade de imóveis rurais adquiridos por estrangeiros, o que é feito em um livro especial existente no Registro de Imóveis denominado Livro de Aquisições de Imóveis Rurais por Estrangeiros.

Assim, o Sistema de Aquisição de Imóveis Rurais por Estrangeiros consiste basicamente em uma série de limitações e restrições à capacidade de pessoas estrangeiras tanto jurídicas quanto físicas, para aquisição de imóveis rurais no território nacional. Essas restrições estão previstas na Lei n. 5.709/71, que foi regulamentada pelo Decreto

n. 74.965/74 e pela Instrução Normativa do INCRA (Instituto Nacional de Colonização e Reforma Agrária) n. 88/2017.

A necessidade de regulamentação no que se refere à aquisição de imóveis rurais por estrangeiros está prevista na Constituição Nacional, que estabelece seu art. 190, que a lei regulará e limitará a aquisição ou o arrendamento de propriedade rural por pessoa física ou jurídica estrangeira e estabelecerá os casos que dependerão de autorização do Congresso Nacional.

Perceba que apesar de a maioria das discussões e polêmicas referentes ao tema ser direcionada à aquisição de imóveis rurais por estrangeiros, a regulamentação sobre o tema não se restringe somente a elas, estendendo-se também aos casos de arrendamentos de terras rurais por estrangeiros.

No que se refere ao arrendamento de terras rurais brasileiras por estrangeiros, encontramos a regulamentação do texto constitucional na Lei n. 8.629/93 que em seu § 1º do art. 23 estabelece que aplicam-se ao arrendamento todos os limites, restrições e condições aplicáveis à aquisição de imóveis rurais por estrangeiro, constantes da Lei n. 5.709/71.Desse modo, observa-se que aplicam-se aos arredamentos de imóveis rurais por pessoas estrangeiras os mesmos preceitos destinados a regulamentar a aquisição destes imóveis pelos estrangeiros, o que passamos a analisar.

O art. 1º da citada lei dispõe que o estrangeiro residente no país e a pessoa jurídica estrangeira autorizada a funcionar no Brasil só poderão adquirir imóvel rural na forma prevista no regulamento.

Desse primeiro artigo, tiramos a restrição mais severa existente na lei em análise, ou seja, a pessoa física estrangeira que não resida no Brasil ou a pessoa jurídica estrangeira que não esteja autorizada a funcionar no Brasil não poderá adquirir imóvel rural situado no território brasileiro (porém, vide importante exceção do artigo 1º, §2º, III, criada pela Lei nº 13.986, de 2020). Esse dispositivo legal visa impedir que estrangeiros adquiram terras rurais no Brasil com a finalidade especulatória, buscando garantir que estes a explorem pessoalmente e assim ajudem no desenvolvimento do país.

O artigo fala em residência e, para melhor entendimento, necessário se faz relembrar a diferença entre os conceitos de residência e habitação ou morada.

Sabemos que residência seria o local de morada da pessoa sem a necessidade de ânimo definitivo, como ocorre com o domicílio, de modo que a pessoa pode ter várias residências, como, por exemplo, a casa em que efetivamente mora com a família e a casa em que passa alguns dias da semana a negócio. Todavia, não podemos considerar qualquer imóvel de propriedade da pessoa como sendo sua residência. A residência exige a fixação do indivíduo e neste ponto se diferencia da habitação ou morada, sendo que nestas a pessoa permanece na casa esporadicamente, como ocorre com as casas de praia, de campo e de veraneio de uma forma geral.

Dessa forma, não basta o estrangeiro possuir um imóvel no país para que esteja caracterizado o requisito de residência. Mesmo que eventualmente ele habite este imóvel, a residência exige uma certa fixação que não precisa ter ânimo definitivo, nem ser exclusiva, mas não se confunde com uma simples habitação. Aliás, não é necessário nem que o estrangeiro possua outro imóvel no país, a residência pode ser exercida em uma casa locada, cedida ou a qualquer título ocupada.

Importante destacar que dentre as condições exigidas pelo INCRA para a concessão de autorização para estrangeiros adquirirem terras rurais no Brasil nos casos exigidos pela Lei n. 5.709/73 (que serão adiante analisados) estão a de ter a pessoa natural estrangeira residência permanente no Brasil e ser inscrita no Registro Nacional de Estrangeiro – RNE, na condição de permanente (art. 2º, III, da Instrução Normativa n. 88/2017 do INCRA).

Devemos também, para entender a real extensão do artigo analisado, conceituar dentro do nosso ordenamento jurídico o que vem a ser uma pessoa jurídica estrangeira e analisar como esse conceito se enquadra no Sistema de Aquisições de Imóveis Rurais por Estrangeiros.

Assim, o art. 1.126 do Código Civil estabelece que é nacional toda sociedade organizada de conformidade com a lei brasileira e que tenha no país a sede de sua administração. Levando-se em consideração esse dispositivo legal, desde que a empresa seja constituída de acordo com a legislação brasileira e tenha sua sede no Brasil, será considerada brasileira. Todavia, para os fins da Lei n. 5.709/71, como estabelece o § 1º do seu art. 1º, fica sujeita ao regime estabelecido por essa lei a pessoa jurídica brasileira da qual participem, a qualquer título, pessoas estrangeiras físicas ou jurídicas que tenham a maioria do seu capital social e residam ou tenham sede no exterior.

Assim, em virtude desse dispositivo teríamos que, mesmo que uma empresa fosse constituída de acordo com a legislação brasileira e tivesse a sua sede no país, portanto uma empresa brasileira, caso a maioria do seu capital social pertencesse a pessoa física com residência no exterior, ou pessoa jurídica com sede no exterior, essa empresa, para os fins de aquisição de imóveis rurais por estrangeiros, seria equiparada às empresas estrangeiras.

Essa regulamentação, porém, foi alvo de muita discussão desde a edição da Constituição Federal de 1988. Em 1994 foi editado o Parecer da Advocacia Geral da União QG-22, que entendeu pela recepção da Lei n. 5.709/73 de uma forma geral frente à Constituição Federal de 1988, excepcionando dessa recepção o § 1º do art. 1º da referida lei, sob o argumento de que o mesmo conflitava com o art. 171, I, da referida Carta Magna, uma vez que o mesmo não admitia restrições às empresas brasileiras, mesmo que controladas por capital estrangeiro, além das previstas no texto constitucional. Isso porque antes do advento da Constituição de 1988 o conceito de empresa brasileira encontrava-se disciplinado em legislação infraconstitucional (art. 60 do Decreto-Lei n. 2.627/40, mantido pelo art. 300 da Lei n. 6.404/76), de forma que não havia nenhum impedimento para que uma norma jurídica da mesma hierarquia pudesse alterar ou restringir esse conceito. Todavia, com a elevação do conceito de empresa nacional para um conceito constitucional a hierarquia das normas impediria a recepção do texto infraconstitucional restritivo, ou seja, o § 1º do art. 1º da Lei n. 5.709/73. Sustentava também que o art. 190 da Constituição dispunha sobre a possibilidade de limitação de aquisição de propriedade rural por estrangeiros, e não por empresa brasileira equiparada à estrangeira, como previa o dispositivo em debate. Apesar de o parecer em análise ter sido aprovado pelo então presidente da República, o mesmo não chegou a ser publicado.

Essa discussão foi amplificada e ganhou novamente destaque em virtude da Emenda Constitucional n. 6/95, que alterou o art. 171 da Constituição da República, retirando de seu texto os conceitos de "empresa brasileira" (art. 171, I) e de "empresa brasileira de capital nacional" (art. 171, II), que seriam os fundamentos do Parecer AGU QG-22/94 para o entendimento de não recepção do § 1º do art. 1º da Lei n. 5.709/71. Em virtude desse fato a Advocacia Geral da União foi solicitada e emitir novo parecer sobre o tema, tendo emitido o Parecer AGU/LA – 181, de 17-3-1997 (aprovado pelo então Presidente da República Fernando Henrique Cardoso e publicado), que entendeu que, apesar da revogação dos dispositivos que teriam embasado o parecer de não recepção do dispositivo em análise, não se operaria no nosso sistema o fenômeno da repristinação, uma vez que, não tendo o dispositivo sido recepcionado, a alteração legislativa posterior não teria o condão de fazê-lo novamente vigorar. Ressaltando, porém, que em vista da ausência de regulamentação constitucional para o conceito de empresa brasileira, aliada ao disposto no art. 172 da Constituição, que estabelece que a lei disciplinará, com base no interesse social, os investimentos de capital estrangeiro, incentivará os reinvestimentos e regulará a remessa de lucros, não haveria mais óbice para que uma nova lei infraconstitucional fosse editada regulamentando o tema. Essa lei nunca veio a ser editada.

Lembrando que, de acordo com o art. 40 da Lei Complementar n. 73/93, os pareceres da Advocacia-Geral da União, quando aprovados pelo Presidente da República, vinculam toda a Administração Pública Federal, cujos órgãos e entidades ficam obrigados a lhes dar fiel cumprimento, sendo que os pareceres aprovados, mas não publicados, obrigam somente as repartições interessadas a partir do momento que estas tenham deles ciência.

Assim, o Parecer da AGU QG-22/94, por não ter sido publicado, não encontrou a repercussão atingida pelo Parecer AGU LA-181/97 que, além de aprovado pelo presidente, foi publicado vinculando toda a Administração Pública Federal, e, apesar de os Serviços Extrajudiciais não fazerem parte da Administração Pública direta, os órgãos competentes para a emissão das autorizações exigidas pela Lei n. 5.709/71 fazem parte dessa Administração e estariam vinculados, de modo que se criou um impasse, ou seja, caso a Serventia exigisse a apresentação das autorizações, os órgãos competentes respondiam no sentido da desnecessidade delas, o que levou vários Registradores a deixarem de exigir esses requisitos nos casos das empresas constituídas segundo a legislação brasileira e com sede no Brasil, mesmo quando a maioria do seu capital pertencesse a estrangeiros com residência ou sede no exterior.

Em virtude dessa interpretação, o rigor da legislação para aquisição de imóveis rurais por estrangeiros ficou em muito prejudicado, pois bastava que um estrangeiro ou grupo de estrangeiros constituísse uma empresa segundo a legislação brasileira (pessoa jurídica brasileira) que não haveria mais restrições à aquisição de imóveis rurais no território nacional, mesmo que 100% do capital dessas empresas pertencesse a pessoas físicas estrangeiras residentes no exterior ou empresas estrangeiras com sede no exterior.

Diante dessa situação, o Ministério Público Federal iniciou um pedido de providências (Pedido de Providências n. 0002981-80.2010.2.00.0000) junto ao Conselho Nacional de Justiça (CNJ), que decidiu sobre a necessidade dos Notários e Registradores voltarem a exigir os requisitos da Lei n. 5.709/71 nos casos em que a empresa fosse brasileira, mas tivesse a maioria de seu capital provinda de pessoas físicas estrangeiras não residentes no Brasil ou de Pessoa Jurídica que não tenha sede aqui no Brasil. Em seguida, houve também a edição de novo Parecer da Advocacia-Geral da União (Parecer AGU LA-01/2010), aprovado pelo então Presidente Luiz Inácio Lula da Silva, publicado em 23-8-2010, voltando atrás no entendimento supramencionado, ou seja, reafirmando a recepção do § 1º do art. 1º da Lei n. 5.709/71.

O referido parecer entendeu que apesar de não existir em nosso sistema o fenômeno da repristinação,[5] o § 1º do art. 1º da Lei n. 5.709/73 estaria em vigor em virtude de ter sido recepcionado pela Constituição de 1988, reformulando o entendimento anteriormente proferido no Parecer CQ-22/94. Essa nova posição se deu com base nos argumentos de que o próprio art. 171 da Constituição Federal, ao ser criado, trazia em seu inciso II restrições que podiam ser impostas às empresas brasileiras de capital nacional, entendendo que no caso de a lei ordinária considerar um setor imprescindível ao desenvolvimento tecnológico do país, somente estaria autorizada a nele atuar a empresa brasileira de capital nacional. Esse dispositivo estabelecia, ainda, nestes casos, percentuais de participação, no capital, de pessoas físicas domiciliadas e residentes no País ou entidades de direito público interno. Deixando clara, nesses casos de empresas que atuem em setor considerado indispensável para o desenvolvimento tecnológico nacional, a exigência de controle que se estenda às atividades tecnológicas da empresa, assim entendido o exercício, de fato e de direito, do poder decisório. Concluindo que a redação original do art. 171 da Constituição Federal afirmava que em setores imprescindíveis ao desenvolvimento tecnológico nacional as empresas brasileiras, em geral, não poderiam atuar. Somente as empresas brasileiras de capital nacional e, ainda assim, se cumprissem requisitos adicionais aos necessários à sua conceituação como tal.

Tal argumentação veio a contrariar a principal fundamentação externada pelo Parecer CG 22/94, que seria pela impossibilidade de legislação infraconstitucional limitar o que a Constituição não limitou. Isso porque, uma vez que a própria Constituição trouxe restrições genéricas à atuação das empresas brasileiras, leis posteriores ou anteriores, compatíveis com tal orientação constitucional, teriam que ser consideradas, respectivamente, constitucionais ou recepcionadas, enquadrando-se neste último caso a Lei n. 5.709/71, e mais especificamente o § 1º de seu art. 1º.

Assim, superada, em regra, a discussão, na atualidade, embora a legislação pátria considere brasileira a empresa criada de acordo com as leis brasileiras e com sede no país, que tenha a maioria de seu capital constituída por estrangeiros não residentes no Brasil ou por outra não constituída pela lei brasileira ou que não tenha sua sede aqui, para os fins de aquisição de imóveis rurais essas empresas serão consideradas estrangeiras, devendo cumprir todos os requisitos elencados pela Lei n. 5.709/71 e seu decreto regulamentador.

---

5. Fenômeno pelo qual uma vez revogada lei que revogou lei anterior, esta primeira voltaria a viger pela queda do óbice que a retirou do ordenamento jurídico.

Devemos ressaltar que essa mudança de entendimento gerou uma grande discussão a respeito dos títulos formalizados enquanto prevalecia a não recepção do § 1º do art. 1º da Lei n. 5.709/71 e que viessem a ser levados a registro após o Parecer AGU LA-01/2010, que entendeu pela recepção. Visando pacificar essa discussão foi editada a Portaria Interministerial n. 4, de 25 de fevereiro de 2014, que modulou os efeitos da referida decisão para deixar claro que a mesma não atingirá os atos pretéritos. Isso se fez necessário, pois, apesar de este sempre ter sido o discurso da Advocacia Geral da União a respeito do assunto,[6] a maioria dos registradores de imóveis estava adotando o entendimento de que o momento da consumação do ato de transmissão era o do registro do ato transmissivo e, por consequência, aplicando o princípio do *tempus regit actum*. Desse modo, mesmo que as escrituras tivessem sido lavradas em momento que o entendimento era pela não recepção do § 1º do art. 1º da Lei n. 5.709/71, se elas não atendessem às novas diretrizes traçadas pelo Parecer CG LA-01/2010, as mesmas não estavam sendo registradas.

Buscando acabar com esse impasse, veio, então, o art. 2º. da referida Portaria Interministerial estabelecer que para os fins da regulamentação da aplicação do Parecer AGU/LA-01/2010 em processos ou procedimentos administrativos quando verificadas situações jurídicas aperfeiçoadas entre as datas de 7 de junho de 1994 e 22 de agosto de 2010 será considerada situação jurídica aperfeiçoada a alienação de imóvel rural à pessoa jurídica equiparada a estrangeira quando:

I – objeto de escritura pública lavrada no período previsto no art. 1º, ainda que não registrada;

II – decorrer de aquisição de empresa, cujo instrumento de sucessão empresarial tenha sido depositado na Junta Comercial até a data de 22 de agosto de 2010, sem prejuízo da autorização ou escrituração que seja legalmente exigida, inclusive eventual aprovação da operação pelo Sistema Brasileiro de Defesa da Concorrência; e

III – feita no período previsto no art. 1º, porém cuja escrituração ou depósito tenha estado ou esteja na dependência de ato ou decisão a cargo de órgão da Administração Pública, a cuja demora não tenha dado causa a interessada.

Visando ainda garantir a transparência do capital social das empresas, encontramos o art. 6º da Lei n. 5.709/71, que dispõe que adotarão obrigatoriamente a forma nominativa as ações de sociedades anônimas:

I – que se dediquem a loteamento rural;

II – que explorem diretamente áreas rurais; e

III – que sejam proprietárias de imóveis rurais não vinculados a suas atividades estatutárias.

O intuito desse artigo é impedir que sob o manto das Sociedades Anônimas se esconda capital majoritariamente estrangeiro como forma de burla a esta lei. Esse dispositivo na atual legislação não tem efeito prático, tendo em vista que o art. 20 da Lei n. 6.404, de 15 de dezembro de 1976 (Lei de Sociedades por Ações), com a redação dada pela Lei n. 8.021, de

---

6. Posicionamento que pode ser observado em entrevista dada pelo Advogado-Geral da União a respeito do tema e disponível em: [http://www.agu.gov.br/sistemas/site/TemplateMidiaTextoThumb.aspx?idConteudo=148908&id_site=3].

12 de abril de 1990, já determina que as ações devem ser nominativas. Todavia, caso venha a se criar novamente a possibilidade de instituição de ações ao portador, não poderão as sociedades que visem adquirir imóveis rurais no Brasil optar por esta forma de emissão.

Sobre a questão da direção das pessoas jurídicas no tangente à aquisição de imóveis rurais por estrangeiros encontramos, ainda, o disposto no art. 15 da Instrução Normativa n. 88/2017, do INCRA, que estabelece que a pessoa jurídica brasileira equiparada a pessoa jurídica estrangeira, constituída apenas por pessoas naturais residentes no exterior e/ou por pessoas jurídicas estrangeiras, deverá ser gerenciada ou dirigida por administrador residente no Brasil.

Voltando à análise da Lei n. 5.709/71, o novo inciso I do § 2º do referido art. 1º determina que as restrições estabelecidas na lei não se aplicam aos casos de sucessão legítima, ressalvado o disposto no art. 7º. Observe que o citado inciso só fala em sucessão legítima de modo que a testamentária estaria sujeita a todas as restrições trazidas pela lei. Essa redação nem sempre foi assim, foi dada pela Lei n. 6.572/78. Antes dela, também se admitia como forma de aquisição livre de restrições a sucessão testamentária; todavia, percebeu-se que essa abertura poderia dar ensejo a fraudes, uma vez que o estrangeiro, não podendo adquirir por outra forma a propriedade rural, por expressa disposição legal, poderia "comprá-la" e solicitar que o "vendedor" a deixasse em testamento para o adquirente.

Esse entendimento de que a sucessão testamentária estaria excluída da livre aquisição não é pacífico, visto que o Decreto n. 74.965/74, em seu art. 1º, § 2º, fala genericamente em sucessão *causa mortis*, de modo que defendem alguns que por esse motivo ainda se poderia proceder à sucessão testamentária sem os limites da lei, posição que não consideramos acertada, visto que, além de a função do decreto ser regulamentar a lei, não podendo, assim, ampliar seus limites, a explicação para essa divergência de expressões se dá pelo fato de que em sua redação original a Lei n. 5.709/71 trazia apenas a expressão *causa mortis*, o que foi alterado pela Lei n. 6.572, de 30 de setembro de 1978, justamente com o intuito de restringir a permissão.

O art. 7º, a que se refere o parágrafo comentado, trata de aquisição de terras em áreas consideradas indispensáveis para a segurança nacional, caso que, mesmo se tratando de sucessão legítima,[7] depende do assentimento prévio da Secretaria-Geral do Conselho de Segurança Nacional. São consideradas áreas indispensáveis para a Segurança Nacional as terras situadas na faixa interna, de 150 km de largura, paralela à linha que divide o território nacional com outros países (Lei n. 6.634/79, art. 1º).

Nesse sentido encontramos o art. 7º da Instrução Normativa n. 88/2017, do INCRA, que estabelece que ficam excluídos das restrições dessa norma as aquisições e arrendamentos de imóveis rurais por sucessão legítima, exceto quando a área do imóvel estiver situada em faixa de fronteira, que dependerá do assentimento prévio do Conselho de Defesa Nacional.

---

7. A parte final do § 2º do art. 1º assim dispõe: "As restrições estabelecidas nesta Lei não se aplicam aos casos de sucessão legítima, **ressalvado o disposto no art. 7º**".

Esse mesmo dispositivo ainda deixa claro que ao analisarmos a permissão devemos fazê-lo em consonância com o estabelecido no art. 1º da Lei n. 5.709/73, que estabelece como premissa para a aquisição por pessoas físicas estrangeiras de terras rurais no país a residência no Brasil.

Assim, seu parágrafo único estabelece que a sucessão legítima de que trata o artigo só se aplica às pessoas naturais estrangeiras residentes no Brasil.

A Lei nº 13.986, de 2020 promoveu algumas importantes mudanças na Lei 5.709/73, especialmente no caso das exceções previstas no artigo 1º, §2º, criando duas novas exceções, por meio dos incisos II e III deste parágrafo.

A primeira, prevê que não incidem as restrições desta lei às hipóteses de constituição de garantia real, inclusive a transmissão da propriedade fiduciária em favor de pessoa jurídica, nacional ou estrangeira. Basicamente veio para permitir a constituição de Alienação Fiduciária de Imóveis em garantia sem que o estrangeiro venha a ter problema com a lei. Afinal, a constituição da Alienação Fiduciária por si só já implica na transferência, mesmo que em caráter de confiança, do bem ao credor.

A segunda exceção é uma extensão da primeira, determinado a exceção aos casos de recebimento de imóvel em liquidação de transação com pessoa jurídica, nacional ou estrangeira, ou pessoa jurídica nacional da qual participem, a qualquer título, pessoas estrangeiras físicas ou jurídicas que tenham a maioria do seu capital social e que residam ou tenham sede no exterior, por meio de realização de garantia real, de dação em pagamento ou de qualquer outra forma.

Por ela, é permitida a consolidação da propriedade em nome do credor e possibilita o necessário leilão subsequente. O problema é que abre grave brecha na Lei 5.709/73, permitindo que empresas estrangeiras se valham dela para adquirir, de forma lícita, imóveis rurais sem observar as regras e restrições usuais.

Passaremos agora a analisar as regras específicas para a aquisição de imóveis rurais por pessoas físicas estrangeiras. A primeira delas se refere à limitação de quantidade de terras rurais que podem ser adquiridas por essas pessoas, dispondo o art. 3º da lei em análise que essa quantidade não pode ultrapassar 50 módulos de exploração indefinida (MEI) em área contínua ou descontínua.

Antes de seguirmos para as demais regras concernentes ao assunto, importante se faz esclarecer qual o significado da expressão módulo de exploração indefinida, sua comparação com os outros parâmetros fixados para imóveis rurais, bem como qual a forma de obtermos essas medidas.

Primeiramente, cumpre-nos esclarecer que, de acordo com o art. 4º do Decreto n. 74.965/74, compete ao INCRA (Instituto Nacional de Colonização e Reforma Agrária) fixar, para cada região, o módulo de exploração indefinida, podendo modificá-lo sempre que houver alteração das condições econômicas e sociais da região. Dessa forma, iremos aqui utilizar os conceitos fornecidos pelo próprio INCRA para as unidades em análise.

Desse modo, segundo o INCRA, "o conceito de **módulo rural** deriva do conceito de propriedade familiar, constituindo uma unidade de medida, expressa em hectare, que busca refletir a interdependência entre a dimensão, a situação geográfica do imóvel rural e a forma e condições do seu aproveitamento econômico.[8] Por propriedade familiar, nos termos do inciso II do art. 4º da Lei n. 4.504/64 – Estatuto da Terra – entende-se: "O imóvel rural que, direta e pessoalmente explorado pelo agricultor e sua família, lhes absorva toda força de trabalho, garantindo-lhes a subsistência e o progresso social e econômico, com área máxima fixada para cada região e tipo de exploração, e eventualmente trabalhado com ajuda de terceiros".

Contudo, segundo o mesmo instituto, módulo fiscal "é uma unidade de medida, expressa em hectare, fixada para cada município, instituída pela Lei n. 6.746, de 10 de dezembro de 1979, que leva em conta: tipo de exploração predominante no município; a renda obtida com a exploração predominante; outras explorações existentes no município que, embora não predominantes, sejam expressivas em função da renda ou da área utilizada; e conceito de propriedade familiar".

Já o módulo de exploração indefinida "é uma unidade de medida, expressa em hectares, a partir do conceito de módulo rural, para o imóvel com exploração não definida. A dimensão do MEI varia entre 5 e 100 hectares, de acordo com a Zona Típica de Módulo (ZTM) do município de localização do imóvel rural".

Atualmente as ZTMs são as estabelecidas pela Instrução Especial do INCRA n. 50, de 26 de agosto de 1997, que servem de base para a determinação do módulo de exploração indefinida (MEI) e da fração mínima de parcelamento (FMP). A utilização da tabela prevista na Instrução Especial n. 50 é fácil, basta localizar o tipo de ZTM (A1, A2 etc.) e se obterá a área em hectares do módulo de exploração indefinida (MEI) e da Fração Mínima de Parcelamento (FMP).

Código da ZTM	ZTM	MEI (em ha)	FMP (em ha)
1	A1	5	2
2	A2	10	2
3	A3	15	3
4	B1	20	3
5	B2	25	3
6	B3	30	4
7	C1	35	4
8	C2	70	5
9	D	100	5

Devemos levar em consideração que, sempre quando estivermos tratando de aquisição de imóveis rurais por estrangeiros, estaremos nos referindo ao Módulo de Exploração Indefinida (MEI), mesmo quando a lei apenas fale em módulo.

Por fim, devemos definir o que seria a fração mínima de parcelamento, que segundo apostila editada pelo INCRA é: "A área mínima que a lei permite ser desmembrada de

---

8. Disponível em: [www.incra.gov.br].

um imóvel rural, para a constituição de uma nova unidade agrícola – art. 8º da Lei n. 5.868, de 12 de dezembro de 1972". O referido artigo, por sua vez, dispõe: "Para fins de transmissão, a qualquer título, na forma do art. 65 da Lei n. 4.504, de 30 de novembro de 1964, nenhum imóvel rural poderá ser desmembrado ou dividido em área de tamanho inferior à do módulo calculado para o imóvel ou da fração mínima de parcelamento fixado no § 1º deste artigo, prevalecendo a de menor área".

Como o próprio nome diz, fração mínima de parcelamento é a área mínima admitida pelo INCRA para o parcelamento de um imóvel rural, levando-se em conta o quanto de terra o INCRA considera ser o mínimo para que o imóvel ainda seja viável para a exploração rural. Esse mínimo, como visto na definição, é variável de acordo com a Zona Típica de Módulo, que varia de acordo com as características de cada região, dependendo do tipo de exploração rural dela, das condições gerais do solo, do adensamento populacional etc. Resta destacar que esse mínimo se aplica tanto para a parte destacada quanto para a parte remanescente, como será analisado mais detalhadamente no capítulo que trata a respeito do parcelamento de imóveis rurais.

Voltando à Lei n. 5.709/71, temos o § 1º do art. 3º, que assim dispõe: "Quando se tratar de imóvel com área não superior a 3 (três) módulos, a aquisição será livre, independendo de qualquer autorização ou licença, ressalvadas as exigências gerais determinadas em lei". Assim, a aquisição de até três módulos de exploração indefinida é livre, salvo se a área estiver situada em área considerada indispensável à segurança nacional, em que dependerá de assentimento prévio da Secretaria-Geral do Conselho de Segurança Nacional (art. 7º, § 1º, do regulamento em análise).

Sintetizando os requisitos da liberação encontramos o § 1º do art. 9º da Instrução Normativa n. 88/2017, do INCRA, que estabelece que quando se tratar de imóvel rural com área de até três módulos de exploração indefinida, a aquisição ou arrendamento por pessoa natural será livre, independendo de autorização do INCRA, contudo, a pessoa natural deve residir no Brasil e, se o imóvel estiver localizado em faixa de fronteira ou em área considerada indispensável à segurança nacional, deverá ter obrigatoriamente o assentimento prévio da Secretaria Executiva do Conselho de Defesa Nacional. Visando a pessoa física estrangeira que adquire área compreendida entre os limites de 3 a 50 módulos de exploração indefinida, dispõe o § 2º do referido artigo que o Poder Executivo baixará normas para essas aquisições. Essa norma é o Decreto n. 74.965/74, que, em seu art. 7º, § 2º, determina que para estes casos será necessária a autorização do INCRA.

Acima de 50 módulos de exploração indefinida, em princípio a aquisição não será permitida. Todavia, a Lei n. 8.629/93, em seu art. 23, § 2º, estabeleceu que compete ao Congresso Nacional autorizar tanto a aquisição ou o arrendamento além dos limites de área e percentual fixados na Lei n. 5.709/71, como a aquisição ou arrendamento, por pessoa jurídica estrangeira, de área superior a 100 módulos de exploração indefinida.

Reafirmando essa regra, estabelece o art.4º da Instrução Normativa n. 88/2017, do INCRA, que a pessoa natural estrangeira só poderá adquirir ou arrendar área superior a 50 módulos de exploração indefinida, em área contínua ou descontínua, mediante autorização do Congresso Nacional. O § 3º do art. 7º do Decreto n. 74.965/74 determina que dependerá também de autorização a aquisição de mais de um imóvel, com área não superior a três módulos, feita por uma pessoa física. Isso se dá porque a liberação trazida pela lei só é possível quanto a um único imóvel, de modo que, mesmo que com a segunda aquisição não se ultrapasse o limite legal, o referido decreto condicionou-a à apreciação do INCRA.

Reafirmando esse entendimento encontramos o art. 8º, § 3º, da Instrução Normativa n. 88/2017, do INCRA, que dispõe que dependerá também de autorização do INCRA a aquisição ou arrendamento de mais de um imóvel rural, com área até três módulos de exploração indefinida. Algumas Corregedorias Estaduais, no entanto, vêm mitigando esse conceito quando se trata de imóveis contínuos, tendo em vista que, caso o proprietário procedesse previamente à fusão das matrículas, não haveria necessidade da referida autorização, e, uma vez adquirida a área, nada impediria que o proprietário procedesse novamente ao desdobro da área, voltando a ter as duas matrículas para o imóvel.[9] Isso se justifica ainda pelo fato de que o conceito de imóvel para o INCRA não coincide com o conceito de imóvel para o registro de imóveis. Enquanto no registro de imóveis cada imóvel possuirá uma única matrícula e cada matrícula possuirá um único imóvel, para o INCRA o imóvel é considerado a unidade produtiva fática que independe do número de matrículas nas quais se encontre registrado, podendo até não haver registro algum, como se verá mais adiante em capítulo específico, onde conceituaremos a diferença entre Cadastro e Registro.

O § 4º do art. 7º do Decreto n. 74.695/74 traz ainda que a autorização para aquisição por pessoa física condicionar-se-á, se o imóvel for de área superior a 20 (vinte) módulos, à aprovação do projeto de exploração correspondente.

Desse modo, a pessoa física estrangeira residente no Brasil que queira adquirir imóvel rural no Brasil em área não superior a três módulos de exploração indefinida, poderá fazê-lo independentemente de qualquer autorização, salvo quando este for situado em área indispensável para a segurança nacional, caso que dependerá de autorização da Secretaria-Geral do Conselho de Segurança Nacional. Será vedada à pessoa física estrangeira a aquisição de área superior a cinquenta módulos de exploração indefinida, salvo com autorização do Congresso Nacional. Se a pessoa física nas condições mencionadas desejar adquirir entre três e cinquenta módulos de exploração indefinida, necessitará da autorização do INCRA, sendo que, para que consiga essa autorização, caso deseje adquirir entre vinte e cinquenta módulos de exploração indefinida, deverá apresentar um projeto para a exploração da área.

O art. 12 da Lei n. 5.709/71 traz um limite para a quantidade de terras que podem ser adquiridas por estrangeiros, de forma geral, dentro de um município, estabelecendo que a soma das áreas rurais pertencentes a pessoas estrangeiras, físicas ou jurídicas, não poderá ultrapassar a um quarto da superfície dos Municípios onde se situem, compro-

---

9. São Paulo foi até mais longe, contrariando o disposto no Decreto n. 74.965/74, ao dispor no Capítulo XIV das suas Normas de Serviço: "68.3. A aquisição de mais de um imóvel rural com área não superior a 3 (três) módulos por pessoa física estrangeira residente no país dependerá de autorização do INCRA, apenas se a soma das áreas dos imóveis pertencentes ao estrangeiro exceder a 3 módulos".

vada por certidão do Registro de Imóveis, com base no livro auxiliar de que trata o art. 10, também conhecido como Livro de Aquisição de Imóveis Rurais por Estrangeiros, já analisado de uma forma geral no capítulo referente aos Livros existentes na Serventia Imobiliária.

Seu § 1º ainda traz um sublimite para estrangeiros da mesma nacionalidade, estabelecendo que as pessoas da mesma nacionalidade não poderão ser proprietárias, em cada Município, de mais de 40% do limite já estabelecido, ou seja, que resulta em 10% da totalidade do território de cada município.

Na sequência, o § 2º do artigo em análise traz as exceções a esses limites de um quarto do território do município para estrangeiros e sublimite de 40% deste um quarto para estrangeiros da mesma nacionalidade. Assim, essas exceções não se referem à regra geral de necessidade de autorização para aquisição de área superior a três módulos que continua incidindo sobre os casos a seguir relacionados.

Feitos esses esclarecimentos, ficam dispensadas da observância dos limites anteriormente relacionados as aquisições de áreas rurais que sejam:

I – inferiores a 3 (três) módulos;

II – que tiverem sido objeto de compra e venda, de promessa de compra e venda, de cessão ou de promessa de cessão, mediante escritura pública ou instrumento particular devidamente protocolado no Registro competente, e que tiverem sido cadastradas no INCRA em nome do promitente comprador, antes de 10 de março de 1969;

III – quando o adquirente tiver filho brasileiro ou for casado com pessoa brasileira sob o regime de comunhão de bens.

Repare que, como já ressaltamos, as hipóteses elencadas trazem exceções somente aos limites territoriais impostos pela lei. De modo que surge a questão: pode uma brasileira casada no regime da comunhão universal de bens com um estrangeiro residente no exterior adquirir imóvel rural no país?

Respondendo a essa questão, temos o parecer do Consultor-Geral da República, aprovado pelo Presidente da República, publicado no Diário Oficial da União, de 12 de fevereiro de 1982, p. 2635, que veda expressamente essa possibilidade, pois neste caso haveria a comunicação de imóvel rural brasileiro ao estrangeiro não residente no país, o que é vedado pela legislação. Assim, o casamento com estrangeiro não residente no país em regime de bens que permita a comunicação deles não só não libera o estrangeiro para aquisições em desacordo com a Lei n. 5.709/71 como limita o brasileiro às mesmas restrições.

Dessa forma decidiu a 1ª Turma do Superior Tribunal de Justiça no Recurso em Mandado de Segurança n. 5.831/SP, julgado em 27-2-1997, relator o Ministro José Delgado, em acórdão que teve a seguinte ementa:

Mandado de segurança. Aquisição de imóvel rural por cônjuge brasileiro casado com estrangeiro.

1. O brasileiro, ao convolar núpcias com estrangeiro, sujeita-se à restrição da Lei n. 5.709/71, se o regime de bens determinar a comunicação da propriedade.

2. Sendo assim, o cônjuge brasileiro, para adquirir propriedade rural, terá que solicitar autorização do INCRA. Esta exigência não o proíbe de se tornar proprietário, apenas o sujeita a um procedimento administrativo.

3. Recurso improvido (Revista de Direito Imobiliário 41/114).

Nesse sentido encontramos o art. 10 da Instrução Normativa n. 88/2017, do INCRA, que dispõe que aplicam-se os dispositivos desta Instrução Normativa à pessoa natural brasileira casada com pessoa natural estrangeira, se o regime de bens determinar a comunicação da propriedade. Estabelece ainda o § 3º do referido art. 12 da Lei n. 5.709/71 que o Presidente da República poderá, mediante decreto, autorizar a aquisição além dos limites fixados no artigo, quando se tratar de imóvel rural vinculado a projetos julgados prioritários em face dos planos de desenvolvimento do país.

As autorizações do INCRA e da Secretaria Geral do Conselho de Segurança Nacional terão prazo de validade de 30 dias, no qual deverá ser lavrada a escritura, seguindo-se a transcrição no Registro de Imóveis no prazo de 15 dias (art. 10, parágrafo único, Decreto n. 74.965/74).

Este artigo traz uma regra para a qual devemos chamar a atenção. No geral, os títulos que versem sobre a constituição, transmissão ou extinção de direitos reais não têm prazo de validade previsto em lei, de forma que, uma vez lavrada uma escritura pública de compra e venda de imóvel, em geral esta terá acesso ao Registro Imobiliário independentemente do prazo que tenha decorrido entre a lavratura dela e seu ingresso na Serventia, desde que o imóvel permaneça da mesma forma e não surja nenhuma lei posterior criando outras exigências para a prática do ato. Todavia, no que se refere às aquisições de imóveis rurais por estrangeiros, o Decreto regulamentador determina que a escritura deverá ser levada a registro no prazo de 15 dias. Contudo, o art. 15 da Lei n. 5.709/71 traz que "a aquisição de imóvel rural, que viole as prescrições desta Lei, é nula de pleno direito". E o art. 19 dispõe: "O Poder Executivo baixará, dentro de 90 (noventa) dias, o regulamento para execução desta Lei". Do que se extrai que, conjugando o art. 15 com o art. 19 da lei, o desrespeito ao prazo referido pode ter como consequência a nulidade do ato.

Essa limitação temporal tem razão de ser, uma vez que, como vimos anteriormente, existe um limite sobre a quantidade de terras que podem ser adquiridas por estrangeiros dentro de um município (um quarto da área do município) e um sublimite no que se refere aos estrangeiros de mesma nacionalidade (40% do um quarto referido). Para que o INCRA possa apreciar se esses limites já foram alcançados e em consequência deixar de autorizar as compras de imóveis rurais que desatendam aos referidos limites, ele se baseia na certidão fornecida pelo Registro de Imóveis, informando as quantidades que já foram adquiridas. Porém, o Registro de Imóveis só tem acesso aos títulos que forem levados a registro.

Assim, vamos pensar que um grupo de estrangeiros queira ultrapassar esses limites em determinado município. Se eu pudesse ficar com a escritura engavetada quanto tempo desejasse, bastaria que todos procedessem a suas compras, lavrassem as escrituras (dentro dos prazos das autorizações), mas nenhum deles levasse a registro antes que todos já tivessem os seus títulos. Durante todo esse tempo, o Registro de Imóveis emitiria certidões com percentuais abaixo dos limites permitidos em lei, o INCRA confiaria nessas informações e continuaria a emitir as autorizações e, por fim, todos levariam a registro seus títulos (perfeitamente válidos, tendo cumprido todos os requisitos legais).

Quem pensou, na hipótese citada, que esse seria o caso de o Registro de Imóveis rejeitar as escrituras que excedessem os limites permitidos na lei não levou em conta que os limites são estabelecidos com base na área do município e muitas vezes um município possui mais de um Registro de Imóveis, de forma que não é impossível que um Registro de Imóveis tenha em sua circunscrição limites superiores aos legais e, ainda assim, os limites municipais não tenham sido atingidos, de modo que não cabe ao registrador esse controle.

O art. 4º da Lei n. 5.709/71 estabelece: "Nos loteamentos rurais efetuados por empresas particulares de colonização, a aquisição e ocupação de, no mínimo, 30% (trinta por cento) da área total serão feitas obrigatoriamente por brasileiros".

Para melhor entendermos este artigo, primeiro precisamos definir o que vem a ser considerada uma empresa particular de colonização. Nessa análise recebemos o suporte do art. 60 da Lei n. 4.504/64, que traz: "Para os efeitos desta Lei, consideram-se empresas particulares de colonização as pessoas físicas, nacionais ou estrangeiras, residentes ou domiciliadas no Brasil, ou jurídicas, constituídas e sediadas no país, que tiverem por finalidade executar programa de valorização de área ou distribuição de terras".

Vistas de forma geral as regras concernentes às aquisições de imóveis rurais por pessoas físicas estrangeiras, passamos agora às mesmas regras no que se refere às pessoas jurídicas estrangeiras, lembrando que elas somente podem adquirir imóveis no país se tiverem autorização para funcionar no Brasil. O art. 5º da Lei n. 5.709/71 estabelece que "as pessoas jurídicas estrangeiras referidas no art. 1º desta Lei, ou seja, aquelas com autorização para funcionar no país, só poderão adquirir imóveis rurais destinados à implantação de projetos agrícolas, pecuários, industriais ou de colonização, vinculados aos seus objetivos estatutários".

Esse dispositivo em síntese determina que as pessoas jurídicas estrangeiras não poderão simplesmente investir na aquisição de terras brasileiras. Elas só estarão autorizadas a comprar imóveis no Brasil se estes forem destinados à implantação de projetos agrícolas, pecuários, industriais ou de colonização. E mais, essa implantação dos citados projetos deve estar vinculada aos objetivos estatutários da empresa. Isso se dá na medida em que o objetivo da legislação, ao permitir a aquisição de terras rurais por estrangeiros no Brasil, é de que estas alienações auxiliem no desenvolvimento do país.

Dessa forma, a empresa estrangeira deve efetivamente explorar as terras aqui adquiridas, e essa exploração deve ser feita em nome da empresa. Sendo assim, pela regra que determina que a pessoa jurídica só tem responsabilidade sobre os atos praticados dentro dos seus objetivos sociais, agindo o administrador em nome próprio quando se desvia desses atos (teoria da desconsideração da personalidade jurídica – art. 50 do CC), resta claro que, para que a pessoa jurídica estrangeira explore o imóvel rural pessoalmente, o seu projeto de exploração deve estar enquadrado dentro de seus objetivos sociais.

Exige ainda o § 1º do referido artigo que os projetos de exploração deverão ser aprovados pelo Ministério da Agricultura, ouvido o órgão federal competente de desenvolvimento regional na respectiva área. Este parágrafo é complementado pelo § 2º do mesmo artigo, que estabelece que sobre os projetos de caráter industrial será ouvido o Ministério da Indústria e Comércio.

Assim, além de ser necessária a apresentação de projeto visando esclarecer como será a utilização da propriedade, caso seja autorizada a sua aquisição, esse projeto deve trazer atividades ligadas aos objetivos estatutários da empresa e será submetido à apreciação do Ministério da Agricultura ou da Indústria e Comércio, dependendo da natureza do projeto, bem como o órgão federal competente de desenvolvimento regional na respectiva área. Caso o projeto não seja aprovado, fica vedada a compra da terra.

Traz ainda o art. 8º da citada Lei n. 5.709/71 a obrigatoriedade da utilização de escritura pública para aquisição de imóveis rurais por estrangeiro ao dispor que "na aquisição de imóvel rural por pessoa estrangeira, física ou jurídica, é da essência do ato a escritura pública". Temos, então, que independentemente das hipóteses gerais de dispensa da escritura pública, toda vez que o adquirente for pessoa estrangeira, física ou jurídica, a escritura pública será essencial para a validade do ato. Prossegue em seu art. 9º, estabelecendo requisitos que devem constar obrigatoriamente nesse tipo de escritura, sendo eles:

I – menção do documento de identidade do adquirente;

II – prova de residência no território nacional; e

III – quando for o caso, autorização do órgão competente ou assentimento prévio da Secretaria-Geral do Conselho de Segurança Nacional; e tratando-se de pessoa jurídica estrangeira, a autorização para a aquisição da área rural (visto que é sempre necessária), bem como dos documentos comprobatórios de sua constituição e de licença para seu funcionamento no Brasil.

Como já vimos no capítulo que se refere aos livros existentes na Serventia de Registro de Imóveis, o controle das aquisições de imóveis rurais por estrangeiros é feito no Registro de Imóveis. Para tal, a serventia deve possuir um livro específico para a escrituração desses atos.

A escrituração do Livro de Registro de Aquisição de Imóveis Rurais por Estrangeiros não exclui a necessidade de escrituração da transmissão da propriedade no Livro n. 2 (matrícula). Isso porque o registro na matrícula continua a ser o ato pelo qual se dá a transmissão, sendo a escrituração do Livro de Aquisição de Imóveis Rurais por Estrangeiro apenas uma forma de controle dessas transmissões.

Dessa forma, de acordo com o art. 10 da Lei n. 5.709/71, os Cartórios de Registro de Imóveis manterão cadastro especial, em livro auxiliar, das aquisições de terras rurais por pessoas estrangeiras, físicas e jurídicas, no qual deverá constar:

I – menção do documento de identidade das partes contratantes ou dos respectivos atos de constituição, se pessoas jurídicas;

II – memorial descritivo do imóvel, com área, características, limites e confrontações; e
III – transcrição da autorização do órgão competente, quando for o caso.

A menção ao memorial descritivo a ser inserto no referido livro poderia dar a entender que a parte teria que realizar um levantamento topográfico da propriedade e anexá-lo ao título para cumprir esse requisito. Todavia, o memorial descritivo do imóvel mencionado na lei deve corresponder à descrição contida na matrícula dele, visto que o título que enseja a transferência da propriedade e o registro no Livro de aquisição de imóveis rurais por estrangeiros é o mesmo; neste caso, se a descrição contida nele não coincidisse com a matrícula, ele não poderia ser registrado, sob pena de ferir o princípio da especialidade objetiva, analisado mais adiante, devendo-se proceder às retificações necessárias na matrícula ou no título, dependendo do caso, para encontrar essa coincidência.

No que se refere às autorizações para aquisição, como já analisamos, elas não serão sempre necessárias, sendo dispensadas no caso do adquirente ser pessoa física estrangeira residente no país e pretender adquirir um imóvel com área abaixo de três módulos de exploração indefinida.

Estabelece ainda a Lei n. 5.709/71, em seu art. 11, que os Cartórios de Registros de Imóveis remeterão trimestralmente, sob pena de perda do cargo, à Corregedoria da Justiça dos Estados a que estiverem subordinados e ao Ministério da Agricultura, relação das aquisições de áreas rurais por pessoas estrangeiras, da qual constem os dados previstos no Livro de Aquisição de Imóveis Rurais por Estrangeiros.

Essa comunicação também deverá ser encaminhada à Secretaria-Geral do Conselho de Segurança Nacional quando se tratar de imóvel situado em área indispensável à segurança nacional (art. 11, parágrafo único, Lei n. 5.709/71).

O art. 14 da Lei n. 5.709/71 proíbe a doação de imóveis rurais da União ou dos Estados a estrangeiros (pessoa física ou jurídica), a não ser nos casos previstos em legislação de núcleos coloniais, onde se estabeleçam em lotes rurais, como agricultores, estrangeiros imigrantes.

De extrema importância para os notários e registradores, o conhecimento do disposto no art. 15 da legislação em análise, que assim dispõe: "A aquisição de imóvel rural, que viole as prescrições desta Lei, é nula de pleno direito". O tabelião que lavrar a escritura e o oficial de registro que a transcrever responderão civilmente pelos danos que causarem aos contratantes, sem prejuízo da responsabilidade criminal por prevaricação ou falsidade ideológica. O alienante está obrigado a restituir ao adquirente o preço do imóvel.

Sanção de extrema gravidade é essa trazida pelo referido artigo, visto que, se for declarada nula a compra, não existe possibilidade de ratificação ou aproveitamento de qualquer forma dos atos praticados.

Nesse sentido importante relembrar o art. 169 do Código Civil, que estabelece que o negócio jurídico nulo não é suscetível de confirmação, nem convalesce pelo decurso do tempo. E ainda o art. 168, parágrafo único, do Código Civil estabelece que as nulidades devem ser pronunciadas pelo juiz, quando conhecer do negócio jurídico ou dos seus efeitos e as encontrar provadas, não lhe sendo permitido supri-las, ainda que a requerimento das partes.

Não obstante, o artigo ainda deixa expressa não só a responsabilidade civil como também a criminal do tabelião que lavrar a escritura e do oficial de registro de imóveis que a registrar. No caso em análise, como não existe tipo específico para o referido fato, o caso deverá ser enquadrado no crime de prevaricação (art. 319 do CP: "Retardar ou deixar de praticar, indevidamente, ato de ofício, ou praticá-lo contra disposição expressa de lei, para satisfazer interesse ou sentimento pessoal"), o fato pode ainda se enquadrar no tipo da corrupção passiva (art. 317 do CP), caso o oficial tenha recebido alguma vantagem para a prática do ato. No caso da responsabilidade criminal, tendo o ato sido praticado por preposto, ela não se estende ao titular pelos próprios princípios do Direito Penal.

Importante destacar, ainda, que as restrições anteriormente expostas para a aquisição de imóvel rural por pessoa física ou jurídica estrangeira se aplicam também no caso de fusão ou incorporação de empresas, alteração de controle acionário ou transferência de pessoa jurídica nacional para estrangeiros, bem como no caso de usucapião, por se entender que o termo aquisição deve ser entendido de maneira ampla, e não só para os casos de compra e venda. A única exceção feita pela legislação (Lei n. 6.572/78) refere-se à aquisição *causa mortis* e, ainda assim, como visto anteriormente, somente no caso de sucessão legítima (ficando assim excluída a testamentária).

Nesse sentido encontramos o art. 17 da Instrução Normativa n. 88/2017, do INCRA, que estabelece que o disposto na referida Instrução aplica-se a qualquer alienação de imóvel rural para pessoa jurídica estrangeira ou a ela equiparada, em casos como o de fusão ou incorporação de empresas, de alteração do controle acionário da sociedade, ou de transformação de pessoa jurídica brasileira para pessoa jurídica estrangeira. Deixando claro, ainda, o parágrafo único do referido dispositivo que o Oficial de Registro de Imóveis só fará a transcrição de documentos relativos aos negócios de que trata o artigo se neles houver a reprodução das autorizações correspondentes.

No que se refere à usucapião, o entendimento geral é no sentido de, pelo fato de ser a mesma uma medida constitucional, não se oporão a ela as restrições, infraconstitucionais, de modo que em regra a mesma é concedida independentemente de restrições, tais como mínimo de parcelamento urbano e rural, restrições impostas no Plano Diretor da Cidade etc.

Em se tratando de aquisição de imóveis rurais por estrangeiros, todavia, estamos tratando de duas figuras constitucionais, haja vista que, como já analisamos, essa forma de aquisição também tem previsão constitucional (art. 190).

Desse modo, quando existe conflito entre duas figuras constitucionais a hermenêutica manda que se busque o preceito por trás dessas figuras para que possamos determinar a prevalência. Aplicando essa regra, temos que o preceito por trás da usucapião seria a propriedade, enquanto o preceito por trás da aquisição de imóveis rurais por estrangeiros seria a soberania nacional, de forma que no conflito entre os mesmos prevaleceria a soberania nacional, motivo pelo qual a maior parte da doutrina e da jurisprudência entende pela impossibilidade do estrangeiro que desatenda os requisitos estabelecidos pela Lei n. 5.709/71 adquirir imóvel rural através da usucapião.

Neste sentido:

> "CIVIL. IMÓVEL RURAL CUJA ÁREA EXCEDE DE 50 MÓDULOS. DEFESA DA POSSE, POR ESTRANGEIRO. POSSIBILIDADE. Mesmo que não tenha adquirido a propriedade do imóvel rural, o estrangeiro pode defender a posse que recebeu e manter – em função de negócio ajustado por instrumento particular – posse que, evidentemente, não induzirá ao usucapião por força do que dispõe a Lei n. 5.709/71. Recurso especial não conhecido" (STJ, REsp 17.134-7).

Todavia, no Estado de São Paulo foi proferido parecer, que abaixo transcrevemos um trecho, divergindo desse entendimento por defender que tanto a limitação constitucional quanto a Lei n. 5.709/71 trataram apenas dos casos de título derivado, motivo pelo qual a usucapião não estaria abrangida nas restrições por elas impostas.

> "PROCESSO 2011/488 – SÃO PAULO. Parecer 105/12-E.
>
> A CF/88 dispôs, no art. 190, que a lei regulará e limitará a aquisição ou arrendamento de propriedade rural por pessoa física ou jurídica estrangeira e estabelecerá os casos que dependerão de autorização do Congresso Nacional.
>
> (...) ao concretizarem o comando emergente do texto constitucional, disciplinando e regulamentando as restrições impostas aos estrangeiros, quanto ao acesso à propriedade imobiliária rural, tanto a lei especial como o decreto regulamentador, ambos acima mencionados, revelam que as limitações se aplicam somente às aquisições, por ato *inter vivos*, a título derivado.
>
> Vale lembrar também, quanto aos portugueses, que: a igualdade entre brasileiros e portugueses não é automática, somente a terão aqueles que requererem e forem reconhecidos mediante decisão do Ministério da Justiça no Brasil e do Ministério do Interior em Portugal, desde que civilmente capazes e com residência permanente (art. 5º do Decreto n. 70.391/72).
>
> Nesse sentido encontramos o art. 10 da Instrução Normativa n. 88/2017, do INCRA, que dispõe que a pessoa natural de nacionalidade portuguesa que pretender adquirir ou arrendar imóvel rural e que não apresentar certificado de reciprocidade nos termos do § 1º do art. 12 da CF/88 e o Decreto n. 3.927, de 19/09/01, e o Decreto n. 70.391, de 12/04/72, se submeterá às exigências da Lei n. 5.709/71, do Decreto n. 74.965/74, e desta Instrução Normativa" (DJE de 30-5-2012).

Deve-se destacar também que não existe nenhuma vedação a que o estrangeiro adquira imóveis urbanos no país, podendo fazê-lo livremente.

Por fim cumpre-nos trazer que a regra da necessidade de residência no país do estrangeiro que pretenda adquirir terras rurais no Brasil não se aplica aos compromissos de compra e venda, desde que o estrangeiro venha a fixar domicílio no Brasil e explorar o imóvel pessoalmente antes da finalização da compra, ou seja, antes da outorga da escritura definitiva. Todavia, a legislação estabelece um prazo de três anos para que o estrangeiro cumpra esses requisitos de acordo com o art. 6º do Decreto n. 74.965/74, que diz: "Ao estrangeiro que pretende imigrar para o Brasil é facultado celebrar, ainda em seu país de origem, compromisso de compra e venda do imóvel rural desde que, dentro de 3 (três) anos, contados da data do contrato, venha fixar domicílio no Brasil e explorar o imóvel".

Seu § 1º completa a exigência, aplicando a pena de ineficácia do compromisso, caso o compromissário comprador venha a descumprir as condições de fixar domicílio no prazo estabelecido e explorar o imóvel, e dispondo ainda que, uma vez declarado ineficaz o compromisso, será defeso ao compromissário comprador adquirir, por qualquer modo, a propriedade do imóvel.

Mas o regulamento não para por aí, determinando que a declaração de ineficácia poderá ser requerida pelo promitente vendedor e que este estará desobrigado de restituir as importâncias que recebeu do compromissário comprador (§ 2º).

Em vista de penalidades tão severas, o decreto possibilitou que o prazo de três anos possa ser prorrogado pelo Ministério da Agricultura, ouvido o INCRA, se o promitente comprador, embora sem transferir seu domicílio para o Brasil por motivo justificado, utilizou o imóvel na implantação de projeto de culturas permanentes (§ 3º); e estabeleceu que dos referidos compromissos de compra e venda constem obrigatoriamente, sob pena de nulidade, as cláusulas dispondo sobre a necessidade da fixação de domicílio no Brasil, o prazo de três anos e a ineficácia do ato em caso de descumprimento, cumulada com a desnecessidade de devolução dos valores pagos (§ 4º).

Tabela – Resumo dos Requisitos para Aquisição de Imóvel Rural por Pessoas Físicas Estrangeiras

Regras Gerais	Requisitos	Limites Territoriais
1. Exige sempre Escritura Pública (art. 8º).	A – Residência Permanente com RNE (art. 1º Lei n. 5.709/71 e art. 3º, II, da IN 76/2013).	a.– 1/4 do território do município (art. 12).
2. Poder Público não pode doar terras a estrangeiros, *salvo* nos casos de núcleos coloniais (art. 14).	B – Exceção: compromisso firmado antes de 1969.	b.– Deste 1/4, apenas 40% para uma nacionalidade (art. 12).
		c.– Exceções: art. 12, § 2º, Lei n. 5.709/71 – menos de 3 MEIs – compromisso firmado antes de 1969 – estrangeiro tiver filho brasileiro ou for casado com brasileiro em regime de comunhão de bens

Autorizações	Prazos das Autorizações
I – Menos de 3 MEIs não precisa de autorização. – Exceção: área indispensável para a Segurança Nacional (art. 3º, § 1º). Também não necessita de autorização em caso de sucessão legítima (art. 1º, § 2º, Lei n. 5.709/71).	i. Autorização: 30 dias (art. 10, parágrafo único, Decreto n. 74.965/74).
II – Entre 3 e 50 MEIs – Autorização do INCRA (art. 3º, § 2º)	ii. Prazo para levar escritura a registro: 15 dias (art. 10, parágrafo único, Decreto n. 74.965/74).
III – Mais de 50 MEIs – Autorização do Congresso Nacional (art. 23 da Lei n. 8.629/93).	
IV – Mais de 20 MEIs – necessária apresentação de projeto de exploração (art. 4º, § 7º, Decreto n. 74.965/74).	

17
Evolução Histórica do Nosso Sistema Registrário

Para que possamos entender melhor nosso Sistema Registral atual, bem como alguns dos problemas que enfrentamos nele, é imprescindível que façamos uma análise da evolução dos direitos reais no Brasil. Dessa forma, iniciaremos nossa análise nos primórdios, antes das primeiras regulamentações sobre o tema, partindo-se do pressuposto de que no início todas as terras eram públicas, ou seja, pertenciam ao Estado.

A primeira regra de distribuição de terras no Brasil, e por consequência a primeira norma que tratou sobre direitos reais no país, veio disposta nas Ordenações do Reino que trouxeram as chamadas Capitanias Hereditárias. Nessa sistemática, a Coroa Portuguesa conferiu um título de propriedade precária e resolúvel a algumas pessoas escolhidas por ela, sem transmitir o domínio pleno até satisfeita a condição de exploração efetiva das terras, sob pena de retornarem à Coroa. Daí surgiu a expressão terras devolutas, que se aplicou às terras que não cumpriram as condições estabelecidas pela Coroa e por isso foram-lhe devolvidas.

Na sequência, a Coroa Portuguesa transpôs para o Brasil o Sistema das Sesmarias, que já utilizava em Portugal desde 1375. Esse sistema possibilitava que fossem distribuídas terras a terceiros, primeiro pelos donatários das capitanias, depois pelo próprio governo, sob a condição de que as explorassem. Diferentemente das Sesmarias implantadas em Portugal, que se caracterizavam por doações de terras em caráter vitalício, mas que não se transmitiam com a morte, no Brasil estas doações adquiriram caráter perpétuo, desde que cumpridos os requisitos de exploração. Isso se deu devido à necessidade de povoamento das terras descobertas.

Após essas primeiras distribuições de terras, houve um lapso no nosso ordenamento, no qual não se dispôs a respeito da propriedade imóvel e suas transmissões, sendo que estas, na sistemática corrente, passaram a ser feitas pela simples tradição. Dessa forma, aqueles que não possuíam títulos decorrentes das Sesmarias ou das Capitanias Hereditárias passaram simplesmente a ocupar as terras, de modo que a situação passou a girar em torno da posse. Essa situação num primeiro momento não despertou o interesse do legislador por ser a posse algo concreto que satisfazia os anseios das partes. Todavia, a situação não se mostrou tão eficiente no que se refere à garantia hipotecária já existente à época. Tendo em vista que uma mesma pessoa dava em hipoteca o imóvel para vários credores, muitas vezes sem uns saberem dos outros, era comum que em certo ponto as dívidas superassem em muito o valor da propriedade, de forma que os credores não conseguiam satisfazer os seus créditos com ela, agravado pelo fato de que até o momento em que começavam a surgir os vários credores não havia como uns tomarem conhecimento dos outros.

Esta falta de controle das hipotecas veio por enfraquecer o instituto à época, o que trouxe graves reflexos para a economia, tais como a diminuição dos créditos e o aumento das taxas de juros. Em virtude do exposto, surgiu a Lei Orçamentária n. 317, de 31-10-1843, regulamentada pelo Decreto n. 482, de 14-11-1846, que criou nosso primeiro Registro Geral de hipotecas. Temos, então, que a primeira forma de registro existente no Brasil não veio a tratar da propriedade, a qual continuou desassistida, mas, sim, do registro das hipotecas, lembrando que, para o registro delas, não se fazia nenhum controle no sentido de se a pessoa que estava dando a garantia era a pessoa competente para tanto, e a origem do seu direito.

Em 18 de setembro de 1850, surgiu a Lei n. 601, conhecida como registro paroquial, visto que era promovido pelo pároco, por ser ele a única unidade administrativa com capilaridade pelo Brasil. O registro paroquial era uma tentativa do governo de fazer um levantamento da quantidade de terras que se encontravam nas mãos de particulares no país e se baseava meramente na declaração dos ditos possuidores de terras. Tinha efeitos meramente estatísticos e não conferia propriedade, visto que a sua formação consistia em a pessoa que dizia deter a terra no momento comparecer à igreja e declarar a descrição dessa terra ao pároco, que transcrevia a descrição declarada no livro paroquial e emitia um certificado dessa declaração para a parte. Dessa forma, como se pode observar, o registro paroquial não estava ligado à propriedade, não sendo seus títulos expressão dela, mas tão somente meros indícios de posse sobre a área descrita pelo declarante.

Nesse sentido temos: Recurso especial. Direito das coisas. Ação declaratória de domínio pleno. Ilha costeira. Não demonstração do cumprimento das condições impostas pela Lei n. 601, de 1850 (Lei de Terras). Súmula 07/STJ. Registro paroquial. **Documento imprestável à comprovação de propriedade**. Juntada de 'documento novo' em sede de recurso especial. Impossibilidade. Recurso especial não conhecido" (STJ, 4ª T., REsp 389.372/SC, 2001/0152522-4, rel. Min. Luís Felipe Salomão, julgado em 4-6-2009, DJe 15-6-2009 – destaque nosso).

Hoje ainda encontramos várias propriedades que possuem apenas o referido título paroquial, motivo pelo qual muitas vezes nos deparamos com pedidos de ingresso desse tipo de título na Serventia Registral. Todavia, como já verificamos, o título paroquial não pode ser considerado um título de propriedade e, por mais que ele seja apto a servir como prova em uma possível ação de usucapião, não terá ingresso direto no Registro Imobiliário atual.

Seguindo então com a análise histórica, encontramos a Lei n. 1.237, de 24-9-1864, que trouxe grandes inovações. Esta foi a primeira legislação que trouxe uma central de registros com foco na propriedade, lembrando que até o presente momento, mesmo que a parte desejasse registrar sua propriedade, não havia previsão legal para tanto, havendo somente a inscrição paroquial, que se referia, como já vimos, à presunção de posse, e não à propriedade num primeiro momento, e o registro das hipotecas que estava focado tão somente no controle e na publicidade dos referidos ônus.

Essa lei, no entanto, instituiu o registro de imóveis por ato *inter vivos* e a constituição dos ônus reais (art. 7º). Dessa forma, veio unificar o registro dos ônus reais e o da propriedade num só local. Todavia, deixou bem claro que o registro somente se aplicaria aos atos *inter vivos*, deixando desamparadas as sucessões *causa mortis* e as transmissões judiciais.

Outra grande inovação adveio da declaração de que a transmissão não se operava a respeito de terceiros, senão pela transcrição de desde a sua data (art. 8º). Dessa declaração extraímos a obrigatoriedade de inscrição imposta pelo regramento que determinava que a publicidade registrária era essencial para que o direito pudesse exercer sua oponibilidade *erga omnes*.

Entretanto, o mesmo dispositivo refreou a força do registro ao afirmar que a inscrição imobiliária não induziria à prova do domínio, o que significa dizer que a lei não atribuiu qualquer presunção de veracidade ao registro.

Já analisamos, ao estudar os Sistemas Registrais, que o sistema alemão conta com presunção absoluta de veracidade, ou seja, o direito, uma vez inscrito no Registro de Imóveis, torna-se absoluto e não pode ser invalidado por possíveis vícios existentes no negócio jurídico. Vimos também que no sistema brasileiro atual encontramos a presunção relativa de veracidade dos direitos inscritos no sistema imobiliário, de modo que o referido direito é considerado válido até que se prove o contrário. Pela sistemática da Lei n. 1.237/1864, todavia, o registro não possuía qualquer presunção de veracidade, do que resultava que a qualquer questionamento o direito nele constante deveria ser inteiramente provado.

A referida lei também estabeleceu os tipos de hipotecas que poderiam ser constituídos, abolindo hipotecas não estabelecidas por ela (art. 1º), além de restringir o objeto da hipoteca aos bens imóveis por ela enumerados (art. 2º).

Apesar de antes mesmo dessa lei já se ter previsto a inscrição das hipotecas, a lei de registro de hipotecas determinou a inscrição apenas das hipotecas convencionais, deixando de fora várias modalidades do instituto, tais como a hipoteca legal e a judiciária. A Lei n. 1.237, de 1864, tornou indispensável a inscrição da hipoteca legal e convencional, para que pudesse ser oposta a terceiros, salvo as da mulher casada, dos interditos e menores, que, mesmo não inscritas, teriam todo o seu valor (art. 9º), reconhecendo ainda as hipotecas judiciárias (arts. 3º e 9º).

Passou também a exigir a especialização da hipoteca para sua inscrição e que esta recaísse sobre bens presentes com quantia determinada (art. 4º). Ou seja, a partir dela, para que se procedesse à inscrição de uma hipoteca, passou a ser necessário a determinação do bem sobre o qual recaiu a garantia, bem como o valor da dívida garantida, abolindo, assim, as hipotecas gerais sobre bens presentes e futuros, com exceção das hipotecas legais gerais sobre bens presentes e futuros em favor da mulher casada, dos menores e dos interditos (art. 3º, § 11).

As hipotecas gerais em favor da mulher casada e dos menores e interditos só passaram a ter sua inscrição garantida e compulsória pela lei a partir da Lei n. 3.272/1855, que tornou obrigatório o registro de todas as hipotecas legais. Todavia, a referida lei, apesar de trazer a obrigatoriedade de inscrição, ainda não trouxe a obrigatoriedade de especialização dessas modalidades de hipoteca, o que só veio a ocorrer com o Decreto n. 169-A, de 19 de janeiro de 1890, e seu regulamento, o Decreto n. 370, de 2 de maio de 1890.

Referido dispositivo legal trouxe também a exigência da escritura pública, como da substância do contrato (art. 4º, § 6º) e sua inscrição no registro, para valer contra terceiros, bem como enumerou taxativamente os ônus reais (art. 6º), sujeitando-os à transcrição.

Outro grande avanço da Lei n. 1.237, de 1864, foi a criação da prenotação em relação às hipotecas (art. 9º, § 27), ou seja, a determinação de que a hipoteca que primeiro ingressasse no registro teria prioridade em sua inscrição, não sendo inscritas outras hipotecas do mesmo devedor até que ela fosse devidamente formalizada. Determinando-se ainda o ingresso das hipotecas em um livro especial para o controle dessa prioridade.

Importante destacar que, segundo Afrânio de Carvalho (*Registro de imóveis*, p. 16), a Lei n. 1.237, de 1864, "deixou duas brechas, que o seu Regulamento, o Decreto n. 3.453, de 1865, aumentou para três, ao estender das sucessões aos atos judiciários a isenção do registro, que assim passou a abranger a tríade: a) transmissões *causa mortis*; b) atos judiciários; c) hipotecas gerais e ocultas em favor da mulher casada, dos menores e dos interditos".

Dentro desse contexto embrionário do nosso Sistema Registral é que surgiu o Registro Torrens (Decreto n. 451-B, de 1890), já analisado em capítulo específico, que visava dar uma alternativa às pessoas que buscavam a segurança do direito de propriedade. Por esse sistema, após uma análise detalhada do título e da propriedade, bem como da chamada dos confrontantes e possíveis interessados para se manifestarem, sobre ela era deferida a inscrição, mas com presunção absoluta de veracidade, ou seja, independentemente do fato de que no futuro eventualmente se descobrisse alguma falha na formação desse direito, ele seria mantido, salvo nos casos de fraude, erro de medição ou oposição a outro Título Torrens previamente registrado. Levando-se em conta que nesse momento os títulos que encontravam inscrição pelo sistema comum não gozavam de presunção alguma de veracidade e que a maioria dos direitos ainda se encontrava fora do sistema registrário, percebemos o grande apelo que referido sistema trouxe para a época.

Seguindo com a evolução histórica, o Código Civil de 1916 (arts. 530 a 534, 859 e 860) foi o primeiro dispositivo legal no Brasil a criar a instituição pública Registro Imobiliário com a incumbência de constituição de direitos reais e a atribuir presunção relativa de veracidade a esses direitos como decorrência da inscrição. Antes do Código Civil de 1916, como já vimos, havia a obrigatoriedade da inscrição dos títulos formadores de direitos reais, todavia, essa inscrição não gerava qualquer tipo de presunção. Ademais, os efeitos das transcrições se limitavam às transmissões entre vivos dos imóveis suscetíveis de hipoteca, ficando de fora do sistema as transmissões *causa mortis* os testamentos e os atos judiciários, fato que foi corrigido pelo Código que determinou a inscrição de todos os títulos destinados a criação, transmissão, modificação ou extinção de direitos reais, especificando ainda que seriam registradas as sentenças de inventário e partilha, bem como as de divisão e demarcação (art. 532), vindo o Decreto n. 18.542/28 a completar os títulos judiciais ao determinar também a inscrição das sentenças de adjudicação do imóvel quando não houver partilha, bem como a entrega de imóveis (art. 233).

O Decreto n. 18.542, de 24 de dezembro de 1928, trouxe uma colaboração imprescindível para a segurança do sistema registrário ao instituir o princípio da continuidade, ao estabelecer a obrigatoriedade da transcrição anterior para que se pudesse transcrever ou inscrever qualquer título no Registro de Imóveis. Esse foi um grande passo para a segurança dos registros, uma vez que determinou a análise da origem do direito que estava se pretendendo transmitir, de forma a garantir que ninguém transmita mais direitos do que possui. Esse decreto dispensava o registro do título anterior, quando este não estivesse obrigado a registrar, segundo o direito então vigente, todavia, exigia a sua apresentação para a análise deste com o título que objetivada a transmissão atual.

Na sequência, encontramos o Decreto-lei n. 58, de 10 de dezembro de 1937, que dispôs amplamente sobre o parcelamento do solo, tanto urbano quanto rural. O referido decreto-lei foi parcialmente revogado pela Lei n. 6.766/76 no que se refere aos parcelamentos urbanos, mas continua em vigor regulamentando os parcelamentos rurais até os dias de hoje. Trouxe a possibilidade de ingresso no Registro de Imóveis dos compromissos de compra e venda, bem como a possibilidade destes serem formalizados por instrumentos particulares.

Encontramos em seguida o Decreto n. 4.867, de 9 de novembro de 1939, que instituiu o sistema conhecido como das Transcrições, regime precursor ao atual. Por este sistema não existia a concentração de todos os atos sobre um determinado imóvel em um só livro; pelo contrário, os atos eram organizados pelo tipo e eram inscritos por ordem cronológica de ingresso na Serventia. Assim, existia um livro específico para os atos de transmissões, que era o Livro n. 3 de transcrição das transmissões. Esse livro era escriturado em uma sequência em que cada transmissão gerava uma nova transcrição com número próprio. Dessa forma, na mesma página do livro encontramos, por exemplo, primeiro o A vendendo para o B o imóvel X, sendo que o próximo ato seria o C vendendo para o D um imóvel Y. Assim, como se observa, os atos não tinham ligação entre si. O imóvel X poderia ser adquirido no Livro n. 3-A e sua transmissão ocorrer no Livro n. 3-R, por exemplo, existindo entre estes dois atos inúmeros outros que não têm com o referido imóvel nenhuma relação.

Em virtude desse fato, quando se fala em fólio pessoal dentro do Brasil, fala-se desse regime de transcrições. Isso tendo em vista que, apesar de o sistema não ser organizado exatamente pelo nome (como ocorre no Sistema Francês), e sim pela sequência dos atos, nesse regime se dava mais importância às pessoas que figuravam no registro do que ao imóvel propriamente dito, sendo que era por meio das pessoas que seguíamos o que acontecia ao imóvel.

Como já comentamos, nesse sistema não havia rigor nas descrições dos imóveis, podendo ser descrito de uma forma na aquisição e de outra na alienação. Poder-se-iam, por exemplo, alienar frações ideais de imóveis que constavam como se fossem independentes do todo, ainda que fosse o caso de se tratar do condomínio do Código Civil no qual o adquirente se tornava dono de porcentagem que não se constituía área certa e determinada dentro do todo. Existia a possibilidade de em uma única transcrição se proceder à transferência de mais de um imóvel; para isso, bastava que se vinculasse ao mesmo adquirente, podendo até ser diversos os transmitentes.

As descrições eram muito precárias, sendo comuns expressões como "mais ou menos" para elucidar o tamanho de um imóvel, visto que as áreas não eram elementos essenciais, sendo consideradas meramente enunciativas. As medidas perimetrais e as confrontações também, na maioria das vezes, não se mostravam precisas, sendo corriqueira a expressão "com quem de direito" para designar confrontantes, bem como a indicação de confrontantes que nunca foram titulares de direitos reais sobre os imóveis vizinhos, sendo meros posseiros, detentores, permissionários etc.

Como já visto, a escrituração era feita por tipo de ato, existindo, assim, os seguintes livros: Livro n. 2 – onde eram inscritas as garantias hipotecárias; Livro n. 3 – destinado às transcrições das transmissões; Livro n. 4 – onde se faziam registros diversos, tais como penhoras, anticrese, promessa de compra e venda etc.; Livro n. 5 – destinado à inscrição das emissões de debêntures; Livro n. 6 – indicador real, onde eram apontados os imóveis que constavam dos outros livros existentes na Serventia (este livro não encontrava grande efetividade em função da maleabilidade das descrições dos imóveis, fato que fazia com que um mesmo imóvel pudesse aparecer descrito de forma diversa em cada ato); Livro n. 7 – indicador pessoal, destinado à indicação de todas as pessoas que comparecessem a qualquer título em qualquer dos outros livros da serventia; Livro n. 8 – registro especial, destinado ao registro dos loteamentos e incorporações, bem como promessas de compra e venda de lotes ou unidades autônimas; Livro n. 9 – registro de cédulas de crédito rural; Livro n. 10 – registro de cédulas de crédito industrial.

Um mesmo imóvel poderia ter inscrições e transcrições em mais de um livro, dependendo dos atos praticados.

O art. 178 do referido decreto elencava quais atos eram sujeitos à inscrição e quais eram sujeitos à transcrição, sendo que sua diferenciação se fazia pela natureza do ato a ser praticado. Assim, tratando-se de uma transmissão, o ato deveria ser transcrito; tratando-se da instituição de ônus real, deveria ser inscrito.

A Lei n. 6.015, de 31 de dezembro de 1973, com as alterações trazidas pela Lei n. 6.216, de 30 de junho de 1975, trouxe para o Brasil a adoção do fólio real (Sistema atual), que se configura pela criação de um sistema registrário que tem sua organização com foco no imóvel. Desta forma, todos os atos praticados sobre o imóvel se encontram, no sistema atual, em um único lugar, ou seja, no livro que o descreve. Assim, foram criadas as Matrículas, e, para Walter Ceneviva (Lei de Registros Públicos comentada, p. 587), "a grande inovação da LRP foi a matrícula do imóvel, em que este é individuado e caracterizado, de modo a estremá-lo de dúvida em relação a outro para, a contar dela, serem feitos os registros respeitantes ao bem".

Podemos dizer, então, que a matrícula é o cadastro do imóvel a partir do qual os acontecimentos que influam em algum direito real sobre o referido imóvel devem ser ali assentados em uma sequência de atos encadeados. Não podemos confundir a matrícula com o registro (*stricto sensu*) ou a averbação, que são os atos sobre ela lançados, visando exprimir a constituição, transmissão, alteração ou extinção dos direitos reais referentes ao imóvel cadastrado na matrícula.

A Lei n. 6.015/73 também deixou de lado os termos transcrição e inscrição, tendo estes sido de forma genérica abrangidos pelo conceito de registro. O termo averbação já existia na legislação anterior e continuou existindo com o mesmo significado, qual seja, designar alteração procedida sobre registros ou matrículas. Por vezes, todavia, encontraremos a palavra registro em sentido amplo, significando ato praticado dentro do sistema registral; nesse sentido, então, essa expressão engloba tanto os atos de averbação quanto os de abertura de matrícula.

Por ser o ato cadastral o ato a partir do qual todos os demais atos serão assentados, a abertura da matrícula será requisito para a prática do registro na vigência da legislação atual. Nesse sentido, encontramos o art. 227 da Lei n. 6.015/73, que diz: "Todo imóvel objeto de título a ser registrado deve estar matriculado no Livro n. 2 – Registro Geral – obedecido o disposto no art. 176". O referido art. 176 trata dos requisitos para a abertura da matrícula, o que já foi analisado com os requisitos de sua escrituração quando falamos sobre o Livro n. 2 – Registro Geral.

18
Transição entre as Transcrições e Matrículas

Verificamos anteriormente que houve uma profunda modificação do sistema das transcrições (Decreto n. 4867/39) para o sistema das matrículas (Lei n. 6.015/73), tendo-se mudado o foco dos atos, que deixou de ser as pessoas que nele figuram para passar a ser os imóveis sobre os quais estes atos estão recaindo.

Vimos também que, para que se pratiquem atos de registro na vigência da lei atual, é necessário que primeiro se proceda à abertura da matrícula do imóvel. Assim, qual é o momento para a abertura da matrícula? A legislação previu uma mudança imediata entre os sistemas, encerrando-se os antigos livros de transcrição e abrindo-se matrículas imediatamente para todos os imóveis? A resposta a estas questões se encontra no art. 228 da Lei n. 6.015/73, que diz: "A matrícula será efetuada por ocasião do **primeiro registro** a ser lançado na vigência desta Lei, mediante os elementos constantes do título apresentado e do registro anterior nele mencionado" (grifo nosso).

Do citado artigo, extraímos que: a) a mudança do sistema de transcrições para o sistema de matrículas foi prevista para ser gradativa, sendo necessária a abertura da matrícula somente por ocasião do primeiro registro a ser efetuado na vigência da Lei n. 6.015/73; e b) os livros de transcrições continuam em uso, sendo aptos a receber às suas margens os atos de averbação necessários.

Existem alguns doutrinadores que entenderam que a palavra registro foi mencionada no dispositivo tratado em seu sentido amplo, ou seja, querendo designar ato registrário de uma forma geral, motivo pelo qual as averbações também ensejariam a abertura de matrícula, malgrado o disposto no art. 169, I, da Lei n. 6.015/73, que determina que elas sejam feitas à margem do registro a que se referirem, mesmo quando o imóvel tenha passado a pertencer a outra circunscrição, tal como afirma Afrânio de Carvalho em artigo publicado na *Revista de Direito Imobiliário* entitulado "A matrícula no registro de imóveis", não sendo este, todavia, o entendimento predominante em nossa doutrina e jurisprudência.

Superados esses primeiros questionamentos, encontramos outro, muito mais tortuoso, que gera infindáveis discussões a respeito de como compatibilizá-lo com o intuito legislativo e a segurança jurídica necessária ao sistema registral.

Assim, já observamos, também, que no sistema das transcrições eram comuns descrições de imóveis das quais a área não constava, ou constava com a expressão "mais ou menos"; o mesmo ocorria no que se refere a uma ou a algumas de suas metragens, não sendo raras ainda a falta de indicação de confrontantes e a descrição do imóvel vinculada a elementos de amarração, hoje não mais existentes, como "confronta em sua margem pelo carreador de café até o carvalho centenário, virando à esquerda no mata-burro e terminando no início do pasto", por exemplo. Não raro, ainda, que a qualificação das partes titulares de direitos reais sobre o imóvel viesse incompleta, sendo comuns qualificações do tipo: João da Silva, brasileiro, casado, proprietário.

Contudo, a sistemática atual descreve minuciosamente os requisitos para a abertura da matrícula, informando, dentre eles, área, características e confrontações, cadastro urbano ou rural, dependendo do caso, qualificação completa das partes etc.

Dessa forma, encontramos certa incompatibilidade entre os dados, que em um primeiro momento impediria que fosse aberta a maioria das matrículas oriundas de transcrição por falta de seus requisitos iniciais.

Pensando nisso, o legislador criou a regra estabelecida no art. 228 da Lei n. 6.015/73, que assim dispõe: "A matrícula será efetuada por ocasião do primeiro registro a ser lançado na vigência desta Lei, mediante os elementos constantes do título apresentado e do registro anterior nele mencionado".

Assim, por ocasião da abertura da primeira matrícula sobre o imóvel a ser feita na vigência da legislação atual, o legislador permitiu uma flexibilização, deixando claro que os dados necessários para abertura dela podem ser extraídos do título apresentado e do registro anterior nele mencionado, ou seja, a transcrição que deu origem ao direito, bem como, se for o caso, as demais inscrições referentes ao imóvel feitas na vigência da lei anterior. Todavia, devemos tomar muito cuidado ao completar esses dados, buscando sempre ter o máximo de certeza de que essas inserções não estão alterando o imóvel ou as pessoas que nele figurem.

Então, na situação utilizada como exemplo, em que o proprietário era o João da Silva, brasileiro, casado, proprietário, mostra-se inviável a inclusão dos demais elementos de qualificação sem que se mostre comprovado que o João da Silva que pretende ter seus dados incluídos na matrícula é o mesmo João da Silva que se encontrava na transcrição, visto que esta descrição é comum a um número enorme de pessoas no Brasil. Por esse motivo, muitos registradores solicitam, nesse caso, que a pessoa que pretende ter seus dados incluídos na qualificação apresente a escritura pela qual adquiriu o imóvel, não bastando que se retire uma segunda via no Tabelionato que a lavrou, mas exigindo-se a escritura original da qual constem as anotações de registro feitas pelo Registro de Imóveis, para comprovar que a pessoa que está solicitando o ato e a constante no registro são a mesma. Caso a parte não possua mais este documento, nada impede que se faça um procedimento de justificação judicial no qual serão ouvidas testemunhas e produzidas provas que garantam a identidade entre a parte constante no registro e o requerente.

No que se refere ao acréscimo de dados faltantes na descrição do imóvel, temos também que tomar muito cuidado para que esses dados não alterem o imóvel, podendo gerar uma potencialidade danosa em relação a terceiros em virtude da alteração. Dessa forma, os elementos que se admitem completar são aqueles comprovados por documentos oficiais e que não ofereçam potencialidade danosa, tais como a inclusão do número do cadastro da prefeitura municipal frente à apresentação de certidão dela. Não se podendo, por exemplo, substituir a descrição que indicava que o lado direito do imóvel confinava com o pasto até o pé de carvalho por medidas certas, pois neste caso há necessidade de se provar exatamente onde esses marcos estavam situados à época, o que dependerá de uma prévia retificação do imóvel.

Em virtude ainda desse entendimento, e visando evitar o travamento do registro do imóvel enquanto se promovam eventuais retificações, no Estado de São Paulo foi adotado a teoria da mitigação da especialidade, pela qual entendimento no sentido de que, quando não for possível complementar os dados da transcrição pela apresentação de documentos, mas ainda assim não houver dúvida sobre a localização do imóvel e houver razoável precisão sobre sua extensão (mesmo que indicada como sendo "mais ou menos")e a transmissão ou oneração for feita de forma integral, é possível a abertura da matrícula com os elementos constantes da transcrição, mesmo que eles não preencham todos os requisitos trazidos pelos arts. 176 e 225 da Lei n. 6.015/73.

Nesse sentido: "Não havendo dúvida de localização e extensão, desde que o título se reporta ao registro aquisitivo, sem nenhuma reserva, a matrícula deve ser feita com os elementos dele constantes e do registro anterior nele mencionado (Lei n. 6.015/73, art. 228). Já decidiu este Conselho que os elementos identificadores, apontados no art. 176 da lei citada, não são dogmáticos. Se há segurança no ato transmissivo quanto à identidade do objeto, a finalidade está atingida (Ap. Cív. 258.953, CSM, Itapecerica da Serra)" e, ainda, "não havendo dúvida de localização e extensão, desde que o título se reporta ao registro aquisitivo, sem nenhuma reserva, a matrícula deve ser feita com os elementos dele constantes e do registro anterior, nele mencionado (TJSP)" (Jurisprudência Brasileira, 25/171, ambas as jurisprudências citadas pela professora Maria Helena Diniz, em sua obra Sistemas de registros de imóveis, p. 61).

19
Das Hipóteses de Abertura de Matrícula

Verificamos no capítulo anterior uma das hipóteses de abertura da matrícula, qual seja, por ocasião do primeiro registro a ser efetivado na vigência dessa lei. Mas esta não é a única, de modo que passamos a analisar quais as hipóteses que ensejam abertura de matrícula no sistema atual.

Antes, porém, uma observação: a matrícula deve se referir apenas a um imóvel e deve receber um número único na serventia. Dessa forma, é necessário ter um controle muito estrito da numeração, a fim de evitar duplicidade de número. Caso ocorra tal equívoco, não se pode admitir a inserção de letras para diferenciar uma matrícula da outra, mas sim encerrar ambas as áreas, mediante autorização do corregedor permanente, descerrando-se novas matrículas, com numeração diferente e na sequência correta, para cada área.[10]

A primeira das hipóteses analisada traz correlação com a transição do sistema das transcrições para o sistema das matrículas. Já analisamos que a mudança entre os sistemas foi prevista pelo legislador de forma gradual e que a obrigatoriedade para a abertura da matrícula se daria na ocasião do primeiro registro a ser feito na vigência desta lei. Todavia, o art. 295 da Lei n. 6.015/73 traz: "O encerramento dos livros em uso, antes da vigência da presente Lei, não exclui a validade dos atos neles registrados, nem impede que, neles, se façam as averbações e anotações posteriores". Completando, o parágrafo único dispõe: "Se a averbação ou anotação dever ser feita no Livro n. 2 do Registro de Imóvel, pela presente Lei, e não houver espaço nos anteriores Livros de Transcrição das Transmissões, será aberta a matrícula do imóvel".

Assim, mesmo não sendo o caso de prática de ato de registro, se existir uma averbação a ser procedida na vigência dessa lei e não existir espaço no livro anterior, ou seja, à margem da transcrição que originou o direito, não há outra opção senão proceder à abertura da matrícula para que se pratique o ato averbatório.

Procede-se também à abertura da matrícula caso o proprietário deseje a unificação do imóvel a outro vizinho que a ele também pertença, ou ainda quando deseje realizar o desdobro do imóvel. Nesse caso, encontramos o art. 234 da Lei n. 6.015/73, que assim dispõe: "Quando dois ou mais imóveis contíguos, pertencentes ao mesmo proprietário, constarem de matrículas autônomas, pode ele requerer a abertura destas em uma só, de novo número, encerrando-se as primitivas".

---

10. Importante o Provimento n. 12/2012 do Conselho Nacional de Justiça. Além disso, para solucionar tais problemas e outros, como numeração saltada de matrícula, a egrégia Corregedoria Geral da Justiça de São Paulo acolheu algumas das sugestões feitas por nós, conforme Parecer n. 36/2013-E, proferido no bojo do Processo CGJ n. 2012/78.913.

Segue também o art. 235 do referido dispositivo, dizendo que podem, ainda, ser unificados, com abertura de matrícula única:

I – dois ou mais imóveis constantes de transcrições anteriores a esta Lei, à margem das quais será averbada a abertura da matrícula que os unificar;

II – dois ou mais imóveis, registrados por ambos os sistemas, caso em que, nas transcrições, será feita a averbação prevista no item anterior, as matrículas serão encerradas na forma do artigo anterior;

III – 2 (dois) ou mais imóveis contíguos objeto de imissão provisória na posse registrada em nome da União, Estado, Município ou Distrito Federal.

Esse dispositivo visa apenas deixar claro que não existe impedimento para que se faça a fusão de imóveis que estejam cadastrados em sistemas diferentes e que esse caso não exige a prévia abertura da matrícula do imóvel que se encontrava transcrito para depois se proceder à unificação. Mesmo porque quando da abertura da nova matrícula do imóvel fundido ocorrerá o encerramento da matrícula anterior, o que se dará por meio de averbação a ser procedida.

O § 1º do art. 235 da Lei n. 6.015/73 completa o regramento, determinando a abertura de matrícula nas hipóteses de fusão trazidas pelo artigo e estendendo-as aos casos de desdobro, ao dispor: "Os imóveis de que trata este artigo, bem como os oriundos de desmembramentos, partilha e glebas destacadas de maior porção, serão desdobrados em novas matrículas, juntamente com os ônus que sobre eles existirem, sempre que ocorrer a transferência de uma ou mais unidades, procedendo-se, em seguida, ao que estipula o item II do art. 233". O item II do art. 233 citado estabelece que, em caso de desmembramento, encerra-se a matrícula quando da alienação total do imóvel desmembrado, situação que será mais bem analisada no capítulo que trata sobre o encerramento da matrícula.

O inciso III é mais complexo, pois resulta da unificação de várias áreas ainda objeto de ações de desapropriação em curso, mas cuja imissão provisória na posse foi outorgada judicialmente à administração pública. Por isso o § 2º do art. 235 da LRP somente permite a prática nos casos de imóveis inseridos em área urbana ou de expansão urbana e com a finalidade de implementar programas habitacionais ou de regularização fundiária, o que deverá ser informado no requerimento de unificação.

Também é caso de abertura de matrícula, conforme dispõe o § 5º, art. 9º, do Decreto n. 4.449/2002, a averbação de descrição georreferenciada do imóvel: "O memorial descritivo, que de qualquer modo possa alterar o registro, resultará numa nova matrícula com encerramento da matrícula anterior no serviço de registro de imóveis competente".

Esse dispositivo visa dar mais clareza à matrícula. A averbação de georreferenciamento reflete-se em uma descrição complexa, que na maioria das vezes ocupa mais de uma folha da matrícula, motivo pelo qual buscou o legislador tentar facilitar a análise de compreensão da referida descrição ao destinar a ela um local de destaque, qual seja, o cabeçalho de uma nova matrícula.

Os loteamentos consistem em uma espécie de desmembramento territorial, motivo pelo qual será necessária também a abertura da matrícula dos lotes antes do registro de qualquer ato sobre eles. Isto se dá com fundamento no art. 236 da Lei n. 6.015/73, que dispõe: "Nenhum registro poderá ser feito sem que o imóvel a que se referir esteja matriculado". Esse entendimento é utilizado nos casos de instituição de condomínio, no que se refere às unidades autônomas.

Nessa mesma linha de raciocínio encontramos os casos em que tenha ocorrido o desmembramento da Serventia com a criação de uma nova, a qual passa a ter competência sobre parte da circunscrição da serventia antiga. Nesses casos, os registros feitos na Serventia originária são considerados atos jurídicos perfeitos, não sendo necessária a sua repetição na nova Serventia. Todavia, após a instalação da nova Serventia, todos os atos que incidirem sobre os imóveis da nova circunscrição deverão necessariamente ser praticados na nova Serventia. Como nenhum registro poderá ser feito sem que o imóvel a que se referir esteja matriculado, necessária se faz, nessas hipóteses, também a abertura de matrícula.

Regulamentando esta situação, encontramos o art. 197 da Lei n. 6.015/73, que diz: "Quando o título anterior estiver registrado em outro cartório, o novo título será apresentado juntamente com certidão atualizada, comprobatória do registro anterior, e da existência ou inexistência de ônus".

Também quando se institui o condomínio especial (ou edilício) deverão ser abertas matrículas para as unidades exclusivas, sem que se encerre a matrícula mãe. Há quem entenda que desde o registro da incorporação (etapa antecedente e facultativa à constituição do condomínio edilício) já se poderiam abrir as matrículas das unidades futuras, e não simples fichas auxiliares da matrícula mãe.

Contudo, em face do disposto na primeira parte do art. 1.332 do Código Civil ("Institui-se o condomínio edilício por ato entre vivos ou testamento, registrado no Cartório de Registro de Imóveis (...)") fica nítido que o regime condominial especial, o qual autoriza a abertura das matrículas das unidades exclusivas, somente surge após o registro da instituição do condomínio e não com o registro da incorporação. Sem isso se fere mortalmente o princípio da unitariedade, pois na incorporação estamos lidando, na melhor das hipóteses, com frações ideais vinculadas a futuras unidades que ainda não surgiram e estas unidades só surgirão após a instituição do condomínio.

Outra hipótese, que pela própria natureza do ato enseja a abertura de matrícula, é a das aquisições originárias. Se não houver nenhuma matrícula anterior, então deve-se necessariamente abrir matrícula, com os dados que tiver no título, afim de permitir o registro. Contudo, e se já houver matrícula anteriormente aberta? Se for aquisição parcial, deve haver o destaque da área, havendo ou não apuração do remanescente, com a abertura de matrícula para a área que se adquire de forma originária.

Mas, e se a aquisição originária tratar de todo o exato mesmo imóvel já descrito em matrícula anterior? Nesse caso, pensamos que o recomendável é encerrar a antiga e abrir uma nova, pois, como em razão da matrícula ser uma sequência de atos causais que detalham o histórico dos direitos reais que envolvem o imóvel nela cadastrado, no caso das aquisições originárias não se pode registrá-las dando seguimento a esses atos, pois em função de que, na realidade, tal aquisição não seria uma continuação dos referidos atos. No caso das aquisições originárias, ocorre uma ruptura dos direitos reais existentes, originando-se, como o próprio nome diz, uma nova sequência registrária, o que deve ser expresso mediante abertura de uma nova matrícula.

No que se refere à abertura de matrícula de imóvel ainda descrito em transcrição a requerimento da parte, nas hipóteses em que a lei ensejar sua abertura por ocasião do primeiro registro, não encontramos uniformidade na doutrina, nem nas determinações das corregedorias estaduais a respeito da possibilidade da prática desse ato. Todavia, a maioria é favorável à sua possibilidade, defendendo que o objetivo legislativo, ao prever uma transição gradativa, é o de manter o bom andamento do serviço, sendo, porém, seu interesse final que a transição ocorra, não existindo motivo para vedar essa possibilidade, que, em última análise, facilitaria o alcance dos objetivos legais sem entraves para o serviço, gerando ainda mais comodidade para a parte que está interessada na mudança.

Quando da abertura da matrícula, não se deve fazer a cópia da matrícula ou da transcrição anterior, devendo-se, sim, transportar para a nova matrícula a situação atual do imóvel, fazendo constar seus atuais proprietários, sua descrição atual, bem como se no momento existe algum ônus sobre ele.

Por fim, resta destacar que o registro de imóveis é sistema tutelatório da propriedade particular. Não é sua função institucional, ao menos até o presente momento, tutelar a propriedade pública, já que isso é função atribuída aos órgãos específicos dos entes da federação, como a SPU (Secretaria do Patrimônio da União).

Porém, é cada vez mais frequente a inserção na LRP de normas permissivas da abertura de matrículas de áreas públicas, a pedido expresso desses entes. Exemplo disto são os arts. 195-A da LRP e 195-B da LRP, estabelecendo que o município poderá solicitar ao registro de imóveis competente a abertura de matrícula de parte ou da totalidade de imóveis públicos oriundos de parcelamento do solo urbano, e o artigo 195-B, também da LRP, e estabelecendo que a União, os Estados, o Distrito Federal e os Municípios poderão solicitar ao registro de imóveis competente a abertura de matrícula de parte ou da totalidade de imóveis urbanos sem registro anterior, cujo domínio lhe tenha sido assegurado pela legislação. Para tanto, há um procedimento administrativo que deverá ser estritamente seguido, detalhado nesses artigos.

20
PRINCÍPIOS DO REGISTRO DE IMÓVEIS

No entendimento de Miguel Reale, em sua obra intitulada *Lições preliminares de direito* (p. 305): "Princípios são verdades fundantes de um sistema de conhecimento, como tais admitidas, por serem evidentes ou por terem sido comprovadas, mas também por motivos de ordem prática de caráter operacional, isto é, como pressupostos exigidos pelas necessidades da pesquisa e da práxis".

Os princípios são em alguns casos normas escritas no ordenamento pátrio em outras normas extraídas da interpretação sistemática dele, mas que de uma forma ou de outra devem nortear a aplicação das leis a que se referem. Assim, especificamente quanto aos Registros de Imóveis, encontramos princípios que informam a finalidade dos serviços registrais, princípios que informam os requisitos de seus atos, bem como princípios que informam os efeitos dos atos a eles atribuídos.

As classificações, bem como as nomenclaturas dos princípios, variam de autor para autor, de forma que optamos por tentar trazer a classificação mais abrangente possível, o que não impede que eventualmente se encontre alguma nomenclatura aqui não listada ou alguma classificação minoritária por nós não referida.

20.1 PRINCÍPIO DA SEGURANÇA JURÍDICA

É um princípio que visa informar a finalidade dos serviços notariais e registrais, uma vez que oferecer segurança sobre os atos que tutela é uma das finalidades desses atos. Tamanha é a importância desse princípio que ele vem elencado logo no primeiro artigo da Lei n. 8.935/94, que dispõe: "Serviços notariais e de registro são os de organização técnica e administrativa destinados a garantir a publicidade, autenticidade, segurança e eficácia dos atos jurídicos".

No âmbito dos Registros de Imóveis, a segurança jurídica garante a estabilidade das relações elencadas dentro de sua esfera de atribuição, contribuindo para a pacificação social por meio da prevenção de litígios envolvendo esses atos. Fortalece ainda a economia, na medida em que a segurança trazida pelo sistema registral reflete na efetividade das garantias reais oferecidas no mercado, o que leva a uma queda nas taxas de juros em virtude do grau de recuperação dos valores ofertados com a execução das referidas garantias.

Podemos dividir o Princípio da Segurança Jurídica dentro das Serventias Registrais Imobiliárias em duas espécies. Primeiro encontramos a chamada segurança jurídica dinâmica, que se manifesta quando o adquirente de um imóvel leva o seu título ao Registro de Imóveis e em consequência desse ato tem garantido todos os benefícios decorrentes do direito registrado. A segunda espécie é denominada segurança jurídica estática e diz respeito à garantia assegurada pela estabilidade dos direitos reais que decorre da regulamentação e observância do ordenamento jurídico no que se refere a esses direitos.

20.2 PRINCÍPIO DA UNITARIEDADE DA MATRÍCULA

O Princípio da Unitariedade da Matrícula estabelece que todo imóvel deverá possuir uma única matrícula e que cada matrícula deverá conter um único imóvel. Está previsto na lei de Registros Públicos em seu art. 176, § 1º, I, que dispõe: "cada imóvel terá matrícula própria, que será aberta por ocasião do primeiro registro a ser feito na vigência desta Lei".

Por força desse princípio, ainda, encontramos a impossibilidade de abertura de matrículas de frações ideais, tendo em vista que a fração ideal nada mais seria do que uma parte do todo, de modo que, se fosse matriculada, essa parte do imóvel constaria de duas matrículas ao mesmo tempo, a matrícula da fração ideal e a matrícula do todo.

A expressão imóvel dentro da sistemática registral pressupõe também uma continuidade territorial, de modo que, caso esta seja perdida, passarão a existir dois ou mais imóveis dentro da matrícula, obrigando o seu desdobramento sob pena de ferir o princípio em análise. Essa é a hipótese que ocorre quando, por exemplo, uma estrada municipal passa a cortar uma propriedade, separando-a em duas glebas. Nesse caso, a estrada passará a pertencer ao poder público, quebrando a continuidade territorial do imóvel de forma a dividi-lo em dois, exigindo a abertura de nova matrícula para a área que ficou isolada.

20.3 PRINCÍPIO DA INSCRIÇÃO

O princípio da inscrição é um dos princípios que informam os efeitos do registro, pois orienta a partir de qual momento o direito se torna real, regulando seus efeitos antes e após o ato inscritivo.

Por esse princípio, em nosso sistema a publicidade registral somente é atingida mediante inscrição do título no registro de imóveis competente. Nossa publicidade registral, todavia, encontra variantes, sendo que, dependendo do ato a ela sujeita, confere a este sua verdadeira constituição real ou em outros casos apenas a sua declaração, como analisado no capítulo que trata sobre o sistema registral brasileiro.

Assim, a constituição, a transmissão e a extinção dos direitos reais sobre imóveis só se operam por atos *inter vivos*, mediante a sua inscrição no registro imobiliário, sendo que nos casos das transmissões *causa mortis* e aquisições originárias, apesar de não ser a inscrição necessária para sua efetivação, ela é imprescindível para sua publicidade perante terceiros e para garantir aos titulares a disponibilidade sobre seus direitos.

Nesse sentido, encontramos a Lei n. 6.015/73, que em seu art. 172 prevê que: "No Registro de Imóveis serão feitos, nos termos desta lei, o registro e a averbação dos títulos ou atos constitutivos, declaratórios, translativos e extintivos de direitos reais sobre imóveis reconhecidos em lei, *inter vivos* ou *mortis causa*, quer para sua constituição, transferência e extinção, quer para sua validade em relação a terceiros, quer para a sua disponibilidade". Encontramos, também, o Código Civil, que em seu art. 1.227 prevê que: "Os direitos reais sobre imóveis constituídos, ou transmitidos por atos entre vivos, só se adquirem com o registro no Cartório de Registro de Imóveis dos referidos títulos (arts. 1.245 a 1.247), salvo os casos expressos neste Código".

Dentro do gênero de inscrições com efeitos declarativos, ou seja, aquelas nas quais o ingresso no registro de imóveis não faz surgir o direito real, mas o torna público em relação a terceiros e garante a disponibilidade do direito ao seu titular, encontramos duas espécies trazidas pela doutrina, que são a inscrição declarativa integrativa e a inscrição declarativa preventiva.

A inscrição declarativa integrativa é aquela destinada a completar o registro de modo a atender ao princípio da continuidade. Vimos que a matrícula é formada por uma sequência de elos interligados que permite uma análise detalhada da trajetória dos direitos reais nela inscritos. Vimos também que existem direitos reais, em nosso ordenamento jurídico, em que o legislador optou por garantir a sua formação antes mesmo de seu ingresso no registro de imóveis, mas que nesse caso a inscrição seria necessária para garantir a esses direitos a publicidade contra terceiros, bem como sua disponibilidade. A inscrição declarativa integrativa se encaixa exatamente nessa situação, ou seja, visa declarar direitos reais preexistentes com a finalidade de publicitá-los e garantir a efetividade da cadeia dominial.

Podemos citar também como exemplo da inscrição declarativa integrativa as averbações que visam atualizar o estado civil das partes, bem como as que trazem alterações nas numerações de prédios, nomes de ruas, dentre outras.

Já a inscrição declarativa preventiva, em vez de visar a continuidade dos atos, objetiva exclusivamente o aspecto publicitário do registro. Dessa forma, por meio desse tipo de inscrição, busca-se acautelar terceiros a respeito de ameaças à titularidade dos direitos reais expressos na matrícula. Podemos citar como exemplo desse tipo de inscrição as averbações premonitórias, as penhoras, os arrestos e os sequestros, os registros das citações de ações reais ou pessoais reipersecutórias relativas a imóveis, a averbação da notificação administrativa para parcelamento, edificação ou utilização compulsórios, de imóvel urbano (art. 5º, § 2º, da Lei n. 10.257/2001 – Estatuto da Cidade).

Dentro do gênero de inscrições com efeito constitutivo, ou seja, aquelas que sem as quais o direito não se transforma em direito real, ficando apenas no campo obrigacional, encontramos a classificação delas em constitutivas, translativas ou extintivas, de acordo com os efeitos operados pela inscrição.

A inscrição constitutiva, nesse aspecto, é aquela que faz surgir o direito real não em relação àquela pessoa que se tornou seu titular, como ocorre com a inscrição translativa, mas, sim, faz surgir o direito real em si. Um exemplo desse tipo de inscrição é o registro da hipoteca. O direito real da hipoteca não existe até o momento da inscrição em relação a ninguém, passando a viger plenamente após ela. O mesmo se aplica em relação à instituição de usufruto, ao registro da propriedade fiduciária, ao registro de uma servidão, à averbação de uma cláusula de inalienabilidade, dentre várias outras hipóteses.

Já na inscrição translativa, o direito real já existe, todavia pertence a uma pessoa diversa daquela que consta como adquirente no título que busca a inscrição. Nesse caso, a inscrição fará surgir o direito real para o adquirente por meio da transmissão deste, todavia, não podemos dizer que essa inscrição fará surgir o direito real em si para o mundo. Podemos dizer também que a inscrição translativa é extintiva para quem transmite o direito e constitutiva para quem o adquire, sendo translativa entre os dois.

No que se refere à inscrição extintiva, também conhecida por inscrição negativa, ocorre quando em virtude dela há a extinção de um direito real. Em regra, quando pura, materializa-se mediante uma averbação de cancelamento.

Existem dois tipos de cancelamento. O primeiro e mais comum apenas encerra os efeitos daquele ato a partir da data do cancelamento, sendo válido e como consequência gerador de efeitos, entretanto, durante todo o período decorrido entre sua constituição e seu cancelamento (efeitos *ex nunc*). O segundo tipo, diferentemente, refere-se aos atos judiciais que determinam a aniquilação do direito, geralmente por ter este decorrido de algum título viciado. Assim, nesse caso a inscrição nega a validade do registro, negando também todos os seus efeitos desde o momento de sua constituição (efeitos *ex tunc*).

20.4 PRINCÍPIO DA CONTINUIDADE OU TRATO SUCESSIVO

Pelo princípio da continuidade, também conhecido como trato sucessivo, nenhum título deve ter ingresso no registro de imóveis sem que se encontre registrado o seu título anterior, ou seja, aquele que instituiu os direitos que estão sendo transferidos ou que possibilita instituição ou extinção do direito, de acordo com o título que pretende inscrição.

Visa manter o controle sobre os direitos reais, fazendo cumprir a regra geral de que ninguém pode transmitir mais direitos do que possui. Em virtude desse princípio é que a matrícula se torna uma cadeia de atos consecutivos em que um ato deriva do outro.

Assim, essa sequência não pode ser quebrada, de modo que, para que uma pessoa possa, por exemplo, transmitir a propriedade, primeiro deve provar que é proprietária. E, para que isso seja verdade, será necessário que esteja registrado o seu título de aquisição dessa propriedade.

A continuidade exigida pelo registro se foca tanto nos aspectos subjetivos quanto nos aspectos objetivos. O que quer dizer que tanto os titulares de direitos na matrícula quanto suas qualificações devem seguir uma sequência lógica quando das suas alterações ou inclusões, sendo que o mesmo se aplica à descrição do imóvel. Assim, para que se promova uma averbação de divórcio de um dos titulares de direito constantes na matrícula, primeiro deve estar averbado o seu casamento; para se proceder uma averbação de demolição de um prédio, primeiro deve constar a averbação de construção, e assim por diante.

Tem sua expressão na legislação pátria fundamentada no art. 195 da Lei n. 6.015/73, que diz: "Se o imóvel não estiver matriculado ou registrado em nome do outorgante, o oficial exigirá a prévia matrícula e o registro do título anterior, qualquer que seja a sua natureza, para manter a continuidade do registro".

Não há que se falar em continuidade quando estamos tratando de aquisições originárias, pois, como o próprio nome diz, são o título inicial, originário, que não deriva de qualquer outro. Dessa forma, com relação às aquisições originárias não se aplica a continuidade em virtude das características inerentes a elas.

20.5 PRINCÍPIO DA LEGALIDADE

O princípio da legalidade é um dos princípios que informam os requisitos do registro, uma vez que determina quais títulos terão ingresso na serventia imobiliária e como deve ser o conteúdo desses títulos, tanto sob o ponto de vista formal quanto sob o ponto de vista material.

Assim, o princípio da legalidade determina que somente terão ingresso no registro de imóveis os direitos reais assim definidos em lei, determinando ainda que esses títulos passíveis de ingresso no fólio real devem ser juridicamente válidos e atender aos requisitos legais da registrabilidade.

Observa-se, então, que o princípio da legalidade se desdobra em dois aspectos. O primeiro deles diz respeito à taxatividade dos direitos inscritíveis no registro de imóveis. Segundo esse aspecto, o legislador não deixou a critério da parte decidir quais direitos gostaria de levar a registro; muito pelo contrário, a lei deixou bem claro quais são esses direitos, de modo que não se poderá ingressar na serventia imobiliária direito não previsto expressamente na lei, sendo que os que o forem têm sua inscrição obrigatória.

A obrigatoriedade da inscrição dos títulos elencados na lei está prevista no art. 169 da Lei n. 6.015/73. Contudo, a proibição de inscrição de outros não expressamente previstos decorre do fato de a inscrição em nosso ordenamento jurídico em regra atribuir aspectos reais ao direito e pelo fato de este mesmo ordenamento ter determinado que somente serão considerados direitos reais os direitos assim estabelecidos em lei. O fato de um direito ser real lhe traz uma série de benefícios, tais como a oponibilidade *erga omnes* e o direito de sequela, benefícios que somente a lei pode lhes atribuir. Alguns doutrinadores elencam a taxatividade como um princípio autônomo do registro de imóveis, e não como um aspecto do princípio da legalidade.

Já o segundo aspecto do princípio da legalidade se refere ao controle de legalidade exercido pelo registrador sobre os títulos previstos em lei como hábeis para que tenham ingresso na serventia imobiliária. Esse controle de legalidade é considerado um poder-dever do registrador e como tal deve ser exercido sobre todos os títulos que ingressarem na serventia, sem distinção de sua origem ou forma. Abrange tanto os aspectos extrínsecos ou formais do título como os aspectos intrínsecos ou materiais dele, e é exercido por meio da chamada qualificação registral, que será analisada mais detalhadamente em capítulo específico.

20.6 PRINCÍPIO DA INSTÂNCIA OU ROGAÇÃO

O princípio da instância ou rogação é um dos princípios que informam os requisitos do registro, visto que visa disciplinar a forma como os títulos têm ingresso no registro de imóveis. Por esse princípio determina-se ao registrador que assuma uma posição passiva frente ao ingresso desses títulos, o que visa assegurar a sua imparcialidade no exercício de suas atribuições. Dessa forma, os atos serão praticados no Registro de Imóveis, salvo as exceções expressamente previstas na lei, somente em razão da provocação da parte interessada.

Assim, por exemplo, se o registrador foi ao casamento do proprietário de um dos imóveis existentes em sua Serventia, esse fato não o habilita a averbar o casamento na matrícula, mesmo que esteja de posse da certidão do ato. Por esse motivo, toda vez que vamos solicitar algum tipo de atualização na matrícula do imóvel, além de apresentarmos os documentos que a comprovem, temos também que firmar requerimento, solicitando a prática do ato. Em razão dessa afirmação, muitos podem estar se perguntando: e por que eu não preciso apresentar requerimento para o registro de uma escritura pública, de um formal de partilha, ou ainda de um contrato particular admitido a registro pela lei? A resposta encontra-se no fato de que estes títulos têm como finalidade o registro de imóveis; são instrumentos para que os direitos neles contidos ingressem no registro de imóvel. Daí a desnecessidade de requerimento.

A Lei n. 6.015/73 traz exceções ao princípio da instância ou rogação, por exemplo, ao permitir que sejam efetuados *ex officio* alguns tipos de retificação de atos constantes na serventia (art. 213, I) e ao determinar que sejam efetuados *ex officio* as averbações de alteração de nome de logradouro público (art. 167, II, 13).

20.7 PRINCÍPIO DA ESPECIALIDADE

O princípio da especialidade é um dos princípios que informam os requisitos do registro, pois determina em um primeiro momento a necessidade de descrição completa do imóvel e do direito, bem como da qualificação de seus sujeitos, tanto na matrícula quanto no título que pretende ingresso na serventia, como determina a necessidade da coincidência entre os elementos constantes do título e os existentes na matrícula, para que o primeiro possa ser registrado.

Subdivide-se em três espécies. A primeira delas é a chamada especialidade objetiva, que se foca, como o próprio nome diz, no objeto do registro, ou seja, no imóvel. Dessa forma, em um primeiro momento exige que o imóvel matriculado possua todos os requisitos determinados na lei. Os requisitos da especialização do imóvel são encontrados no art. 176, II, 3, da Lei n. 6.015/73, que assim dispõe: "a identificação do imóvel, que será feita com indicação: a) se rural, do código do imóvel, dos dados constantes do CCIR, da denominação e de suas características, confrontações, localização e área; b) se urbano, de suas características e confrontações, localização, área, logradouro, número e de sua designação cadastral, se houver".

É comum ainda ser a especialidade objetiva dividida em três subaspectos: especialidade objetiva quantitativa, qualitativa e posicional (ou localizacional). A quantitativa refere-se a medidas caracterizadoras do imóvel, como medidas lineares e área. A qualitativa refere-se às qualidades do imóvel, como formato geométrico, azimutes, confrontantes etc. E a localizacional são os elementos que permitem determinar o local em que se encontra o imóvel faticamente, no mundo real.

Num segundo momento, a especialidade objetiva ainda exige que o título que pretenda ingresso no registro de imóveis também possua todos os requisitos elencados na lei como essenciais para a sua caracterização e que esses requisitos constantes do título coincidam com os descritos na matrícula.

A especialidade objetiva tem o intuito de individualizar os imóveis inscritos na Serventia, de forma que qualquer pessoa consiga identificá-los, diferenciando-os dos demais, evitando que estes se confundam e facilitando sua localização com precisão na base territorial.

Há que se destacar que a especialidade objetiva se forma com base nos atos jurídicos dos quais os direitos sobre o imóvel são decorrentes. Assim, pode ocorrer de haver uma discrepância do que se encontra no mundo jurídico registrário com o que se encontra no mundo fático. Nesse caso, deve-se apurar a origem dessa discrepância e corrigi-la para atender ao princípio. Assim, caso se apure que houve algum erro nos atos registrários, a matrícula deve ser retificada; caso se apure que existe alguma falha na titulação do direito, esta deve ser corrigida. Tudo isso antes que se possa promover a inscrição.

A segunda espécie de especialidade que encontramos é a chamada especialidade subjetiva, a qual diz respeito às pessoas que por qualquer motivo aparecem nas relações jurídicas constantes da matrícula. Em relação a estas, o princípio também determina a sua perfeita identificação, o que se faz por meio da chamada qualificação pessoal. Os requisitos da qualificação pessoal estão previstos no art. 176, II, 4, da Lei n. 6.015/73 e são "o nome, o domicílio e a nacionalidade do proprietário, bem como: a) tratando-se de pessoa física, o estado civil, a profissão, o número de inscrição no Cadastro de Pessoas Físicas do Ministério da Fazenda ou do Registro Geral da cédula de identidade, ou, à falta deste, sua filiação; b) tratando-se de pessoa jurídica, a sede social e o número de inscrição no Cadastro Geral de Contribuintes do Ministério da Fazenda".

Da mesma forma, vista em relação à especialidade objetiva, a especialidade subjetiva também exige que o título que pretenda ingressar na serventia venha com a qualificação das partes completas, bem como que esta coincida com a constante na matrícula, quando for o caso. Assim, a parte que aparece como vendedor em uma escritura de venda e compra deve aparecer na matrícula como proprietário para atender ao princípio da continuidade. A qualificação desse vendedor deve coincidir com a constante na matrícula em que ele figura como proprietário. Caso exista alguma divergência, é necessário primeiro que se corrija a discrepância para que depois possa se proceder ao registro do título. Para isso, precisaremos analisar se existe algum erro ou necessidade de atualização de dados. Se houver um erro no título, este deve ser retificado; se houver um erro no registro, este deve ser retificado; e se houver necessidade de atualização dele, como ocorre na hipótese de o vendedor hoje se encontrar casado e na matrícula ainda se encontrar solteiro, porque o era no momento do registro, será necessário que se façam as averbações de atualização necessárias (o que não deixa de ser um tipo de retificação).

O princípio da especialidade subjetiva é muito importante para evitar que se confundam as pessoas constantes dos registros com terceiros, o que poderia gerar grandes prejuízos à parte ou aos terceiros à medida que se atribua erroneamente um direito ou uma obrigação. Vamos supor que chegue à serventia uma ordem de indisponibilidade dos bens de uma pessoa, mas que nesta não conste nem o número do documento de identidade dessa pessoa, nem o número do seu cadastro no Ministério da Fazenda. No mais, vamos supor que conste no registro uma pessoa com o mesmo nome e estado civil daquela cuja indisponibilidade de bens foi determinada. Se o registrador proceder a esse registro, estará correndo um grande risco de tornar indisponíveis os bens da pessoa errada, o que causaria a esta no mínimo uma grande dor de cabeça.

A terceira espécie é a chamada especialidade do fato jurídico inscritível, a qual se refere diretamente ao direito que está sendo publicitado com a inscrição. Dessa forma, prevê o art. 176, III, os requisitos que devem constar dos registros feitos nas matrículas, especificando, quanto ao ato em si que deve constar deles, o título da transmissão ou do ônus; a forma do título, sua procedência e caracterização; o valor do contrato, da coisa ou da dívida, prazo desta, condições e demais especificações, inclusive os juros, se houver.

20.8 PRINCÍPIO DA CINDIBILIDADE

Um título pode expressar diversos direitos distintos, desde que envolva as mesmas partes. Esses direitos podem ter ou não uma relação de dependência entre si. Por exemplo, se estivermos falando de uma compra e venda com pacto adjeto de hipoteca, os dois direitos são complementares, de modo que um não existiria sem o outro. O mesmo ocorre em uma permuta, dentre outras várias relações. Contudo, encontramos alguns títulos que possuem vários direitos, mas que podem ser individualizados, ou seja, podem existir independentemente dos outros direitos contidos no título sem que tenham sua essência alterada.

Já analisamos que, quando um título que foi criado visando criar, modificar, transmitir ou extinguir direitos reais ingressa no registro de imóveis, este não necessita de qualquer requerimento que o complemente, pois sua finalidade desde a criação sempre foi o ingresso no registro de imóveis, seja para atingir sua plenitude, seja para atingir o requisito da publicidade registral. Dessa forma, quando esse tipo de título ingressa na serventia imobiliária, todos os direitos sujeitos à publicidade registral imobiliária nele contido são analisados e, caso se encontrem aptos, inscritos no registro de imóveis.

O princípio da cindibilidade possibilita que a parte requeira o registro de apenas parte dos direitos apresentados no título, desde que exista possibilidade de separação dos referidos direitos. Assim, no caso de uma única escritura em que esteja ocorrendo a venda de vários imóveis, por exemplo, é possível que a parte requeira expressamente (por escrito) que seja utilizado o princípio da cindibilidade e que naquele momento seja registrada a venda apenas de um ou de alguns dos imóveis contidos na escritura. O mesmo ocorre no caso de haver um inventário no qual existam vários imóveis; pode-se requerer o registro de apenas um ou alguns deles e deixar o registro dos restantes para um momento posterior.

Além da vontade da parte de registrar apenas parte dos direitos, pode ocorrer também situações em que a análise do título apontou que parte desses direitos se encontrariam aptos a ter ingresso no registro de imóveis, enquanto outra parte teria algum problema que impediria seu ingresso no momento e da forma como esses direitos foram apresentados. Nesse caso, o princípio da cindibilidade possibilita que a parte opte por registrar os direitos que tiveram qualificação registral positiva enquanto busca a solução para os problemas apresentados nos demais.

Devemos destacar, todavia, como já indicado, que o princípio da cindibilidade não permite que se edite um direito único, desfigurando-o. Assim, não é possível que se requeira a cindibilidade para evitar o registro apenas de algumas cláusulas do negócio, como no caso de uma doação com cláusula de inalienabilidade, de reversão ou qualquer outra que faça parte da essência da vontade expressa no ato. Devemos então pensar: sem esta parte que não estaria sendo registrada no momento, o negócio ainda teria ocorrido? Sua postergação altera a vontade das partes? Tem possibilidade de trazer qualquer tipo de prejuízo para elas ou para terceiros? Se qualquer dessas perguntas tiver resposta afirmativa, não será possível que se aplique o referido princípio.

Exemplo interessante disso é o sempre presente contrato de venda e compra com mútuo e alienação fiduciária (ou hipoteca) em garantia. Nele existe um vendedor, um comprador, o qual também é devedor do mútuo, e um credor do valor emprestado para o comprador. Não se pode admitir que a cindibilidade seja usada para permitir apenas o registro da compra, sem o concomitante registro da garantia real. Tal contrato instrumentaliza um negócio jurídico coligado, em que mais de um negócio jurídico distinto é coligado para formar um só todo. No caso, a venda, o mútuo e a garantia real desse mútuo estão unidos.

Devemos ressaltar por fim que, caso se aplique o princípio da cindibilidade, o registrador deve deixar bem claro no título que somente parte dos direitos foram registrados, especificando-os. Isso tendo em vista que a regra é o registro integral do título, e, como estamos aqui tratando de uma exceção, devemos tomar todos os cuidados para evitar que terceiros possam ser induzidos em erro.

20.9 PRINCÍPIO DO *TEMPUS REGIT ACTUM*

Já analisamos que a inscrição no registro imobiliário brasileiro é sujeita ao princípio da legalidade, e que por ela o registrador tem o poder-dever de qualificar o título antes que ele atinja a publicidade registral. Em outras palavras, todos os títulos que ingressem no registro de imóveis têm que passar por um exame detalhado de sua legalidade no momento da apresentação para que alcancem o registro.

Porém, há uma clara separação entre o ato de formação e o de inscrição do título, sendo ainda que na maioria das vezes esses atos visam a formação de direitos distintos, ou seja, a formação do título, em regra, enseja a formação do direito pessoal, sendo que somente com a inscrição surge o direito real.

Desse modo, o momento de formação do título é diferente do momento da inscrição dele, podendo ocorrer situações em que existam alterações no contexto jurídico envolvendo o direito que façam com que ele tenha todos os requisitos necessários para inscrição no momento de formação do título, mas não o tenha no momento da inscrição.

Assim, pelo princípio do *tempus regit actum*, o registrador deve analisar todos os requisitos do título no momento em que este é apresentado para a inscrição, independentemente do fato de que esses requisitos não fossem exigidos à época de sua formação. Desse modo, o registro é sujeito à lei vigente à época da apresentação do título para registro.

Podemos citar como exemplo da aplicação desse princípio a situação em que um imóvel rural tenha sido alienado antes da lei que determinou a necessidade do georreferenciamento das áreas rurais e impondo prazos para que eles ocorram, estabelecendo ainda a impossibilidade de registro de compra e venda de imóveis que desatendam a esses requisitos. Nesse caso, mesmo o título tendo se formado em uma época em que não existia a referida exigência, ele necessitará cumpri-la para que encontre ingresso no fólio real. Nesse caso, não há que se falar em direito adquirido, pois, como observamos, o direito só se completa com o registro. Não há ainda como se invocar o ato jurídico perfeito, pois como vimos nesse caso a formação do direito real é interrompido por dois atos distintos, o de formação do título e o de registro do mesmo.

Outro exemplo que poderíamos acrescentar seria o de uma escritura de compra e venda de imóvel rural por estrangeiro lavrada antes da lei que determinou as restrições hoje existentes para o referido ato. Nesse caso, mesmo o ato tendo sido lavrado antes da existência das restrições, elas serão observadas para o registro.

20.10 PRINCÍPIO DA PRIORIDADE

O princípio da prioridade é um dos princípios que informam os efeitos dos registros nas serventias imobiliárias. Por ele, tem-se garantido que o título que for primeiro apresentado no registro de imóveis para inscrição terá preferência de registro em relação aos demais apresentados posteriormente que forem com ele contraditórios ou que possuírem em relação a ele qualquer ordem de gradação.

O controle da prioridade no registro de imóveis se faz com o ingresso do título no livro protocolo, de modo que a ordem de inscrição no referido livro produz a prevalência dos direitos sobre o mesmo imóvel. Isso decorre da regra prevista no art. 1.246 do Código Civil, que atribui eficácia retroativa ao registro desde o momento da prenotação ao dispor: "O registro é eficaz desde o momento em que se apresentar o título ao Oficial do Registro, e este o prenotar no protocolo". Desse modo, não poderia um título apresentado posteriormente ser registrado se já seria eficaz o direito real antes apresentado, sendo estes excludentes. Do mesmo modo, não se poderia um direito posterior sobrepor o grau de um direito já vigente quando houvesse ordem de gradação entre eles.

A Lei n. 6.015/73 traz o princípio da prioridade em seu art. 186, que assim dispõe: "O número de ordem determinará a prioridade do título, e esta a preferência dos direitos reais, ainda que apresentados pela mesma pessoa mais de um título simultaneamente".

Devemos ressaltar, todavia, que o princípio da prioridade não determina de forma absoluta que o título que ingressou primeiro na Serventia deve ser primeiro registrado. No dia a dia das Serventias é comum que existam vários escreventes e que cada qual realize os serviços conforme a ordem de ingresso. Todavia, pode ocorrer de um dos escreventes receber da distribuição um serviço extremamente complexo, cheio de detalhes e atos a serem praticados, enquanto o outro pegue na sequência um serviço extremamente simples que possa ser qualificado e executado de forma rápida. Nesse caso, não seria eficiente se pensar que, para atender ao princípio da prioridade, o segundo escrevente teria que esperar até dias, dependendo do caso, sem praticar nenhum ato para que o primeiro escrevente finalizasse seu serviço, e assim ele fosse registrado antes dos demais que ingressaram na Serventia posteriormente. Ora, se não estamos tratando do mesmo imóvel, os direitos decorrentes do registro do primeiro título nada afetariam os demais, e vice-versa, de modo que o princípio da prioridade não estaria sendo lesado, uma vez que não haveria direitos contraditórios ou ordem de gradação entre os direitos.

Assim, mesmo o registrador que pratica o ato de seus "amigos" antes dos atos dos demais, se os direitos não forem contraditórios ou se entre eles não existir ordem de gradação, não estará ferindo o princípio da prioridade. Estará, sim, ferindo o princípio da moralidade administrativa, da imparcialidade e pode até ser tipificado no crime de prevaricação (art. 319, CP).

Do conceito de prioridade anteriormente esboçado, podemos perceber então que a prioridade pode ser dividida em tipos, conforme o direito que vise assegurar. O primeiro deles é a chamada prioridade exclusiva. Nessa modalidade, os direitos conflitantes, ao se invocar o princípio da prioridade, são exclusivos, o que quer dizer que, caso se registre um deles, o outro ou os outros não encontrarão ingresso no fólio real. Exemplo clássico dessa situação ocorre quando são apresentadas duas escrituras de venda em que o mesmo vendedor aparece vendendo o mesmo imóvel para duas pessoas diferentes. Nessa hipótese, caso se registre a primeira escritura, o vendedor deixará de ser o proprietário, de forma que a segunda escritura não poderá ser registrada.

Contudo, encontramos a prioridade gradual. Nesta, os direitos em conflito podem coexistir no fólio real, todavia sua ordem de inscrição influencia a efetividade do direito. Trata-se, em regra, dos direitos reais de garantia, nos quais a precedência de inscrição, em regra, implica também na precedência para a execução do crédito. Podemos citar como exemplo o caso das hipotecas, nestas a primeira inscrita tem prioridade para levar o bem à praça e ter seus créditos ressarcidos.

Não podemos incluir a penhora como um direito real de garantia, pois ela não se enquadra nessa categoria, sendo uma vinculação decorrente de um processo de execução de determinados bens, devendo estes ser executados prioritariamente para o pagamento da dívida. Dessa forma, a ordem das inscrições delas não determina a preferência de seus créditos, a qual é estabelecida pelos direitos que representam.

Como exceção ao princípio da prioridade, encontramos o art. 189 da Lei n. 6.015/73, que dispõe que: "Apresentado título de segunda hipoteca, com referência expressa à existência de outra anterior, o oficial, depois de prenotá-lo, aguardará durante 30 (trinta) dias que os interessados na primeira promovam a inscrição. Esgotado esse prazo, que correrá da data da prenotação, sem que seja apresentado o título anterior, o segundo será inscrito e obterá preferência sobre aquele".

Com esse dispositivo ressalvou o legislador a possibilidade das partes reconhecerem no título uma hipoteca precedente à que está sendo convencionada, garantindo que este reconhecimento se sobreponha à ordem de apresentação, desde que a hipoteca precedente apareça para inscrição dentro do prazo de trinta dias; caso contrário, volta-se à regra geral estabelecida pelo princípio da prioridade.

Também encontramos exceção a esse princípio na regra disposta no art. 192 da Lei n. 6.015/73, que diz: "O disposto nos arts. 190 e 191 não se aplica às escrituras públicas, da mesma data e apresentadas no mesmo dia, que determinem, taxativamente, a hora da sua lavratura, prevalecendo, para efeito de prioridade, a que foi lavrada em primeiro lugar".

Assim, se apresentados no mesmo dia dois títulos com direitos reais contraditórios referentes ao mesmo imóvel que tiverem como forma a escritura pública da qual conste a hora, será primeiramente registrada a que foi lavrada primeiro, independentemente da ordem de ingresso no protocolo.

20.11 PRINCÍPIO DA PUBLICIDADE

O princípio da publicidade é um dos princípios que informam os efeitos do registro. Como já observamos, quando tratamos dos sistemas registrais, os efeitos da publicidade registral variam de acordo com o sistema adotado. No Brasil, a publicidade registral decorre da inscrição no registro de imóveis e é obrigatória para todos os atos de competência dele, de acordo com o art. 169 da Lei n. 6.015/73.

Assim, pelo princípio da publicidade todos os atos inscritos no registro de imóveis tornam-se públicos e somente sua inscrição faz com que estes atinjam a publicidade almejada perante terceiros.

Como já analisamos também, a publicidade registral no Brasil tem efeitos diversos, dependendo do direito inscrito. Dessa forma, em regra, a publicidade registral brasileira é constitutiva, o que significa dizer que somente por meio da inscrição é que se constitui, transmite, altera ou extingue o direito real. Encontramos, todavia, em nosso ordenamento casos em que a publicidade registral, apesar de necessária, não é a causa que gera a criação ou alteração do direito real. Nesses casos, temos uma publicidade declarativa, ou seja, o direito real surge, transmite-se, altera-se ou extingue-se anteriormente ao registro, sendo este necessário apenas para garantir o conhecimento de terceiros sobre o fato e garantir a estes a disponibilidade de seus direitos atendendo ao princípio da continuidade. Exemplo disso é o registro da usucapião e da aquisição por direito de herança.

Temos ainda a publicidade meramente enunciativa, que não constitui o direito e nem gera efeito *erga omnes*, pois outros meios de publicidade já fazem isso. Ela serve apenas como reforço da publicidade de outros órgãos. É muito rara no nosso sistema e talvez seu melhor exemplo seja o da averbação de áreas contaminadas feitas a requerimento do órgão ambiental estadual, averbação esta admitida apenas em alguns Estados, como em São Paulo.

Vide também capítulo que trata sobre a publicidade no registro de imóveis.

20.12 PRINCÍPIO DA PRESUNÇÃO E DA FÉ PÚBLICA

O princípio da presunção e da fé pública informa os efeitos do registro e na realidade consiste na junção de dois princípios. Segundo Afrânio de Carvalho, em sua obra Registro de imóveis (p. 167), "estes dois princípios têm cada qual seu significado próprio, mas foram amalgamados durante certo tempo no nosso país por uma corrente da doutrina que pretendeu dar ao primeiro, previsto na lei, a eficácia do segundo, omitido nela".

O princípio da presunção consiste na eficácia atribuída pelo sistema aos direitos inscritos no registro de imóveis. O princípio da presunção busca a segurança jurídica por meio da estabilidade dos direitos inscritos.

Assim, como já analisamos no capítulo que trata sobre os sistemas registrais, cada sistema atribui uma eficácia distinta aos seus registros, tendo o Brasil adotado a presunção relativa de veracidade, o que significa dizer que com a inscrição ocorre uma inversão do ônus da prova em relação a esses direitos, ou seja, os direitos inscritos são considerados válidos e eficazes, a não ser que se prove o contrário.

Essa presunção está prevista no § 2º do art. 1.245 do Código Civil, que assim dispõe: "Enquanto não se promover, por meio de ação própria, a decretação de invalidade do registro, e o respectivo cancelamento, o adquirente continua a ser havido como dono do imóvel".

O mesmo preceito se repete em outras palavras no art. 252 da Lei n. 6.015/73, que dispõe: "O registro, enquanto não cancelado, produz todos os efeitos legais ainda que, por outra maneira, se prove que o título está desfeito, anulado, extinto ou rescindido".

A inscrição gera a presunção do direito; e o cancelamento, a presunção da inexistência do direito. Alguns autores chamam essas duas situações de presunção em sentido positivo e presunção em sentido negativo.

Se a presunção é vista pelo ângulo do registro, podemos dizer que a fé pública é vista pelo ângulo do registrador. Assim, a fé pública se refere às declarações feitas pelo registrador no tangente aos direitos inscritos, as quais são tidas como verdadeiras.

Assim, a fé pública visa transmitir à sociedade confiança sobre a verdade dos assentos feitos pelo registrador e sobre as informações por este fornecidas. Quando falamos na verdade em relação aos assentos, não estamos tratando da análise do direito e sua possível invalidação, mas, sim, sob o ponto de vista do trabalho realizado pelo registrador. Ou seja, existe fé pública de que o registrador viu o título e realizou o assento de acordo com os elementos nele constantes.

A fé pública é reconhecida aos notários e registradores dentro do exercício de suas funções na Lei n. 8.935/94 em seu art. 3º, que dispõe: "Notário, ou tabelião, e oficial de registro, ou registrador, são profissionais do direito, dotados de fé pública, a quem é delegado o exercício da atividade notarial e de registro".

Dessa forma, os direitos inscritíveis em nosso sistema gozam de uma presunção relativa de veracidade pelo fato de se encontrarem insertos no fólio real, e o oficial da serventia imobiliária goza de fé pública em relação aos atos que pratica no exercício das funções.

20.13 PRINCÍPIO DA CONCENTRAÇÃO

O princípio da concentração está implícito na Lei n. 6.015/73 em virtude da instituição da matrícula. A ideia da matrícula foi concebida como sendo o cadastro do imóvel no qual devem se concentrar todos os direitos reais e atos a eles relativos que digam respeito ao imóvel cadastrado. Desse modo, pelo próprio conceito da matrícula, verifica-se a expressão do princípio da concentração.

Assim, segundo o princípio da concentração, todos os direitos reais incidentes sobre determinado imóvel devem estar reunidos na matrícula dele, não existindo possibilidade de outros direitos virem a afetá-los caso nela não se encontrem inscritos.

O princípio da concentração é um ideal que vem sendo buscado pela nossa doutrina, recebendo cada vez mais adeptos dentro da nossa jurisprudência e sendo refletido cada vez mais em disposições legais que o assegurem, todavia não é ainda absoluto.

Como exemplo de nossa evolução jurisprudencial, consagrando a necessidade da inscrição e por consequência reforçando a concentração em nosso sistema, encontramos o registro da penhora.

Em relação a ela, verificamos que, malgrado o art. 169 da Lei n. 6.015/73, que dispõe que todos os atos enumerados no art. 167 são obrigatórios e serão efetuados no cartório da situação do imóvel, acrescido ao fato de que a penhora é um dos atos previstos no referido artigo, se analisarmos julgados antigos do STJ, encontraremos inúmeras decisões no sentido da desnecessidade do registro da penhora frente a sua publicidade processual.

Frente a isso, encontramos a Lei n. 8.953, de 13-12-1994, que foi a primeira lei que estabeleceu a necessidade de registro da penhora como requisito de validade ou eficácia contra terceiros, sendo tal linha mantida por todas as legislações subsequentes que alteraram o tema no Código de Processo Civil.

Essas alterações legislativas desencadearam a Súmula 375 do STJ, de 18-3-2009, que reafirmou a necessidade do registro da penhora, para que esta atinja os requisitos da publicidade imobiliária, ao afirmar que: "O reconhecimento da fraude à execução depende do registro da penhora do bem alienado ou da prova da má-fé do terceiro adquirente".

Devemos ressaltar, no que se refere à penhora, que a sua inscrição não constitui o direito, mas, sim, dá publicidade dele perante terceiros, sendo este um tipo de inscrição de publicidade declarativa, e não meramente enunciativa como defendido por alguns, pois a publicidade registral produz efeitos concretos, de forma que, como podemos observar em vários julgados, bem como no texto da súmula, o registro serve para a decretação da fraude à execução, e não para que se leve o bem à praça. Nesse sentido: "a ausência de registro da penhora não interfere com a validade e a eficácia desse ato, podendo a execução prosseguir normalmente em direção à execução do bem" (STJ, 2ª Seção, CComp 2.879-0-0, Rel. Min. Sálvio de Figueiredo – cf. Código de Processo Civil comentado, de Nelson Nery Júnior e Rosa Maria A. Nery, Revista dos Tribunais, 10. ed., p. 1042).

Outro exemplo que podemos citar da nossa evolução legislativa, no que se refere à reafirmação da necessidade da inscrição dos atos de competência do registro de imóveis, ora para sua constituição, ora para sua validade perante terceiros, aproximando-nos, assim, do preconizado pelo princípio da concentração, diz respeito aos compromissos de venda e compra.

No que se refere a estes, encontramos a Súmula n. 239 do STJ, de 28-6-2000, que preconiza: "O direito à adjudicação compulsória não se condiciona ao registro do compromisso de compra e venda no cartório de imóveis".

Malgrado esse entendimento, surgiu o Código Civil de 2002 (Lei n. 10.406, de 10 de janeiro de 2002), que trouxe em seu art. 1.417 a seguinte disposição: "Mediante promessa de compra e venda, em que se não pactuou arrependimento, celebrada por instrumento público ou particular, **e registrada no Cartório de Registro de Imóveis**, adquire o promitente comprador direito real à aquisição do imóvel" (grifo nosso).

Assim, se já não estivesse claro pelo art. 1.225, VII, do Código Civil, que elencou o direito do promitente comprador no rol dos direitos reais, reafirmou o citado art. 1.417 a condição de direito real dos referidos compromissos, ressaltando ainda a necessidade do registro dele **para a constituição do direito real**.

Continua ainda o Código Civil em seu art. 1.418 dispondo que: "O promitente comprador, **titular de direito real**, pode exigir do promitente vendedor, ou de terceiros, a quem os direitos deste forem cedidos, a outorga da escritura definitiva de compra e venda, conforme o disposto no instrumento preliminar; e, se houver recusa, requerer ao juiz a adjudicação do imóvel" (grifo nosso).

Observa-se, então, pelo citado art. 1.418, que somente o titular do direito real, ou seja, o titular de compromisso de compra e venda no qual não se pactuou arrependimento e que foi registrado no registro de imóveis, tem direito a recorrer à utilização da adjudicação compulsória do imóvel, caso o promitente vendedor por qualquer motivo não outorgue a escritura definitiva depois de cumpridas as condições do contrato.

Esse entendimento ainda não foi consolidado pelos nossos tribunais, de forma que podemos encontrar várias decisões ainda citando a referida súmula, mesmo hoje ela sendo frontalmente contrária à lei.

O processo de amadurecimento legislativo frente a nossa jurisprudência, todavia, por vezes é um processo lento, tanto que no caso das penhoras observa-se que entre a primeira lei específica, reconhecendo a necessidade do registro dela para validá-la perante terceiros, e a edição da súmula que consagrou seu reconhecimento, passaram-se nada menos do que 15 anos. Isso sem contar a regra geral do art. 169 da lei de registros públicos, que já previa sua inscrição e obrigatoriedade desde a alteração trazida pela Lei n. 6.216/75.

Apesar desses avanços aqui colacionados, encontramos também na legislação um lembrete claro de que o princípio da concentração ainda não é absoluto. Da mesma forma dá-se na Lei n. 7.433/85, que regulamenta a lavratura de escrituras públicas, e em seu decreto regulamentador (Decreto n. 93.240/86), que determinam a apresentação de certidões de feitos ajuizados em nome do alienante ou instituidor do direito real, consagrando a publicidade processual e deixando claro que ela pode vir a afetar o direito real, mesmo se não inscrita na matrícula do imóvel. Se este não fosse o intuito do legislador, não haveria por que ele exigir as referidas certidões, uma vez que já teria exigido a certidão negativa de ônus expedida pelo registro de imóveis.

É certo que os dispositivos legais supracitados são de uma outra época, em que não existia, por exemplo, a possibilidade de se realizar a chamada averbação premonitória, e que a tendência legislativa se dava no sentido da concentração. Todavia, não poderíamos deixar de trazê-los como exceção ao princípio ora em análise.

Mais recentemente, o governo federal editou a Medida Provisória n. 656, de 7 de outubro de 2014, convertida na Lei n. 13.097, de 19 de janeiro de 2015, a qual trouxe para a legislação pátria grandes avanços na efetiva adoção do princípio da concentração.

Por essa norma, em seus arts. 54 a 58, os negócios jurídicos que tenham por fim constituir, transferir ou modificar direitos reais sobre imóveis são eficazes em relação a atos jurídicos precedentes, nas hipóteses em que não tenham sido registradas ou averbadas na matrícula do imóvel as seguintes informações:

> I – registro de citação de ações reais ou pessoais reipersecutórias;
>
> II – averbação, por solicitação do interessado, de constrição judicial, do ajuizamento de ação de execução ou de fase de cumprimento de sentença, procedendo-se nos termos previstos do art. 615-A da Lei n. 5.869, de 11 de janeiro de 1973 – Código de Processo Civil;
>
> III – averbação de restrição administrativa ou convencional ao gozo de direitos registrados, de indisponibilidade ou de outros ônus quando previstos em lei; e
>
> IV – averbação, mediante decisão judicial, da existência de outro tipo de ação cujos resultados ou responsabilidade patrimonial possam reduzir seu proprietário à insolvência, nos termos do inciso II do art. 593 do Código de Processo Civil.

É extremamente interessante o parágrafo único do art. 54, que prevê que não poderão ser opostas situações jurídicas não constantes da matrícula no Registro de Imóveis, inclusive para fins de evicção, ao terceiro de boa-fé que adquirir ou receber em garantia direitos reais sobre o imóvel, ressalvados o disposto nos arts. 129 e 130 da Lei n. 11.101, de 9 de fevereiro de 2005, e as hipóteses de aquisição e extinção da propriedade que independam de registro de título de imóvel.

O CPC de 2015 trouxe em seu art. 792 as situações que devem ser consideradas fraude à execução, sendo elas: I – quando sobre o bem pender ação fundada em direito real ou com pretensão reipersecutória, desde que a pendência do processo tenha sido averbada no respectivo registro público, se houver; II – quando tiver sido averbada, no registro do bem, a pendência do processo de execução, na forma do art. 828; III – quando tiver sido averbado, no registro do bem, hipoteca judiciária ou outro ato de constrição judicial originário do processo onde foi arguida a fraude; IV – quando, ao tempo da alienação ou da oneração, tramitava contra o devedor ação capaz de reduzi-lo à insolvência; V – nos demais casos expressos em lei.

Observamos no referido artigo um elenco de algumas notícias que podem ser dadas na matrícula a respeito de dívidas que afastam o caráter da boa-fé do terceiro adquirente, deixando mais seguro o processo das transações imobiliárias.

O legislador foi ainda mais adiante ao estabelecer no parágrafo segundo do referido artigo que no caso de aquisição de bem não sujeito a registro, o terceiro adquirente tem o ônus de provar que adotou as cautelas necessárias para a aquisição, mediante a exibição das certidões pertinentes, obtidas no domicílio do vendedor e no local onde se encontra o bem, dando a entender que a obtenção de certidões outras que não a do registro somente seria necessário no caso de aquisição de bens não sujeitos a registro.

Todavia, o legislador, que estava indo muito bem, pecou ao colocar o inciso IV de forma aberta desfazendo todo o trabalho que vinha sendo construído e conflitando diretamente com o parágrafo único do art. 54 da lei 13.097/2015 acima mencionada.

Levando-se em conta o conflito de normas e a posterioridade do Código de Processo Civil, entretanto, entendemos que neste caso a norma específica deve prevalecer de forma que no que se refere às transações imobiliárias deve ser aplicado no previsto o parágrafo único do art. 54 da lei 13.097/2015.

Observa-se, então, em relação ao princípio da concentração, que estamos caminhando para atingir a sua plenitude, na qual não deverão mais ser aceitas exceções baseadas na publicidade natural do ato, publicidade administrativa (como no tombamento) ou na publicidade processual dele, o que garantirá uma enorme segurança jurídica às partes, que não precisarão mais se preocupar com a possibilidade de serem surpreendidas com a oposição de direitos que não se encontravam na matrícula..

21
Atos Praticados na Matrícula
(Diferença entre Registro e Averbação)

Já salientamos que a matrícula é o cadastro do imóvel na serventia registral imobiliária sobre o qual deverão ser assentados todos os atos previstos em lei que digam respeito ao imóvel ou às partes que por qualquer motivo figurem nesses direitos. Posto isso, esses atos que devem ser praticados na matrícula, na legislação atual, devem necessariamente tomar a forma de registro ou de averbação.

Reforçando esse entendimento, encontramos o art. 232 da Lei n. 6.015/73, que traz: "Cada lançamento de registro será precedido pela letra 'R' e o da averbação pelas letras 'AV', seguindo-se o número de ordem do lançamento e o da matrícula (ex.: R-1-1, R-2-1, AV-3-1, R-4-1, AV-5-1 etc.)".

A expressão "registro" em nossa legislação por vezes é utilizada de forma geral, querendo designar ato que tem ingresso no registro de imóveis, caso em que também abrangerá as averbações. O mesmo ocorre, atualmente, em relação à palavra inscrição. Todavia, em seu sentido estrito, podemos dizer que o registro é o ato praticado para constituição ou transmissão do Direito Real em si, enquanto as averbações seriam atos anexos praticados para alterar as condições do Registro ou mesmo extinguir seus efeitos.

Essa regra, porém, não é muito bem seguida pelos nossos legisladores, que algumas vezes, ignorando a sistemática registral, designam como atos de averbação a inscrição de direitos que se enquadrariam plenamente na descrição trazida anteriormente para os atos de registros, ora em virtude de situação específica desses atos, ora sem explicação aparente.

Dessa forma, procuramos trazer nesse capítulo alguns desses atos para a fixação de suas peculiaridades.

Começamos pelo item 16, inciso II, do art. 167 da Lei n. 6.015/73, que traz a determinação do ato de averbação para inscrição dos contratos de locação para exercício do direito, de preferência em contraposição ao item 3, inciso I, do mesmo artigo, que determina o registro dos mesmos contratos para o direito de vigência quando da alienação do imóvel.

Em primeiro lugar, cumpre-nos ressaltar que não é o contrato de locação que encontra inscrição no registro de imóveis, mas, sim, a sua cláusula de vigência ou a sua cláusula de preferência.

A cláusula de vigência é aquela que determina que no caso de alienação do imóvel durante o período da locação, o novo proprietário é obrigado a respeitar o restante do período contratual de locação, mesmo esta não tendo sido firmada diretamente com ele, mas, sim, com o antigo proprietário.

Necessita de registro na serventia imobiliária para que tenha validade perante terceiros. Isso se dá tendo em vista que o contrato de locação é um contrato meramente obrigacional e, como tal, tem validade apenas entre as partes signatárias.

Assim, para que uma cláusula dele atinja terceiros, é imprescindível que esta se revista da publicidade registrária. Desse modo, terceiros interessados na aquisição do imóvel terão notícia da restrição pendente sobre ele antes de realizar o negócio e assim poderão ponderar a viabilidade da aquisição segundo seus interesses.

Seu ingresso no registro de imóveis se dá por meio do registro por se tratar de verdadeiro ônus sobre o imóvel, visto que o novo proprietário pode ser obrigado a se manter privado do uso direto do imóvel, mantendo-se vinculado ao contrato anterior.

Já a cláusula de preferência é a que determina que no caso de alienação da coisa locada, o locatário terá direito a adquirir prioritariamente a coisa se oferecer o mesmo valor e condições oferecidas por terceiros.

Seu ingresso no registro de imóveis se dá mediante ato de averbação, pois, diferentemente da vigência que configura um verdadeiro ônus sobre o imóvel, a preferência mais se assemelha a uma condição que tem que ser respeitada em caso de alienação do bem.

Outra situação que exige uma análise detalhada dos atos diz respeito ao item 3, inciso II, art. 167 da Lei n. 6.015/73, que, apesar de especificar a constituição de um direito real (compromisso de compra e venda), determina que esse ato se dará por meio de uma averbação ao dispor que: "dos contratos de promessa de compra e venda, das cessões e das promessas de cessão a que alude o Decreto-lei n. 58, de 10 de dezembro de 1937, quando o loteamento se tiver formalizado anteriormente à vigência desta lei".

Esse dispositivo se opõe à regra estabelecida no item 9, inciso I, art. 167, da Lei n. 6.015/73, que dispõe: "dos contratos de compromisso de compra e venda de cessão deste e de promessa de cessão, com ou sem cláusula de arrependimento, que tenham por objeto imóveis não loteados e cujo preço tenha sido pago no ato de sua celebração, ou deva sê-lo a prazo, de uma só vez ou em prestações".

A mesma determinação para que o ato praticado seja o de registro, quando tratamos de inscrição de compromissos de venda e compra de imóveis loteados, é vista na Lei n. 6.766/76 (arts. 25 e 36).

Desse modo, observa-se que, de acordo com os dispositivos legais referidos, os compromissos de venda e compra, cessões e promessas de cessão a que alude o Decreto-lei n. 58/37, quando o loteamento se tiver formalizado anteriormente à vigência dessa lei, deverão ser averbados no registro de imóveis, enquanto os demais compromissos de venda e compra que cumprirem os requisitos para ingresso na serventia imobiliária deverão ser registrados.

Nesse caso específico, procurou o legislador manter a sistemática anterior para os loteamentos registrados antes da vigência da Lei de Registros Públicos, compatibilizando os novos atos com a regra geral registrária, segundo a qual a constituição de direito real deve se dar mediante ato de registro *stricto sensu*.

Para entendermos melhor essa diferenciação, é necessário que façamos um pequeno resgate de algumas regras vigentes antes da Lei n. 6.015/73. Quando estudamos a evolução do sistema registrário brasileiro, verificamos que antes da Lei n. 6.015/73 tinha vigência no Brasil o Decreto n. 4.867/39, no qual a organização dos atos praticados no registro de imóveis não se dava em função do imóvel, e sim do ato a ser praticado.

Assim, naquela época não existia um cadastro único para cada imóvel. Existiam, sim, vários livros, os quais continham assentamentos de atos específicos de todos os imóveis da Serventia. Dessa forma, existia um livro especial para o registro dos loteamentos, o Livro n. 8. Nesse livro eram feitas as inscrições de todos os loteamentos existentes na serventia e à margem da inscrição dos loteamentos havia uma coluna destinada às averbações, sendo previsto à época que os compromissos de compra e venda sobre esses imóveis loteados deviam ser averbados nesse local.

Dessa forma, com a mudança da legislação e a concentração dos atos na matrícula do imóvel, foi previsto para que os loteamentos fossem registrados diretamente na matrícula do imóvel, bem como os compromissos sobre os seus respectivos lotes. Todavia, os atos praticados na vigência da lei anterior eram válidos e perfeitos, não devendo ser repetidos. Em virtude disso, buscando evitar os transtornos que surgiriam pelo fato de parte dos atos praticados sobre um determinado loteamento encontrarem-se em um lugar (Livro n. 8 de registro de loteamentos) e outra parte em outro (matrículas a serem abertas no momento do registro de cada compromisso), decidiu optar o legislador por manter a sistemática antiga para os loteamentos que já haviam iniciado.

Dessa forma, no que se refere aos compromissos de venda e compra, cessão e promessa de cessão destes, eles serão averbados à margem do Livro n. 8, onde foi registrado o loteamento, se o registro foi feito na vigência do Decreto-lei n. 58/37 e antes da entrada em vigor da Lei n. 6.015/73. Todavia, se o ato foi praticado após a vigência da Lei n. 6.015/73, esses atos deverão ser registrados nas matrículas dos respectivos lotes.

O mesmo se dá em relação aos atos pertinentes a unidades autônomas condominiais a que alude a Lei n. 4.591, de 16 de dezembro de 1964, quando a incorporação tiver sido formalizada anteriormente à vigência dessa Lei (art. 167, II, 6, Lei n. 6.015/73), pelos mesmos motivos.

Outro direito que pode trazer dúvidas em relação ao ato a ser praticado na serventia imobiliária e que trouxe grandes discussões a respeito do tema, em virtude das alterações trazidas pela Lei n. 10.444/2002, é a penhora. A Lei n. 10.444/2002 alterou o Código de Processo Civil anterior, trazendo modificações nos §§ 4º e 6º do art. 659 e no art. 698. Entre essas modificações, o legislador, dentro do texto da lei, referiu-se à averbação da penhora no registro de imóveis para sua validade perante terceiros (atualmente constante do artigo 844 do novo CPC, Lei nº 13.105/2015).

Transcrevemos aqui o § 4º do citado art. 659, que trouxe a referência mencionada: "A penhora de bens imóveis realizar-se-á mediante auto ou termo de penhora, cabendo ao exequente, sem prejuízo da imediata intimação do executado (art. 652, §

4º), providenciar, para presunção absoluta de conhecimento por terceiros, a respectiva **averbação** no ofício imobiliário, mediante a apresentação de certidão de inteiro teor do ato, independentemente de mandado judicial" (grifo nosso).

A utilização desse termo trouxe grandes discussões sobre o fato de o legislador ter tido ou não o intuito de mudar o tipo de ato praticado para a inscrição da penhora na serventia imobiliária.

Contudo, muitos estudiosos expressaram suas opiniões no sentido de a expressão ter sido utilizada equivocadamente pelo legislador, visto que a referida lei não trouxe explicações para os motivos da inversão dos conceitos consagrados pela sistemática registrária. Esse argumento ficou ainda fortalecido pelo fato de o legislador não ter determinado a alteração do tipo do ato registrário a ser praticado sobre o referido direito na Lei n. 6.015/73, que continuou a determinar em seu art. 167, I, 5, o registro das penhoras. Os referidos estudiosos alegaram também que, como não houve a determinação legal de alteração do tipo registrário na Lei n. 6.015/73, surgiu um conflito de normas, e nesse caso, como a Lei n. 6.015/73, que é a lei de registros públicos, é especial em relação ao Código de Processo Civil, teria prevalecido nesse conflito.

Em virtude de todo o exposto, a maioria dos estados da federação continuaram a determinar que se proceda ao registro das penhoras.

Todavia, no Estado de São Paulo, a questão foi apreciada pela Corregedoria Geral de Justiça, como se pode verificar na Apelação Cível n. 948-6/8 da comarca de São José do Rio Preto, publicada no DOJ, de 26-1-2009, da qual foi relator o desembargador Ruy Camilo e onde constou que: "Na espécie, o que se discute é o ingresso no registro imobiliário de certidão de penhora de imóvel, efetivada em processo jurisdicional. Embora pela Lei de Registros Públicos tenha sido previsto o registro da penhora de imóveis (art. 167, I, n. 5), não há como desconsiderar que, nos termos do art. 659, § 4º, do Código de Processo Civil de 1973, com as alterações introduzidas pela Lei n. 11.382/2006, o ato em questão passou a comportar averbação".

Não confundir essa averbação com a averbação premonitória introduzida inicialmente no nosso sistema pela Lei n. 11.382/2006, a qual é feita antes da realização efetiva da penhora e só tem como objetivo dar publicidade registral à existência do processo.

Além desses títulos que por vezes podem gerar dúvida sobre qual ato deve ser praticado no registro de imóveis, seja em virtude das discussões a respeito do tema, seja em função de sua proximidade com outros direitos semelhantes que receberam do legislador tratamento diverso, encontramos ainda alguns direitos que, para ingressarem no registro de imóveis, necessitam da realização de mais de um ato.

Assim, podemos citar como um desses casos o instituto do fideicomisso, que será analisado mais adiante, de forma que nos focaremos aqui apenas nos atos que são necessários para sua inscrição no registro de imóveis.

Dessa forma, a inscrição do fideicomisso no registro de imóveis deve ser constituída por dois atos. O primeiro deverá ser o registro do título que efetua a transmissão da propriedade do imóvel fideicometido do fideicomitente para o fiduciário. Já o segundo caracteriza-se pela averbação da constituição do fideicomisso, na qual se consignarão as condições impostas ao fideicomisso, bem como o nome e qualificação do segundo beneficiado, ou seja, do fideicomissário.

Situação semelhante ocorre com as doações com cláusulas de incomunicabilidade, inalienabilidade e/ou impenhorabilidade. Nesses casos, também se deve proceder ao registro da doação (art. 167, I, 33, da Lei n. 6.015/73) e à averbação das referidas cláusulas (art. 167, I, 11, da Lei n. 6.015/73).

Quando tratamos de servidões, existem vários tipos a serem analisadas, sendo que algumas delas estabelecem uma relação entre dois imóveis específicos, criando uma situação de dominância e serviência. Nesses casos, além do registro normal da servidão a ser feito no prédio serviente, ou seja, aquele que está recebendo a constrição, deverá ser realizada também a averbação da situação no prédio dominante com remissões recíprocas. Essa averbação é necessária para a publicidade registral da posição de dominância do referido prédio, trazendo quais os direitos essa situação lhe garante.

No caso das cédulas de crédito, a maioria delas deve ser registrada no Livro n. 3 (Registro Auxiliar), sendo que encontramos como exceção a essa regra as cédulas de crédito hipotecárias decorrentes das hipotecas criadas pelo Decreto-lei n. 70/66, que são averbadas na matrícula do imóvel onde se encontra registrada a hipoteca a que se referem e as cédulas de crédito bancárias, as quais não se registram nem averbam na serventia imobiliária por falta de previsão legal.

Importante ressaltar que no caso das cédulas, além da previsão para possível registro, averbação ou não registro delas, devemos levar em consideração a constituição do direito real de garantia que a maioria delas traz em si. Dessa forma, se estivermos tratando, por exemplo, de uma cédula bancária que tem como garantia um penhor rural, esta deverá ser registrada no Livro n. 3, não pelo fato da cédula em si, mas, sim, para garantir a constituição do penhor. Do mesmo modo que, se a serventia recebe uma cédula bancária com garantia hipotecária, esta deverá ser registrada na matrícula do imóvel que está sendo dado em garantia, visando constituir a hipoteca. Quanto ao tema importante destacar a dispensa do registro das cédulas de crédito rural trazida pela Lei 13.986/2020.

No caso das separações, divórcios, declaração de nulidade ou anulação do casamento, devemos analisar se está ou não ocorrendo a partilha dos bens. Caso não esteja ocorrendo a partilha dos bens, a serventia deverá apenas averbar nas matrículas dos imóveis pertencentes a qualquer das partes a mudança do estado civil (art. 167, II, 14, da Lei n. 6.015/73).

Todavia, quando estivermos lidando com a partilha de bens, estaremos lidando com um ato de transmissão de direitos que deixaram de pertencer ao casal e passaram a pertencer a um deles exclusivamente ou a ambos, mas não mais no regime de comunhão, mas, sim, pelas regras de condomínio comum do Código Civil. Nesse caso, então, além da averbação de mudança do estado civil, a serventia deverá realizar o registro da partilha dos bens (art. 167, I, 25, da Lei n. 6.015/73).

Feito esse breve estudo sobre alguns dos direitos que podem gerar dúvida sobre o tipo do ato a ser praticado no registro de imóveis, cumpre-nos entrar na esfera da taxatividade ou não dos direitos que podem ser inscritos na serventia imobiliária.

No que se refere a esse tema, já analisamos, quando tratamos do princípio da legalidade no registro de imóveis, que o rol dos atos sujeitos a registro na serventia é taxativo, ou seja, exaustivo, somente os direitos elencados expressamente em lei podem ter ingresso na serventia registral imobiliária.

Porém, quando tratamos do rol das averbações possíveis no Registro de Imóveis, encontramos o art. 167, II, da Lei n. 6.015/73, que elenca uma série de hipóteses que ensejam esse ato. Todavia, o art. 246 da mesma lei deixa claro que o referido rol é meramente exemplificativo, tendo em vista que coloca que também serão objeto de averbação outras ocorrências que por qualquer modo alterem o registro.

Sobre o tema, entretanto, muito importante chamarmos a atenção para o fato de que a abertura existente nos atos de averbação não permite que peguemos direitos que originalmente comportariam registro no registro de imóveis, mas que não foram elencados pelo legislador dentro do rol apto ao ingresso na serventia, e o transformemos em atos averbatórios para burlar a taxatividade dos atos de registro adotada pelo nosso sistema.

Assim, essas averbações abertas, ou seja, não previstas expressamente em lei, que podem ser praticadas no registro de imóveis, são aquelas que por qualquer modo alterem o registro. Ou seja, nesse caso estamos falando das averbações puramente acessórias de um registro já existente. O motivo para o legislador trazer essa abertura decorre justamente do fato de que ficaria impossível prever de forma taxativa todas as situações que poderiam surgir e implicar em alterações em um registro preexistente.

22
Qualificação Registral

A qualificação registral pode ser definida como o poder-dever do registrador de verificar a existência no título de todos os requisitos necessários para que ele possa ingressar no registro de imóveis. Em outras palavras, a qualificação registrária consiste na verificação pelo registrador de que o título obedece a todos os princípios registrais e em especial à legalidade.

A análise da legalidade do título engloba não só as características extrínsecas formais do título como também os elementos de validade e existência do negócio jurídico, tais como objeto lícito e não defeso em lei, partes capazes, forma prescrita ou não defesa em lei etc.

Dessa forma, o registrador deve buscar no título possíveis causas de invalidade do negócio que ele representa. Devemos lembrar que em nosso sistema registral vige a presunção relativa de veracidade dos atos inscritos na serventia imobiliária, o que significa dizer que os atos inscritos no registro de imóveis são considerados válidos e eficazes, salvo se for decretada a sua invalidade por vícios existentes na formação dos direitos neles expressos. Em virtude disso é que podemos dizer que a qualificação registral busca ao máximo prevenir possíveis decretações de invalidade de direitos que já tiveram ingresso no registro de imóveis, exercendo um papel de filtro desses direitos antes que consigam inscrição.

Por esse motivo, o registrador imobiliário deve examinar minuciosamente os títulos apresentados, tanto sob o aspecto formal quanto sob o aspecto material, e, dentro dos limites da qualificação registrária, acatá-los para o registro, ou, caso contrário, emitir o seu parecer explicitando os motivos da impossibilidade do seu registro.

Assim, caso o registrador entenda que o título não atende a algum dos requisitos registrários, deverá elaborar uma nota de devolução FUNDAMENTADA contendo os motivos de sua recusa, bem como as exigências que devem ser cumpridas para que o título possa ter ingresso no fólio real.

Se a parte não concordar com os motivos e as exigências feitas pelo registrador ou não puder cumpri-las, poderá requerer que seja o título remetido ao Juiz Corregedor Permanente com a suscitação de dúvida.

Importante destacar que a parte pode requerer a suscitação não somente quando não concordar com as exigências, mas também quando for impossível cumpri-las. Essa impossibilidade deve ser analisada com muito cuidado pelo juiz, pois não é qualquer dificuldade que acarreta isso, sob pena de o mecanismo ser usado para fraudar a lei. Tal impossibilidade deve ser absoluta e não pode decorrer da ação ou omissão da parte e nem pode implicar a supressão da manifestação de vontade de outra pessoa.[11]

As exigências para qualificar o título para o registro deverão ser feitas todas de uma vez, considerando-se irregular e protelatória a prática de exigências sucessivas quando os motivos já se encontravam presentes nos documentos apresentados desde o primeiro exame.

Temos, então, que o oficial deverá fazer a análise do título inteiro antes de emitir uma nota de devolução, não devendo interromper o exame já no primeiro empecilho registrário, pois poderão haver outros, os quais deverão também ser apontados na devolução.

Todavia, existem situações em que a devolução com exigências solicita a apresentação de novos documentos para complementar o ato a ser registrado e enquadrá-lo nos requisitos registrais. Nesses casos, ao analisar essa segunda documentação que está sendo apresentada, e que não o tinha sido até o momento, pode o registrador encontrar outros problemas que impeçam o registro, situação em que deverá realizar uma segunda nota de devolução e, nesse caso, não estará agindo em desacordo com o princípio da eficiência que norteia os atos administrativos. Isso se dá porque, nessa hipótese, não teria como o registrador antever esses problemas para colocá-los na primeira devolução, visto que o documento ainda não havia sido apresentado à serventia.

TODO E QUALQUER TÍTULO, independentemente de sua origem, que ingresse na serventia imobiliária, passará por essa qualificação para verificar se está apto para o registro. Assim, devem passar pela qualificação registral tanto as escrituras públicas quanto os atos particulares, bem como os títulos judiciais.

O fato de os títulos terem tido origem em uma autoridade judiciária não retira o poder-dever do registrador de proceder à qualificação registrária deles e, em consequência disso, não isenta o registrador de possíveis responsabilizações decorrentes da falta de qualificação ou da qualificação incompleta desses títulos.

Todavia, a verificação da conformidade dos títulos judiciais com a legislação registrária não pode invadir a esfera jurisdicional. Isso significa que a qualificação não pode atingir o mérito da decisão judicial, restringindo-se à verificação de suas formalidades extrínsecas, a respeito das quais não se tenha tratado dentro da parte dispositiva da sentença.

Dessa forma, se chega à serventia um mandado determinando a transmissão da propriedade do nome de Fulano para Sicrano sem trazer outras determinações, o registrador deverá exigir que o imóvel esteja no nome do Fulano. Se for imóvel rural, deverá exigir a apresentação do Certificado de Cadastro do Imóvel Rural (CCIR) e do Imposto Territorial Rural (ITR) dos cinco últimos exercícios, como o faria para qualquer outra transmissão de imóvel rural. Se Fulano for uma pessoa jurídica ou se estiver incurso nas leis previdenciárias que determinam a apresentação da certidão negativa de débitos do INSS para alienação ou oneração do imóvel, esta deverá ser solicitada. O imóvel deve estar perfeitamente descrito e caracterizado no título, e essa descrição deve coincidir com a constante da matrícula; o mesmo se dá em relação às partes, e assim por diante.

---

11. Exemplos de decisão nesse sentido: Apelação Cível n. 0018356-39.2011.8.26.0590 e Apelação Cível n. 0003611-12.2012.8.26.0625, ambas proferidas pelo Conselho Superior da Magistratura de São Paulo.

Como se vê, o registrador deverá exigir todos os requisitos do registro, podendo contestar e solicitar complementações no título em todos os aspectos que não envolvam a ordem direta, ou seja, a transmissão.

Situação diversa ocorrerá se na ordem judicial estiver constando a determinação da transmissão do imóvel do Fulano para o Ciclano, independentemente da apresentação do CCIR e dos cinco últimos ITRs, por exemplo, caso em que estes documentos não serão exigidos, independentemente de, em regra, serem necessários para esse tipo de transmissão.

Nesse caso, não cabe ao registrador contestar a exatidão do decidido, mesmo porque as partes que se sentirem prejudicadas por uma decisão judicial possivelmente equivocada têm os meios corretos para recorrer, e esses meios não envolvem a serventia imobiliária, que não tem o papel de revisora de decisões judiciais.

Ressalta-se que, da mesma forma que o registrador não tem competência para contestar o mérito de decisões judiciais, não tem responsabilidade pelos atos destas emanados.

Segundo Marcelo Fortes Barbosa Filho, em artigo intitulado "O registro de imóveis, os títulos judiciais e as ordens judiciais", em Sérgio Jacomino (Org.), *Thesaurus registral, notarial e imobiliário*, "a circunstância de exibir-se a inscrição título de origem judicial não implica isenção dos requisitos registrários, incumbindo ao registrador: a) verificar a competência (absoluta) da autoridade judiciária; b) aferir a congruência do que se ordena ao registro com o processo respectivo; c) apurar a presença das formalidades documentais; d) examinar se o título esbarra em obstáculos propriamente registrários (por exemplo: legalidade, prioridade, especialidade, consecutividade)".

Prossegue ainda o referido autor ao afirmar que: "Não se torna ineficaz ou inválida uma sentença judicial pelo fato de lhe ser vedado o registro, porque essa vedação não interfere com a validade e com a eficácia próprias da decisão judiciária, senão apenas verifica se o título enquadra com as exigências do registro imobiliário".

Em resumo, o registrador tem o poder-dever de proceder à qualificação registrária dos títulos judiciais, apontando todos os aspectos que impediriam o registro como se fosse qualquer outro tipo de título, abstendo-se apenas de contestar o mérito das referidas decisões. Em virtude disso, ao proceder dessa forma, está agindo dentro do estrito cumprimento de seu dever legal, não podendo ser penalizado com o crime de desobediência.

Nesse sentido, encontramos decisão do Supremo Tribunal Federal, de que foi relator o Ministro Marco Aurélio. Esta assim declarou: "O cumprimento do dever imposto pela Lei de Registros Públicos, cogitando-se de deficiência de carta de adjudicação e levantando-se dúvida perante o juízo de direito da vara competente, longe fica de configurar ato passível de enquadramento no artigo 330 do Código Penal – crime de desobediência – pouco importando o acolhimento, sob o ângulo judicial, do que suscitado" (*Habeas Corpus* 85.911/9-MG, julgado em 25-10-2005).

Também não há que no caso em análise se cogitar o crime de prevaricação (art. 319, CP), visto que agir de acordo com os ditames legais impostos pelo exercício de suas funções em nada se assemelha à prática de atos contra expressa disposição legal, visando atender a sentimento ou interesse pessoal.

23
Procedimento de Dúvida

Verificamos anteriormente que o registrador deve promover a qualificação de todos os títulos que ingressam na serventia imobiliária e que, caso essa qualificação resulte negativa, deverá o mesmo elaborar, de forma fundamentada, nota de devolução do título, contendo as exigências feitas pelo oficial para que o título se torne apto para ser inscrito no registro imobiliário.

Caso o apresentante não concorde ou não possa cumprir as referidas exigências, poderá requerer ao oficial a suscitação de dúvida a ser analisada, em primeira instância, pelo Juiz Corregedor Permanente da serventia, ou seja, aquele que tem a competência administrativa de fiscalização direta dela (art. 198 da Lei n. 6.015/73).

O pedido de suscitação de dúvida pode ser motivado pelo inconformismo com a exigência do oficial ou com a impossibilidade desta ser atendida. Em ambos os casos, buscará uma reavaliação do juízo qualificador negativo do oficial pelo juiz corregedor permanente da serventia ou, em grau de recurso, pelo Conselho Superior da Magistratura (ou o órgão a quem a lei de organização judiciária do respectivo Estado determinar ser competente).

Muito embora esteja previsto no capítulo referente ao registro de imóveis da Lei de Registros Públicos (Lei n. 6.015/73) em seus arts. 198 e seguintes, tal procedimento se aplica para todas as espécies de registros públicos regulados por essa lei (art. 296 da Lei n. 6.015/73).

Não cabe, contudo, quanto aos atos praticados pelos tabeliães de notas ou de protesto por falta de previsão legal. No Estado de São Paulo, também não cabe suscitação de dúvida para atos de averbação, mas somente para atos de registro *stricto sensu*, conforme posição histórica consolidada da jurisprudência administrativa bandeirante.

A dúvida registral pressupõe a existência de juízo de qualificação registral negativa, manifestada por escrito em uma nota de exigência (art. 198 da LRP). A lei não restringe a possibilidade de requerer a suscitação à pessoa juridicamente interessada, mas amplia o rol de legitimados ao estabelecer que o mero apresentante do título pode requerer diretamente ao oficial que seja suscitada a dúvida, nos termos do *caput* do art. 198 da LRP.[12]

Importante destacar que o princípio da rogação é de fundamental aplicação para suscitação de dúvida, pois o registrador, em regra, não pode suscitar de ofício. A susci-

---

12. Não obstante isto, o Tribunal paulista entende que o tabelião, mesmo sendo o apresentante do título, não possui interesse na suscitação da dúvida. Admite apenas que o tabelião, e somente aquele que lavrou o título, possa figurar como *amicus curiae* no procedimento já instaurado.

tação *ex officio* é admitida excepcionalmente em alguns raros dispositivos legais, como nos arts. 115, parágrafo único, e 156, parágrafo único, ambos da LRP.

Não obstante a via normal de instauração da dúvida seja pelo registrador, a pedido da parte, a jurisprudência há muito tem admitido a chamada dúvida inversa, pela qual a parte pede a instauração da dúvida diretamente ao juiz corregedor permanente, analisada mais adiante.

O art. 198 da Lei n. 6.015/73 estabelece as regras para instrução do procedimento de dúvida, dispondo que, após o requerimento do interessado para que seja suscitada a dúvida, o oficial anotará à margem da prenotação no protocolo a ocorrência da dúvida.

Esse procedimento é necessário, visto que, segundo o art. 188 da Lei n. 6.015/73, protocolizado o título, proceder-se-á ao registro dentro do prazo de 30 dias. Essa disposição é completada pelo art. 205 da Lei n. 6.015/73, que estabelece que cessarão automaticamente os efeitos da prenotação se, decorridos 30 dias do seu lançamento no Protocolo, o título não tiver sido registrado por omissão do interessado em atender às exigências legais.

Dessa forma, observa-se que é necessária a anotação à margem da prenotação do título no livro protocolo para que o oficial consiga controlar adequadamente o prazo de validade desta, visto que das disposições citadas se extrai que o oficial tem o prazo de 30 dias para registrar o título; caso ocorra a devolução dele com exigências, o apresentante deve atendê-las dentro do referido prazo; caso contrário, o oficial deve proceder ao cancelamento do protocolo por decurso de prazo.

Todavia, se houver a suscitação de dúvida, verificamos que ocorre a suspensão do referido prazo, tendo em vista que se deve aguardar a decisão do juiz competente para que, procedendo-se ou não à inscrição do direito contido no título, o oficial possa encerrar a prenotação, de acordo com o que se extrai do art. 203 da Lei n. 6.015/73.

Seguindo com a análise do art. 198, ele determina que, após certificar, no título, a prenotação e a suscitação da dúvida, o oficial deverá rubricar todas as folhas da suscitação de dúvida montando um processo que será encaminhado ao fórum. Em seguida, o oficial dará ciência dos termos da dúvida ao apresentante, fornecendo-lhe cópia da suscitação e notificando-o para impugná-la, perante o juízo competente, no prazo de 15 dias. Na sequência, certificará no procedimento de dúvida a notificação para ciência do apresentante dos termos da dúvida e remeterá o referido procedimento ao juízo competente. Dentre os documentos que instruem a dúvida deve constar necessariamente o título original e as razões da dúvida.

O art. 199 da Lei n. 6.015/73 deixa claro que não existe a chamada revelia no procedimento de dúvida, ao dispor que, caso o interessado não impugne a dúvida diretamente perante o juiz competente no prazo de 15 dias a ele conferido pela lei, esta ainda será julgada por sentença. Contudo, sendo apresentada impugnação, essa deve se referir apenas a questões documentais, pois a decisão do juiz corregedor deve-se ater apenas ao juízo de admissibilidade do registro do título apresentado.

Por isso não se admite pedido de produção de prova de qualquer natureza, pois o título deve ser pré-constituído e apto a ser registrado. Exceção é admitida quando a parte alega absoluta impossibilidade de atender às exigências do registrador, a fim de provar essa absoluta impossibilidade (simples dificuldade em atender as exigências não fundamenta a contento a dúvida), mas mesmo assim de forma mínima e mais simples possível.

Não se admite que a parte atenda, no curso do procedimento de dúvida, qualquer das exigências anteriormente formuladas, pois admitir isso seria criar forma de artificiosamente prolongar o efeito do protocolo, especialmente a prioridade, para além do prazo legal de 30 dias previsto no art. 204 da LRP.

Também não se admite irresignação parcial na impugnação, ou seja, a parte deve impugnar todos os óbices levantados pelo registrador, pois se um só subsistir, o título permanece sem poder ser registrado. Diferentemente do que ocorre com a simples ausência da impugnação, a irresignação parcial do requerente faz presumir a concordância da parte com as razões não impugnadas. A consequência lógica disso é que a parte concorda com o juízo negativo, uma vez que o título somente poderá ser registrado quando for perfeitamente adequado às normas vigentes.

O procedimento analisado é o procedimento convencional de suscitação de dúvida previsto pela lei. Além deste, encontramos na nossa doutrina e jurisprudência a chamada dúvida inversa.

Na dúvida convencional, ou direta, o apresentante requer ao oficial que este suscite a dúvida. Já na chamada dúvida inversa, essa suscitação é feita diretamente pelo interessado, que apresenta suas razões e os motivos da dúvida ao juiz competente, sem o intermédio do oficial. A única diferença prática, além de ser apresentada diretamente ao juiz corregedor permanente, é que será remetido ao registrador o procedimento para que este protocolize o título.

Apesar de não previsto em nossa legislação, esse tipo de dúvida foi admitido pela nossa doutrina e jurisprudência com base na economia processual. Isso tendo em vista que caso o juiz não aceitasse a apresentação da dúvida e enviasse a parte para a serventia imobiliária para que a dúvida fosse levantada pelo oficial, como previsto na legislação, o oficial não poderia se negar à suscitação dela, não importa os motivos da parte, de acordo com o art. 30, XIII, da Lei n. 8.935/94, de modo que em última análise a dúvida percorreria um caminho mais longo, mas chegaria ao juiz da mesma forma.

Desse modo, apresentados as razões da dúvida e seus motivos diretamente pela parte ao juiz competente, este intimará o oficial da suscitação da dúvida para que faça as devidas anotações no livro protocolo e encaminhe ao juízo suas razões para a devolução, seguindo o procedimento a partir daí da mesma forma que o procedimento de dúvida comum.

Com ou sem impugnação, sendo dúvida direta ou indireta, o procedimento necessita da manifestação do Ministério Público no prazo de 10 dias (art. 200 da LRP). Após, o corregedor permanente irá proferir sentença de mérito (art. 203 da LRP) ou meramente extintiva (exs.: pedido de desistência da parte, perdimento ou falta posterior do objeto), no prazo de 15 dias, com base nos elementos constantes dos autos.

De acordo com o art. 203 da Lei n. 6.015/73, se a dúvida for julgada procedente, os documentos serão restituídos à parte, independentemente de translado, dando-se ciência da decisão ao oficial para que a consigne no Protocolo e cancele a prenotação. Todavia, se for julgada improcedente, o interessado apresentará, de novo, os seus documentos, com o respectivo mandado ou certidão da sentença, que ficarão arquivados para que desde logo se proceda ao registro, declarando ao oficial o fato na coluna de anotações do Protocolo. Da sentença, poderão interpor apelação, com os efeitos devolutivo e suspensivo, o interessado, o Ministério Público e o terceiro prejudicado conforme o art. 202 da LRP.

Note que o oficial não tem competência para recorrer da dúvida, de modo que, se ela for considerada improcedente, este estará obrigado a realizar o registro ainda que continue não concordando com o fato. Sendo sentença em procedimento administrativo, não pode produzir o efeito da coisa julgada processual para as partes. Contudo, para o registrador afetado, produz efeito normativo, vinculando sua atuação, quer para a prática do registro, quer para obstar a prática do mesmo. Por esse motivo, o oficial não será responsável por eventuais prejuízos decorrentes dessa inscrição, no que se refere aos problemas por ele apontados.

O procedimento de dúvida é um procedimento de natureza administrativa, de modo que sua decisão não impede o uso do processo contencioso competente (art. 204 da Lei n. 6.015/73). Essa disposição decorre do princípio da inafastabilidade da jurisdição, a qual está expressa no inciso XXXV do art. 5º da Constituição brasileira, nos seguintes termos: "a lei não excluirá da apreciação do Poder Judiciário lesão ou ameaça a direito".

No que se refere ao pagamento de custas extrajudiciais, apesar de terem regulamentação diversa em cada estado, dispõe a Lei n. 6.015/73 que os oficiais deverão devolver os valores pagos no ato da prenotação para a prática do registro, caso este não seja efetuado, mas poderá reter parte do valor a título de pagamento pelas buscas e pela prenotação (art. 206).

Já no que se refere às custas judiciais, dispõe a referida lei que haverá autorização para cobrança apenas se a dúvida for julgada procedente, ou seja, se for apurado que o oficial tinha razão e que o título não tem condições de ingresso na serventia registrária da forma que se apresenta (art. 207).

24
Cancelamentos de Atos no Registro de Imóveis

O sistema registral brasileiro é dotado da chamada presunção relativa de veracidade, o que significa dizer que o direito inscrito é considerado válido e eficaz, salvo se for provado que ele possui algum vício que por qualquer forma o invalida. Dessa forma, em nosso sistema, os vícios do título alcançam o ato registrário dele decorrente. Caso esses vícios sejam suficientes para ocasionar a invalidação do direito, essa invalidação ingressará no registro de imóveis por meio de uma averbação de cancelamento do ato.

Existem dois gêneros de cancelamento que ingressam na serventia imobiliária. O primeiro deles, em regra, decorre da quitação da dívida que ensejou o surgimento do direito real de garantia. Nesse caso, deverá ser apresentada a quitação da dívida acompanhada da autorização para o cancelamento da garantia, podendo esse ato ser formalizado por instrumento particular firmado pelo credor. Esse tipo de cancelamento tem efeitos *ex nunc*, ou seja, a partir do momento em que foi este publicitado. Dessa forma, o direito permanece válido e eficaz até esse momento, gerando todos os efeitos dele decorrentes no período de sua vigência.

Já o segundo tipo de cancelamento de direitos inscritos na serventia imobiliária decorre justamente de casos em que os vícios contidos no título ocasionaram a invalidação do registro.

Esse tipo de cancelamento decorre da regra geral contida no § 2º do art. 1.245 do Código Civil, que diz: "Enquanto não se promover, por meio de ação própria, a decretação de invalidade do registro, e o respectivo cancelamento, o adquirente continua a ser havido como dono do imóvel".

Normalmente tais cancelamentos demandam decisão judicial em ação específica. Isso é sempre necessário quando for de vício intrínseco ao próprio negócio, como vícios de vontade.

Como exceção a essa regra geral, da necessidade de ação judicial, encontramos o disposto no art. 214 da Lei n. 6.015/73, que estabelece que "as nulidades de pleno direito do registro, uma vez provadas, invalidam-no, independentemente de ação direta".

Não se duvida que o ato de registrar determinado título seja um ato de natureza administrativa. Assim, pode-se sustentar que a administração pública está autorizada a anular ou revogar seus próprios atos, sem a necessidade de intervenção do Poder Judiciário (ao menos no exercício de função típica), quando tais atos são contrários à lei ou aos interesses públicos.

Contudo, em razão dos efeitos que produz, os atos registrais (*lato sensu*) possuem um impacto significativo na vida das pessoas por eles abrangidas. Não poderia simplesmente o registrador revogar os registros feitos por interesse público, pois o interesse público primário que ele deve assegurar é a segurança jurídica dos registros por ele realizados, o que implica a impossibilidade de revogar tais atos por esse motivo.

Mas, por outro lado, faz parte do interesse público primário assegurar que todos os atos registrados sejam realizados estritamente em conformidade com a lei. Dessa forma, não o sendo, prevê a Lei de Registros Públicos um procedimento administrativo, dotado de necessário contraditório, que permite o cancelamento administrativo de atos registrados sem a observância dos requisitos legais, cancelamento que se denomina de nulidade de pleno direito, o qual "tipifica vício cujo reconhecimento deva ser incontestete, não podendo gerar dúvidas ou incertezas (...) é aquele apto a retirar a validade dos efeitos produzidos junto ao registro, e que seja incapaz de ser convalidado" (Venício Salles, *Direito registral imobiliário*, p. 172).

Nesses casos, não importa nem mesmo a fonte do vício, que pode ser do título ou do próprio ato do registro, o que importa é que (a) se comprove documentalmente o vício insuperável e (b) seja este passível de ser reconhecido administrativamente.

São exemplos de nulidades de pleno direito registros (em sentido lato) feitos com base em escrituras falsas, ordens de baixa de garantias reais com assinatura falsa e/ou reconhecimento de firma fraudada, registro de direitos sem previsão de ingresso no fólio real (ex.: promessa de doação) ou escrituras lavradas com base em procurações falsas.

"Todas essas hipóteses que admitem prova mediante via documental, e principalmente quando alicerçadas em certidões dotadas de fé pública, permitem a nulificação dos respectivos registros, em resgate à certeza material que estes devem ostentar" (Venício Salles, *Direito registral imobiliário*, p. 172).

É um procedimento administrativo instaurado perante o juiz responsável pela fiscalização da serventia a pedido de qualquer interessado, inclusive o próprio registrador. Nesse caso o juiz não atua no âmbito jurisdicional, mas sim no âmbito administrativo. Nos termos do § 1º do art. 214, a nulidade será decretada depois de ouvidos os atingidos, estabelecendo o § 2º que da decisão tomada no caso do § 1º caberá apelação ou agravo, conforme o caso.

Devemos ressaltar, todavia, que, de acordo com o § 5º do citado art. 214 da Lei n. 6.015/73, a nulidade não será decretada se atingir terceiro de boa-fé que já tiver preenchido as condições de usucapião do imóvel. Referida disposição se dá com base no princípio da economia processual, visto que, caso se procedesse à referida invalidação do registro, bastaria que o terceiro de boa-fé, que já teria adquirido o imóvel por meio da usucapião, promovesse o reconhecimento desse fato para manter a propriedade, de modo que referida invalidação se mostraria ineficaz.

Lembramos aqui que a sentença de usucapião tem natureza declaratória e não constitutiva, o que significa dizer que a usucapião se consolida no momento em que a parte reúne em si os requisitos estabelecidos na lei, sendo a sentença necessária somente para a comprovação e declaração de reunião desses requisitos. Dessa forma, a parte adquire a propriedade no momento da reunião dos requisitos, e não no momento em que a sentença os reconhece, tendo esta então efeitos retroativos.

No que se refere às nulidades, traz o art. 215 da Lei n. 6.015/73 que são nulos os registros efetuados após sentença de abertura de falência, ou do termo legal nele fixado, salvo se a apresentação tiver sido feita anteriormente.

Cumpre-nos trazer, por fim, que o cancelamento pode atingir qualquer ato praticado no registro de imóveis, seja ele um registro, uma averbação, uma abertura de matrícula ou uma anotação, nos casos em que esta última é permitida, ou seja, quando se trata de complementação de atos no livro protocolo.

No que se refere às matrículas, todavia, existe uma grande diferença entre o cancelamento e o encerramento delas, apesar de o legislador não ter feito essa diferenciação no art. 233 da Lei n. 6.015/73, que aborda o assunto, tratando qualquer dos atos como ato de cancelamento, apesar de, no art. 234 da mesma lei, referir-se expressamente ao encerramento da matrícula.

De qualquer modo, trazendo a diferenciação consagrada pela nossa doutrina e jurisprudência, o cancelamento da matrícula se enquadra nos atos cancelamentos em geral e ocasiona a invalidação dela, com consequente invalidação dos possíveis atos nela praticados.

O encerramento da matrícula, por sua vez, consiste apenas no término dela, na indicação de que a partir daquele momento não se praticarão outros atos naquela matrícula, pelo fato de ela ter deixado de existir. Todavia, continua válida até aquele momento, sendo válidos e eficazes todos os atos nela praticados. Podemos citar como exemplo de uma situação que enseja o encerramento da matrícula os casos de unificação. Nesses casos, existem dois imóveis contíguos pertencentes ao mesmo proprietário, e, pretendendo este promover a união deles, formula requerimento ao registro de imóveis acompanhado de mapa, memorial descritivo e, se for urbano, autorização municipal, solicitando a unificação. Em vista disto, o oficial, se a documentação estiver correta, procede ao encerramento das duas matrículas originais e à abertura de uma nova que englobará os dois imóveis.

25
BLOQUEIO DE MATRÍCULA

O bloqueio da matrícula teve origem jurisprudencial e mais tarde foi transportado para a nossa legislação por meio da Lei n. 10.931/094, que incluiu o § 3º do art. 214 da Lei n. 6.015/73, o qual dispõe que, se o juiz entender que a superveniência de novos registros poderá causar danos de difícil reparação, poderá determinar de ofício, a qualquer momento, ainda que sem oitiva das partes, o bloqueio da matrícula do imóvel.

Segue ainda o § 4º do mesmo dispositivo legal, estabelecendo que, bloqueada a matrícula, o oficial não poderá mais nela praticar qualquer ato, salvo com autorização judicial, permitindo-se, todavia, aos interessados, a prenotação de seus títulos, que ficarão com o prazo prorrogado até a solução do bloqueio.

Assim, o bloqueio da matrícula consiste na determinação realizada pela autoridade judicial de que a partir dela não se proceda à prática de quaisquer atos em determinada matrícula.

Essa medida visa evitar que, se identificadas situações que podem vir a causar danos de difícil reparação, estes se espalhem, aumentando assim o prejuízo causado. Podemos citar como exemplo dessa situação o caso em que se discuta o cancelamento de um loteamento; neste caso, todas as matrículas dos lotes devem ser bloqueadas para evitar que terceiros os adquiram e depois venham a ser surpreendidos pelo cancelamento do empreendimento.

Importante destacar que a lei estabelece que a ordem deve partir do juiz, todavia não limita sua atuação para os procedimentos contenciosos, sendo pacífico que referida ordem pode surgir dentro do bojo de um procedimento administrativo, ou ainda isoladamente dentro das funções de fiscalização do Poder Judiciário.

Nesse sentido, encontramos o recurso em Mandado de Segurança 28.466/AM 2008/0278725-3, proferido pelo STJ, que teve como relator o Ministro Sidnei Beneti: "O art. 214, § 3º, da Lei de Registros Públicos prevê que o magistrado, no exercício de sua função correcional, poderá determinar de ofício, a qualquer momento, ainda que sem oitiva das partes, o bloqueio da matrícula do imóvel" (julgado em 10-11-2009, 3ª T., DJe 23-11-2009).

Se a lei deixa claro que poderá o juiz efetuar a referida determinação de ofício, temos que concluir que ela também pode se originar de um pedido do oficial ou dos próprios interessados. No que se refere aos oficiais, é muito comum que o pedido parta deles mesmos, tendo em vista que, dentro de suas funções de guardiões dos direitos reais, estes têm pleno acesso às informações, conseguindo muitas vezes identificar com maior facilidade situações que requereriam a referida medida.

A ordem de bloqueio de matrícula, como todos os títulos que ingressam na serventia registral imobiliária, deve ser protocolizada e seguir a ordem decorrente da prioridade. Desse modo, caso exista um título já protocolizado aguardando registro no momento do ingresso da ordem de bloqueio, a menos que a ordem faça referência ao título específico já protocolizado, esse título será registrado antes que ocorra o trancamento da matrícula.

26
Títulos Admitidos no Registro de Imóveis

Vistas as principais características do sistema registral brasileiro, seu funcionamento e alguns procedimentos que se desenvolvem em sua esfera administrativa, passamos à análise específica de seus atos. Todavia, antes de entrarmos nessa análise, mostra-se necessário que delimitemos quais títulos podem ter ingresso no registro de imóveis.

A Lei de Registros Públicos (Lei n. 6.015/73) é taxativa quanto aos títulos que podem ter ingresso no registro de imóveis, o que significa dizer que elenca o rol desses títulos de forma fechada, de modo que qualquer outro tipo de documento que não esteja nela previsto não será considerado hábil a produzir efeitos dentro da serventia registral imobiliária.

O rol dos títulos admitidos a terem ingresso nas serventias imobiliárias está previsto no art. 221 da Lei n. 6.015/73 e se inicia com as escrituras públicas, inclusive as lavradas em consulados brasileiros.

No que se refere às escrituras lavradas em consulados brasileiros, não são consideradas documentos estrangeiros, apesar de produzidas fora do país, possuindo o mesmo alcance das escrituras lavradas nos tabelionatos brasileiros.

A regra geral do nosso sistema, estabelecida no art. 108 do Código Civil Brasileiro, é a de que, não dispondo a lei em contrário, a escritura pública é essencial à validade dos negócios jurídicos que visem a constituição, transferência, modificação ou renúncia de direitos reais sobre imóveis de valor superior a trinta vezes o maior salário mínimo vigente no país.

Dessa forma, para que seja admitido o ingresso de atos por outros títulos que não a escritura pública no registro de imóveis, deve haver previsão expressa na lei, admitindo a instrumentalização daquele ato de forma diversa.

Imprescindível que se traga à tona lei especial de grande relevância sobre o assunto, apesar de não trazer a dispensa da escritura pública, mas, pelo contrário, sua exigência. É a Lei n. 5.709/71, que trata da aquisição de imóveis rurais por estrangeiros. Nesse caso, a escritura pública é da natureza do ato e não se pode enquadrar em nenhuma outra lei que a excepcione.

A escritura pública também é da natureza do ato no caso do pacto antenupcial, como podemos observar do disposto no art. 1.653 do Código Civil Brasileiro, que dispõe que é nulo o pacto antenupcial se não for feito por escritura pública e ineficaz se não lhe seguir o casamento.

Como leis autorizadoras da dispensa da escritura pública, podemos citar o próprio art. 108 do Código Civil (Lei n. 10.406/2002), que em sua parte final estabelece a dispensa da escritura pública quando os imóveis tiverem valor inferior a trinta vezes o maior salário mínimo vigente no país (ou seja, salário mínimo de ordem nacional, não sendo aplicáveis pisos estaduais), bem como as legislações referentes às cédulas de crédito, os contratos de penhor rural, os requerimentos de retificação, bem como para averbação de construção, desdobro e fusão, as autorizações de cancelamento de direitos reais de garantia, dentre outros, sendo que em alguns casos a admissão do instrumento particular gera controvérsias que serão estudadas com os institutos.

Essas normas excepcionais estão de acordo com o art. 221 da Lei n. 6.015/73, uma vez que ele próprio traz a possibilidade dessa excepcionalização, ao dispor que são admitidos no registro de imóveis os escritos particulares autorizados em lei, assinados pelas partes e testemunhas, com as firmas reconhecidas, dispensado o reconhecimento quando se tratar de atos praticados por entidades vinculadas ao Sistema Financeiro de Habitação.

Nesse sentido, encontramos o art. 61, § 5º, da Lei n. 4.380/64, que se refere ao SFH, a qual dispõe: "Os contratos de que forem parte o Banco Nacional de Habitação ou entidades que integrem o Sistema Financeiro da Habitação, bem como as operações efetuadas por determinação da presente Lei, poderão ser celebrados por instrumento particular, os quais poderão ser impressos, não se aplicando aos mesmos as disposições do art. 134, II, do Código Civil, atribuindo-se o caráter de escritura pública, para todos os fins de direito".

O art. 134, II, do Código Civil, citado no referido dispositivo, é o artigo do Código Civil de 1916 que estabelecia a escritura pública como substância do ato para os contratos constitutivos ou translativos de direitos reais sobre imóveis de valor superior a cinquenta mil cruzeiros, excetuado o penhor agrícola, sendo hoje a questão regulada pelo art. 108 do atual Código.

Importante abordar ainda a questão das testemunhas instrumentárias. Quando a LRP foi elaborada, vigia a sistemática do Código Civil de 1916, no qual se exigia a presença de duas testemunhas para se tornar perfeito e acabado o contrato particular, conforme disposto no seu art. 135.

Contudo, o atual Código Civil deixou de exigir isso, conforme disposto no art. 221. Por isso, entendemos que a LRP, que apenas repetia a regra geral imposta aos contratos pelo Código Civil, não deve prevalecer sobre a nova regra geral do sistema, trazida pelo atual Código Civil e, por isso, não deve o registrador exigir a presença das testemunhas nos instrumentos particulares apresentados para registro.

O art. 221 da Lei n. 6.015/73 estabelece também o acesso ao registro de imóveis dos atos autênticos de países estrangeiros, com força de instrumento público, legalizados e traduzidos competentemente no idioma nacional e registrados no cartório de registro de títulos e documentos.

Importante destacar que, para que os atos estrangeiros tenham validade dentro do território nacional, devem ser obrigatoriamente registrados, com a respectiva tradução, de forma prévia no Cartório de Registro de Títulos e Documentos, como se infere do citado art. 221 e do art. 129, § 6º, ambos da Lei n. 6.015/73.

A legalização desses documentos consiste no reconhecimento da firma e do cargo de seu subscritor, pelo consulado do Brasil no país emissor do documento. Essa necessidade é baseada no fato de que não há como o registrador fazer uma análise de qual é o órgão responsável pela emissão daquele documento no país de origem, o que é feito pela autoridade consular, com a identificação de que o subscritor ocupa aquele cargo e que a assinatura dele confere com os padrões depositados no consulado.

Em 2015 o Brasil aderiu à convenção internacional de Haia sobre a eliminação da exigência de legalização de documentos públicos estrangeiros. Tal norma passou a produzir plenos efeitos jurídicos a partir de 14 de agosto de 2016.

Por essa convenção, os documentos públicos feitos no território de um dos Estados contratantes e que devam produzir efeitos no território de outro Estado contratante, ficam dispensados da necessidade de legalização.[13]

Para a convenção, a única formalidade que poderá ser exigida para atestar a autenticidade da assinatura, a função ou cargo exercido pelo signatário do documento e, quando cabível, a autenticidade do selo ou carimbo aposto no documento, consiste na aposição da apostila definida no art. 4º da convenção, emitida pela autoridade competente do Estado no qual o documento é originado, ou seja, o próprio Estado onde se emite o documento é que indicará quem tem competência para atestar a validade de tal documento.

Importante destacar que somente se dispensa a legalização dos documentos e não a necessidade da tradução juramentada nem do registro em Títulos e Documentos.[14]

O art. 221 da Lei n. 6.015/73 prevê ainda o ingresso nas serventias registrais imobiliárias das cartas de sentença, dos mandados, dos formais de partilha e das certidões extraídos de autos de processo, os quais, em seu conjunto, constituem os títulos judiciais, e que são abordados com mais detalhes mais adiante nesta obra.

Mais recentemente, o art. 221 foi modificado e passou a contar com dois incisos a mais. O inciso V prevê o registro dos contratos ou termos administrativos, assinados com a União, Estados, Municípios ou o Distrito Federal, no âmbito de programas de regularização fundiária e de programas habitacionais de interesse social, dispensado o reconhecimento de firma.

Isso foi importante para os programas de regularização fundiária, pois nos contratos administrativos que versarem sobre direitos reais a regra geral é de a escritura pública ser da essência do ato, conforme o *caput* do art. 60 da Lei n. 8.666/93: "Os contratos e

---

13. Para a convenção, são considerados documentos públicos: a) Os documentos provenientes de uma autoridade ou de um agente público vinculados a qualquer jurisdição do Estado, inclusive os documentos provenientes do Ministério Público, de escrivão judiciário ou de oficial de justiça; b) Os documentos administrativos; c) **Os atos notariais**; d) As declarações oficiais apostas em documentos de natureza privada,

    tais como certidões que comprovem o registro de um documento ou a sua existência em determinada data, e reconhecimentos de assinatura. Entretanto, a *Convenção não se aplica*: a) Aos documentos emitidos por agentes diplomáticos ou consulares; b) Aos documentos administrativos diretamente relacionados a operações comerciais ou aduaneiras.
14. Para consultar o rol dos países que aderiram à convenção e demais informações, indicamos a consulta ao sítio eletrônico: <https://www.hcch.net/pt/instruments/conventions/status-table/?cid=41>.

seus aditamentos serão lavrados nas repartições interessadas, as quais manterão arquivo cronológico dos seus autógrafos e registro sistemático do seu extrato, salvo os relativos a direitos reais sobre imóveis, que se formalizam por instrumento lavrado em cartório de notas, de tudo juntando-se cópia no processo que lhe deu origem".

Polêmica inovação foi a introdução do §3°ao artigo 221 da LRP, feito pela Lei n° 13.465, de 2017. Por este parágrafo, ficou dispensada a apresentação dos títulos previstos nos incisos I a V do *caput* do artigo 221 quando se tratar de registro do projeto de regularização fundiária e da constituição de direito real, sendo o ente público promotor da regularização fundiária urbana responsável pelo fornecimento das informações necessárias ao registro, ficando dispensada a apresentação de título individualizado, nos termos da legislação específica.

Já o inciso VI do art. 221 passou a permitir o registro dos contratos ou termos administrativos, assinados com os legitimados a que se refere o art. 3° do Decreto-Lei n. 3.365, de 21 de junho de 1941, no âmbito das desapropriações extrajudiciais.

O que se fez aqui foi simplesmente facultar que o título da desapropriação extrajudicial pudesse ser elaborado sem ser obrigatoriamente pela forma da escritura pública, facultando que a própria administração passasse a poder elaborar o título.

Ou seja, por simples indicação do poder público que está promovendo a regularização fundiária urbana, será constituído os direitos reais que este ente julgar serem necessários para finalizar o procedimento, sem necessidade de comprovação da manifestação da vontade dos participantes anuindo com o que o que irá ser registrado. Por óbvio, tal dispositivo tem por objetivo facilitar o trâmite das regularizações fundiárias, mas, dependendo de como for utilizado pelo poder regularizante, tem o potencial de gerar sérios conflitos e se tornar hipótese de insegurança jurídica no sistema registral.

No que se refere à necessidade ou não de arquivamento dos títulos admitidos a ingresso no registro de imóveis, os títulos de natureza particular, apresentados em uma só via, serão arquivados em cartório, fornecendo o oficial, a pedido, certidão dele. Nos estados em que é adotado o sistema de microfilmagem, nos cartórios que o utilizarem, será dispensável o arquivamento dos documentos particulares originais, que poderão ser devolvidos aos interessados, uma vez que ficarão arquivados em microfilme.

27
Emissão de Títulos em Moeda Estrangeira

Atualmente a matéria é regida pelo artigo 318 do Código Civil e pela Lei n. 10.192, de 14 de fevereiro de 2001, a qual determina em seu art. 1º que as estipulações de pagamento de obrigações pecuniárias exequíveis no território nacional deverão ser feitas em REAL, pelo seu valor nominal.

O parágrafo único do referido dispositivo estabelece ainda que são vedadas, sob pena de nulidade, quaisquer estipulações de pagamento expressas em (ou vinculadas a) ouro ou moeda estrangeira, ressalvado o disposto nos arts. 2º e 3º do Decreto-lei n. 857, de 11 de setembro de 1969, e na parte final do art. 6º da Lei n. 8.880, de 27 de maio de 1994.

Muito importante salientar que, a nosso ver, esse inciso acabou também com a possibilidade defendida por parte da doutrina e jurisprudência de se atrelar as operações à moeda estrangeira como forma de correção monetária.

Ou seja, entendemos que também não é possível que se estipule uma dívida em moeda nacional, mas atrelada a determinada quantidade de moeda estrangeira, que à época do pagamento deverá ser convertida para se chegar ao valor da prestação.

Nesse sentido, jurisprudência da 4ª Turma do STJ: "É taxativamente vedada a estipulação, em contratos exequíveis no Brasil, de pagamento em moeda estrangeira, a tanto equivalendo calcular a dívida com indexação ao dólar norte-americano".

O art. 2º do referido Decreto-lei n. 857/69 estipula que não se aplicam as disposições do art. 1º (o qual determina a vedação da aplicação da moeda estrangeira) nos seguintes casos:

I – às obrigações de importação e exportação de mercadorias;

II – aos contratos de financiamento ou de prestação de garantias, relativos a exportações de bens de produção nacional, vendidos a crédito para o exterior;

III – aos contratos de compra e venda de câmbio em geral;

IV – às obrigações em que uma das partes é residente no exterior (exceto os contratos de locação de imóveis nacionais);

V – às modificações dos contratos citados no item IV.

Quanto ao citado art. 6º da Lei n. 8.880/94, segue transcrito:

"Art. 6º É nula de pleno direito a contratação de reajuste vinculado à variação cambial, exceto quando expressamente autorizado por lei federal, e nos contratos de arrendamento mercantil celebrados entre pessoas residentes e domiciliadas no país, com base em captação de recursos provenientes do exterior".

Esse artigo reafirma a impossibilidade de vincular o reajuste à variação cambial, como já defendido.

28
Certidões Exigidas dos Órgãos Públicos

Por várias vezes o legislador se utiliza das serventias de registro de imóveis como órgãos fiscalizadores do recolhimento de tributos e demais outras exigências fiscais. A regra geral é a de que o registrador é responsável pela fiscalização dos tributos incidentes sobre os atos praticados na serventia.

Nesse sentido, encontramos a regra prevista no art. 134, VI, do Código Tributário Nacional, que dispõe que, nos casos de impossibilidade de exigência do cumprimento da obrigação principal pelo contribuinte, respondem solidariamente com este, nos atos em que intervirem ou pelas omissões de que forem responsáveis, os tabeliães, escrivães e demais serventuários de ofício, pelos tributos devidos sobre os atos praticados por eles, ou perante eles, em razão de seu ofício.

Todavia, além dessa fiscalização, por vezes a legislação atribui responsabilidade ao registrador também pela verificação do cumprimento das obrigações fiscais gerais sobre o imóvel. Isso se dá geralmente quando o ato a ser praticado envolve alienação ou oneração do imóvel. O motivo dessa incumbência reside na posição do registrador, que se encontra como última barreira nesses atos.

Assim, a regra geral é a de que todo o patrimônio do devedor responde por todas as suas dívidas, de forma que qualquer de seus bens pode ser levado à praça para pagamento de seus débitos. Quando o legislador impõe ao registrador a fiscalização do cumprimento de obrigações fiscais para que a parte possa efetivar a alienação ou oneração de bens, em última análise, está impedindo que ela se desfaça de seu patrimônio antes de ter cumprido suas obrigações fiscais, diminuindo, assim, o risco de que o fisco fique irressarcido em caso de uma possível execução.

Somos muito contrários a diversas dessas medidas, pois, além de normalmente implicarem em restrições inconstitucionais ao direito de propriedade (ao restringir o direito de dispor da propriedade), o registro de imóveis não deve servir como meio de coerção para imposição de políticas públicas, sob pena de se estimular a irregularidade dominial dos imóveis, o que traz gravíssimas consequências tanto para a sociedade como um todo, quanto também para o governo. É um contrassenso, pois, por um lado se investe enormes esforços e vultosas quantias de dinheiro para promover a regularização fundiária, e, de outro, o governo adota medidas que estimulam a irregularidade formal dos imóveis.

Pensando desta forma, existem algumas normas Estaduais que dispensam a fiscalização e consequente obstamento de atos registrais em virtude de pendências ficais. Todavia, quanto a estas, importante deixar claro que como não houve uma revogação, invalidação ou declaração de inconstitucionalidade dos dispositivos que elencam estas exigências, nada obsta que o Oficial seja a qualquer tempo demandado pelo órgão à quem a fiscalização se destina com base no citado art. 134, VI do Código Tributário Nacional.

Passamos, então, a uma análise por espécie das principais exigências fiscais, cuja fiscalização foi atribuída ao registrador imobiliário, bem como a discussões acerca do tema.

28.1 CERTIDÃO NEGATIVA DE DÉBITOS JUNTO À PREVIDÊNCIA SOCIAL E À RECEITA FEDERAL

A Lei n. 8.212/91, em seu art. 33, estabelece as competências para arrecadar e fiscalizar as contribuições previdenciárias. Essas competências, segundo o referido artigo, ficavam inicialmente divididas entre a própria Previdência Social e a Secretaria da Receita Federal. Dessa forma, antigamente para que fosse satisfeita a exigência de cumprimento das obrigações previdenciárias, era necessário obter a certidão negativa desses dois órgãos.

Todavia, a partir de 1º de setembro de 2005, quando editadas a Portaria Conjunta PGFN/RFB n. 2 e a Instrução Normativa RFB n. 565, foi estabelecida a unificação das certidões negativas, que simplificou a vida do contribuinte, tornando mais ágil a obtenção de prova de regularidade fiscal. Surgindo, então, a certidão negativa conjunta da Previdência Social e da Receita Federal.Com a redação atual do artigo 33 (com a redação dada pela Lei 11.941, de 2009), a competência passou a ser da Secretaria da Receita Federal do Brasil para planejar, executar, acompanhar e avaliar as atividades relativas à tributação, à fiscalização, à arrecadação, à cobrança e ao recolhimento das contribuições sociais. Contudo, inicialmente ela manteve a sistemática da certidão de débito previdenciários separada da certidão de débito da receita federal.

Isso permaneceu assim até início de novembro de 2014, quando então a prova da regularidade fiscal perante a Fazenda Nacional e a relativa às contribuições previdenciárias, inscritas ou não em Dívida Ativa da União, foi unificada em uma só certidão, emitida pela receita federal (emitida conjuntamente pela receita federal e pela procuradoria feral da fazenda nacional, de modo a abranger, também, as dividas ativas), abrangendo débitos federais de qualquer natureza.

Assim, após essa data, não existe mais a certidão negativa de débitos previdenciários específica para fins de alienação de patrimônio. Contudo, conforme veremos mais abaixo, ainda existe certidão específica para o caso de averbação de construção.

De qualquer maneira, a regra geral é a necessidade de exigência da referida certidão negativa de débitos federais previdenciários na alienação ou oneração, a qualquer título, de bem imóvel ou direito a ele relativo, de acordo com o disposto no art. 47 da Lei n. 8.212/91, que estabelece que é exigido documento comprobatório de inexistência de débito relativo às contribuições sociais, fornecido pelos órgãos competentes da empresa tanto na alienação ou oneração, a qualquer título, de bem imóvel ou direito a ele relativo, quanto na alienação ou oneração, a qualquer título, de bem móvel de valor superior a Cr$ 2.500.000,00 (atualizado pelo art. 8º, VI, da Portaria MF n. 19, de 10 de janeiro de 2014, para R$ 45.320,71) incorporado ao ativo permanente da empresa.

Dessa forma, a regra é que toda vez que uma empresa promover a alienação ou oneração de um bem imóvel ou de um bem móvel de valor superior ao estabelecido na lei, deverá ela promover a apresentação da referida certidão de regularidade fiscal, a qual deverá ser exigida na prática do ato.

A primeira discussão que surge sobre o tema diz respeito ao momento em que se considera efetivada a alienação ou oneração para os fins da exigência da regularidade fiscal, ou seja: a referida regularidade deve ser exigida no momento em que é lavrado o título que dá origem ao ato, no momento em que este ingressa na serventia imobiliária e efetivamente é inscrito na matrícula do imóvel, ou em ambos?

Resta claro e incontroverso que a regularidade fiscal deve ser exigida no momento da lavratura do título, pois ele materializa a expressão de vontade das partes e deve ser lavrado com todos os requisitos necessários para que se atinja o objetivo almejado, sem o qual não teria razão de ser.

A discussão na realidade surge quando, à época da lavratura do título, a alienante estava em dia com suas obrigações fiscais, mas por qualquer razão esse título não é levado a registro dentro do prazo da referida certidão fiscal e, no momento do registro, a alienante não atenderia mais a esse requisito.

Nesse caso surgem duas correntes. A primeira se baseia na ideia de que a constituição do direito real só se dá com o registro (princípio do *tempus regit actum*), de modo que a simples escrituração do título não teria o condão de efetivar a alienação, de maneira que a exigência fiscal deveria ser realizada nos dois momentos.

Essa tese seria reforçada pelo exposto no art. 1.245 do Código Civil, que estabelece que se transfere a propriedade mediante o registro do título translativo no registro de imóveis, dispondo ainda em seu § 1º que, enquanto não se registrar o título translativo, o alienante continua a ser havido como dono do imóvel. Dessa forma, o imóvel continuaria respondendo pelas dívidas do transmitente até o momento da efetiva transmissão, que somente se dá com o registro do título.

Na segunda corrente, encontramos aqueles que defendem que bastaria a apresentação da referida certidão no momento da lavratura do título, sendo irrelevante o fato de que o registro deste seja feito após o vencimento da referida certidão, e que nesse momento o alienante não estaria em dia com suas obrigações fiscais.

Os que defendem essa teoria se baseiam na ideia de que a alienação ou oneração de imóveis é um ato complexo, que se inicia com a lavratura do título e se finaliza com o registro dele.

Tal teoria é reforçada pela alínea *a* do § 6º do art. 47 da Lei n. 8.212/91, que estabelece que independe de prova de inexistência de débito a lavratura ou assinatura de instrumento, ato ou contrato que constitua retificação, ratificação ou efetivação de outro anterior, para o qual já foi feita a prova.

Pela expressão "efetivação de outro anterior", fica entendida, a nosso ver, não só o caso em tela, como também as escrituras que são lavradas em cumprimento a compromissos anteriores, nos quais foi demonstrada a regularidade fiscal, evidenciando, assim, a intenção do legislador por optar pela necessidade da apresentação da certidão fiscal somente no momento da lavratura do ato, devendo ser este entendido como o início da alienação que se completa com o registro.

Ainda nessa linha de raciocínio, encontramos inúmeras decisões autorizando a adjudicação compulsória de imóveis, cujos compromissos foram lavrados e quitados anteriormente aos débitos, por entenderem que no momento do surgimento da dívida o imóvel não pertencia mais ao patrimônio do alienante, motivo pelo qual não mais responderia pela dívida que impede a lavratura da escritura.

Retomando as regras de exigibilidade da certidão comprobatória de regularidade fiscal junto à Previdência Social e à Receita Federal, além das hipóteses de alienação e oneração de bens imóveis promovidas por empresas, é necessária a apresentação da referida certidão no caso de incorporação de imóveis, conforme observamos nas alíneas *b* e *f* do art. 32 da Lei n. 4.591/64 e no art. 257, III, do Decreto n. 3.048/99, dispondo que é exigida a referida certidão do incorporador na ocasião da inscrição de memorial de incorporação no Registro de Imóveis.

No tangente às pessoas físicas, a exigência da apresentação da certidão de regularidade fiscal junto à Previdência Social e à Receita Federal, ocorre no caso de empregador a qualquer título, trabalhador avulso, bem como nos casos em que a lei o enquadre na categoria de segurado especial, todos definidos nos arts. 12 a 14 da Lei n. 8.212/91 e nos arts. 9º a 12 do Decreto n. 3.048/99.

A sistemática de apresentar certidão previdenciária específica, contudo, ainda permanece em vigor para os casos de averbação de obra de construção civil. Nesses casos, são também contribuintes da Seguridade Social, além das pessoas jurídicas, as pessoas físicas que edificam obras de construção civil, bem como as que promovem sua demolição ou reforma, motivo pelo qual, quando do ingresso desses atos no registro de imóveis, é necessária a apresentação da certidão negativa de débitos previdenciários relativos à obra.

28.2 HIPÓTESES DE DISPENSA DA COMPROVAÇÃO DE REGULARIDADE FISCAL JUNTO À PREVIDÊNCIA SOCIAL E À RECEITA FEDERAL

Apesar de a regra legal ser a necessidade de apresentação da comprovação de inexistência de débitos para com o INSS, o § 6º do art. 47 da Lei n. 8.212/91 estabelece que independe de prova de inexistência de débito a lavratura ou assinatura de instrumento, ato ou contrato que constitua retificação, ratificação ou efetivação de outro anterior, para o qual já foi feita a prova, bem como a constituição de garantia para concessão de crédito rural, em qualquer de suas modalidades, por instituição de crédito pública ou privada, desde que o contribuinte referido no art. 25 não seja responsável direto pelo recolhimento de contribuições sobre a sua produção para a Seguridade Social.

Assim, na primeira hipótese ocorre a dispensa da referida certidão para os casos em que foi apresentada anteriormente, como já comentado, reforçando a ideia de que a exigência da regularidade fiscal deve se dar no momento da manifestação da vontade para a alienação ou oneração do imóvel.

Já na segunda hipótese, trata-se da dispensa de prova de inexistência de débitos referente à constituição de garantia para concessão de crédito rural, em qualquer das suas modalidades, por instituição de crédito público ou privado ao produtor rural pessoa física e ao segurado especial, referidos, respectivamente, na alínea a do inciso V e no inciso VII do caput do art. 9º, do Decreto n. 3.048/88, desde que estes não comercializem a sua produção com o adquirente domiciliado no exterior nem diretamente no varejo a consumidor pessoa física, a outro produtor rural pessoa física ou a outro segurado especial.

No tangente às cédulas de crédito industrial, encontramos outro caso especial de dispensa, previsto no art. 42 do Decreto-lei n. 413/69, que estabelece que a concessão dos financiamentos previstos neste decreto-lei, bem como a constituição de suas garantias pelas instituições de crédito públicas e privadas, independe da exibição de comprovante de cumprimento de obrigações fiscais da Previdência Social ou de declaração de bens e certidão negativa de multas. Assim, a criação de ônus decorrentes dessa modalidade de cédula de crédito, bem como de todas as outras que a utilizam como legislação subsidiária, tais como as cédulas de crédito comercial, à exportação e de produto rural, estão dispensadas da apresentação da certidão de regularidade fiscal previdenciária e da Receita Federal.

No tocante às pessoas jurídicas, vimos que a regra é a exigibilidade da referida certidão em qualquer caso de alienação ou oneração de bem imóvel. Todavia, antes da edição do Decreto 8.302/2014, encontramos exceção a essa regra no § 8º do art. 257 do Decreto n. 3.048/99, que estabelece que independe da apresentação de documento comprobatório de inexistência de débito a transação imobiliária referida na alínea b do inciso I do *caput*, que envolva empresa que explore exclusivamente atividade de compra e venda de imóveis, locação, desmembramento ou loteamento de terrenos, incorporação imobiliária ou construção de imóveis destinados à venda, desde que o imóvel objeto da transação esteja contabilmente lançado no ativo circulante e não conste, nem tenha constado, do ativo permanente da empresa.

Para que a empresa pudesse se beneficiar da dispensa, deveria apresentar seu estatuto ou contrato social, sendo que nele deveria constar apenas as atividades supramencionadas, total ou parcialmente, não sendo admitido que com as referidas atividades se apresentassem outras, tais como corretagem ou administração de imóveis.

Além dessa comprovação, a empresa deveria declarar ainda no título, sob pena de responsabilidade, o fato de o imóvel que estaria sendo alienado ou onerado pertencer ao ativo circulante da empresa e de que ele nunca fez parte do seu ativo permanente.

Essa dispensa teve como fundamento o fato de que as empresas que exploram exclusivamente essas atividades têm os imóveis como suas mercadorias, de modo que o impedimento de comercialização deles, caso existam débitos pendentes junto à Previdência e à Receita Federal, ao invés de garantir o pagamento da dívida, geraria a paralisação das negociações da empresa devedora e sua possível insolvência, a qual traria uma grande chance de deixar o fisco irressarcido.

Note, todavia, que somente são considerados mercadorias os bens que sempre se encontraram no ativo circulante da empresa, sendo vedado que estas alienem sem as respectivas certidões os bens do ativo permanente dela, ou seja, os bens que compõem seu patrimônio independentemente de seu "estoque" de mercadorias, tais como a sede da empresa e outros imóveis onde funcionem suas atividades operacionais. Isso se dá, pois, a alienação desses imóveis nada tem a ver com as atividades regulares da empresa; muito pelo contrário, trazem indícios de que ela está buscando liquidar seu patrimônio.

Todavia, tal regra de dispensa prevista no Decreto 3.048/99 foi revogada pelo Decreto 8.302/2014. E mais, regra semelhante contida no artigo 407 da Instrução Normativa RFB nº 971/2009 foi também revogada. O que está atualmente em vigor é basicamente uma cópia da sistemática anterior e é fundamentando no artigo 17 da portaria conjunta RFB/PGFN nº 1751/2014, que dispõe:

> Art. 17. Fica dispensada a apresentação de comprovação da regularidade fiscal:
> I – na alienação ou oneração, a qualquer título, de bem imóvel ou direito a ele relativo, que envolva empresa que explore exclusivamente atividade de compra e venda de imóveis, locação, desmembramento ou loteamento de terrenos, incorporação imobiliária ou construção de imóveis destinados à venda, desde que o imóvel objeto da transação esteja contabilmente lançado no ativo circulante e não conste, nem tenha constado, do ativo permanente da empresa;
> (...)

28.3 RESPONSABILIDADE DOS TABELIÃES E REGISTRADORES SOBRE A FISCALIZAÇÃO DA REGULARIDADE PREVIDENCIÁRIA E DA RECEITA FEDERAL PELOS ATOS QUE PRATICAM

Importantíssimo salientar aos registradores de imóveis que o art. 48 da Lei n. 8.212/91 dispõe que a prática de ato com inobservância do disposto no art. 47, ou o seu registro, acarretará a responsabilidade solidária dos contratantes e do oficial que lavrar ou registrar o instrumento, sendo o ato nulo para todos os efeitos.

Percebamos que as penalidades são gravíssimas, tanto do ponto de vista registral quanto do ponto de vista fiscal. Isso porque o artigo prevê a nulidade do ato de registro e a responsabilidade solidária do oficial pelas dívidas que deixou de fiscalizar.

Lembramos que o ato nulo não tem como ser restabelecido e não se convalesce com o decorrer do tempo, de forma que a nulidade pode ser declarada a qualquer momento (desde que não se encontrem reunidos todos os requisitos para aquisição da propriedade por meio da usucapião), bem como não existe possibilidade de se promover a ratificação posterior dele, devendo ser lavrado um novo instrumento, se for o caso.

Dispõe, ainda, o § 1º do art. 47 da Lei n. 8.212/91, que os órgãos competentes podem intervir em instrumento que depender de prova de inexistência de débito, a fim de autorizar sua lavratura, desde que o débito seja pago no ato ou o seu pagamento fique assegurado mediante confissão de dívida fiscal com o oferecimento de garantias reais suficientes, na forma estabelecida em regulamento.

Pelo § 2º, em se tratando de alienação de bens do ativo de empresa em regime de liquidação extrajudicial, visando à obtenção de recursos necessários ao pagamento dos credores, independentemente do pagamento ou da confissão de dívida fiscal, o Instituto Nacional do Seguro Social – INSS poderá autorizar a lavratura do respectivo instrumento, desde que o valor do crédito previdenciário conste, regularmente, do quadro geral de credores, observada a ordem de preferência legal.

Por fim, o § 3º dispõe que o servidor, o serventuário da justiça, o titular de serventia extrajudicial e a autoridade ou órgão que infringirem o disposto no art. 46 incorrerão em multa aplicada na forma estabelecida no art. 92, sem prejuízo da responsabilidade administrativa e penal cabível.

28.4 EXIGÊNCIAS FISCAIS NO REGISTRO DE TÍTULOS DECORRENTES DE ARREMATAÇÃO EM HASTA PÚBLICA E ADJUDICAÇÃO COMPULSÓRIA

Outra questão que deve ser salientada se refere à inexigibilidade da referida certidão, bem como as fiscais, no caso de arrematação ou adjudicação do bem.

Quando tratamos da arrematação de um bem em hasta pública, devemos ter em mente que ela é a última etapa de um processo em que se visa o ressarcimento de um débito por meio da venda do bem a quem oferecer o melhor preço. Não podemos perder de vista ainda que a venda do referido bem fará com que o valor obtido com ela fique sub-rogado em todas as dívidas que recaíam sobre o imóvel, uma vez que se faz a substituição do bem imóvel pelo dinheiro.

Dessa forma, resta claro que não é possível que um bem que tenha sido adquirido em hasta pública continue responsável por quaisquer dívidas anteriores à sua arrematação. Isso devido ao fato de que, como já comentado, a arrematação implica na substituição do bem que está garantido às dívidas pelo valor por ele obtido na praça.

Assim, não há que se falar na necessidade de apresentação da certidão de regularidade fiscal previdenciária e da Receita Federal do alienante, no que se refere às arrematações.

Nesse sentido, encontramos o REsp 283.251/AC, da 1ª Turma do STJ, em que foi relator o Ministro Humberto Gomes de Barros, julgado em 21-8-2001, que assim dispõe:

> "EXECUÇÃO FISCAL. ARREMATAÇÃO. CND. O art. 130, parágrafo único, do CTN dispõe que, nos casos de arrematação em hasta pública, a sub-rogação ocorre sobre o respectivo preço. Desta forma, os eventuais créditos tributários serão satisfeitos com aquele produto. Com esse fundamento, continuando o julgamento, a Turma entendeu, por maioria, que o INSS não poderia ter condicionado o registro imobiliário da carta de arrematação à exibição da Certidão Negativa de Débito (CND), pois aquela autarquia estaria a exigir do arrematante o pagamento de obrigação estranha ao processo de execução".

Também reforçando esse entendimento, encontramos o argumento de que esse tipo de exigência fiscal somente poderia ser realizada no caso das vendas espontâneas, nas quais o transmitente tem a opção de transmitir ou não o bem, que não é o caso em tela. Dessa forma, para os defensores dessa corrente, a arrematação não ensejaria a necessidade de apresentação das referidas certidões por se tratar de uma venda forçada, na qual o alienante não teve escolha, sendo um ato de império.

O fisco consolidou tal posição judicial no inciso II do artigo 17 da portaria conjunta RFB/PGFN nº 1751/2014, que dispõe:

> Art. 17. Fica dispensada a apresentação de comprovação da regularidade fiscal:
>
> (...)
>
> II – nos atos relativos à transferência de bens envolvendo a arrematação, a desapropriação de bens imóveis e móveis de qualquer valor, bem como nas ações de usucapião de bens móveis ou imóveis nos procedimentos de inventário e partilha decorrentes de sucessão *causa mortis*;
>
> (...)

Já no que se refere às adjudicações compulsórias para adimplemento de contratos de promessa de venda e compra, a situação se mostra completamente diferente. Isso se dá, pois, a adjudicação compulsória se caracteriza pela substituição da vontade do alienante que, tendo firmado compromisso de compra e venda, recebeu todas as parcelas do preço, bem como teve atendidas todas as exigências do contrato, mas se recusa ou está impossibilitado de outorgar a escritura definitiva do imóvel.

Nesse caso, percebemos claramente que o imóvel continuará a responder pelas dívidas contraídas pelo alienante, sobretudo se forem anteriores aos compromissos de compra e venda.

Dessa forma, nesse caso específico, a responsabilidade do imóvel pelas dívidas anteriores deve ser objeto de análise de delimitação na própria adjudicação, e, se não o for, presume-se que o imóvel continuará respondendo por todas as dívidas do vendedor até a efetiva transmissão, de modo que, caso a decisão judicial (parte dispositiva) no processo de adjudicação não disponha expressamente de forma contrária, deverá o registrador exigir a apresentação da certidão negativa de débitos previdenciários para o registro da carta de adjudicação.

No que se refere aos imóveis rurais, além da certidão de regularidade previdenciária e fiscal, nos casos analisados, existem exigências para a apresentação de certidões específicas que analisaremos mais adiante.

28.5 POLÊMICA RELATIVA À INEXIGIBILIDADE DAS CERTIDÕES NEGATIVAS FISCAIS PARA A PRÁTICA DE ATOS DE DISPOSIÇÃO PATRIMONIAL

Atualmente existe intensa discussão a respeito da constitucionalidade das normas condicionando a prática de atos de disposição patrimonial das pessoas, sejam elas físicas ou jurídicas, à apresentação das certidões negativas de débitos fiscais.

Essa polêmica não é nova, tendo como origem a proteção constitucional dada à propriedade privada, o que abrange sua utilização livre, desde que atenda a função social da propriedade.

Nos últimos anos o Supremo Tribunal Federal tem sido instado a se manifestar a respeito da constitucionalidade de artigos em leis diversas, condicionando o uso da propriedade particular à apresentação de certidões negativas de débitos. Sua posição tem sido de que não há mais que se falar em comprovação da quitação de créditos tributários, contribuições federais e outras imposições pecuniárias compulsórias como condição para o ingresso de qualquer título no Registro de Imóveis, por representar forma oblíqua de cobrança do Estado. Ou seja, tais exigências são descabidas, pois implicam cobrança do Estado por meio indireto, configurando verdadeira sanção política.

Nesse sentido as ADIs 173-6 e 394-1. O problema é que nenhuma dessas ações refere-se especificamente aos dispositivos legais indicados nesta obra, que impõe ao registrador imobiliário que se exija a apresentação desses documentos.

Porém, em alguns Estados, como São Paulo, a jurisprudência administrativa em sede de dúvida registral, do Tribunal tem sido no sentido de estender a posição do STF a outros casos que venham a configurar meio oblíquo de cobrança de tributos pelo Estado, configurando, assim, sanção política. Amparada nessas decisões jurisprudenciais, a Corregedoria local tem adotado a posição de negar a exigência das CNDs para atos de disposição comum do patrimônio, como alienação e oneração.

Assim, elucidativo trazer à colação trechos do acórdão proferido pelo Conselho Superior da Magistratura paulista na Apelação n. 0001379-65.2013.8.26.0116, publicado no DJe de 5-5-2014:

O Colendo Conselho Superior da Magistratura, modificando entendimento anterior consolidado, passou a considerar inexigível a certidão negativa de débito da empresa alienante do imóvel para fins de registro do título, prevista no artigo 47, I, b, da Lei n. 8.212/91, baseado em julgados do Supremo Tribunal Federal (ADIs 173-6 e 394-1, rel. Ministro Joaquim Barbosa, j. 25-9-2008) nos quais foi declarada a inconstitucionalidade de leis e atos normativos do Poder Público que tragam em si sanções políticas, com o fim de compelir o contribuinte ao recolhimento do crédito por via oblíqua, porque se trata de exigência que não guarda nenhuma relação com o ato de registro do título. Neste mesmo sentido: RMS 9.698, RE 413.782, RE 424.061, RE 409.956, RE 414.714 e RE 409.958.

O voto proferido na ADI 173-6, não obstante haver tratado de caso referente à interdição de estabelecimento e proibição total do exercício da atividade profissional, traz entendimento que se aplica a todas as demais hipóteses que visam a coagir ao pagamento do crédito configurando forma de sanção política, tanto que assim dispõe:

> "Como se depreende do perfil apresentado e da jurisprudência da Corte, as sanções políticas podem assumir uma série de formatos. A interdição de estabelecimento e a proibição total do exercício de atividade profissional são apenas exemplos mais comuns".
>
> (...)

O Colendo Órgão Especial desta Corte, na Arguição de Inconstitucionalidade n. 139256-75.2011.8.26.0000, reconheceu a inconstitucionalidade do art. 47, I, d, da Lei n. 8.212/91. A ementa do acórdão então proferido é do seguinte teor:

"Arguição de inconstitucionalidade. Lei 8.212/91, art. 47, alínea d. Exigência de Certidão Negativa de Débito da empresa no registro ou arquivamento, no órgão próprio, de ato relativo à extinção de sociedade comercial. Ofensa ao direito ao exercício de atividades econômicas e profissionais lícitas (CF, art. 170, parágrafo único), *substantive process of law* e ao devido processo legal. Arguição procedente. Exigência descabida, em se cuidando de verdadeira forma de coação à quitação de tributos. caracterização da exigência como sanção política. Precedentes do STF".

Nesse sentido este Conselho Superior da Magistratura vem reiteradamente decidindo, a exemplo das Apelações Cíveis ns. 0018870-06.2011.8.26.0068, 0013479-23.2011.8.26.0019, 9000003-22.2009.8.26.0441, 0013693-47.2012. 8.26.0320 e 0006907-12.2012.8.26.0344.

Não é por menos que passou a figurar no Capítulo XX (capítulo do registro de imóveis) o seguinte item:

"119.1. Com exceção do recolhimento do imposto de transmissão e prova de recolhimento do laudêmio, quando devidos, nenhuma exigência relativa à quitação de débitos para com a Fazenda Pública, inclusive quitação de débitos previdenciários, fará o oficial, para o registro de títulos particulares, notariais ou judiciais".

Contudo, é de se destacar que dentro do próprio tribunal paulista, existem turmas julgando a favor da continuidade da exigência destas certidões.

Notem que, mesmo que adotada a posição pela inexigibilidade, isso não dispensa a apresentação das CNDs quando sua exigência não configura meio oblíquo de cobrança dos impostos pelo Estado. É o que ocorre, por exemplo, na exigência das CNDs para o registro de incorporação ou do loteamento, pois em ambos os casos a finalidade subjacente é a proteção dos compradores do produto resultante desses registros, de modo a dar segurança de que se oferecerá ao público algo seguro de ser adquirido.

Frisamos, novamente, que tal discussão ainda não se pacificou no Brasil como um todo, sendo objeto de intensíssimo debate no meio. Assim, deve ser cuidadosamente observada a posição adotada em cada Estado da Federação a respeito.

28.6 CERTIDÃO NEGATIVA REFERENTE ÀS DÍVIDAS DECORRENTES DE MULTAS AMBIENTAIS

A certidão negativa referente às dívidas decorrentes de multas ambientais estava prevista no art. 37 do antigo Código Florestal (Lei Federal n. 4.771/69), que estabelecia que não serão transcritos ou averbados no Registro Geral de Imóveis os atos de transmissão *inter vivos* ou *causa mortis*, bem como a constituição de ônus reais sobre imóveis da zona rural, sem a apresentação de certidão negativa de dívidas referentes a multas previstas nessa lei ou nas leis estaduais supletivas, por decisão transitada em julgado.

Contudo, com o advento do novo Código Florestal (Lei n. 12.651/2012), ocorreu revogação expressa e integral do antigo Código Florestal (Lei n. 4.771/69),[15] sendo que

---

15. Art. 83 da Lei n. 12.651/2012: "Revogam-se as Leis ns. 4.771, de 15 de setembro de 1965, e 7.754, de 14 de abril de 1989, e suas alterações posteriores, e a Medida Provisória n. 2.166-67, de 24 de agosto de 2001".

o novo diploma não repetiu a exigência da apresentação de certidão negativa referente às dívidas decorrentes de multas ambientais para a prática de atos relativos a imóveis rurais, de modo que não mais subsiste a necessidade de sua exigência. Isso sem se mencionar a polêmica quanto à exigibilidade de CNDs para a realização de atos de disposição do patrimônio particular, acima tratada.

28.7 CERTIDÃO NEGATIVA DE DÉBITOS FISCAIS REFERENTE AO IMÓVEL RURAL

A referida certidão visa fiscalizar a regularidade do recolhimento do Imposto Territorial Rural (ITR) e vem acompanhada da exigência da prova de regularidade da declaração do referido imposto.

Encontramos essas exigências na Lei n. 9.393, de 19 de dezembro de 1996, a qual deixa claro em seu art. 21 a exigibilidade de apresentação da comprovação de pagamento do ITR referente aos últimos cinco exercícios, para serem praticados quaisquer atos previstos nos arts. 167 e 168 da Lei n. 6.015/73.

Dispõe também, no parágrafo único do referido art. 21, que são solidariamente responsáveis pelo imposto e pelos acréscimos legais, nos termos do art. 134 do Código Tributário Nacional, os serventuários do registro de imóveis que descumprirem o disposto neste artigo, sem prejuízo de outras sanções legais.

A prova de quitação do crédito tributário será feita por meio de certidão emitida, no âmbito de suas atribuições, pela SRF ou pela Procuradoria-Geral da Fazenda Nacional, conforme dispõe o art. 55 da Instrução Normativa n. 256, editada pela Receita Federal em 11 de dezembro de 2002 e que regulamenta a questão.

De acordo com o § 2º do artigo em análise, tem os mesmos efeitos da certidão negativa a certidão de que conste a existência de créditos não vencidos, em curso de cobrança executiva, em que tenha sido efetivada a penhora ou cuja exigibilidade esteja suspensa.

Quanto à emissão da Certidão de Regularidade Fiscal do Imóvel Rural, obedecerá ao disposto na Instrução Normativa SRF n. 438/2004. Essa instrução normativa estabelece em seu art. 5º os casos em que será fornecida a certidão negativa de débitos do ITR:

> Art. 5º A Certidão Negativa de Débitos do ITR será fornecida quando, em relação ao imóvel objeto do requerimento, não constar:
> I – débitos relativos ao ITR;
> II – falta de apresentação da Declaração do Imposto sobre a Propriedade Territorial Rural (DITR);
> III – pendências cadastrais relativas ao imóvel.

No caso de pendências cadastrais relativas ao imóvel, bem como na hipótese de o requerente não constar do Cadastro de Imóveis Rurais como proprietário, titular do domínio útil ou possuidor a qualquer título do imóvel objeto do pedido, deverá ser providenciada a regularização dos dados cadastrais, com a observância das normas que regulam o citado cadastro.

Valerá também, para a realização dos atos previstos nos arts. 167 e 168 da Lei de Registros Públicos, a Certidão Positiva de Débitos de Imóvel Rural, com efeitos de negativa, que será emitida nas hipóteses previstas no art. 6º da instrução normativa em estudo, que estabelece que será emitida "Certidão Positiva de Débitos de Imóvel Rural, com Efeitos de Negativa" quando, em relação ao imóvel objeto do requerimento, constar a existência de débito:

I – cuja exigibilidade esteja suspensa em virtude de: a) moratória; b) depósito do seu montante integral; c) impugnação ou recurso, nos termos das normas reguladoras do processo administrativo tributário; d) concessão de medida liminar em mandado de segurança; e) concessão de medida liminar ou de tutela antecipada, em outras espécies de ação judicial; ou f) parcelamento.

II – cujo lançamento se encontre no prazo legal de impugnação, nos termos do art. 15 do Decreto n. 70.235, de 6 de março de 1972.

Nos casos elencados, o débito não se encontra exigível, motivo pelo qual não poderia estar gerando ônus para a parte interessada.

Questão de grande relevância é a estabelecida no art. 56 da Instrução Normativa n. 256/2002, que declara que, quando se tratar de imóveis com área inferior a duzentos hectares, a comprovação de inexistência de débitos de ITR poderá ser substituída por declaração firmada pelo próprio interessado ou procurador, informando, sob as penas da lei, inexistir débito relativo ao imóvel referente aos últimos cinco exercícios, ou cujo débito esteja pendente de decisão administrativa ou judicial.

A referida declaração deverá conter, além dos dados que identifiquem a instituição financeira ou o registro de imóveis, o número do imóvel na Receita Federal (NIRF), o nome e o número de inscrição no CPF ou no CNPJ do interessado e o código de inscrição no Cadastro de Imóveis Rurais do INCRA (CCIR).

Determina o § 2º do referido art. 56 que as instituições financeiras e os registros de imóveis encaminharão à unidade da SRF local, para fins de verificação de veracidade, as declarações firmadas nos termos deste artigo. Essa remessa das declarações à SRF deverá ser efetuada até o décimo dia do mês subsequente àquele em que tiverem sido firmadas. Comprovada a falsidade da declaração, o declarante ficará sujeito às sanções civis, administrativas e criminais previstas em lei.

Necessário se constar que, a partir da Instrução Normativa n. 438/2004, a certidão negativa da Receita Federal pode ser obtida por qualquer pessoa imediata e gratuitamente pelo site www.receita.fazenda.gov.br.

Esta certidão tem validade de seis meses, a partir da data da emissão, e não abrange os débitos enviados ou inscritos na Procuradoria da Fazenda Nacional.

Cumpre-nos relembrar que, no tangente às cédulas de crédito industrial, encontramos outro caso especial de dispensa, previsto no art. 42 do Decreto-lei n. 413/69, que estabelece que a concessão dos financiamentos previstos neste decreto-lei, bem como a constituição de suas garantias, pelas instituições de crédito públicas e privadas, independe da exibição de comprovante de cumprimento de obrigações fiscais da Previdência Social, ou de declaração de bens e certidão negativa de multas. Assim, a criação de ônus decorrentes dessa modalidade de cédula de crédito e de todas as outras que a utilizam como legislação subsidiária, tais como as cédulas de crédito comerciais, à exportação e de produto rural, está dispensada da apresentação da certidão negativa de débitos federais.

Dentro da análise da exigência da regularidade fiscal do recolhimento do Imposto Territorial Rural, necessária se faz a análise dos casos de imunidade e isenção do ITR, pois nesses casos não há que se falar na exigência da apresentação do referido imposto. Todavia, cumpre destacar que a imunidade ou isenção do recolhimento do imposto não incluem suas obrigações acessórias. Desse modo, mesmo não estando o contribuinte obrigado a pagar o referido imposto, estará obrigado a fazer a sua declaração.

28.7.1 Imunidade e isenção quanto ao ITR

Analisaremos em um primeiro momento as imunidades quanto ao Imposto Territorial Rural (ITR), tendo como base a Instrução Normativa n. 256/2002 da Receita Federal, pois essa norma sistematiza e compila a efetiva aplicação prática das imunidades previstas na Constituição Federal, bem como as isenções previstas em lei. Assim, estabelece o art. 2º da referida Instrução Normativa que são imunes do recolhimento do ITR:

I – a pequena gleba rural, desde que o proprietário, titular do domínio útil ou possuidor a qualquer título a explore só ou com sua família, e não possua outro imóvel;

II – os imóveis rurais pertencentes à União, aos Estados, ao Distrito Federal e aos Municípios;

III – os imóveis rurais pertencentes às autarquias e às fundações instituídas e mantidas pelo Poder Público, desde que vinculados às suas finalidades essenciais ou às delas decorrentes; e

IV – os imóveis rurais das instituições de educação e de assistência social, sem fins lucrativos, desde que vinculados às suas finalidades essenciais.

O § 1º do referido artigo esclarece o que significa pequena gleba rural para os fins da instrução normativa estudada, dispondo que pequena gleba rural é o imóvel com área igual ou inferior a:

I – cem hectares, se localizado em município compreendido na Amazônia Ocidental ou no Pantanal mato-grossense e sul-mato-grossense;

II – cinquenta hectares, se localizado em município compreendido no Polígono das Secas ou na Amazônia Oriental;

III – trinta hectares, se localizado em qualquer outro município.

Importante salientar, como se extrai do inciso I do art. 2º da Instrução Normativa n. 256/2002, que somente a área explorada pelo proprietário, titular do domínio útil ou possuidor a qualquer título, sozinho ou em conjunto com sua família, é que dará ensejo à imunidade, não sendo extensiva aos casos de arrendamento rural, comodato ou parceria.

Vale destacar também que a área deve ser a única possuída por aquele que pretenda a imunidade.

Para o gozo da imunidade, as instituições de educação e de assistência social, sem fins lucrativos, devem prestar os serviços para os quais houverem sido instituídas e os colocar à disposição da população em geral, em caráter complementar às atividades do Estado, sem fins lucrativos, e atender aos seguintes requisitos, de acordo com o § 4º do artigo em análise:

I – não distribuir qualquer parcela de seu patrimônio ou de suas rendas, a qualquer título;

II – aplicar integralmente, no País, seus recursos na manutenção e desenvolvimento dos seus objetivos institucionais;

III – não remunerar, por qualquer forma, seus dirigentes pelos serviços prestados;

IV – manter escrituração completa de suas receitas e despesas em livros revestidos das formalidades que assegurem a respectiva exatidão;

V – conservar em boa guarda e ordem, pelo prazo de cinco anos, contado da data da emissão, os documentos que comprovem a origem de suas receitas e a efetivação de suas despesas, bem assim a realização de quaisquer outros atos ou operações que venham a modificar sua situação patrimonial;

VI – apresentar, anualmente, declaração de rendimentos, em conformidade com o disposto em ato da Secretaria da Receita Federal (SRF);

VII – assegurar a destinação de seu patrimônio a outra instituição que atenda às condições para o gozo da imunidade, no caso de incorporação, fusão, cisão ou encerramento de suas atividades, ou a órgão público; e

VIII – outros requisitos, estabelecidos em lei específica, relacionados com o funcionamento das entidades a que se refere este parágrafo.

Quanto aos casos de isenção, estão descritos no art. 3º da mesma instrução normativa e compreendem:

I – o imóvel rural compreendido em programa oficial de reforma agrária, caracterizado pelas autoridades competentes como assentamento, que, cumulativamente, atenda aos seguintes requisitos: a) seja explorado por associação ou cooperativa de produção; b) a fração ideal por família assentada não ultrapasse os limites da pequena gleba rural, fixados no § 1º do art. 2º; e c) o assentado não possua outro imóvel;

II – o conjunto de imóveis rurais de um mesmo proprietário, titular do domínio útil ou possuidor a qualquer título, cuja área total em cada região observe o respectivo limite da pequena gleba, fixado no § 1º do art. 2º, desde que, cumulativamente, o proprietário, o titular do domínio útil ou o possuidor a qualquer título: a) o explore só ou com sua família, admitida ajuda eventual de terceiros; e b) não possua imóvel urbano.

Como nos casos de imunidade, no que se refere às isenções, de acordo com o § 1º, sujeitam-se ao pagamento do ITR os imóveis rurais que tenham áreas exploradas por contrato de arrendamento, comodato ou parceria.

A definição de ajuda eventual de terceiros, a que se refere a alínea a do inciso II, é dada pelo § 2º do artigo trabalhado, considerando que se entende por ajuda eventual de terceiros o trabalho, remunerado ou não, de natureza eventual ou temporária, realizado nas épocas de maiores serviços.

No caso de conjunto de imóveis rurais de um mesmo proprietário, titular do domínio útil ou possuidor a qualquer título, deve ser considerado o somatório das áreas dos imóveis rurais por região em que se localizem, o qual não poderá suplantar o limite da pequena gleba rural da respectiva região.

Deve-se constar também que é caso de dispensa da apresentação de regularidade do pagamento do ITR o imóvel rural para efeito de concessão de financiamento ao amparo do Programa Nacional de Fortalecimento da Agricultura Familiar (Pronaf), de acordo com o constante no § 2º do art. 53 da Instrução Normativa n. 256/2002.

28.7.2 Prova de inscrição do imóvel rural no cadastro de imóveis rurais

Além das certidões já analisadas, recai também sobre o registrador de imóveis o papel de fiscalizar a inscrição dos imóveis rurais no cadastro de imóveis rurais do INCRA. Essa exigência pode ser encontrada no § 1º do art. 22 da Lei n. 4.947/66, que estabelece que, sem apresentação do Certificado de Cadastro, não poderão os proprietários, a partir da data a que se refere este artigo, sob pena de nulidade, desmembrar, arrendar, hipotecar, vender ou prometer em venda imóveis rurais.

O § 2º do mesmo artigo estabelece ainda que, em caso de sucessão *causa mortis*, nenhuma partilha, amigável ou judicial, poderá ser homologada pela autoridade competente, sem apresentação de Certificado de Cadastro, a partir de 1º de janeiro de 1967.

Devemos destacar que, como exceção expressa a essa regra, encontramos o art. 6º do Decreto n. 62.141/68, que estabelece que a inscrição da cédula de crédito rural independe da apresentação do Certificado de Cadastro expedido pelo Instituto Brasileiro de Reforma Agrária.

A referida disposição é complementada pelo art. 78 do Decreto-lei n. 167/67, que disciplina a emissão das células de crédito rural, que estabelece que a exigência constante do art. 22 da Lei n. 4.947/66 (CCIR) não se aplica às operações de crédito rural propostas por produtores rurais e suas cooperativas, de conformidade com o disposto no art. 37 da Lei n. 4.829/65.

28.7.3 Fiscalização das obrigações acessórias no que se refere aos imóveis urbanos

Quanto aos imóveis urbanos, para sua alienação ou oneração, além da certidão negativa de débitos previdenciários e da Receita Federal, nos casos em que é necessária, é obrigatório que conste da escritura que foi apresentada a CND de tributos incidentes sobre o imóvel quando esta implicar a transferência de domínio.

Todavia, diferentemente do que ocorre com os imóveis rurais em que não se pode dispensar a apresentação da certidão negativa de débitos perante a Receita Federal, ou a apresentação dos cinco últimos Impostos Territoriais Rurais (declaração e pagamento), no caso dos imóveis urbanos a apresentação da certidão negativa de tributos incidentes sobre o imóvel urbano pode ter a sua apresentação dispensada pelo adquirente que, nesse caso, responderá, nos termos da lei, pelo pagamento dos débitos fiscais existentes nos termos do § 2º do art. 1º do Decreto n. 93.240/86.

No que se refere a compra e venda de unidades autônomas, exige-se a apresentação da prova de quitação dos débitos condominiais. Para entendermos melhor a questão, passamos à análise de alguns dispositivos legais sobre o tema.

Assim, iniciamos esse estudo pelo art. 4º da Lei n. 4.591/64, que dispõe que a alienação de cada unidade, a transferência de direitos pertinentes à sua aquisição e a constituição de direitos reais sobre ela independerão do consentimento dos condôminos. Segundo seu parágrafo único, no entanto, a alienação ou transferência de direitos de que trata este artigo dependerá de prova de quitação das obrigações do alienante para com o respectivo condomínio.

Em relação a esse artigo, volta-se novamente à discussão sobre qual o momento da alienação e se é necessário que se repita a apresentação da respectiva certidão no registro quando a apresentada na escritura já estiver vencida. Essa análise já foi realizada quando estudamos as certidões previdenciárias, e aqui se aplicam os mesmos argumentos, existindo a mesma controvérsia.

Seguindo com a análise do tema, encontramos a Lei n. 7.433/85, que dispõe sobre a lavratura das escrituras públicas, estabelecendo expressamente em seu art. 2º, § 2º, que, para os fins do disposto no parágrafo único do art. 4º da Lei n. 4.591/64, considerar-se-á prova de quitação a declaração feita pelo alienante ou seu procurador, sob as penas da lei, a ser expressamente consignada nos instrumentos de alienação ou de transferência de direitos.

Dessa forma, a lei, como vimos, exige a "prova de quitação das obrigações do alienante para com o respectivo condomínio" (art. 4º, parágrafo único, da Lei n. 4.591/64), sendo que pode ser aceita a declaração substitutiva dessa prova de quitação nos termos do art. 2º, § 2º, da Lei n. 7.433/85. Exige-se, no entanto, caso venha a ser utilizada a referida declaração substitutiva, que seja feita no momento da alienação e de forma não condicionada, nem limitada a determinado período temporal.

Por fim, temos o art. 1.345 do Código Civil, que para muitos teria revogado o parágrafo único do art. 4º da Lei n. 4.591/64 ao dispor que o adquirente de unidade responde pelos débitos do alienante, em relação ao condomínio, inclusive multas e juros moratórios. Essa é a posição dominante em São Paulo desde a decisão proferida pelo Conselho Superior da Magistratura paulista na Apelação Cível n. 0019751-81.2011.8.26.0100, de 12 de abril de 2012.

Dessa forma, segundo esse entendimento, não haveria mais a obrigatoriedade da apresentação da certidão negativa de débitos condominiais, pois, se o adquirente da unidade autônoma responde pelos débitos do alienante, caberia a este a verificação destes débitos, não havendo nenhum prejuízo para o condomínio com a alienação da unidade.

Entretanto, para certos estudiosos, o art. 1.345 do CC, longe de revogar a regra estabelecida pelo art. 4º da Lei n. 4.591/64, teve por escopo, tão somente, explicitar o caráter *propter rem* dos débitos condominiais, sendo aplicada no caso de falsidade da declaração contida na escritura, possibilitando o direito de regresso em relação ao alienante.

Muito importante para o registrador de imóveis saber quais documentos devem ser apresentados para a lavratura da escritura, não só para verificar se nela estão mencionados, mas também em vista do art. 108 do CC/2002, que permite o ingresso na serventia de escrituras particulares que visem a constituição, transferência, modificação ou renúncia de direitos reais sobre imóveis de valor inferior a 30 vezes o salário mínimo, caso em que recai sobre o registrador a conferência dos citados documentos.

Entendemos que esses documentos também devem ser apresentados para a confecção do instrumento particular, a única diferença existente é que, como o particular não possui fé pública, deve apresentar tais documentos juntamente com o instrumento. Agir de outra forma seria aceitar que certos registros seriam mais vulneráveis e menos seguros do que outros por não ter sido realizadas todas as formalidades necessárias para a garantia da segurança jurídica do negócio entabulado, com todos os males que isto acarretaria para as partes e para o sistema registral como um todo.

29
BEM DE FAMÍLIA

Bem de família é instituto jurídico que reserva imóvel, urbano ou rural, de moradia da família ou entidade familiar, retirando-o do comércio e consequentemente resguardando-o de execuções futuras. Pode ser encontrado na modalidade instituída, quando é criado por ato de vontade humana, ou involuntária (ou legal), quando decorre da própria lei, sem necessitar de manifestação de vontade humana. Embora sejam semelhantes, as duas modalidades guardam diferenças de monta que abordaremos adiante. Contudo, a ênfase aqui será na modalidade voluntária, pois ela requer que o ato se constitua perante o registro de imóveis, enquanto a modalidade involuntária não necessita de registro algum.

O instituto do bem de família, inicialmente previsto somente na modalidade voluntária, vinha elencado no Código Civil de 1916 nos arts. 70 a 73, e posteriormente foi complementado pelos arts. 19 a 23 do Decreto-lei n. 3.200/41, sendo que a sua parte processual foi regulamentada pelos arts. 260 a 265 da Lei n. 6.015/73.

É controversa a questão da continuada vigência ou não do Decreto-lei n. 3.200/41 quanto à regulamentação do bem de família, na modalidade voluntária. Parte da doutrina, como Ademar Fioranelli, entende que, em função de o art. 1.711 do atual Código Civil ter expressa previsão de manutenção das regras estabelecidas em lei especial, não houve a revogação de tal norma. Dessa forma, conclui que, caso não haja incompatibilidade entre as regras do Código Civil e as previstas no Decreto-lei n. 3.200, elas devem ser consideradas conjuntamente, lembrando que as normas do referido decreto vigoraram também juntamente ao CC/1916.

Essa discussão tem especial implicação, na medida em que o art. 19 do referido decreto prevê que apenas se pode instituir bem de família sobre imóvel que, na data da instituição já fosse residência da família há pelo menos 2 anos. Assim, para essa corrente, deve-se ainda atender a esse requisito temporal.

Entretanto, encontramos outros autores, como Regnoberto, sustentando que a norma se encontra derrogada, pois, além de anacrônica, mostra-se inadequada face à atual noção constitucional de entidade familiar, bem como pela nova regulamentação trazida ao instituto pelo Código Civil. Dessa forma, para eles não seria necessária a declaração de prazo de residência igual ou superior a dois anos no título constitutivo.

Ademais, o Decreto-lei n. 3.200/45 é posterior ao Código Civil de 1916, sendo-lhe cronologicamente superior. Já em relação ao Código de 2002 e à Lei n. 6.015/73, o mesmo não ocorre. Por isso, tanto na parte de regulamentação do instituto quanto no que tange ao procedimento de instituição, o Decreto-lei está revogado.

Por fim, no que tange à revogação ou não do Decreto-lei, relevante informar que o STJ, embora discutindo outra questão polêmica do referido Decreto-lei – a da permissão do casamento entre parentes de terceiro grau (Exemplo: tio e sobrinha) –, tem reconhecido a recepção e contínua validade do Decreto-lei n. 3.200/45, conforme encontramos no Recurso Especial 1.330.023 – RN (2012/0032878-2), acórdão publicado em 29-11-2013.

O bem de família instituído perdeu grande parte de sua importância com o advento da Lei n. 8.009/90, que declarou isento de penhora por força de lei (dispensando assim a instituição) o imóvel residencial que serve de moradia à família, criando, assim, o bem de família na modalidade legal ou involuntário. Entretanto, como veremos neste capítulo, as duas formas do instituto, ou seja, a legal e a instituída, são distintas, têm abrangências distintas e estão plenamente vigentes em nosso ordenamento.

O bem de família instituído se encontra hoje regulamentado pelo Código Civil de 2002, nos seus arts. 1.711 a 1.722.

Esse instituto garante que o bem de família fique isento de execução por dívidas posteriores à sua instituição, salvo as que provierem de tributos relativos ao prédio ou de despesas de condomínio.

Segundo Caio Mario da Silva Pereira, a instituição de bem de família "é uma forma de afetação de bens a um destino especial que é ser a residência da família" (*Instituições de direito civil*, v. 5, p. 557-558 apud GONÇALVES, Carlos Roberto, Direito civil brasileiro, v. VI, p. 518).

A coisa não tem alterada sua natureza jurídica, mas simplesmente sofre afetação a uma finalidade e condição: ser usada como domicílio dos membros da família, sendo verdadeiramente um direito que não se confunde com o imóvel residencial sobre o qual incide, não constituindo copropriedade familiar, por meio da transmissão deste bem à família, como sustentam alguns (Lopes, *Tratado dos registros públicos*, p. 224).

Mesmo no caso da execução proveniente de tributos relativos ao prédio ou de despesas de condomínio, estabelece o parágrafo único do art. 1.715 do Código Civil de 2002 que eventual saldo existente após a execução será aplicado em outro prédio, como bem de família, ou em títulos da dívida pública, para sustento familiar, salvo se motivos relevantes aconselharem outra solução, a critério do juiz.

29.1 QUEM PODE INSTITUIR

Segundo o art. 1.711 do Código Civil, podem os cônjuges ou a entidade familiar, mediante escritura pública ou testamento, destinar parte de seu patrimônio para instituir bem de família, desde que não ultrapasse um terço do patrimônio líquido existente ao tempo da instituição, mantidas as regras sobre a impenhorabilidade do imóvel residencial estabelecida em lei especial. O parágrafo único estabelece ainda que o terceiro poderá igualmente instituir bem de família por testamento ou doação, dependendo a eficácia do ato da aceitação expressa de ambos os cônjuges beneficiados ou da entidade familiar beneficiada.

Dessa forma, podem os cônjuges e a entidade familiar instituir o bem de família. O código permitiu a constituição não apenas pela família tradicional, constituída por marido e mulher, mas também pelo conceito mais amplo de família hoje existente. Sendo assim, o conceito de entidade familiar nesse sentido abrange ainda:

a) União estável.

b) Famílias monoparentais, constituídas por um dos pais e seus descendentes (art. 226, § 4º, da CF).

Ademar Fioranelli sustenta ser possível, citando jurisprudência do STF,[16] a instituição do bem de família por entidade familiar independentemente do estado civil dos integrantes, que podem ser solteiros, casados, separados, divorciados ou mesmo viúvos. Dessa forma, não importa o estado civil formal do instituidor, desde que seja para beneficiar entidade familiar.

A jurisprudência do STJ tem se inclinado para ampliar o conceito de família, afastando-se de uma interpretação literal da norma, para incluir não somente pais e filhos, mas também avós e netos,[17] irmãos[18] e até "por pessoas vinculadas por laços consanguíneos ou afins do executado",[19] além do reconhecimento da união estável do mesmo sexo, na esteira do decidido pelo STF.

Questão polêmica é se o instituto do bem de família voluntário pode beneficiar pessoa que resida sozinha no imóvel. O STJ aponta, com certa tranquilidade, pela possibilidade de a pessoa separada (portanto, extinta apenas a sociedade conjugal, mas não o vínculo matrimonial) que resida sozinha no imóvel após a separação ser abrangida pelo instituto na modalidade involuntária.

> "A entidade familiar, deduzido dos arts. 1º da Lei 8.009/90 e 226, § 4º da CF/88, agasalha, segundo a aplicação da interpretação teleológica, a pessoa que, como na hipótese, é separada e vive sozinha, devendo o manto da impenhorabilidade, dessarte, proteger os bens móveis guarnecedores de sua residência" (REsp 859.937/SP, Rel. Min. Luiz Fux, DJ de 28-2-2008).

A questão fica mais controvertida no que toca à pessoa solteira que resida sozinha no imóvel ser ou não tutelada pelo instituto do bem de família. Tal questão é relativamente polêmica no próprio STJ, com posições favoráveis e também contrárias a essa possibilidade. Contudo, predominam (embora não de forma absoluta) os precedentes de julgamento no STJ pela possibilidade de a impenhorabilidade constituída pelo bem de

---

16. "Elucidativo o decidido pelo Supremo Tribunal Federal, no agravo de instrumento 240.297-SP-DJU, de 24-10-2000, às páginas 202 e 203 (Boletim do Irib n.314, de 15-5-2001):'As expressões 'casal' e 'entidade familiar' constantes do art. 1º da Lei 8.009/90 devem ser interpretadas consoante o sentido social de pessoas que se agrupam por laços de casamento, união estável ou descendência. Considerando que a lei não se dirige a um grupo de pessoas, mas permite que se proteja cada indivíduo como membro da instituição em apreço, mister se faz entender seus benefícios a qualquer pessoa integrante da entidade familiar, seja ela casada, solteira, viúva, desquitada ou divorciada, uma vez que o amparo legal é dado para que seja a esses assegurado um lugar para morar. Precedentes desta Corte" (FIORANELLI, Ademar. Bem de família no novo Código Civil e o registro de imóveis. Disponível em: http://www.irib.org.br/biblio/boletimel1737.asp. Acesso em: 2 jul. 20100.
17. REsp 286.210/PR, DJ de 15-10-2001, p.259, relator Ministro Ari Pargendler.
18. Recurso Especial 1.096.611/SP (2008/0231628-4), relator Ministro Francisco Falcão.
19. Recurso Especial 759.962/DF (2005/0099876-6), relator Ministro Aldir Passarinho.

família legal abranger até mesmo a pessoa solteira que resida sozinha no imóvel (REsp 403.314/DF, relator Min. Barros Monteiro, unânime, DJU de 9-9-2002).

Quem sustenta tal possibilidade alega que "a interpretação teleológica do art. 1º, da Lei n. 8.009/90, revela que a norma não se limita ao resguardo da família. Seu escopo definitivo é a proteção de um direito fundamental da pessoa humana: o direito à moradia. Se assim ocorre, não faz sentido proteger quem vive em grupo e abandonar o indivíduo que sofre o mais doloroso dos sentimentos: a solidão" (EREsp 182.223/SP, realizado em 6-3-2002, rel. para o acórdão Min. Humberto Gomes de Barros).

Nota-se assim que a posição favorável para o caso do bem de família legal fundamenta-se não em princípios de direito de família, como era de se esperar, mas, sim, como forma de tutelar o direito fundamental da pessoa humana à moradia, previsto na Constituição Federal.

Exatamente por essa razão entendemos que a pessoa que resida sozinha no imóvel, seja qual for seu estado civil, não poderá se valer do instituto do bem de família voluntário, pelas razões a seguir expostas. Inicialmente, deve-se perceber que todos os julgados citados versam sobre a aplicabilidade do instituto quanto à pessoa que resida sozinha, mas se fundam na ampliação da tutela oferecida pela Lei n. 8.009/90 com base no direito fundamental, constitucionalmente garantido, à moradia.

Tal direito já se encontra tutelado pela Lei n. 8.009/90, que por si só garante o benefício. O escopo do bem voluntário é outro, pois busca garantir mais do que o mínimo, busca preservar o conforto, o padrão de vida da família.

Tal finalidade se obvia ainda mais quando se considera que a lei determina que somente poderá incidir sobre o patrimônio líquido de um terço, limitando dessa forma a utilização do instituto a famílias extremamente abastadas, normalmente com pluralidade de imóveis residenciais.

Essa finalidade não é condizente com a simples tutela do direito à moradia, pois a pessoa poderá residir perfeitamente em morada mais modesta, sem que se turbe seu direito.

Além disso, no que tange à espécie voluntária, a lei exige que a residência deva ser efetivamente usada pela família (art. 1.712, CC), ou seja, por mais de uma pessoa, como se verá abaixo. Assim, se a pessoa vive efetivamente sozinha, seja qual for seu estado civil, sendo visitada esporadicamente por filhos e parentes, não será possível a instituição na modalidade voluntária.

Além desses, pode um terceiro instituir o bem de família a favor de cônjuges ou entidade familiar. Chamamos a atenção para o fato de que a única exigência a mais que se faz nesse caso, segundo o art. 1.711, parágrafo único, do CC, é que, ao contrário do que normalmente ocorre nas doações ou deixas testamentárias, ambos os cônjuges beneficiados ou a entidade familiar devem aceitar expressamente a liberalidade.

29.2 OBJETO DO BEM DE FAMÍLIA INSTITUÍDO

O art. 1.712 do CC determina que o bem de família pode recair sobre:

1) Prédio residencial, destinado a domicílio familiar (com suas pertenças e acessórios):

a) urbano;

b) rural.

2) Valores mobiliários (cuja renda será aplicada na conservação do imóvel e no sustento da família).

O prédio deve ter destinação residencial, não podendo ser simples terreno.[20] Nesse sentido, não importa se urbano ou rural, desde que apto a abrigar a família. Relevante destacar ainda que, no caso de imóvel rural, diferentemente do que ocorre com o bem de família obrigatório, aqui não vigora a limitação ao instituto de abranger apenas a sede de moradia, com os respectivos bens móveis ou a pequena propriedade rural trabalhada pela família. Assim, potencialmente, pode abranger até mesmo latifúndios improdutivos.

Interessante também o fato de que, diferentemente do que fez a lei quando da regulamentação da modalidade involuntária,[21] o Código Civil não excluiu nenhuma das pertenças do imóvel afetado voluntariamente, pelo contrário, as incluiu, inclusive os automóveis e objetos de arte ou de adorno suntuosos.

Contudo, a lei atual, ao contrário do que estabelecia a redação final do CC de 1916, impõe um limite: o bem imóvel, somado a eventuais valores mobiliares afetados, não pode ultrapassar o valor de um terço do patrimônio líquido dos instituidores quando da instituição.

Sendo o ato instrumentalizado por escritura pública, não há como o oficial, seja o notário que lavra a escritura, seja o registrador de imóveis, exercer tal controle. Assim, deve constar apenas a declaração expressa, nos termos da lei, dos instituintes nesse sentido. Contudo, sendo o bem de família instituído por testamento, pela necessidade do prévio inventário e partilha, tal controle poderá ser feito tanto pelo juiz do feito quanto pelo oficial do registro de imóveis.

Um dos maiores empecilhos referentes à instituição do bem de família decorre justamente do disposto no art. 1.711 do Código Civil, o qual limita o bem ao valor máximo correspondente a 1/3 (um terço) do patrimônio líquido existente ao tempo da instituição.

Dessa forma, para que seja possível a instituição do bem de família, a parte interessada tem que possuir patrimônio três vezes maior do que o que pretende reservar como bem de família. Essa regra restringe a possibilidade da utilização do instituto por uma pequena parcela da população brasileira, visto que não é comum em nossa sociedade que a família possua patrimônio de valor superior a três vezes o seu imóvel residencial.

Outra questão que surge dessa limitação decorre da conjugação desta com o disposto na Lei n. 8.009/90, em seu art. 5º, o qual determina que, para os efeitos de impenhorabilidade, de que trata esta lei, considera-se residência um único imóvel utilizado pelo casal ou pela entidade familiar para moradia permanente, sendo que na hipótese de o casal, ou entidade familiar, ser possuidor de vários imóveis utilizados como residência, a impenhorabilidade recairá sobre o de menor valor, salvo se outro tiver sido registrado, para esse fim, no Registro de Imóveis.

Dessa forma, caso a pessoa tenha dois imóveis utilizados como residência e não possua outros bens que garantam que seu patrimônio seja igual ou superior ao valor do imóvel mais valioso, este não será resguardado pela Lei n. 8.009/90 e não terá também como ser instituído nos termos do Código Civil. Mas, ressalte-se, a família será ainda resguardada pelo bem de família legal, no que se refere ao imóvel menos valioso.

A limitação a 1/3 do patrimônio líquido existente ao tempo da instituição foi introduzida pelo Código Civil de 2002, sendo que pelo Código Civil de 1916 não havia limite de valor para tal instituição, e os cônjuges podiam, livremente, eleger o imóvel de maior valor para que ficasse isento de execução por dívidas posteriores à sua instituição.

Superada essa crítica à acessibilidade do instituto, passamos à análise dos demais requisitos para a instituição do bem de família. Assim, pode ser instituído pelos cônjuges ou entidade familiar.

No tocante ao objeto do bem de família, encontramos discussão a respeito da possibilidade de o bem de família ser instituído sobre mais de um bem, desde que respeite o limite de 1/3 estabelecido pelo artigo em estudo.

Entendemos não ser possível, na medida em que o art. 1.712 do Código Civil de 2002 declara que "consistirá em prédio residencial urbano ou rural".

Deve-se observar que a expressão se encontra no singular, indicando que deve abranger um único prédio. Além disso, o intuito do instituto é o de proteger o imóvel de moradia da família, tanto que se exige que ela resida nele no momento da instituição. Essa unidade se apura pela existência de uma só matrícula para o imóvel. Tal critério pode ser excetuado quando se tratar de condomínio especial e houver matrículas separadas para a garagem, uma vez que estas são, por destinação, um todo só.

O parágrafo único do art. 5º da Lei n. 8.009/90 também reforça essa ideia, uma vez que estabelece que, caso a família resida em mais de um imóvel, a impenhorabilidade legal recairá sobre o imóvel de menor valor, salvo se outro tiver sido registrado, para esse fim, no Registro de Imóveis. Como observamos em sua redação, o artigo não abre possibilidade para o registro da multiplicidade de imóveis de residência familiar, indicando que no momento da instituição a família poderá escolher outro imóvel (no singular) que não o de menor valor para que recaia a impenhorabilidade.

O parágrafo único do art. 1.711 do Código Civil traz importante inovação no âmbito registral desse instituto, a partir do momento em que permite que terceiros façam a instituição, dispondo que o terceiro poderá igualmente instituir bem de família por testamento ou doação, dependendo a eficácia do ato da aceitação expressa de ambos os cônjuges beneficiados ou da entidade familiar beneficiada.

No que se refere aos bens que podem ser instituídos como de família, o art. 1.712 estabelece que o bem de família poderá ser constituído por prédio residencial urbano ou rural, com suas pertenças e acessórios, destinando-se em ambos os casos a domicílio familiar, e poderá abranger valores mobiliários, cuja renda será aplicada na conservação do imóvel e no sustento da família.

Num primeiro momento, cabe ressaltar que não se pode instituir bem de família sobre terreno, uma vez que o artigo anteriormente transcrito deixa claro que o prédio deve destinar-se ao domicílio conjugal.

No mais, esse artigo traz talvez a inovação mais importante criada pelo Código Civil atual em relação ao bem de família, visto que permite que, além do imóvel, façam parte da instituição valores mobiliários cuja renda será aplicada na conservação do imóvel e no sustento da família. Esse acréscimo visa fortalecer o instituto, uma vez que garante condições à família beneficiada de manter o imóvel.

O art. 1.713 do Código Civil determina que esses valores mobiliários não poderão exceder o valor do prédio instituído em bem de família à época da instituição. Assim, as regras quanto aos limites da instituição consistem em que o valor da instituição não poderá ultrapassar 1/3 do patrimônio do instituidor à época da instituição, sendo que esta poderá abranger valores mobiliários, mas estes não poderão exceder o valor do prédio à época da instituição. Quanto a essa disposição, vale alertar que deixa brecha para fraude, tendo em vista que o valor do bem é indicado pelas partes.

Os valores mobiliários devem vir devidamente individualizados no instrumento de instituição do bem de família.

A obrigação de inscrição do bem de família no Registro de Imóveis decorre do fato de constituir forma de afetação de bem imóvel, tornando-o inalienável e impenhorável, necessitando tal fato da mais ampla publicidade possível. É indispensável o registro para sua constituição, estando tal requisito expresso no art. 1.714 do Código Civil, o qual dispõe que o bem de família, quer instituído pelos cônjuges ou por terceiro, constitui-se pelo registro de seu título no Registro de Imóveis.

29.3 INSTITUIÇÃO

Quanto ao procedimento de instituição do bem de família, encontra-se descrito na Lei n. 6.015/73, nos arts. 261 e seguintes. O art. 261 estabelece que, para a inscrição do bem de família, o instituidor apresentará ao oficial do registro a escritura pública de instituição para que mande publicá-la na imprensa local e, à falta, na da Capital do Estado ou do Território.

Malgrado o art. 263 da Lei n. 6.015/73 somente mencionar a escritura pública, lembramos apenas que o testamento, pelo código atual, também serve para instituir. Neste caso, é necessário o prévio inventário e partilha judicial (lembrando que, havendo testamento, fica afastada a possibilidade de inventário e partilha por escritura pública). Somente após a formação do título judicial, é que o "testamento" poderá ter ingresso no registro, mas apenas por intermédio do formal de partilha ou carta de adjudicação é que produzirá efeitos. Contudo, devemos destacar que o procedimento de instituição do bem de família voluntário deve seguir o rito estabelecido pela Lei de Registros Públicos (LRP), mesmo face ao título judicial, pois somente aqui é dada a oportunidade de eventual parte prejudicada impugnar o procedimento, conforme veremos adiante.

Além disso, o art. 1.714 do Código Civil estabelece expressamente que o bem de família se constitui pelo registro de seu título no Registro de Imóveis. Dessa forma, a necessidade do procedimento judicial prévio de inventário e partilha não afasta a necessidade de aplicação do procedimento especial previsto na LRP.

A publicação prevista no art. 261 da Lei n. 6.015/73 é necessária, devido ao fato de que só pode instituir bem de família quem não tiver dívidas ou, caso as tenha, a instituição não as prejudique, sob pena de cometer fraude aos credores. Assim, a publicação se faz necessária para que os eventuais credores tenham a oportunidade de se manifestar.

Importante lembrar que, mesmo não se manifestando no momento oportuno, os eventuais credores que já o eram à época da instituição poderão futuramente reclamar a respeito da instituição pelas vias judiciais, uma vez que o art. 1.715 deixa claro que o bem de família instituído fica isento de execução por dívidas posteriores à sua instituição, não tratando a lei das dívidas anteriores.

Recebido o título, de acordo com o art. 262 da Lei n. 6.015/73, se não ocorrer razão para dúvida, o oficial fará a publicação, em forma de edital, do qual constarão: o resumo da escritura, nome, naturalidade e profissão do instituidor, data do instrumento e nome do tabelião que o fez, situação e característicos do prédio, bem como o aviso de que, se alguém se julgar prejudicado, deverá, dentro de trinta dias, contados da data da publicação, reclamar contra a instituição, por escrito e perante o oficial.

Findo o prazo do edital sem que tenha havido reclamação, o oficial, segundo o art. 263 da Lei n. 6.015/73, transcreverá a escritura integralmente, no Livro n. 3, e também fará o registro na matrícula competente, arquivando um exemplar do jornal em que a publicação houver sido feita e restituindo o instrumento ao apresentante, com a nota da inscrição. Dessa forma, são dois os registros necessários para constituição do bem de família voluntário.

No tocante ao edital, a lei é lacunosa, não explicitando qual o prazo para que seja publicado. A doutrina buscou parâmetro no art. 232, III, do Código de Processo Civil de 1973, o qual dispunha: "São requisitos da citação por edital: (...) III – a publicação do edital no prazo máximo de 15 (quinze) dias, uma vez no órgão oficial e pelo menos duas vezes em jornal local, onde houver". Como o inciso II do art. 232 do Código de Processo Civil de 1973 determinava a afixação do edital na sede do juízo, certificado pelo escrivão, entendemos ser o melhor procedimento também (além das publicações) a afixação, no cartório, de cópia do edital assinado pelo oficial, pelo prazo legal. Após, tal edital deve ser juntado ao processo e certificado o período em que ficou afixado de forma visível.

É fundamental tal divulgação ampla e irrestrita da intenção de instituição do bem de família, pois é esta a única possibilidade de autoclausulação prevista no ordenamento brasileiro. As demais formas de clausulação (inalienabilidade, impenhorabilidade e incomunicabilidade) são decorrentes de determinação de terceiros exclusivamente, seja por doação, seja por disposição testamentária.

Caso haja reclamação, de acordo com o art. 264 da citada lei, dela fornecerá o oficial ao instituidor cópia autêntica e lhe restituirá a escritura, com a declaração de haver sido suspenso o registro, cancelando a prenotação, e o instituidor poderá requerer ao Juiz que ordene o registro, sem embargo da reclamação.

Observe que nesse caso, uma vez apresentada a impugnação da instituição perante o registro de imóveis no qual está correndo o procedimento, qualquer que seja o motivo, por mais irrelevante que seja a motivação da impugnação, surge dissenso entre as partes, não podendo mais o procedimento correr de forma administrativa perante a própria. É importante destacar isso, pois trata-se exatamente do oposto do que ocorre, por exemplo, no procedimento de retificação ordinário (ou consensual).

Dessa forma, havendo qualquer impugnação, então, fica encerrado o procedimento administrativo, e, como consequência, deve o oficial devolver a documentação ao requerente com a declaração do ocorrido e cancelar a prenotação do título. Após isso, caberá à parte escolher se desiste do procedimento ou se ingressará em juízo, buscando a transposição do obstáculo apresentado pela impugnação, para alcançar o registro pretendido.

Se o Juiz determinar que se proceda ao registro, ressalvará ao reclamante o direito de recorrer à ação competente para anular a instituição ou de fazer execução sobre o prédio instituído, na hipótese de tratar-se de dívida anterior e cuja solução se tornou inexequível em virtude do ato da instituição.

O despacho do Juiz será irrecorrível na esfera administrativa e, se deferir o pedido, será transcrito integralmente, com o instrumento, constituindo novo título que deverá receber novo número de ordem na prenotação no momento de sua apresentação.

Quanto ao prazo de duração da instituição, dispõe o art. 1.716 do Código Civil de 2002 que durará enquanto viver um dos cônjuges, ou, na falta destes, até que os filhos completem a maioridade.

Cabe ressaltar que o bem não pode ter destino diverso do residencial ou ser alienado sem o consentimento dos interessados ou seus representantes legais, ouvido o Ministério Público.

A instituição e a administração do bem de família competem a ambos os cônjuges, resolvendo o juiz em caso de divergência. Com o falecimento de ambos os cônjuges, a administração passará ao filho mais velho, se for maior, e, do contrário, a seu tutor.

29.4 EFEITOS DA INSTITUIÇÃO DO BEM DE FAMÍLIA VOLUNTÁRIO

29.4.1 Isenção de execuções por dívida

Determina o art. 1.715 do CC que: "o bem de família é isento de execução por dívidas posteriores à sua instituição, salvo as que provierem de tributos relativos ao prédio, ou de despesas de condomínio", e seu parágrafo único que: "no caso de execução pelas dívidas referidas neste artigo, o saldo existente será aplicado em outro prédio, como bem de família, ou em títulos da dívida pública, para sustento familiar, salvo se motivos relevantes aconselharem outra solução, a critério do juiz".

Assim, o bem ficará isento de qualquer execução por dívidas constituídas posteriormente à instituição. Por isso, Carvalho Filho sustenta que "a existência de dívidas não impede a instituição do bem de família, porquanto os benefícios da gravação não gerarão efeitos com relação aos débitos preexistentes" (CARVALHO FILHO, Milton Paulo de. *Código Civil comentado*, p. 1.848).

Porém, deve-se ressaltar que a doutrina é fortemente contrária à possibilidade de se afetar o imóvel gravado com garantia real registrada, especialmente a hipoteca.[22]

A lei afasta expressamente da isenção apenas duas hipóteses, se a dívida provier de:

a) tributos relativos ao prédio, ou

b) despesas de condomínio.

Ademar Fioranelli, em sua obra *Direito registral imobiliário*, sustenta que se deve averbar, para clareza do ato, que o imóvel tornou-se impenhorável, já que o instituto é de desconhecimento generalizado da população. A averbação da impenhorabilidade e da inalienabilidade (conforme se verá em seguida) serviria para afastar qualquer dúvida ou controvérsia.

Por isso, tal bem não pode ser dado em garantia de hipoteca e muito menos de alienação fiduciária, salvo autorização judicial, diferentemente do que ocorre com o bem de família legal.

29.4.2 Uso vinculado e da inalienabilidade

Determina o art. 1.717 do Código Civil que: "O prédio e os valores mobiliários, constituídos como bem da família, não podem ter destino diverso do previsto no art. 1.712 ou serem alienados sem o consentimento dos interessados e seus representantes legais, ouvido o Ministério Público".

---

22. Neste sentido Fioranelli: "O que se destaca como primordial na instituição é sua abrangência, que visa proteger a cédula original da sociedade ao criar como interessados todos os beneficiários atingidos como o benefício, ou seja, a família por inteiro, estendendo-se aos filhos, se menores ou incapazes. Por essas razões comungo com categorizados juristas que defendem a impossibilidade de a instituição do bem de família recair sobre o imóvel gravado com hipoteca ou, se constituído, receber o mesmo gravame. O imóvel, ao tempo da instituição, deverá estar livre e desembaraçado de qualquer ônus de maneira a garantir aos beneficiados o pleno exercício de seu direito" (2001).

O imóvel afetado somente poderá ser usado como residência da família, não se admitindo que sua destinação seja desvirtuada para a comercial ou outro fim, pois o art. 1.712 do Código Civil é categórico: o prédio deve ser residencial e deve ser usado para a residência da família.

Além disso, grava-se o bem da cláusula de inalienabilidade como forma de impedir o desvirtuamento do bem de família. A doutrina é unânime em sustentar que a alienação do bem de família instituído depende de procedimento judicial, tanto para a modificação da destinação do bem quanto para sua alienação, com justificação para sua necessidade. Para tanto, será necessária a anuência de todos os membros da entidade familiar afetada: instituidor, cônjuge, companheiros, filhos menores por meio de curador especial, com a oitiva do Ministério Público (CARVALHO FILHO, Milton Paulo de. *Código civil comentado*, p. 1.849).

29.4.3 Irrelevância da indicação do bem à penhora

Normalmente, quando se indicava bem do rol do art. 649 do Código de Processo Civil de 1973 à penhora, entendia-se que se estava renunciando ao benefício da impenhorabilidade. Porém, a jurisprudência afastou tal interpretação no caso do bem de família, em quaisquer de suas espécies, por entender estar este bem fora do comércio, e, portanto, ser inócua a nomeação deste à penhora.

Ademais, no caso do bem instituído, se até para mudar sua destinação e para sua alienação é necessária autorização judicial, quiçá para vinculá-lo ao pagamento de dívida.

29.5 EXTINÇÃO

29.5.1 Do prazo de duração do bem de família voluntário

O art. 1.716 do Código Civil determina que: "A isenção de que trata o artigo antecedente durará enquanto viver um dos cônjuges, ou, na falta destes, até que os filhos completem a maioridade". Estabelece ainda o art. 1.721, e seu parágrafo único, que "a dissolução da sociedade conjugal não extingue o bem de família. Dissolvida a sociedade conjugal pela morte de um dos cônjuges, o sobrevivente poderá pedir a extinção do bem de família, se for o único bem do casal".

Notem que a mera dissolução por divórcio da sociedade conjugal não possibilita a extinção, somente é aberta tal faculdade por morte. Assim, perdurará o bem de família instituído enquanto:

1) vivos um dos membros do casal (ou companheiros) instituidores ou beneficiários (se o bem for instituído por terceiro), sem requerer a extinção; ou

2) mortos ambos os cônjuges ou companheiros, enquanto todos os filhos não atingirem a maioridade (com a ressalva do art. 1.722 do Código Civil).

Dessa forma, embora o bem de família voluntário não possa ser instituído por pessoa sozinha, independentemente do estado civil, pode, sim, vir a beneficiar pessoa sozinha. Esse artigo faz menção ao(à) viúvo(a), mas a morte de um dos cônjuges autoriza o sobrevivente a poder pedir a extinção do bem de família, se for o único bem do casal, nos termos do parágrafo único do art. 1.721 do Código Civil, devendo ser ouvido o Ministério Público, eventuais filhos menores e demais interessados.

Ressalva-se que, nessa segunda hipótese, poderá perdurar o bem de família, mesmo se os filhos forem maiores, se houver filhos sujeitos à curatela, nos termos do art. 1.722 do Código Civil.

29.5.2 Hipóteses de extinção do bem de família

O bem de família pode ser extinto pelos seguintes motivos:

1) Pela impossibilidade da manutenção do bem.

> Art. 1.719. Comprovada a impossibilidade da manutenção do bem de família nas condições em que foi instituído, poderá o juiz, a requerimento dos interessados, extingui-lo ou autorizar a sub-rogação dos bens que o constituem em outros, ouvidos o instituidor e o Ministério Público.

A alienação autorizada por juiz, prevista no art. 1.717, não constitui causa de extinção do bem de família, pois acarretará na sub-rogação em outro. Normalmente nos casos de impossibilidade da manutenção do bem, ocorrerá também a sub-rogação do bem de família em outro cuja manutenção seja possível. Somente em última hipótese deve a impossibilidade da manutenção ser admitida como motivo de extinção do bem de família.

2) Pela morte dos cônjuges e companheiros e maioridade dos filhos (desde que não haja filho incapaz, tanto menor quanto maior).

> Art. 1.722. Extingue-se, igualmente, o bem de família com a morte de ambos os cônjuges e a maioridade dos filhos, desde que não sujeitos a curatela.

3) Pela dissolução da sociedade conjugal por causa morte, desde que requerida.

> Art. 1.721. A dissolução da sociedade conjugal não extingue o bem de família.
>
> Parágrafo único. Dissolvida a sociedade conjugal pela morte de um dos cônjuges, o sobrevivente poderá pedir a extinção do bem de família, se for o único bem do casal.

Em todo caso, qualquer que seja o motivo, a extinção do bem de família nunca ocorrerá de forma automática, nem diretamente pela via administrativa, requerida diretamente por pessoa interessada ao registrador. Sempre irá exigir determinação judicial. Tal exigência já constava do art. 21 do Decreto-lei n. 3.200/41 e hoje se mantém pelo fato de que todas as hipóteses motivadoras da extinção requerem uma dilação probatória que foge ao alcance do oficial de registro, quando a lei não determinar expressamente a necessidade da intervenção judicial.

Por fim, outra consideração relevante consiste no fato de que o bem de família não poderá ser levado a inventário antes do cancelamento de sua instituição por ser bem indiviso até então.

29.6 O BEM DE FAMÍLIA LEGAL

O bem de família legal é previsto na Lei n. 8.009/90 e compreende o imóvel utilizado pela entidade familiar como sua moradia permanente. Como já visto, havendo vários imóveis utilizados como residência, a impenhorabilidade recairá sobre o de menor valor, salvo se outro tiver sido instituído para este fim no registro de imóveis competente.

Podemos perceber do exposto que o bem de família legal independe de qualquer providência formal para sua constituição, de forma que surge a partir do momento em que forem reunidos todos os requisitos necessários para a sua caracterização e permanece enquanto esses requisitos durarem.

A impenhorabilidade decorrente do bem de família legal compreende o imóvel sobre o qual se assentam a construção, as plantações, as benfeitorias de qualquer natureza e todos os equipamentos, inclusive os de uso profissional, ou móveis que guarnecem a casa, desde que quitados, sendo que estes últimos se estendem ao prédio locado.

Em função dessa extensão é que hoje não se admitem mais penhoras, anteriormente muito comuns, sobre geladeiras, fogões, sofás e outros móveis e eletrodomésticos encontrados na casa de residência da família quando esta não possua outros bens. Essa extensão foi muito salutar, uma vez que referidas penhoras somente geravam uma movimentação ineficiente da máquina judiciária, visto que tais objetos na maioria das vezes não encontravam valor comercial, não sendo arrematados e gerando o custo extra das tentativas para sua alienação.

Excluem-se dessa regra de extensão da impenhorabilidade, no entanto, os veículos de transporte, obras de arte e adornos suntuosos, pois muitas vezes podem atingir valores até superiores ao do imóvel.

Segundo o art. 3º da Lei n. 8.009/90, a impenhorabilidade é oponível em qualquer processo de execução civil, fiscal, previdenciária, trabalhista ou de outra natureza, salvo se movido:

> I – em razão dos créditos de trabalhadores da própria residência e das respectivas contribuições previdenciárias;

No que se refere a esta hipótese, nossos tribunais haviam restringido a ideia de trabalhador da própria residência aos trabalhadores domésticos, não a estendendo aos trabalhadores que trabalhem na residência, mas que isso fazia parte do desempenho de atividade comercial desenvolvida pelo proprietário.

Contudo, é de observar que tal dispositivo foi revogado pela Lei Complementar 150/2015.

> II – pelo titular do crédito decorrente do financiamento destinado à construção ou à aquisição do imóvel, no limite dos créditos e acréscimos constituídos em função do respectivo contrato;

Neste caso, nada mais justo do que abrir exceção à impenhorabilidade, pois, se assim não o fosse, tornar-se-iam inviáveis tais financiamentos em virtude do inadimplemento, uma vez que as partes poderiam obter o financiamento para comprar ou reformar o imóvel com a segurança de que, se residissem nele com a sua família, mesmo não pagando as prestações, não poderiam ter o imóvel penhorado, devido ao instituto do bem de família legal.

> III – pelo credor da pensão alimentícia, resguardados os direitos, sobre o bem, do seu coproprietário que, com o devedor, integre união estável ou conjugal, observadas as hipóteses em que ambos responderão pela dívida;
>
> IV – para cobrança de impostos, predial ou territorial, taxas e contribuições devidas em função do imóvel familiar;

Dentre essas hipóteses, nossos tribunais têm entendido pacificamente que, no conceito de contribuições devidas em função do imóvel familiar, enquadram-se os débitos condominiais.

Caso não fosse esse o entendimento, encontraríamos uma situação extremamente complicada, uma vez que algum ou alguns dos condôminos poderia simplesmente deixar de arcar com sua parte no rateio das despesas do prédio e, como não poderia ter o imóvel penhorado, que na maioria das vezes é o seu único bem, os demais condôminos estariam obrigados a sustentá-lo sem ter o que fazer para serem ressarcidos.

> V – para execução de hipoteca sobre o imóvel oferecido como garantia real pelo casal ou pela entidade familiar;

Entende-se neste caso que, uma vez que as próprias partes deram o imóvel em garantia de uma dívida específica, teriam aberto mão do benefício legal. Assim, em relação à dívida para a qual o imóvel foi dado em hipoteca, não há que se falar em impenhorabilidade decorrente do bem de família legal.

Destacamos que, em relação ao bem de família instituído, ele nem pode ser dado em hipoteca, visto que fica afetado à moradia da família, não podendo ser alienado, e a hipoteca nada mais é do que uma garantia de que, caso a dívida não seja paga, o imóvel será alienado e o valor obtido por essa alienação será revertido para o pagamento da dívida.

> VI – por ter sido adquirido com produto de crime ou para execução de sentença penal condenatória a ressarcimento, indenização ou perdimento de bens;

Não há que se falar em garantia à moradia da família se o valor utilizado para a aquisição do imóvel foi obtido de forma criminosa. Neste caso, o ressarcimento e a indenização das vítimas e do Estado têm precedência sobre a garantia de moradia no imóvel obtido de forma ilícita.

Lembrem-se de que o instituto do bem de família abrange não só o imóvel residencial como também os bens que o guarnecem, sendo que não faz muito tempo foi amplamente noticiada pela mídia justamente essa exceção ao bem de família legal, quando um traficante internacional teve seus pertences leiloados no Jockey Clube de São Paulo.

> VII – por obrigação decorrente de fiança concedida em contrato de locação.

29.7 DIFERENÇAS ENTRE O BEM DE FAMÍLIA LEGAL E O INSTITUÍDO

A seguir, apresentamos extenso quadro que resume as principais diferenças entre o bem de família instituído e o legal.

Bem de Família Instituído	Bem de Família Legal
Requer registro constitutivo.	Constituído automaticamente, por força de lei.
Registro requer procedimento com publicação de edital. Após, registro no Livro n. 3 do inteiro teor do título e também registro por extrato na matrícula do imóvel (art. 263 LRP).	Não se registra.
Abrange o imóvel, suas benfeitorias e pertenças.	Abrange o imóvel e suas benfeitorias.
Pode também abranger valores mobiliários destinados à manutenção da família.	Não pode abranger valores mobiliários.
Sendo rural o imóvel, abrange todo o imóvel.	Abrange somente a sede e imediações do imóvel rural, ou o pequeno imóvel rural, trabalhado pela família.
Pode atingir no máximo 1/3 da totalidade do patrimônio líquido dos instituidores.	Não possui limite máximo de valor.
Torna o bem impenhorável.	Torna o bem impenhorável.
Impenhorabilidade somente é afastada por dívidas constituídas antes da instituição ou por dívidas do imóvel, tributária ou condominial.	Impenhorabilidade é afastada conforme extenso rol previsto na lei.
Torna o bem inalienável.	Não torna o bem inalienável.
A alienação do bem requer autorização judicial, com sub-rogação em outro.	Não requer nenhuma formalidade para sua alienação, que é livre.
Quando da instituição, deve ser de uso da família, nunca pessoa sozinha.	Admitida a aplicação para pessoas que morem sozinhas no imóvel.
Extinção não é automática.	Extinção automática.
Não podem as partes renunciar livremente ao benefício.	Podem as partes renunciar livremente ao benefício, dando o bem em garantia hipotecária ou prestando fiança, por exemplo.
Extinção normalmente requer autorização judicial.	Não requer autorização judicial; a extinção é imediata, bastando incidir nos casos previstos em lei.

30
HIPOTECA

30.1 HIPOTECA CONVENCIONAL

A hipoteca é um direito real de garantia sobre bem de terceiro que grava coisa imóvel pertencente ao devedor ou terceiro, conferindo ao credor o direito de promover a sua venda judicial, pagando-se, preferencialmente, se inadimplente o devedor.

Além dos bens imóveis, a hipoteca pode abranger também navios e aviões, mas neste caso a sua constituição sobre esses bens não depende de registro no registro imobiliário, visto existirem órgãos específicos para os registros dos direitos sobre os referidos bens, sendo estes a capitania dos portos e o registro aeronáutico brasileiro, respectivamente.

Malgrado o tipo mais utilizado ser a chamada hipoteca convencional, existem vários tipos de hipotecas que estão relacionados com a sua forma de constituição. Assim, a hipoteca pode ser constituída por ato *inter vivos*, mediante escritura pública, ou instrumento particular caso o valor do imóvel e também da garantia não ultrapasse trinta vezes o maior salário mínimo vigente no país, de acordo com o art. 108 do Código Civil. A hipoteca convencional pode, ainda, ser constituída por instrumento particular, caso seja garantia de alguma das espécies de cédula de crédito, e neste caso constitui regra especial, afastando o art. 108. Em qualquer desses casos ela é chamada hipoteca convencional, pois depende do acordo das partes para a sua constituição.

Importante destacar que as pessoas casadas necessitam da outorga do outro cônjuge para hipotecar, nos termos do art. 1.647 do Código Civil, salvo nos casos em que o regime de casamento for o da separação absoluta dos bens ou o da comunhão final dos aquestos em que se pactuou a livre disposição dos bens (art. 1.656 do CC).

30.2 HIPOTECA LEGAL

A hipoteca pode, ainda, ser constituída em função de uma situação típica elencada na lei (art. 1.489 CC), caso em que há a chamada hipoteca legal. Ou, ainda, pode surgir a requerimento da parte, em decorrência de uma sentença judicial que condenar o réu ao pagamento de uma prestação consistente em dinheiro ou coisa, caso em que é chamada hipoteca judiciária.

O artigo 1.210 do CPC/73 previa que a hipoteca legal é necessariamente constituída por uma sentença de especialização ou por uma escritura pública, caso as partes que se encontrem na situação prevista na lei como autorizadora da extração de uma hipoteca legal sejam maiores e capazes e estejam de acordo com a constituição da referida hipoteca. Esse artigo não apresentou correspondência no Código de Processo Civil de

2016, todavia, pela sistemática geral das constituições de direitos reais e com base no art. 108 do Código Civil, entendemos que não se alterou a metodologia de constituição do referido tipo de hipoteca, entendendo, todavia, que a mesma possa ser constituída por instrumento particular quando o seu valor for inferior a trinta salários mínimos nos termos do referido artigo.

Sendo a hipoteca legal especializada por sentença judicial ou escritura pública especialização da mesma, deve ser registrada no registro de imóveis onde se encontre o bem, pois o registro da hipoteca é constitutivo.

Assim, podemos dizer que a hipoteca legal decorre da lei em garantia de obrigação que, por sua natureza ou pela condição das pessoas a que é devida, merece esse privilégio, mas deve ser especializada e registrada no Cartório de Registro de Imóvel da situação do bem. Deve ser formada, então, pela previsão legal acrescida do título que mencione essa previsão e de seu registro.

Geralmente, a lei reserva a extração desse tipo de hipoteca para alguns casos de bens confiados à administração alheia. Esses casos estão previstos no art. 1.489 do Código Civil, o qual garante a possibilidade de se forçar a extração de uma hipoteca legal para favorecer algumas pessoas específicas a seguir analisadas.

A primeira hipótese favorece as pessoas de direito público interno sobre imóveis pertencentes aos encarregados da cobrança, guarda ou administração dos respectivos fundos de renda.

Esse caso visa evitar a dilapidação do patrimônio público, fazendo com que as pessoas que têm acesso às rendas destinadas aos cofres públicos prestem garantia real que possa ser utilizada na eventualidade de ocorrer prejuízo ao erário pelo qual são responsáveis, em virtude de qualquer motivo. As pessoas que deveriam prestar esse tipo de garantia seriam basicamente os tesoureiros, coletores ou administradores de rendas públicas.

A segunda hipótese favorece os filhos sobre imóveis dos pais quando estes convolarem novas núpcias antes de fazerem inventário do matrimônio anterior. A lei visa resguardar os filhos do matrimônio anterior quando ocorrer o falecimento de um dos pais e o outro se casar novamente antes de realizar o inventário dos bens existentes no matrimônio anterior.

Nesse caso, somente com o inventário e a partilha ocorrerá o levantamento dos bens e o pagamento do quinhão das partes. Havendo novo casamento antes que fossem percorridos esses passos, existiria o risco de dilapidação do patrimônio e de não serem garantidos os direitos hereditários dos filhos, motivo pelo qual foi criada a possibilidade de extração de hipoteca legal em favor dos filhos, para garantir o pagamento de seus quinhões.

Há também a previsão legal para a extração da hipoteca legal em favor do ofendido sobre bens imóveis do ofensor para satisfação do dano provocado pelo crime e pagamento das despesas judiciais.

Em nossa legislação, vige a presunção de inocência, em que somente a condenação criminal ou o reconhecimento do ato danoso na esfera judicial conduz ao direito a reparação. Todavia, é possível que já se solicite a criação da garantia, mesmo antes dessa condenação, visto que o seu intuito é garantir que o ofensor tenha patrimônio suficiente reservado para o momento da reparação, caso esta venha a existir.

De toda forma, caso não haja, ainda, condenação criminal, o pedido deve ser feito diretamente diante do juízo penal, que expedirá mandado de inscrição da hipoteca legal.

Encontramos, também, a possibilidade de se extrair uma hipoteca legal em favor do coerdeiro sobre imóvel adjudicado ao repoente. No caso em tela, tratamos da hipótese em que ocorre a adjudicação do imóvel inventariado a um único herdeiro que se compromete a repor, em dinheiro, o quinhão pertencente aos demais.

Nesta hipótese, poderão as partes convencionar a extração de uma hipoteca legal para garantir o pagamento da dívida, caso em que se materializará por meio de uma escritura pública que especificará a situação, ou por intermédio de um mandado expedido pelo próprio juiz do inventário, mediante requerimento das partes. Em ambos os casos, a hipoteca somente estará formada com o registro do título.

Por fim, encontramos a possibilidade de extrair uma hipoteca legal em favor do juízo sobre imóvel arrematado para garantia do restante do preço da arrematação.

Verificamos da análise das hipóteses mencionadas que não são todos os casos de hipotecas legais que permitem auferir o valor da dívida, ou melhor, o valor garantido pela hipoteca. Isso porque em alguns casos ainda nem existe dívida ou esta é incerta quanto ao seu montante.

Todavia, um dos requisitos essenciais para a inscrição da hipoteca é justamente o valor da dívida, visto ser necessário que se dê publicidade a esse fato para que terceiros tenham ciência de quanto do bem está comprometido pela dívida ao qual é ligado por meio da hipoteca.

O art. 1.205 do nosso Código de Processo Civil de 1973 trazia que o pedido para especialização da hipoteca legal deveria declarar, pelo menos, uma estimativa da responsabilidade garantida por esta. Apesar da especialização da hipoteca legal não ter sido contemplada pelo Código de Processo Civil de 2015, entendemos que não houve alteração nas regras de especialização da mesma, sendo o valor da dívida (mesmo que estimado) requisito indispensável para a sua especialização pelos motivos acima expostos.

30.3 HIPOTECA JUDICIAL

Outro tipo de hipoteca existente é a hipoteca judicial. Nesse caso, o art. 495 do nosso novo Código de Processo Civil estabelece que a decisão que condenar o réu ao pagamento de prestação consistente em dinheiro e a que determinar a conversão de prestação de fazer, de não fazer ou de dar coisa em prestação pecuniária valerão como título constitutivo de hipoteca judiciária.

O Código de Processo Civil de 1973 também já previa o instituto em seu art. 466, e o novo Código veio somente dar maior amplitude ao instituto, tendo em vista que a redação anterior dispunha que a sentença que condenar o réu no pagamento de uma prestação, consistente em dinheiro ou em coisa, valerá como título constitutivo de hipoteca judiciária, cuja inscrição será ordenada pelo juiz na forma prevista na Lei de Registros Públicos. Dessa forma, como podemos observar do comparativo dos textos, o novo Código de Processo Civil deixou clara a possibilidade de o instituto ser aplicado também para os casos das sentenças que determinam a conversão de prestação de fazer, de não fazer ou de dar coisa em prestação pecuniária.

Outra novidade trazida pelo novo Código de Processo Civil é encontrada no § 2º do referido art. 495, que estabelece que a hipoteca judiciária poderá ser realizada mediante apresentação de cópia da sentença perante o cartório de registro imobiliário, independentemente de ordem judicial, de declaração expressa do juiz ou de demonstração de urgência.

Na redação trazida pelo Código de Processo Civil de 1973 vislumbrava-se a necessidade de expedição de uma carta de sentença ou um mandado judicial, contendo a indicação dos bens gravados e da dívida garantida, visto que a parte final do art. 466 estabelecia que a inscrição deveria ser ordenada pelo juiz na forma prescrita na Lei de Registros Públicos.

O novo Código de Processo Civil, no entanto, estabelece em seu § 2º que a hipoteca judiciária poderá ser realizada mediante apresentação de cópia da sentença perante o cartório de registro imobiliário, independentemente de ordem judicial, de declaração expressa do juiz ou de demonstração de urgência.

Em decorrência dessa desnecessidade de ordem específica para o registro da hipoteca judiciária, o legislador trouxe o § 3º visando controlar as inscrições feitas com base no instituto. Dito dispositivo estabelece que no prazo de até 15 (quinze) dias da data de realização da hipoteca, a parte informá-la-á ao juízo da causa, que determinará a intimação da outra parte para que tome ciência do ato.

Ainda em virtude da possibilidade de inscrição do instituto sem ordem específica e visando evitar o abuso do direito, o novo Código de Processo Civil estabeleceu em seu § 5º que sobrevindo a reforma ou a invalidação da decisão que impôs o pagamento de quantia, a parte responderá, independentemente de culpa, pelos danos que a outra parte tiver sofrido em razão da constituição da garantia, devendo o valor da indenização ser liquidado e executado nos próprios autos.

Esse instituto, embora pouco utilizado, era de grande utilidade prática, principalmente antes da possibilidade de inscrição no registro de imóvel das averbações premonitórias. Isso porque permite que se solicite a extração de uma hipoteca, garantindo a dívida a partir da condenação. Assim, já se pode reservar parte do patrimônio do devedor de imediato sem a necessidade de se esperar que o processo de execução chegue à fase da penhora, o que poderia ser demorado e possibilitar que o devedor alienasse seus bens nesse meio tempo.

Com o advento da previsão da averbação premonitória, que não constitui direito real nenhum nos imóveis de propriedade do devedor, a parte consegue resultados semelhantes ao que ela conseguiria com a hipoteca judiciária. Não que os dois institutos utilizem os mesmos meios e tenham a mesma natureza jurídica, pelo contrário, mas o resultado final prático é semelhante, conforme veremos.

A averbação premonitória, prevista atualmente no art. 828 do novo Código de Processo Civil e antigamente no art. 615-A do Código de Processo Civil de 1973, é apenas um aviso de que foi distribuída uma execução (excepcionalmente, com base no poder geral de cautela do juiz, pode se dar em processo de conhecimento, mas requer expressa ordem do juiz nesse sentido) em relação ao proprietário do bem, no qual se dá a notícia da existência da execução e garante-se assim que, caso o imóvel seja alienado, o terceiro adquirente não possa alegar desconhecimento da execução e, consequentemente, não possa alegar boa-fé em relação à execução noticiada.

Já no caso da hipoteca judicial, faz-se uma verdadeira reserva do bem, por meio do registro de um direito real de garantia personificado pela hipoteca, de forma que, se o imóvel for alienado, a hipoteca judicial o acompanhará quando este for transmitido ao comprador.

Nesse sentido estabelece o § 4º do referido art. 495, em análise, que a hipoteca judiciária, uma vez constituída, implicará, para o credor hipotecário, o direito de preferência, quanto ao pagamento, em relação a outros credores, observada a prioridade no registro. Em última análise, contudo, tanto no caso da averbação premonitória como no caso da hipoteca judicial, o resultado prático é que, caso o imóvel seja alienado, ainda assim poderá ser alcançado, qualquer que seja o proprietário final, para que seja levado à praça com o intuito de ser vendido a fim de pagar a dívida que gerou a execução ou que gerou a hipoteca judicial, respectivamente.

30.4 ELEMENTOS E CARACTERÍSTICAS DA HIPOTECA

Vistas em linhas gerais as três formas de hipoteca, passamos a uma análise dos principais pontos do instituto, relacionando-os com a possibilidade – de sua formação, bem como de seu ingresso no registro de imóveis.

Iniciaremos essa análise com algumas questões que por vezes podem demonstrar pontos controvertidos sobre o instituto e alguns casos que apresentam situações não usuais que podem suscitar dúvidas no caso concreto.

Questão muito interessante refere-se aos requisitos essenciais da hipoteca. São requisitos indispensáveis do instrumento de hipoteca o total da dívida ou sua estimação, o prazo fixado para pagamento, a taxa de juros (se houver) e a coisa dada em garantia com suas especificações, conforme dispõe o art. 1.424 do Código Civil:

> Art. 1.424. Os contratos de penhor, anticrese ou hipoteca declararão, sob pena de não terem eficácia:
> I – o valor do crédito, sua estimação, ou valor máximo;
> II – o prazo fixado para pagamento;
> III – a taxa dos juros, se houver;
> IV – o bem dado em garantia com as suas especificações.

Contudo, a doutrina e a jurisprudência brasileiras de longa data, analisando a questão desde o Código Civil de 1916, chegaram à conclusão de não ser bem assim a questão.

Primeiramente, no que se refere aos juros, o próprio art. 1.424 estabelece que é elemento acessório, que pode ou não constar do negócio jurídico garantido pela hipoteca. O mesmo ocorre em relação ao prazo. O prazo nada mais é do que o espaço de tempo compreendido entre dois termos, o inicial e o final. O termo, por sua vez, constitui elemento acidental do negócio jurídico. Sua ausência significa simplesmente que a obrigação pactuada é exigível à vista, nos termos do art. 331 do Código Civil, salvo hipótese de a execução tiver de ser feita em lugar diverso ou depender de tempo, pela sua própria natureza, conforme estabelece o art. 134 do Código Civil.[23]

Dessa forma, são elementos essenciais da hipoteca apenas o valor do crédito, sua estimação, ou valor máximo e a especialização adequada do bem dado em garantia, pois os dois outros são dispensáveis.

Mas é possível a instituição de uma hipoteca que tenha como base uma dívida futura ou condicionada?

Apesar de não usual, essa possibilidade é claramente permitida ao analisarmos o art. 1.487 do Código Civil, o qual estabelece que a hipoteca pode ser constituída para garantia de dívida futura ou condicionada, desde que determinado o valor máximo do crédito a ser garantido.

Entretanto, a razão para a rara utilização do instituto nessa forma se encontra no § 1º do referido artigo, o qual estabelece que nos casos deste artigo, a execução da hipoteca dependerá de prévia e expressa concordância do devedor quanto à verificação da condição, ou ao montante da dívida.

Essa disposição deixa claro que a constituição desse tipo de hipoteca pode levar a uma grande demora de sua execução em caso de inadimplemento. Isso tendo em vista que, para que se proceda à execução da hipoteca, primeiro deverá se obter a concordância do devedor quanto à verificação da condição ou do montante da dívida, ou ainda, se esta não for obtida espontaneamente, conseguir o atendimento desses requisitos judicialmente, o que poderia gerar uma demora que deixaria a desejar em termos de eficiência da garantia.

Perguntamos: pode um bem hipotecado ser alienado? É possível as partes convencionarem, no título que formalize a garantia, sobre a indisponibilidade do bem afetado?

Não há razão teórica para essa proibição, uma vez que a hipoteca é um direito real e, como tal, a ela é garantido o direito de sequela, o qual permite que o direito real seja exercido nas mãos de quem quer que o bem se encontre. Dessa forma, mesmo havendo a alienação para quem quer que seja, a dívida continua garantida, pois o imóvel poderá ser levado à praça para ser convertido em dinheiro para o pagamento da dívida independentemente da concordância dos adquirentes.

Apesar de clara a resposta do ponto de vista teórico, a questão também se encontra expressa em nosso Código Civil, que em seu art. 1.475 vai além, estabelecendo que eventual cláusula que proíba o proprietário devedor de alienar imóvel hipotecado é nula.

---

23. Recomendamos a leitura da obra *Direito registral imobiliário*, de Ademar Fioranelli, que aborda de forma muito clara a questão.

Todavia, o parágrafo único do referido artigo contraria o espírito de todo o exposto, ao estabelecer que podem as partes convencionar que vencerá antecipadamente a dívida garantida pela hipoteca se o imóvel for alienado. Como vimos, não haveria razão de ser na restrição da alienação do imóvel hipotecado; e mais, o que adianta o legislador proibir expressamente tal disposição se permite, contudo, que as partes estabeleçam o vencimento da dívida em caso de alienação? Essa disposição equivale à vedação da alienação, uma vez que o vencimento antecipado do crédito garantido pela hipoteca faz com que seja exigido de imediato, acabando com o uso da hipoteca. Essa disposição seria quase equivalente à de que a alienação do imóvel hipotecado depende do pagamento da dívida, o que em última análise implica na extinção da hipoteca.

Devemos lembrar que, no caso da alienação do imóvel hipotecado, a dívida acompanha o imóvel e não responsabiliza o adquirente por mais do que a simples entrega do imóvel, a não ser que tenha pessoalmente se responsabilizado pela dívida no instrumento de aquisição, como se extrai do art. 1.479 do Código Civil, o qual dispõe que o adquirente do imóvel hipotecado, desde que não se tenha obrigado pessoalmente a pagar as dívidas aos credores hipotecários, poderá exonerar-se da hipoteca, abandonando-lhes o imóvel.

Outra questão interessante é: poderia ser registrada hipoteca da qual não conste o valor do bem?

Vimos anteriormente que o valor da dívida é um dos requisitos da hipoteca, tanto que, caso esta seja indeterminada, deverá ocorrer pelo menos uma estimativa de seu valor máximo, como ocorre em alguns casos de hipoteca legal e no caso de hipoteca relacionada à dívida futura ou condicionada.

No que se refere ao valor do bem que é dado em hipoteca, no entanto, tal requisito não é essencial para a constituição do instituto, como se observa do art. 1.484 do Código Civil, o qual estabelece que é lícito aos interessados fazer constar das escrituras o valor entre si ajustado dos imóveis hipotecados, o qual, devidamente atualizado, será a base para as arrematações, adjudicações e remições, dispensada a avaliação.

Dessa forma, concluímos do artigo exposto que, embora não seja indispensável que conste do instrumento de constituição da hipoteca esta informação, é prudente que conste, pois sem esta as partes podem ter que vencer mais uma discussão judicial a respeito da precisão da avaliação do imóvel fornecida posteriormente por uma das partes.

No art. 1.421 do nosso Código Civil, encontramos o princípio da indivisibilidade da hipoteca, que dispõe que o pagamento de uma ou mais prestações da dívida não importa exoneração correspondente da garantia, ainda que esta compreenda vários bens, salvo disposição expressa no título.

Como observamos do dispositivo acima comentado, se tivermos dez imóveis de igual valor garantindo a dívida, mesmo que 99% da dívida esteja quitada, não haverá como o credor exigir do devedor a liberação de nenhum imóvel até a quitação total da dívida, a não ser que se tenha disposto de forma contrária no ato de instituição das hipotecas.

Nada impede, todavia, que o credor faça a liberação do imóvel por sua livre e espontânea vontade. Aliás, é importante deixar claro que a liberação da hipoteca não importa em quitação total ou parcial da dívida. A dívida continua existindo em seus exatos termos, mesmo que o credor tenha liberado uma, algumas ou, até mesmo, todas as hipotecas que a garantem.

Relevante acrescentar que a indivisibilidade da hipoteca não impede que ela seja dividida dentre os lotes ou unidades autônomas, caso o imóvel seja loteado ou nele se constitua condomínio edilício (art. 1.488 do CC). Neste caso, todos os imóveis resultantes serão inteiramente hipotecados também.

A hipoteca não torna o bem impenhorável, de forma que ela, em regra, prefere o crédito que está sendo executado, a não ser que tenha sido constituída em fraude, caso em que a hipoteca deverá ser desconstituída pelas vias próprias.

O bem imóvel pode ser hipotecado, em regra, mais de uma vez, em favor do mesmo credor ou credor diverso, por ato do proprietário, independentemente da vontade do credor anterior, nos termos do art. 1.476 do Código Civil. Neste caso, o bem gravado deve possuir um valor que exceda o da obrigação anterior, mas apurar isso é de responsabilidade exclusiva do novo credor. Eventual cláusula proibitiva deve ser considerada nula, uma vez que dar o bem em nova hipoteca é ato de disposição do proprietário, devendo seguir as mesmas regras quanto à alienação do bem hipotecado.

Deve-se mencionar expressamente no título a existência das hipotecas anteriores, a ciência e a aceitação do novo credor deste fato, uma vez que a hipoteca de grau anterior prefere, inteiramente, no pagamento da sua dívida em relação às de grau posterior.

Quanto ao registro da hipoteca, é feito no Livro n. 2 (Registro Geral) do cartório do local do imóvel e tem como dados indispensáveis: a data do título; o nome e o domicílio do devedor e do credor, bem como suas qualificações completas; a natureza e a forma do título do ônus, sua procedência e caracterização; o valor da dívida; o prazo desta, se houver; os juros pactuados, se houver; demais condições e especificações relevantes, se houver.

No tocante às vias férreas, as hipotecas referentes a estas serão registradas no município da estação inicial da respectiva linha e serão circunscritas à linha ou às linhas especificadas na escritura e ao respectivo material de exploração, no estado em que ao tempo da execução estiverem; os credores hipotecários, contudo, poderão opor-se à venda da estrada, de suas linhas, de seus ramais ou de parte considerável do material de exploração, bem como à fusão com outra empresa, sempre que com isso a garantia do débito enfraquecer.

Na hipótese de registro de hipoteca judicial, deverá constar do registro o número dos autos, a natureza do feito, a vara que expediu o mandado, a data e o local de expedição, o nome do juiz do feito, o valor, se houver (nada impede que a sentença seja ilíquida).

O art. 1.494 do Código Civil de 2002 estabelece que não se registrarão no mesmo dia duas hipotecas, ou uma hipoteca e outro direito real, sobre o mesmo imóvel, em favor de pessoas diversas, salvo se as escrituras, do mesmo dia, indicarem a hora em que foram lavradas.

Esse dispositivo complementa os arts. 190 a 192 da Lei n. 6.015/73, que traz uma exceção à regra da prioridade da prenotação. A regra é a de que prevalecerão, para efeito de prioridade de registro, quando apresentados no mesmo dia, os títulos prenotados no Protocolo sob número de ordem mais baixo, protelando-se o registro dos apresentados posteriormente, pelo prazo correspondente a, pelo menos, um dia útil.

Como exceção, todavia, quanto às escrituras públicas, da mesma data e apresentadas no mesmo dia, que determinem, taxativamente, a hora da sua lavratura, prevalece, para efeito de prioridade, a que foi lavrada em primeiro lugar.

O art. 1.495 do Código Civil determina que, quando se apresentar ao oficial do registro título de hipoteca que mencione a constituição de anterior, não registrada, sobrestará ele na inscrição da nova, depois de prenotá-la, até trinta dias, aguardando que o interessado inscreva a precedente; esgotado o prazo, sem que se requeira a inscrição desta, a hipoteca ulterior será registrada e obterá preferência.

De acordo com o art. 1.496 do Código Civil, se o oficial tiver dúvida sobre a legalidade do registro requerido, fará, ainda assim, a prenotação do pedido, todavia se a dúvida, dentro em noventa dias, for julgada improcedente, o registro será efetuado com o mesmo número que teria na data da prenotação; caso contrário, cancelada esta, receberá o registro o número correspondente à data em que se tornar a requerer.

Quanto ao prazo de duração do registro da hipoteca, é de extrema importância verificar que a Lei n. 10.931/2004 fez com que ele voltasse a ser de trinta anos, como era no Código Civil de 1916, prorrogável por igual prazo.

No caso de prorrogação, deve ser feita mediante novo título e novo registro, mantida a precedência que lhe competir (art. 1.487 do CC).

O prazo de 30 anos deve ser contado da data do contrato, e não do registro, conforme se observa do art. 1.485 do nosso Código Civil. Antes de vencido o prazo, bastará uma averbação para que se proceda à prorrogação da hipoteca que ainda está vigente. Todavia, uma vez vencido o prazo da hipoteca, será necessário que ela se constitua novamente por meio de um novo registro que valerá a partir da data de sua inscrição.

No caso da prorrogação, como se mantém o direito até então vigente e dando-lhe continuidade, esse manterá a sua ordem de prioridade. Contudo, nossa doutrina é pacífica ao afirmar que nesses casos a prorrogação não poderá prejudicar direitos reais posteriormente inscritos. Assim, para que ela ocorra ou não, deverão existir direitos reais posteriormente inscritos que possam ser prejudicados com a prorrogação, ou seus titulares devem anuir para que ela se proceda.

No tocante à hipoteca legal, todavia, não há um prazo determinado, podendo viger enquanto existir a situação que autorizou a sua extração. Porém, sua especialização deverá ser renovada a cada 20 anos, conforme se extrai do art. 1.498 do Código Civil, que dispõe que valerá o registro da hipoteca, enquanto a obrigação perdurar; mas a especialização, ao completar vinte anos, deve ser renovada.

A renovação da especialização se caracteriza pela formação de um novo título, que contenha a informação sobre a continuidade do fato que ensejou a hipoteca em primeiro lugar, o valor da dívida ou sua estimativa, bem como as demais atualizações necessárias.

Importante comentarmos também a respeito da remição da hipoteca prevista no art. 1.481 do Código Civil. De acordo com esse direito, o adquirente do imóvel hipotecado, dentro do prazo de 30 dias a contar da data do registro do título, poderá oferecer valor não inferior ao preço que pagou pelo imóvel para ficar livre da hipoteca.

A ideia aqui é a de que o adquirente, ao invés de deixar que o bem vá à praça, ofereça ao credor hipotecário o valor dele para que se tenha extinta a hipoteca.

Lembramos que a liberação da hipoteca não significa a quitação da dívida e que o adquirente do imóvel somente é responsável pela dívida até o limite no valor do imóvel, salvo se tiver se comprometido por ela no momento da aquisição do imóvel, nos termos do art. 1.479 do Código Civil.

O credor, neste caso, pode impugnar preço da aquisição ou importância oferecida, por entender que este não é o valor real do bem, de forma que ele poderia conseguir mais com a venda dele em hasta pública. Ocorrendo a impugnação, será feita a venda judicial do bem pelo maior preço, tendo preferência aquele que já havia adquirido o imóvel.

Repare que neste caso o credor poderá conseguir mais pela venda do bem, mas também poderá conseguir menos, uma vez que na praça o adquirente não fica obrigado a oferecer o valor que pagou no bem. Assim, se não houver outros lances ou forem estes inferiores, seguem as regras normais da hasta pública, prevalecendo o maior lance.

Questão importantíssima, que reflete o porquê de a maioria dos credores não aceitar hipotecas em grau superior ao primeiro, está relacionada à prioridade da primeira hipoteca.

O art. 1.477 do Código Civil estabelece que, salvo o caso de insolvência do devedor, o credor da segunda hipoteca, embora vencida, não poderá executar o imóvel antes de vencida a primeira dívida. Estabelece, ainda, o seu parágrafo único, que não se considera insolvente o devedor por falta ao pagamento das obrigações garantidas por hipotecas posteriores à primeira.

Observamos, assim, que o credor das hipotecas de grau superior à primeira fica totalmente subordinado aos acontecimentos referentes à primeira hipoteca, de modo que, caso as obrigações referentes à primeira hipoteca estejam sendo cumpridas, ele não terá como se valer do seu direito para levar o bem à praça.

No art. 1.499 do nosso Código Civil, encontramos as causas de extinção da hipoteca, que são: a) pela extinção da obrigação principal; b) pelo perecimento da coisa; c) pela resolução da propriedade; d) pela renúncia do credor; e) pela remição; e f) pela arrematação ou adjudicação.

Vale ressaltar que, se ocorrer uma das hipóteses citadas, deve o interessado levá-la ao registro de imóveis por meio do documento hábil, para que se proceda à averbação de seu cancelamento, uma vez que, antes disso, esse cancelamento não terá validade contra terceiros por falta de publicidade.

Importante ainda lembrarmos que, de acordo com o art. 1.501 do nosso Código Civil, não extinguirá a hipoteca, devidamente registrada, a arrematação ou adjudicação, sem que tenham sido notificados judicialmente os respectivos credores hipotecários, que não forem de qualquer modo partes na execução.

Dessa forma, se houver o registro de várias hipotecas sobre o mesmo imóvel, a arrematação decorrente da venda judicial de uma delas não cancelará automaticamente as demais, cabendo à parte notificar o ocorrido aos demais credores, que deverão fornecer por escrito a liberação de suas respectivas hipotecas. Poderá também o juízo da arrematação determinar expressamente na carta de arrematação o cancelamento específico das demais hipotecas, responsabilizando-se pelo concurso de credores, se for o caso.

Cancelada a inscrição, não podem mais as partes revalidá-la, o que se pode é promover nova inscrição, sem relação alguma com a primitiva.

31
Alienação Fiduciária de Bens Imóveis

Encontramos a definição de alienação fiduciária de bens imóveis no art. 22 da Lei n. 9.514/97, que a conceitua como o negócio jurídico pelo qual o devedor, ou fiduciante, com o escopo de garantia, contrata a transferência ao credor, ou fiduciário, da propriedade resolúvel de coisa imóvel.

Apesar de a lei que regulamentou o instituto, ou seja, a Lei n. 9.514/97, ser também a lei que deu regulamentação ao Sistema Financeiro Imobiliário (SFI), entendeu-se que a alienação fiduciária é um instituto autônomo, não sendo privativa das entidades que operam no SFI e podendo ser contratada por pessoas físicas ou jurídicas.

O § 1º do referido artigo estabelece quais os bens que podem ser objeto de alienação fiduciária: a propriedade plena; os bens enfitêuticos, nos quais será devido o laudêmio no caso de consolidação nas mãos do credor fiduciário; os direitos de uso especial para fins de moradia; o direito real de uso (quando suscetível de alienação) e a propriedade superficiária.

A alienação fiduciária deve ser instrumentalizada por meio de um contrato, mas, como a maioria dos direitos reais, somente se constitui com o registro no registro de imóveis competente (art. 23 da Lei n. 9.514/97).

No que se refere à forma do instrumento da alienação fiduciária, encontramos algumas divergências criadas pelo art. 38 da Lei n. 9.514/97. O referido artigo dispõe que os atos e contratos referidos naquela lei ou resultantes da sua aplicação, mesmo aqueles que visem a constituição, transferência, modificação ou renúncia de direitos reais sobre imóveis, poderão ser celebrados por escritura pública ou por instrumento particular com efeitos de escritura pública.

Interpretando esse artigo, a maioria da doutrina entendeu que o instrumento que contiver a constituição de uma alienação fiduciária independe de escritura pública pode ser realizado por instrumento particular, mesmo quando o instrumento materialize também outros direitos reais correlatos, como a transmissão da propriedade.

Assim, os casos mais comuns de alienação fiduciária envolvem um negócio triangular. Ou seja, o proprietário do imóvel aparece vendendo o bem, enquanto o comprador aparece, ao mesmo tempo, comprando e dando o imóvel em alienação fiduciária a terceiro que lhe emprestou total ou parcialmente o dinheiro usado para a compra.

Neste caso, ocorreriam dois negócios interligados, a compra e venda e a constituição da alienação fiduciária em garantia da dívida formada pelo empréstimo do valor utilizado para a aquisição do bem. Segundo a corrente majoritária, ambos os negócios estariam englobados na dispensa da escritura pública trazida pelo referido art. 38.

Todavia, existe um segundo entendimento, que se apega na expressão "atos referidos nesta", trazida pelo citado dispositivo. Para alguns, essa expressão limitaria a dispensa da escritura pública somente para os atos integrantes do Sistema Financeiro Imobiliário, visto que a Lei n. 9.514/97 tem como foco principal a regulamentação desses atos.

Nesse sentido, encontramos decisão da Primeira Vara de Registros Públicos de São Paulo (responsável pelos 18 registros de imóveis da capital) na suscitação de dúvida Processo n. 0006136-24.2011.8.26.0100, de 11 de maio de 2011, prolatada pelo MM Juiz de Direito Gustavo Henrique Bretas Marzagão (DJe de 30-5-2011[24]), a qual transcrevemos em parte:

> "Melhim Namem Chalhub, ao examinar a formalização desses contratos, afirma que a compra e venda, desde que com financiamento nas condições do sistema de financiamento imobiliário, é resultante da aplicação da Lei n. 9.514/97 e, consequentemente, pode ser formalizada por instrumento particular (*Negócio fiduciário*, 4. ed., p. 235).

O doutrinador, com acerto, condiciona o uso do instrumento particular à existência de financiamento nas condições do Sistema de Financiamento Imobiliário. E o art. 2º, da Lei n. 9.514/97, diz quem são as entidades autorizadas a operar no Sistema de Financiamento Imobiliário: 'Poderão operar no SFI as caixas econômicas, os bancos comerciais, os bancos de investimento, os bancos com carteira de crédito imobiliário, as sociedades de crédito imobiliário, as associações de poupança e empréstimo, as companhias hipotecárias e, a critério do Conselho Monetário Nacional (CMN), outras entidades'.

Assim, para que se possa dispensar a escritura pública, é preciso que um desses entes participe do negócio jurídico, até porque, como bem destacou o Oficial, tais agentes atuam como fiscal do ato de modo a assegurar a sua segurança, de forma similar ao que ocorre no SFH (...)".

> "E, como bem enfatizou o Oficial, não haveria sentido que o legislador permitisse a instrumentação particular da compra e venda acompanhada de alienação fiduciária em garantia e, ao mesmo tempo, exigisse a escritura pública para a compra e venda desacompanhada dela. Só haveria sentido, conclui, se, no primeiro caso, houvesse a participação de uma entidade autorizada a operar no SFI para fiscalizar a idoneidade do ato.
>
> Assim não fosse, finaliza acertadamente o Oficial, a burla ao art. 108, do Código Civil, seria de extrema facilidade bastando às partes contratantes estipular pequeno valor a título de financiamento para que a escritura pública fosse dispensada."

A alienação fiduciária em garantia de bem imóvel traz o desdobramento da propriedade e da posse do imóvel, segundo o parágrafo único do art. 23 da Lei n. 9.514/97. Embora a posse seja uma situação fática, esse seu desdobramento não depende de um ato físico, dando-se por meio do instrumento que materializou a vontade das partes na criação do instituto, pelo chamado constituto possessório.

---

24. Muito embora o referido magistrado tenha mudado de posição quando proferiu o Parecer CGJ 69/2014-E, o trecho copiado serve para sintetizar a posição minoritária contrária.

Nesse sentido, ao devedor fiduciante fica reservada a posse direta do bem que é considerada justa enquanto pagar as parcelas do preço, ficando-lhes, assim, assegurada a livre utilização, por sua conta e risco, do imóvel objeto da alienação fiduciária.

Por outro lado, fica reservada ao credor fiduciário a posse indireta do bem, enquanto existir a propriedade fiduciária que lhe garante o direito da consolidação da propriedade em suas mãos, caso não ocorra o adimplemento da dívida.

O art. 24 da Lei n. 9.514/97 traz os requisitos que devem ser encontrados no título que formaliza o negócio fiduciário: o valor do principal da dívida; o prazo e as condições de reposição do empréstimo ou do crédito do fiduciário; a taxa de juros e os encargos incidentes; a cláusula de constituição da propriedade fiduciária, com a descrição do imóvel objeto da alienação fiduciária e a indicação do título e modo de aquisição; a cláusula assegurando ao fiduciante, enquanto adimplente, a livre utilização, por sua conta e risco, do imóvel objeto da alienação fiduciária; a indicação, para efeito de venda em público leilão, do valor do imóvel e dos critérios para a respectiva revisão; e, por fim, a cláusula dispondo sobre os procedimentos relacionados ao inadimplemento do contrato.

Percebe-se, da análise dos requisitos elencados, que o contrato que visa a constituição da propriedade fiduciária busca deixar previamente convencionado todos os elementos principais do instituto, a fim de evitar possíveis demandas judiciais em virtude de discordâncias durante sua vigência.

No que se refere à especificação dos procedimentos relacionados ao inadimplemento do contrato, deve o contrato deixar claro o prazo de carência após o qual será expedida a intimação em caso de mora do devedor (§ 2º, art. 26). Esse dado é de extrema importância, pois é somente a partir desse evento que será possível se solicitar ao registrador imobiliário a notificação da parte para o cumprimento da obrigação perante o registro de imóveis.

Uma vez caracterizado o inadimplemento de acordo com o estipulado no contrato de alienação fiduciária, a parte poderá solicitar ao registro de imóveis onde estiver registrada a alienação fiduciária do imóvel que proceda à notificação do inadimplente para que dentro do prazo de 15 dias promova a purgação da mora.

Nesse sentido, encontramos o art. 26, § 1º, da referida lei, que dispõe que, para os fins do disposto neste artigo, o fiduciante, ou seu representante legal ou procurador regularmente constituído, será intimado, a requerimento do fiduciário, pelo oficial do competente Registro de Imóveis, a satisfazer, no prazo de quinze dias, a prestação vencida e as que se vencerem até a data do pagamento, os juros convencionais, as penalidades e os demais encargos contratuais, os encargos legais, inclusive tributos, as contribuições condominiais imputáveis ao imóvel, além das despesas de cobrança e de intimação.

Do artigo em análise, observamos que a purgação da mora inclui, além da prestação e dos encargos vencidos à época da solicitação da notificação, todos os encargos que se vencerem até a data do pagamento. Para isso, o notificante deverá fornecer ao registrador de imóveis uma tabela com o valor da dívida, dia a dia, por um prazo mínimo de 45 dias, visto que a notificação tem um prazo máximo de 30 dias para ser cumprida e a partir desta a parte tem um prazo de 15 dias para promover a purgação da mora.

Devemos lembrar que, no que se refere às notificações extrajudiciais, a regra é que sejam efetuadas pelas serventias de registro de títulos e documentos. Todavia, existem alguns casos específicos expressamente previstos em lei, determinando que esse tipo de notificação efetuado diretamente pelo registro de imóveis.

Esse deslocamento de competência ocorre em virtude de que, nesses casos, as notificações fazem parte de um procedimento que deve correr perante a serventia imobiliária, sendo que seus resultados influenciam diretamente no desenrolar do procedimento, devendo, assim, ser controlado pelo registrador imobiliário. São exemplos disso, além do procedimento de cobrança da alienação fiduciária, as notificações de confrontantes no procedimento de retificação administrativa (art. 213 e parágrafos da LRP), a do art. 33 da Lei n. 6.766/79 etc.

Então, em alguns casos, e dentre estes, em se tratando da notificação a ser feita para a purgação da mora na alienação fiduciária de bem imóvel, deve ser necessariamente solicitada ao cartório de registro de imóveis. Uma vez feita a solicitação, a notificação pode ser realizada diretamente pelo próprio registro de imóveis por seus funcionários, pelo correio com aviso de recebimento, ou ainda ser realizada pelo cartório de registro de títulos e documentos da comarca da situação do imóvel ou do domicílio de quem deva recebê-la, a requerimento do registro de imóveis que está processando o pedido de notificação.

Nesse sentido, encontramos o § 3º do art. 26 da Lei n. 9.514/97, que dispõe que a intimação se fará pessoalmente ao fiduciante, ou ao seu representante legal ou ao procurador regularmente constituído, podendo ser promovida, por solicitação do oficial do Registro de Imóveis, por oficial de Registro de Títulos e Documentos da comarca da situação do imóvel ou do domicílio de quem deva recebê-la, ou pelo correio com aviso de recebimento.

Apesar de apresentadas três possibilidades de notificação, ou seja, a realizada diretamente pelo registro de imóveis, a realizada pelo correio com aviso de recebimento a pedido do registro de imóveis ou ainda a realizada pelo cartório de registro de títulos e documentos, a qual também pode ser feita diretamente por um funcionário deste ou pelo correio com aviso de recebimento, devemos deixar claro que o registro de imóveis só tem competência para prática de atos dentro de sua circunscrição, de modo que, caso o endereço a ser notificado não se encontre na sua área territorial, será imprescindível que a notificação seja requerida ao registro de títulos e documentos que englobe o endereço, para que possa ser realizada pessoalmente.

Ainda no que se refere à forma da notificação, apesar de a lei facultar a possibilidade de a notificação ser feita pelo correio com aviso de recebimento, a parte deve ser sempre alertada sobre a menor segurança trazida por essa modalidade, mesmo que seja feita na modalidade "em mão própria" (quando o carteiro somente poderá entregar a correspondência à pessoa indicada na carta), uma vez que o carteiro não tem fé pública para identificar a pessoa que receberá a notificação, o que poderia levar à sua vulnerabilidade e a uma possível impugnação judicial da notificação, o que poderia atrasar o leilão do bem.

A Lei n. 13.465/2017 acrescentou ao art. 26, em análise, o § 3º-A, o qual estabelece que, "quando, por duas vezes, o oficial de registro de imóveis ou de registro de títulos e documentos ou o serventuário por eles credenciado houver procurado o intimando em seu domicílio ou residência sem o encontrar, deverá, havendo suspeita motivada de ocultação, intimar qualquer pessoa da família ou, em sua falta, qualquer vizinho de que, no dia útil imediato, retornará ao imóvel, a fim de efetuar a intimação, na hora que designar, aplicando-se subsidiariamente o disposto nos arts. 252, 253 e 254 da Lei n. 13.105, de 16 de março de 2015 (Código de Processo Civil)".

Essa inclusão teve a intenção de propiciar procedimento semelhante à citação por hora certa existente nos processos judiciais com a finalidade de coibir a prática do devedor que se oculta para não ser notificado visando impedir o prosseguimento do feito.

A citada lei introduziu ainda o § 3º-B no mesmo artigo, que estabelece que, "nos condomínios edilícios ou outras espécies de conjuntos imobiliários com controle de acesso, a intimação de que trata o § 3º-A poderá ser feita ao funcionário da portaria responsável pelo recebimento de correspondência".

Por fim, o § 4º do art. 26 estabelece que caso o fiduciante, ou seu cessionário, ou seu representante legal ou procurador encontrar-se em local ignorado, incerto ou inacessível, o fato será certificado pelo serventuário encarregado da diligência e informado ao oficial de Registro de Imóveis, que, à vista da certidão, promoverá a intimação por edital publicado durante 3 (três) dias, pelo menos, em um dos jornais de maior circulação local ou noutro de comarca de fácil acesso, se no local não houver imprensa diária, contado o prazo para purgação da mora da data da última publicação do edital.

Muita cautela deve ser tomada quando utilizada essa modalidade derradeira de notificação, pois ela produz uma presunção de conhecimento por parte do devedor da cobrança, o que pode causar efeitos muito nefastos.

Assim, a intimação por edital deve ser usada somente nos estritos limites previstos pela lei, ou seja, somente nas hipóteses de o intimado estar ou em local ignorado, ou em local incerto ou em local inacessível. Não é a simples negativa de intimação que permite o uso do edital, nem tampouco outras dificuldades na intimação da pessoa.

Caso seja inviável a intimação extrajudicial, uma solução alternativa admitida é o uso da ação cautelar de notificação judicial para promover a intimação de cobrança, e somente a intimação, por meio judicial, o que permite, inclusive, o uso das modalidades de citação ficta previstas no Código de Processo Civil com ampla liberdade. Após, o resultado dessa medida é apresentado para o registro de imóveis para que este possa continuar com o procedimento de cobrança extrajudicial.

Uma vez realizada a notificação, o registrador imobiliário passará a observar o prazo de 15 dias no qual deve o notificado purgar a mora. Não ocorrendo o pagamento no prazo e perante o registro imobiliário, este fornecerá ao credor uma certidão do ocorrido, constando a informação da não purgação da mora.

De posse da certidão de inadimplemento, o credor poderá recolher o Imposto de Transmissão de Bens Imóveis (ITBI) e solicitar ao registrador que consolide em seu nome a propriedade do imóvel.

Nesse sentido, encontramos o § 7º do art. 26 da Lei n. 9.514/97, o qual estabelece que, decorrido o prazo de que trata o § 1º sem a purgação da mora, o oficial do competente Registro de Imóveis, certificando esse fato, promoverá a averbação, na matrícula do imóvel, da consolidação da propriedade em nome do fiduciário, à vista da prova do pagamento por este, do imposto de transmissão *inter vivos* e, se for o caso, do laudêmio.

Importante destacar que a Lei n. 13.465/2017 trouxe regras especiais quanto aos procedimentos de cobrança, purgação de mora e consolidação da propriedade fiduciária relativos às operações de financiamento habitacional, inclusive as operações do Programa Minha Casa, Minha Vida, instituído pela Lei n. 11.977/2009, com recursos advindos da integralização de cotas no Fundo de Arrendamento Residencial (FAR), estabelecendo o art. 26-A, § 1º, da referida lei que, nestes casos, "a consolidação da propriedade em nome do credor fiduciário será averbada no registro de imóveis trinta dias após a expiração do prazo para purgação da mora de que trata o § 1º do art. 26 desta Lei".

Na sequência, estabelece o § 2º do mesmo artigo que, "até a data da averbação da consolidação da propriedade fiduciária, é assegurado ao devedor fiduciante pagar as parcelas da dívida vencidas e as despesas de que trata o inciso II do § 3º do art. 27, hipótese em que convalescerá o contrato de alienação fiduciária".

Devemos ressaltar que, embora seja consolidada para o credor, o procedimento para a liquidação da dívida não se encerra aí. O credor não poderá simplesmente ficar com o bem em pagamento da dívida, a não ser que o devedor efetue uma dação em pagamento do imóvel, com a concomitante integral quitação da dívida garantida, antes da consolidação ou que ocorram os dois leilões públicos previstos em lei.

Não ocorrendo a dação em pagamento antes da consolidação, o bem deverá ser levado a leilão extrajudicial, promovido por leiloeiro oficial inscrito na junta comercial, para que seja vendido pelo melhor lance. O valor arrecadado será utilizado para o pagamento da dívida e, se houver remanescente, será entregue ao devedor.

Sobre a obrigatoriedade da venda do bem por meio de leilão, encontramos o art. 27 da Lei n. 9.514/97, que estabelece que, uma vez consolidada a propriedade em seu nome, o fiduciário, no prazo de trinta dias, contados da data da consolidação, promoverá público leilão para a alienação do imóvel. Isso evita que o credor fraude a venda. Ele somente tem direito a reter o valor apurado até o limite de seu crédito, com os acréscimos legais admitidos, devendo devolver o restante do valor apurado ao devedor.

Contudo, se a dívida está predominantemente paga, não é difícil de imaginar situação em que o valor do imóvel alcance valor de mercado muito maior do que o saldo devedor. Por isso, a necessidade da interveniência de agente público nessa alienação, de modo a afastar qualquer tentativa de fraude.

No que se refere aos leilões, no primeiro o preço mínimo para a venda será o valor contratualmente atribuído ao bem. É por essa razão que tal preço é requisito obrigatório na alienação fiduciária, diferentemente do que ocorre com a hipoteca. Não ocorrendo a venda nesse leilão, deverá ser realizado o segundo num prazo de 15 dias.

Nesse segundo leilão, o preço mínimo para a venda do bem será o valor da dívida, acrescida das despesas, dos prêmios de seguro, dos encargos legais, inclusive tributos, e das contribuições condominiais. Se não houver interessados nessas condições, o credor estará livre para alienar o bem posteriormente, e considerar-se-á extinta a dívida e exonerado o credor da obrigação de restituir quaisquer valores excedentes.

Dessa forma, importante destacar que, diferentemente do que ocorre na alienação fiduciária de bens móveis, no caso de bens imóveis, nos termos do § 5º do art. 27 da Lei n. 9.514/97, o devedor não é responsável pelo eventual saldo devedor. Mais ainda, o § 6º determina que, neste caso, o credor deve, no prazo de cinco dias a contar da data do segundo leilão, dar ao devedor quitação da dívida, mediante termo próprio. Dessa forma, independentemente de o imóvel ter sido alienado no leilão, necessariamente o devedor receberá a quitação integral da dívida.

Nesse ponto também a Lei n. 13.476/2017 trouxe uma grande inovação ao excluir, em seu art. 9º, a aplicabilidade dos §§ 5º e 6º do art. 27 da Lei n. 9.514/97 nos casos de imóveis dados em garantia em operações decorrentes de contratos de abertura de limite de crédito.

A discussão a respeito da aplicabilidade do referido § 5º do art. 27 da Lei n. 9.514/97 já vinha ocorrendo há algum tempo, tendo se intensificado a partir da Lei n. 13.043/2014, que alterou o art. 1.367 do Código Civil, estabelecendo que as disposições gerais previstas no Capítulo I do Título X do Livro III da Parte Especial do Código Civil seriam aplicadas à alienação fiduciária e à propriedade fiduciária, facultando, dessa forma, segundo o entendimento de parte da doutrina, ao credor a cobrança do saldo residual da dívida caso o produto obtido com a venda não fosse suficiente para quitá-la. Sendo assim, muitos defendiam que o referido parágrafo somente deveria se aplicar para os casos em que a alienação fiduciária do bem imóvel decorresse do financiamento do próprio imóvel.

Dessa forma, a referida alteração normativa veio para pacificar, pelo menos em parte, as controvérsias a respeito do tema, deixando claro que o § 5º do art. 27 da Lei n. 9.514/97 não se aplica a contratos de abertura de crédito em que o imóvel foi usado como garantia por meio do instituto da alienação fiduciária, restando a discussão quanto aos demais negócios que não envolvam o financiamento do imóvel nem o contrato de abertura de crédito, mas utilizem como garantia o instituto da alienação fiduciária de bens imóveis. Além da referida alteração, a Lei n. 13.476/2017 acrescentou o § 2º-A ao art. 27 da Lei n. 9.514/97, estabelecendo a necessidade de comunicar ao devedor as datas, os horários e os locais dos leilões mediante correspondência dirigida aos endereços constantes do contrato, inclusive ao endereço eletrônico. Esse dispositivo é complementado pelo § 2º-B do mesmo artigo, também acrescido pela referida lei, que estabelece que, "após a averbação da consolidação da propriedade fiduciária no patrimônio do credor fiduciário e até a data da realização do segundo leilão, é assegurado ao devedor fiduciante o direito de preferência para adquirir o imóvel por preço correspondente ao valor da dívida, somado aos encargos e despesas de que trata o § 2º deste artigo, aos valores correspondentes ao imposto sobre transmissão *inter vivos* e ao laudêmio, se for o caso, pagos para efeito de consolidação da propriedade fiduciária no patrimônio do credor fiduciário, e às despesas inerentes ao procedimento de cobrança e leilão, incumbindo, também, ao devedor fiduciante o pagamento dos encargos tributários e despesas exigíveis para a nova aquisição do imóvel, de que trata este parágrafo, inclusive custas e emolumentos".

Esses novos dispositivos dão a chance de o devedor, ainda que no momento de leilão, resgatar o imóvel, com direito de preferência em relação a quaisquer outros interessados, pagando o valor da dívida e as demais despesas despendidas pelo credor pelo procedimento de cobrança até o momento, ou seja, ressarcindo-o de todo o seu crédito.

No que se refere ao título que deve ser apresentado para a transferência da propriedade decorrente da venda nesse tipo de leilão extrajudicial, a questão é controvertida, mas entendemos que ele não pode se materializar por uma carta de arrematação, por falta de previsão legal para esse caso, devendo, assim, ser realizada a escritura pública ou o instrumento particular, caso o valor do bem não atinja os 30 salários mínimos nos termos do art. 108 do Código Civil.

Os que entendem ser possível a instrumentalização desse tipo de venda pela carta de arrematação o fazem com base no art. 39, II, da Lei n. 9.514/94, que estabelece que às operações de financiamento imobiliário, em geral à que diz respeito à referida lei, aplicam-se as disposições dos arts. 29 a 41 do Decreto-lei n. 70, de 21 de novembro de 1966.

Por sua vez, o art. 37 do Decreto-lei n. 70/66 estabelece que efetivada a venda por meio do leilão extrajudicial, será emitida a respectiva carta de arrematação, assinada pelo credor, pelo agente fiduciário e por cinco pessoas físicas idôneas e absolutamente capazes, como testemunhas, documento que servirá como título para a transcrição no registro de imóveis.

Apesar dessas disposições, entendemos, todavia, que não seria possível a utilização da referida carta, pelo simples fato de que no caso da alienação fiduciária o leilão se dá quando o bem já está em nome do credor, não se tratando, assim, de uma venda decorrente de uma execução na qual se está retirando a propriedade do devedor, e sim de uma venda simples que depende da intervenção do leiloeiro oficial somente para garantir que seja obtido pelo bem o valor de mercado, uma vez que, sendo paga a dívida e ainda sobrarem valores decorrentes dessa venda, essas sobras devem ser entregues ao devedor.

Reforçando nosso entendimento, encontramos os ensinamentos do Desembargador José de Mello Junqueira, em *Alienação fiduciária de coisa imóvel* – Lei n. 9.514, de 20-11-1997, ARISP, p. 68-69, que transcrevemos:

> "Dúvida poderá ocorrer quanto à forma dessa alienação, se possível efetivá-la por carta de arrematação, passada pelo leiloeiro, nos moldes da sistemática do Decreto-lei 70/66.
>
> Acredito que não, ainda que à alienação fiduciária se apliquem as disposições dos arts. 29 a 41 desse Decreto-lei.
>
> É que não se trata aqui de execução de dívida, mas de alienação do imóvel, conforme preceitua o art. 27 da Lei.
>
> A carta de arrematação é própria de transferência coata, mediante execução de um débito.
>
> No caso de venda em leilão de bem imóvel, por força da alienação fiduciária, inexiste execução do débito. O imóvel já se consolidou no domínio do fiduciário que tem o ônus dever de aliená-lo. O imóvel já não mais pertence ao devedor fiduciante, razão do que não poderá purgar a mora após realizado o leilão, conforme possibilita a execução disposta no Decreto-lei n. 70/66.

Na hipótese de o devedor-fiduciante pretender reaver o imóvel, deverá comparecer ao leilão e oferecer o seu lance, como outro qualquer interessado. Descarta-se, assim, o auto de arrematação como instrumento de transferência do imóvel por público leilão".

Caso o devedor atenda à notificação e realize o pagamento perante o registro imobiliário, seguirá o contrato de alienação fiduciária nas mesmas condições.

De acordo com o § 6º do art. 26 da Lei n. 9.514/97, o oficial do Registro de Imóveis, nos três dias seguintes à purgação da mora, entregará ao fiduciário as importâncias recebidas, deduzidas as despesas de cobrança e de intimação.

Ocorrendo o pagamento da dívida e seus encargos, resolve-se a propriedade fiduciária do imóvel, consolidando-a nas mãos do antigo devedor, o que se faz por meio da averbação de cancelamento da propriedade fiduciária.

Segundo § 1º do art. 25 da Lei n. 9.514/97, no prazo de trinta dias, a contar da data de liquidação da dívida, o fiduciário fornecerá o respectivo termo de quitação ao fiduciante, sob pena de multa em favor deste, equivalente a meio por cento ao mês, ou fração, sobre o valor do contrato.

Importante trazermos aqui também que a Lei n. 13.476/2017 incluiu, ainda, na Lei n. 9.514/97 o art. 26-A, que dispõe que os procedimentos de cobrança, purgação de mora e consolidação da propriedade fiduciária relativos às operações de financiamento habitacional, inclusive as operações do Programa Minha Casa, Minha Vida, instituído pela Lei n. 11.977/2009, com recursos advindos da integralização de cotas no Fundo de Arrendamento Residencial (FAR), devem receber regramento especial. Estabelece em seu § 1º que nesses casos a consolidação da propriedade em nome do credor fiduciário será averbada no registro de imóveis trinta dias após a expiração do prazo para purgação da mora de que trata o § 1º do art. 26 desta Lei, e em seu § 2º que até a data da averbação da consolidação da propriedade fiduciária é assegurado ao devedor fiduciante pagar as parcelas da dívida vencidas e as despesas de que trata o inciso II do § 3º do art. 27, hipótese em que convalescerá o contrato de alienação fiduciária.

Percebe-se aqui nitidamente mais um esforço da Lei n. 13.476/2017 em manter a propriedade do bem nas mãos do devedor, dando a este, principalmente nos casos de população de baixa renda, uma maior oportunidade para quitar a dívida e evitar a perda do bem.

32
Contratos de Locação de Prédio nos quais se Tenha Estipulado a Cláusula de Vigência ou Preferência

O contrato de locação, via de regra, permanece somente no campo dos direitos obrigacionais, todavia, nos casos em que se estipula cláusula de vigência ou preferência, eles têm ingresso no fólio real, conforme o disposto no art. 167, I, 3, e II, 16 da Lei n. 6.015/73, respectivamente.

Assim, em um primeiro momento, passamos à análise da cláusula de vigência. O art. 576 do nosso Código Civil estabelece que, se a coisa for alienada durante a locação, o adquirente não ficará obrigado a respeitar o contrato, se nele não for consignada a cláusula da sua vigência no caso de alienação, e não constar de registro.

Essa mesma ideia é repetida no art. 8º da Lei n. 8.245/91, que estabelece que, "se o imóvel for alienado durante a locação, o adquirente poderá denunciar o contrato, com o prazo de noventa dias para a desocupação, salvo se a locação for por tempo determinado e o contrato contiver cláusula de vigência em caso de alienação e estiver averbado junto à matrícula do imóvel".

Com isso, a cláusula de vigência é uma garantia do locador para que este mantenha a sua locação, mesmo no caso de alienação do imóvel. Essa também é uma restrição ao direito de propriedade, uma vez que o adquirente não pode se utilizar do imóvel enquanto viger a locação, motivo que justifica seu ingresso no fólio real.

Importante ressaltar que a locação deve ser por prazo determinado, pois, caso se admitisse o contrário, o novo proprietário não poderia retomar o imóvel nunca, ficando a mercê do inquilino, característica que restou clara no art. 8º da Lei das Locações (Lei n. 8.245/91), acima mencionada.

Tal cláusula faz com que o contrato seja registrável no Livro n. 2 (Registro Geral) do Cartório de Registro de Imóveis. Apesar de o referido art. 8º da Lei n. 8.245/91 falar em averbação, o art. 167, II, 3, da Lei n. 6.015/73 é claro em estabelecer que neste caso o ato a ser praticado é um ato de registro.

Passando à análise da cláusula de preferência, percebe-se que esta serve para garantir ao locatário a preferência caso o locador deseje vender o imóvel. Esse direito já é previsto pelo art. 27 da Lei do Inquilinato (Lei n. 8.245/91), que estabelece que, "no caso de venda, promessa de venda, cessão ou promessa de cessão de direitos ou dação em pagamento, o locatário tem preferência para adquirir o imóvel locado, em igualdade de condições com terceiros, devendo o locador dar-lhe conhecimento do negócio mediante notificação judicial, extrajudicial ou outro meio de ciência inequívoca".

Apesar de o referido dispositivo dar a impressão de a preferência ser efeito automático do contrato, o art. 33 da referida lei demonstra a necessidade de a cláusula ter ingresso no registro de imóveis para garantir sua validade contra terceiros, visto que ele estabelece a data da inscrição como a data inicial para contar o prazo para se exercer o referido direito.

> Art. 33. O locatário preterido no seu direito de preferência poderá reclamar do alienante as perdas e danos ou, depositando o preço e demais despesas do ato de transferência, haver para si o imóvel locado, se o requerer no prazo de seis meses, a contar do registro do ato no cartório de imóveis, desde que o contrato de locação esteja averbado pelo menos trinta dias antes da alienação junto à matrícula do imóvel.

Apesar de o referido dispositivo falar em registro como o ato de inscrição, o próprio parágrafo único estabelece que o ato a ser praticado é o de averbação ao expor que "a averbação far-se-á à vista de qualquer das vias do contrato de locação desde que subscrito também por duas testemunhas". A forma de inscrição também é especificada como averbação na matrícula do imóvel locado (Livro n. 2 – Registro Geral), no art. 167, II, 16, da Lei de Registros Públicos.

Quanto ao título que deve ser apresentado tanto para o registro da cláusula de vigência quanto para a averbação da cláusula de preferência, o art. 169, III, da Lei n. 6.015/73 estabelece que deve ser qualquer das vias do contrato assinado pelas partes e subscrito por duas testemunhas, bastando a coincidência entre o nome de um dos proprietários e o locador.

Em princípio, da análise dos dispositivos apresentados extrai-se que, para o ingresso da cláusula de vigência e da cláusula de preferência no registro de imóveis, o mesmo contrato deve gerar dois atos, sendo um de registro (vigência) e outro de averbação (preferência); todavia, no Estado de São Paulo existe uma decisão da Corregedoria Geral de Justiça no Acórdão – *DJ* n. 0027416-80.2013.8.26.0100 – Apelação Cível de 18-3-2014 – que estabelece a desnecessidade de dois atos registrais, bastando o ato de registro.

33
Penhor de Máquinas e Aparelhos Utilizados na Indústria, Instalados e em Funcionamento

Penhor é um contrato por meio do qual o responsável por uma dívida ou obrigação, ou um terceiro em lugar deste, entrega ao credor coisa móvel ou semovente, para fim de sujeitá-la por vínculo real ao pagamento dessa dívida.

O registro do penhor é constitutivo e, em geral, seu registro será feito no cartório de títulos e documentos. Contudo, existem exceções a isso e, no que toca ao registro de imóveis, essas exceções são do penhor de máquinas e aparelhos utilizados na indústria e o penhor rural, no qual este último será analisado em capítulo próprio nesta obra.

O penhor de máquinas e de aparelhos utilizados na indústria, instalados e em funcionamento, com os respectivos pertences ou sem eles, também é conhecido como penhor industrial.

Nesse tipo de penhor, os bens apenhados continuam na posse direta do devedor, motivo pelo qual é imprescindível o registro do contrato para se dar publicidade perante terceiros, enquanto o credor fica com a posse indireta. Esse tipo de contrato deve ser registrado no registro de imóveis no Livro n. 3 (Registro Auxiliar), de acordo com o disposto no art. 167, I, 4, e art. 178, IV, ambos da Lei de Registros Públicos.

Além dessa disposição, há a do art. 1.448 do Código Civil, que estabelece que se constitui o penhor industrial, ou o mercantil, mediante instrumento público ou particular, registrado no Cartório de Registro de Imóveis da circunscrição onde estiverem situadas as coisas empenhadas.

Desse dispositivo podemos auferir várias regras:

Inicialmente, no que se refere ao instrumento constitutivo do penhor mercantil e do penhor industrial, este deve ser um instrumento escrito, não determinando se deve ser público ou particular, de modo que essa estipulação fica ao livre-arbítrio das partes.

Independentemente, todavia, da forma de constituição desses penhores, o seu registro será efetuado na serventia de registro de imóveis da circunscrição onde estiverem situadas as coisas empenhadas.

Nesse sentido, o dispositivo em questão representa uma inovação em relação ao regramento anterior, tendo em vista que só havia previsão para ingresso desses tipos de penhor no registro de imóveis se estes fossem constituídos por Cédulas de Crédito Comercial, devido ao disposto no art. 5º da Lei n. 6.840, de 3 de novembro de 1980, c/c. art. 30 do Decreto-lei n. 413, de 9 de janeiro de 1969; caso contrário, deveriam ser registrados no Registro de Títulos e Documentos, de acordo com sua competência residual.

Como a Lei n. 6.015/73 não faz menção do conteúdo do registro do penhor no Livro n. 3, entendemos que devem fazer parte dele os requisitos mínimos de validade dos contratos de penhor, consignados no art. 1.424 do Código Civil, que são: I – o valor do crédito, sua estimação, ou valor máximo; II – o prazo fixado para pagamento; III – a taxa dos juros, se houver; e IV – o bem dado em garantia com as suas especificações.

Além desses elementos, devem constar do registro os elementos gerais dos contratos, tais como: nome e qualificação das partes; imóvel da localização dos bens apenhados; data do documento, bem como as assinaturas das partes ou seus representantes legais.

Quanto a quem tem competência para solicitar o registro do penhor, encontramos o art. 1.432 do Código Civil, que estabelece que o instrumento de penhor deverá ser levado a registro por qualquer dos contratantes.

Questão relevante para o registrador encontra-se no art. 1.449 do Código Civil, que estabelece que o devedor não pode, sem o consentimento por escrito do credor, alterar as coisas empenhadas ou mudar-lhes a situação, nem delas dispor. Estabelece ainda que o devedor que, anuindo o credor, alienar as coisas empenhadas, deverá repor outros bens da mesma natureza, que ficarão sub-rogados no penhor.

Assim, de acordo com o citado dispositivo, não podem os bens dados nesse tipo de penhor ser alienados sem o consentimento expresso do credor, e, caso ocorra a alienação devidamente autorizada, o devedor deverá adquirir outros bens da mesma natureza que se sub-rogarão na dívida. Neste caso, havendo mudança na descrição do bem, essa alteração deverá ser averbada à margem do registro do penhor mediante um aditivo do contrato original.

34
SERVIDÕES PREDIAIS

Como o próprio nome diz, referem-se aos prédios, e não aos seus proprietários. Segundo a ilustre professora Maria Helena Diniz, "As servidões prediais são direitos reais de fruição sobre imóveis que, em virtude de lei ou vontade das partes, se impõem sobre o prédio serviente em benefício do dominante" (*Sistemas de registros de imóveis*, p. 129).

De acordo com o art. 1.378 do nosso Código Civil, podem ser constituídas mediante declaração expressa dos proprietários, ou por testamento, e subsequente registro no registro de imóveis da localização do bem.

Desse dispositivo, pode-se extrair algumas conclusões:

Inicialmente, só pode instituir servidão o proprietário do prédio serviente, sendo que este deve contar com a anuência dos demais condôminos de prédio indiviso, do usufrutuário ou do promitente comprador, uma vez que ela é uma limitação ao direito de propriedade e uma restrição ao direito de uso e gozo do imóvel.

No caso de proprietário que tenha a propriedade resolúvel do imóvel, este pode instituir a servidão com a ressalva de que ela se extingue resolvendo-se a propriedade.

Em se tratando de testamento, o testador institui a servidão sobre prédio que deixará a algum beneficiário, o qual já receberá a propriedade gravada desse ônus.

O referido artigo trata das servidões constituídas por vontade das partes, sendo que essas também podem ser constituídas, quando aparentes, por meio de ação de usucapião, provados os requisitos do referido instituto, que no caso das servidões pode ser traduzido como o exercício livre de oposições da servidão como se fosse seu titular pelo lapso temporal requerido.

Pode ser constituída servidão sobre quaisquer utilidades do prédio serviente, podendo inclusive ser negativa, como uma servidão de luz em que o proprietário do prédio serviente deve se abster de construir em determinado local ou a determinada altura.

As servidões são indivisíveis, de acordo com o art. 1.386 do Código Civil, e subsistem, no caso de divisão dos imóveis, em benefício de cada uma das porções do prédio dominante, além de continuarem a gravar cada uma das partes do prédio serviente, salvo se, por natureza, ou destino, só se aplicarem à certa parte de um ou de outro.

Em vista disso, importante lembrar que a servidão, sempre que possível, deve vir completamente descrita, sob pena de não se conseguir identificar com precisão a sua localização e, em caso de divisão, aumentar o gravame que poderia ser atribuído a uma só das partes desmembradas para todas as demais.

Além disso, a não descrição dos rumos e medidas da servidão, quando possível, fere o princípio da especialização registrária. Ademais, caso admitíssemos o ingresso de servidão sem a sua descrição quando o tipo a requeira, condenaríamos o prédio serviente a ter que a respeitar em qualquer parte de seu território, pois a sua localização não estaria delimitada.

O art. 1.384 do nosso Código Civil determina que a servidão pode ser removida, de um local para outro, pelo dono do prédio serviente e à sua custa, se em nada diminuir as vantagens do prédio dominante, ou pelo dono deste e à sua custa, se houver considerável incremento da utilidade e não prejudicar o prédio serviente.

É da natureza das servidões a perpetuidade. Dessa forma, elas existem até que seja cancelado seu registro, salvo se as partes tiverem convencionado um prazo para sua existência.

Nesse sentido, temos o art. 1.387 do Código Civil, que estabelece que, salvo nas desapropriações, a servidão, uma vez registrada, só se extingue, com respeito a terceiros, quando cancelada.

Vistas de forma geral as principais características das servidões, passemos ao estudo das formas de cancelamento das servidões prediais. O parágrafo único do citado art. 1.387 determina que, se o prédio dominante estiver hipotecado, e a servidão se mencionar no título hipotecário, será também preciso, para cancelá-la, o consentimento do credor.

Essa disposição ocorre porque a servidão aumenta a utilidade do prédio dominante e, em consequência, o seu valor, de forma que, se este foi dado em garantia hipotecária com a respectiva servidão, o cancelamento desta implicaria em uma diminuição da garantia.

O art. 1.388 do Código Civil dispõe as formas pelas quais o dono do prédio serviente pode se ver livre da servidão pelas vias judiciais, mesmo contra a vontade do dono do prédio dominante.

Assim, o citado artigo dispõe que o dono do prédio serviente tem direito, pelos meios judiciais, ao cancelamento do registro, embora o dono do prédio dominante lho impugne: I – quando o titular houver renunciado a sua servidão; II – quando tiver cessado, para o prédio dominante, a utilidade ou a comodidade, que determinou a constituição da servidão; ou III – quando o dono do prédio serviente resgatar a servidão.

No que se refere à renúncia, deve ser escrita não especificando a lei sobre a sua forma, de modo que deve ser respeitada a regra geral do art. 108 do Código Civil.

Em relação à cessação da utilidade ou comodidade da servidão, ela deve ser apurada judicialmente, sendo materializada por meio de um mandado. Caso exista consenso entre as partes, não há necessidade de se recorrer à esfera judicial, caso em que o beneficiado poderá simplesmente renunciar à servidão.

No tocante ao resgate, nada mais é do que um contrato no qual o dono do prédio serviente compra de volta a servidão com o intuito de extingui-la. Como neste caso tratamos de uma transmissão de direito real, a forma desse contrato deve seguir as regras do art. 108 do Código Civil.

Também ensejam a extinção das servidões prediais as causas descritas no art. 1.389 do Código Civil, que estabelece que também se extingue a servidão, ficando ao dono do prédio serviente a faculdade de fazê-la cancelar, mediante a prova da extinção: I – pela reunião dos dois prédios no domínio da mesma pessoa; II – pela supressão das respectivas obras por efeito de contrato, ou de outro título expresso; e III – pelo não uso, durante dez anos contínuos.

Desse artigo infere-se que é necessário para o nascimento e subsistência das servidões que os prédios pertençam a proprietários distintos, visto que a reunião dos imóveis cessa sua necessidade; todavia, observa-se que a extinção nesse caso não é automática, necessitando de provocação do titular dos prédios. Isso se dá pois, mesmo se o prédio dominante e serviente passarem a pertencer à mesma pessoa, essa situação pode ser temporária, por exemplo, desejando o proprietário manter a servidão para o momento em que a titularidade voltar a ser diversa.

No que se refere ao não uso, este faz presumir a desnecessidade da servidão para o prédio dominante, motivo pelo qual se dá a extinção, que deverá ser requerida judicialmente para que se possa provar o não uso.

Quanto ao registro, as servidões devem ser registradas na matrícula (Livro n. 2 – Registro Geral) do prédio serviente e averbadas na matrícula do prédio dominante, quando estes existirem.

Importante lembrar que nos casos das servidões administrativas não se terá o prédio dominante, como é o caso da servidão de energia elétrica, hipótese em que só se fará o registro no prédio serviente.

35
Usufruto, Uso e Habitação quando não Resultarem do Direito de Família

Usufruto é um direito real temporário que destaca da propriedade o direito de usar e gozar de um bem móvel ou imóvel e o atribui a pessoa determinada diferente do proprietário. Assim, a propriedade ficará temporariamente fracionada, sendo que ao usufrutuário será conferido o uso e gozo da coisa (*jus utendi* e *jus fruendi*), retendo o titular de domínio (nu-proprietário) o poder de disponibilidade (o *jus abutendi*) dela.

Podem ser objeto do usufruto, de acordo com o art. 1.390 do nosso Código Civil, um ou mais bens, móveis ou imóveis, um patrimônio inteiro, ou parte deste, abrangendo-lhe, no todo ou em parte, os frutos e utilidades.

O art. 1.391 do citado código traz uma inovação, que entendemos ter ampliado as possibilidades de registro do usufruto, uma vez que declara que o usufruto de imóveis, quando não resulte de usucapião, constituir-se-á mediante registro no Cartório de Registro de Imóveis. Desse dispositivo, podemos concluir que a única exceção à necessidade de registro é a usucapião.

Assim, de acordo com esse entendimento, tanto o usufruto instituído por contrato quanto o legal decorrente do direito de família passariam a ser necessariamente registrados para que se desse publicidade perante terceiros.

Nesse sentido, há a opinião do ilustre registrador Ademar Fioranelli (Oficial do 7º Registro de Imóveis de São Paulo Capital) em artigo publicado no Boletim Eletrônico do IRIB (Instituto de Registro de Imóveis do Brasil) n. 616, de 3 de fevereiro de 2003:

> "Referido dispositivo, correspondente ao art. 715 do Código anterior, obriga, à exceção do de usucapião, o registro obrigatório não só do usufruto decorrente da vontade das partes como das demais espécies, como as que decorrem de direito sucessório e de família, que se constituem *ope legis*, os chamados usufruto legal ou vidual. Se antes não obrigatória, a publicidade registrária passa a ser necessária para prevenir terceiros. É a valorização do Registro Imobiliário, organismo que deve concentrar e dar ampla publicidade às mutações que a propriedade experimenta.
>
> Prestigia-se, em bom momento, os princípios da concentração e da publicidade, que o E. Conselho Superior da Magistratura paulista já vinha defendendo (v.g. Ap. Cível n. 68.107-0/6 – DOJ de 26-5-2000)".

Esse entendimento não é pacífico, existindo quem entenda que, ainda que na vigência do Código Civil de 2002, desnecessário será o registro do usufruto decorrente do direito de família, em virtude do art. 167, I, 7, da Lei n. 6.015/76, que estabelece que estarão sujeitos a registro no registro de imóveis o usufruto e o uso sobre imóveis e da habitação, quando não resultarem do direito de família. Para estes a Lei n. 6.015/73 seria uma lei especial que, no conflito aparente com as normas do Código Civil, deveria prevalecer.

Mesmo neste ponto existem doutrinadores como o professor Christiano Cassettari (publicado Boletim n. 4132 | Grupo Serac | São Paulo, 02 de Setembro de 2010) que entendem que quando estes direitos forem decorrentes do direito de sucessões não se aplicará a exceção pois não estaríamos tratando de direito de família.

De qualquer forma entendemos pela imprescindibilidade do registro em todos os casos, mesmo porque a exclusão do registro desse tipo de usufruto traz grandes prejuízos ao sistema registral, uma vez que os terceiros que contratarem com os nus-proprietários do imóvel, em regra, não terão conhecimento sobre a existência do instituto, podendo ser surpreendidos posteriormente, mesmo tomando todas as precauções deles exigidas para a sua segurança no momento da negociação.

Assim, ainda que se entenda que o surgimento do usufruto legal não se dá com seu registro, em nossa opinião deveria ser levado a registro para atingir sua publicidade perante terceiros e dessa forma garantir a estabilidade do sistema.

Passando à análise das formas de constituição do usufruto, este pode ser constituído pela lei (legal), contrato (convencional) ou testamento (testamentário).

O usufruto legal é aquele que, como o próprio nome diz, decorre de uma situação previamente prevista em lei na qual se identifica a vulnerabilidade da parte que é beneficiada pelo instituto.

Não encontramos em um único lugar a descrição desses casos, sendo eles dispostos de forma dispersa pela nossa legislação. Podemos citar como exemplo dessa modalidade de usufruto o art. 1.689 do Código Civil, que determina que os pais sejam usufrutuários em relação aos filhos menores, em virtude do poder familiar. Podemos ainda enquadrar nessa categoria o usufruto indígena das terras da União que tradicionalmente ocupam ou ainda o usufruto vidual atribuído a companheira nos termos do art. 2º da Lei n. 8.971/94, dentre outros.

O usufruto testamentário ocorre quando o *de cujus* deixa a nua propriedade em favor de uma pessoa e o usufruto em favor de outra por tempo determinado ou de forma vitalícia. Pode ainda ocorrer no caso de fideicomisso se, ao tempo da morte do testador (fideicomitente), já tiver nascido o fideicomissário, caso em que passará o fiduciário a ser usufrutuário do bem fideicometido.

O usufruto convencional pode surgir de várias maneiras: a) pela atribuição da nua-propriedade em favor de uma pessoa e o usufruto em favor de outra; b) pela atribuição do usufruto para uma terceira pessoa e reserva da nua-propriedade para si; c) pela transmissão da propriedade a uma pessoa com a concomitante reserva do usufruto para o alienante (usufruto reservado ou deducto).

O art. 1.393 do nosso Código Civil proclama que não se pode transferir o usufruto por alienação, mas o seu exercício pode ceder-se por título gratuito ou oneroso. Assim, desse artigo depreende-se que o usufruto não pode ser vendido, mas pode ser feita a cessão dos direitos do usufrutuário a título gratuito ou oneroso. Essa cessão de direitos restringe-se ao âmbito obrigacional, não tendo acesso ao fólio real.

Dessa possibilidade se infere que, da mesma forma que podem ser cedidos os direitos de uso e gozo decorrentes do usufruto, estes também podem ser penhorados para o pagamento de dívidas, à medida que tenham conteúdo econômico.

Voltando à análise da alienação do usufruto, deve-se ressaltar, contudo, que essa alienação, se feita ao proprietário do bem, não está vedada, visto que efetivamente consiste na consolidação, uma das formas de extinção do usufruto (art. 1.410, VI).

Quanto a essa proibição, entendemos que ela passa a existir somente quando o usufruto já está constituído, de forma que se pode alienar o uso e o gozo para sua constituição.

Nesse sentido, há o trabalho do ilustre registrador Ulysses da Silva: "O bom senso nos leva a interpretar a proibição aí contida como endereçada ao eventual usufrutuário já constituído e não ao pleno proprietário, porque a este cabe, sem nenhum embargo, o direito de instituir o usufruto a quem lhe aprouver. E, se pode instituir, pode, obviamente, alienar" (*O Código Civil e o registro de imóveis*, p. 310).

Necessário ressaltar que, caso se permitisse a alienação do usufruto, esta poderia ser utilizada como forma de perpetuar o instituto e descaracterizar a temporariedade, pois a partir da alienação se teria um novo usufruto e os prazos de extinção voltariam a contar para o novo usufrutuário.

Entendemos também que não há proibição para o nu-proprietário, em conjunto com o usufrutuário, transferir o pleno domínio a terceiro, o que seria um caso de consolidação.

No que se refere às formas de extinção do usufruto, estão elencadas no art. 1.410 do Código Civil, que dispõe que o usufruto se extingue, cancelando-se o registro no Cartório de Registro de Imóveis, do que se extrai que a extinção só se faz mediante sua inscrição no registro de imóveis. Essa disposição se enquadra perfeitamente na regra geral de que o registro é válido e eficaz até o seu cancelamento na serventia imobiliária.

Passando à análise das causas de extinção do usufruto, vê-se que uma delas é a renúncia ou morte do usufrutuário.

No que se refere à morte do usufrutuário, lembramos que, caso o usufruto seja simultâneo, ou seja, estabelecido a favor de mais de uma pessoa ao mesmo tempo no momento de sua constituição, é possível que se tenha estipulado nesse momento o chamado direito de acrescer.

Pelo direito de acrescer estabelecem as partes que o usufruto fica instituído em favor de mais de uma pessoa e que o falecimento de uma ou algumas delas não extinguirá o instituto na parte que a esta(s) cabia(m), sendo as suas partes acrescidas a dos sobreviventes até o falecimento do último usufrutuário.

Regulamentando esse dispositivo, encontramos o art. 1.411 do nosso Código Civil, que estabelece que, sendo o usufruto constituído em favor de duas ou mais pessoas, extinguir-se-á a parte em relação a cada uma das que falecerem, salvo se, por estipulação expressa, o quinhão desses couber ao sobrevivente.

O direito de acrescer deve estar expresso, sendo considerado uma exceção à regra geral de que o usufruto se extingue com a morte. Ou seja, caso a instituição não contenha claramente que o quinhão deve caber ao sobrevivente, voltaremos à regra geral e consequentemente ocorrerá o cancelamento parcial do usufruto.

Importante ressaltar que, como se extrai do artigo comentado, só existe direito de acrescer quando este for expresso no momento da instituição. No usufruto existe uma das raras hipóteses de direito de acrescer previstas no ordenamento (outros exemplos são: doação feita em benefício do casal e o previsto no direito sucessório).

O usufruto vem atender à finalidade eminentemente assistencial e de proteção familiar que configura a forma de ser usual do instituto, sem quebrar de vez a estipulação de sua transitoriedade. Existia no nosso Código de Processo Civil de 1973 um tipo de usufruto que não atendia essas características, o chamado usufruto judicial (ou usufruto forçado). Tal instituto era previsto no art. 708, IV, do Código de Processo Civil de 1973, que mencionava que o pagamento ao credor poderia ser feito pelo estabelecimento compulsório do usufruto sobre bem imóvel ou de empresa do devedor, por tempo suficiente para promover o pagamento do crédito devido ao credor. O novo Código de Processo Civil trouxe redação semelhante em seu art. 825, III. Todavia, o novo dispositivo deixou de nominar o instituto, como usufruto, passando a tratá-lo como apropriação de frutos e rendimentos de empresa ou de estabelecimentos e de outros bens. Essa modificação fez com que o usufruto judicial deixasse de existir à medida que o novo dispositivo possibilita que ocorra a apropriação direta dos frutos e rendimentos sem a necessidade da instituição do direito real.

Tal norma é muito salutar, uma vez que atende plenamente a função social da propriedade, permitindo ao mesmo tempo a satisfação do credor com a menor onerosidade ao devedor.

Quanto à renúncia, exige instrumento público, caso o valor do imóvel (e não simplesmente do direito real) seja superior a 30 salários mínimos, de acordo com o disposto no art. 108 do nosso Código Civil, o qual estabelece que, não dispondo a lei em contrário, a escritura pública é essencial à validade dos negócios jurídicos que visem a constituição, a transferência, a modificação ou a renúncia de direitos reais sobre imóveis de valor superior a trinta vezes o maior salário mínimo vigente no País.

Importante destacar que se exige, para a renúncia desse direito, a outorga uxória ou consentimento marital, se casado o usufrutuário, exceto quando se tratar de regime da separação absoluta dos bens (art. 1.647 do Código Civil), ou ainda no regime de comunhão final dos aquestos em que se pactuou a cláusula de livre alienação e oneração dos bens durante a vigência da sociedade conjugal.

Sendo ambos os cônjuges titulares do direito de usufruto, é possível que apenas um deles proceda à renúncia, caso em que, como vimos anteriormente, o outro mesmo assim precisará dar a sua anuência; todavia, se ambos desejam renunciar, não há que se falar em anuência do cônjuge, mas, sim, em renúncia do direito por ambos.

Outra forma de extinção do usufruto é pelo final do prazo de sua duração, isso porque vimos que o usufruto pode ser vitalício ou temporário, de acordo com a vontade das partes. Assim, se elas estabeleceram a sua temporariedade, o final do prazo de sua duração dá causa à sua extinção.

Quando estamos tratando de usufruto instituído em favor de pessoa jurídica, existe regra específica para a sua extinção, uma vez que sua morte não ocorreu, o que geraria a instituição de um usufruto que poderia atingir a perpetuidade. Dessa forma, no que se refere às pessoas jurídicas, o usufruto tem seu fim pela extinção da pessoa jurídica, em favor de quem o usufruto foi constituído, ou, se ela perdurar, pelo decurso de trinta anos da data em que se começou a exercer.

Assim, não podemos falar em vitaliciedade quando tratamos de usufruto instituído em favor de pessoas jurídicas, uma vez que o prazo máximo da instituição será de trinta anos, podendo se extinguir anteriormente, caso a pessoa jurídica titular do direito venha a se extinguir.

O prazo da instituição do usufruto em favor de pessoas jurídicas foi reduzido em relação ao Código Civil de 1916, o qual estipulava que o usufruto se extinguia no prazo de 100 anos, caso a pessoa jurídica não se extinguisse antes.

Também se apresenta como uma das causas de extinção do usufruto a cessação do motivo de que se origina. Nesse caso, o motivo deve vir especificado no instrumento de instituição, e a sua extinção deve ser apurada judicialmente, não cabendo ao registrador fazer essa apuração na esfera administrativa, visto que nesse caso deve ser garantida à outra parte, ou seja, àquela que está perdendo o benefício, os requisitos da ampla defesa que só podem ser obtidos judicialmente.

Outra forma de extinção do usufruto se dá quando ocorre a destruição da coisa. Nesse caso, havendo destruição parcial da coisa e restando utilidade no que não foi destruído, o usufruto permanece no tocante ao que não foi destruído.

Equiparável à destruição é a mudança que sofre a coisa, a tal ponto que se torne imprestável ao fim a que se destinava.

Importante destacar que, se a coisa estiver segurada, o direito do usufrutuário fica sub-rogado no valor da indenização do seguro, de acordo com o § 2º do art. 1.407 do Código Civil. E ainda que um edifício sujeito a usufruto seja destruído sem culpa do proprietário, não será este obrigado a reconstruí-lo, nem o usufruto se restabelecerá, se o proprietário reconstruir à sua custa o prédio; mas se a indenização do seguro for aplicada à reconstrução do prédio, restabelecer-se-á o usufruto (art. 1.408 do CC).

Também será causa de extinção do usufruto a consolidação que consiste na reunião da nua-propriedade e do usufruto nas mãos da mesma pessoa (confusão), caso em que não se justifica mais a existência do usufruto.

O usufruto será extinto, ainda, por culpa do usufrutuário, quando aliena, deteriora, ou deixa arruinar os bens, não lhes acudindo com os reparos de conservação, ou quando, no usufruto de títulos de crédito, não dá às importâncias recebidas a aplicação prevista no parágrafo único do art. 1.395.

Por fim, o usufruto se extinguirá pelo não uso, ou não fruição, da coisa em que o usufruto recai. Nesse caso, importante notar que, se houver usucapião do imóvel, o usufruto extingue-se com a aquisição da propriedade.

Já o direito de uso, também chamado de usufruto anão, constitui direito real de uso sobre coisa móvel ou imóvel, constituído de forma gratuita ou onerosa, mediante a transferência apenas do direito de uso da coisa. Seu registro é constitutivo (art. 167, I, 7, da LRP), e a ele se aplica a mesma polêmica do usufruto, caso decorra do direito de família.

É tão semelhante ao usufruto que o art. 1.413 do Código Civil determina que sejam aplicadas ao uso, por analogia, as mesmas regras do usufruto, desde que compatíveis.

Porém, ao longo dos anos, o poder público tem dado nova feição a esse instituto, usando-o para legitimar o uso pelos particulares de imóveis públicos. Foi criada a figura da concessão de direito real de uso, inicialmente prevista na art. 8º do Decreto-Lei n. 271/67, mas que hoje se acha também prevista pelo art. 1.225, XI, do Código Civil.

Conceitua-se a concessão de direito real de uso como o contrato pelo qual a Administração transfere o uso remunerado ou gratuito de terreno público a particular, como direito real resolúvel, para que dele se utilize em fins específicos de regularização fundiária de interesse social, urbanização, industrialização, edificação, cultivo da terra, aproveitamento sustentável das várzeas, preservação das comunidades tradicionais e seus meios de subsistência ou outras modalidades de interesse social em áreas urbanas. É um contrato administrativo, de direito real, transmissível por ato *inter vivos* e *causa mortis*.

Mais recentemente, o uso tem ganhado mais uma vertente, pautada no direito à moradia (art. 6º, *caput*, da Constituição Federal). O poder público, diante do enorme problema do déficit habitacional brasileiro, aliado ao fato concreto de inúmeras áreas públicas terem sido invadidas pela população de baixa renda para a construção de sua moradia, resolveu regulamentar o art. 183, § 1º, da Constituição Federal.

Isso foi feito pela edição da Medida Provisória n. 2.220/2001, a qual criou a chamada concessão de uso especial para fins de moradia, uma forma ainda mais especializada do direito de uso, e que hoje, após emenda no Código, também está prevista no art. 1.225, XI, do Código Civil.

O art. 1º da Medida Provisória explicita que, aquele que até 30 de junho de 2001 possuiu como seu, por cinco anos, ininterruptamente e sem oposição, até 250 metros quadrados de imóvel público situado em área urbana, utilizando-os para sua moradia ou de sua família, tem o direito à concessão de uso especial para fins de moradia em relação ao bem objeto da posse, desde que não seja proprietário ou concessionário, a qualquer título, de outro imóvel urbano ou rural.

Ou seja, diferentemente do que ocorre com a concessão de direito real de uso, na concessão para fins de moradia existe para o ocupante um direito subjetivo à concessão desse direito real, uma vez preenchidos os requisitos legais.

Por fim, temos o direito de habitação, o qual pode ser definido como direito real de habitar casa alheia. Ele transfere apenas o direito de usar o imóvel, como ocorre no uso, mas de forma ainda mais restrita, pois concede somente o direito do beneficiado de habitar o imóvel com sua família. Assim, o habitante não pode alugar e nem emprestar o imóvel, mas apenas morar nele com sua família. Também aqui está previsto pelo art. 1.416 do Código Civil que são aplicáveis à habitação, no que não for contrário à sua natureza, as disposições relativas ao usufruto.

Durante anos a habitação era o menos importante dos três institutos (usufruto, uso e habitação) por causa dessa limitação. Contudo, o instituto ganhou nova importância com o advento do novo Código Civil, especificamente em razão de sua previsão no direito das sucessões.

Na égide do Código de 1916, havia a previsão do usufruto vidual, contido no art. 1.611, § 1º: o cônjuge viúvo, se o regime de bens do casamento não fosse o da comunhão universal, teria direito, enquanto durasse a viuvez, ao usufruto da quarta parte dos bens do cônjuge falecido, se houvesse filhos, deste ou do casal, e à metade, se não houvesse filhos, embora sobrevivessem ascendentes do *de cujus*.

Ao cônjuge casado sob o regime da comunhão universal, enquanto vivo fosse e permanecendo no estado de viúvo, era garantido o direito real de habitação relativamente ao imóvel destinado à residência da família, desde que fosse o único bem daquela natureza a inventariar.

Existia também o usufruto vidual do companheiro supérstite, previsto na Lei n. 8.971/94, em seu art. 2º, I e II, e posteriormente o direito real de habitação do companheiro, conforme art. 7º, parágrafo único, da Lei n. 9.278/96.

O novo Código, porém, revogou todas essas disposições anteriores, especialmente no tocante ao usufruto vidual, que deixou de existir. O art. 1.831 passou a prever que, ao cônjuge sobrevivente, qualquer que seja o regime de bens, será assegurado, sem prejuízo da participação que lhe caiba na herança, o direito real de habitação relativamente ao imóvel destinado à residência da família, desde que seja o único daquela natureza a inventariar.

Contudo, em relação à sucessão do companheiro, o Código nada falou. Dessa forma, embora seja ponto de extrema polêmica, predomina a posição de que não existe mais para o companheiro supérstite o direito real de habitação anteriormente estabelecido pelo art. 7º, parágrafo único, da Lei n. 9.278/96, pelo fato de o novo Código ter regulamentado integramente a questão da sucessão dos companheiros. O mesmo se aplica em relação ao usufruto vidual.

36
Rendas Constituídas sobre Imóveis ou a Elas Vinculadas por Disposição de Última Vontade

No que se refere às rendas constituídas sobre imóveis, com a entrada em vigor do Código Civil de 2002, surgiu a discussão sobre sua registrabilidade no Registro de Imóveis. Isso se deu tendo em vista que o novo Código Civil deixou de elencar esse tipo de direito como um Direito Real. Em virtude disso, e com base na taxatividade do rol dos direitos reais adotada pelo nosso sistema, a maioria da nossa doutrina e jurisprudência tem adotado o posicionamento da irregistrabilidade do referido direito.

Todavia, para os que admitem ainda o ingresso desse instituto no registro de imóveis, faremos uma análise breve dele.

Rendas são prestações periódicas instituídas em favor de outrem, a título gratuito ou oneroso. O instrumento hábil para a constituição (ato *inter vivos*) é a escritura pública,[25] e para a vinculação (ato *causa mortis*) é o testamento.

Note que, no caso do testamento, este não tem ingresso no registro de imóveis, sendo o título hábil para o registro o formal de partilha.

No caso de a renda ser instituída a título oneroso, os bens são entregues a uma pessoa que se obriga a satisfazer as prestações a favor do credor ou de terceiros; neste caso, pode o credor, ao contratar, exigir que o rendeiro lhe preste garantia real, ou fidejussória.

Segundo o art. 806 do Código Civil, o contrato de constituição de renda será feito a prazo certo, ou por vida, podendo ultrapassar a vida do devedor, mas não a do credor, seja ele o contratante, seja terceiro.

Importante destacar que, de acordo com o art. 808 do Código Civil, é nula a constituição de renda em favor de pessoa já falecida, ou que, nos trinta dias seguintes, vier a falecer de moléstia que já sofria, quando foi celebrado o contrato.

Deve-se observar que, se houver ocorrido o registro, para que se proceda o cancelamento neste caso, não será necessário um mandado judicial, reconhecendo a nulidade para a sua retirada do fólio real, desde que a prova da nulidade não enseje dúvidas.

Nesse sentido, temos o art. 214 da Lei de Registros Públicos (Lei n. 6.015/73): "As nulidades de pleno direito do registro, uma vez provadas, invalidam-no, independentemente de ação direta".

---

25. Art. 807 do Código Civil de 2002.

Acerca do tema, há ainda em comentário ao citado artigo, a opinião do ilustre autor Walter Ceneviva: "Nada obsta a que o próprio interessado, em cujo nome foi feito o registro, reconhecendo a existência da nulidade, requeira seu cancelamento diretamente ao cartório imobiliário. Havendo pedido de terceiro e impugnação do interessado, serão estes remetidos às vias ordinárias" (*Lei dos registros públicos comentada*, p. 403).

Se se tratar de constituição do direito em favor de mais de uma pessoa, dispõe o art. 812 do nosso Código Civil a necessidade de se deixar expresso o direito de acrescer, caso ele exista, estabelecendo que, quando a renda for constituída em benefício de duas ou mais pessoas, sem determinação da parte de cada uma, entende-se que os seus direitos são iguais; salvo estipulação diversa, não adquirirão os sobrevivos direito à parte dos que morrerem.

O art. 813 do Código Civil abre a possibilidade ao instituidor de declarar impenhorável a renda constituída, estabelecendo que a renda constituída por título gratuito pode, por ato do instituidor, ficar isenta de todas as execuções pendentes e futuras.

Quanto ao registro desse instituto no cartório de registro de imóveis, para os que o admitem, será efetuado na matrícula (Livro n. 2 – Registro Geral) do imóvel sobre o qual foi constituída a renda ou sobre o qual foi vinculado a ela.

No caso de instituição a título oneroso em que o devedor prestar garantia real, também deverá ser registrada no cartório competente.

37
Compromisso de Compra e Venda

O Compromisso de Compra e Venda é um contrato preliminar em que as partes se obrigam, mutuamente, ao outorgar escritura ou contrato definitivo para certo momento e sob determinadas condições.

Como todo contrato preliminar, deve seguir todos os requisitos legais do definitivo, exceto quanto à forma.[26] Dessa maneira, o compromisso de compra e venda pode ser realizado por instrumento particular independentemente do valor do bem.

O parágrafo único do art. 463 do Código Civil estabelece que o contrato preliminar deverá ser levado ao registro competente. Desse dispositivo, conclui-se que é obrigatório o registro desse tipo de contrato para que tenha validade contra terceiros; sem este, só terá validade entre as partes.

Esse instituto, no que se refere aos imóveis rurais, tem sua regulamentação legal no Decreto-lei n. 58/37, regulamentado pelo Decreto-lei n. 3.079/38, com as alterações feitas pelas Leis ns. 649/49 e 6.014/73.

Quanto aos imóveis urbanos, há a Lei n. 6.766/79, que derrogou em parte o Decreto-lei n. 58/37, no que se refere a estes imóveis.

Historicamente, o Decreto-lei n. 58/37 estabeleceu, em princípio, a obrigatoriedade do registro dos loteamentos rurais e urbanos, atribuindo eficácia real aos imóveis loteados.

A Lei n. 649/49 estendeu esse regime aos imóveis não loteados, se preenchidas as condições de não terem cláusula de arrependimento em seus contratos de compromisso de compra e venda e serem registrados no Cartório de Registro de Imóveis.

O compromisso de compra e venda firmado com a cláusula de irretratabilidade pode ser traduzido em um adiamento da transferência da propriedade do imóvel até o pagamento integral de seu preço. Todavia, esse adiamento gera somente o direito real à aquisição do imóvel, não transferindo a propriedade, a qual somente poderá ser transferida por escritura pública outorgada posteriormente ou por mandado judicial em ação de adjudicação compulsória.

De acordo com o art. 5º do Decreto-lei n. 58/37, o registro do contrato confere direito real ao compromissário, oponível a terceiros no que se refere à alienação ou à oneração posterior do imóvel compromissado.

No art. 15, o referido decreto-lei atribuiu ao promissário o direito de exigir a outorga da escritura, quando antecipado ou ultimado o pagamento do preço.

---
26. Art. 462 do Código Civil de 2002.

Já o art. 16 do decreto-lei conferiu ao compromissário-comprador a ação de adjudicação compulsória, caso o compromitente-vendedor se recusasse à outorga da escritura.

Deve-se ressaltar que o art. 23 do mesmo decreto-lei é bem claro ao afirmar que nenhuma ação ou defesa se admitirá, fundada nos dispositivos dessa lei, sem apresentação de documento comprobatório do registo por ela instituído.

Todavia, infelizmente, vêm entendendo nossos tribunais, contrariando expresso texto de lei, pela desnecessidade do registro nas ações de adjudicação compulsória.

Nesse sentido, encontramos a Súmula 239 do STJ, que dispõe: "O direito à adjudicação compulsória não se condiciona ao registro do compromisso de compra e venda no cartório de imóveis".

Esse entendimento, todavia, entra em conflito com a nossa legislação, principalmente após a entrada em vigor do Código Civil de 2002, uma vez que este foi claro ao estabelecer em seu art. 1.417 que, mediante promessa de compra e venda, em que se não pactuou arrependimento, celebrada por instrumento público ou particular e registrada no Cartório de Registro de Imóveis, adquire o promitente comprador direito real à aquisição do imóvel.

Complementando o dispositivo anterior, encontramos o art. 1.418, que estabelece que o promitente comprador, titular de direito real, pode exigir do promitente vendedor, ou de terceiros, a quem os direitos deste forem cedidos, a outorga da escritura definitiva de compra e venda, conforme o disposto no instrumento preliminar; se houver recusa, pode requerer ao juiz a adjudicação do imóvel.

Dessa forma, podemos observar que, de acordo com o disposto em nosso Código Civil, somente surgirá o direito real se a promessa de compra e venda na qual não se pactuou cláusula de arrependimento for registrada no registro de imóveis. Observamos ainda que somente o promitente comprador titular do direito real poderá requerer a adjudicação compulsória do imóvel.

Por esse motivo, entendemos que, apesar da existência da referida Súmula 239 do STJ, na atualidade, frente às mudanças trazidas pelo Código Civil de 2002, não se deve mais admitir a adjudicação compulsória em decorrência de um compromisso de compra e venda não registrado, mesmo porque isso pode afetar terceiros de boa-fé desprevenidos, que confiaram no sistema e tomaram todas as precauções legais necessárias para adquirir ou aceitar o imóvel em garantia.

Malgrado esse entendimento, como não houve até o presente momento revisão da referida súmula, a maioria dos julgados sobre o tema ainda acompanha o entendimento da desnecessidade do registro do referido contrato para se obter o amparo judicial na transmissão forçada da propriedade.

Outro ponto a se destacar é que o art. 167, I, 9, da Lei n. 6.015/73 estabelece que será feito na matrícula do imóvel o registro dos contratos de compromisso de compra e venda de cessão deste e de promessa de cessão, com ou sem cláusula de arrependimento, que tenham por objeto imóveis não loteados e cujo preço tenha sido pago no ato de sua celebração, ou deva sê-lo a prazo, de uma só vez ou em prestações.

Da análise do artigo citado, observamos que ele estabelece o registro dos compromissos de compra e venda com ou sem a existência de cláusula de arrependimento.

Num primeiro momento, gostaríamos de destacar que, no que se refere aos imóveis loteados, é inadmissível a pactuação de cláusula de arrependimento. Esse entendimento se dá em virtude do art. 25 da Lei n. 6.766/79, que estabelece que são irretratáveis os compromissos de compra e venda, cessões e promessas de cessão, os que atribuam direito à adjudicação compulsória e, estando registrados, confiram direito real oponível a terceiros.

Todavia, como já dispusemos, a Lei n. 6.766/79 regulamenta somente os loteamentos urbanos, sendo que os loteamentos rurais ainda na atualidade continuam sendo regulamentados pelo Decreto-lei n. 58/37. Assim, no que se refere a estes, encontramos a Súmula 166 do STF, que estabelece que é inadmissível o arrependimento no compromisso de compra e venda sujeito ao regime do Decreto-lei n. 58/37.

A vedação da possibilidade da pactuação da cláusula de arrependimento surgiu em virtude da prática de alguns loteadores de má-fé, que firmavam compromisso de compra e venda com cláusula de retratação e, após a valorização do loteamento, utilizavam-se desse direito para reaver os terrenos ainda não construídos, devolvendo o dinheiro, mas absorvendo todo o lucro imobiliário que deveria ser atribuído à parte.

Devemos destacar que essa vedação somente tem lugar quando da alienação do lote pelo loteador, de modo que não existe nenhuma restrição em que se pactue a referida cláusula entre os particulares.

Devemos observar ainda que a Lei n. 6.015/73 permite o registro dos referidos compromissos com ou sem a cláusula de arrependimento. Todavia, a edição do Código Civil de 2002 trouxe discussão a respeito dessa possibilidade. Isso se dá, pois, como visto antes, o art. 1.417 do Código Civil deixa claro que somente surgirá o direito real à aquisição advindo do compromisso de compra e venda quando for irretratável.

Assim, se a existência da cláusula de retratação faz com que não surja o direito real e se somente ingressarão na matrícula os direitos reais sobre o imóvel, chegamos à conclusão de que o Código Civil de 2002 retirou do rol dos direitos reais o compromisso de compra e venda com a cláusula de retratação, de modo que ele não tem mais ingresso no registro de imóveis.

Devemos alertar, ainda, que desse entendimento decorre a conclusão lógica de que referidos contratos também não ensejariam a adjudicação compulsória, mesmo porque nesse caso existe mais um elemento a se analisar na possível ação, ou seja, a existência ou não de retratação, à qual seria assegurada toda a dilação probatória do processo ordinário.

Devemos deixar claro, de toda forma, que na falta de registro o compromisso tem eficácia apenas entre as partes, de forma que, se for efetivado um compromisso de compra e venda, este não for registrado e posteriormente o imóvel for alienado a terceiro que registra a compra, essa alienação é válida, restando ao promissário comprador apenas ação de perdas e danos em relação ao promitente vendedor.

Relevante destacar ainda que é pressuposto lógico que o registro da cessão do compromisso de compra e venda somente poderá ocorrer com o prévio registro do compromisso original (ou deste a da cessão ou cessões anteriores), pois de outra forma não se estaria controlando a disponibilidade dos direitos constituídos e transmitidos.

Ainda no que se refere à inscrição dos compromissos de compra e venda no registro de imóveis, voltamos a lembrar que ela poderá se dar por meio de registro (art. 167, I, 9, 18 e 20, da Lei n. 6.015/73) ou averbação (art. 167, II, 3 e 6, da Lei n. 6.015/73), dependendo do fato de o loteamento a que se referem tiver sido registrado antes ou depois da vigência da Lei n. 6.015/73.

Importante salientar que a diferenciação na forma de inscrição, como já analisado, tem razões históricas. Nesse caso específico, procurou o legislador manter a sistemática anterior para os loteamentos registrados antes da vigência da Lei de Registros Públicos, compatibilizando os novos atos com a regra geral registrária, segundo a qual a constituição de direito real deve se dar por ato de registro *stricto sensu*.

Para entendermos melhor essa diferenciação, é necessário que façamos um pequeno resgate de algumas regras vigentes antes da Lei n. 6.015/73. Quando estudamos a evolução do sistema registrário brasileiro, verificamos que antes da Lei n. 6.015/73 tinha vigência no Brasil o Decreto n. 4.867/39, no qual a organização dos atos praticados no registro de imóveis não se dava em função do imóvel, e sim do ato a ser praticado.

Assim, naquela época não existia um cadastro único para cada imóvel. Existiam, sim, vários livros, os quais continham assentamentos de atos específicos de todos os imóveis da serventia. Dessa forma, existia um livro especial para o registro dos loteamentos, o Livro n. 8. Neste livro, eram feitas as inscrições de todos os loteamentos existentes na serventia e à margem da inscrição dos loteamentos havia uma coluna destinada às averbações, sendo previsto à época que os compromissos de compra e venda sobre estes imóveis loteados deviam ser averbados neste local.

Dessa forma, com a mudança da legislação e a concentração dos atos na matrícula do imóvel, foi previsto que os loteamentos fossem registrados diretamente na matrícula do imóvel, bem como os compromissos sobre os seus respectivos lotes. Todavia, os atos praticados na vigência da lei anterior eram válidos e perfeitos, não devendo ser repetidos. Em virtude disso, buscando evitar os transtornos que surgiriam pelo fato de parte dos atos praticados sobre um determinado loteamento encontrar-se em um lugar (Livro n. 8 – Registro de Loteamentos) e outra parte, em outro (matrículas a serem abertas no momento do registro de cada compromisso), decidiu optar o legislador por manter a sistemática antiga para os loteamentos que já haviam iniciado.

Dessa forma, no que se refere aos compromissos de venda e compra, cessão e promessa de cessão destes, eles serão averbados à margem do Livro n. 8, onde foi registrado o loteamento, se o registro foi feito na vigência do Decreto-lei n. 58/37 e antes da entrada em vigor da Lei n. 6.015/73. Todavia, se o ato foi praticado após a vigência da Lei n. 6.015/73, deverá ser registrado nas matrículas dos respectivos lotes.

O mesmo se dá em relação aos atos pertinentes a unidades autônomas condominiais a que alude a Lei n. 4.591, de 16 de dezembro de 1964, quando a incorporação tiver sido formalizada anteriormente à vigência desta lei (art. 167, II, 6 da Lei n. 6.015/73), pelos mesmos motivos.

Assim, em resumo, têm ingresso por meio do registro os contratos de compromisso de compra e venda, cessão e promessa de cessão nos casos de:

a) imóveis não loteados com ou sem cláusula de arrependimento, pagos à vista ou a prazo (lembrando a controvérsia do art. 1.417 do CC em caso de haver cláusula de arrependimento);

b) imóveis em condomínio regidos pela Lei n. 4.591/64 cuja incorporação se formalizou na vigência da Lei n. 6.015/73; e

c) terrenos loteados regidos pelo Decreto-lei n. 58/37, quando o loteamento se formalizar na vigência da Lei n. 6.015/73.

São casos de ingresso desses mesmos tipos de contratos por meio de averbação:

i) imóveis em condomínio regido pela Lei n. 4.591/64 cuja incorporação se formalizou antes da vigência da Lei n. 6.015/73; e

ii) terrenos loteados regidos pelo Decreto-lei n. 58/37, quando o loteamento se formalizou antes da vigência da Lei n. 6.015/73.

No que tange a compromisso de venda e compra de imóveis loteados sob a égide da Lei n. 6.766/79, são importantes os efeitos atribuídos aos contratos instruídos com prova inequívoca de quitação, nos termos do art. 26, § 6º, da referida lei, que estabelece: "Os compromissos de compra e venda, as cessões e as promessas de cessão valerão como título para o registro da propriedade do lote adquirido, quando acompanhados da respectiva prova de quitação".

38
ANTICRESE

A anticrese consiste na faculdade de o devedor, ou outrem por ele, entregar um imóvel ao credor, para que este, pela percepção dos frutos e rendimentos, obtenha compensação da dívida (art. 1.506 do CC).

Podemos defini-la como direito real de garantia, que consiste na obtenção pelo credor da posse da coisa, para dela perceber os frutos ou rendimentos, respondendo esses recebimentos pela obrigação garantida. Dessa forma, a anticrese, diferentemente do que ocorre com a hipoteca, não constitui princípio de alienação do imóvel.

É permitido estipular que os frutos e rendimentos do imóvel sejam percebidos pelo credor à conta de juros, mas, se o seu valor ultrapassar a taxa máxima permitida em lei para as operações financeiras, o remanescente será imputado ao capital (art. 1.506, § 1º, CC).

A anticrese sobre bem imóvel não impede que este seja dado em hipoteca; o contrário também é verdadeiro, ou seja, nada impede que um imóvel hipotecado seja dado em anticrese (art. 1.506, § 2º, CC).

Não haveria motivo para se proibir a constituição da anticrese nesses casos, tendo em vista que o imóvel hipotecado permanece na posse do devedor, o qual continua percebendo seus frutos de forma que pode delegá-los a terceiro sem prejuízo da hipoteca.

A única discussão que se apresenta a respeito do tema é a de que, no caso de o imóvel hipotecado ser levado à praça, o arrematante teria ou não que respeitar a anticrese.

Essa questão é resolvida pelo art. 1.509 do Código Civil, que dispõe que o credor anticrético pode vindicar os seus direitos contra o adquirente dos bens, os credores quirografários e os hipotecários posteriores ao registro da anticrese.

Assim, se a hipoteca foi registrada em primeiro lugar, o arrematante não teria a obrigação de respeitar a anticrese, pois o credor anticrético tinha ciência da prévia existência da hipoteca e sabia que ela poderia ser levada à praça, perdendo, assim, o seu direito.

Todavia, se a anticrese tiver sido registrada primeiro, o arrematante tem a obrigação de respeitá-la, tendo em vista que o credor hipotecário, ao registrar sua hipoteca, já tinha ciência da anticrese e, portanto, sabia que tinha o dever de respeitá-la.

Nesse caso, a existência da anticrese deve constar do edital de hasta pública para que o arrematante também tenha ciência do gravame antes de comprá-lo.

O art. 1.507 do nosso Código Civil dispõe que o credor anticrético pode administrar os bens dados em anticrese e fruir seus frutos e utilidades, mas deverá apresentar anualmente balanço, exato e fiel, de sua administração.

Esse dispositivo não tinha correspondente no código anterior, mas tem como base o fato de que o credor anticrético deve permanecer com a anticrese somente até receber o total da dívida garantida; caso receba a mais, deve devolver. Assim, esse balanço serve como uma prestação de contas.

O art. 1.507, § 1º, do nosso Código Civil determina que, se o devedor anticrético não concordar com o que se contém no balanço, por ser inexato, ou ruinosa a administração, poderá impugná-lo e, se o desejar, requerer a transformação em arrendamento, fixando o juiz o valor mensal do aluguel, o qual poderá ser corrigido anualmente.

Essa previsão visa evitar que o credor fique com o bem mais tempo do que o necessário para obter o crédito devido à má administração.

Dispõe o Código, em seu art. 1.507, § 2º, que pode o credor anticrético, salvo pacto em sentido contrário, arrendar os bens dados em anticrese a terceiro.

O adquirente dos bens dados em anticrese poderá remi-los, antes do vencimento da dívida, pagando a sua totalidade à data do pedido de remição, e imitir-se-á, se for o caso, na sua posse (art. 1.510 do CC). A remição consiste no resgate do direito, ou seja, o adquirente do bem sobre o qual existe anticrese poderá quitar a dívida sobre a qual ela foi estabelecida e assim fazer cancelar o referido direito real. A remição poderá ser consensual, caso em que o titular da anticrese fornecerá o instrumento de baixa para que seja averbado no registro de imóveis, ou, caso se recuse, ela poderá ser judicial, quando o cancelamento se dará em virtude de mandado.

Para a constituição da anticrese, será necessária a escritura pública como regra geral, conforme as regras estabelecidas no art. 108 do Código Civil.

Quanto ao registro, deve ser feito na matrícula (Livro n. 2 – Registro Geral) do imóvel que garantirá a dívida.

O valor que deve ser tomado como base de cálculos dos emolumentos é o valor da dívida, e não do imóvel, tendo em vista que não é este que será usado para o pagamento, e sim as rendas auferidas a partir deste.

A extinção se dará com o pagamento integral da dívida, com o perecimento do imóvel gravado, com a renúncia do credor ou com a confusão e ingressará no registro de imóveis por meio de uma averbação de cancelamento.

39
Dote

O dote é um instituto que advinha do regime dotal de bens no casamento. Esse regime foi extinto pelo ordenamento vigente, motivo pelo qual o dote não é mais possível de ser constituído na atualidade.

Apenas a título doutrinário, então, esclarecemos que nesse regime os bens eram transferidos ao marido pela mulher, ou alguém por ela, para que dos frutos se retirasse o necessário para a manutenção da família, sob a condição de devolver estes bens caso ocorresse o término da sociedade conjugal.

Caso o dote proviesse dos pais (profectício), considerava-se adiantamento da legítima (art. 1.786). Era possível que se estipulasse pacto de reversão, para o caso de dissolução da sociedade conjugal, ficando a mulher com a propriedade resolúvel, no período.

O marido tinha o direito de administração dos bens, de forma que poderia inclusive mover as ações judiciais necessárias para a preservação dos bens. Além disso, o marido tinha o direito de uso sobre o bem e tinha o direito de ser indenizado pelas benfeitorias necessárias e úteis.

A alienação dos bens dotais era nula, salvo nos casos de necessidade extrema, para dotarem filhas comuns, para saldar dívidas da mulher anteriores ao casamento, para promover os reparos necessários em outro bem, se indivisos com terceiro, sendo inconveniente ou prejudicial a divisão, desapropriação, ou sendo os bens situados em lugar distante do domicílio do casal.

Mesmo nestes casos, era necessária a autorização judicial, ressalvada a desapropriação ou execução.

A má administração podia ensejar a ação de SEPARAÇÃO DO DOTE, privativa da esposa, ou seja, nem o herdeiro nem o dotador poderiam fazê-lo por ela.

O dote era registrado nas matrículas (Livro n. 2 – Registro Geral) de todos os bens dotais.

40
Compra e Venda Pura e Condicional

A compra e venda é um contrato inserto no âmbito do direito obrigacional, no qual as partes convencionam entregar uma coisa em troca de dinheiro. A compra e venda pura é aquela que não possui cláusulas que condicionem o negócio, o que implica o aperfeiçoamento da transação com a determinação da coisa e do preço. Todavia, no caso de imóveis, só ganha *status* de direito real transferindo a propriedade com o seu registro no cartório de registro de imóveis competente.

Trazidas essas características gerais, passemos à análise de algumas peculiaridades desse tipo de contrato.

A primeira observação é quanto à venda de ascendentes para descendentes. Segundo o art. 496 do Código Civil, ela é anulável, salvo se os outros descendentes e o cônjuge do alienante expressamente houverem consentido.

Somente é possível a doação da chamada parte disponível do patrimônio do doador, caso ele tenha herdeiros necessários, salvo se for feita para estes na proporção que lhes é assegurada pela lei como o seu quinhão hereditário. Caso seja feita a doação de valores superiores aos permitidos pela lei, ou seja, de valores que prejudiquem a legítima dos herdeiros necessários, ela será considerada nula no que exceder o permitido (doação inoficiosa); caso tenha sido feita a um terceiro que não um herdeiro necessário, ou se feita a um herdeiro necessário, este terá que trazer à colação no momento do inventário o excesso que recebeu.

No que se refere a compra e venda, entretanto, não existe limite para a venda, podendo o proprietário vender todo o seu patrimônio. Em vista disso, para evitar que eventualmente pudessem ocorrer vendas simuladas com o objetivo de prejudicar a legítima dos herdeiros necessários, é que se criou a regra trazida pelo art. 496 do Código Civil, pois com ela é possível que os herdeiros fiscalizem esse tipo de operação.

Apesar de o artigo se referir aos descendentes de uma forma geral, a anuência solicitada neste caso seria a dos descendentes na ordem imediata de sucessão, pois estes é que poderiam ser prejudicados com uma possível simulação.

Ressalvamos, ainda, que esse artigo inovou em relação ao seu artigo correspondente no Código Civil de 1916, visto que trazia como pena para a lavratura desse tipo de venda e compra sem a anuência dos descendentes e do cônjuge do alienante a nulidade, e não a anulabilidade trazida pelo código atual.

Lembramos que simples anulabilidade gera a possibilidade de ratificação posterior do ato, bem como enseja a decadência do direito de pleiteá-la em um prazo de dois anos a partir da constituição do contrato (art. 179 do CC).

No que se refere ao cônjuge, sua anuência nesse tipo de venda e compra também foi incluída pelo Código Civil de 2002 e se justifica pelo fato de ele ter sido incluído no rol dos herdeiros necessários no que se refere aos bens excluídos da meação quando o regime de bens do casamento não for o da separação obrigatória de bens.

Independentemente dessa anuência, todavia, o cônjuge já deveria anuir com a venda, caso não seja proprietário (se proprietário teria que vender também, não anuir), nos termos do art. 1.647, I, do Código Civil, a não ser nos casos de separação de bens e de comunhão final dos aquestos na qual se pactuou a livre alienação e oneração dos bens.

Devemos lembrar também que, de acordo com o art. 499 do Código Civil, é considerada lícita a compra e venda entre cônjuges, com relação a bens excluídos da comunhão. A aplicação desse dispositivo é facilmente visualizável quando se trata de regimes de bens em que não haja comunhão, mas gera algumas indagações quando se trata da comunhão parcial de bens, uma vez que o dinheiro existente durante a vigência do casamento presume-se incluso na comunhão, de forma que, se utilizado para a aquisição de bem exclusivo do outro cônjuge, geraria confusão, pois a parte adquirida teria que entrar na comunhão, retornando, assim, em parte para o alienante.

Em virtude disso, para a realização desse tipo de transação entre cônjuges casados no regime da comunhão parcial de bens, devem ser utilizados valores exclusivos do cônjuge que está adquirindo, tais como os trazidos para o casamento ou recebidos em virtude de doação ou herança, devendo essa especificação ser trazida claramente no contrato.

Outra disposição relevante para o registro refere-se ao fato de que, de acordo com o art. 504 do nosso Código Civil, não pode um condômino em coisa indivisível vender a sua parte a estranhos, se outro consorte a quiser, tanto por tanto. Assim, o condômino tem direito de preferência sobre o bem. Esse direito pode ser exercido pelo condômino a quem não foi garantido o direito de preferência, depositando o preço pago pelo imóvel no prazo de 180 dias a contar da data da ciência da alienação, que se presume com o registro, sendo que durante esse prazo a propriedade adquirida pelo terceiro será considerada resolúvel.

Adentrando na análise das cláusulas especiais que podem constar do contrato de compra e venda, há a retrovenda, que consiste no direito do vendedor do imóvel recobrá-lo no prazo máximo de três anos, restituindo o preço recebido e reembolsando as despesas do comprador, inclusive as que, durante o período de resgate, se efetuaram com a sua autorização escrita, ou para a realização de benfeitorias necessárias.

Consiste, então, na pactuação da criação do direito unilateral do vendedor de reaver a coisa vendida, pelo preço vendido e sem possibilidade de oposição do comprador.

O direito de retrato é cessível e transmissível a herdeiros e legatários, podendo ser exercido contra o terceiro adquirente, uma vez que a propriedade nesse caso é resolúvel e o comprador tem ciência disso ao adquiri-la.

Quanto à instrumentação da recompra, em cumprimento ao pactuado, existem dois entendimentos. Por um lado, há quem defenda que tem, necessariamente, de ser instrumentada por outra escritura, a qual deve ser registrada; todavia, tal entendimento poderia nos levar à ideia da recompra do bem, quando, na realidade, a maioria da doutrina entende que o exercício do direito implica no desfazimento do negócio inicial, e não na recompra.

Assim, por outro lado, existe posição – defendida no excelente trabalho de Ademar Fioranelli, apresentado no XXII Encontro dos Oficiais de Registro de Imóveis do Brasil, em Cuiabá-MT, em 1995, que pode ser encontrado no livro *Estudos de Direito Registral Imobiliário* XXII Encontro de Oficiais de Registro de Imóveis do Brasil Cuiabá – Mato Grosso 1995, publicado pelo IRIB em parceria com Sergio Antonio Fabris Editor, que reuniu todos os trabalhos desse excelente registrador – o qual entende que, no caso do distrato ou direito de reaver o imóvel, não se registra, mas apenas se averba o distrato.

O posicionamento por uma ou outra corrente traz uma grande diferença, tendo em vista que, caso se entenda tratar-se de uma recompra, necessário será o novo recolhimento do Imposto de Transmissão de Bens Imóveis (ITBI); caso contrário, não se poderia cogitar da incidência de tal imposto.

Filiamo-nos ao segundo entendimento, visto que, sendo a propriedade resolúvel enquanto viger a cláusula de retrovenda, seu exercício apenas resolve a propriedade, não operando em uma nova transmissão.

Importante salientar que, se não for possível o registro da retrovenda, também não o será o da compra e venda a que se liga; nesse caso não se aplica o princípio da cindibilidade.

Passando à análise da cláusula de preempção ou preferência, ela consiste na obrigação do comprador de oferecer ao vendedor a coisa que aquele vai vender, ou de dá-la em pagamento, para que este possa adquiri-la tanto por tanto.

O prazo para exercer o direito de preferência não poderá exceder a dois anos, no caso de bens imóveis. Caso não haja prazo estipulado, será este de 60 dias.

De acordo com o art. 517 do Código Civil, quando o direito de preempção for estipulado a favor de dois ou mais indivíduos em comum, só pode ser exercido em relação à coisa no seu todo. Se alguma das pessoas, a quem ele toque, perder ou não exercer o seu direito, poderão as demais utilizá-lo na forma integral.

Estabelece, ainda, o art. 520 do Código Civil atual que o direito de preferência não se pode ceder, nem passar aos herdeiros.

No caso do exercício do direito de preferência, haverá uma nova compra e venda que deve ser formalizada por nova escritura pública ou particular[27] e levada a registro, ocorrendo, assim, a incidência do Imposto de Transmissão de Bens Imóveis (ITBI).

Podemos citar ainda como uma cláusula possível no contrato de compra e venda o pacto de melhor comprador, o qual, embora não tenha sido contemplado pelo Código Civil atual, também não foi vedado.

---

27. De acordo com o art. 108 do Código Civil de 2002, é obrigatória a escritura pública para imóveis de valor superior a trinta vezes o salário mínimo vigente.

Segundo Sílvio Venosa (*Direito civil*, v. III, p. 92), pelo pacto de melhor comprador as partes estipulam que a compra e venda se desfaz se outro comprador apresentar-se, oferecendo preço e condições mais vantajosos, dentro de determinado prazo.

Quanto ao pacto comissório, que consistia na possibilidade do vendedor, no caso de ser o contrato de venda a prazo, resolver a avença na hipótese de não pagamento da parcela na data pactuada, o Código atual também não previu a sua possibilidade.

Todavia, também entendemos que não há nenhum impedimento em que seja pactuada entre as partes uma condição resolutiva em caso de inadimplemento, mesmo porque o Código Civil de 2002, a exemplo do Código Civil de 1916, prevê a possibilidade dos atos jurídicos serem realizados sob condição resolutiva, desde que não contrária à lei, à ordem pública e aos bons costumes (arts. 121, 122, 127 e 128).[28]

Todavia, o que hoje em dia não é mais admitido é uma prática corrente na vigência do Código Civil antigo, que permitia que a parte ficasse com o bem em caso de inadimplemento sem ser obrigada a restituir à parte devedora as parcelas que pagou do preço acrescido das correções legais.

A retomada do imóvel se faz por meio do registro do mandado judicial que declara resolvida a venda em virtude do inadimplemento.

Todas essas cláusulas ou qualquer outra pactuada entre as partes que tenham o condão de alterar a compra e venda devem constar expressamente do registro do contrato.

Questão interessante gira em torno da possibilidade de registro de compra e venda que contenha condição suspensiva.

O art. 167, I, 29, da Lei n. 6.015/73 expressamente permite o acesso ao fólio real da venda e compra pura e da condicional. Por sua vez, o nosso Código Civil estabelece no art. 121 que "considera-se condição a cláusula que, derivando exclusivamente da vontade das partes, subordina o efeito do negócio jurídico a evento futuro e incerto". As condições operam a modulação da produção dos efeitos dos negócios jurídicos, atuando no plano da eficácia destes, dentro do contexto da teoria dos planos de existência/ validade/eficácia.

Assim, o Código Civil permite que tais condições sejam de duas espécies: resolutivas, em que se extinguirá de plano o negócio; e suspensivas, que obstam a produção inicial dos efeitos do negócio, até a eventual ocorrência do evento futuro e incerto previsto.

Que as condições resolutivas têm ingresso no registro imobiliário, disso não se duvida, pois desde seu registro já ocorrerá a transferência do direito real da propriedade para o comprador, operando o efeito constitutivo do registro, ficando este apenas com potencial de ver seu direito de propriedade plena findar por implemento do evento futuro e incerto. Todavia, nesse caso o adquirente com título levado a registro já será proprietário. Sua propriedade, entretanto, será resolúvel.

---

28. Sobre o assunto recomendamos o excelente artigo pulicado pelo consultor da ANOREG/PR (Associação do Notários e Registradores), Dr. José Ribeiro, publicado no Boletim Eletrônico IRIB/Anoreg-SP n. 59, de 16 de dezembro de 2002.

No que tange à condição suspensiva, inicialmente devemos ressaltar que, como visto antes, a lei não cria limitação sobre a registrabilidade, de modo que entendemos que ela encontra ingresso no registro de imóveis. Nessa linha, encontramos precedente da Corregedoria Geral de Justiça do Estado de São Paulo, que analisou a possibilidade de registro de tal condição no âmbito da promessa de venda e compra, conforme Parecer 103/2008-E – Processo CG 2007/21247, do qual transcrevemos um trecho:

> "Não há que se falar em nulidade do registro, a pretexto de que o compromisso de venda e compra em exame não poderia ter sido registrado, visto que o artigo 167, I, n. 29, da Lei de Registros Públicos, prevê expressamente o registro da compra e venda pura e da condicional, sendo certo que, se a legislação de regência admite o registro da venda e compra sujeita a condição, resta claro que também autoriza o registro do compromisso de venda e compra nessas mesmas condições, como ocorre 'in casu', já que referido compromisso constitui-se em um 'minus' em relação àquela e, como se sabe, quem pode o mais, pode o menos".

Todavia, sendo admitido o registro, discute-se qual efeito teria tal registro, pois o art. 125 do Código Civil dispõe que "subordinando-se a eficácia do negócio jurídico à condição suspensiva, enquanto esta se não verificar, não se terá adquirido o direito, a que ele visa".

O registro de imóveis não registra, em sentido estrito, direitos, e sim os fatos jurídicos previstos em lei (em geral, o art. 167, I). O direito decorre da inscrição desses fatos. Uma vez que o negócio jurídico da venda e compra terá a produção de seus efeitos suspensos até evento futuro e certo, é de se concluir que não se opera o efeito constitutivo do registro, já que o próprio negócio jurídico ainda não produziu seus efeitos, até que ocorra o implemento do evento futuro e incerto previsto pela condição. Ou seja, não transfere a propriedade, mesmo com seu registro, ao contrário do que ocorreria se fosse termo inicial, conforme o art. 130 do Código Civil.

Contudo, deve-se ainda ponderar os seguintes fatos e situações:

> 1º – Dispõe o art. 130 do Código Civil que "Ao titular do direito eventual, nos casos de condição suspensiva ou resolutiva, é permitido praticar os atos destinados a conservá-lo".
>
> 2º – Dispõe o art. 126 do Código Civil que "Se alguém dispuser de uma coisa sob condição suspensiva, e, pendente esta, fizer quanto àquelas novas disposições, estas não terão valor, realizada a condição, se com ela forem incompatíveis".
>
> 3º – O vendedor do bem, enquanto não ocorrer o evento futuro e incerto, permanece como proprietário, podendo inclusive vendê-lo a terceira pessoa. Este eventual adquirente posterior, não havendo registro da venda e compra com condição suspensiva, será terceiro de boa-fé, titularizando direito real constituído e que irá prevalecer sobre o direito obrigacional do comprador titular de direito eventual não registrado. Diferentemente se houver o registro, porque ficará afastada a boa-fé do terceiro adquirente, pois se operará a presunção absoluta de que tinha conhecimento da venda e compra sob condição suspensiva.

Assim, serve o registro da venda e compra condicional para afastar a boa-fé de eventuais terceiros adquirentes, alertando-os dos riscos do negócio e garantindo a conservação do direito eventual do titular deste direito.

41
Permuta

A permuta consiste na troca de um bem por outro. Devem-se aplicar quanto ao registro as mesmas disposições da compra e venda com algumas pequenas peculiaridades, a seguir elencadas.

A primeira questão refere-se ao fato de que, se forem ambos os imóveis situados na mesma circunscrição, deverá ser feito um único protocolo, englobando todo o ato (a transferência dos dois imóveis).[29]

Inaplicável nesse caso o princípio da cindibilidade, tendo em vista que os registros dos imóveis são complementares, ou seja, a transferência de um imóvel depende da transferência do outro, pois um imóvel está sendo dado em pagamento do outro. Desse modo, o negócio somente estará perfeito e acabado com as duas transferências, motivo pelo qual não se admite que a parte opte por realizar somente uma dessas transferências na serventia imobiliária. É claro que, no caso de pertencerem os imóveis permutados a circunscrições diferentes, não há como o oficial fazer esse controle, devendo cada oficial proceder ao registro do imóvel matriculado em seu cartório, independentemente do outro.

Importante salientar que, se os imóveis permutados forem de valores flagrantemente desiguais e essa desigualdade for muito grande, estará caracterizada a doação da diferença entre eles. Essa questão é muito importante devido ao fato de que nesses casos ocorre a incidência do imposto de doação (ITCMD) sobre a diferença, além da incidência do Imposto de Transmissão de Bens Imóveis (ITBI) sobre cada uma das transferências.

Outra questão interessante a respeito da permuta é o fato de que, se realizada entre ascendentes e descendentes e sendo os imóveis de valores desiguais, entendemos necessário o consentimento dos demais descendentes aos moldes da compra e venda.

Importante destacarmos quando usamos a divisão e quando usamos a permuta para finalizar a comunhão e garantir que cada condômino fique com imóvel distinto. Quando temos um único imóvel que possui mais de um condômino e o objetivo final destes é a criação de subdivisão destes, de modo a extinguir total ou parcialmente a comunhão, trata-se da divisão amigável.

Porém, para a extinção de condomínio em que várias pessoas são proprietárias em comum de vários imóveis, se os imóveis continuam os mesmos, não há divisão, mas permuta de partes ideais.

---

29. Art. 187 da Lei de Registros Públicos (Lei n. 6.015/73).

Essa distinção é muito importante à medida que ocorre variação na incidência dos impostos, uma vez que a permuta, como já vimos, é fato gerador do Imposto de Transmissão de Bens Imóveis (ITBI) para cada transmissão, enquanto na divisão não existe transmissão, mas apenas a especificação do quinhão cabível a cada parte, não sendo, assim, devido nenhum imposto por esse ato.

Dessa forma, se a parte é condômina com outra de 50% de um imóvel destinado a virar dois imóveis iguais, sendo que cada qual ficará com um dos imóveis criados, a melhor solução para ela será o emprego da divisão. Todavia, se ela, buscando adiantar as coisas, primeiro promover o desmembramento do imóvel, surgirão dois imóveis na exata proporção do condomínio, e nesse caso não será mais possível a divisão, pois não há mais o que se dividir, uma vez que os imóveis já foram criados, restando apenas, neste caso, a possibilidade de se fazer a permuta da parte que A tinha no imóvel A com a parte que B tinha no imóvel B, ou vice-versa, para que cada um fique com um imóvel inteiro para si.

42
Dação em Pagamento

Segundo o art. 356 do Código Civil, o credor pode consentir em receber prestação diversa da que lhe é devida. Interpretando esse artigo, ninguém será obrigado a receber prestação diversa da convencionada, sendo faculdade do credor aceitar ou não esta modificação na forma de pagamento.

Sílvio Rodrigues esclarece que a dação em pagamento ocorre "quando o devedor entrega em pagamento ao seu credor, e com sua anuência, prestação de natureza diversa da que lhe era devida" (Direito civil, v. II, p. 209).

Devido a essa característica de faculdade do credor aceitar prestação diversa do convencionado, não se verifica a necessária correspondência entre o valor da dívida e o do bem dado em pagamento.

Assim, o credor pode resolver somente aceitar a entrega do imóvel no lugar da outra prestação previamente pactuada se verificar que haveria uma vantagem nessa substituição, ou seja, se verificar que o valor do bem seja superior ao da dívida gerada pela primeira obrigação.

Dessa forma, pode não haver correspondência nesses valores, o que não implicará em doação da parte da diferença, e sim no que equivaleria a uma venda por valor abaixo do de mercado.

Se a coisa oferecida em pagamento tiver preço determinado pelas partes, as normas que regem essa obrigação serão reguladas pelas normas do contrato de compra e venda, como estabelece o art. 357 do nosso Código Civil. Dessa forma, a dação em pagamento se enquadra na hipótese de incidência do Imposto de Transmissão de Bens Imóveis (ITBI), caso assim estabeleça a legislação municipal, bem como deve vir acompanhada de todos os documentos necessários para a transmissão do imóvel, tais como certidões negativas, se exigidas, georreferenciamento, conforme os prazos estabelecidos pela lei, CCIR e ITRs dos últimos cinco anos, se o imóvel for rural, exigência da escritura pública segundo as regras do art. 108 do Código Civil etc.

Mesmo que parte do pagamento pelo bem seja efetivada em dinheiro, ainda assim teremos uma dação em pagamento, tendo em vista que na compra e venda o pagamento do bem deverá ser feito exclusivamente em dinheiro, enquanto no caso citado há compensação da dívida com parte do valor do bem.

Importante destacar que, como a dação em pagamento caracteriza-se pela entrega de prestação diversa da previamente convencionada para o pagamento de uma dívida preexistente, será necessário que o instrumento que a formalize faça a descrição da dívida a ser quitada total ou parcialmente e forneça, assim, a devida quitação.

É preciso salientar que, mesmo quando a dação em pagamento de bem imóvel visar extinguir dívida também registrada no mesmo cartório, necessário se faz que conste expressamente no instrumento autorização para o cancelamento do registro da dívida.

43
Doação

Segundo o art. 538 do Código Civil atual: "Considera-se doação o contrato em que uma pessoa, por liberalidade, transfere do seu patrimônio bens ou vantagens para o de outra".

Então, a doação é uma liberalidade realizada em vida pelo doador a quem desejar. Entretanto, essa liberalidade não é completamente livre, tendo a lei estabelecido uma série de regras para assegurar tanto o doador quanto os herdeiros deste, considerados pela lei como necessários, caso existam.

Dessa forma, de acordo com o art. 548 do Código Civil, é nula a doação de todos os bens sem reserva de parte, ou renda suficiente para a subsistência do doador. Observamos, então, que o referido artigo traz um dos requisitos de validade da doação, devendo estar expresso no título que a formaliza por meio de declaração do doador de que atende ao referido requisito, ou seja, que possui outros bens ou rendas suficientes para lhe manter a subsistência.

Não se aplicam as restrições referentes à venda de ascendentes a descendentes, tendo em vista que, de acordo com o art. 544 do Código Civil, a doação de ascendentes a descendentes, ou de um cônjuge a outro, importa adiantamento do que lhes cabe por herança.

Dessa forma, presume-se o adiantamento de legítima, ou seja, o pagamento antecipado do que caberia ao herdeiro na herança. Todavia, caso a parte tenha patrimônio suficiente, poderá especificar no instrumento de doação que o bem sai da metade disponível do patrimônio do doador.

Importante destacar que a desnecessidade de anuência dos descendentes e do cônjuge do doador no momento da doação se faz em virtude de que essas doações são analisadas no momento da partilha dos bens do falecido.

Assim, caso algum herdeiro sucessível tenha recebido em doação valores superiores à parte que a este caberia na herança, será obrigado a trazer à colação esse excesso. Nesse sentido, encontramos o art. 2.002 do Código Civil, que estabelece que os descendentes que concorrerem à sucessão do ascendente comum são obrigados, para igualar as legítimas, a conferir o valor das doações que dele em vida receberem, sob pena de sonegação.

Devemos lembrar que, como vimos antes, o doador pode especificar que os valores da doação saiam da parte disponível de seu patrimônio, caso em que o donatário, se for seu herdeiro sucessível, somente terá que trazer à colação a parte que exceder a parte que caberia a ele, donatário, como adiantamento de legítima, pois a parte doada da metade disponível do patrimônio do doador está livre da colação.

Ressaltamos que descendentes, para fins de colação, serão considerados os herdeiros sucessíveis, ou seja, aqueles que teriam direito à sucessão no momento do falecimento. As demais pessoas, herdeiras ou não, não são chamadas à colação. Todavia, de acordo com o art. 549 do nosso Código Civil, é considerada nula a doação que exceder a parte disponível do patrimônio do doador no momento em que esta se efetiva.

O caso anteriormente analisado reflete a chamada doação inoficiosa, e percebemos que, com relação à parte que excede a que o doador poderia doar, o legislador impôs a pena mais grave prevista para os negócios jurídicos no ordenamento brasileiro, ou seja, a nulidade.

Apesar de a lei falar em nulidade, nossa doutrina e jurisprudência categorizaram o vício decorrente da doação inoficiosa como ineficácia. Isto se dá visto que é pacífico em nossa jurisprudência que a invalidação desse excedente somente poderia ser pleiteada pelos demais herdeiros, seus sucessores ou credores, sendo que essa legitimação é incompatível com o conceito de nulidade, o qual é considerado absoluto e pode ser declarado até de ofício pelo próprio juiz.

O contrato de doação pode envolver uma série de cláusulas específicas, sendo que dentro destas existem algumas que são de interesse direto do registrador, pois influem diretamente no direito real.

Dentre essas cláusulas, encontramos a chamada cláusula de reversão, prevista no art. 547 do nosso Código Civil, que estabelece que o doador pode estipular que os bens doados voltem ao seu patrimônio, se sobreviver ao donatário.

Esse tipo de cláusula funciona como uma cláusula resolutiva, de modo que a propriedade transmitida para o donatário é uma propriedade resolúvel que somente perderá essa característica com a morte do doador. Assim, se o doador doar o imóvel para A com a referida cláusula e este o vender para B, B adquirirá uma propriedade resolúvel; e se A vier a falecer antes do doador, a propriedade se resolve em favor deste, independentemente de no momento do falecimento o bem não pertencer mais ao donatário.

Importante observar que, no caso da cláusula de reversão, a condição que a desencadeia (a morte do donatário) é uma condição de caráter objetivo que independe de maiores indagações. Assim, para que a reversão se opere perante o registro de imóveis, bastará a apresentação da certidão de óbito do donatário.

Como a propriedade se resolve com a morte do donatário, o bem nem chegará a ser transmitido para seus herdeiros, não devendo ser incluído no inventário, e como consequência não sendo devido o imposto *causa mortis*.

Quanto à comunicação ao cônjuge do donatário, quando o regime de bens a permita, a propriedade que se comunica é a resolúvel, de forma que, se ocorrer a resolução, o cônjuge não terá como obstar a reversão.

Devemos deixar claro que a cláusula de reversão somente pode ser estabelecida em favor do doador, sendo que o parágrafo único do art. 547 do nosso Código Civil estabelece que não prevalece cláusula de reversão em favor de terceiro.

No que se refere ao direito de acrescer, é encontrado de forma presumida nas doações em comum aos cônjuges de acordo com o estabelecido no parágrafo único do art. 551 do Código Civil. Ou seja, independe de cláusula específica, como ocorre no direito de acrescer no usufruto. Aqui, basta que se doe ao casal.

Em função desse direito, se for a doação realizada em comum ao marido e à mulher, subsistirá a totalidade da doação para o cônjuge sobrevivo. Lembramos que neste caso a transmissão é direta, ou seja, sem que essa parte entre em inventário, e deverá ocorrer perante o registro imobiliário por simples requerimento do sobrevivente instruído com a certidão de óbito do falecido.

Nos contratos de doação, também podem ser estipuladas as cláusulas de inalienabilidade, impenhorabilidade e incomunicabilidade incidentes sobre o bem doado.

Quanto a essas cláusulas, só podem ser impostas em liberalidades, ou seja, testamentos e doações, e somente no momento da formalização da liberalidade[30]. Isso se dá tendo em vista que, uma vez ocorrida a transmissão do bem, não poderá mais o doador impor as referidas cláusulas, pois não será mais o proprietário, e, por sua vez, não poderá o donatário as instituir, pois não se pode clausular bem próprio.

As referidas cláusulas não podem ser impostas sobre a legítima, salvo motivo justificado. Nesse sentido, encontramos o art. 1.848 do nosso Código Civil, o qual estabelece que, salvo se houver justa causa, declarada no testamento, não pode o testador estabelecer cláusula de inalienabilidade, impenhorabilidade e de incomunicabilidade sobre os bens da legítima.

Apesar de não haver proibição expressa na nossa legislação, como a doação entre ascendentes e descendentes implica adiantamento de legítima, aplicam-se analogicamente as mesmas regras, ou seja, impossibilidade de clausular esses bens, a menos que saiam da metade disponível do doador.

Salvo expressa disposição em contrário do doador no ato de constituição, tais cláusulas não se extinguem com a morte deste, pois são vitalícias. Como vimos antes, o estabelecimento dessas cláusulas somente pode ser feito pelo autor da liberalidade no momento de sua instrumentalização. Assim, um possível cancelamento das referidas cláusulas, também, somente poderia ser feito pelo instituidor. Dessa forma, se ocorrer a morte do instituidor, não existe como se fazer o cancelamento das cláusulas extrajudicialmente, sendo que valerão por todo o período da vida do beneficiário, caso não haja disposição expressa em contrário no instrumento de instituição.

Corroborando esse entendimento, o § 2º do art. 1.848 estabelece que, mediante autorização judicial e havendo justa causa, podem ser alienados os bens gravados convertendo-se o produto em outros bens, que ficarão sub-rogados nos ônus dos primeiros.

Dessa forma, observamos que as únicas formas de cancelamento das referidas cláusulas seriam as hipóteses de o próprio instituidor autorizar o seu cancelamento ou de as partes recorrerem ao judiciário expressando justa causa a ser analisada pelo juiz,

---

30. Importante exceção à regra que veda a autoclausulação do patrimônio é a da instituição do bem de família voluntário tratada no item 29.4.

tal como a impossibilidade financeira de manter o bem. Neste caso, se o juiz autorizar o cancelamento da cláusula, deverá, se possível, determinar que as cláusulas se sub-roguem em outros bens.

No tocante à vitaliciedade presumida, diferentemente do que ocorre com as cláusulas de inalienabilidade, incomunicabilidade e impenhorabilidade, ela não é encontrada na cláusula de indivisibilidade. Muito pelo contrário, o § 2º do art. 1.320 do Código Civil dispõe que não poderá exceder o período de cinco anos a indivisão estabelecida pelo doador ou pelo testador.

Na sequência, encontramos ainda o § 3º do referido artigo, que dispõe que, ainda que estabelecida a indivisão a requerimento de qualquer interessado e se graves razões o aconselharem, pode o juiz determinar a divisão da coisa comum antes do prazo.

Outra diferença que encontramos entre a cláusula de indivisibilidade e as de inalienabilidade, incomunicabilidade e impenhorabilidade é que as últimas somente podem ser estabelecidas pelo autor da liberalidade, enquanto a primeira pode ser livremente acordada pelas partes.

Então, a regra é a possibilidade de divisão da coisa comum a todo tempo, sendo que pode ser excepcionada tanto pelo autor da liberalidade quanto pelos próprios condôminos. Todavia, a indivisibilidade não pode ser estabelecida por prazo superior a cinco anos, suscetível de prorrogação ulterior.

Outra peculiaridade das doações é a possibilidade de sua revogação por ingratidão. Neste caso, o ingresso da revogação no registro de imóveis se dará por mandado judicial, visto que os fatos que ensejam o reconhecimento da ingratidão devem ser comprovados judicialmente.

Relevante para o registrador sobre o tema a disposição contida no art. 563, que determina que a revogação por ingratidão não prejudica os direitos adquiridos por terceiros. Assim, se o imóvel já tiver sido transferido ou onerado de qualquer forma, esta transmissão ou oneração se manterá, resolvendo-se a questão em perdas e danos entre o doador e o donatário.

No tocante à doação entre cônjuges, existe a possibilidade de ocorrer quando abranger bens particulares excluídos da comunhão. Existe também antiga posição doutrinária que veda sua ocorrência no regime da separação obrigatória de bens por se entender haver burla ao regime de bens imposto por lei. Embora seja ainda posição muito citada, pelo fato de ter se pautado em disposições do CC/1916 não existentes no atual, bem como de não haver vedação legal alguma à prática de tal ato e, ainda, diante do princípio da dignidade da pessoa humana, é que tal posição tem sido gradualmente revista, como ocorreu no julgamento pelo STJ do Recurso Especial n. 471.958, relatora Ministra Nancy Andrighi, julgado em 18-12-2008.

Importante observar, por fim, que, segundo o art. 554 do Código Civil atual, a doação a entidade futura caducará, em dois anos, caso esta não estiver constituída regularmente. Nesse caso, haveria uma doação subordinada a uma condição suspensiva que perderia a validade caso não ocorresse a constituição da entidade no prazo de dois anos.

Disposição semelhante é admitida para as doações feitas em prol do nascituro, bem como as subordinadas a casamento futuro.

Importante aspecto a ser analisado, no que se refere à doação, é a necessidade de sua aceitação. A regra geral é pela necessidade de sua aceitação, sendo prevista inclusive no art. 539 do nosso Código Civil a possibilidade de se estabelecer uma aceitação tácita, à medida que dispõe que o doador pode fixar prazo ao donatário, para declarar se aceita ou não a liberalidade. Continua ao estabelecer que, desde que o donatário, ciente do prazo, não faça a aceitação, dentro dele, presume-se que a aceitou, se a doação não for sujeita a encargo.

Como exceção à regra da necessidade de aceitação, encontramos as hipóteses de doação efetivada em favor de entidade futura, pois neste caso a entidade ainda não foi criada, não havendo quem pudesse manifestar a aceitação.

Além dessa hipótese, encontramos a prevista no art. 543 do Código Civil, que estabelece que, se o donatário for absolutamente incapaz, dispensa-se a aceitação, desde que se trate de doação pura.

Temos, ainda, os casos previstos no art. 546 do Código Civil, que estabelece que a doação feita em contemplação de casamento futuro com certa e determinada pessoa, quer pelos nubentes entre si, quer por terceiro a um deles, a ambos, ou aos filhos que, de futuro, houverem um do outro, não pode ser impugnada por falta de aceitação e só ficará sem efeito se o casamento não se realizar.

No caso da doação feita ao nascituro, valerá, sendo aceita pelo seu representante legal.

No que se refere à forma do ato da doação, estabelece o art. 541 do Código Civil que se fará por escritura pública ou instrumento particular. Todavia, a doação de que trataremos nesta obra refere-se à doação de bens imóveis, tendo em vista que somente esta ingressará no registro de imóveis, de forma que necessária será a escritura pública quando o imóvel doado exceder o limite de trinta vezes o salário mínimo estabelecido pelo art. 108 do nosso Código Civil.

44
Enfiteuse

Este instituto entre particulares não foi mais contemplado pelo Código Civil de 2002, sendo substituído pelo direito de superfície, que a ele se assemelha, tendo como principal diferencial entre os institutos a temporariedade deste último frente à perpetuidade da enfiteuse. Atualmente só está previsto nas disposições transitórias como forma de regulamentar os direitos já em curso, sendo prevista ainda a continuação da existência das enfiteuses especiais instituídas sobre terrenos de marinha, tendo como senhorio a União.

Podemos definir a enfiteuse como sendo um direito real de fruição sobre coisa alheia que se constituía quando, por ato entre vivos, ou de última vontade, o proprietário atribuía a outrem o domínio útil do imóvel, pagando a pessoa que o adquiria (enfiteuta) ao senhorio direto uma pensão, ou foro, anual, certo e invariável. Além disso, em caso de alienações por venda ou dação em pagamento do domínio útil pelo enfiteuta, possui o senhorio o direito de preferência na aquisição. Caso não a exerça, fará jus ao recebimento de uma outra quantia, denominada laudêmio.

Segundo Nicolau Balbino Filho (*Registro de imóveis*, p. 189), a enfiteuse é um direito real que confere ao seu titular (enfiteuta ou foreiro) a posse, uso e gozo de imóvel alheio, alienável, o qual se obriga a pagar ao titular do domínio da coisa (senhorio direto) uma pensão anual invariável (foro).

Determina o art. 2.038 das Disposições Transitórias do Código Civil atual que fica proibida a constituição de enfiteuses e subenfiteuses, subordinando-se as existentes, até sua extinção, aos princípios do Código Civil de 1916, no qual o instituto era regulado pelos arts. 678 a 694.

Dessa forma, a enfiteuse confere ao enfiteuta direitos amplos como os do proprietário, sendo que em contraprestação ele tem a obrigação de pagar uma taxa anual pela utilização do direito, chamada foro, eventualmente pagar uma taxa, caso promova a transferência do direito a terceiros por venda ou dação em pagamento, chamada laudêmio, e, por fim, conservar a substância da coisa. Em virtude dessa última obrigação, o enfiteuta não poderá, por exemplo, lotear ou instituir condomínio edilício sobre o imóvel sem a anuência do senhorio. Assim, o imóvel deve ser usado em sua destinação usual sem destruir-lhe a substância.

A enfiteuse é um direito transmissível *inter vivos* ou *causa mortis*. A transmissão por sucessão hereditária, todavia, não permite a divisão do imóvel em glebas para que cada herdeiro adquira imóvel individualizado sem o consentimento do senhorio,[31] pois

---
31. Art. 681 do Código Civil de 1916.

neste caso se alteraria a sua substância. Assim, se houver mais de um herdeiro, deve cada um deles recebê-lo em condomínio com os demais. Não deixando o enfiteuta herdeiros ou credores, extingue-se a enfiteuse.

Impõe-se ao enfiteuta a obrigação de comunicar ao proprietário qualquer transferência da enfiteuse, concedendo-lhe direito de preferência, ou seja, direito de extinguir a enfiteuse, pagando o mesmo valor oferecido por terceiro; o mesmo direito se dá em relação ao enfiteuta quando da alienação do domínio útil.[32]

Caso não exerça essa preferência, o proprietário recebe uma espécie de compensação, denominada laudêmio. Assim, toda vez que o enfiteuta for transferir a outro o domínio útil do bem por venda ou dação em pagamento, deverá ser recolhido ao senhorio o laudêmio, o que deverá ser comprovado perante o registro de imóveis para que se possibilite o registro dessa transferência.

É um direito perpétuo e dirige-se apenas a terras não cultivadas e terrenos destinados a edificação. Se for constituída para terras já cultivadas ou terrenos construídos, deve ser regulada como arrendamento ou locação por prazo indeterminado. Quanto à perpetuidade, é uma característica essencial do instituto; se houver prazo determinado, o direito não passará de um arrendamento.

A instituição da enfiteuse cria a figura do Enfiteuta, que é o detentor do domínio útil, ou seja, aquele que efetivamente explora o bem, e a figura do Senhorio Direto, que é detentor do domínio direto e tem o direito de receber o foro anual, o laudêmio no caso de transmissão do direito, bem como a consolidação da propriedade caso exerça seu direito de preferência, se ocorrer renúncia por parte do enfiteuta ou ainda se este falecer sem deixar herdeiros ou credores.

Como já destacamos, o art. 2.038 do Código Civil estabeleceu que fica proibida a constituição de enfiteuses e subenfiteuses, subordinando-se as existentes, até sua extinção, às disposições do CC anterior, Lei n. 3.071/16, e leis posteriores.

O mesmo artigo estabelece, ainda, em seu § 1º, que nos aforamentos a que se refere é defeso: I – cobrar laudêmio ou prestação análoga nas transmissões de bem aforado, sobre o valor das construções ou plantações; II – constituir subenfiteuse.

Como se pode observar da análise do artigo citado, não existe vedação à transferência do domínio útil de enfiteuses já constituídas, sendo vedada unicamente a constituição de novas enfiteuses ou subenfiteuses.

Além disso, é direito do enfiteuta resgatar a enfiteuse, obtendo a propriedade plena, 10 (dez) anos após a constituição do emprazamento, mediante pagamento de um laudêmio, que será de 2,5% sobre o valor atual da propriedade plena, e de 10 (dez) pensões anuais.

O enfiteuta está obrigado a pagar o foro anual na importância fixada no título constitutivo, sob pena de perder o direito, se deixar de pagar três anos consecutivos; neste caso, há a perda do direito pelo instituto do comisso.

---

32. Arts. 683 e 684 do Código Civil de 1916.

É possível a renúncia à enfiteuse por meio do abandono, independentemente da anuência do senhorio. A comprovação dessa situação deve ser feita judicialmente, sendo expedido mandado para que se proceda à inscrição no registro de imóveis.

Assim, a extinção da enfiteuse pode se dar pelo resgate ou pelo comisso, que ocorre pelo não pagamento de três foros anuais consecutivos, ou pela renúncia do enfiteuta independentemente da concordância do senhorio direto.

No tocante ao resgate, segundo a maioria da nossa doutrina, para que tenha ingresso no Registro de Imóveis, necessária se faz a lavratura de escritura pública por haver transmissão do domínio direto por parte do senhorio ao enfiteuta.

Nesse sentido, é oportuno transcrever parte do parecer dado pelo renomado registrador Elvino Silva Filho, como consultor do IRIB (Instituto de Registro de Imóveis do Brasil), na seção perguntas e respostas:[33]

> "Há uma nítida distinção que deve ser feita entre a quitação do pagamento do foro (que pode ser feita por instrumento particular) e a extinção do direito real de gozo, como é a enfiteuse, que deve ser objeto de escritura pública, pois envolve a transmissão do domínio direto por parte do senhorio ao enfiteuta.
>
> O sempre lembrado Serpa Lopes assim se expressa a respeito do assunto: 'Vencido o prazo legal, podem enfiteuta e senhorio acordar sobre a realização do resgate. Assim sendo, deverá ser transcrita a escritura por força da qual o ex-titular do domínio direto declare haver recebido a importância do resgate e passar ao enfiteuta o domínio direto'. E prossegue, adiante: 'De vez que, conforme acentuamos, se trata de uma operação jurídica que envolve uma transferência e uma confusão, nada há mais do que transcrever o ato com domínio pleno do ex-enfiteuta cancelando o direito real de enfiteuse, em virtude da consolidação operada pela confusão do duplo domínio num só titular' (*Tratado dos registros públicos*, 2. ed., III/261, n. 505).
>
> Não discrepa dessa orientação jurisprudência do Conselho Superior da Magistratura do Estado de São Paulo, como se pode verificar do acórdão no Ag. pet. 245.628, publicado na RT 482/121, no qual se lê: 'O resgate da enfiteuse opera transferência do domínio direto para o enfiteuta, devendo, pois, o ato translativo ser transcrito no Registro de Imóveis'".

Neste caso, o entendimento seria semelhante ao que ocorre com a renúncia do usufruto, a qual, para ser formalizada, também pede sua instrumentalização por meio de escritura pública.

A lei estabelece instituto que também denomina enfiteuse, de natureza especial, porém não sujeito a resgate. Esse instituto, também chamado de aforamento de terras da União, incide nos chamados terrenos de marinha e é regulado por legislação especial, conforme observamos no § 2º do art. 2.038 do nosso Código Civil.

45
TRANSFERÊNCIA DE IMÓVEL À SOCIEDADE QUANDO INTEGRAR QUOTA SOCIAL

A transferência de imóvel à sociedade quando integrar quota social dela é uma exceção à regra do art. 108 do Código Civil, que estabelece a necessidade de escritura pública para transferência de imóveis acima do valor de trinta vezes o salário mínimo.

Nesse caso, segundo o art. 64 da Lei n. 8.934/94, a certidão dos atos de constituição e de alteração de sociedades mercantis, passada pelas Juntas Comerciais em que foram arquivados, será o documento hábil para transferência, por transcrição no registro público competente, dos bens com que o subscritor tiver contribuído para a formação ou aumento do capital social.

Quanto às sociedades anônimas, encontramos dispositivo semelhante nos arts. 89 e 98, § 2º, da Lei n. 6.404/76, que estabelecem a desnecessidade da formalização do ato por escritura pública e que a certidão dos atos constitutivos da companhia, passada pelo registro do comércio em que foram arquivados, será o documento hábil para a transferência, por transcrição no registro público competente, dos bens com que o subscritor tiver contribuído para a formação do capital social.

Deve-se ressaltar, no entanto, que essa certidão deve trazer todos os requisitos da escritura para que possa ter ingresso no registro de imóveis, ou seja, deve trazer as partes perfeitamente qualificadas, descrever o imóvel em todas as suas características e confrontações, vir acompanhada do Certificado de Cadastro de Imóvel Rural (CCIR) e dos cinco últimos Impostos Territoriais Rurais (ITRs), se o imóvel for rural etc.

Sobre essa operação de transferência de imóvel à sociedade para integralização ou aumento de capital social, bem como na fusão, cisão, incorporação ou extinção de pessoa jurídica, não incide o Imposto de Transmissão de Bens Imóveis (ITBI), salvo se, nesses casos, a atividade preponderante do adquirente for a compra e venda desses bens ou direitos, locação de bens imóveis ou arrendamento mercantil, como se observa do art. 156, § 2º, I, da Constituição Federal.

Note que não é necessário que a atividade da empresa seja exclusivamente a de compra e venda de imóveis, direitos referentes a estes, locação ou arrendamento mercantil, mas devem ser estas as atividades preponderantes da empresa, usualmente apuradas com base no peso dessas atividades no faturamento total da empresa. Quando essas atividades não forem exclusivas, a preponderância será declarada pelas partes e normalmente demandará reconhecimento pelo fisco municipal, conforme dispuser o código tributário de cada Município. Esse ato será registrado na matrícula (Livro n. 2 – Registro Geral) do imóvel.

No que se refere à extinção da pessoa jurídica, todavia, a imunidade descrita somente se aplica no caso de o bem retornar para as mesmas pessoas e nas mesmas condições que o transmitiram à sociedade para integralizar suas cotas. Assim, caso A tenha transmitido o imóvel à empresa para integralizar suas cotas e no momento da dissolução da sociedade ficar estipulado que o bem será transmitido para B, não se aplicará a imunidade, sendo devido o referido imposto.

Isso se dá pois, se admitida a aplicação da imunidade nesse caso, seria possibilitada a transferência de um bem a uma terceira pessoa, utilizando-se como intermediária uma pessoa jurídica para burlar o recolhimento do imposto. A intenção do constituinte, neste caso, foi a de facilitar a atividade econômica, diminuindo os encargos para a constituição da sociedade, e não a de criar uma forma para se evitar o referido imposto.

Nessa questão, é importante destacar que o art. 64 permite a transferência por instrumento particular do imóvel do patrimônio do sócio para o patrimônio da sociedade. A exceção não abrange o caminho inverso. Dessa forma, caso a sociedade queira restituir o imóvel para o sócio, mesmo que nas mesmas condições, seja por extinção da sociedade ou por alteração do contrato/estatuto social ou por outra causa qualquer, é da essência do ato a escritura pública, conforme art. 108 do Código Civil.[34]

Por fim, é fundamental observar que a exceção contida no art. 64 refere-se somente às sociedades empresariais. Isso ocorre porque a Lei n. 8.934/94 abrange somente os atos praticados pelas juntas comerciais. No caso das sociedades simples, registradas no Cartório de Registro Civil das Pessoas Jurídicas, não existe regra de exceção, o que nos remete obrigatoriamente à regra geral do art. 108.

Interessante destacar o art. 234 da Lei n. 6.404/76, que estabelece que "a certidão, passada pelo registro do comércio, da incorporação, fusão ou cisão, é documento hábil para a averbação, nos registros públicos competentes, da sucessão, decorrente da operação, em bens, direitos e obrigações".

O referido dispositivo determina que, no caso de sociedades anônimas, a incorporação, fusão ou cisão que impliquem a transferência de bens imóveis, além de dispensar a escritura pública, ainda gerarão um ato de averbação na matrícula do imóvel, contrariando a regra geral do sistema registral brasileiro, que estabelece que a transferência de direitos reais deve se dar por ato de registro.

46
DOS TÍTULOS JUDICIAIS

Como já verificamos, o fato de os títulos terem origem em uma autoridade judiciária não retira o poder-dever do registrador de proceder à qualificação registrária deles. Em consequência disso, a origem judicial do título não isenta o registrador de possíveis responsabilizações decorrentes da falta de qualificação ou da qualificação incompleta desses títulos.

Todavia, a verificação da conformidade dos títulos judiciais com a legislação registrária não pode invadir a esfera jurisdicional. Isso significa que a qualificação não pode atingir o mérito da decisão judicial, restringindo-se a verificação de suas formalidades extrínsecas sobre as quais não se tenha tratado dentro do dispositivo da sentença.

Assim, caso o juiz afaste expressamente no mérito da sentença algum requisito registrário, não cabe ao registrador contestar a exatidão do decidido, mesmo porque as partes que se sentirem prejudicadas por uma decisão judicial possivelmente equivocada têm os meios corretos para recorrer dela, e esses meios não envolvem a serventia imobiliária, que não têm o papel de revisora de decisões judiciais.

Destaca-se que, da mesma forma que o registrador não tem competência para contestar o mérito de decisões judiciais, não tem responsabilidade pelos atos destas emanados.

Ressaltadas essas peculiaridades no que se refere à qualificação registrária dos títulos judiciais, passaremos a uma análise um pouco mais detalhada desses títulos que têm ingresso no registro de imóveis e seus requisitos registrários para a viabilidade do registro.

47
Cartas de Arrematação, de Adjudicação e de Homologação de Sentenças Estrangeiras

A Carta de Arrematação é o título hábil para ingresso no fólio real da arrematação ocorrida em hasta pública de imóvel anteriormente penhorado para garantia do pagamento de dívida. Segundo o § 2º do art. 901 do nosso novo Código de Processo Civil, a carta de arrematação conterá a descrição do imóvel, com remissão à sua matrícula ou individuação e aos seus registros, a cópia do auto de arrematação e a prova de pagamento do imposto de transmissão, além da indicação da existência de eventual ônus real ou gravame.

A descrição do título deve coincidir com a que consta da matrícula do imóvel. Tal dispositivo está atualmente em perfeita consonância com a Lei de Registros Públicos (LRP), que dispõe:

> "Art. 225. Os tabeliães, **escrivães e juízes** farão com que, nas escrituras e **nos autos judiciais**, as partes **indiquem, com precisão, os característicos, as confrontações e as localizações dos imóveis**, mencionando os nomes dos confrontantes e, ainda, quando se tratar só de terreno, se esse fica do lado par ou do lado ímpar do logradouro, em que quadra e a que distância métrica da edificação ou da esquina mais próxima, **exigindo dos interessados certidão do registro imobiliário**" (grifos nossos).

Importante destacar que a disposição para que a Carta de Arrematação contenha a descrição do imóvel com remissão à sua matrícula ou individuação e aos seus registros é muito semelhante a que vinha prevista no inciso I do art. 703 do nosso Código de Processo Civil de 1973, que sofreu alteração em virtude da Lei n. 11.382/2006, no qual sua redação anterior assim dispunha: "I – a descrição do imóvel, constante do título, ou à sua falta, da avaliação".

Observe que essa alteração trouxe significativa mudança na questão, visto que a partir desta não basta mais a descrição feita pelo oficial de justiça no termo de penhora, é necessário que conste o número da matrícula e do registro no registro de imóveis para perfeita identificação do bem.

Com isso evitamos um problema muito corriqueiro que consistia no título vir descrito na forma como se encontrava a realidade fática, contendo muitas vezes construções, desmembramentos, remembramentos e outras alterações que muitas vezes não foram levadas a registro. Esse descompasso entre o título apresentado, que espelhava uma realidade fática e que não se refletia na esfera registral, e o registro gerava uma ofensa ao princípio da especialidade objetiva e por consequência uma qualificação negativa do título, impedindo o seu registro.

Importante destacar que pretendemos nesse momento somente trazer os requisitos formais da carta de arrematação; o estudo da arrematação propriamente dita se dará com o estudo da penhora, visto ser a primeira um desenvolvimento da segunda.

Feitas essas breves considerações a respeito da carta de arrematação, passaremos a uma análise também sucinta dos requisitos da carta de adjudicação. Diferentemente do que ocorre na Arrematação que se dá por maior lance na hasta pública, na Adjudicação o imóvel é transferido diretamente ao credor (ou herdeiro único) em pagamento da dívida (ou herança).

Sobre o tema, assim dispõe o art. 685-A do Código de Processo Civil de 1973: "É lícito ao exequente, oferecendo preço não inferior ao da avaliação, requerer lhe sejam adjudicados os bens penhorados".

Os requisitos da Adjudicação estão previstos no § 1º do art. 877 do novo Código de Processo Civil, que estabelece que a adjudicação considera-se perfeita e acabada com a lavratura e assinatura do auto pelo juiz, pelo adjudicatário, pelo escrivão e, se for presente, pelo executado, expedindo-se a respectiva carta, de adjudicação e o mandado de imissão na posse, quando se tratar de bem imóvel, ou a ordem de entrega ao adjudicatário, quando se tratar de bem móvel.

Já os requisitos da carta de adjudicação, que é o documento que materializa a adjudicação e serve como título hábil para seu ingresso no registro de imóveis, estão previstos no § 2º do art. 877 do novo Código de Processo Civil que estabelece que esta conterá a descrição do imóvel, com remissão à sua matrícula e aos seus registros, a cópia do auto de adjudicação e a prova de quitação do imposto de transmissão.

Outra espécie de carta de adjudicação que pode ter ingresso na serventia imobiliária é a decorrente de um processo de adjudicação compulsória. O processo de adjudicação compulsória ocorre em cumprimento de um contrato de compromisso de venda e compra em que o vendedor ou não pode ou não outorga a escritura definitiva aos compradores, os quais já quitaram o preço e cumpriram as demais condições eventualmente existentes do contrato de compromisso, configurando verdadeira substituição da vontade da parte que deveria outorgar a escritura.

Conforme já analisamos quando estudamos os compromissos de compra e venda, o Código Civil em seu art. 1.418 dispõe que: "O promitente comprador, **titular de direito real**, pode exigir do promitente vendedor, ou de terceiros, a quem os direitos deste forem cedidos, a outorga da escritura definitiva de compra e venda, conforme o disposto no instrumento preliminar; e, se houver recusa, requerer ao juiz a adjudicação do imóvel" (grifo nosso).

Por sua vez, o art. 1.417 do referido Código estabelece que somente adquire o promitente comprador **direito real** à aquisição do imóvel mediante promessa de compra e venda, em que se não pactuou arrependimento, celebrada por instrumento público ou particular, e registrada no Cartório de Registro de Imóveis.

Entendemos, então, pelo que se observa do citado art. 1.418, que somente o titular do direito real, ou seja, o titular de compromisso de compra e venda, no qual não se pactuou arrependimento e que foi registrado no registro de imóveis, tem direito a recorrer à utilização da adjudicação compulsória do imóvel caso o promitente vendedor, por qualquer motivo, não outorgue a escritura definitiva depois de cumpridas as condições do contrato. Mas a jurisprudência ainda aplica a Súmula 239 do STJ, de 28-6-2000 (anterior ao Código Civil), que preconiza: "O direito à adjudicação compulsória não se condiciona ao registro do compromisso de compra e venda no cartório de imóveis".

O processo de adjudicação compulsória visa substituir a vontade do vendedor na transferência da propriedade. Essa substituição de vontade tanto pode se dar quando o vendedor recuse a outorga da escritura, após o cumprimento de todas as obrigações por parte do credor, como nos casos em que o vendedor esteja por qualquer motivo impossibilitado de outorgar a referida escritura.

Não são raros os casos nos quais a parte recorre à ação de adjudicação compulsória devido ao fato de que existe impossibilidade na outorga da escritura. Essa impossibilidade pode, por sua vez, residir justamente na inexistência de algum dos requisitos indispensáveis para a lavratura da escritura e que devem ser fiscalizados pelo registro de imóveis, como no caso do vendedor pessoa jurídica que possui dívidas perante a Seguridade Social.[35]

Nesse caso específico, a sentença que decretar a adjudicação compulsória deve expressamente afastar a exigência da apresentação da certidão negativa de débitos previdenciários para que o registrador fique também dispensado de sua exigência; caso contrário, o título não poderá ser registrado.

Em outras palavras, podemos resumir, afirmando que não é o fato de a transmissão ter se originado de uma adjudicação compulsória que afasta o cumprimento das exigências registrárias, inclusive no que se refere ao seu âmbito fiscalizatório de recolhimentos de tributos, bem como cadastramentos nos órgãos competentes.

Dessa forma, exceto nas possíveis exceções feitas pelo magistrado para a transmissão objeto do processo na parte dispositiva da decisão, a carta de adjudicação proveniente de uma ação de adjudicação compulsória deve ser tratada como uma venda e compra normal, pois somente faz suprir a vontade do outorgante vendedor, o qual tem o dever contratualmente criado de outorgar a referida escritura.

Assim, a sentença nada mais faz do que cumprir, por ele, sua obrigação. Por essa razão, nos casos em que a adjudicação for substitutiva da vontade, não deve tal sentença permitir a obtenção de vantagens e isenções que não alcançaria, caso houvesse o cumprimento voluntário da obrigação. É de observar, contudo, que tal exigência é dispensável quando for pessoa jurídica com finalidade específica de venda e compra de imóveis, o imóvel for parte do acervo desta e houver sólidas provas fáticas de que o imóvel não faz parte do acervo permanente da pessoa jurídica.

Notemos que muito diferente é o caso de ser carta de arrematação. Neste caso não há obrigação nenhuma a ser adimplida, mas, sim, venda forçada para pagamento de dívidas. Assim, é natural que a parte tenha dívidas, e, entre seus credores, provavelmente figurará algum ente governamental, especialmente se for pessoa jurídica.

---

35. Mantendo em mente a imensa polêmica que tem se instaurado a respeito da questão.

Por isso, sendo o caso de venda forçada, não há como exigir a apresentação das certidões negativas de tributos (CNDs), até pelo fato de que existe uma razoável chance de essa venda forçada objetivar o pagamento das dívidas. Exigir as CNDs seria atacar frontalmente o sistema judiciário, que não conseguirá dar eficácia a suas determinações.

Nessa questão devemos observar que a arrematação pode ser registrada, mas o adquirente pode vir a não ter a livre disposição do bem. É o caso de imóvel em que existem múltiplas penhoras inscritas, sendo que uma é a favor da União ou de uma de suas autarquias, ou seja, incide o § 1º do art. 53 da Lei n. 8.212/91. Essa limitação aplica-se somente aos casos de alienações voluntárias, não atingindo as alienações forçadas. Quando do registro da arrematação, salvo disposição específica da decisão, somente será cancelada a penhora que originou a arrematação, subsistindo as demais penhoras, bem como eventual indisponibilidade do bem decorrente da Lei n. 8.212/91.

Também será expedida carta de adjudicação em processo de inventário no qual exista um único herdeiro. Neste caso, não há que se falar em partilha, tendo em vista que os bens não serão partilhados, e sim transmitidos integralmente (adjudicados) ao único herdeiro.

Ainda dentro do estudo das cartas judiciais que têm ingresso na serventia imobiliária, encontramos a carta de homologação de sentença estrangeira. Segundo o art. 105, I, *i*, da nossa Constituição Federal, a sentença estrangeira, para ter validade no país, deverá ser homologada pelo Superior Tribunal de Justiça.

Essa homologação visa compatibilizar as decisões estrangeiras com o ordenamento nacional, evitando que se cumpram no país decisões contrárias ao nosso ordenamento, bem como verificando a regularidade dos processos em que foram proferidas.

O art. 15 da Lei de Introdução às Normas do Direito Brasileiro (Decreto-lei n. 4.657/42) lista os requisitos necessários para que a sentença estrangeira seja homologada: a) haver sido proferida por juiz competente; b) terem sido as partes citadas ou haver-se legalmente verificado à revelia; c) ter passado em julgado e estar revestida das formalidades necessárias para a execução no lugar em que foi proferida; d) estar traduzida por intérprete autorizado; e e) ter sido homologada pelo Superior Tribunal de Justiça.

Em nosso novo Código de Processo Civil, tal homologação está prevista nos arts. 960 e seguintes.

48
Penhoras, Arrestos e Sequestros (Regras Gerais)

As penhoras, os arrestos e os sequestros são constrições judiciais que têm ingresso no Registro de Imóveis por meio de mandados judiciais.

São medidas acautelatórias que visam destacar do patrimônio do devedor o bem objeto da lide (sequestro) ou bens suficientes para garantir a dívida objeto do litígio (penhora e arresto), servindo o registro como a publicitação do fato necessária para que se tenha validade contra terceiros.

O registro dessas medidas traz presunção *juris et de jure* da ciência de terceiros; se não houver o registro, o credor terá que provar o conhecimento pelo terceiro adquirente da existência da constrição, posto que o processo só vincula as partes que o integram, especialmente no caso da penhora.

Importante ressaltar que o registro dessas medidas não torna, em regra, os bens indisponíveis (embora exista exceção), podendo eles serem livremente alienados ou onerados. Todavia, a alienação ou oneração se resolverá no caso de o bem ser arrematado para o pagamento da dívida (penhora ou arresto) ou a sua propriedade ser transferida para o vencedor do litígio (sequestro).

Dessa forma, pode-se dizer que, caso ocorra uma alienação ou oneração em relação a bem de que conste inscrição de penhora, arresto ou sequestro, essa alienação será ineficaz em relação à referida inscrição. Ou seja, a parte que adquiriu ou aceitou a garantia de um bem sobre o qual existia constrição, aceita que este bem continuará a responder pela constrição preexistente, assumindo os riscos disso ocorrer.

Tanto a penhora como os arrestos e os sequestros afetam direitos reais sobre imóveis, única hipótese em que terão ingresso na serventia imobiliária. Nesses casos, o acesso se dará pela inscrição desses direitos na matrícula (Livro n. 2 – Registro Geral) do imóvel que está sendo objeto da constrição.

Questão interessante é a que se refere a penhora, ao arresto ou ao sequestro expedidos por juiz de outra comarca. Eles devem passar pelo crivo do juiz corregedor antes de serem registrados?

Há quem defenda que assim se faça por uma questão de competência, visto que não poderia o oficial acatar a ordem de outro juiz que não seu corregedor, muitas vezes usando analogicamente o disposto no art. 109, §§ 4º e 5º, da LRP, que trata do registro civil das pessoas naturais, para fundamentar tal atuação.

Todavia, é desnecessária essa providência, uma vez que o oficial está subordinado ao juiz corregedor apenas na esfera administrativa, e o mandado (ou outro título) de registro de penhora, arresto ou sequestro é uma ordem jurisdicional que não pode assim ser recusada, uma vez que cumpra os aspectos formais do registro.

Mesmo porque não é dado ao juiz corregedor em sua função, que se resume a uma atuação meramente administrativa, discutir as ordens jurisdicionais de outro juiz. Nesse sentido:

> "Penhora – averbação. Competência: juiz corregedor X juiz jurisdicional.
>
> O Juiz Federal de Execuções Fiscais determinou ao oficial do Cartório de Registro de Imóveis a averbação de penhora. Sucede que o oficial recusou-se a cumprir tal providência e suscitou dúvida, declarando-se competente para apreciar o incidente o Juiz Corregedor da comarca. A Seção entendeu que não é permitido ao Juiz Corregedor, de caráter administrativo, opor-se ao que fora ordenado em feito jurisdicionalizado, declarando competente o mencionado Juiz Federal. Precedentes citados: CC 21.413-SP, DJ 6-9-1999, e CC 21.649-SP, DJ 17-12-1999. CC 32.641-PR, Rel. Min. Eliana Calmon, julgado em 12-12-2001. (Informativo de Jurisprudência do STJ n. 120 – 10 a 14-12-01)".

Apesar de a penhora, o arresto e o sequestro terem como objetivos remotos a garantia de uma execução e, por isso, terem vários aspectos em comum que ensejam um estudo englobado, estes institutos não se confundem, possuindo características peculiares que tornam necessárias algumas breves considerações sobre cada qual individualmente.

48.1 ARRESTOS

O arresto é uma medida cautelar que tem como finalidade a apreensão de bens do devedor, para garantir futura execução por quantia certa, sempre que houver perigo de dilapidação do seu patrimônio.[36] É também conhecido como sendo pré-penhora.

Segundo o art. 813 do Código de Processo Civil de 1973, o arresto tem lugar:

> I – quando o devedor sem domicílio certo intenta ausentar-se ou alienar os bens que possui, ou deixa de pagar a obrigação no prazo estipulado;
>
> II – quando o devedor, que tem domicílio:
>
> a) se ausenta ou tenta ausentar-se furtivamente;
>
> b) caindo em insolvência, aliena ou tenta alienar bens que possui; contrai ou tenta contrair dívidas extraordinárias; põe ou tenta pôr os seus bens em nome de terceiros; ou comete outro qualquer artifício fraudulento, a fim de frustrar a execução ou lesar credores;
>
> III – quando o devedor, que possui bens de raiz, intenta aliená-los, hipotecá-los ou dá-los em anticrese, sem ficar com algum ou alguns, livres e desembargados, equivalentes às dívidas;
>
> IV – nos demais casos expressos em lei.

O novo Código de Processo Civil (Lei n. 13.105/2015), em seu art. 301, previu o instituto englobadamente com as demais tutelas de urgência de natureza cautelar. Todavia, deixou de elencar as situações em que o arresto deva ser aplicado de forma que muitos doutrinadores, ao menos nesse início, vêm defendendo que, apesar de revogado

---

36. Definição dada pelo Professor Ulysses da Silva na obra Penhora e cautelares no registro de imóveis, p. 76.

o código de 1973, deve-se continuar a aplicar as hipóteses ali elencadas como situações que ensejam o arresto sem que estas sejam, contudo, consideradas taxativas. Dessa forma, as hipóteses de utilização do instituto teriam sido ampliadas, visto que ele poderia ser utilizado também em quaisquer situações que demonstrem a probabilidade do direito e o perigo da demora na prestação da tutela jurisdicional.

Para a concessão do arresto, será necessária a comprovação da existência de dívida líquida e certa, bem como da existência de alguma das condições anteriormente elencadas.

A decisão que concede o arresto será materializada, segundo o art. 239 da Lei n. 6.015/73, mediante mandado ou certidão do escrivão, de que constem:

a) os requisitos exigidos para o registro;

b) o nome do juiz;

c) o nome do depositário;

d) os nomes das partes;

e) a natureza do processo.

Esse título terá ingresso no registro de imóveis, resultando no registro da medida na matrícula do imóvel que se pretende resguardar para o pagamento da dívida.

O arresto é uma medida preparatória que no curso do processo deverá se transformar em penhora, motivo pelo qual, para o seu registro, exigem-se também os mesmos requisitos da penhora. Proceder de outra forma seria admitir a potencialidade esdrúxula de admitir o registro do arresto e, depois, indeferir o registro da penhora posterior.

Devemos destacar que, de acordo com o art. 69 do Decreto-lei n. 167/67, os bens objeto de penhor ou de hipoteca constituídos pela cédula de crédito rural não serão penhorados, arrestados ou sequestrados por outras dívidas do emitente ou do terceiro empenhador ou hipotecante, cumprindo ao emitente ou ao terceiro empenhador ou hipotecante denunciar a existência da cédula às autoridades incumbidas da diligência ou a quem a determinou, sob pena de responderem pelos prejuízos resultantes de sua omissão.[37]

O cancelamento do arresto pode se dar tanto com a sua conversão em penhora, como por meio de ordem específica que determine a liberação do bem. Essa ordem materializar-se-á mediante mandado que conterá a autorização para o cancelamento do instituto, citando o número de seu registro e matrícula, bem como os demais elementos caracterizadores da constrição, e será averbada na matrícula do imóvel.

48.2 SEQUESTROS

O sequestro é também uma medida cautelar que visa a retirada da coisa litigiosa do patrimônio do demandado para fins de sua conservação até que se finde a lide.

---

37. No caso de dívidas cedulares antigas vencidas, sem penhora inscrita de ação de cobrando o seu pagamento e com a garantia não baixada no registro, a jurisprudência sabidamente tem admitido a penhora a fim de evitar o abuso de direito. Neste sentido, ver Processo CGJ SP n. 2011/118556.

Nesse caso, o demandado é desapossado do bem, que fica sob a guarda de um depositário, o qual geralmente é um terceiro estranho à lide.

O art. 822 do Código de Processo Civil de 1973, previa que o juiz, a requerimento da parte, podia decretar o sequestro:

> I – de bens móveis, semoventes ou imóveis, quando lhes for disputada a propriedade ou a posse, havendo fundado receio de rixas ou danificações;
>
> II – dos frutos e rendimentos do imóvel reivindicando, se o réu, depois de condenado por sentença ainda sujeita a recurso, os dissipar;
>
> III – dos bens do casal, nas ações de separação judicial e de anulação de casamento, se o cônjuge os estiver dilapidando;
>
> IV – nos demais casos expressos em lei.

Também nesse caso, o novo Código de Processo Civil atual (Lei n. 13.105/2015) deixou de elencar as hipóteses específicas de decretação do arresto, prevendo em seu art. 301 o instituto englobadamente com as demais tutelas de urgência de natureza cautelar, as quais podem ser deferidas nas situações que demonstrem a probabilidade do direito e o perigo da demora na prestação da tutela jurisdicional.

A decisão que concede o sequestro será materializada, segundo o art. 239 da Lei n. 6.015/73, mediante mandado ou certidão do escrivão, de que constem:

a) os requisitos exigidos para o registro;

b) o nome do juiz;

c) o nome do depositário;

d) os nomes das partes;

e) a natureza do processo.

Esse título terá ingresso no registro de imóveis, resultando no registro da medida na matrícula do imóvel que se pretende resguardar.

Importante destacar que, conforme abordado no arresto, o art. 69 do Decreto-lei n. 167/67 determina que os bens objeto de penhor ou de hipoteca constituídos pela cédula de crédito rural não serão penhorados, arrestados ou sequestrados por outras dívidas do emitente ou do terceiro empenhador ou hipotecante, cumprindo ao emitente ou ao terceiro empenhador ou hipotecante denunciar a existência da cédula às autoridades incumbidas da diligência ou a quem a determinou, sob pena de responderem pelos prejuízos resultantes de sua omissão.

Seu cancelamento deverá se dar em virtude de ordem específica que determine a liberação do bem. Essa ordem materializar-se-á mediante mandado que conterá a autorização para o cancelamento do instituto, citando o número de seu registro e matrícula, bem como os demais elementos caracterizadores da constrição, e será averbada na matrícula do imóvel.

48.3 PENHORAS

A penhora pode ser definida como sendo o "meio de que se vale o Estado para fixar a responsabilidade executiva sobre determinados bens do devedor" (Humberto Theodoro Jr., *Curso de direito processual civil*, v. II, p. 109).

Podemos dizer então que a penhora é destinada a individualização e depósito de bem que fica à disposição judicial para satisfazer o crédito.

Antes da penhora, a regra geral é a de que todos os bens respondem pelo pagamento de todas as dívidas do devedor, a não ser que este tenha indicado voluntariamente algum bem específico para que seja vinculado a uma dívida específica, que é o que ocorre nos casos de garantias reais.

Havendo garantia real garantindo a dívida, já existe previamente a individualização e vinculação de determinado bem para que seja levado a uma venda judicial e tenha o seu valor transformado no pagamento dela na hipótese de inadimplemento.

Não havendo garantias reais ou sendo essas insuficientes, voltamos à regra geral de que todos os bens do patrimônio do devedor respondem por todas as suas dívidas. Nesse caso, quando se chega à situação concreta de uma dívida que já está em fase de execução, deve ocorrer essa individualização que se dá por meio da penhora.

Assim, iniciada a execução, o devedor é chamado para pagar a dívida ou indicar bens à penhora. Ou seja, indicar bens que poderão ser vendidos em hasta pública, para que o valor obtido com essa venda seja utilizado para o pagamento da dívida.

Caso a parte não pague a dívida, nem indique bens à penhora, o juiz determinará a penhora de bens indicados pelo exequente.

Verificamos, então, que a penhora representa uma vinculação de um bem a uma dívida específica, com a finalidade de que, caso não seja paga, o bem seja vendido e, com o resultado dessa venda, possa ser realizado o pagamento.

O art. 797 do atual Código de Processo Civil deixa clara essa questão ao estabelecer que, "ressalvado o caso de insolvência do devedor, em que tem lugar o concurso universal, realiza-se a execução no interesse do exequente que adquire, pela penhora, o direito de preferência sobre os bens penhorados".

A partir desse conceito, é importante delimitarmos quais os efeitos decorrentes desse ato.

Ou seja, o bem penhorado pode ser vendido a terceiros? Ou, escrito de outro modo, fica o bem indisponível?

A penhora inscrita assegura a oponibilidade *erga omnes*, garantido que a penhora afetará o bem, qualquer que venha a ser seu proprietário. Em virtude disso, mesmo ocorrendo a transferência do bem a terceiros, ela o acompanhará e poderá ser exercida nas mãos de quem quer que se encontre o bem.

Como consequência, via de regra, a penhora não gera a indisponibilidade do bem penhorado, tendo como resultado apenas a ineficácia relativa da alienação em relação ao feito no qual se constitui a constrição, sem necessidade de se provar fraude à execução.

Caso o bem não tenha sido penhorado e a penhora não tenha sido levada à inscrição, não existiria o efeito *erga omnes*. Dessa forma, caso o bem seja alienado a terceiro, mesmo sendo a dívida anterior à alienação e já existindo execução pendente, deverá se provar a fraude à execução para que a parte consiga o mesmo efeito da penhora inscrita, ou seja, a declaração de ineficácia dessa venda em relação àquela execução especificamente.

Observe que, caso não se obtenha essa declaração, o processo de execução pendente não poderá atingir o bem que foi alienado antes da inscrição da penhora. Isso se dá pelo fato de que o processo só vincula as partes que o integram e, quando a referida execução gerar uma penhora e essa for encaminhada ao registro de imóveis, verificará que o executado não é mais o proprietário do imóvel, não podendo a medida atingir o atual proprietário, que não faz parte do processo, sem uma declaração específica autorizando esta extensão.

Por isso, é fundamental o pleno conhecimento da situação dominial do imóvel pelo juiz do feito. A Lei n. 6.015/73 cuida disso, determinando que os juízes exijam dos interessados certidão do registro imobiliário, conforme parte final do *caput* do art. 225 da LRP. Implícito nisso é que a certidão seja recente, atualizada. De nada adianta juntar certidão de 6 meses ou 1 ano no processo, pelo simples fato de que tudo aquilo documentado na certidão pode não ter mais validade alguma, especialmente diante da velocidade da vida moderna, sendo ideal a certidão de, no máximo, 30 dias. Ressaltamos, porém, que não cabe ao registrador promover tal fiscalização.

Para que se configure a ocorrência da fraude à execução, é necessário que o exequente comprove dentro do processo de execução que a venda do imóvel tornou o devedor insolvente, ou seja, que não restaram outros bens suficientes que possam garantir o pagamento da dívida e que houve má-fé do terceiro adquirente na transação.

Importante se destacar que, caso seja declarada dentro do processo a fraude à execução, o juiz deverá expedir mandado, ordenando a averbação da referida penhora naquela matrícula, determinando a ineficácia da alienação declarada em fraude à execução em relação àquele processo, o que deverá constar da inscrição a ser efetivada na matrícula.

É importante também frisar que a averbação deverá ser de ineficácia, e não de cancelamento, embora, como já alertamos, não cabe ao registrador discutir o mérito da decisão judicial. Isso ocorre porque a venda é perfeitamente válida e eficaz em relação a todas as outras pessoas que não forem credoras ou, mesmo sendo credoras, não conseguirem judicialmente a declaração de sua ineficácia em seus respectivos processos de execução.

Dessa forma, se a alienação for declarada ineficaz em relação a um único processo de execução específico e a dívida desse processo for quitada, a referida alienação estará convalidada e não acarretará maiores problemas sociais e, consequentemente, evitará novas lides.

Cada credor terá que provar que, no seu caso específico, ocorreu a fraude à execução para conseguir a declaração de ineficácia. Caso houvesse o cancelamento da alienação, o bem voltaria ao nome do proprietário anterior e, com isso, até mesmo novos credores, com os quais esse alienante teria contratado posteriormente, teriam a oportunidade de alcançar o bem, o que não condiz com a sistemática legal, pois, nesse último caso, quando a dívida foi contraída, o bem já não pertencia mais ao patrimônio do devedor, de forma que não fazia parte de sua garantia, fundada na regra geral de que todos os bens do patrimônio do devedor respondem por suas dívidas.

Vimos então que, em regra, a penhora não gera a indisponibilidade do bem. Todavia, existe uma exceção expressamente prevista em lei, que se refere à indisponibilidade decorrente das penhoras efetuadas pela União, suas autarquias e fundações públicas.

Essa disposição é prevista no art. 53 da Lei n. 8.212/91, o qual dispõe que: "na execução judicial da dívida ativa da União, suas autarquias e fundações públicas, será facultado ao exequente indicar bens à penhora, a qual será efetivada concomitantemente com a citação inicial do devedor". Na sequência, o seu § 1º dispõe que: "os bens penhorados nos termos deste artigo ficam desde logo indisponíveis". Destacamos que não existe dispositivo do mesmo tipo para as penhoras das fazendas estaduais e municipais, nem para suas autarquias e fundações públicas.

Aspecto muito interessante aqui é o da natureza da publicidade. Normalmente podemos afirmar que a publicidade do registro da penhora é declaratória, pois a penhora em si é constituída nos autos e sua inscrição no fólio real somente irá produzir o efeito *erga omnes*. Contudo, nesse caso especial de penhora da União, a inscrição da penhora constitui um novo efeito, o de tornar aquele bem específico indisponível. Não há que se argumentar que a indisponibilidade do bem ocorre desde a constituição da penhora nos autos, uma vez que não atingirá eventuais terceiros adquirentes. Somente com a inscrição é que efetivamente será constituído tal efeito, que até então existia apenas de forma latente.

Outra questão, outrora muito polêmica, mas que hoje já se encontra pacificada, se refere à necessidade do registro da penhora para que gere efeitos perante terceiros.

Existe antiga corrente jurisprudencial que entende pela desnecessidade do registro da penhora para a produção de efeitos perante terceiros com base na sua publicidade processual, visto que a penhora, por ser um ato processual, nasce dentro do processo. Segundo essa corrente, não necessitaria de nenhum ato complementar para sua validade plena e consequente oponibilidade perante terceiros. Todavia, entendemos não ser esse o posicionamento mais acertado.

Num primeiro momento, é certo que a penhora é um ato processual e que a sua constituição se dá no próprio processo. Entretanto, o nosso sistema registral prevê que, mesmo os direitos que não se constituam com o registro devem ser registrados para atingir os fins de publicidade e disponibilidade.

Esse mesmo sistema dispõe que, quando prevista a necessidade da publicidade registral, não existe outra forma de se atingir a publicidade almejada senão pela inscrição no registro de imóveis competente.

Reforçando essa ideia, encontramos o art. 169 da Lei n. 6.015/73, o qual estabelece que todos os atos enumerados no art. 167 são obrigatórios e efetuar-se-ão no cartório da situação do imóvel.

Caso não bastassem esses argumentos, a alteração trazida pela Lei n. 10.444/2002, alterada pela Lei n. 11.382/2006, deixou explícita a necessidade desse registro para produzir efeitos perante terceiros, ao dispor em seu § 4º que "a penhora de bens imóveis realizar-se-á mediante auto ou termo de penhora, **cabendo ao exequente, sem prejuízo da imediata intimação do executado, providenciar, para presunção absoluta de conhecimento por terceiros, a respectiva averbação no ofício imobiliário**, mediante apresentação de certidão de inteiro teor do ato e independentemente de mandado judicial" (grifo nosso).

Não que a redação anterior já não previsse a necessidade de inscrição do ato no Registro Imobiliário, visto que estabelecia também em seu § 4º que "a penhora de bens imóveis realizar-se-á mediante auto ou termo de penhora, e inscrição no respectivo registro".

Todavia, a nova redação do artigo deixou ainda mais clara a imprescindibilidade da inscrição do ato no registro Imobiliário para que a penhora gere efeitos perante terceiros, o que ficou pacificado com o entendimento do Superior Tribunal de Justiça, consagrado na Súmula 375, que assim dispõe: "O reconhecimento da fraude à execução depende do registro da penhora do bem alienado ou da prova de má-fé do terceiro adquirente".

O novo Código de Processo Civil atual (Lei n. 13.105/2015) nesse aspecto não trouxe modificações, praticamente repetindo a redação já dada pela Lei n. 11.382/2006 em seu art. 844, estabelecendo que: "Para presunção absoluta de conhecimento por terceiros, cabe ao exequente providenciar a averbação do arresto ou da penhora no registro competente, mediante apresentação de cópia do auto ou do termo, independentemente de mandado judicial".

Essa explicitação da necessidade de inscrição da penhora para presunção de seu conhecimento por terceiros não foi a única trazida pela Lei n. 10.444/2002, que trouxe inúmeras outras modificações que não se restringiram apenas em aspectos de redação, como o analisado, trazendo uma nova sistemática para a solicitação da penhora, dispensando o mandado, criando a possibilidade de penhora com base na apresentação da certidão do registro de imóveis, dentre outras que serão analisadas individualmente a seguir.

Assim, a Lei n. 10.444/2002 modificou o § 4º do art. 659 do Código de Processo Civil de 1973, bem como acrescentou o § 5º do mesmo artigo, que assim dispõe: "Nos casos do § 4º, quando apresentada certidão da respectiva matrícula, a penhora de imóveis, independentemente de onde se localizem, será realizada por termo nos autos, do qual será intimado o executado, pessoalmente ou na pessoa de seu advogado, e por este ato constituído depositário".

Disposição semelhante foi repetida no atual Código de Processo Civil, que dispõe no § 1º do art. 845 que "a penhora de imóveis, independentemente de onde se localizem, quando apresentada certidão da respectiva matrícula, e a penhora de veículos automotores, quando apresentada certidão que ateste a sua existência, serão realizadas por termo nos autos".

Entretanto, o atual Código de Processo Civil foi além ao estabelecer ainda quanto à questão no § 2º do mesmo artigo que, se o executado não tiver bens no foro do processo, não sendo possível a realização da penhora com base na certidão da matrícula do imóvel, a execução será feita por carta, penhorando-se, avaliando-se e alienando-se os bens no foro da situação.

Das modificações iniciadas ainda nas alterações sofridas pelo Código de Processo Civil de 1973 e aperfeiçoadas pelo Código de Processo Civil atual, são extraídas as seguintes:

a) Encargo do exequente de providenciar a inscrição da penhora

Na realidade não se trata de uma inovação, e sim de uma explicitação na lei de um encargo que sempre foi da parte, mas que se considerava, pela natureza jurídica da penhora, não se aplicar a esta.

Isso se dá porque a função da inscrição no registro de imóvel é a consecução da publicidade registral, a qual em seu aspecto constitutivo é uma faculdade da parte. Assim, se a pessoa tem um título que lhe enseje a formação de um direito real, caso seja registrado, e não o leva a registro, essa pessoa optou por manter esses direitos na esfera pessoal.

Essa explicitação legislativa foi importante também para demonstrar a irregularidade da prática corrente de alguns juízes de enviarem diretamente os títulos judiciais à serventia imobiliária, fora dos casos previstos na lei, que só contém essa previsão quando trata das penhoras fiscais.

Tal prática extrapola os limites de atuação do juiz que, nesse caso, estaria substituindo a vontade da parte, sem que tenha sido provocado nesse sentido e sem que exista a necessidade dessa substituição. Esse é um resquício da sistemática anterior à Constituição de 1988 na qual os Serventuários que praticavam as atividades extrajudiciais eram considerados funcionários públicos (de uma categoria especial, tendo em vista que não recebiam seus vencimentos diretamente do poder público) e eram vinculados ao Poder Judiciário.

Tanto que muitas vezes o Serventuário que respondia pelo Registro de Imóveis, à época, também respondia pelo Ofício Civil, Criminal etc. Dessa forma, alguns juízes ainda têm essa ideia de subordinação, apesar de a Constituição de 1988 ter deixado clara a privatização das serventias extrajudiciais com a consequente autonomia dos serviços.

Hoje, então, os serviços extrajudiciais são públicos, mas exercidos em caráter privado por delegação, sendo uma instituição à parte do Poder Judiciário, que hoje tem apenas um papel fiscalizatório sobre essas serventias.

Por esse mesmo motivo, também é irregular a atuação de advogados que solicitam no processo que o Juiz requisite certidões para instruir os feitos. O Juiz tem uma posição de imparcialidade no processo, e essa posição o impede de produzir prova em favor de uma das partes, sendo a intervenção judicial cabível somente nas situações em que algum dos requisitos para a produção da prova precise ser dispensado para o caso específico, por exemplo, na hipótese em que seja necessária uma certidão de um registro que tenha sobre ele ordem específica para a não concessão de informações.

Quanto à penhora fiscal, todavia, de acordo com o art. 14 da Lei n. 6.830/80, o registro será efetuado com a entrega pelo Oficial de Justiça de cópia da inicial, contendo o despacho do juiz e o auto de penhora.

O novo Código de Processo Civil manteve na redação do seu art. 844, visto acima, a explicitação da incumbência do registro a encargo do exequente.

b) Título hábil: certidão da matrícula do imóvel

Uma grande inovação trazida pela Lei n. 10.444/2002 foi a criação da possibilidade de se realizar a penhora com base na certidão da matrícula do imóvel.

Dessa forma, hoje é possível que o advogado da parte leve a certidão da matrícula do imóvel ao processo e já solicite que a penhora seja feita com base nas informações nesta contidas, dispensando, assim, a diligência ao local. Essa alteração veio a melhorar a eficiência do processo de execução, na medida em que garante agilidade, diminuindo as chances do devedor dispor dos bens e de divergências de dados entre o auto ou termo de penhora e os dados constantes no registro de imóveis, visto que é elaborado com base na matrícula.

c) Penhora no rosto dos autos com base na certidão da matrícula

A alteração permitiu que a penhora no rosto dos autos com base na certidão da matrícula do imóvel seja constituída independentemente do local onde se encontre o imóvel. Assim, além de todas as vantagens já elencadas para a penhora realizada com base na certidão, surge caso de dispensa da carta precatória.

Assim, antes das alterações promovidas no Código de Processo Civil, caso se desejasse penhorar um imóvel que não se encontrava no local do processo, era necessário que o juiz da execução enviasse uma carta precatória para o juiz da comarca da situação do bem para que ordenasse ao oficial de justiça seu cumprimento. Após a diligência, o juiz da comarca do bem respondia ao juiz da execução com o resultado da diligência. Esse procedimento era extremamente moroso, em virtude do tempo de trâmite da carta precatória, da diligência e da resposta.

Após a Lei n. 10.444/2002, a parte pode optar por realizar a penhora por meio de diligência, conforme o procedimento anteriormente elencado, ou com base na certidão da matrícula, caso em que solicitará a certidão ao registro de imóveis competente e a apresentará ao juiz da execução que de plano determinará, com base na matrícula e nos dados nela trazidos, a penhora do bem.

O Código de Processo Civil de 2015 não só manteve a inovação como a ampliou para que haja a possibilidade de penhora independentemente de diligência também nos casos de veículos automotores. Assim, o § 1º do art. 845 do referido dispositivo dispõe que: "A penhora de imóveis, independentemente de onde se localizem, quando apresentada certidão da respectiva matrícula, e a penhora de veículos automotores, quando apresentada certidão que ateste a sua existência, serão realizadas por termo nos autos".

Além dessa ampliação o novo Código de Processo Civil estabeleceu ainda no § 2º do referido artigo que se o executado não tiver bens no foro do processo, não sendo possível a realização da penhora nos termos do § 1º, a execução será feita por carta, penhorando-se, avaliando-se e alienando-se os bens no foro da situação.

d) Ato registrário a ser praticado para a inscrição da penhora

Outra inovação diz respeito ao título hábil para a inscrição da penhora no registro de imóveis. O art. 239 da Lei n. 6.015/73 dispõe que as penhoras serão registradas em cumprimento de mandado ou à vista de certidão do escrivão.

Todavia, a parte final do § 4º do art. 659 do Código de Processo Civil de 1973 menciona certidão de inteiro teor do "ato", sem exigir a forma do mandado judicial. Dessa forma, devemos entender por "ato" o auto ou termo de penhora apresentado. Importante notar, todavia, que para que este auto ou termo de penhora tenha ingresso no registro de imóveis, ele deve possuir os requisitos registrários previstos nos arts. 176 e 225 da Lei n. 6.015/73, ou seja, descrição do imóvel, qualificação do devedor e do credor, valor da dívida e dados do processo.

Uma grande celeuma trazida pela Lei n. 10.444/2002 diz respeito ao ato registrário que deve ser praticado para a inscrição da penhora.

Pela sistemática geral dos atos registrários, o registro destina-se a constituir os atos nele inscritos ou para simplesmente atribuir efeitos *erga omnes* a estes. Já a averbação serve para modificar ou cancelar tais atos ou dar mera notícia da existência de algo juridicamente relevante, sem atribuir efeito algum. Então, a inscrição da penhora na matrícula, por constituir, no mínimo, efeitos *erga omnes*, necessariamente deveria ser realizada por ato de registro.

Por esse raciocínio, a penhora estaria enquadrada na categoria dos atos a serem objeto de registro e como tal está elencada no art. 167, I, 5, da Lei n. 6.015/73. Todavia, a nova redação do art. 659 do Código de Processo Civil de 1973, ao fazer referência ao ato de inscrição da penhora no registro de imóveis, chamou-o de averbação.

Em virtude disso, surgiu a discussão sobre um possível equívoco do legislador na utilização dos termos, uma vez que essa alteração contraria a sistemática registrária, fazendo com que surjam todos os efeitos da inscrição da penhora, mediante mera averbação, ferindo toda a lógica estruturante do sistema.

Além disso, nesse sentido pesa o fato de não ter sido feita alteração da Lei n. 6.015/73, que é lei especial, que tutela especificamente o sistema registrário.

Dessa forma, seja pelo entendimento no sentido de equívoco legislativo, seja pelo entendimento de que a Lei n. 6.015/73 é uma lei especial em relação ao Código de Processo Civil e, por esse motivo, deve prevalecer no que se refere aos aspectos registrários, grande parte dos estados brasileiros tem se posicionado no sentido da permanência da inscrição da penhora no registro de imóveis como um ato de registro *stricto sensu*.

Nesse sentido, encontramos o Processo 2007-145641, de 10 de janeiro de 2008, da Corregedoria Geral de Justiça do Rio de Janeiro, com parecer emitido pelo ilustre Juiz de Direito Auxiliar da Corregedoria Geral da Justiça, Dr. Gilberto de

Mello Nogueira Abdelhay Junior, aprovado pelo Desembargador Luiz Zveiter, que assim dispôs:

> "PENHORA. Ato registrário. Reforma processual decorrente da Lei 11.382/2006. A reforma processual decorrente da Lei 11.382/2006 não alterou a Lei 6.015/73 com relação aos atos decorrentes de constrições judiciais que continuam a ser registro em sentido estrito. Imprecisão terminológica por parte do legislador ao usar a expressão 'averbação' na redação atual dos arts. 659, §§ 4º e 6º, e 698, ambos do CPC [de 1973]".

No Estado de São Paulo, todavia, encontramos decisão definindo o tema e optando pela interpretação literal da lei, ao entender pela averbação da penhora. Tal decisão encontra-se no Acórdão do Conselho Superior da Magistratura CSMSP n. 948-6/8, datado de 11-11-2008, publicado no DOE em 26-1-2009, que tem a seguinte ementa:

> "Legislação: Art. 659, § 4º, do Código de Processo Civil [de 1973]; art. 203 da Lei n. 6.015/73; entre outras. Penhora – Dúvida – Competência recursal CGJ. REGISTRO DE IMÓVEIS. Dúvida inversa julgada procedente. Certidão de penhora de bem imóvel prenotada depois da vigência da Lei n. 11.382/2006, que prevê a averbação da constrição. Inexistência de dissensão relativa à prática de ato de registro em sentido estrito. Incompetência do Conselho Superior da Magistratura. Recurso não conhecido, com redistribuição do procedimento para a Egrégia Corregedoria Geral da Justiça.
>
> (...)
>
> Na espécie, o que se discute é o ingresso no registro imobiliário de certidão de penhora de imóvel, efetivada em processo jurisdicional. Embora pela Lei de Registros Públicos tenha sido previsto o registro da penhora de imóveis (art. 167, I, n. 5), não há como desconsiderar que, nos termos do art. 659, § 4º, do CPC [de 1973], com as alterações introduzidas pela Lei n. 11.382/2006, o ato em questão passou a comportar averbação.
>
> Assim, com a nova redação dada ao § 4º do art. 659 do CPC [de 1973], não se fala mais em registro da penhora de bens imóveis, mas sim em averbação de tal constrição.
>
> (...)".

Esta discussão, todavia, ganha novo fôlego com a vigência do novo Código de Processo Civil, visto que este voltou a classificar o ato inscritivo da penhora como ato averbatório, como podemos observar no referido art. 844.

Além disso, hoje, parte da doutrina posiciona-se pelo acerto da mudança do tipo inscritivo, defendendo que a inscrição da penhora serviria apenas para a notícia da existência do direito real e não sua criação, a qual se daria no processo.

Neste sentido temos Humberto Theodoro Jr., que assim dispõe: "Embora a Lei dos Registros Públicos preveja o registro da penhora de imóveis (Lei 6.015/73, art. 167, I, 5), a opção da reforma pela averbação certamente se deveu à maior singeleza do último ato registral. O registro é sempre cercado de exigências formais e substanciais que, no caso da penhora, retardam a publicidade do ato judicial, que a lei empenha seja pronto. De mais a mais, não se trata de ato constitutivo do direito real, e nem mesmo constitutivo do gravame judicial. Sua função é puramente de publicidade perante terceiros".[38]

---

38. THEODORO JR., Humberto. *A reforma da execução do título extrajudicial*. Rio de Janeiro: Forense, 2007, p. 91-92.

Contudo, tal linha de argumentação somente é válida do ponto de vista de um processualista, pois serve somente para os atos de publicidade meramente enunciativos e não para os declaratórios, como é o caso da penhora. Muito embora ela seja constituída no processo, seus efeitos ganham o mundo com o registro. No nosso sistema, as averbações não têm, salvo exceções que advêm de razões históricas, o poder de inscrever atos de cuja publicidade traga efeitos materiais. A isso o sistema reserva a prática de atos de registro.

Não confundir a "averbação" da penhora com a averbação premonitória trazida pela Lei n. 11.383/2006, que introduziu o art. 615-A no Código de Processo Civil de 1973. Enquanto a penhora ocorre sobre um ou alguns bens determinados para garantia de uma dívida específica, a averbação premonitória ocorre em momento anterior à penhora, enquanto todos os bens do devedor estão vinculados a todas as dívidas feitas por ele. Nesse segundo caso, a certidão de distribuição da ação de execução é o documento hábil para que se possa dar notícia da existência desse processo, incidindo sobre tantos bens do devedor quanto o credor achar necessário, independentemente de no futuro serem estes os bens penhorados. Essa modalidade de inscrição é analisada detalhadamente no capítulo próprio.

48.3.1 Algumas questões polêmicas da penhora

Vistas as principais características registrárias da penhora, passamos à análise de algumas questões que podem gerar dúvida.

Iniciaremos com a indagação a respeito da possibilidade de penhora sobre usufruto de imóveis.

Num primeiro momento, a penhora, em regra, pode recair sobre quaisquer bens ou direitos que tenham valor econômico. Todavia, para que essa penhora tenha ingresso no registro de imóveis, ela deve recair diretamente sobre um direito real. A finalidade da penhora é garantir, reservar, determinados bens para que sejam vendidos em hasta pública, caso a dívida não seja paga.

O usufruto é, sem sombra de dúvida, um direito real. Todavia, existe disposição expressa em nossa legislação vedando a venda do direito real de usufruto. Essa disposição é encontrada no art. 1.393 do nosso Código Civil, que assim dispõe: "Não se pode transferir o usufruto por alienação; mas seu exercício pode ceder-se por título gratuito ou oneroso".

Dessa forma, a regra é a inalienabilidade do usufruto. Assim, como a destinação da penhora é a alienação do bem, não há como a penhora recair sobre ele. Porém, como vimos no citado artigo, embora o direito real de usufruto não possa ser transferido, em regra (lembrando que pode ser acrescido em alguns casos), seu exercício pode ser cedido. Todavia, como o exercício do usufruto não é um direito real, sua cessão não tem ingresso na matrícula do imóvel, nem a penhora, que pode recair sobre o direito de exercício, poderá ser registrada.

Assim, em resumo, não é possível a penhora sobre o direito real de usufruto, sendo possível, todavia, a penhora de seu exercício que, por não ser um direito real, não ingressa na matrícula do imóvel. Por outro lado, a nua propriedade não encontra nenhuma vedação em sua alienação, de modo que é passível de penhora.

Outra questão interessante refere-se à possibilidade de penhora do direito do compromisso de compra e venda registrado. Quanto a ele é um direito real. Não existe nenhuma vedação geral à sua transferência. Dessa forma, não há nenhum óbice a essa medida, podendo a penhora ser inscrita no registro de imóveis, desde que o compromisso esteja registrado.

Então, existindo um compromisso de venda e compra registrado, tanto o compromissário comprador quanto o promitente vendedor serão titulares de direitos reais distintos, de forma que os credores de ambas as partes podem penhorar os direitos pertencentes aos seus respectivos devedores, podendo haver penhoras inscritas simultaneamente incidentes sobre os direitos de cada um, promitente vendedor e promitente comprador.

Se houver arrematação, o arrematante sub-roga-se nos direitos que o seu devedor possuía. Assim, se o devedor era compromissário comprador, o que será arrematado será o direito à aquisição do bem, podendo inclusive adjudicar o imóvel, os pagamentos se estiverem quitados. Caso o devedor seja o promitente vendedor, o direito arrematado será o de receber as parcelas restantes do preço e retomar o imóvel em caso de inadimplemento.

Essa possibilidade está expressamente prevista no inciso XII do art. 835 do novo Código de Processo Civil, prevendo ainda os incisos II e III do art. 799 do mesmo dispositivo que incumbe ao exequente requerer a intimação do promitente comprador ou promitente vendedor quando a penhora recaia sobre bem no qual exista promessa de compra e venda registrada.

Outra questão relevante seria sobre a possibilidade de penhora de bens públicos. Segundo o art. 100 do nosso Código Civil: "os bens públicos de uso comum do povo e os de uso especial são inalienáveis, enquanto conservarem a sua qualificação, na forma que a lei determinar".

Temos como regra geral que a inalienabilidade do bem implica em sua impenhorabilidade. Todavia, da análise do artigo citado, poderia surgir questão quanto à possibilidade de penhora dos bens públicos não afetados, os bens dominiais. Existe parte da doutrina que entende pela penhorabilidade. Entretanto, essa parte da doutrina é minoritária, sendo que a ampla maioria entende pela impenhorabilidade, independentemente do bem estar ou não afetado. Isso se dá com fundamento no art. 100 da nossa Constituição Federal, o qual prevê que os pagamentos do poder público serão feitos mediante o regime especial dos precatórios, sem diferenciar no caso de haver ou não imóveis desafetados, de modo que se deve sempre seguir o procedimento especial.

Devemos ressaltar, entretanto, que Empresas Públicas e Sociedade de Economia Mista devem seguir as regras de direito privado, de modo que não se encontra óbice, como regra geral, para a penhora de bens em nome, por exemplo, do Banco do Brasil, da Caixa Econômica Federal, da Petrobras etc.

Outra questão que poderia gerar dúvidas no caso concreto refere-se à possibilidade de penhora de imóveis hipotecados a entidades integrantes do Sistema Financeiro de Habitação.

Isso ocorre em virtude do parágrafo único do art. 1º da Lei n. 8.004/90, o qual estabelece que a formalização de venda, promessa de venda, cessão ou promessa de cessão relativas a imóvel financiado por meio do SFH dar-se-ão em ato concomitante à transferência do financiamento respectivo, com a interveniência obrigatória da instituição financiadora.

Todavia, nesse caso têm entendido os nossos tribunais que a obrigatoriedade da interveniência do credor hipotecário não atinge as alienações judiciais, mesmo porque nessa hipótese o credor deverá ser intimado da execução de acordo com o art. 799, I, do Código de Processo Civil, dando a ele oportunidade de participar da execução garantindo o concurso de credores, sendo ainda que o art. 804 do mesmo Código estabelece que "a alienação de bem gravado por penhor, hipoteca ou anticrese será ineficaz em relação ao credor pignoratício, hipotecário ou anticrético não intimado".

Questão que apresenta também grande discussão prática se refere à possibilidade de penhora de imóvel objeto de alienação fiduciária.

Cumpre-nos em princípio destacar que, enquanto existir alienação fiduciária sobre o imóvel, não existe propriedade plena, visto que o instituto da alienação fiduciária faz surgir um desdobramento da propriedade entre o fiduciante e o fiduciário, sendo que a partir desse momento e até a extinção do instituto, cada uma dessas partes é titular de aspectos distintos da propriedade. Um é proprietário com condição resolutiva expressa; o outro é proprietário com condição suspensiva, possuindo o direito expectado de reaver a propriedade plena do imóvel ao final.

Ambos são alienáveis, embora a lei determine que a posição de devedor fiduciante somente será cedida com expressa anuência do credor fiduciário (art. 29 da Lei n. 9.514/97).

Assim, não será possível a penhora da propriedade plena. Todavia, como observamos, a partir do registro da alienação fiduciária, existem duas propriedades com direitos distintos que coexistem sobre o imóvel. Dessa forma, não existe óbice à penhora da propriedade do devedor fiduciário ou do credor fiduciante, sendo que ambas as propriedades são resolúveis. Ocorrendo sua resolução, com ela ocorrerá a resolução da penhora.

Tal possibilidade também é prevista expressamente no citado inciso XII do art. 835 do novo Código de Processo Civil, prevendo ainda o inciso I do art. 799 do mesmo dispositivo que incumbe ao exequente requerer a intimação do credor fiduciário caso a penhora recaia sobre bem gravado com alienação fiduciária.

Questão interessante no que se refere à penhora decorre da impenhorabilidade trazida pela Lei n. 8.009/90, que disciplina o bem de família legal. No tocante a esta, devemos deixar claro que não é absoluta, sendo as exceções a essa regra expressamente previstas no art. 3º da referida lei, o qual estabelece que a impenhorabilidade é oponível em qualquer processo de execução civil, fiscal, previdenciária, trabalhista ou de outra natureza, salvo se movido:

> I – em razão dos créditos de trabalhadores da própria residência e das respectivas contribuições previdenciárias;

II – pelo titular do crédito decorrente do financiamento destinado à construção ou à aquisição do imóvel, no limite dos créditos e acréscimos constituídos em função do respectivo contrato;

III – pelo credor de pensão alimentícia;

IV – para cobrança de impostos, predial ou territorial, taxas e contribuições devidas em função do imóvel familiar;

V – para execução de hipoteca sobre imóvel oferecido como garantia real pelo casal ou pela entidade familiar;

VI – por ter sido adquirido com produto de crime ou para execução de sentença penal condenatória e ressarcimento, indenização ou perdimento de bens;

VII – por obrigação decorrente de fiança concedida em contrato de locação.

Dessa forma, eventuais alegações de impenhorabilidade do bem por força dessa lei devem ser objeto de exclusiva apreciação judicial, não competindo ao registro de imóveis tal análise.

No tocante a penhora do bem de família instituído, somente pode recair sobre o bem se a dívida for anterior à sua instituição ou referente aos tributos relativos ao prédio ou débitos condominiais, de acordo com o previsto no art. 175 do Código Civil. Isso deve ser consignado expressamente na certidão de penhora.

Devemos destacar que, de acordo com o art. 69 do Decreto-lei n. 167/67, os bens objeto de penhor ou de hipoteca constituídos pela cédula de crédito rural não serão penhorados, arrestados ou sequestrados por outras dívidas do emitente ou do terceiro empenhador ou hipotecante, cumprindo ao emitente, ou ao terceiro empenhador ou hipotecante, denunciar a existência da cédula às autoridades incumbidas da diligência ou a quem a determinou, sob pena de responderem pelos prejuízos resultantes de sua omissão.

Lembrando que no caso de dívidas cedulares antigas vencidas, sem penhora inscrita de ação cobrando seu pagamento e com a garantia não baixada no registro, a jurisprudência sabiamente tem admitido a penhora a fim de evitar o abuso de direito.[39]

Hipótese pouco utilizada da penhora, mas que decerto apresenta eficientes resultados práticos, é a chamada penhora no rosto dos autos prevista no art. 674 do Código de Processo Civil de 1973.

Esse tipo de penhora pode recair sobre direitos incertos, ou seja, bens que podem vir a caber ao devedor depois de resolvida pendência existente sobre eles. São eles, em regra: a) direitos ainda não partilhados; b) objeto de disputa em juízo.

Podemos citar como exemplo de direitos ainda não partilhados a hipótese em que o devedor é herdeiro de inventário aberto, mas que ainda não recebeu o seu quinhão. Neste caso se faria a penhora no rosto do inventário, tornando ineficaz eventual disposição do devedor de renunciar a esses direitos até o limite do crédito, bem como garantindo que, caso seja a ele atribuído algum bem, este estará de plano penhorado.

O mesmo ocorre caso o credor tenha notícia de que o devedor esteja, por sua vez, disputando a propriedade de um imóvel em juízo. A penhora poderá ser feita no rosto

---

39. Nesse sentido, ver Processo CGJ SP n. 2011/118556.

do processo e, se o devedor ganhar o direito, o bem será transferido para o nome do devedor com a ordem de que, ato contínuo, já seja efetuada a penhora.

Assim, este tipo de penhora em princípio não acessa o fólio real, visto que, nesse caso, no momento da penhora o bem não estará titularizado pelo devedor. Todavia, se o bem for atribuído ao devedor, o título que determinar sua transferência já deverá determinar também a inscrição da penhora.

O Código de Processo Civil atual trouxe essa modalidade de penhora de maneira mais abrangente, estabelecendo sua possibilidade sempre que o direito estiver sendo pleiteado em juízo. Assim, dispõe o art. 860 do referido dispositivo que quando o direito estiver sendo pleiteado em juízo, a penhora que recair sobre ele será averbada, com destaque, nos autos pertinentes ao direito e na ação correspondente à penhora, a fim de que esta seja efetivada nos bens que forem adjudicados ou que vierem a caber ao executado.

Outra dúvida que poderia surgir refere-se à possibilidade de penhora de bem declarado de utilidade pública, mas sobre o qual ainda não se completou a desapropriação. Não vislumbramos nenhum óbice ao registro da penhora no caso apresentado, tendo em vista que a averbação de declaração de utilidade pública em si não estabelece qualquer inalienabilidade ou impenhorabilidade sobre o bem, nem o torna público, fato que só ocorrerá com a efetiva desapropriação que transferirá a propriedade.

Ademais, o art. 31 do Decreto-lei n. 3.365/41 (que trata da desapropriação) estabelece que os ônus existentes no imóvel se sub-rogarão no preço pago pela desapropriação.

Também é pacífica a possibilidade de penhora sobre direito de superfície, enfiteuse, concessão de uso especial para fins de moradia ou concessão de direito real de uso, esta última quando prevista a alienabilidade no contrato concedente. Em todas essas hipóteses o art. 799 do novo Código de Processo Civil deixa a cargo do exequente requerer a intimação do proprietário do terreno.

Questão de grande utilidade prática envolve a necessidade ou não de apresentação do pagamento dos cinco últimos Impostos Territoriais Rurais (ITRs) quando a penhora recair sobre imóveis rurais.

A exigência dessa apresentação, como já estudada, encontra-se no art. 21 da Lei n. 9.393/96, que determina: "é obrigatória a comprovação do pagamento do ITR, referente aos cinco últimos exercícios, para serem praticados quaisquer dos atos previstos nos arts. 167 e 168 da Lei n. 6.015, de 31 de dezembro de 1973 (Lei dos Registros Públicos), observada a ressalva prevista no *caput* do artigo anterior, *in fine*" (a exceção referida trata da concessão de financiamento rural), sendo que o parágrafo único estabelece ainda que: "são solidariamente responsáveis pelo imposto e pelos acréscimos legais, nos termos do art. 134 da Lei n. 5.172, de 25 de outubro de 1966 – Sistema Tributário Nacional, os serventuários do registro de imóveis que descumprirem o disposto neste artigo, sem prejuízo de outras sanções legais".

Como a inscrição da penhora está prevista no art. 167, I, 5, da Lei n. 6.015/73, a observação isolada do referido dispositivo nos levaria à conclusão de que é necessário o cumprimento da exigência para a inscrição da penhora.

Todavia, não é este o entendimento que tem prevalecido em nossa doutrina e jurisprudência. Isso se dá com base no entendimento de que o crédito fiscal é privilegiado, de forma que eventual falta de pagamento do imposto deverá se sub-rogar no preço da arrematação, sendo que o referido dispositivo se aplicaria aos atos voluntários. Nos casos de transmissão forçada (mas não nos casos de simples transmissão involuntária em geral, como ocorre por sua causa morte), não é devida tal prova.

No tocante ao Certificado de Cadastro de Imóveis Rurais (CCIR), a exigência de sua apresentação está prevista no § 1º do art. 22 da Lei n. 4.947/66, o qual estabelece que, sem apresentação do Certificado de Cadastro, não poderão os proprietários, a partir da data a que se refere esse artigo, sob pena de nulidade, desmembrar, arrendar, hipotecar, vender ou prometer em venda imóveis rurais. O § 2º do referido dispositivo ainda estabelece que em caso de sucessão *causa mortis* nenhuma partilha, amigável ou judicial, poderá ser homologada pela autoridade competente, sem a apresentação do Certificado de Cadastro, a partir de 1º de janeiro de 1967.

Observando o dispositivo exposto, que estabelece as regras gerais de exigência do Certificado de Cadastro do Imóvel Rural, a inscrição da penhora não está inclusa entre os atos que exigem a apresentação do Certificado de Cadastro de Imóveis Rurais. Alguns dispositivos específicos determinam a apresentação do referido certificado, como ocorre na inscrição do georreferenciamento, a qual é estabelecida pelo § 5º do art. 9º do Decreto n. 4.449/2002. Todavia, não encontramos nenhum dispositivo exigindo a apresentação do CCIR para a inscrição da penhora, motivo pelo qual não deve ser solicitado para a prática desse ato.

A não exigência do CCIR e dos últimos cinco ITRs para a inscrição da penhora também se adequa à realidade prática, visto que seria quase impossível o credor conseguir esses documentos para apresentar no momento da inscrição, uma vez que são documentos produzidos pelo proprietário, que neste caso será o devedor e muito provavelmente não terá o menor interesse em colaborar com a venda forçada do seu imóvel.

Questão interessante se refere à possibilidade de venda de imóvel gravado com penhora. Em um primeiro momento, e de uma forma geral, não existe nenhum óbice a qualquer tipo de transmissão do imóvel penhorado, visto que a penhora inscrita acompanhará o imóvel nas mãos de quem quer que ele se encontre, podendo ser executado, mesmo não se encontrando mais na propriedade do devedor, conforme visto anteriormente.

Lembramos, porém, da exceção, também já mencionada, prevista para as penhoras fiscais da União, suas autarquias e fundações, constante do parágrafo único do art. 53 da Lei n. 8.212/91. Contudo, a indisponibilidade decorrente desse tipo de penhora fiscal vem sendo entendida como não oponível aos créditos trabalhistas. Esse entendimento tem como fundamento o art. 186 do nosso Código Tributário Nacional, o qual deixa claro que o crédito tributário prefere a qualquer outro, seja qual for a natureza ou o tempo da constituição deste, ressalvados os créditos decorrentes da legislação do trabalho, que têm força de lei complementar, não sendo assim derrogado pela lei ordinária n. 8.212/91.

Assim, com base no dispositivo analisado, existe o entendimento em nossa doutrina e jurisprudência de que, ao fazer a exceção em relação aos créditos trabalhistas, o citado art. 186 estabeleceu a preferência deles. Levando-se em conta que o mesmo dispositivo deixa clara a sobreposição dos créditos fiscais sobre os demais, na atualidade os créditos trabalhistas se sobrepõem às restrições geradas por todos os demais créditos, inclusive os fiscais.

Dessa forma, a indisponibilidade das penhoras fiscais da União, suas autarquias e fundações cede diante dos créditos trabalhistas que podem gerar penhoras, arrestos ou sequestros e que deverão ser registrados na matrícula do imóvel. Estes, por sua vez, gerarão arrematações, as quais também terão ingresso na serventia imobiliária como exceção à indisponibilidade estudada.

Contudo, existe uma nova corrente jurisprudencial, a qual sustenta que a indisponibilidade decorrente do art. 53, § 1º, da Lei n. 8.212/91 atinge somente os casos de alienação voluntária, e não os casos de alienação involuntária (ex.: arrematações judiciais em geral). Nesse sentido, ver Apelação Cível n. 0004717-40.2010.8.26.0411 do Conselho Superior da Magistratura de São Paulo.

No tocante à impenhorabilidade decorrente da penhora da União, suas autarquias e fundações, surge uma questão: a indisponibilidade da penhora fiscal da União, suas autarquias e fundações vedaria o ingresso de novas penhoras? Ou essas novas penhoras não feririam a referida indisponibilidade, desde que não gerassem a arrematação?

Existe o entendimento daqueles que defendem que a penhora já seria um início de alienação, tendo em vista que sua finalidade é justamente garantir que o bem possa ser arrematado para que o crédito obtido com essa arrematação seja utilizado para o pagamento da dívida. Para estes, a inscrição da penhora já feriria a indisponibilidade gerada pelas referidas penhoras.

Todavia, o entendimento predominante de nossa doutrina e jurisprudência não tem se filiado a este entendimento. Para a maioria, a indisponibilidade decorrente das penhoras fiscais da União, suas autarquias e fundações não teria abrangido novos atos de penhora, mas somente as arrematações por ventura decorrentes dessas outras penhoras que não sejam as fiscais, as quais geraram a referida indisponibilidade, ou as trabalhistas, pela exceção anteriormente analisada.

48.4 CANCELAMENTO DA PENHORA

Em regra, é considerado título hábil para o cancelamento da penhora inscrita na matrícula do imóvel mandado do juízo que a determinou em primeiro lugar. Todavia, não são raros os casos em que o registrador imobiliário se depara com um ofício judicial, determinando o cancelamento de uma penhora. Neste caso, apesar de não existir previsão legal, os referidos ofícios, caso contenham os requisitos necessários, têm sido aceitos com base no princípio processual da instrumentalidade das formas.

Outra forma de cancelamento da penhora é a arrematação. Ela gera a substituição do bem pelo seu valor monetário obtido em hasta pública; em decorrência disso, todos os débitos que recaíam sobre o bem devem ser sub-rogados no valor obtido com sua venda, sendo que a partir daí seguem as regras do concurso de credores, estabelecidas no art. 908 e no parágrafo único do art. 797, ambos do Código de Processo Civil atual, sobre o valor arrecadado e de acordo com a ordem de preferência dos créditos.

Em função disso, a venda por meio de hasta pública de um bem o libera, em regra, de todas as dívidas do seu proprietário anterior, tendo em vista que toda a garantia de pagamento que esse bem poderia oferecer aos credores já foi liquidada com a arrematação, sendo materializada no valor obtido com esta.

A única exceção a essa regra encontrada em nosso ordenamento está prevista no art. 1.501 do nosso Código Civil, o qual estabelece que não extinguirá a hipoteca, devidamente registrada, a arrematação ou adjudicação, sem que tenham sido notificados judicialmente os respectivos credores hipotecários, que não foram, de qualquer modo, partes na execução.

Assim, podemos afirmar que, com exceção da dívida vinculada à hipoteca registrada no imóvel em que os credores não foram notificados ou tenham participado por qualquer modo da execução, todas as demais dívidas deixam de recair sobre o imóvel, devendo recair sobre o valor arrecadado por este.

Com isto, chegamos à conclusão de que a arrematação seria o fundamento para o cancelamento de todas as formas de constrições e garantias referentes às dívidas do proprietário anterior à arrematação.

Todavia, é também pacífico em nossa doutrina e jurisprudência que esse cancelamento não é automático. Assim, a arrematação gera automaticamente o cancelamento da penhora que lhe deu origem. Entretanto, se existirem na matrícula do imóvel outras penhoras ou arrestos, o cancelamento deles somente será possível mediante apresentação de ordem específica do juiz do feito no qual foram determinados, que podem ser requeridos pelo arrematante. No que se refere às hipotecas, seu cancelamento dependerá de liberação feita pelo credor hipotecário ou ordem judicial específica.

Essa exigência é necessária para se garantir a notificação dos demais credores da realização da praça para que possam habilitar os seus créditos no produto obtido com a arrematação.

Para a efetividade dessa habilitação, previa o art. 698 do Código de Processo Civil de 1973 que não se efetuará a adjudicação ou alienação de bem do executado sem que da execução seja cientificado, por qualquer modo idôneo e com pelo menos dez dias de antecedência, o senhorio direto, o credor com garantia real ou com penhora anteriormente averbada, que não seja, de qualquer modo, parte na execução.

O Código de Processo Civil atual mantém a mesma sistemática ao estabelecer no inciso V do art. 889 que serão cientificados da alienação judicial, com pelo menos 5 (cinco) dias de antecedência, o credor pignoratício, hipotecário, anticrético, fiduciário ou com penhora anteriormente averbada, quando a penhora recair sobre bens com tais gravames, caso não seja o credor, de qualquer modo, parte na execução.

Dessa forma, essa falta de cientificação das pessoas que poderiam ter interesse na arrematação, seja para exercer o seu direito de preferência, seja para garantir a prioridade de seus créditos no concurso de credores, pode gerar seu cancelamento. Todavia, esse possível cancelamento deve ser baseado em um prejuízo que pode não se materializar caso a pessoa que deveria ter sido notificada previamente, mesmo o sendo a posteriori, consiga exercer o seu direito.

De qualquer forma, o que resta claro é que não seria possível se concluir pelo cancelamento automático dos demais atos que vinculem o imóvel a dívidas do antigo proprietário, sem a comprovação da cientificação dos demais credores com direitos inscritos na matrícula da ocorrência da arrematação. Tal situação poderia gerar prejuízos a terceiros que eventualmente adquirissem o imóvel sem nenhuma restrição na matrícula e fossem surpreendidos pelo cancelamento da praça. Essa prática poderia gerar ainda a ineficiência dos demais processos nos quais o bem garantiria a dívida, visto que, caso não houvesse o conhecimento da arrematação, eles seguiriam seu curso, podendo gerar outra arrematação do mesmo bem.

49
AVERBAÇÕES PREMONITÓRIAS

A averbação premonitória foi trazida pela Lei n. 11.383/2006, que introduziu o art. 615-A no Código de Processo Civil de 1973. Também está prevista no art. 828 do novo Código de processo Civil. Referido artigo dispõe que o exequente poderá, no ato da distribuição, obter certidão comprobatória do ajuizamento da execução, com identificação das partes e valor da causa, para fins de averbação no registro de imóveis, registro de veículos ou registro de outros bens sujeitos à penhora ou arresto.

Percebamos que no caso da averbação premonitória ainda não existe penhora, o processo de execução está se iniciando, de modo que ela serve para dar publicidade ao início desta execução.

Dessa forma, o título que serve para o ingresso da averbação premonitória no registro de imóveis não traz em si a especificação de nenhum imóvel, isso porque a notícia da existência de um processo de execução pode se dar em qualquer imóvel do patrimônio do devedor, pois nessa fase todos os bens do patrimônio do devedor respondem por todas as suas dívidas.

A inscrição da averbação premonitória na matrícula do imóvel dá publicidade ao feito executório de forma que se presume em fraude à execução a alienação ou oneração de bens efetuada após a averbação, garantindo-se assim que estas sejam ineficazes em relação à execução noticiada.

Assim, diferentemente do que ocorre com a penhora, nesse momento não existe ainda uma vinculação do bem em que foi feita a inscrição da dívida para que ele possa ser levado à praça para o pagamento da dívida. O que ocorre aqui é a divulgação de que esse bem pode no futuro ser objeto de penhora para o pagamento da dívida.

De qualquer forma, essa inscrição pode afetar possíveis negócios que o devedor pretendia realizar sobre o bem, o que, aliado à amplitude do título que pode ingressar sobre qualquer bem do patrimônio do devedor, sem que se faça qualquer limitação ou correlação entre o valor do(s) bem(ns) e o da dívida, pode levar a um prejuízo demasiado para o devedor, caso ocorra abuso por parte do credor.

Então, a parte poderá solicitar a publicidade do fato em muito mais imóveis do que necessário para eventualmente garantir o pagamento da dívida. Em virtude disso, o § 5º do citado art. 828 estabelece que o exequente que promover averbação manifestamente indevida ou não cancelar as averbações nos termos do § 2º indenizará a parte contrária, processando-se o incidente em autos apartados.

O título hábil para o ingresso das averbações premonitórias no registro de imóveis é a certidão comprobatória do ajuizamento da execução, a qual, segundo a disposição legal, deverá conter a identificação das partes e o valor da causa.

Por identificação das partes, entende-se que basta uma identificação abreviada, não sendo necessária a qualificação subjetiva completa, mas que garanta pelo menos a identificação suficiente para que não se tenha dúvida de quem é o executado. Devemos lembrar que nesse caso a inscrição terá como base a pessoa do executado, de forma que um possível equívoco, gerado, por exemplo, por uma homonímia, poderá levar à inscrição em imóvel pertencente a pessoa diversa do devedor, o que por óbvio geraria prejuízos ou, pelo menos, um desgaste para a parte que sofreu a inscrição indevida, com consequente responsabilização para o registrador imobiliário que a promoveu sem as devidas cautelas.

Por todo o exposto, é fundamental que o interessado requeira expressamente sobre quais imóveis quer que incida tal averbação.

A necessidade de requerimento a ser apresentado com a certidão é única desse tipo de instrumento judicial, não ocorrendo nem na penhora, no arresto ou no sequestro, ou em qualquer outro dos títulos judiciais, visto que nos demais casos a ordem vem direcionada a um(ns) imóvel(is) específico(s).

Apesar de o artigo falar somente em valor da causa, a certidão deve vir instruída também com os dados do processo (tipo de execução, número do processo, comarca e vara) para que um eventual interessado na aquisição do imóvel possa obter mais informações sobre o feito, sendo que tais dados são elencados como requisitos do registro pelo art. 176, II, 4, da Lei n. 6.015/73.

Segundo o § 1º do art. 828, o exequente deverá comunicar ao juízo as averbações efetivadas, no prazo de dez dias de sua concretização. Esse dispositivo visa que o juízo do feito e o executado tenham um controle das averbações que foram efetuadas, mesmo porque, de acordo com seu § 2º, após formalizada penhora sobre bens suficientes para cobrir o valor da dívida, será determinado o cancelamento das demais averbações premonitórias relativas àqueles imóveis que não tenham sido penhorados.

Questão corrente nas provas: pode ser promovida averbação premonitória com base em ação de conhecimento, ou somente com a de execução?

A regra geral é que somente se admite em processo de execução, pois a redação do texto legal não deixa margem de dúvida nesse sentido, uma vez que "exequente" e "certidão comprobatória do ajuizamento da execução" somente se aplicam a este tipo de ação. Também não importa o fundamento da execução, se de título extrajudicial ou judicial, provisória ou não, uma vez que a regra vale para ações de execução.

Mas há de ser ressaltado que o juiz da ação de conhecimento, no interesse de prevenir eventual fraude à execução e com a aplicação analógica desse dispositivo, pautado em seu poder geral de cautela, pode expressamente determinar a aplicação da averbação premonitória naquele caso específico.[40]

---

40. Sobre o assunto vale a pena ler o Parecer n. 266/2010-E, proferido no Processo CGJ SP 2009/126792.

Frise-se que é necessária expressa determinação do juiz do feito da aplicabilidade àquele caso concreto, devendo isso constar da certidão. De outra forma, não é possível admitir a averbação premonitória em ação de conhecimento por falta de previsão legal.

Por fim, devemos observar que, na legislação, o cancelamento da averbação premonitória não é automático com o registro da penhora, com exceção do imóvel em que essa averbação se transformou efetivamente em penhora, devendo, nos demais casos, haver uma determinação específica de cancelamento para cada uma delas. Essa determinação se materializará em um mandado que deverá conter ordem específica de baixa.

50
Citações de Ações Reais ou Pessoais Reipersecutórias Relativas a Imóveis

A possibilidade de registro na matrícula do imóvel da citação das ações reais ou pessoais reipersecutórias que possam o atingir é de grande utilidade, apesar de ser muito pouco utilizada; atribuímos esse fato à falta de conhecimento dessa possibilidade pelo público em geral.

Podemos definir o termo ação real como todo processo judicial que busca a tutela de um direito real. Dessa forma, se duas pessoas estiverem disputando a propriedade sobre um imóvel, por exemplo, aquela cujo imóvel não estiver registrado em seu nome pode dar notícia da existência da disputa na matrícula dele.

Isso possibilitará que terceiros tenham conhecimento do fato, sendo que, caso ocorra a alienação ou oneração do bem no curso do processo e ao final aquele que estava reivindicando a propriedade consiga o seu reconhecimento, os terceiros que a tiverem adquirido ou recebido como garantia não poderão alegar desconhecimento do fato.

Já as ações pessoais reipersecutórias são aquelas que, embora fundadas em direito pessoal, tenham a possibilidade de perseguir determinado bem para a satisfação do direito. Podemos citar como exemplo deste tipo de ação a pauliana, na qual credores quirografários pretendem desconstituir alienação feita por devedores insolventes com o objetivo de conseguir a penhora e posterior alienação judicial do bem alienado para o pagamento de suas dívidas. Percebamos que nesse caso, embora o direito enfocado na ação seja obrigacional, seu objetivo final seria atingir o direito de propriedade sobre o imóvel.

No exemplo acima, seu registro também visa evitar que terceiros que adquiram o imóvel ou direito sobre estes possam alegar desconhecimento da existência da referida ação. Assim, o citado ato não apenas dará ciência aos interessados da existência dessas ações como também gerará a presunção de ter sido cometido em fraude à execução, qualquer que seja o direito real inscrito posterior ao seu registro. Portanto, a aquisição poderá ser judicialmente declarada ineficaz, não podendo o adquirente fundar-se na boa-fé.

Reparemos que esse tipo de inscrição assemelha-se à averbação premonitória anteriormente analisada, todavia o âmbito de atuação de cada inscrição é distinto, visto que as averbações premonitórias somente são possíveis após a distribuição de uma execução (via de regra) e não se referem a um ou alguns imóveis específicos, mas, sim, podem noticiar o feito em qualquer imóvel do patrimônio do devedor. Já o registro das citações em ações reais ou pessoais reipersecutórias ocorre quando da citação nesses processos (processos de conhecimento) e se refere a imóvel específico, ou seja, àquele referido especificamente nessas ações.

Ambos os casos são tipos de inscrições preventivas, ressaltando que diante de sua possibilidade de inscrição, prevista no art. 167, I, 21, da Lei n. 6.015/73, o fato de o possível beneficiário não o fazer demonstra desídia que reforça a presunção de boa-fé de possíveis adquirentes ou terceiros que receberam o imóvel em garantia.

O documento hábil para o ingresso no registro de imóveis desses atos é o instrumento citatório ou a sua determinação que deve identificar o juízo, comarca, vara e processo, tipo de ação, bem como o imóvel, o autor e o réu da ação.

51
Formais de Partilhas e Atos de Adjudicação de Imóveis em Processos de Inventário ou Arrolamento quando não Houver Partilha

O formal de partilha pode ser definido como o título judicial formado do traslado da sentença de partilha transitada em julgado prolatada em procedimento de inventário ou arrolamento instruído com cópias de documentos relevantes constantes dos autos, por meio do qual se individualizam os quinhões hereditários transmitidos quando da abertura da sucessão do autor da herança.

Antes dessa individualização, os herdeiros são proprietários de um todo indivisível, isso porque não se tem como saber se a partilha será feita atribuindo-se fração ideal de cada bem para cada herdeiro ou se a partilha recairá sobre bens específicos, ou ainda se o bem será atribuído a um único herdeiro que se compromete a pagar a parte dos demais.

Devemos lembrar, ainda, que no processo de inventário ou arrolamento, além do levantamento dos bens pertencentes ao falecido, é feito o levantamento de possíveis dívidas que ele tenha deixado, de modo que os bens inventariados serão responsáveis pelo pagamento dessas dívidas. Isso ocorre com base na regra de que os bens do patrimônio do devedor respondem por suas dívidas.

Dessa forma, pode ocorrer que o patrimônio seja total ou parcialmente consumido por dívidas, sendo mais um fator de incerteza quanto ao quinhão que poderá ser atribuído ao herdeiro ao final do processo, aliado à possibilidade de existência de testamentos e possíveis alegações de deserdação ou adiantamento de legítima.

Assim, não é possível ao herdeiro ceder seus direitos hereditários sobre bem específico pendente no inventário, a não ser que haja anuência de todos os demais herdeiros e, mesmo assim, caso apareçam credores ou legatários, esse bem pode ser adjudicado a estes.

Vistas algumas considerações gerais sobre o formal de partilha, importante analisarmos o art. 655 do Código de Processo Civil atual, o qual traz as peças que devem fazer parte do formal de partilha (instrumento que terá ingresso no registro de imóveis e deverá ser analisado pelo registrador): a) termo de inventariante e título de herdeiros; b) avaliação dos bens que constituíram o quinhão do herdeiro; c) pagamento do quinhão hereditário; d) quitação dos impostos; e) sentença.

Havendo um único herdeiro, não será expedido formal de partilha, pois não há partilha a ser feita, e sim atribuição, sendo o título substituído pela carta de adjudicação.

Antes de feita a partilha dos bens, ou emitida a carta de adjudicação ou emitido o formal de partilha, os bens somente poderão ser alienados mediante a apresentação de alvará judicial, o qual deverá ser mencionado no título, conforme estabelece o art. 224 da Lei n. 6.015/73.

Devemos relembrar que os títulos judiciais estão sujeitos à qualificação registrária, sendo limitados somente pela decisão de mérito. Assim, como já estudado, o registrador deverá fazer a análise completa do título, não podendo, todavia, se opor ao decidido no dispositivo da sentença.

Importante trazer a discussão referente aos limites dessa análise que pode ser feita pelo registrador quando tratamos de decisões meramente homologatórias. No que se refere a esse tipo de decisões, há quem defenda que elas são consideradas atos administrativos de jurisdição voluntária, de forma que esse entendimento afirma que nesses casos não houve lide, não sendo a referida decisão de mérito, o que abriria o leque de análise do registrador, que para essa corrente deveria conferir a exatidão da partilha nos termos da lei.

Fazemos essa ressalva, pois não são raros erros grosseiros, seja das regras de sucessão, seja de cálculo, que passam pelo crivo do Judiciário, mas que poderiam ser apontados pelo registrador como nos casos em que a soma dos quinhões das partes no imóvel ultrapassa 100% do imóvel.

Hoje em dia, em virtude da Lei n. 11.441, de 4 de janeiro de 2007, é possível que os inventários e partilhas, bem como as separações e divórcios, quando haja consensualidade e não existam filhos do casal incapazes, sejam feitos por escritura pública. Em virtude disso, o traslado dessas também valerá para ingresso no registro de imóveis, produzindo os mesmos efeitos que a partilha ou adjudicação promovida judicialmente.

Ressalta-se que nos casos de separações e divórcios, o art. 1.581 do Código Civil de 2002 facultou às partes deixar a partilha dos bens do casal para um momento posterior ao da dissolução da sociedade conjugal.

Entretanto, de acordo com o art. 1.523, III, do Código Civil, o divorciado, enquanto não houver sido homologada ou decidida a partilha dos bens do casal, não deverá se casar, sob pena de ter de adotar o regime obrigatório de separação de bens, para evitar confusão de patrimônios, salvo provar inexistência de prejuízos ao ex-cônjuge.

52
Sentenças que nos Inventários, Arrolamentos e Partilhas Adjudicarem Bens de Raiz em Pagamento das Dívidas da Herança

Como é sabido, os bens do falecido são responsáveis por possíveis dívidas que ele possa ter deixado. Dessa forma, pode ocorrer que algum bem da herança seja adjudicado em pagamento dessas dívidas.

Nesse caso, a própria sentença transitada em julgado que determinar a adjudicação servirá como título para que se proceda à transferência no registro de imóveis competente, acompanhada do pagamento do imposto de transmissão devido.

Da referida sentença deverão constar a qualificação do devedor e do credor, a descrição do imóvel com menção ao seu número de inscrição e cartório, bem como a ordem de transferência com indicação de sua causa.

53
Protesto contra Alienação de Bens

Por muito tempo, discutiu-se sobre a possibilidade ou não do ingresso do protesto contra alienação de bens, previsto no parágrafo único do art. 870 do Código de Processo Civil de 1973 e atualmente no art. 301 do novo Código de Processo Civil, na matrícula do imóvel com base no poder geral de cautela exercido pelos juízes, bem como quais efeitos teria, uma vez inscrito.

Os que defendiam a impossibilidade do ingresso desse ato no registro de imóveis o faziam basicamente com base na taxatividade dos direitos inscritíveis, não havendo previsão para o ingresso desse ato na matrícula do imóvel. Além disso, o fato de tal procedimento também não ser previsto na regulamentação dada pelo nosso Código de Processo Civil ao instituto serviria de reforço à tese do não registro. Por fim, a falta de consequências práticas desse ato, segundo os defensores dessa tese, serviria de argumento derradeiro, visto que esse protesto não teria o condão de bloquear o bem.

Por outro lado, os que defendiam a possibilidade de seu ingresso na serventia o faziam com base no poder geral de cautela atribuído ao juiz, consignando que tal ingresso não teria o poder de bloquear o bem, mas daria publicidade perante terceiros dos motivos que levaram ao protesto, prevenindo litígios.

Essa divergência gerou, ao longo dos anos, várias decisões a favor e contra o ingresso do referido protesto na serventia imobiliária, o que gerou uma grande divergência em âmbito nacional, a qual culminou na pacificação de entendimento pelo Superior Tribunal de Justiça em sede de embargos de divergência, que optou pelo segundo entendimento, conforme se observa abaixo.

(STJ, Embargos de Divergência em REsp n. 185.645/PR, 2ª Seção, Rel. Min. Luis Felipe Salomão, DJ 15-12-2009)

Ementa: EMBARGOS DE DIVERGÊNCIA EM RECURSO ESPECIAL. AÇÃO CAUTELAR DE PROTESTO CONTRA ALIENAÇÃO DE BENS. AVERBAÇÃO NO REGISTRO IMOBILIÁRIO. POSSIBILIDADE. PODER GERAL DE CAUTELA DO JUIZ. EMBARGOS ACOLHIDOS. 1. "A averbação, no Cartório de Registro de Imóveis, de protesto contra alienação de bem, está dentro do poder geral de cautela do juiz (art. 798 do CPC [de 1973]) e se justifica pela necessidade de dar conhecimento do protesto a terceiros, prevenindo litígios e prejuízos para eventuais adquirentes" (Corte Especial, EREsp 440.837/RS).

No tocante aos efeitos dessa averbação, o citado acórdão deixou claro que "a ação cautelar de protesto tem por objetivo prevenir responsabilidade e prover a conservação de direito, não é apta, por óbvio, a impedir a realização de negócios. A averbação é inserida no poder geral de cautela do juiz, justificando-se pela necessidade de dar conhecimento do protesto a terceiros, prevenindo litígios e prejuízos a eventuais adquirentes".

Em virtude dessa decisão, hoje em dia a regra é a aceitação do ingresso na matrícula do imóvel mediante ato de averbação do protesto contra alienação de bens, desde que este seja determinado especificamente por meio de mandado pelo juiz competente, com base no seu poder geral de cautela.

Essa averbação visa apenas dar notícia dos motivos que levaram ao protesto, sem que tenha o condão de impedir futuras alienações ou onerações. Todavia, nesse caso, os eventuais adquirentes ou terceiros que receberem direitos reais sobre o bem não poderão alegar o desconhecimento dos fatos noticiados, podendo, assim, ser afastada eventual alegação de boa-fé.

54
Usucapião

A usucapião, também chamada de prescrição aquisitiva, é uma das formas de aquisição de propriedade originária existente em nosso sistema. Ela prevê que, caso determinada pessoa exerça sobre o imóvel posse mansa e pacífica, como se dono fosse durante determinado lapso temporal, adquirirá a sua propriedade. Embora seja elemento de valoração exclusivamente judicial, destacamos que não é qualquer posse que leva à usucapião, mas a exercida como se dono fosse.

Apesar de revogado pelo Código de Processo Civil de 2015, vale a pena analisarmos o art. 945 do Código de Processo Civil de 1973, visto que algumas discussões decorrentes de sua análise ainda se apresentam atuais. O referido dispositivo estabelecia que a sentença que julgar procedente a ação será transcrita, mediante mandado, no registro de imóveis, satisfeitas as obrigações fiscais.

Do citado artigo, chama-nos atenção a expressão "satisfeitas as obrigações fiscais", o que nos leva à questão: incide imposto sobre a usucapião?

A resposta é negativa, pois em princípio não são devidos tributos por esse ato, visto que, como já destacado, trata-se de uma aquisição originária, e não de uma transmissão, de modo que não estaria incluído nem na hipótese de incidência do Imposto de Transmissão Inter Vivos, nem na do Imposto de Transmissão Causa Mortis e Doações.

Porém, devemos destacar que se a lei municipal determinar a cobrança do ITBI ou a lei estadual o fizer em relação ao ITCMD, estará o oficial obrigado a fiscalizar o recolhimento do imposto respectivo, independentemente da constitucionalidade ou não delas, visto que não cabe ao oficial de registro de imóveis fazer esse tipo de análise, nem declarar a inconstitucionalidade de lei, sendo que a parte que se sentir prejudicada dispõe de vias próprias para proceder a essa impugnação.

Outra possibilidade que obriga o oficial a exigir o recolhimento do imposto é se a sentença que conceder a usucapião assim o determinar. Nesse caso, como já analisamos quando do estudo dos limites da qualificação registrária do título judicial, não cabe ao oficial discordar do mérito da decisão. Caso a parte não concorde, terá as vias adequadas para demonstrar seu inconformismo, mas que não será a administrativa.

Dessa forma, as únicas obrigações fiscais que em princípio incidiriam sobre o imóvel usucapido seriam as referentes à manutenção da posse ou propriedade dele materializadas pelo IPTU ou ITR, caso o imóvel seja urbano ou rural, respectivamente. Salvo a hipótese de haver expressa disposição municipal em contrário, não existe exigência para que o oficial fiscalize o recolhimento desse tributo no momento da prática de atos sobre o imóvel.

Seguindo com a análise do dispositivo, a decisão contida na sentença deverá ser instrumentalizada via mandado para que o cartório proceda ao registro competente. Esse mandado pode vir sozinho (desde que contenha os elementos necessários para registro) ou acompanhado de cópias das principais peças dos autos.

A inscrição da usucapião no registro imobiliário está prevista no art. 167, I, 28, da Lei n. 6.015/73, o qual estabelece que o ato a ser praticado deve ser o de registro. Como já abordado anteriormente, deve-se, em regra, abrir nova matrícula para a área, deixando em branco o campo de proprietário para, em seguida, promover o registro da usucapião.

A necessidade de abertura de nova matrícula foi prevista expressamente no art. 20 do Provimento n. 65/2017 do CNJ, que estabelece que "o registro do reconhecimento extrajudicial da usucapião de imóvel implica abertura de nova matrícula". Apesar de a regra estar direcionada à usucapião extrajudicial, não existe motivo para fazer distinção entre esta e a judicial quanto à forma de inscrição.

Em regra, para que a usucapião tenha ingresso no Registro de Imóveis, deve ser declarada em ação específica, visto que, diferentemente do que ocorre na maior parte das ações, que vinculam somente as partes, a ação declaratória de usucapião tem rito especial e oponibilidade *erga omnes*.

Assim, caso tenha sido reconhecida de forma incidental em outro processo (por exemplo, como meio de defesa em ação reivindicatória) não poderá ser registrada, pois nesse caso não se terá observado o rito especial, não se alcançando por consequência o efeito *erga omnes*, sendo que decisão assim obtida somente vinculará as partes que estiverem presentes no processo.

Exceção a essa regra é encontrada no caso da usucapião especial de imóveis rurais, a qual, no art. 7º da Lei n. 6.969/81, estabelece expressamente que a usucapião especial poderá ser invocada como matéria de defesa, valendo a sentença que a conhecer como título para transcrição no Registro de Imóveis.

Essa mesma exceção é prevista quanto à usucapião especial urbana, tanto em sua modalidade individual como coletiva, de acordo com o disposto no art. 13 da Lei n. 10.257/2001, que repete a disposição transcrita. Contudo, para seu ingresso no registro, será ainda necessária a perfeita descrição e especialização do imóvel.

Questão interessante, que pode nos ajudar a demonstrar melhor a natureza do instituto, encontra-se no caso de o imóvel que está sendo usucapido ser indicado no processo e constar na serventia registral como um terreno, mas a sentença que o declarar o descrever como um prédio e seu respectivo terreno. Nesse caso, como proceder? Seria necessário com a sentença apresentar os documentos para a regularização do prédio?

A resposta a essa questão depende do que está sendo usucapido. Caso a parte já tenha ingressado na posse do imóvel que contenha a construção, sendo a usucapião uma forma originária de aquisição do imóvel, este passa para o domínio do beneficiado com todos os seus acessórios independentemente de regularização na matrícula anterior do imóvel.

Como não há transmissão, nem derivação, não há continuidade, nem existe a obrigatoriedade de respeito aos princípios da especialidade objetiva e subjetiva em relação ao registro anterior.

Todavia, se a parte tiver ingressado na posse apenas do terreno e tiver edificado a construção, não se trata de usucapião da construção, de modo que deverá ser feita a usucapião apenas do terreno com posterior regularização da construção.

Devemos destacar, todavia, que, caso a parte tenha adquirido uma construção irregular por meio da usucapião, seu ingresso na matrícula do imóvel não vinculará o poder público municipal que não concedeu a aprovação de sua regularidade, sendo que, caso esta esteja em desacordo com as regras municipais, poderá este requerer a sua regularização ou até mesmo determinar a sua demolição, caso, por exemplo, apresente riscos à vida ou à saúde de seus habitantes ou a terceiros.

Necessário trazer, ainda, que a matrícula aberta em razão da usucapião, embora não tenha ligação com a matrícula que anteriormente detinha a área usucapida para fins dos princípios da continuidade e da especialidade objetiva, deve obedecer a todos os requisitos para a abertura da matrícula, os quais deverão constar no mandado que determinar a inscrição do ato, conforme bem destacado no art. 226 da Lei n. 6.015/73.

Por fim, é de se notar que, com a regularização fundiária, surgiu a possibilidade de usucapião por ato administrativo realizado perante o registro de imóveis, sem sentença judicial, bem como com a entrada em vigor do novo Código de Processo Civil surgiu também uma outra possibilidade de procedimento de usucapião extrajudicial prevista no seu art. 216-A.

54.1 USUCAPIÃO EXTRAJUDICIAL

A usucapião extrajudicial, uma das espécies de usucapião administrativa hoje existentes na legislação nacional, foi introduzida no ordenamento jurídico pelo novo Código de Processo Civil em seu art. 1.071, o qual introduziu, por sua vez, o art. 216-A na Lei n. 6.015/76, cuja redação foi posteriormente alterada pela Lei n. 13.465/2017 a fim de remover certos obstáculos que a redação inicial havia inadvertidamente criado para a efetiva viabilidade do procedimento. O procedimento foi ainda regulamentado pelo Provimento n. 65 do Conselho Nacional de Justiça (CNJ), publicado em 14-12-2017, o qual detalhou o referido procedimento trazendo várias interpretações facilitadoras e desburocratizantes, visando à efetividade da lei.

Podem requerer o reconhecimento da usucapião perante o registro de imóveis a pessoa física ou jurídica, ou mesmo o terceiro interessado, desde que o beneficiado pelo deferimento do pedido tenha a posse *ad usucapione* do imóvel e preencha os demais requisitos para a usucapião. Contudo, embora no processo civil seja permitido, no procedimento extrajudicial tal pedido não pode ser formulado pelo espólio, pois o espólio tem somente legitimidade processual, e aqui não se trata de processo civil, mas sim procedimento administrativo. Nesse caso, o pedido deve ser formulado diretamente pelos herdeiros.

Quanto ao objeto da usucapião extrajudicial, tanto faz ser imóvel urbano ou rural. A única questão é que, se o imóvel for rural e já estiver em vigor a necessidade deste ser descrito de forma georreferenciada, esta será exigida, juntamente com a certificação devida.

Também é tranquila a possibilidade de ocorrer sobre imóveis com domínio útil, ou seja, imóvel de enfiteuse, desde que seja particular. Nestes casos, vide STJ Resp 575.572 RS 3T Rel. Min. Nancy Andrighi DJU 1 06.02.06. Não se está criando nova enfiteuse particular, apenas usucapindo a propriedade plena do imóvel nessa situação e extinguindo a enfiteuse, o que, inclusive, está em perfeita sincronia com o que busca o atual Código Civil.

Essa mesma exceção é prevista quanto à usucapião especial urbana, tanto em sua modalidade individual como coletiva, de acordo com o disposto no art. 13 da Lei n. 10.257/2001, que repete a disposição transcrita. Contudo, para seu ingresso no registro, será ainda necessária a perfeita descrição e especialização do imóvel.

Questão de grande polêmica no meio registral é quanto à possibilidade de o pedido de usucapião extrajudicial poder ocorrer sobre imóveis que não possuem registro algum, uma vez que o inciso II da lei exige que haja a anuência dos "(...) titulares de direitos registrados ou averbados na matrícula do imóvel usucapiendo ou na matrícula dos imóveis confinantes".

Embora tal posição seja respeitável, não nos parece ser a interpretação mais adequada ao caso. Tal exigência normativa advém da necessidade de explicitar que todas as pessoas que figurarem do registro usucapindo necessariamente devem concordar com a usucapião. Contudo, tal regra não impede o uso da via extrajudicial nos casos de inexistência de registro anterior, pois, neste caso, simplesmente não existe o requisito de anuência dos proprietários e titulares de direitos reais registrados pelo simples fato de essas pessoas não existirem.

Obviamente que cautelas adicionais devem ser tomadas para evitar a fraude e o eventual uso dessa valorosa ferramenta para a legitimação de condutas criminosas. É princípio axiológico do direito de que cabe a quem alega produzir provas suficientes para provar o alegado. Assim, alegação de que o imóvel usucapindo não possui registro (matrícula ou transcrição) deve vir acompanhado de provas suficientes para convencer o registrador competente para o registro. Este, ao seu prudente juízo, irá julgar se está ou não provado a inexistência de registro anterior. Lembramos ainda que, por força do *caput* do artigo 216-A, a parte interessada obrigatoriamente deverá estar representada por advogado, o qual possui capacidade técnica para poder produzir provas e argumentos jurídicos dessa complexidade.

Independentemente de haver registro anterior ou não, é curial que a serventia realize pesquisas intensas no acervo interno do cartório para apuração da situação (ou falta de situação) de registro desse imóvel e, caso tenha havido sucessão de circunscrições imobiliárias, será necessário também apresentar certidão negativa de todas as circunscrições por onde passou o imóvel.

Ainda no aspecto procedimental, dispõe o artigo 216-A que o pedido de reconhecimento extrajudicial de usucapião será processado diretamente perante o cartório do registro de imóveis da comarca em que estiver situado o imóvel usucapiendo. Ou seja, o registro de imóveis que tem a atribuição para realizar os atos registrais relativos àquele imóvel é o que tem a competência para processar o pedido de usucapião.

Todavia, em relação a esse ponto, nos casos em que houve mudança de competência territorial e a nova matrícula ainda não foi aberta na nova circunscrição imobiliária, existe entendimento no sentido de que o procedimento de usucapião extrajudicial deve ser processado na circunscrição anterior, a qual ainda detém o registro. Esse entendimento fundamenta-se em entendimento semelhante existente quanto ao procedimento de retificação extrajudicial, no qual se alega que o oficial de registro de imóveis competente para a análise da documentação é aquele que tem os dados do imóvel, bem como o seu histórico.

Embora esse entendimento esteja praticamente pacificado quanto à retificação administrativa, no que se refere à usucapião extrajudicial não é possível deixar de trazer à discussão o óbice legislativo, uma vez que o art. 169, I da LRP estabelece que somente as averbações podem continuar a serem feitas à margem da matrícula ou transcrição existente na circunscrição anterior enquanto não for aberta matrícula na nova circunscrição. Assim, nos casos de retificações, o ato praticado pelo registrador após o procedimento é uma averbação, de modo que esse entendimento tem como ser harmonizado com a legislação. Quando falamos da usucapião, porém, a mesma enseja um ato de registro (art. 167, I, 28 da LRP) e as mudanças legislativas que ensejaram o procedimento não alteraram nem excepcionaram a regra trazida pelo art. 169, I da LRP. A competência da circunscrição em que estiver situado o imóvel usucapiendo foi reforçada pelo art. 2º do Provimento n. 65/2017 do CNJ, que estabelece que a usucapião extrajudicial será processada diretamente no ofício de registro de imóveis da circunscrição em que estiver localizado o imóvel usucapiendo ou a maior parte dele, caso o imóvel pertença a mais de uma circunscrição.

Na hipótese de o imóvel pertencer a mais de uma circunscrição, o processamento do pedido deve se dar na comarca em que a maior parte do imóvel estiver localizada; pela sistemática registral existente, em sendo bem-sucedido, deve ensejar a abertura da matrícula nessa circunscrição processante e a repetição da mesma nas demais circunscrições limítrofes onde se situem as demais porções do imóvel (art. 169, II, LRP).

Caso a parte opte pela abertura de matrícula distinta para cada porção do imóvel que pertença a cada uma das circunscrições limítrofes, será necessário o processamento independente em cada uma das circunscrições.

Voltando à análise do art. 216-A da LRP, estabelece a norma que o requerimento do interessado, representado por advogado, deverá ser instruído com os seguintes documentos:

> I – ata notarial lavrada pelo tabelião, atestando o tempo de posse do requerente e de seus antecessores, conforme o caso e suas circunstâncias.

A ata notarial é potencialmente o documento mais importante a ser apresentado em todo o procedimento. Incialmente deverá a ata trazer a qualificação completa do requerente, seu advogado, dos confrontantes, do engenheiro responsável e dos titulares de direitos reais que existirem, seu respectivo cônjuge ou companheiro, se houver, e do titular do imóvel lançado na matrícula objeto da usucapião.

Além disso, do instrumento deve constar a descrição do imóvel conforme a matrícula do registro, em caso de bem individualizado, ou a descrição da área, em caso de não individualização, assim como as características do imóvel, tais como a existência de edificação, de benfeitorias ou de qualquer acessão no imóvel usucapiendo. Quanto à descrição da área a ser usucapida, o Provimento n. 65/2017 do Conselho Nacional de Justiça regulamentou a desnecessidade de realização de novo levantamento topográfico quando o imóvel a ser usucapido for unidade autônoma de condomínio edilício ou loteamento regularmente instituído, bastando que se faça menção à descrição constante da respectiva matrícula (§ 5º, art. 4º).

Quanto à construção, cabe destacar que esta pode ser usucapida junto com o terreno, no caso em que a posse já se iniciou com a construção preexistente, ou é possível que se requeira a usucapião somente do terreno, mesmo havendo uma construção sobre ele, especificando-se que a posse iniciou-se no terreno e que a construção foi realizada posteriormente pelos detentores da posse e será regularizada em requerimento apartado, futura ou concomitantemente.

É importante destacar que, quando estiver ocorrendo a usucapião da construção juntamente com o terreno, a abertura de matrícula do imóvel edificado independerá da apresentação de habite-se (§ 3º, art. 20, do Provimento n. 65/2017 do CNJ).

Tratando-se de usucapião de unidade autônoma localizada em condomínio edilício objeto de incorporação, mas ainda não instituído ou sem a devida averbação de construção, a matrícula será aberta para a respectiva fração ideal, mencionando-se a unidade a que se refere (§ 4º, art. 20, do Provimento n. 65/2017 do CNJ).

A ata deverá indicar também o tempo e as características da posse do requerente e de seus antecessores. Essa indicação não deve ser baseada somente na declaração do requerente, estabelecendo o referido provimento que da ata podem constar imagens, documentos, sons gravados em arquivo eletrônico, além de depoimento de testemunhas (§ 2º, art. 5º).

Como a usucapião exige a constatação da detenção da posse mansa e pacífica do imóvel durante determinado lapso temporal, recomenda-se que se juntem provas da permanência da posse ao longo dos anos para mostrar sua continuidade. Certidões de cadastros e registros públicos em que constem o endereço dos detentores da posse como sendo o do imóvel que se pretende usucapir são fortes indícios da detenção da posse no momento da elaboração do documento. Podemos citar como exemplos de documentos que podem ser apresentados certidões de registro civil, carteira de trabalho, certidão da justiça eleitoral, da junta militar, certidões de atos notariais, certidões de empresas fornecedoras de água, luz, telefone etc.

Da ata deve constar também a forma de aquisição da posse do imóvel usucapiendo pela parte requerente, bem como a modalidade de usucapião pretendida e sua base legal ou constitucional.

Quanto à forma de aquisição da posse, é importante destacar que o Provimento n. 65/2017 do CNJ trouxe em seu art. 13 a possibilidade de a apresentação do justo título ou instrumento que demonstre a existência de relação jurídica registral dispensar o consentimento do titular dos direitos reais registrados ou averbados que tiver participado da concessão do título ou instrumento.

Assim, o referido artigo estabelece que se considera outorgado o consentimento mencionado no *caput* do art. 10 desse provimento, dispensada a notificação, quando for apresentado pelo requerente justo título ou instrumento que demonstre a existência de relação jurídica com o titular registral, acompanhado de prova da quitação das obrigações e de certidão do distribuidor cível expedida até 30 dias antes do requerimento que demonstre a inexistência de ação judicial contra o requerente ou contra seus cessionários envolvendo o imóvel usucapiendo.

Seu § 1º estabelece que são exemplos de títulos ou instrumentos: I – compromisso ou recibo de compra e venda; II – cessão de direitos e promessa de cessão; III – pré-contrato; IV – proposta de compra; V – reserva de lote ou outro instrumento no qual conste a manifestação de vontade das partes, contendo a indicação da fração ideal, do lote ou unidade, o preço, o modo de pagamento e a promessa de contratar; VI – procuração pública com poderes de alienação para si ou para outrem, especificando o imóvel; VII – escritura de cessão de direitos hereditários, especificando o imóvel; VIII – documentos judiciais de partilha, arrematação ou adjudicação.

O § 2º do referido artigo demonstra preocupação com a utilização maliciosa da usucapião extrajudicial para burlar a regular lavratura de instrumentos de transmissão e seus respectivos impostos ao estabelecer que, em qualquer dos casos, deverá ser justificado o óbice à correta escrituração das transações para evitar o uso da usucapião como meio de burla dos requisitos legais do sistema notarial e registral e da tributação dos impostos de transmissão incidentes sobre os negócios imobiliários, devendo o registrador alertar o requerente e as testemunhas de que a prestação de declaração falsa na referida justificação configurará crime de falsidade, sujeito às penas da lei.

Quanto à prova de quitação, o § 3º do mesmo artigo estabelece que ela será feita por meio de declaração escrita ou da apresentação da quitação da última parcela do preço avençado ou de recibo assinado pelo proprietário com firma reconhecida.

A ata notarial direcionada ao procedimento de usucapião extrajudicial deverá conter ainda o número de imóveis atingidos pela pretensão aquisitiva e a localização: se estão situados em uma ou em mais circunscrições, bem como o valor do imóvel.

Se o pedido da usucapião extrajudicial abranger mais de um imóvel, ainda que de titularidade diversa, o procedimento poderá ser realizado por meio de único requerimento e ata notarial, se contíguas as áreas (§ 11 do art. 4º do Provimento n. 65/2017 do CNJ).

No que se refere ao valor do imóvel, o § 8º do art. 4º do Provimento n. 65/2017 do CNJ estabelece que ele será o valor venal relativo ao último lançamento do imposto predial e territorial urbano ou do imposto territorial rural incidente ou, quando não estipulado, o valor de mercado aproximado.

Por fim, a ata deverá conter quaisquer outras informações que o tabelião de notas considere necessárias à instrução do procedimento, tais como depoimentos de testemunhas ou partes confrontantes.

Entendemos que deve ser considerada informação necessária também a possível existência de ônus real ou gravame na matrícula do imóvel a ser usucapido, ainda que, segundo o art. 14 do Provimento n. 65/2017 do CNJ, não impeça o reconhecimento da usucapião extrajudicial.

Apesar de os ônus e gravames possivelmente existentes sobre a matrícula do imóvel a ser usucapido não serem considerados impedimento para o reconhecimento extrajudicial da usucapião, os titulares dos direitos aos ônus ou gravames deverão prestar sua anuência no procedimento, o que pode ser constatado no parágrafo único do referido artigo, que esclarece que a impugnação por parte desses sujeitos poderá ser objeto de conciliação ou mediação pelo registrador e que, não sendo frutífera a conciliação, a impugnação impedirá o reconhecimento da usucapião pela via extrajudicial.

Quanto aos gravames judiciais, eles também devem ser mencionados. O provimento determina em seu art. 21 que o reconhecimento extrajudicial da usucapião de imóvel matriculado não extinguirá eventuais restrições administrativas nem gravames judiciais regularmente inscritos. A parte requerente deverá formular pedido de cancelamento dos gravames e restrições diretamente à autoridade que emitiu a ordem, e os entes públicos ou credores podem anuir expressamente à extinção dos gravames no procedimento da usucapião.

Essa hipótese revela-se semelhante ao que ocorre no caso de arrematação em que existem várias penhoras sobre o imóvel, ou seja, apesar de a primeira arrematação impedir que ocorram outras por dívidas do antigo proprietário, os juízos dos processos devem ser informados, através do pedido de baixas específicas, para evitar que os processos continuem com base em um bem que não faz mais parte do patrimônio do devedor.

No caso da usucapião extrajudicial, embora seja uma forma de aquisição originária que desvincula o imóvel de qualquer restrição firmada pelo proprietário anterior, o órgão regulamentador optou por exigir que a parte peça a baixa específica do gravame para evitar que os processos prossigam com base em bens que também não pertencem mais à pessoa em relação à qual o gravame foi estabelecido.

É importante também que conste a declaração dos requerentes e dos confrontantes possessórios, sempre que possível, sobre o **desconhecimento de contestação da posse**, bem como a declaração dos confrontantes sobre o **tempo de posse** do requerente e de seus antecessores.

Sendo uma das usucapiões especiais, a ata deverá conter, ainda, as declarações das partes e testemunhas necessárias para a documentação dessa situação especial.

Finalizada a lavratura da ata notarial, o tabelião deve cientificar o requerente e consignar no ato que a ata notarial não tem valor como confirmação ou estabelecimento de propriedade, servindo apenas para a instrução de requerimento extrajudicial de usucapião para processamento perante o registrador de imóveis (§ 3º do art. 5 do Provimento n. 65/2017 do CNJ).

Devido à importância da ata notarial para o procedimento e à complexidade da situação, a qual muitas vezes envolve a declaração de múltiplas partes, poderá ser apresentada mais de uma ata para a comprovação necessária ao sucesso do pedido.

O § 7º do art. 4º do Provimento n. 65/2017 do CNJ estabelece que o requerimento poderá ser instruído com mais de uma ata notarial, por ata notarial complementar ou por escrituras declaratórias lavradas pelo mesmo ou por diversos notários, ainda que de diferentes municípios, as quais descreverão os fatos conforme sucederem no tempo.

Uma grande discussão trazida pelo Provimento n. 65/2017 do CNJ refere-se à diligência do tabelião para a lavratura da ata. Anteriormente à edição do referido provimento, os entendimentos vinham se firmando no sentido da necessidade do comparecimento do tabelião ou seu preposto no local do imóvel para a constatação atual da posse.

Assim, a regulamentação estabeleceu a facultatividade da realização da diligência; esta, todavia, é ainda um valoroso elemento para a comprovação da posse atual do imóvel, bem como uma excelente oportunidade para a identificação dos ocupantes dos imóveis vizinhos e a coleta da declaração deles, se possível.

Ao mesmo tempo que a regulamentação trouxe a facultatividade da diligência do tabelião, estabeleceu em seu art. 17 que, para a elucidação de quaisquer dúvidas, imprecisões ou incertezas, poderão ser solicitadas ou realizadas diligências pelo oficial de registro de imóveis ou por escrevente habilitado.

Como o oficial de registro de imóveis ou um escrevente habilitado podem solicitar ou realizar diligências, é possível extrair que poderia ser solicitado à parte que requeira ao tabelião constatações complementares por meio de uma ata específica de constatação direcionada a sanar as dúvidas, imprecisões ou incertezas que ainda pairem no procedimento nesse momento.

> *II – **planta e memorial descritivo assinado** por **profissional** legalmente habilitado, com prova de anotação de responsabilidade técnica no respectivo conselho de fiscalização profissional, e pelos **titulares de direitos registrados ou averbados na matrícula do imóvel usucapiendo ou na matrícula dos imóveis confinantes*;

A planta e o memorial descritivo devem ser do imóvel como se encontra de fato, independentemente do que constou em eventual documento comprobatório da aquisição. Claro que, quanto maior a diferença entre um e outro, maior a dificuldade de o documento de aquisição poder ser aceito como prova adequada.

Outra questão que surge com frequência diz respeito à construção. A aquisição por usucapião é originária. Nela não se discute se a obra teve o recolhimento previdenciário, se possui habite-se ou não, pois tais questões não são pertinentes nessa modalidade de aquisição. O que os trabalhos técnicos devem documentar de modo preciso é a real situação fática do imóvel, e nada mais. Inclusive, se isso for divergente do que consta da matrícula ou da transcrição existente na serventia, prevalecerá o apurado no procedimento de usucapião.

Todavia, é necessário que se averigue se a construção também está sendo usucapida junto com o terreno ou se foi realizada pelo requerente após a sua entrada na posse; nesse último caso, a usucapião será do terreno e haverá a necessidade de posterior regularização da construção seguindo-se todos os trâmites estabelecidos pelo órgão municipal responsável, para obtenção de alvará e habite-se, bem como apresentação da quitação previdenciária referente à obra.

Para a comprovação dos confrontantes e titulares de direitos reais sobre os imóveis, o pedido deve vir acompanhado de matrícula atualizada do imóvel que se pretende usucapir e dos vizinhos (caso existam). Se o imóvel confinante contiver um condomínio edilício, bastará a anuência do síndico, dispensada a manifestação de todos os condôminos.

As anuências podem tanto ser apostas diretamente no memorial descritivo e na planta do imóvel como em documento autônomo de anuência expressa; neste caso, entendemos que deve haver dados suficientes para caracterizar o conhecimento do anuente sobre o procedimento de usucapião específico ao qual está anuindo. Esse entendimento é fortalecido pelo § 3º do art. 10 do Provimento n. 65/2017 do CNJ, que estabelece que, no caso de a notificação para anuência ser feita pelo correio, a carta deve vir acompanhada de cópia do requerimento inicial e da ata notarial, bem como de cópia da planta e do memorial descritivo e dos demais documentos que a instruíram.

Será exigido o reconhecimento de firma, por semelhança ou autenticidade, das assinaturas lançadas na planta e no memorial (§ 6º do art. 4º do Provimento n. 65/2017 do CNJ).

Caso algum confrontante não assine anuindo, poderá ser requerido que ele seja notificado diretamente pelo registro de imóveis, caso em que a sua falta de impugnação ao procedimento no prazo legal importará na presunção de sua anuência, devendo esse aviso constar na notificação.

A concordância poderá ser manifestada ao escrevente encarregado da intimação mediante assinatura de certidão específica de concordância lavrada no ato pelo preposto (§ 8º do art. 10 do Provimento n. 65/2017 do CNJ).

Tal notificação será feita pelo registrador competente, pessoalmente ou pelo correio, com aviso de recebimento, intimando o notificado para se manifestar em 15 dias, interpretado o silêncio como concordância.

Se os notificandos forem casados ou conviverem em união estável, também serão notificados, em ato separado, os respectivos cônjuges ou companheiros (§ 4º do art. 10 do Provimento n. 65/2017 do CNJ).

Caso não seja encontrado o notificando ou caso ele esteja em lugar incerto ou não sabido, tal fato será certificado no procedimento pelo registrador após esgotadas todas as diligências possíveis. Nesses casos, em seguida será promovida a notificação por edital mediante publicação, por duas vezes, em jornal local de grande circulação, pelo prazo de 15 dias cada uma, interpretado o silêncio do notificando como concordância.

O Provimento n. 65/2017 do CNJ permitiu que o edital seja realizado por meio eletrônico, desde que esse procedimento esteja regulado pelo Tribunal do Estado em que está tramitando o procedimento (parágrafo único do art. 11).

As anuências conterão a assinatura, a qualificação completa do anuente e a indicação da matrícula do imóvel de sua propriedade ou sobre o qual tem direito real.

O art. 12 do referido provimento deixou claro que, na hipótese de algum titular de direitos reais e de outros direitos registrados na matrícula do imóvel usucapiendo e na matrícula do imóvel confinante ter falecido, poderão assinar a planta e o memorial descritivo os herdeiros legais, desde que apresentem escritura pública declaratória de únicos herdeiros com nomeação do inventariante.

Cabe destacar que o provimento trouxe uma grande facilitação ao procedimento nesse item ao permitir que, no caso das usucapiões que se refiram a imóvel matriculado com descrição precisa, e caso haja perfeita identidade entre a descrição tabular e a área objeto do requerimento da usucapião extrajudicial, fica dispensada a intimação dos confrontantes do imóvel, devendo o registro da aquisição originária ser realizado na matrícula existente (§ 10 do art. 10).

O provimento ainda possibilitou que se dispense a apresentação de planta e memorial descritivo se o imóvel usucapiendo for unidade autônoma de condomínio edilício ou loteamento regularmente instituído, bastando que o requerimento faça menção à descrição constante da respectiva matrícula (§ 5º do art. 4º).

III – certidões negativas dos distribuidores da comarca da situação do imóvel e do domicílio do requerente;

Tais certidões devem ser referentes ao requerente e, no caso de sucessão de posses, também dos posseiros anteriores, até completar o prazo necessário para a usucapião.

Eventuais certidões positivas devem ser completadas com a certidão de objeto e pé da respectiva ação, a fim de poder ser apurado se tal ação interfere ou não na usucapião requerida.

As certidões devem se referir aos distribuidores da Justiça Estadual e da Justiça Federal do local da situação do imóvel usucapiendo e ter sido expedidas nos últimos 30 dias, demonstrando a inexistência de ações que caracterizem oposição à posse do imóvel, em nome das seguintes pessoas:

a) do requerente e respectivo cônjuge ou companheiro, se houver;

b) do proprietário do imóvel usucapiendo e respectivo cônjuge ou companheiro, se houver;

c) de todos os demais possuidores e respectivos cônjuges ou companheiros, se houver, em caso de sucessão de posse, que é somada à do requerente para completar o período aquisitivo da usucapião.

IV – justo título ou quaisquer outros documentos que demonstrem a origem, a continuidade, a natureza e o tempo da posse, tais como o pagamento dos impostos e das taxas que incidirem sobre o imóvel;

Exemplos de outros documentos admitidos: IPTU, ITR, cessões, formais de partilha, cadastros municipais ou rurais, alvarás, termos de conclusão de obra, contratos de locação, correspondências, certidões do registro civil, certidões de procurações ou outros atos naturais que indiquem o imóvel como endereço do requerente, contratos com concessionárias de serviços públicos, tais como de água, luz, telefone, gás etc.

V – descrição georreferenciada nas hipóteses previstas na Lei n. 10.267, de 28 de agosto de 2001, e nos decretos regulamentadores;

VI – instrumento de mandato, público ou particular, com poderes especiais e com firma reconhecida, por semelhança ou autenticidade, outorgado ao advogado pelo requerente e por seu cônjuge ou companheiro;

VII – declaração do requerente, do seu cônjuge ou companheiro que outorgue ao defensor público a capacidade postulatória da usucapião;

VIII – certidão dos órgãos municipais e/ou federais que demonstre a natureza urbana ou rural do imóvel usucapiendo, nos termos da Instrução Normativa Incra n. 82/2015 e da Nota Técnica Incra/DF/DFC n. 2/2016, expedida até trinta dias antes do requerimento.

O registro do reconhecimento extrajudicial da usucapião de imóvel rural somente será realizado após a apresentação:

I – do recibo de inscrição do imóvel rural no Cadastro Ambiental Rural – CAR, de que trata o art. 29 da Lei n. 12.651, de 25 de maio de 2012, emitido por órgão ambiental competente, esteja ou não a reserva legal averbada na matrícula imobiliária, fazendo-se expressa referência, na matrícula, ao número de registro e à data de cadastro constantes daquele documento;

II – do Certificado de Cadastro de Imóvel Rural – CCIR mais recente, emitido pelo Instituto Nacional de Colonização e Reforma Agrária – Incra, devidamente quitado;

III – de certificação do Incra que ateste que o poligonal objeto do memorial descritivo não se sobrepõe a nenhum outro constante do seu cadastro georreferenciado e que o memorial atende às exigências técnicas, conforme as áreas e os prazos previstos na Lei n. 10.267/2001 e nos decretos regulamentadores.

Nos casos de usucapiões especiais, devem ainda ser apresentadas as declarações ou provas dos requisitos especiais (ex: prova de residência, declaração de ser o único imóvel etc.).

Apresentado o pedido ao registro, este irá ser autuado e começará o trâmite procedimental. Inicialmente, chama atenção o fato de ter sido criada mais uma exceção à regra de que o protocolo vale por 30 dias, uma vez que o parágrafo primeiro determina que fica prorrogado o prazo da prenotação até o acolhimento ou a rejeição do pedido.

Na hipótese de já existir procedimento de reconhecimento extrajudicial da usucapião acerca do mesmo imóvel, a prenotação do procedimento permanecerá sobrestada até o acolhimento ou rejeição do procedimento anterior (§ 9º do art. 4º do Provimento n. 65/2017 do CNJ).

Existindo procedimento de reconhecimento extrajudicial da usucapião referente a parcela do imóvel usucapiendo, o procedimento prosseguirá em relação à parte incontroversa do imóvel, permanecendo sobrestada a prenotação quanto à parcela controversa (§ 10º do art. 4º do Provimento n. 65/2017 do CNJ).

Após a prenotação o oficial deverá analisar a documentação apresentada, verificando se atende os requisitos legais e se coincide com os registros tabulares que ele possui sobre o(s) imóvel(eis) objeto da usucapião; em havendo necessidade de esclarecimentos ou de complementação da documentação, todas as notificações destinadas ao requerente serão efetivadas na pessoa do seu advogado ou do defensor público, por *e-mail* (§ 1º do art. 9º do Provimento n. 65/2017 do CNJ).

Cabe destacar o salutar dispositivo trazido no § 2º do art. 9º do Provimento n. 65/2017 do CNJ, que estabelece que a desídia do requerente poderá acarretar o arquivamento do pedido com base no art. 205 da LRP, bem como o cancelamento da prenotação. Tal dispositivo impede que a prenotação fique em aberto indefinidamente em virtude da falta de presteza da parte quanto às exigências a ela direcionadas.

Após essa análise preliminar deve o oficial de registro de imóveis dar ciência à União, ao estado, ao Distrito Federal e ao município, pessoalmente, por intermédio do oficial de registro de títulos e documentos, ou pelo correio, com aviso de recebimento. Estes têm o prazo de 15 dias para se manifestar. Lembrando, novamente, que aqui se trata de procedimento administrativo e não de processo civil, e o prazo previsto na lei para esses entes é expresso e específico para eles, sem previsão de prazo estendido.

O § 1º do art. 15 do Provimento n. 65/2017 do CNJ deixa claro que a inércia dos órgãos públicos diante da notificação de que trata esse artigo não impedirá o regular andamento do procedimento nem o eventual reconhecimento extrajudicial da usucapião; o § 2º do mesmo artigo admite a manifestação do Poder Público em qualquer fase do procedimento; e o § 3º reafirma a regra geral da impossibilidade de continuidade do procedimento no caso de impugnação, estabelecendo que, apresentada qualquer ressalva, óbice ou oposição dos entes públicos, o procedimento extrajudicial deverá ser encerrado e enviado ao juízo competente para o rito judicial da usucapião.

Após a referida notificação, o oficial de registro de imóveis expedirá edital, que será publicado pelo requerente e às expensas dele, na forma do art. 257, III, do CPC, para ciência de terceiros eventualmente interessados, que poderão manifestar-se nos 15 dias subsequentes ao da publicação.

O § 1º do art. 16 do Provimento n. 65/2017 do CNJ estabelece que o referido edital conterá:

I – o nome e a qualificação completa do requerente;

II – a identificação do imóvel usucapiendo com o número da matrícula, quando houver, sua área superficial e eventuais acessões ou benfeitorias nele existentes;

III – os nomes dos titulares de direitos reais e de outros direitos registrados e averbados na matrícula do imóvel usucapiendo e na matrícula dos imóveis confinantes ou confrontantes de fato com expectativa de domínio;

IV – a modalidade de usucapião e o tempo de posse alegado pelo requerente;

V – a advertência de que a não apresentação de impugnação no prazo previsto neste artigo implicará anuência ao pedido de reconhecimento extrajudicial da usucapião.

Estando o imóvel usucapiendo localizado em duas ou mais circunscrições ou em circunscrição que abranja mais de um município, o edital de que trata o *caput* deste artigo deverá ser publicado em jornal de todas as localidades.

O provimento também permitiu que o edital nesse caso seja realizado por meio eletrônico, desde que isso esteja regulado pelo Tribunal do Estado em que está tramitando o procedimento (§ 4º do art. 16).

Transcorrido o prazo sem pendência e estando em ordem a documentação, o oficial de registro de imóveis deferirá o pedido, findando o procedimento, e, em seguida, registrará a aquisição do imóvel com as descrições apresentadas, abrindo nova matrícula para o imóvel, caso o pedido não recaia sobre a totalidade da matrícula preexistente, e o ato de abertura de matrícula decorrente de usucapião conterá, sempre que possível, para fins de coordenação e histórico, a indicação do registro anterior desfalcado e, no campo destinado à indicação dos proprietários, a expressão "adquirido por usucapião" (art. 20 do Provimento n. 65/2017 do CNJ).

Se houver qualquer dúvida ou pendência de qualquer espécie, a lei permite que possam ser solicitadas ou realizadas diligências pelo registrador de imóveis ou por escrevente habilitado.

Se as dúvidas e pendências não forem resolvidas, ou a documentação não estiver em ordem, o pedido deverá ser indeferido pelo registrador. Neste caso, pode a parte requerer a suscitação da dúvida. Também a lei expressamente informa que a rejeição do pedido extrajudicial não impede o ajuizamento de ação de usucapião.

Contudo, se for apresentada **impugnação do pedido** por outras pessoas, o procedimento é diverso. Sendo a impugnação do pedido apresentada por qualquer um dos titulares de direitos reais e de outros direitos registrados ou averbados na matrícula do imóvel usucapiendo e na matrícula dos imóveis confinantes, ou então por algum dos entes públicos ou mesmo por algum terceiro interessado, a lei determina que o oficial de registro de imóveis remeta os autos ao juízo competente da comarca da situação do imóvel, e caberá ao requerente emendar a petição inicial para adequá-la ao procedimento comum. Com isso, deixa de ser procedimento administrativo e passa a ser processo judicial.

Quanto a esse aspecto o Provimento n. 65/2017 do CNJ inovou ao estabelecer que nesses casos, antes da remessa dos autos ao juízo competente, deverá o oficial tentar promover a conciliação ou mediação entre as partes interessadas. Sendo esta infrutífera, o oficial lavrará relatório circunstanciado de todo o procedimento da usucapião, o qual deverá ser entregue à parte requerente mediante recibo, e a parte requerente poderá emendar a petição inicial, adequando-a ao procedimento judicial, e apresentá-la ao juízo competente da comarca.

Fato interessante é a lei estabelecer que, no caso de ausência ou insuficiência dos documentos necessários, indicados no item IV retro (que são os documentos comprobatórios da posse), a posse e os demais dados necessários poderão ser comprovados em **procedimento de justificação administrativa perante a serventia extrajudicial**, que obedecerá, no que couber, ao disposto no § 5º do art. 381 e ao rito previsto nos arts. 382 e 383 do Código de Processo Civil. Constitui verdadeira possibilidade de produção antecipada de prova por um procedimento que seria de caráter judicial, mas sem o aspecto contencioso.

Estabelece o art. 381, § 5º do CPC:

Art. 381, § 5º: "Aplica-se o disposto nesta Seção àquele que pretender justificar a existência de algum fato ou relação jurídica para simples documento e sem caráter contencioso, que exporá, em petição circunstanciada, a sua intenção".

Assim, permite-se ao registro de imóveis que, se considerar necessário, abra procedimento para ouvir as partes, verificar documentos e requisitar o que julgar necessário, estabelecendo-se a possibilidade de dilação probatória para esse procedimento administrativo.

Estando em ordem a documentação e não havendo impugnação, o oficial de registro de imóveis emitirá nota fundamentada de deferimento e efetuará o registro da usucapião (art. 22 do Provimento n. 65/2017 do CNJ).

O Provimento n. 65/2017 do CNJ, em seu art. 24, estabelece que o oficial do registro de imóveis não deverá exigir para o ato de registro da usucapião o pagamento do Imposto de Transmissão de Bens Imóveis – ITBI, pois trata-se de aquisição originária de domínio. Apesar de inconstitucional a lei municipal que estabeleça a cobrança do imposto, não cabe ao oficial refutá-la, existindo meios próprios para o afastamento da lei no Poder Judiciário. Assim, esse dispositivo deve ser entendido em relação às hipóteses em que a lei municipal não estabeleça essa exigência.

Quanto à cobrança de emolumentos, o provimento também estabeleceu regras gerais a serem aplicadas enquanto não houver legislação específica nos Estados, determinando que:

> I – no tabelionato de notas, a ata notarial será considerada ato de conteúdo econômico, devendo-se tomar por base para a cobrança de emolumentos o valor venal do imóvel relativo ao último lançamento do imposto predial e territorial urbano ou ao imposto territorial rural ou, quando não estipulado, o valor de mercado aproximado;
>
> II – no registro de imóveis, pelo processamento da usucapião, serão devidos emolumentos equivalentes a 50% do valor previsto na tabela de emolumentos para o processamento do pedido e, caso o pedido seja deferido, mais 50% do valor, além do valor de registro integral para o lançamento do ato no fólio real, tomando-se por base o valor venal do imóvel relativo ao último lançamento do imposto predial e territorial urbano ou ao imposto territorial rural ou, quando não estipulado, o valor de mercado aproximado;
>
> III – diligências, reconhecimento de firmas, escrituras declaratórias, notificações e atos preparatórios e instrutórios para a lavratura da ata notarial, certidões, buscas, averbações, notificações e editais relacionados ao processamento do pedido da usucapião serão considerados atos autônomos para efeito de cobrança de emolumentos nos termos da legislação local, devendo as despesas ser adiantadas pelo requerente.

Por fim, apresentamos a seguir um breve resumo das principais questões que o registrador deve verificar antes do deferimento ou indeferimento do pedido da usucapião administrativa:

VERIFICAÇÃO DO REGISTRO DE IMÓVEIS

O registrador deve verificar se:

– foram apresentados todos os documentos;

– consta ata notarial com todos os requisitos;

– há requerimento indicando tipo de usucapião, tempo de posse, elementos de continuidade, características de posse justa e de boa-fé;

- estão identificados todos os titulares de direitos reais sobre o imóvel e os imóveis vizinhos;
- não existem ações que tenham como objeto a posse do imóvel;
- o imóvel é realmente objeto da matrícula ou transcrição indicada;
- os imóveis indicados como confinantes são realmente confinantes e se são os únicos;
- a descrição do imóvel está conforme a lei, inclusive quanto a eventual necessidade de georreferenciamento;
- o memorial descritivo e a planta não têm divergências;
- as certidões do registro de imóveis estão atualizadas;
- foram indicados os verdadeiros proprietários e titulares de direitos reais;
- não envolve área do Poder Público;
- existem elementos suficientes de comprovação do lapso temporal, continuidade da posse e caráter *ad usucapionem*.

55
IMISSÃO PROVISÓRIA NA POSSE E RESPECTIVA CESSÃO E PROMESSA DE CESSÃO

A posse, em si, não está elencada entre os direitos reais na nossa legislação, sendo uma situação fática. Por esse motivo, em regra, não é permitido seu ingresso na matrícula do imóvel, a qual visa regular os atos referentes aos direitos reais existentes sobre ele.

Sendo assim, a disposição prevista no art. 167, I, 36, que estabelece o registro da imissão provisória na posse, quando concedida à União, aos Estados, ao Distrito Federal, aos Municípios ou às suas entidades delegadas, e respectiva cessão e promessa de cessão é uma exceção no nosso sistema.

Essa disposição foi primeiro incluída em nosso sistema pela Lei n. 9.785/99. Todavia, à época, sua redação estabelecia o registro da imissão provisória na posse, e respectiva cessão e promessa de cessão, somente quando concedido à União, aos Estados, ao Distrito Federal, aos Municípios ou às suas entidades delegadas, para a execução de parcelamento popular, com finalidade urbana, destinado às classes de menor renda.

A redação atual foi dada pela Lei n. 12.424/2011 e, como se observa, ampliou a possibilidade do registro da imissão provisória na posse a todos os casos em que esta for concedida em favor da União, dos Estados, do Distrito Federal, dos Municípios ou das suas entidades delegadas, bem como da sua respectiva cessão e promessa de cessão, retirando a exigência de que essa imissão provisória na posse seja feita para a execução de parcelamento popular, com finalidade urbana, destinado às classes de menor renda.

56
Reserva Legal

A reserva legal é disciplinada pelo art. 225, § 1º, III, da Constituição Federal, e outrora pelo extinto Código Florestal, Lei n. 4.771/65, o qual foi expressamente revogado pelo art. 83 da Lei n. 12.651, de 28 de maio de 2012, popularmente conhecido como "Novo Código Florestal", lei esta que hoje regulamenta a questão.

É um tipo de limitação administrativa e, por isso, tem como características: a) ser imposta por lei; b) ser imposta de forma unilateral pelo Poder Público; c) ter caráter geral; e d) ter forma gratuita (não indenizável), em regra.

Se possui natureza real ou pessoal, já foi objeto de muitas discussões jurídicas, mas a jurisprudência, antes da promulgação do novo Código, caminhou para conceituá-la como uma obrigação *propter rem*. Uma interpretação literal do § 2º do art. 2º da nova lei pode levar à impressão de não ser mais esse o caso, pois dispõe: "as obrigações previstas nesta Lei têm natureza real e são transmitidas ao sucessor, de qualquer natureza, no caso de transferência de domínio ou posse do imóvel rural".

Contudo, não nos parece que o sentido da norma seja propriamente o de criação de um direito real, até porque, como veremos adiante, dispensa a averbação no registro de imóveis. Tem, sim, o sentido de ser obrigação que adere à propriedade do imóvel, recaindo sobre qualquer um que figurar como proprietário, qualquer que tenha sido a forma de aquisição dessa propriedade.

Seu conceito legal é encontrado no inciso III, do art. 3º, do Novo Código Florestal, o qual estabelece que reserva legal é área localizada no interior de uma propriedade ou posse rural, delimitada nos termos do art. 12, com a função de assegurar o uso econômico de modo sustentável dos recursos naturais do imóvel rural, auxiliar a conservação e a reabilitação dos processos ecológicos e promover a conservação da biodiversidade, bem como o abrigo e a proteção de fauna silvestre e da flora nativa.

A reserva legal não se caracteriza por ser áreas que, de acordo com a sua localização, sejam indispensáveis para a preservação ambiental, como ocorre com as áreas de preservação permanente, mas, sim, por ser áreas escolhidas pela parte dentro da propriedade, com aprovação do órgão ambiental, nas quais ela se compromete a preservar ou restaurar a vegetação segundo os ditames legais.

Na sistemática antiga, ela podia se situar em qualquer parte do imóvel que não fosse área de preservação permanente. Porém, o novo regramento alterou isso expressamente, em seu art. 15, estabelecendo que será admitido o cômputo das Áreas de Preservação Permanente no cálculo do percentual da Reserva Legal do imóvel, desde que o benefício previsto não implique a conversão de novas áreas para o uso alternativo do solo, que a área a ser computada esteja conservada ou em processo de recuperação, conforme comprovação do proprietário ao órgão estadual integrante do Sisnama e que o proprietário ou possuidor tenha requerido inclusão do imóvel no Cadastro Ambiental Rural (CAR).

A lei estabelece em seu art. 12 que todo imóvel rural deve manter área com cobertura de vegetação nativa, a título de Reserva Legal, sem prejuízo da aplicação das normas sobre as Áreas de Preservação Permanente, observados os seguintes percentuais mínimos em relação à área do imóvel:

I – localizado na Amazônia Legal:

a) 80% (oitenta por cento), no imóvel situado em área de florestas;

b) 35% (trinta e cinco por cento), no imóvel situado em área de cerrado;

c) 20% (vinte por cento), no imóvel situado em área de campos gerais;

II – localizado nas demais regiões do País: 20% (vinte por cento).

A lei prevê moderação nos casos da alínea a do inciso I, autorizando o poder público a reduzir a Reserva Legal para até 50%, para fins de recomposição, quando o Município tiver mais de 50% da área ocupada por unidades de conservação da natureza de domínio público e por terras indígenas homologadas.

Permite ainda a redução pelo poder público estadual, nos casos da alínea a do inciso I, ouvido o Conselho Estadual de Meio Ambiente, que poderá reduzir a Reserva Legal para até 50% (cinquenta por cento), quando o Estado tiver Zoneamento Ecológico-Econômico aprovado e mais de 65% (sessenta e cinco por cento) do seu território ocupado por unidades de conservação da natureza de domínio público, devidamente regularizadas, e por terras indígenas homologadas.

Em caso de fracionamento do imóvel rural, a qualquer título, inclusive para assentamentos pelo Programa de Reforma Agrária, será considerada, para fins do percentual do imóvel a ser ocupado pela reserva, a área do imóvel antes do fracionamento. Tal previsão legal resolveu antiga polêmica, pois é muito comum a venda de parte de imóveis rurais para terceiros, especialmente os vizinhos. Muitas das grandes fazendas, especialmente do sul e do sudeste, são compostas por diversas matrículas de pequenas áreas, cujas porções foram sendo adquiridas paulatinamente ao longo dos anos. Observe que isso ocorre automaticamente, independendo de qualquer averbação nas respectivas matrículas.

Outra questão muito positiva trazida pelo novo Código e que veio a resolver antiga polêmica, refere-se ao que fazer com a reserva legal, uma vez que o imóvel passe a ser área urbana. O art. 19 determina que a inserção do imóvel rural em perímetro urbano definido mediante lei municipal não desobriga o proprietário ou posseiro da manutenção da área de Reserva Legal, que só será extinta concomitantemente ao registro do parcelamento do solo para fins urbanos aprovado segundo a legislação específica e consoante às diretrizes do plano diretor de que trata o § 1º do art. 182 da Constituição Federal. Ou seja, enquanto não loteado o imóvel, a reserva legal permanece da forma como estiver.

O interessante dessa questão é que o loteamento nunca foi complicado para a reserva legal face à necessidade de destinar parte da área loteada para área verde. O problema decorria da simples conversão do imóvel rural em urbano, caso em que os proprietários muitas vezes buscavam o cancelamento da reserva legal, alegando ser norma aplicável apenas aos imóveis rurais.

Muito embora o art. 12 preveja ser obrigatória a constituição da reserva legal como regra geral, o novo Código Florestal estabelece também diversos casos de dispensa, como no art. 68 e também nos §§ 6º, 7º e 8º do próprio art. 12. Contudo, talvez o caso de dispensa mais polêmico seja o do art. 67 da referida lei, que estabelece:

Art. 67. Nos imóveis rurais que detinham, em 22 de julho de 2008, área de até 4 (quatro) módulos fiscais e que possuam remanescente de vegetação nativa em percentuais inferiores ao previsto no art. 12, a Reserva Legal será constituída com a área ocupada com a vegetação nativa existente em 22 de julho de 2008, vedadas novas conversões para uso alternativo do solo.

O módulo fiscal é determinado pelo INCRA para cada região do país, variando de 5 a 100 hectares. Isso implica que uma enorme quantidade de propriedades rurais do país, especialmente no Sul e no Sudeste, não terá que compor a reserva florestal, seja no todo ou em parte.

Em todo caso, diferentemente do que ocorre como regra geral nas Áreas de Preservação Permanente (existem exceções), na Reserva Legal não é proibida a exploração, mas esta deve se dar de forma sustentável, adotadas práticas de exploração seletiva nas modalidades de manejo sustentável sem propósito comercial para consumo na propriedade e de manejo sustentável para exploração florestal com propósito comercial.

No aspecto registral do novo Código Florestal, ocorreram ainda algumas importantes mudanças. A primeira refere-se à necessidade ou não de se averbar a reserva legal na matrícula do imóvel. O Código Florestal revogado trazia expressa determinação nesse sentido, conforme § 8º do art. 16 da Lei n. 4.771/65.

O art. 18 do novo Código Florestal estabelece que a área de Reserva Legal deverá ser registrada no órgão ambiental competente, por meio de inscrição no Cadastro Ambiental Rural (CAR) de que trata o art. 29, sendo vedada a alteração de sua destinação, nos casos de transmissão, a qualquer título, ou de desmembramento, com as exceções previstas nesta lei, e que o registro da Reserva Legal no CAR desobriga a averbação no Cartório de Registro de Imóveis.

Contudo, isso não implica na impossibilidade de ainda se averbar na matrícula do imóvel a reserva legal. Primeiro, porque o art. 167, II, 22, da Lei n. 6.015/73 expressamente autoriza tal ato, e tal norma não se encontra revogada pelo novo Código Florestal. Segundo, os atos previstos no art. 167, II, da Lei n. 6.015/73 não são taxativos, sendo permitido praticar outras averbações com base no art. 246, desde que altere o registro, como é o caso.

Tal averbação tem ainda a importante missão de dar a mais ampla e irrestrita publicidade meramente enunciativa à reserva legal, que muitas vezes é hoje dispensável, e mesmo quando for obrigatória, como a reserva legal precisa de especialização por ato de vontade do proprietário, pode gerar muitas controvérsias e incertezas para as demais pessoas interessadas.

Dessa forma, embora o texto da lei dispense a inscrição na matrícula do imóvel da reserva legal, tal medida é extremamente salutar e recomendável. Por fim, devemos chamar a atenção de que existem códigos de normas, como em São Paulo, que exigem a averbação da reserva legal na matrícula, pelo menos em determinadas hipóteses.

Interessante também é observar que o proprietário ou possuidor de imóvel com Reserva Legal conservada e inscrita no CAR, cuja área ultrapasse o mínimo exigido pelo novo Código Florestal, poderá utilizar a área excedente para fins de constituição de servidão ambiental, Cota de Reserva Ambiental e outros instrumentos congêneres previstos naquela lei.

A servidão ambiental é regulamentada pelo art. 9º-A da Lei n. 6.938, de 31 de agosto de 1981. Determina tal artigo que devem ser objeto de averbação na matrícula do imóvel no registro de imóveis competente: I – o instrumento ou termo de instituição da servidão ambiental; II – o contrato de alienação, cessão ou transferência da servidão ambiental. Mais ainda, na hipótese de compensação de Reserva Legal, a servidão ambiental deve ser averbada na matrícula de todos os imóveis envolvidos.

Não se pode conceber a possibilidade de realizar tal averbação sem a prévia averbação da reserva legal, pois esta pode ter diversas formatações e configurações, não se podendo omitir tal informação essencial e necessária para a adequada publicidade dessa espécie de negócio.

Outro ponto é o CRA. CRA significa Cota de Reserva Ambiental e constitui título nominativo representativo de área com vegetação nativa, existente ou em processo de recuperação, que pode ser constituído: I – sob regime de servidão ambiental, instituída na forma do art. 9º-A da Lei n. 6.938, de 31 de agosto de 1981; II – correspondente à área de Reserva Legal instituída voluntariamente sobre a vegetação que exceder os percentuais exigidos; III – protegido na forma de Reserva Particular do Patrimônio Natural (RPPN), nos termos do art. 21 da Lei n. 9.985, de 18 de julho de 2000; IV – em propriedade rural localizada no interior de Unidade de Conservação de domínio público que ainda não tenha sido desapropriada.

Busca promover um mercado de títulos de "área verde" de registro obrigatório em bolsas de mercadorias de âmbito nacional ou em sistemas de registro e de liquidação financeira de ativos autorizados pelo Banco Central do Brasil. Ele pode ser usado, por exemplo, para facilitar a compensação de área de reserva legal em certa propriedade. O interessante é que o código exige, em seu art. 45, § 3º, que "o vínculo de área à CRA será averbado na matrícula do respectivo imóvel no registro de imóveis competente".

O § 5º do referido art. 9º estabelece ainda que na hipótese de compensação de Reserva Legal, a servidão ambiental deve ser averbada na matrícula de todos os imóveis envolvidos.

Por fim, importante destacar o fim da exigência da Certidão Negativa de Multas Ambientais, a qual era prevista pelo antigo Código Florestal e não mais consta do novo texto aprovado.

57
ÁREA DE PRESERVAÇÃO PERMANENTE

As áreas de preservação permanente são áreas que recebem essa designação por sua localização, ou seja, são áreas que se situam em locais onde a preservação da vegetação é indispensável, segundo a lei. Como regra, sua constituição é automática e decorre da lei, independendo de qualquer ato formal para sua constituição, e sua existência independe de o imóvel ser rural ou urbano, existindo APPs em ambas.

Segundo o art. 3º, II, do novo Código Florestal (Lei n. 12.651/2012): "Área de Preservação Permanente – APP: área protegida, coberta ou não por vegetação nativa, com a função ambiental de preservar os recursos hídricos, a paisagem, a estabilidade geológica e a biodiversidade, facilitar o fluxo gênico de fauna e flora, proteger o solo e assegurar o bem-estar das populações humanas".

Considera-se Área de Preservação Permanente, em zonas rurais ou urbanas, para efeitos do novo Código Florestal:

I – as faixas marginais de qualquer curso d'água natural, desde a borda da calha do leito regular, em largura mínima de:

a) 30 (trinta) metros, para os cursos d'água de menos de 10 (dez) metros de largura;

b) 50 (cinquenta) metros, para os cursos d'água que tenham de 10 (dez) a 50 (cinquenta) metros de largura;

c) 100 (cem) metros, para os cursos d'água que tenham de 50 (cinquenta) a 200 (duzentos) metros de largura;

d) 200 (duzentos) metros, para os cursos d'água que tenham de 200 (duzentos) a 600 (seiscentos) metros de largura;

e) 500 (quinhentos) metros, para os cursos d'água que tenham largura superior a 600 (seiscentos) metros;

II – as áreas no entorno dos lagos e lagoas naturais, em faixa com largura mínima de:

a) 100 (cem) metros, em zonas rurais, exceto para o corpo d'água com até 20 (vinte) hectares de superfície, cuja faixa marginal será de 50 (cinquenta) metros;

b) 30 (trinta) metros, em zonas urbanas;

III – as áreas no entorno dos reservatórios d'água artificiais, na faixa definida na licença ambiental do empreendimento, observado o disposto nos §§ 1º e 2º;

IV – as áreas no entorno das nascentes e dos olhos d'água perenes, qualquer que seja sua situação topográfica, no raio mínimo de 50 (cinquenta) metros;

V – as encostas ou partes destas com declividade superior a 45°, equivalente a 100% (cem por cento) na linha de maior declive;

VI – as restingas, como fixadoras de dunas ou estabilizadoras de mangues;

VII – os manguezais, em toda a sua extensão;

VIII – as bordas dos tabuleiros ou chapadas, até a linha de ruptura do relevo, em faixa nunca inferior a 100 (cem) metros em projeções horizontais;

IX – no topo de morros, montes, montanhas e serras, com altura mínima de 100 (cem) metros e inclinação média maior que 25°, as áreas delimitadas a partir da curva de nível correspondente a 2/3 (dois terços) da altura mínima da elevação sempre em relação à base, sendo esta definida pelo plano horizontal determinado por planície ou espelho d'água adjacente ou, nos relevos ondulados, pela cota do ponto de sela mais próximo da elevação;

X – as áreas em altitude superior a 1.800 (mil e oitocentos) metros, qualquer que seja a vegetação;

XI – as veredas.

XII – em veredas, a faixa marginal, em projeção horizontal, com largura mínima de 50 (cinquenta) metros, a partir do limite do espaço brejoso e encharcado.

Notem que, ao contrário do que se popularizou na mente da maior parte das pessoas, as APPs não se restringem às margens dos córregos, rios e lagos.

Além das hipóteses de constituição automática listadas, o art. 6º da lei prevê casos de constituição de áreas de preservação permanente quando declaradas de interesse social por ato do Chefe do Poder Executivo, sendo as áreas cobertas com florestas ou outras formas de vegetação destinadas a uma ou mais das seguintes finalidades:

I – conter a erosão do solo e mitigar riscos de enchentes e deslizamentos de terra e de rocha;

II – proteger as restingas ou veredas;

III – proteger várzeas;

IV – abrigar exemplares da fauna ou da flora ameaçados de extinção;

V – proteger sítios de excepcional beleza ou de valor científico, cultural ou histórico;

VI – formar faixas de proteção ao longo de rodovias e ferrovias;

VII – assegurar condições de bem-estar público;

VIII – auxiliar a defesa do território nacional, a critério das autoridades militares.

IX – proteger áreas úmidas, especialmente as de importância internacional.

Todas as APPs devem ser conservadas intactas, sem sofrer intervenção humana. Na vigência do antigo Código Florestal, era terminantemente proibida todas as formas de exploração que implicassem em supressão total ou parcial da vegetação, salvo com prévia autorização do Poder Executivo Federal, quando necessária à execução de obras, planos, atividades ou projetos de utilidade pública ou interesse social ou em algumas situações de utilidade pública ou interesse social.

A norma nova determina, como regra geral, que a vegetação situada em Área de Preservação Permanente deverá ser mantida pelo proprietário da área, possuidor ou ocupante a qualquer título, pessoa física ou jurídica, de direito público ou privado. A intervenção ou a supressão de vegetação nativa em Área de Preservação Permanente somente ocorrerá nas hipóteses de utilidade pública, de interesse social ou de baixo impacto ambiental previstas nesta lei.

Porém, o novo Código Florestal inovou, trazendo em seu art. 4º diversas possibilidades de uso para agricultura e uso urbano de certas áreas, a saber:

A – É admitido, para a pequena propriedade ou posse rural familiar, conforme definido no inciso V do art. 3º da lei, o plantio de culturas temporárias e sazonais de vazante de ciclo curto na faixa de terra que fica exposta no período de vazante dos rios ou lagos, desde que não implique supressão de novas áreas de vegetação nativa, seja conservada a qualidade da água e do solo e seja protegida a fauna silvestre.

B – Nos imóveis rurais com até 15 (quinze) módulos fiscais, é admitida, nas áreas de que tratam os incisos I e II anteriormente indicados, a prática da aquicultura e a infraestrutura física diretamente a ela associada, desde que:

I – sejam adotadas práticas sustentáveis de manejo de solo e água e de recursos hídricos, garantindo sua qualidade e quantidade, de acordo com norma dos Conselhos Estaduais de Meio Ambiente;

II – esteja de acordo com os respectivos planos de bacia ou planos de gestão de recursos hídricos;

III – seja realizado o licenciamento pelo órgão ambiental competente;

IV – o imóvel esteja inscrito no Cadastro Ambiental Rural – CAR.

V – não implique novas supressões de vegetação nativa.

C – Em áreas urbanas, assim entendidas as áreas compreendidas nos perímetros urbanos definidos por lei municipal, e nas regiões metropolitanas e aglomerações urbanas, as faixas marginais de qualquer curso d'água natural que delimitem as áreas da faixa de passagem de inundação terão sua largura determinada pelos respectivos Planos Diretores e Leis de Uso do Solo, ouvidos os Conselhos Estaduais e Municipais de Meio Ambiente, sem prejuízo dos limites estabelecidos pelo inciso I do caput.

58
Notificação para Parcelamento Edificação ou Utilização Compulsória de Imóvel Urbano

Segundo o art. 182, § 4º, da Constituição Federal, é facultado ao Poder Público municipal, mediante lei específica para área incluída no plano diretor, exigir, nos termos da lei federal, do proprietário do solo urbano não edificado, subutilizado ou não utilizado, que promova seu adequado aproveitamento, sob pena sucessivamente de:

I – parcelamento ou edificação compulsórios;

II – imposto sobre a propriedade predial e territorial urbana progressivo no tempo;

III – desapropriação com pagamento mediante títulos da dívida pública de emissão previamente aprovada pelo Senado Federal, com prazo de resgate de até 10 anos, em parcelas anuais, iguais e sucessivas, assegurados o valor real da indenização e os juros legais.

Apesar de estes instrumentos estarem previstos de forma geral em lei federal, para que possam ser utilizados, é necessário que o município crie lei específica, fixando condições e prazos para a implementação da obrigação.

De acordo com o § 4º do art. 5º da Lei n. 10.257/2001, o prazo não poderá ser inferior a: a) um ano, a partir da notificação para que seja protocolado o projeto no órgão municipal competente; b) dois anos, a partir da aprovação do projeto para iniciar as obras do empreendimento.

Há a definição de imóvel subutilizado, segundo o art. 5º, § 1º, I, da Lei n. 10.257/2001, que é aquele cujo aproveitamento é inferior ao mínimo definido no plano diretor ou em legislação dele decorrente.

O proprietário será notificado pelo Poder Executivo municipal para o cumprimento da obrigação, devendo a notificação ser averbada no cartório de registro de imóveis.

Em consequência dessa notificação averbada na matrícula do imóvel, a transmissão do imóvel, por ato *inter vivos* ou *causa mortis* posterior à data da notificação, transfere as obrigações de parcelamento, edificação ou utilização sem interrupção de quaisquer prazos. Isso se dá devido ao efeito *erga omnes* da notificação averbada que vinculará os possíveis adquirentes, que não terão como alegar a falta de ciência dos prazos já decorridos.

A notificação do proprietário será feita diretamente pelo Poder Executivo municipal, podendo ocorrer por meio de: a) funcionário do órgão competente do Poder Público municipal, ao proprietário do imóvel ou, no caso de este ser pessoa jurídica, a quem tenha poderes de gerência geral ou administração; ou b) edital, quando frustrada, por três vezes, a tentativa de notificação diretamente por funcionário municipal.

Ocorrendo o desatendimento da notificação ou o descumprimento do projeto apresentado, é possível que o poder público implemente a majoração progressiva no tempo do IPTU como forma de coagir o proprietário a proceder à utilização do solo nos moldes estabelecidos pelo plano diretor.

A majoração do imposto de propriedade territorial urbana (IPTU) pode se dar durante cinco exercícios consecutivos, sendo que a alíquota autorizada para cada ano deve estar prevista na lei municipal que permitiu a cobrança, não podendo exceder a 2 vezes o valor do ano anterior, sendo o seu valor máximo de 15% do valor do imóvel.

No caso de ser implementado o IPTU progressivo, se ainda assim os requisitos da utilização não forem atendidos pela parte, o Poder Público Municipal poderá manter cobrança do IPTU com alíquota máxima até seu atendimento ou ainda optar pelo próximo instrumento de coerção disponibilizado pelo Estatuto da Cidade, ou seja, a desapropriação com pagamento em títulos públicos com resgate no prazo especificado em lei (isso é sanção, uma vez que normalmente o pagamento é à vista, em dinheiro).

No caso da desapropriação com pagamento em títulos da dívida pública, esses títulos devem ter a prévia aprovação do Senado Federal e possuir um prazo de resgate de até 10 anos, nos quais serão pagas prestações anuais (iguais e sucessivas), com valor real, o qual é entendido como o valor indenizatório pela perda do imóvel acrescido de juros de 6% ao ano.

Ocorrendo a referida desapropriação, o Município tem a obrigação de promover o adequado aproveitamento do imóvel no prazo de cinco anos, contados da incorporação ao patrimônio público, ou seja, a partir do fim da desapropriação.

Esse aproveitamento pode ser feito diretamente pelo Poder Público ou mediante licitação, mantida a obrigação aos adquirentes.

59
TOMBAMENTO

Para parte da doutrina, o tombamento consiste em uma limitação administrativa. Para outra, uma servidão administrativa, imposta pelo poder público, quer federal, estadual ou municipal, seja por ato do executivo, por lei ou mesmo decisão judicial, sobre determinados bens específicos com a finalidade de garantir-lhes a preservação, quer por sua vinculação a fatos memoráveis da história do Brasil, quer por seu excepcional valor arqueológico ou etnográfico, bibliográfico ou artístico, ou ainda por serem monumentos naturais, bem como os sítios e paisagens que tenham valor devido à feição notável com que tenham sido dotados pela natureza ou pela indústria humana.

O tombamento é regulamentado, na esfera federal, pelo Decreto-lei n. 25/37, que estabelece que não são passíveis de tombamento os bens: a) pertencentes às representações diplomáticas ou consulares; b) que adornem quaisquer veículos pertencentes a empresas estrangeiras, que façam carreira no país; c) referidos no art. 10 da LINDB e que continuam sujeitos à lei pessoal do proprietário; d) que pertençam a casas de comércio de objetos históricos ou artísticos; e) que sejam trazidos para exposições comemorativas, educativas ou comerciais; f) que sejam importados por empresas estrangeiras expressamente para adorno dos respectivos estabelecimentos.

O tombamento poderá ser feito de forma voluntária ou compulsória. O tombamento voluntário ocorre quando parte do proprietário a iniciativa de ter o seu bem tombado ou quando ele é notificado do tombamento e anui por escrito, não havendo assim impugnação à vontade do órgão responsável pelo tombamento. Já o tombamento compulsório ocorre quando é feito pelo Poder Público contra a vontade do proprietário do bem.

O processo de tombamento compulsório está previsto no art. 9º do Decreto-lei n. 25/37 e pode ser resumido nas seguintes etapas:

1 – O Serviço do Patrimônio Histórico e Artístico Nacional, por seu órgão competente, notificará o proprietário para anuir ao tombamento, dentro do prazo de quinze dias a contar do recebimento da notificação ou, se quiser impugnar, oferecer dentro do mesmo prazo as razões de sua impugnação.

2 – No caso de não haver impugnação dentro do prazo assinado que é fatal, o diretor do Serviço do Patrimônio Histórico e Artístico Nacional mandará, por simples despacho, que se proceda à inscrição da coisa no competente Livro do Tombo.

Segundo o art. 4º do Decreto-lei em análise, o Serviço do Patrimônio Histórico e Artístico Nacional possuirá quatro livros do Tombo, onde serão inicialmente registrados todos os tombamentos realizados no país, que são estes: a) Livro do Tombo Arqueológico, Etnográfico e Paisagístico; b) Livro do Tombo Histórico (interesse histórico e as obras de arte históricas); c) Livro do Tombo das Belas Artes (arte erudita, nacional ou estrangeira); d) Livro do Tombo das Artes Aplicadas.

3 – Se a impugnação foi oferecida dentro do prazo assinado, far-se-á sua vista, dentro de outros quinze dias fatais, ao órgão de que houver emanado a iniciativa do tombamento, a fim de sustentá-la.

4 – Em seguida, independentemente de custas, será o processo remetido ao Conselho Consultivo do Serviço do Patrimônio Histórico e Artístico Nacional, que proferirá decisão a respeito, dentro do prazo de sessenta dias, a contar do seu recebimento. Dessa decisão não caberá recurso.

59.1 TOMBAMENTO PROVISÓRIO E DEFINITIVO

O tombamento dos bens será provisório ou definitivo, conforme esteja o respectivo processo iniciado pela notificação ou concluído pela inscrição dos referidos bens no competente Livro do Tombo.

Segundo o parágrafo único do art. 13 do Decreto-lei n. 25/37, para todos os efeitos, salvo no que se refere à necessidade de inscrição no registro de imóveis, o tombamento provisório se equiparará ao definitivo.

Apesar da inexistência de determinação da inscrição do tombamento até que ele atinja o seu caráter definitivo, nada impede que o poder público requeira sua averbação na matrícula do imóvel como uma inscrição preventiva, de mera notícia. Essa inscrição teria o condão de dar publicidade ao fato e prevenir litígios no que se refere a possíveis transmissões que ocorram nessa fase.

Nesse sentido, encontramos a posição do ilustre professor e magistrado paulista Vicente de Abreu Amadei e do magistrado paulista Álvaro Luiz Valery Mirra, no bojo do Parecer 248/2007-E – Processo CG, 1029/2006, aprovado pelo Corregedor-Geral da Justiça do Estado de São Paulo e publicado em 23-7-2007[41] que dispõe: "É verdade que a inscrição de tombamento provisório é igualmente provisória, bem como que, em regra, dentre os atributos das inscrições do Livro 2 do Registro de Imóveis, a doutrina destaca a definitividade; no entanto, não se cuida de uma inscrição provisória resultante de uma situação, por si, transitória e terminal, mas sim de inscrição provisória que se reporta a uma fase do procedimento de tombamento identificada como 'tombamento provisório', de efeitos jurídicos extremamente relevantes (aliás, repita-se, equiparados, por força de lei, aos efeitos do 'tombamento definitivo', com a ressalva já apontada), que se projetam para além daquele procedimento administrativo e que aderem ao imóvel, desde então subordinado ao regime jurídico-restritivo especial. Inscrição provisória dessa índole, aliás, não é estranha ao nosso sistema, bastando lembrar a de incorporação (também provisória, por reflexo na natureza efêmera da incorporação), que se opera enquanto fase eventual antecedente à constituição do condomínio edilício".

---

41. Tal parecer pode ser acessado no sitio: www.extrajudicial.tjsp.jus.br e se configura em muito mais do que simples parecer técnico, constituindo verdadeiro artigo que estuda o tombamento, sua natureza e a interface com o sistema registral brasileiro.

Entretanto, ocorrendo ou não a referida averbação para fins de publicidade preventiva, é certo que nesse momento do tombamento ainda não foi previsto o seu registro na serventia imobiliária; e, apesar de a norma estabelecer como sendo esta a única distinção entre os efeitos do tombamento provisório e do definitivo, somos forçados a entender, como os pareceristas citados, que, como não foi feito ainda o registro do tombamento, não há como se invocar o direito de preferência previsto no art. 22 do decreto-lei em análise.

59.2 EFEITOS DO TOMBAMENTO

O tombamento gera uma série de efeitos sobre o bem tombado, sendo que estes efeitos, como visto antes, iniciam-se já com a notificação do proprietário do bem, independentemente da definitividade do tombamento.

No tocante ao patrimônio público, o tombamento torna o bem inalienável por natureza, só podendo ser transferido a outras entidades públicas, sendo que mesmo neste caso a transferência deve ser comunicada ao Serviço do Patrimônio Histórico e Artístico Nacional.

Já no que se refere ao patrimônio privado, o ato de tombamento tem efeitos diversos, caso sejam os bens móveis ou imóveis. No que se refere aos bens móveis, ele recebe as seguintes restrições:

a) no caso de seu deslocamento, será necessária a inscrição no local para o qual tenha sido deslocado, no prazo de trinta dias sob pena de multa de dez por cento do valor do bem;

b) não poderá sair do país senão por curto prazo, sem transferência de domínio e para fim de intercâmbio cultural, a juízo do Conselho Consultivo do Serviço do Patrimônio Histórico e Artístico Nacional. Sob pena de sequestro e multa de 50% do valor do bem, além da caracterização do crime de contrabando;

c) se houver extravio ou furto, há necessidade de se noticiar ao SPHAN no prazo de cinco dias, sob pena de multa de 10%.

Já no que se refere aos bens imóveis, apesar de seus efeitos, em regra, também se iniciarem com a notificação do proprietário, somente é prevista a inscrição do tombamento no registro de imóveis após a sua definitividade, conforme se observa do disposto no art. 13 do Decreto-lei n. 25/37. Motivo pelo qual entendemos que algumas de suas consequências, por afetarem terceiros, somente se darão a partir da publicidade registral.

Assim, a partir da notificação do proprietário, este não poderá, sem prévia autorização do órgão que promoveu o tombamento, fazer obras que impeçam ou reduzam a visibilidade, nem colocar anúncios ou cartazes.

Tanto os bens móveis quanto os imóveis não poderão ser destruídos, demolidos ou mutilados, nem, sem prévia autorização especial do Serviço do Patrimônio Histórico e Artístico Nacional, ser reparados, pintados ou restaurados, sob pena de multa de cinquenta por cento do dano causado.

E sujeitam-se à vigilância permanente do poder público, que poderá inspecioná-los sempre que for julgado conveniente, não podendo os respectivos proprietários ou responsáveis criarem obstáculos à inspeção, sob pena de multa, elevada ao dobro em caso de reincidência.

Todavia, no que se refere à obrigatoriedade do adquirente a cada nova transferência, ao proceder à sua inscrição, no prazo de trinta dias, sob pena de multa de 10% do valor do bem e o direito de preferência à aquisição em favor do poder público, entendemos que essas imposições ficam condicionadas à inscrição do tombamento no registro de imóveis, visto que esses casos podem trazer prejuízos ao adquirente que somente poderão ser impostos caso ele tenha inequívoca ciência da situação do bem. Essa ciência inequívoca presume-se com a publicidade registral; sem ela, o que se presume é a boa-fé do terceiro adquirente.

No tocante ao prazo de inscrição, no caso de alienações de bens tombados, a própria ordem física da imposição já implica na necessidade de inscrição do tombamento, visto que ela está prevista no § 1º do art. 13 do Decreto-lei n. 25/37, que é justamente o artigo que determina a inscrição no registro de imóveis do tombamento definitivo.

Segundo o referido art. 13, a inscrição do tombamento far-se-á por transcrição para os devidos efeitos em livro a cargo dos oficiais de registro de imóveis, devendo também ser o ato averbado ao lado da transcrição do domínio do imóvel.

Como não existe na serventia registral um livro específico para o registro do tombamento definitivo, tem-se entendido, com base no art. 177 da LRP, que seu registro deve se dar de forma integral no Livro n. 3 – Livro de Registro Auxiliar, sem prejuízo da averbação do fato na matrícula do imóvel, conforme dispõe o citado dispositivo legal.

59.3 DIREITO DE PREFERÊNCIA

O direito de preferência atribuído ao poder público em decorrência do tombamento está previsto no art. 22 do Decreto-lei n. 25/37, o qual estabelece que face à transmissão onerosa de bens tombados, pertencentes a pessoas naturais ou pessoas jurídicas de direito privado, a União, os Estados e os Municípios terão, nessa ordem, o direito de preferência.

Segue ainda o dispositivo legal, em seu § 2º, dispondo que tal alienação não será permitida, sem que previamente sejam os bens oferecidos, pelo mesmo preço, à União, bem como aos Estados e aos Municípios em que se encontrarem, devendo o proprietário notificar os titulares do direito de preferência a usá-lo, dentro de trinta dias, sob pena de perdê-lo.

Por fim, o § 2º do dispositivo em análise determina que é nula alienação realizada com violação do disposto no parágrafo anterior, ficando qualquer dos titulares do direito de preferência habilitado a sequestrar a coisa e a impor a multa de vinte por cento do seu valor ao transmitente e ao adquirente, que serão por ela solidariamente responsáveis. A nulidade será pronunciada, na forma da lei, pelo Juiz que conceder o sequestro, o qual só será levantado depois de pagar a multa e se qualquer dos titulares do direito de preferência não tiver adquirido a coisa no prazo de trinta dias.

Entendemos, todavia, como já explicitado, que o adquirente somente sofrerá a sanção se o tombamento estiver regularmente registrado. Caso contrário, não terá atingido o requisito da publicidade geral, sendo que neste caso o terceiro adquirente deverá ser considerado de boa-fé.

Ademais, esse entendimento se ajusta à regra geral de que, caso a lei determine a inscrição de determinado direito na matrícula do imóvel, somente essa inscrição poderá atingir a publicidade almejada.

Situação semelhante ocorre quando tratamos do direito de preferência na locação, na qual a falta de averbação da cláusula que a institui impede a utilização das faculdades atribuídas pelo direito.

O § 3º do art. 22 do referido decreto-lei estabelece que o direito de preferência não inibe o proprietário de gravar livremente a coisa tombada, de penhor, anticrese ou hipoteca. Todavia, ele deverá ser respeitado caso o bem venha a ser levado à praça, conforme se observa do § 4º, o qual estabelece que nenhuma venda judicial de bens tombados se poderá realizar sem que, previamente, os titulares do direito de preferência sejam disso notificados judicialmente, não podendo os editais de praça ser expedidos, sob pena de nulidade, antes de feita a notificação.

Aos titulares do direito de preferência assistirá o direito de remição, se dela não lançarem mão, até a assinatura do auto de arrematação ou até a sentença de adjudicação, as pessoas, que, na forma da lei, tiverem a faculdade de remir.

O direito de remição por parte da União, bem como do Estado e do Município em que os bens se encontrarem, poderá ser exercido dentro de cinco dias a partir da assinatura do auto de arrematação ou da sentença de adjudicação, não se podendo extrair a carta, enquanto não se esgotar esse prazo, salvo se o arrematante ou o adjudicante for qualquer dos titulares do direito de preferência.

59.4 CANCELAMENTO DO TOMBAMENTO

O cancelamento do tombamento pode se dar por ordem do Presidente da República, caso o bem tenha sido tombado pelo Instituto Brasileiro de Patrimônio Cultural (Decreto-lei n. 3.866/41), ou pelo Governador ou Prefeito quando um destes efetuou o tombamento e houver essa disposição permissiva na legislação pertinente.

Esse cancelamento pode se dar também à vista de mandado judicial nos casos em que o proprietário consegue provar que o órgão que efetuou o tombamento não observou os critérios contidos no art. 1º do Decreto-lei n. 25/37, ou seja, que o bem não se adequava à lista de bens destinados ao tombamento.

60
Cédulas de Crédito

As Cédulas de Crédito, *lato sensu*, são promessas de pagamento com ou sem garantia real cedularmente constituída, isso é, com ou sem garantia constituída no próprio título, dispensando documento à parte.

Existem várias espécies de Cédula de Crédito, podendo ser citada a criada pelo Decreto-lei n. 167/67, que criou a Cédula de Crédito Rural e inaugurou esta espécie de instrumento, a Cédula de Crédito Industrial (Decreto-lei n. 413/69), a Cédula de Crédito à Exportação (Lei n. 6.313/75), a Cédula de Crédito Comercial (Lei n. 6.840/80) e a Cédula de Produto Rural (Lei n. 8.929/94).[42]

Quanto aos tipos de cédulas de crédito, elas se dividem em Cédulas de Crédito propriamente ditas, quando o pagamento do financiamento a que se referem é garantido por um direito real a elas atrelado, e Notas de Crédito, as quais não contam com garantia real, podendo oferecer somente garantias fidejussórias.

Até o advento da Lei n. 13.986/2020, poderia se afirmar que todas as cédulas acima indicadas eram registradas no livro 3 e, havendo garantia imobiliária, haveria também o registro no livro 2, com referências recíprocas, pois deveria ser feito o registro por extrato dos termos da cédula e, ainda, de sua garantia. Tal sistemática, contudo, não se aplica mais à Cédula de Crédito Rural (decreto-Lei 167/67) e nem para a Cédula de Produto Rural (Lei n. 8.929/94), embora seja vigente ainda para as outras acima mencionadas.

Na atual versão da Cédula de Crédito Rural e Cédula de Produto Rural, apenas se registra a garantia real constante do título, tal como ocorre com a Cédula de Crédito Bancária (abordada ao final deste capítulo).

Em qualquer caso, sempre que a garantia existente for a alienação fiduciária, sendo de bem móvel, seu registro deverá também ser feito no cartório de títulos e documentos do domicílio de qualquer das partes ou no órgão de trânsito. Caso a garantia apresentada seja somente o penhor, bastará o referido registro no Livro n. 3.

No caso de não haver garantia, bastará o referido registro no Livro n. 3 nas hipóteses de cédulas listadas acima, excluindo a nova Cédula de Crédito Rural e Cédula de Produto Rural, as quais não terão registro.

Vistas algumas das características comuns aos tipos de cédulas aqui analisados, passaremos ao estudo específico de cada categoria.

60.1 CÉDULAS DE CRÉDITO RURAL (DECRETO-LEI N. 167/67)

A cédula de crédito rural é promessa de pagamento em dinheiro, com ou sem garantia real cedularmente constituída, emitida por pessoa física ou jurídica que esteja obtendo financiamento junto a um dos órgãos do sistema nacional de crédito rural, bem como financiamento rural concedido pelas cooperativas rurais a seus associados ou às suas filiadas.

Essas cédulas representam dívida contraída com a finalidade de financiar a atividade rural, tanto que, como observaremos mais adiante, deve constar expressamente desses tipos de cédula a especificação da finalidade ruralista a que se destina o crédito.

Segundo o art. 10 do Decreto-lei n. 167/67, a cédula de crédito rural é título civil, líquido e certo, transferível e de livre negociação, exigível pelo seu valor ou pelo valor de seu endosso, além dos juros, da comissão de fiscalização, se houver, e das demais despesas feitas pelo credor para a segurança, a regularidade e a realização de seu direito creditório.

Todavia, de acordo com o art. 60 do mesmo decreto, aplicam-se à cédula de crédito rural, à nota promissória rural e à duplicata rural, no que forem cabíveis, as normas de direito cambial, inclusive quanto ao aval, dispensado, porém, o protesto para assegurar o direito de regresso contra endossantes e avalistas.

Dessa forma, esses tipos de cédulas são títulos eminentemente civis, mas que estão sujeitos à cambialidade no que a lei civil deixar de regulamentar. Em outras palavras, podemos dizer que na lacuna da lei, nos casos de cédula de crédito rural, devem ser aplicadas as normas de direito cambial.

Assim, no que se refere à prescrição desses títulos, por exemplo, por não haver disposição expressa na legislação civil, devemos aplicar o art. 70 da Lei Uniforme, que estabelece que ela se dará em três anos contados do vencimento da última parcela da dívida.

Todavia, no que se refere ao endosso parcial, o § 2º do art. 10 do Decreto-lei n. 167/67 é claro ao dispor que, não constando do endosso o valor pelo qual se transfere a cédula, prevalecerá o da soma declarada no título acrescido dos acessórios, na forma deste artigo, deduzido o valor das quitações parciais passadas no próprio título.

Analisando o citado dispositivo, quanto às cédulas de crédito rural, é admitido o endosso parcial. Nesse ponto difere-se dos títulos de crédito propriamente ditos nos quais ele é expressamente declarado nulo pelo parágrafo único do art. 912 do nosso Código Civil.

Ainda dentro do assunto, cumpre-nos ressaltar que é essa aplicação subsidiária da cambialidade que faz com que seja desnecessário o reconhecimento de firma nas cédulas de crédito rural, independentemente do disposto no inciso II do art. 221 da Lei n. 6.015/73. A Lei n. 13.986/2020, visando reforçar ainda mais esta questão, previu no §3º do seu artigo 14 que, além dos requisitos previstos neste artigo, é vedado ao registrador exigir qualquer outro documento complementar, como avaliação do bem ofertado em garantia, anotação de responsabilidade técnica, reconhecimento de firma ou sinal público.

Outro ponto em comum das cédulas que expressam a cambialidade é o fato de serem assinadas apenas pelo emitente devedor e pelos eventuais prestadores de garantias, não sendo necessária a assinatura do credor. Isso se dá pela sua natureza cambial, ou seja, no que se refere às cédulas não se trata de contrato de mútuo, e sim, como antes indicado, promessa de pagamento, tratando-se, então, de atos unilaterais.

Segundo o art. 11 do Decreto-lei n. 167/67, importa vencimento de cédula de crédito rural, independentemente de aviso ou interpretação judicial ou extrajudicial, a inadimplência de qualquer obrigação convencional ou legal do emitente do título ou, sendo o caso, do terceiro prestante de garantia real.

Segue o parágrafo único do referido artigo, dispondo que, verificado o inadimplemento, poderá ainda o credor considerar vendidos antecipadamente todos os financiamentos rurais concedidos ao emitente e dos quais seja credor.

A garantia pode ser ofertada pelo próprio financiado, ou por um terceiro. Quanto à garantia prestada por terceiros, todavia, importante fazermos algumas considerações.

Segundo o § 3º do art. 60 do Decreto-lei n. 167/67, são nulas quaisquer garantias, reais ou pessoais, salvo quando prestadas pelas pessoas físicas participantes da empresa emitente, por esta ou por outras pessoas jurídicas.

Dessa forma observamos que, nos casos de cédula de crédito rural, a garantia somente poderá ser prestada pelo próprio emitente da cédula se pessoa física, por pessoa física participante da empresa emitente da cédula ou por outra pessoa jurídica. Assim, são nulas as garantias reais ou pessoais prestadas nas cédulas de crédito rural por outras pessoas físicas que não as emitentes da cédula.

Essa questão já foi apreciada e decidida pelo Superior Tribunal de Justiça no Acórdão que julgou o Recurso Especial 599.545/SP (2003/0185048-4), relatado pelo E. Min. Humberto Gomes de Barros, noticiada no Boletim Eletrônico Anoreg SP n. 697 de 18-9-2007, de cuja ementa consta, expressamente: "São nulas as garantias, reais ou pessoais, prestadas por terceiros em cédula rural hipotecária sacada por pessoa física (DL 167/67; art. 60, § 3º)".

Existe, contudo, uma exceção: o § 4º do mesmo art. 60 determina que às transações realizadas entre produtores rurais e entre estes e suas cooperativas não se aplicam as disposições dos parágrafos anteriores. Dessa forma, sendo a cédula emitida para garantir mútuo com qualquer tipo de Cooperativa de Produtores Rurais, inclusive Cooperativa de Crédito de Produtores Rurais, não se aplicam tais restrições, podendo a garantia ser prestada por outra pessoa física, por exemplo.

Tal questão é ainda discutida, principalmente por existir decisão da terceira turma e da quarta turma do STJ, nas quais decidiram ser cabível a garantia prestada por terceiro, não incluída na exceção acima.

Importante destacar que, de acordo com o art. 68, quando os bens vinculados em penhor ou em hipoteca à cédula de crédito rural pertencerem a terceiros, nos casos admitidos, estes deverão subscrever também o título, para que se constitua a garantia.

Disposição de grande importância, garantindo a impenhorabilidade dos bens dados em garantia por cédulas de crédito rural, está prevista no art. 69 do Decreto-lei n. 167/67. O referido artigo estabelece que os bens objeto de penhor ou de hipoteca constituídos pela cédula de crédito rural não serão penhorados, arrestados ou sequestrados por outras dívidas do emitente ou do terceiro empenhador ou hipotecante, cumprindo ao emitente ou ao terceiro empenhador ou hipotecante denunciar a existência da cédula às autoridades incumbidas da diligência ou a quem a determinou, sob pena de responderem pelos prejuízos resultantes de sua omissão.

Essa disposição visa garantir a segurança das garantias oferecidas pelas cédulas de crédito rural, impossibilitando que sejam tomadas por outras dívidas. Todavia, malgrado a referida disposição, tem prevalecido em nossa jurisprudência que essa impenhorabilidade não se estende aos créditos trabalhistas e fiscais, em virtude do art. 186 do nosso Código Tributário Nacional, que dispõe que o crédito tributário prefere a qualquer outro, seja qual for a natureza ou o tempo da constituição deste, ressalvados os créditos decorrentes da legislação do trabalho.

Com o mesmo intuito de resguardar ao máximo as garantias oferecidas com as cédulas de crédito rural, encontramos o art. 59 do Decreto-lei n. 167/67, o qual estabelece que a venda dos bens apenhados ou hipotecados pela cédula de crédito rural depende de prévia anuência do credor, por escrito.

Nesse sentido, deve-se acrescentar que nesse caso a necessidade prévia de anuência do credor estabelecida pelo art. 59 gera a necessidade de anuência previa também para o bem ser dado em nova hipoteca, tendo em vista que só pode dar em hipoteca quem pode alienar, sendo a hipoteca princípio de alienação.

Porém, a anuência pode ser presumida, no caso de nova cédula do mesmo banco, em decorrência de indicação nessa nova cédula de tratar-se de hipoteca de grau superior à garantia hipotecária ou pignoratícia prestada anteriormente.

Ou seja, se vier a registro nova cédula, dando em hipoteca ou penhor novamente bem já hipotecado ou penhorado por cédula anteriormente ao mesmo credor e nessa nova cédula constar expressamente que esse penhor ou hipoteca é de 2º, 3º, 4º... grau (grau posterior), presumir-se-ão a ciência do banco dos penhores ou hipotecas anteriores e a anuência.

Importante deixar expresso que entendemos que também a promessa de compra e venda depende da anuência do credor por caracterizar início de alienação. Há entendimento inclusive que não admite nem a incorporação de bens do sócio para a sociedade, por ser esta uma forma de alienação.

As submodalidades de cédulas de crédito rural são definidas de acordo com a existência ou não de garantia real a elas atreladas e a sua forma, sendo estas: a) Cédula Rural Pignoratícia; b) Cédula Rural Hipotecária; c) Cédula Rural Pignoratícia e Hipotecária e d) Nota de Crédito Rural.

Antes de adentramos no estudo específico de cada um dos tipos de cédula rural elencados, cumpre-nos questionar se seria possível a emissão de uma cédula de crédito rural com a garantia de alienação fiduciária.

Entendemos pela possibilidade da utilização da garantia. A alienação fiduciária não está prevista entre as formas de garantias estabelecidas para a cédula de crédito rural do Decreto-lei n. 167/67. Todavia, de acordo com o inciso X, do art. 25 da Lei n. 4.829/65, que instituiu o crédito rural, poderão constituir garantia dos empréstimos rurais, de conformidade com a natureza da operação creditícia, em causa além das elencadas no referido artigo, outras que o Conselho Monetário venha a admitir.

O Conselho Monetário Nacional, por sua vez, em 2004, editou a Resolução n. 3.239, que admite, entre outras modalidades diversas, a alienação fiduciária, simplesmente. Ela não criou qualquer limitação quanto à natureza do bem, podendo ser de bens móveis ou imóveis. Assim, na atualidade é certo que a alienação fiduciária tanto de bens móveis quanto imóveis é admitida como forma de garantia pelo Conselho Monetário Nacional.

Importante destacar que não obstante as diversas modificações promovidas pela Lei n. 13.986/20, foi mantida a regra do artigo art. 69, o qual prevê que os bens objeto de penhor ou de hipoteca constituídos pela cédula de crédito rural *não serão penhorados, arrestados ou sequestrados por outras dívidas* do emitente ou do terceiro empenhador ou hipotecante, cumprindo ao emitente ou ao terceiro empenhador ou hipotecante denunciar a existência da cédula às autoridades incumbidas da diligência ou a quem a determinou, sob pena de responderem pelos prejuízos resultantes de sua omissão.

Por fim, igualmente se manteve o previsto no art. 59, o qual estabelece que a venda dos bens apenhados ou hipotecados pela cédula de crédito rural depende de prévia anuência do credor, por escrito.

Vistas essas características gerais, passaremos a uma análise mais específica de cada uma das modalidades apontadas.

60.1.1 Cédula de crédito rural pignoratícia

As cédulas de crédito rural pignoratícias, como o próprio nome diz, são as promessas de pagamento em dinheiro de uma dívida ruralista às quais está vinculada a garantia pignoratícia.

O art. 14 do Decreto-lei n. 167/67 estabelece os requisitos que devem estar contidos nas cédulas de crédito rural pignoratícias:

I – Denominação "Cédula Rural Pignoratícia".

II – Data e condições de pagamento; havendo prestações periódicas ou prorrogações de vencimento, acrescentar: "nos termos da cláusula Forma de Pagamento abaixo" ou "nos termos da cláusula Ajuste de Prorrogação abaixo".

III – Nome do credor e a cláusula à ordem.

IV – Valor do crédito deferido, lançado em algarismos e por extenso, com indicação da finalidade ruralista a que se destina o financiamento concedido e a forma de sua utilização.

V – Descrição dos bens vinculados em penhor, que se indicarão pela espécie, qualidade, quantidade, marca ou período de produção, se for o caso, além do local ou depósito em que os mesmos bens se encontrarem.

VI – Taxa dos juros a pagar, e da comissão de fiscalização, se houver, e o tempo de seu pagamento.

VII – Praça do pagamento.

VIII – Data e lugar da emissão.

IX – Assinatura do emitente ou de representante com poderes especiais, admitida a assinatura sob a forma eletrônica, desde que garantida a identificação inequívoca de seu signatário.

Podem ser objeto, do penhor cedular, de acordo com o art. 15 do referido decreto--lei, os bens suscetíveis de penhor rural e de penhor mercantil.

O art. 55 do referido decreto estabelece ainda que podem ser objeto de penhor cedular os gêneros oriundos da produção agrícola, extrativa ou pastoril, ainda que destinados a beneficiamento ou transformação.

Por sua vez, o art. 56 apresenta um rol exemplificativo dos bens que podem ser dados nesse tipo de garantia quando destinados aos serviços das atividades rurais:

I – caminhões, camionetas de carga, furgões, jipes e quaisquer veículos automotores ou de tração mecânica;

II – carretas, carroças, carros, carroções e quaisquer veículos não automotores;

III – canoas, barcas, balsas e embarcações fluviais, com ou sem motores;

IV – máquinas e utensílios destinados ao preparo de rações ou ao beneficiamento, armazenagem, industrialização, frigorificação, conservação, acondicionamento e transporte de produtos e subprodutos agropecuários ou extrativos, ou utilizados nas atividades rurais, bem como bombas, motores, canos e demais pertences de irrigação;

V – incubadoras, chocadeiras, criadeiras, pinteiros e galinheiros desmontáveis ou móveis, gaiolas, bebedouros, campânulas e quaisquer máquinas e utensílios usados nas explorações avícolas e agropastoris.

Esses penhores serão anotados nos assentamentos próprios da repartição competente para expedição de licença dos veículos, quando for o caso.

Para o registro das cédulas que tenham garantia real a elas vinculadas, importante destacar que o registrador deverá observar se as referidas garantias apresentam todos os requisitos estabelecidos pela lei, bem como eventuais limitações estabelecidas por esta.

Assim, a título de exemplo, podemos citar situação muito comum durante certo período de tempo, mas que passou a ser entendida pela nossa jurisprudência como irregular por ferir as normas estabelecidas no Código Civil.

Essa situação consistia em serem criadas cédulas rurais pignoratícias nas quais eram vinculados penhores rurais e das quais constavam que o vencimento dos referidos penhores se daria com o vencimento da cédula, sendo que na maioria desses casos o prazo da cédula era superior ao prazo máximo admitido para a vigência do penhor na legislação.

Nesse caso, foi então decidido que o registrador deveria fazer a análise da regularidade do penhor para o registro da cédula, e a irregularidade deste impediria o registro dela.

Sobre o assunto, o art. 61 do decreto em estudo estabelecia que o prazo do penhor agrícola não podia exceder três anos, prorrogável por até mais três, e o do penhor pecuário não admitia prazo superior a cinco anos, prorrogável por até mais três, e embora vencidos permanecia a garantia, enquanto subsistissem os bens que a constituíam.

Todavia, o Código Civil também estabelecia inicialmente em seu art. 1.439 que o penhor agrícola e o penhor pecuário somente podiam ser convencionados, respectivamente, pelos prazos máximos de três e quatro anos, prorrogáveis, uma só vez, até o limite de igual tempo.

Dessa forma, o antigo art. 61 foi parcialmente revogado pelo Código Civil, passando o prazo do penhor pecuário para quatro anos, prorrogável uma só vez por igual prazo.

Porém, tal celeuma foi resolvida com a promulgação da Lei n. 12.873/2013. Tal norma alterou tanto o art. 61 do Decreto-lei quanto os dispositivos do Código Civil, de forma que o art. 61 passou a contar com a seguinte redação em seu *caput*: "O prazo do penhor rural, agrícola ou pecuário não excederá o prazo da obrigação garantida e, embora vencido o prazo, permanece a garantia, enquanto subsistirem os bens que a constituem".

Também modificou o art. 1.439 do Código Civil, que passou a dispor que "O penhor agrícola e o penhor pecuário não podem ser convencionados por prazos superiores aos das obrigações garantidas".

Dessa forma, foi alterada completamente a regra anterior quanto aos prazos do penhor rural.

O § 1º do art. 1.439 do Código Civil estabelece que, embora vencidos os prazos, permanece a garantia, enquanto subsistirem os bens que a constituem e, em seguida, o § 2º prevê que a prorrogação deve ser averbada à margem do registro respectivo, mediante requerimento do credor e do devedor.

Dessa forma, apesar de ainda serem válidos os penhores enquanto subsistirem os bens, para que estes sejam válidos em relação a terceiros, necessária se faz a averbação de prorrogação.

Importante disposição a respeito das cédulas de crédito rural pignoratícias é encontrada no art. 18 do Decreto-lei n. 167/67, o qual estabelece que antes da liquidação da cédula não poderão os bens apenhados ser removidos das propriedades nela mencionadas, sob qualquer pretexto e para onde quer que seja, sem prévio consentimento escrito do credor.

Assim, caso as partes desejem alterar o local dos bens apenhados e levar essa alteração ao registro de imóveis, isso deve ser feito por meio de um aditivo assinado por ambas as partes. O que não é nenhuma novidade, visto que qualquer aditivo deve ser assinado tanto pelo devedor quanto pelo credor, diferentemente da cédula originária.

Todavia, o dispositivo em questão vai mais além, estabelecendo que a autorização para a modificação do local dos bens deve ser prévia. Nesse ponto, devemos relembrar a regra prevista no art. 11 do decreto em análise, a qual estipula o vencimento antecipado da dívida em caso de inadimplência de qualquer obrigação convencional ou legal do emitente da cédula.

Um assunto de grande relevância para o registrador refere-se ao controle dos graus do penhor da cédula. Sobre o assunto, o art. 35 do Decreto-lei n. 167/67 estabelecia que o oficial recusará efetuar a inscrição se já houver registro anterior no grau de prioridade declarado no texto da cédula, considerando-se nulo o ato que infringir esse dispositivo.

Dessa forma, ficava claro que se encontra dentro do dever de qualificação do registrador verificar a existência de outros penhores sobre o mesmo bem registrados na serventia para que ele possa analisar a sequência dos penhores e certificar-se de que o grau apresentado na cédula coincide com o próximo grau a ser registrado.

Destaca-se que a consequência da falta dessa análise, ou de uma análise equivocada, é nulidade do penhor registrado em dissonância com essa regra, o que certamente gerará responsabilidade para o oficial que não realizou a qualificação registral a contento.

Contudo, tal dispositivo faz parte do extenso rol de artigos do Decreto-Lei 167/67 que foram revogados pela Lei n. 13.986/2020. Não obstante isso, considerando a natureza essencial da tutela da segurança jurídica dos registros de sua atribuição, ponderamos que ainda é de incumbência do registro de imóveis exercer tal controle, não importando a revogação de tal artigo da lei.

O art. 57 estabelece que os bens apenhados poderão ser objeto de novo penhor cedular, e o simples registro da respectiva cédula equivalerá à averbação, na anterior, do penhor constituído em grau subsequente.

Pode-se inferir da análise desse artigo que o registro da nova cédula que constitui penhor cedular de segundo grau sobre determinado bem dispensa a averbação, na cédula que instituiu o penhor de primeiro grau, da existência deste segundo penhor.

O art. 58 do decreto traz também questões relevantes sobre os bens apenhados referentes à possibilidade da extensão da garantia de um penhor já registrado a uma nova cédula.

Essa situação pode ocorrer quando encontramos o penhor de um bem que supere em muito o valor da dívida garantida. Nesse caso, poderiam as partes concordar com a extensão desse mesmo penhor para garantir uma nova dívida.

Assim, o referido artigo dispõe que em caso de mais de um financiamento, sendo os mesmos o emitente da cédula, o credor e os bens apenhados, poderá estender-se aos financiamentos subsequentes o penhor originariamente constituído, mediante menção da extensão nas cédulas posteriores, reputando-se um só penhor com cédulas rurais distintas.

Deve-se ressaltar que nesse caso não se constituirá novo penhor em grau subsequente, e sim se estenderá o mesmo penhor, com igual grau, à nova cédula.

O § 1º do referido artigo estabelece que a extensão será apenas averbada à margem da inscrição anterior e não impede que sejam vinculados outros bens à garantia.

Todavia, segundo o § 2º, havendo vinculação de novos bens, além da averbação, estará a cédula também sujeita à inscrição no Cartório do Registro de Imóveis. A contrário senso, concluímos que, caso não haja vinculação de novos bens, ficará dispensado também o registro da cédula, bastando sua averbação à margem do penhor estendido.

O § 3º do artigo em análise estabelece que não será possível a extensão da garantia se tiver havido endosso ou se os bens vinculados já houverem sido objeto de nova gravação para com terceiros.

A vedação da extensão do penhor a nova cédula, no caso de ter havido nova gravação posterior por terceiros, dá-se pelo fato de que se mantém o grau do primeiro registro, o que, se fosse possibilitada essa extensão de os bens já terem sido objeto de nova gravação, ocasionaria uma inclusão indevida de dívida posterior antes de penhor devidamente registrado e anteriormente constituído.

60.1.2 Cédula de crédito rural hipotecária

A cédula de crédito rural hipotecária, como o próprio nome diz, é a promessa de pagamento em dinheiro de uma dívida de financiamento rural à qual está vinculada a garantia hipotecária.

Os requisitos desse tipo de cédula estão descritos no art. 20 do Decreto-lei n. 167/67:

I – Denominação "Cédula Rural Hipotecária".

II – Data e condições de pagamento; havendo prestações periódicas ou prorrogações de vencimento, acrescentar: "nos termos da cláusula Forma de Pagamento abaixo" ou "nos termos da cláusula Ajuste de Prorrogação abaixo".

III – Nome do credor e a cláusula à ordem.

IV – Valor do crédito deferido, lançado em algarismos e por extenso, com indicação da finalidade ruralista a que se destina o financiamento concedido e a forma de sua utilização.

V – Descrição do imóvel hipotecado com indicação do nome, se houver, dimensões, confrontações, benfeitorias, título e data de aquisição e anotações (número, livro e folha) do registro imobiliário.

VI – Taxa dos juros a pagar e a da comissão de fiscalização, se houver, e tempo de seu pagamento.

VII – Praça do pagamento.

VIII – Data e lugar da emissão.

IX – Assinatura do emitente ou de representante com poderes especiais, admitida a assinatura sob a forma eletrônica, desde que garantida a identificação inequívoca de seu signatário.

De acordo com o § 3º do referido artigo, a especificação dos imóveis hipotecados pela descrição pormenorizada poderá ser substituída pela anexação à cédula de seus respectivos títulos de propriedade, ou seja, da certidão de matrícula destes.

Nesse caso, deverão constar da cédula a descrição do imóvel com indicação do nome, se houver, dimensões, título, data da aquisição e anotações de número, livro e folha do registro imobiliário, ou seja, todos os requisitos do item V do artigo, com exceção das confrontações e benfeitorias. Além disso, a cédula deve fazer menção expressa à anexação dos títulos de propriedade e à declaração de que eles farão parte integrante da cédula até sua final liquidação.

Importante deixar claro que o imóvel dado em garantia hipotecária em uma cédula rural pode ser tanto rural como urbano, visto que não é a natureza da garantia que determina o tipo da cédula, e sim, como já analisado, a destinação do crédito que ela simboliza.

O parágrafo único do art. 21 considera crime de estelionato o ato de fazer declarações falsas ou inexatas acerca da área dos imóveis hipotecados, de suas características, instalações e acessórios, da pacificidade de sua posse, ou omitir na cédula a declaração de eles estarem sujeitos a outros ônus ou responsabilidades de qualquer espécie, inclusive fiscais.

Questão importante apresenta-se no art. 22 do referido decreto-lei, uma vez que decreta a incorporação à hipoteca constituída das máquinas, aparelhos, instalações e construções, adquiridos ou executados com o crédito, assim como quaisquer outras benfeitorias acrescidas aos imóveis na vigência da cédula, as quais, uma vez realizadas, não poderão ser retiradas, alteradas ou destruídas, sem o consentimento do credor, por escrito.

Esse artigo traz um conceito interessante a partir do momento que efetivamente imobiliza os bens citados, fazendo com que eles se tornem parte da hipoteca.

Outro fato relevante apresenta o parágrafo único do referido artigo, tendo em vista que este faculta ao credor exigir que o emitente faça averbar, à margem da inscrição principal, a constituição de direito real sobre os bens e benfeitorias referidos no art. 22.

Essa disposição é de extrema importância, visto que cria acesso ao fólio real para os citados bens ao admitir a possibilidade de que se faça a averbação destes à margem da inscrição principal da hipoteca.

Como já destacamos, quando da análise da cédula de crédito rural pignoratícia, no que se refere à cédula com garantia hipotecária, deverão ser analisados todos os requisitos gerais da hipoteca para que ela possa ser constituída cedularmente.

60.1.3 Nota de crédito rural

Passando à análise das notas de crédito rural, são promessas de pagamento em dinheiro de uma dívida ruralista às quais não se encontram vinculadas quaisquer garantias reais, podendo estar atreladas a elas, no entanto, garantias fidejussórias.

O art. 27 do Decreto-lei n. 167/67 determina que a nota de crédito rural conterá os seguintes requisitos, lançados no contexto:

I – Denominação "Nota de Crédito Rural".

II – Data e condições de pagamento; havendo prestações periódicas ou prorrogações de vencimento, acrescentar: "nos termos da cláusula Forma de Pagamento abaixo" ou "nos termos da cláusula Ajuste de Prorrogação abaixo".

III – Nome do credor e a cláusula à ordem.

IV – Valor do crédito deferido, lançado em algarismos e por extenso, com indicação da finalidade ruralista a que se destina o financiamento concedido e a forma de sua utilização.

V – Taxa dos juros a pagar e da comissão de fiscalização se houver, e tempo de seu pagamento.

VI – Praça do pagamento.

VII – Data e lugar da emissão.

VIII – Assinatura do emitente ou de representante com poderes especiais, admitida a assinatura sob a forma eletrônica, desde que garantida a identificação inequívoca de seu signatário.

As notas de crédito rural não possuem garantias reais nelas estabelecidas, somente gozam de privilégio especial, conforme disposto no art. 28 do Decreto-lei n. 167/67. Por isso elas não possuem mais ingresso no registro imobiliário após a promulgação da Lei n. 13.986/2020.

31.1.4 Inscrição das cédulas de crédito rural no registro de imóveis

A Lei n. 13.986/2020 revogou todos os artigos do Decreto-Lei 167/67 que regulavam a questão do registro destas cédulas no cartório. Desta forma, as regras de registro passaram a seguir as regras comuns das garantias a serem constituídas pelo registro e nada mais. Somente se deve promover o registro para promover a constituição da garantia pretendida, sem obrigatoriedade do registro adicional no livro 3, como ocorria anteriormente.

Desta formal, para terem eficácia contra terceiros, inscrevem-se no cartório do registro de imóveis, sendo que:

a) a cédula rural pignoratícia será inscrita no registro de imóveis da circunscrição em que esteja situado o imóvel de localização dos bens apenhados;

b) a cédula rural hipotecária será inscrita no registro de imóveis da circunscrição em que esteja situado o imóvel hipotecado;

c) a cédula rural pignoratícia e hipotecária será inscrita no registro de imóveis da circunscrição em que esteja situado o imóvel de localização dos bens apenhados e no da circunscrição em que esteja situado o imóvel hipotecado;

Os requisitos para inscrição das garantias são os requisitos gerais previstos na legislação para hipoteca e penhor em geral, sendo que a legislação deixou também de exigir a formação de livros constituídos por cada grupo de 200 (duzentas) cópias encadernadas na ordem cronológica de seu arquivamento.

Importante questão diz respeito ao prazo de inscrição das cédulas, pois o art. 38 que determinava que as inscrições das cédulas e as averbações posteriores fossem efetuadas no prazo de três dias úteis a contar da apresentação do título, foi também revogado. Assim, o prazo para registro deve agora seguir o prazo normal de registro de qualquer outro título.

60.2 CÉDULA DE CRÉDITO INDUSTRIAL (DECRETO-LEI N. 413/69)

A cédula de crédito industrial é um título de crédito consistente numa promessa de pagamento em dinheiro, com garantia real, cedularmente constituída, destinada ao financiamento concedido por instituições financeiras a pessoa física ou jurídica que se dedique à atividade industrial.

Diferentemente do que ocorre com a cédula de crédito rural, a industrial só pode ser concedida por instituições financeiras a pessoa física ou jurídica que se dedique à atividade industrial.

Importante esclarecermos que em muitos pontos o Decreto-lei n. 413/69 repetiu as disposições do Decreto-lei n. 167/69, estabelecendo a impenhorabilidade dos bens dados em hipoteca cedular, o prazo de três dias para registro da cédula, a necessidade de autorização para trocar de local os bens apenhados, a possibilidade de extensão do penhor a uma nova cédula, o vencimento antecipado em caso de descumprimento das obrigações etc.

Dessa forma, ao invés de repetir grande parte do que já foi estudado, vamos nos focar nas diferenças dadas no tratamento desses tipos de cédulas.

Assim, podemos destacar, como a primeira diferença existente entre as cédulas rurais e as industriais, que nas segundas não existe restrição quanto a terceiros pessoas físicas oferecerem bens em garantia da cédula, sendo que o art. 56 do Decreto-lei n. 413/69 apenas deixa claro que os terceiros, proprietários dos bens, nesse caso deverão também subscrever a cédula.

Outra questão de grande relevância trazida pelo Decreto-lei n. 413/69 está no art. 42, que estabelece que a concessão dos financiamentos previstos nesse decreto-lei, bem como a constituição de suas garantias pelas instituições de crédito públicas e privadas, independe da exibição de comprovante de cumprimento de obrigações fiscais, da Previdência Social, ou de declaração de bens e certidão negativa de multas.

Assim, de acordo com o disposto não é necessário apresentação de certidões negativas de débitos, nem de qualquer comprovação de exigência fiscal para o caso das cédulas de crédito industriais. Dessa forma, caso o imóvel seja rural, ficará dispensada a apresentação dos ITRs, bem como as certidões ambientais. O mesmo ocorre no que se refere a certidões negativas de débito da previdência social e da receita federal, sendo o prestador da garantia real pessoas que, para onerarem os seus bens, em geral, estariam obrigadas à apresentação dessas garantias.

O parágrafo único do dispositivo, por sua vez, estabelece que o ajuizamento da dívida fiscal ou previdenciária impedirá a concessão do financiamento industrial, desde que sua comunicação pela repartição competente às instituições de crédito seja por estas recebidas antes da emissão da cédula, exceto se as garantias oferecidas assegurarem a solvabilidade do crédito em litígio e da operação proposta pelo interessado.

O art. 59 do Decreto-lei n. 413/69 também traz disposição não contida no Decreto-lei n. 167/69, sendo que estabelece que, no caso de execução judicial, os bens adquiridos ou pagos com o crédito concedido pela célula de crédito industrial responderão inicialmente pela satisfação do título, não podendo ser vinculados ao pagamento de dívidas privilegiadas, enquanto não for liquidada a cédula.

O art. 14 do decreto em análise estabelece que a cédula de crédito industrial conterá os seguintes requisitos, lançados no contexto:

I – Denominação "Cédula de Crédito Industrial".

II – Data do pagamento, se a cédula for emitida para pagamento parcelado, acrescentar-se-á cláusula discriminando valor e data de pagamento das prestações.

III – Nome do credor e cláusula à ordem.

IV – Valor do crédito deferido, lançado em algarismos por extenso, e a forma de sua utilização.

V – Descrição dos bens objeto do penhor, ou da alienação fiduciária, que se indicarão pela espécie, qualidade, quantidade e marca, se houver, além do local ou do depósito de sua situação, indicando-se, no caso de hipoteca, situação, dimensões, confrontações, benfeitorias, título e data de aquisição do imóvel e anotações (número, livro e folha) do registro imobiliário.

VI – Taxa de juros a pagar e comissão de fiscalização, se houver, e épocas em que serão exigíveis, podendo ser capitalizadas.

VII – Obrigatoriedade de seguro dos bens objeto da garantia.

VIII – Praça do pagamento.

Observamos do artigo disposto que, no caso das cédulas industriais, o decreto, ao citar os bens que podem ser dados em garantia, refere-se expressamente à alienação fiduciária. Nesse momento, o decreto estava se referindo apenas às alienações fiduciárias de bens móveis, visto que ainda não havia legislação regulamentando as alienações fiduciárias de bens imóveis. Todavia, hoje, entendemos não haver qualquer empecilho à utilização do instituto, visto que ele não apresenta qualquer incompatibilidade com esse tipo de cédula.

O § 3º do artigo em análise também trouxe explicitação muito bem-vinda ao dispor que da descrição das garantias dispensa-se qualquer alusão à data, forma e condições de aquisição dos bens empenhados. Dispensando-se, também, para a caracterização do local ou do depósito dos bens empenhados ou alienados fiduciariamente, quaisquer referências a dimensões, confrontações, benfeitorias e a títulos de posse ou de domínio.

Em virtude desse dispositivo, não há dúvida sobre a desnecessidade de comprovação de a que título estaria o prestador da garantia utilizando o imóvel no qual se encontram os bens dados em penhor.

Não encontramos disposição semelhante na regulamentação das cédulas de crédito rural, o que se agrava pelos fatos de que: a) nesse tipo de cédula é possível que se dê em penhor a própria colheita; e b) pelo pressuposto de que a propriedade dela, sendo esta um acessório, seguiria a propriedade do principal, ou seja, a terra.

Assim, no caso das cédulas rurais, muitas vezes o credor exige o registro do comodato ou do arrendamento das terras nas quais está sendo prestado o penhor da colheita, por não serem estas pertencentes ao prestador da garantia.

Todavia, nem o comodato nem o arrendamento têm previsão de registro na serventia imobiliária, o que em regra gera um impasse ou a solicitação para que esses contratos sejam registrados no cartório de títulos e documentos com o intuito de que gerem oponibilidade perante terceiros.

O art. 32 do Decreto-lei n. 413/69 traz os requisitos mínimos de inscrição desse tipo de cédula no registro de imóveis, sendo estes:

a) Data e forma do pagamento.

b) Nome do emitente, do financiador e, quando houver, do terceiro prestante da garantia real e do endossatário.

c) Valor do crédito deferido e forma de sua utilização.

d) Praça do pagamento.

e) Data e lugar da emissão.

60.3 CÉDULA DE CRÉDITO À EXPORTAÇÃO (DECRETO-LEI N. 6.313/75)

As cédulas de crédito à exportação são títulos de crédito emitidos, por pessoas físicas ou jurídicas, com base nas operações de financiamento à exportação ou à produção de bens para exportação, bem como às atividades de apoio e complementação integrantes e fundamentais da exportação, realizadas por instituições financeiras.

Obedecem em tudo ao que já foi estudado em relação às cédulas de crédito industrial.

60.4 CÉDULA DE CRÉDITO COMERCIAL (LEI N. 6.840/80)

As cédulas de crédito comerciais são títulos de crédito criados como forma de concessão de financiamento a pessoas físicas e jurídicas que exerçam atividade comercial ou de prestação de serviços e que podem ser concedidos apenas por instituições financeiras.

Obedecem em tudo ao que já foi estudado em relação às cédulas de crédito industrial, com exceção de que, segundo o art. 3º da Lei n. 6.840/80, será dispensada a descrição da garantia quando esta se constituir por meio de penhor de títulos de crédito, hipótese em que se estabelecerá apenas o valor global.

Encontramos também a diferenciação estipulada no art. 4º da referida lei, o qual dispõe que a não identificação dos bens objeto da alienação fiduciária cedular não retira a eficácia da garantia, que incidirá sobre outros de mesmo gênero, quantidade e qualidade.

60.5 CÉDULA DE PRODUTO RURAL (LEI N. 8.929/94)

A lei 13.896/2020 alterou em grande monta a Lei nº 8.929/94, conforme veremos adiante. A Cédula de Produto Rural continua sendo um título de crédito representativo de uma promessa de entrega de produtos rurais, com ou sem garantia cedularmente constituída.

A Lei n. 10.200/2001 criou ainda uma outra modalidade de cédula de produto rural, a cédula de produto rural com liquidação financeira. Esse tipo de cédula é conceituado pelo § 1º do art. 4-A da Lei n. 8.929/94 como sendo título líquido e certo, exigível, na data de seu vencimento, pelo resultado da multiplicação do preço praticado para o produto, aplicados eventuais índices de preços ou de conversão de moedas apurados segundo os critérios previstos neste artigo, pela quantidade do produto especificado.

Ambos os tipos de cédula de produto rural podem ser emitidos pelo produtor rural e suas associações, inclusive cooperativas.

A Cédula de Produto Rural foi instituída com a finalidade precípua de permitir que o produtor rural obtenha recursos financeiros antes mesmo da realização da colheita da lavoura cultivada, uma vez que lhe faculta alienar bens que fisicamente nem mesmo existência certa têm ao tempo do negócio.

Os requisitos da cédula de produto rural estão previstos no art. 3º da Lei n. 8.919/94:

I – denominação "Cédula de Produto Rural" ou "Cédula de Produto Rural com Liquidação Financeira", conforme o caso;

II – data da entrega ou vencimento e, se for o caso, cronograma de liquidação;

III – nome e qualificação do credor e cláusula à ordem;

IV – promessa pura e simples de entrega do produto, sua indicação e as especificações de qualidade, de quantidade e do local onde será desenvolvido o produto rural;

V – local e condições da entrega;

VI – descrição dos bens cedularmente vinculados em garantia, com nome e qualificação dos seus proprietários e nome e qualificação dos garantidores fidejussórios;

VII – data e lugar da emissão;

VIII – nome, qualificação e assinatura do emitente e dos garantidores, que poderá ser feita de forma eletrônica;

IX – forma e condição de liquidação;

X – critérios adotados para obtenção do valor de liquidação da cédula

Percebamos que dentre os requisitos não foi elencado o valor da cédula, visto que nessa modalidade ela não é representada por um valor certo, mas, sim, por uma quantidade de produtos nela especificado.

Todavia, existem alguns estados em que o valor da cédula é a base de cálculo para os emolumentos que serão cobrados pela serventia imobiliária e dependem do valor da cédula. Nesses casos, somente para fins de protocolo, deve ser feito o cálculo da quantidade de produto multiplicada pelo seu preço médio por cotação oficial do dia da apresentação.

Ressalta-se que esse valor será utilizado apenas para os fins de emolumentos, visto que esses índices se alteram diariamente e a data do protocolo difere da data da entrega do produto.

À cédula de produto rural de liquidação financeira deverão ser acrescidas as condições estabelecidas no art. 4º-A da lei em análise:

I – que sejam explicitados, em seu corpo, os referenciais necessários à clara identificação do preço ou do índice de preços, da taxa de juros, fixa ou flutuante, da atualização monetária ou da variação cambial a serem utilizados no resgate do título, bem como a instituição responsável por sua apuração ou divulgação, a praça ou o mercado de formação do preço e o nome do índice;

II – que os indicadores de preço de que trata o inciso anterior sejam apurados por instituições idôneas e de credibilidade junto às partes contratantes, tenham divulgação periódica, preferencialmente diária, e ampla divulgação ou facilidade de acesso, de forma a estarem facilmente disponíveis para as partes contratantes;

III – que seja caracterizada por seu nome, seguido da expressão "financeira".

Segundo o § 3º do art. 3º, os bens vinculados em garantia serão descritos de modo simplificado e, quando for o caso, serão identificados pela sua numeração própria e pelo número de registro ou matrícula no registro oficial competente, dispensada, no caso de imóveis, a indicação das respectivas confrontações.

Ainda no que se refere à garantia, o art. 8º da lei em análise estabelece que a não identificação dos bens objeto de alienação fiduciária não retira a eficácia da garantia, que poderá incidir sobre outros do mesmo gênero, qualidade e quantidade, de propriedade do garante.

Note que diferentemente do que ocorre com a cédula de crédito rural em que o produtor dá em penhor a colheita, na cédula de produto rural o produto não é a garantia, e sim a moeda de pagamento da cédula, sendo que o emitente não está se obrigando a produzir, e sim a entregar.

Em virtude disso, é claro o art. 11 da Lei n. 8.929/94 ao afirmar que o emitente não pode invocar em seu benefício o caso fortuito ou de força maior. Assim, eventualmente, se por qualquer motivo, mesmo que alheio à sua vontade, o emitente não produzir o que ficou combinado de entregar, terá que adquirir o produto para efetuar a entrega, não podendo se esquivar dessa obrigação por qualquer motivo relacionado à produção.

A cédula de produto é considerada um título civil. Todavia, de acordo com o art. 10 da Lei n. 8.929/94, aplicam-se a ela, no que forem cabíveis, as normas de direito cambial, com as seguintes modificações:

I – os endossos devem ser completos;

II – os endossantes não respondem pela entrega do produto, mas, tão somente, pela existência da obrigação;

III – dispensado o protesto cambial para assegurar o direito de regresso contra avalistas.

A Cédula de Produto Rural poderá ser emitida de forma escritural ou cartular, física ou eletronicamente (mas, a lei prevê regra especial para o depósito da cartular neste segundo caso). Com as modificações promovidas pela Lei 13.986/2020, de uma ou de outra forma, a cédula de produto rural será objeto de lançamento em sistema eletrônico de escrituração gerido por entidade autorizada pelo Banco Central do Brasil a exercer a atividade de escrituração. Inclusive o artigo 3º-B prever que estas entidades poderão emitir certidão de inteiro teor do título e certidão de registro de cédulas, sendo verdadeiros cartórios particulares.

Estas disposições tornam o registro da cédula em si, no livro 3, desnecessário. Contudo, elas devem ser apresentadas no respectivo órgão competente para constituir a respectiva garantia estabelecida no título, podendo, desta forma, tal garantia ensejar registro no livro 2 ou no Livro 3 do registro de imóveis, conforme o caso. Reforça isto o §1º do artigo 12, que dispõe que a hipoteca, o penhor rural e a alienação fiduciária sobre bem imóvel garantidores da Cédula de Produto Rural serão levados a registro no cartório de registro de imóveis em que estiverem localizados os bens dados em garantia. Nestes casos, seguirá as regras usuais de competência territorial para o registro.

Interessante destacar aqui que o prazo usual de 03 dias para o registro destas garantias foi preservado pela lei, diferentemente do que ocorreu com a Cédula de Crédito Rural, conforme estabelece o §2º do artigo 12.

Fato interessante é que a nova redação do artigo 5º da Lei 8.929/94 permite a constituição de qualquer tipo de garantia prevista na legislação. Assim, até a alienação fiduciária em garantia de bem imóvel pode ser usada.

Além de permitir isto, também tem previsão expressa no §1º do artigo 8º para que possa ser usada a alienação fiduciária de bens móveis *presentes ou futuros*, fungíveis ou infungíveis, consumíveis ou não, cuja titularidade pertença ao fiduciante, devedor ou terceiro garantidor, devendo seguir a especial lei que rege tais garantias.

No tocante à impenhorabilidade dos bens dados em garantia neste tipo de cédula, o art. 18 da lei em análise estabelece que os bens vinculados à CPR não serão penhorados ou sequestrados por outras dívidas do emitente ou do terceiro prestador da garantia real, cumprindo a qualquer deles denunciar a existência da cédula às autoridades incumbidas da diligência, ou a quem a determinou, sob pena de responderem pelos prejuízos resultantes de sua omissão.

60.5.1 Patrimônio Rural em Afetação

O patrimônio rural em afetação tem o objetivo de vincular o imóvel afetado ao pagamento de dívidas do financiamento rural, sendo que após constituído o patrimônio, tais financiamentos ficarão rodando apenas dentro do sistema bancário, sem necessidade de enviar ao registro nenhum novo instrumento de constituição de garantia. Uma vez registrado no imóvel, é perpétuo até que o proprietário cancele.

Constituído o regime de afetação, o terreno, as acessões e as benfeitorias nele fixadas, exceto as lavouras, os bens móveis e os semoventes, constituirão patrimônio rural em afetação, destinado a prestar garantias por meio da emissão de Cédula de Produto Rural (Lei 8.929/1994), ou em operações financeiras contratadas pelo proprietário por meio de Cédula Imobiliária Rural.

Essas garantias ficam constituídas no título, vinculando a garantia de seu pagamento ao patrimônio rural em afetação previamente constituída, e ficam arquivados no sistema de registro eletrônico dos bancos. Não há necessidade de registrar nada a mais na matrícula do imóvel. Somente na hipótese o devedor não vier a pagar a dívida, quando então o credor pode apresentar ao registro de imóveis pedido de cobrança extrajudicial, tal como é feito na alienação fiduciária de bens imóveis.

A constituição do patrimônio rural em afetação se dá por meio de registro (estrito senso) na matrícula do imóvel rural (importante destacar que a lei exige que necessariamente seja rural) por meio de requerimento do proprietário. Permite ainda que seja constituído sobre o imóvel todo ou fração ideal.

Segundo o artigo 8°, não pode ser constituído patrimônio rural em afetação sobre imóveis nas seguintes situações:

1 – Imóvel gravado por Hipoteca de qualquer tipo

2 – Imóvel gravado por Alienação Fiduciária

3 – Imóvel gravado por qualquer tipo de ônus real

4 – Imóvel que tenha averbado ou registrado qualquer um dos casos do art. 54 da Lei 13.097/2015, os quais são:

4.1 – citação de ações reais ou pessoais reipersecutórias;

4.2 – averbação premonitória (art. 828 do Código de Processo Civil);

4.3 – averbação da existência de outro tipo de ação cujos resultados ou responsabilidade patrimonial possam reduzir seu proprietário à insolvência (exemplo: arrecadação em falência).

5 – Pequena propriedade rural – o que tenha até 04 módulos fiscais

6 – Área rural menor do que a fração mínima de parcelamento rural

7- Bem de família com registro na matrícula

8- Imóvel urbano

Uma vez constituído o patrimônio rural em afetação sobre o imóvel, mesmo que de forma parcial, diversas são as consequências advindas disto (§§ 1°, 2°, 3°, 4° e 5° do artigo 10). Inicialmente, o imóvel não poderá ser dado em nenhuma forma de garantia real.,

Além disto, o imóvel não poderá ser objeto de compra e venda, doação, parcelamento (de qualquer tipo – desde o desdobro simples até o loteamento) ou qualquer outro ato translativo de propriedade por iniciativa do proprietário.

Também estabelece a lei que este imóvel passa a ser impenhorável, exceto para pagamento de obrigações trabalhistas, previdenciárias e fiscais do proprietário rural.

Por fim, o imóvel não pode ser objeto de nenhuma forma de constrição judicial (exemplo: hipoteca judicial), exceto para pagamento de obrigações trabalhistas, previdenciárias e fiscais do proprietário rural.

Para o registro (novamente, é caso de registro em sentido estrito e não de averbação) do patrimônio rural em afetação, deve ser inicialmente apresentado requerimento de constituição do patrimônio rural em afetação, assinado por todos os proprietários do imóvel ou da fração ideal que se deseja vincular, com firma reconhecida e instruído com os documentos elencados na lei.

Protocolizado o requerimento, segue o prazo normal de 30 dias. Contudo, caso seja haja nota de devolução, a contar desta nota, a pessoa tem mais 30 dias para resolver a questão.

O cancelamento do patrimônio rural em afetação é ato de averbação e deve ser feito a pedido dos proprietários do imóvel ou fração afetada. Deve ainda ser apresentada prova documental da não existência de cédula imobiliária rural e de cédula de produto rural vinculada ao patrimônio a ser desafetado.

A cobrança extrajudicial de dívida vinculada ao património rural em afetação se dá de forma extrajudicial. Inicialmente cabe destacar que o património rural em afetação somente pode ser usado para garantir a emissão de cédula imobiliária rural (novo título sem ingresso no fólio real, mas brevemente abordado a seguir) ou cédula de produto rural, conforme dispõe o parágrafo único do artigo 7°.

Caso o devedor de título garantido pelo patrimônio rural em afetação quedar-se inadimplente, o credor poderá requerer ao registro de imóveis em que esteja registrado o patrimônio rural em afetação que inicie o procedimento de cobrança extrajudicial. Basicamente o procedimento todo segue o procedimento de consolidação extrajudicial da alienação fiduciária de bens imóveis, conforme artigo 28, §2°, no que for compatível.

A principal diferença é que o § 3° do artigo 28 prevê que, se no segundo leilão o maior lance oferecido não for igual ou superior ao valor da dívida (somado todas as despesas e encargos legais, incluídos os tributos), o credor poderá cobrar do devedor, por via executiva, *o valor remanescente de seu crédito*, sem nenhum direito de retenção ou indenização sobre o imóvel alienado. Ou seja, não haverá quitação da dívida se o imóvel não for suficiente para saldá-la.

Por fim, deve ser observado que a previsão de cobrança extrajudicial do patrimônio rural em afetação está no artigo 28 da lei, dentro do capítulo da Cédula Imobiliária Rural. Contudo, como o parágrafo único do artigo 7º permite que seja usado o patrimônio rural em afetação para garantir também patrimônio rural em afetação, o mesmo procedimento deverá ser adotado para estes casos.

60.6 CÉDULA IMOBILIÁRIA RURAL

É uma nova cédula criada para o financiamento rural. Contudo, ela *nunca será apresentada para o Registro de Imóveis para registro*, uma vez que sua garantia será sempre vinculada ao patrimônio rural em afetação, conforme dispõe o artigo 18 da lei, e seu registro é feito apenas no sistema bancário, em entidade autorizada pelo Banco Central do Brasil a exercer a atividade de registro ou depósito centralizado de ativos financeiros e de valores mobiliários (art. 19).

A cédula imobiliária rural somente terá relevância para o registro de imóveis quando o devedor se tornar inadimplente, pois então poderá ser instaurado o procedimento de cobrança extrajudicial da dívida, conforme abordado no item relativo ao patrimônio rural em afetação.

60.7 CÉDULA DE CRÉDITO BANCÁRIA (LEI N. 10.931/2004)

A cédula de crédito bancária é um título executivo extrajudicial que representa dívida em dinheiro, certa, líquida e exigível, seja pela soma nela indicada, seja pelo saldo devedor demonstrado em planilha de cálculo ou nos extratos de conta-corrente, elaborados na forma da Lei n. 10.931/2004, o qual poderá ser emitido com ou sem garantia real ou fidejussória cedularmente constituídas.

Notemos que, diferentemente das diversas cédulas analisadas até o momento, a cédula bancária não tem destinação específica, ou seja, não é a natureza da atividade em que o crédito será aplicado que determina a possibilidade de sua aplicação.

Dessa forma, pode ser emitida para representar qualquer dívida contraída junto a uma instituição financeira. Por sua versatilidade, esse tipo de cédula tem sido muito utilizado de forma subsidiária. Ou seja, toda vez que a parte por algum motivo fica impedida de obter o financiamento junto a uma categoria específica, ela pode se utilizar de um financiamento geral, em virtude do qual pode ser emitido esse tipo de cédula. Exemplo dessa situação tem ocorrido no caso em que a pessoa aplica o valor do crédito para a produção agrícola, mas dá em garantia bem pertencente a uma terceira pessoa física.

Não se aplicam a elas as regras gerais estudadas para as demais cédulas, de modo que não existe previsão para o prazo diferenciado de três dias para sua inscrição no registro de imóveis; os bens dados em garantia nesse tipo de cédula não são impenhoráveis, sendo sujeitos a sequestros, nem ocorre a dispensa da necessidade de serem reconhecidas as firmas dos signatários.

Além disso, ela possui outra importante distinção em relação às demais cédulas. Diferentemente do que ocorre com as demais, a lei não exige seu registro no cartório. Portanto, não existe previsão do registro da cédula em si no Livro 3. O que se registra é tão somente a garantia nela instrumentalizada, quando a lei assim exigir, o que pode, inclusive, demandar registro no Livro 3. Assim, havendo hipoteca ou alienação fiduciária de bem imóvel, tal registro se fará somente na matrícula do imóvel, não devendo ser feito outro registro da cédula no livro 3.

Porém, se houver, por exemplo, alguma das espécies de penhor que necessitam de registro no registro de imóveis para vir a ser constituídas, deverá ser feito o registro no Livro 3, mas tão somente da garantia que se presta. Pode ocorrer, inclusive, de haver estipulação de garantia incidente sobre imóvel e, simultaneamente, outra que demande registro no Livro 3, quando então ambos os registros deverão ser feitos. Mas, novamente, isso somente ocorrerá em função da necessidade do registro constitutivo das garantias e não em razão da cédula bancária em si.

Da definição antes exposta, verificamos que existem dois tipos de cédulas bancárias: a) com valor determinado indicado na cédula; e b) com valor indeterminado, sendo este baseado na apuração de extratos bancários feita pelo credor.

Pode ser emitida por pessoa física ou jurídica, mas sempre em favor de instituição financeira ou entidade equiparada (Sistema Financeiro Nacional).

Os requisitos desse tipo de cédula estão descritos no art. 29 da Lei n. 10.931/2004 e são:

I – denominação "Cédula de Crédito Bancário";

II – promessa do emitente de pagar a dívida em dinheiro;

III – data e o lugar do pagamento da dívida e, no caso de pagamento parcelado, as datas e os valores de cada prestação, ou os critérios para essa determinação;

IV – nome da instituição credora, podendo conter a cláusula à ordem;

V – data e o lugar de sua emissão;

VI – assinatura do emitente e, se for o caso, do terceiro garantidor da obrigação, ou de seus respectivos mandatários.

Dispositivo semelhante ao encontrado nos demais tipos de cédulas que exige a autorização prévia e por escrito do credor para a mudança de localização dos bens apenhados é encontrado no § 2º art. 34 da Lei n. 10.931/2004, só que de forma muito mais abrangente.

Referido artigo dispõe que até a efetiva liquidação da obrigação garantida, os bens abrangidos pela garantia não poderão, sem prévia autorização escrita do credor, ser alterados, retirados, deslocados ou destruídos, nem poderão ter sua destinação modificada, exceto quando a garantia for constituída por semoventes ou por veículos, automotores ou não, e a remoção ou o deslocamento desses bens for inerente à atividade do emitente da Cédula de Crédito Bancário, ou do terceiro prestador da garantia.

61
CONTRATOS DE PENHOR RURAL

O penhor rural divide-se em penhor pecuário e penhor agrícola, conforme a natureza das coisas dadas em garantia. Ambos têm sua regulamentação nos dispositivos a eles concernentes no Código Civil de 2002, além dos dispositivos, que não forem conflitantes com o Código, previstos na Lei n. 492, de 30 de agosto de 1937.

O instituto do penhor rural pode ser definido como um direito real de garantia sobre coisa alheia que recai sobre os bens elencados no art. 1.442 do nosso Código Civil, o qual estabelece que podem ser objeto de penhor:

I – máquinas e instrumentos de agricultura;
II – colheitas pendentes, ou em via de formação;
III – frutos acondicionados ou armazenados;
IV – lenha cortada e carvão vegetal;
V – animais do serviço ordinário de estabelecimento agrícola.

Importante notar que, de acordo com o art. 1.443, recaindo sobre colheita pendente, ou em via de formação, no caso de frustrar-se ou ser insuficiente a que se deu em garantia, abrangerá a imediatamente seguinte.

Dispõe, ainda, o parágrafo único do referido artigo que, se o credor não financiar a nova safra, poderá o devedor constituir com outrem novo penhor, em quantia máxima equivalente à do primeiro; o segundo penhor terá preferência sobre o primeiro, abrangendo este apenas o excesso apurado na colheita seguinte.

Pode-se observar que os bens sujeitos ao penhor rural são em sua maioria bens imobilizados, e o mais comum deles é a colheita pendente ou em via de formação, o que caracteriza uma peculiaridade em relação aos demais tipos de penhor que se referem exclusivamente a bens móveis.

Segundo o art. 1.438 do Código Civil de 2002, "Constitui-se o penhor rural mediante instrumento público ou particular, registrado no Cartório de Registro de Imóveis da circunscrição em que estiverem situadas as coisas empenhadas".

Essa regra, quanto à competência registral, é reforçada pelo disposto no art. 2º da Lei n. 492/37 e no art. 167, I, 15, da LRP.

De acordo com o parágrafo único do mesmo artigo, se o devedor prometer pagar em dinheiro a dívida, que garante com penhor rural, poderá emitir, em favor do credor, cédula rural pignoratícia, na forma determinada em lei especial.

Inicialmente, o art. 1.439 do Código Civil de 2002 inovou em relação ao Código anterior ao dispor que o penhor agrícola e o penhor pecuário somente podem ser convencionados, respectivamente, pelos prazos máximos de três e quatro anos, prorrogáveis, uma só vez, até o limite de igual tempo.

Esse dispositivo revogou os arts. 1º e 2º do Decreto-lei n. 4.360/42, que estabeleciam, respectivamente, prazo de dois anos prorrogável por mais dois anos, no caso do penhor agrícola, e de três anos prorrogável por três anos, no caso de penhor pecuário.

O art. 61 do Decreto-lei n. 167/67 estabelecia que o prazo do penhor agrícola não excederia de três anos, prorrogável por até mais três, e o do penhor pecuário não admitia prazo superior a cinco anos, prorrogável por até mais três; embora vencidos, permanecia a garantia enquanto subsistissem os bens que a constituem.

Todavia, o Código Civil de 2002 inicialmente estabeleceu em seu art. 1.439 que o penhor agrícola e o penhor pecuário somente poderiam ser convencionados, respectivamente, pelos prazos máximos de três e quatro anos, prorrogáveis, uma só vez, até o limite de igual tempo.

Dessa forma, observa-se que o art. 61 foi parcialmente revogado pelo Código Civil de 2002, passando o prazo do penhor pecuário para quatro anos, prorrogável uma só vez por igual prazo.

Contudo, como já estudado acima, com a promulgação da Lei n. 12.873, de 24 de outubro de 2013, tal questão não possui mais relevância, pois o penhor rural passou a ter o prazo de vigência máximo igual ao da obrigação por ele garantida.

O § 1º do art. 1.439 do Código Civil de 2002 estabelece que, embora vencidos os prazos, permanece a garantia enquanto subsistirem os bens que a constituem.

O § 2º estabelece que a prorrogação deve ser averbada à margem do registro respectivo, mediante o requerimento do credor e do devedor.

Dessa forma, apesar de ainda serem válidos os penhores enquanto ainda subsistirem os bens, para que estes sejam válidos em relação a terceiros, necessária se faz a averbação de prorrogação.

O art. 1.440 do Código Civil de 2002 estabelece que, se o prédio estiver hipotecado, o penhor rural poderá constituir-se independentemente da anuência do credor hipotecário, mas não lhe prejudica o direito de preferência, nem restringe a extensão da hipoteca, ao ser executada.

Passando à análise do Penhor Pecuário, ele é um direito real de garantia sobre coisa alheia que, segundo o art. 1.444 do Código Civil, recai sobre os animais que integram a atividade pastoril, agrícola ou de laticínios. Isso é fundamental, pois difere do simples penhor de animais que não integram tais atividades (exemplos: cavalos puros-sangues criados em haras, cachorros de alto pedigree etc.) e devem ser registrados em títulos e documentos, conforme art. 127, IV, da Lei n. 6.015/73.

Esses animais, segundo o art. 1.445 do Código Civil, não poderão ser alienados ou empenhados sem prévio consentimento, por escrito, do credor.

No caso de substituição de animais em decorrência de falecimento dos empenhados, ela se presume, mas não terá eficácia contra terceiros, se não constar de menção adicional ao respectivo contrato, a qual deverá ser averbada à margem do registro do penhor.

Assim, em resumo, no que se refere aos animais, eles poderão ser objeto de penhor pecuário, caso integrem a atividade pastoril, agrícola ou de laticínios; podem ser objeto de penhor agrícola, caso estes sejam animais do serviço ordinário do estabelecimento agrícola; ou podem ainda fazer parte do penhor de animais, se não se enquadrarem em nenhuma das categorias anteriores.

O penhor agrícola e o pecuário, como visto, devem ser registrados no Livro de Registro Auxiliar (Livro n. 3) do registro de imóveis do local dos bens apenhados, já o registro do penhor de animais deve ser feito na Serventia de Registro de Títulos e Documentos.

Não há na Lei n. 6.015/73 previsão do conteúdo do registro no Livro Auxiliar, de forma que devem ser consignados no registro os requisitos mínimos exigidos pelo art. 2º, § 2º, da Lei n. 492/37, que regulamenta o assunto, para o contrato de penhor rural, ou seja:

I – os nomes, prenomes, estado, nacionalidade, profissão e domicílio dos contratantes;

II – o total da dívida ou sua estimação;

III – o prazo fixado para o pagamento;

IV – a taxa dos juros, se houver;

V – as coisas ou animais dados em garantia, com as suas especificações, de molde a individualizá-las;

VI – a denominação, confrontação e situação da propriedade agrícola onde se encontrem as coisas ou animais empenhados, bem assim a data da escritura de sua aquisição, ou arrendamento, e número de sua transcrição imobiliária;

VII – as demais estipulações usuais no contrato mútuo.

Tanto no penhor agrícola quanto no pecuário os bens permanecem nas mãos do devedor, o que é uma exceção à regra do penhor comum, no qual os bens ficam na posse do credor.

62
A Propriedade Condominial

62.1 INTRODUÇÃO

A propriedade condominial é forma cada vez mais presente na vida moderna, quer por causa do aumento da população total, quer pelo adensamento populacional ocorrido no século XX, quer pelas relações cada vez mais complexas da sociedade moderna.

Assim, é fundamental que o registrador tenha perfeito domínio dessa forma de propriedade, articulando seus diversos conceitos e formas de expressão, os quais trazem, cada um, consequências jurídicas muito diversas. São espécies do gênero condomínio: o comum (que se subdivide em voluntário e necessário) e o especial (edilício).

62.2 DO CONDOMÍNIO COMUM

Na clássica lição de Caio Mario, dá-se o condomínio comum quando a mesma coisa pertence a mais de uma pessoa, cabendo a cada uma delas igual direito, idealmente, sobre o todo e cada uma de suas partes. Para que se constitua o condomínio ordinário, aqui chamado de comum, não é essencial que todos os condôminos tenham parte ideal igual. Da definição, podemos depreender duas características básicas.

Em primeiro lugar, existe cotitularidade dominial sobre uma mesma coisa. Assim, somente existirá condomínio quando mais de uma pessoa for dona, ao mesmo tempo, de um mesmo bem. Sempre que apenas uma pessoa for proprietária de um bem, estará descaracterizado o regime do condomínio.

Contudo, nem sempre que duas pessoas forem proprietárias, ao mesmo tempo, de um mesmo bem, ocorrerá o condomínio. Para que isso seja adequadamente explicado, é necessário antes compreender a segunda característica básica do condomínio, a das cotas ideais.

O regime jurídico que rege o condomínio ordinário é o de cotas (ou também frações) ideais sobre a coisa, possuindo cada condômino uma porcentagem sobre o todo, sem que seu direito incida sobre parte determinada. O direito de cada condômino incide sobre o todo, indistintamente. Se sou condômino de uma casa, não é possível determinar a "parte" que me cabe e a "parte" que cabe aos demais condôminos. Seria o caso, digamos, de ser "meu" o rol de entrada, a cozinha e a suíte, e o restante, como sala de jantar, quartos e banheiros, dos demais.

Tal divisão pode até ocorrer faticamente, mas se dará o primeiro passo para a extinção do condomínio comum, atribuindo área certa e determinada para cada um dos coproprietários. Outra forma de isso ocorrer é pela instituição do condomínio especial (ou edilício), conforme veremos adiante. Mas o que importa nesse momento é entender que, de um jeito ou de outro, tal atitude afasta a incidência do condomínio ordinário.

Compreender isso é fácil quando nos deparamos com situações em que o bem é, por natureza, indivisível. Porém, é frequente haver confusão quando ocorre o inverso, sendo o bem, por natureza, divisível, mas permanece em condomínio somente pela vontade das partes. Mesmo nesse caso, até que ocorra a efetiva divisão do bem, haverá condomínio ordinário.

Por isso, afirma-se que os direitos dos condôminos são qualitativamente iguais, pois suas frações ideais incidem sobre todo o bem, mas podem (conforme a vontade destes) ser quantitativamente distintos, sendo proporcionais aos seus quinhões. Se duas pessoas são condôminos sobre um bem, salvo disposição expressa entre elas, presume-se que cada uma seja titular da fração ideal de 50% do todo.

O condômino é, antes de tudo, coproprietário do bem. Como tal, é titular dos direitos de usar, fruir, dispor e reivindicar o bem, mas de forma limitada pela copropriedade dos demais condôminos. Em outras palavras, o exercício de seus direitos de proprietário está limitado pelos direitos simultâneos e sobre a totalidade da coisa dos demais.

Assim, o usar da coisa limita-se conforme a destinação da coisa, que pode ser natural ou convencionalmente determinada. Decorre disso o dever de não alterar a destinação da coisa comum, nem dar sua posse, uso ou gozo a terceiro sem o consentimento dos demais.

Também decorre o dever de cada um usar a coisa de modo a não excluir igual direito dos demais. Se o fizer, poderão os demais exigir pagamento de indenização em valor correspondente ao uso de suas cotas sobre a coisa, de sorte a evitar o enriquecimento sem causa do transgressor.

Parte da jurisprudência denomina essa indenização de aluguel, embora não seja regida pela lei do inquilinato, sendo devido desde o momento da violação do direito dos demais. No caso específico de ocorrer entre ex-cônjuges (e, por isso, agora condôminos), em que um ocupa exclusivamente o imóvel comum, o STJ entende ser o termo inicial a data da notificação ou da citação, pois entende existir, no período anterior, comodato tácito.

No fruir da coisa, percebem-se os frutos na proporção de cada cota-parte ideal, salvo convenção em contrário entre eles.

Quanto a alienar e/ou onerar, cada condômino, relativo à sua fração ideal, poderá proceder à alienação de sua cota-parte ideal independentemente do consentimento dos demais.

Exemplificando: Tício, Túlio e João são condôminos de uma área rural de 30,00 hectares, cada um de uma terça parte ideal. Tício, se quiser, pode alienar, para Maria (terceira pessoa, estranha ao condomínio), a totalidade ou parte de sua fração ideal de 1/3, independentemente da anuência dos demais, desde que respeitadas as normas do parcelamento do solo.

Nesse caso, porém, é de observar-se que se limita a venda da fração ideal em função do direito de preferência dos demais condôminos nessa modalidade de alienação, quando a coisa for indivisível (quer por natureza, quer por vontade das partes), conforme dispõe o art. 504 do Código Civil. Violado o direito, tal venda é válida, mas ineficaz perante os demais, que terão seis meses, a contar do registro ou da ciência inequívoca, para promoverem a desconstituição do negócio jurídico, depositando judicialmente o preço e haverem a coisa para si.

Nessa questão de direito de preferência, existem duas correntes distintas no STJ:

i) Só existe preferência quando a coisa é indivisível, aplicando literalmente o artigo da lei (ou seja, o bem é indivisível por natureza).

ii) A coisa pode ser divisível, mas somente na hipótese de se configurar condomínio *pro indiviso*. Essa segunda corrente parece ser a mais razoável (a classificação de condomínio em *pro diviso* e *pro indiviso* é abordada mais adiante neste capítulo).

Por fim, todos os condôminos possuem o direito de reivindicar a coisa de terceiros, do que decorre o direito de sequela. Em face dos terceiros, age o condômino como proprietário pleno, movendo todas as ações cabíveis sobre a totalidade do bem, a fim de proteger seu direito de proprietário.

Em função disso, tradicionalmente, não se admite que um condômino mova ação reivindicatória em face de outro condômino, pois essa é ação de proprietário sem posse em relação a possuidor sem propriedade. Isso se justifica em função de o outro condômino ser, necessariamente, também proprietário da coisa. No entanto, o STJ a tem admitido quando for hipótese de condomínio *pro diviso* e o condômino mover a ação para proteger seu quinhão contra outro condômino.

É situação bem distinta, e também incontroversa, a possibilidade da legítima defesa da posse, mesmo diante de outro condômino, podendo se dar perante terceiros ou condômino, de forma individual e sem requerer anuência dos demais.

Os direitos dos condôminos correspondem a deveres recíprocos. Inicialmente, cada um deve usar a coisa comum conforme sua destinação, sem lhe causar deterioração e sem privar os demais de seu uso. Devem, ainda, todos contribuir para saldar as despesas de conservação da coisa e todas as outras de seu interesse comum, como taxas, impostos, cultivo e colheita etc. Contudo, o Código Civil, no art. 1.316, dispõe que pode o condômino renunciar à sua fração ideal para eximir-se dessas obrigações. Sendo a coisa imóvel, deve ser elaborado o instrumento adequado, conforme o art. 108, e registrada a renúncia na matrícula para surtir efeitos (art. 1.275, Código Civil).

Assim, uma vez compreendidas as implicações do conceito de fração ideal, podemos, então, distinguir condomínio de comunhão. Comunhão em sentido genérico é vocábulo mais abrangente, sendo o gênero do que o condomínio é espécie. De forma geral, Flauzilino dos Santos ensina que "existe comunhão no sentido genérico quando um direito ou conjunto de direitos está atribuído em comum a uma pluralidade de sujeitos". Disso decorre tanto o condomínio em geral quanto a comunhão de mão comum, decorrente do casamento.

Este último ocorre quando a titularidade sobre o bem se exerce por ambos os cônjuges, ao mesmo tempo, sobre a totalidade da coisa sem que, a priori, seja cogitada uma fração ideal. Somente com a dissolução da comunhão e sua consequente conversão em condomínio, pode ser apurada a parte cabível a cada condômino. Por isso é que duas pessoas podem ser, ao mesmo tempo, proprietárias de um mesmo bem sem serem condôminas e, assim, não se aplicar o conceito de fração ideal.

62.2.1 Classificações do condomínio comum

Classifica-se o condomínio por diversos critérios. Quanto à origem: a) Convencional, que se forma em função do contrato; b) Eventual (ou incidente), que decorre de fato jurídico, não dependendo da vontade dos condôminos (Exemplo: sucessão hereditária); c) Necessário (ou legal ou forçado), quando sua existência é imposta por lei.

Importante destacar que o Código expressamente prevê que, a todo tempo, será lícito ao condômino exigir a divisão da coisa comum, respondendo o quinhão de cada um pela sua parte nas despesas da divisão. Mesmo que os condôminos acordem que fique indivisa a coisa comum, a norma determina que isso somente poderá ser por prazo não maior de cinco anos, suscetível de prorrogação ulterior. Também não poderá exceder de cinco anos a indivisão estabelecida pelo doador ou pelo testador.

Tal é a preocupação do legislador com a potencial litigiosidade da propriedade condominial que, mesmo respeitado o prazo máximo legal, a requerimento de qualquer interessado e se graves razões o aconselharem, pode o juiz determinar a divisão da coisa comum antes do prazo.

Ressalva-se, contudo, que tais dispositivos se aplicam apenas para as duas primeiras formas de condomínio, que podem ser sempre extintas pela vontade das partes. No entanto, o condomínio necessário jamais o poderá. Ele é imposto por lei (arts. 1.297 e 1.298; 1.304 a 1.307 e 1.327, Código Civil), sendo consequência de situações especiais decorrentes do direito de vizinhança, servindo para, ao contrário das demais hipóteses, pacificar situações que, de outra forma, poderiam gerar maior conflito.

Por isso, ao contrário das outras duas formas de condomínio comum, esta tem natureza permanente, enquanto continuar a existir a sua causa determinante.

Quanto à forma: i) Pro diviso, quando a comunhão existe de direito, mas não de fato, uma vez que cada condômino já se localiza concretamente numa parte certa e determinada do todo. Ou seja, a coisa foi de fato dividida, extinguindo-se faticamente o condomínio, mas ainda não o foi no plano jurídico; ii) Pro indiviso, quando a situação jurídica e a fática são de partes ideais.

Tal classificação é de especial importância. Exemplo disso é que a usucapião entre condôminos é normalmente inadmissível, salvo se configurados condomínio pro diviso e os demais requisitos da usucapião. Usou-se também muito dessa classificação para burlar as leis de parcelamento do solo, em especial a Lei n. 6.766/79, por meio da alienação de frações ideais localizadas (condomínio pro diviso). Hoje, não somente é tal prática vedada, mas, em alguns estados da federação, constitui hipótese de comunicação obrigatória, tanto para o registrador quanto do notário, ao Juiz Corregedor da serventia, à Prefeitura Municipal e ao Ministério Público, para apuração do ocorrido.

Além disso, distinguir ser o condomínio pro diviso ou pro indiviso gera potencialmente outras consequências práticas nos direitos das partes envolvidas, conforme mencionado anteriormente.

Quanto ao objeto: 1) Universal, quando abrange todos os bens, inclusive os frutos e rendimentos (exemplo: bens do espólio); 2) Singular, incidindo sobre coisas determinadas.

62.2.2 Extinção do condomínio comum

Afirma a doutrina que, desde os romanos, é o condomínio tido como fonte de atritos e desavenças. Por isso, a lei busca facilitar e garantir a sua extinção, prevendo formas adicionais de extinção que não sejam decorrentes do simples perecimento da coisa ou pela venda desta. No entanto, a forma de sua extinção se dará diversamente, conforme a natureza da coisa comum.

Sendo a coisa divisível por natureza, o condomínio se extinguirá pela divisão, nos termos do art. 1.320 do Código Civil, que pode ser amigável ou judicial. Em qualquer hipótese, caso a coisa comum seja imóvel, o respectivo título deverá ser registrado no registro de imóveis para que surta efeitos jurídicos. Tal necessidade está claramente estampada no art. 167, I, item 23, da Lei n. 6.015/73 (Lei de Registros Públicos), que assim dispõe:

> Art. 167. No Registro de Imóveis, além da matrícula, serão feitos:
>
> I – o registro:
>
> (...)
>
> 23) dos julgados e atos jurídicos entre vivos que dividirem imóveis ou os demarcarem inclusive nos casos de incorporação que resultar em constituição de condomínio e atribuir uma ou mais unidades aos incorporadores.

Relevante observar ainda que, amigável ou judicial, a divisão é apenas declaratória da propriedade e não atributiva desta, afastando a incidência dos impostos de transmissão de bens (ITBI e ITCMD).

A divisão amigável ocorre por meio de acordo de vontade entre as partes. Sendo ainda o bem imóvel, em face do disposto no art. 1.321 do Código Civil e pelas regras gerais da partilha, Carlos Roberto Gonçalves sustenta, de forma muito coerente, que a divisão irá sempre requerer a forma pública. Por isso, a amigável terá que ser necessariamente instrumentalizada por meio de escritura pública, independentemente do valor ou de outras questões. Porém, existe corrente contrária, que entende prevalecer o disposto no art. 108 do Código Civil, o qual admite ser dispensada a escritura pública, conforme o valor total do imóvel.

Importante também destacar que, sendo um dos condôminos menor ou incapaz, será necessário alvará judicial para a lavratura do instrumento, nos termos do art. 1.691 do Código Civil, uma vez que tal ato em muito supera o poder de administração dos bens dos filhos menores titularizado pelos pais.

Não havendo acordo entre as partes, qualquer dos condôminos pode mover ação de divisão, a qual é imprescritível. O direito procura garantir, de todas as formas, a possibilidade de extinção do condomínio, pois isso cria uma maior pacificação e harmonia social.

Qualquer que seja o meio usado, a extinção do condomínio de bem imóvel requer que seja obedecida, nos pagamentos a cada condômino, a proporção em que cada um destes o é no imóvel condominial total. Tal critério não se vincula ao tamanho da área, pois a metragem não é tão importante quanto às benfeitorias existentes, o tipo de solo, a localização etc., mas tem, sim, como parâmetro fundamental o valor de cada área a ser atribuída, comparada ao valor da totalidade da coisa.

Exemplificando: utilizemos novamente o caso de Tício, Túlio e João, que são condôminos de uma área rural de 30,00 hectares, cada um de uma terça parte ideal, em região cuja FMP (Fração Mínima de Parcelamento) determinada pelo INCRA é de 2,00 hectares. Na divisão, Tício fica com 3,00 hectares; Túlio, com 11,00 e João, 16,00, sendo que as partes atribuem, para cada área, valor proporcional a cada uma de suas frações ideais (neste exemplo, serão três valores iguais, uma vez que cada uma das partes possui a mesma fração ideal).

Tal divisão é perfeitamente registrável, pois o que importa é o valor. Eventualmente, Tício ficou com parte que contenha a construção da sede e outras benfeitorias; Túlio, com o restante da área que seja plana (e facilmente mecanizável) e com acesso direto ao asfalto; e João com a parte distante do asfalto e sem benfeitoria nenhuma. Ou seja, compete às partes tal juízo de valor e, não o havendo, tal valor deve ser apurado por perito judicial.

Sendo a coisa indivisível, a extinção do condomínio, tanto amigável quanto judicial, somente se dará por meio da venda do bem e posterior partilha proporcional a cada cota-parte ideal do valor arrecadado. Havendo cláusula de inalienabilidade gravando a coisa, esta não obstará a extinção, ocorrendo a sub-rogação do vínculo. Nesse caso, há necessidade de alvará judicial para lavrar o instrumento de alienação, se realizado na forma amigável.

Novamente, lembramos que, sendo o condomínio da espécie necessária, por ser imposto por norma cogente, não podem as partes extingui-lo de forma alguma, configurando verdadeira exceção à regra geral da possibilidade de extinção de condomínio, enquanto perdurar a sua causa determinante.

62.3 DO CONDOMÍNIO ESPECIAL

62.3.1 Introdução

Embora conhecido desde a Antiguidade, o condomínio edilício somente veio a ganhar o peso e a proeminência que hoje possui no mundo inteiro no século XX, especialmente após a Segunda Guerra Mundial. Foi nesse período que a humanidade, tradicionalmente moradora do campo em sua maioria, passou a residir predominantemente nas grandes cidades.

Tal concentração populacional trouxe inúmeros problemas para as cidades. Uma das soluções encontradas para a falta de moradia e o melhor aproveitamento da infraestrutura das cidades foi a verticalização da moradia, com inúmeras famílias residindo no mesmo edifício. Assim, pelo mundo afora, surgiram leis regulamentando tal questão.

No Brasil, o diploma legal que, durante várias décadas, regulou sozinho a questão foi a Lei n. 4.591, de 1964. Hoje, após o advento do novo Código Civil e a normatização da questão trazida por seus arts. 1.331 e seguintes, predomina o entendimento de que vários dos artigos da Lei n. 4.591/64 foram tacitamente revogados pelo Código Civil (ambas são consideradas normas especiais, reguladoras da matéria), mas que a maior parte da Lei n. 4.591/64 ainda continua em vigor, sendo perfeitamente compatível com as novas regras, especialmente todo o regramento sobre incorporação imobiliária.

Assim, o condomínio edilício é hoje regido pelas normas do Código Civil e também, naquilo que não o contrarie, pelas normas da Lei n. 4.591/64.

62.3.2 Conceito e natureza jurídica

Afirma a doutrina em geral que se caracteriza o condomínio edilício pela apresentação de uma propriedade comum ao lado de uma propriedade privativa. Cada condômino é titular, com exclusividade, da unidade autônoma (apartamento, escritório, sala, loja, sobreloja, garagem) e, ao mesmo tempo, titular de partes ideais das áreas comuns (terreno, estrutura do prédio, telhado, rede geral de distribuição de água, esgoto, gás e eletricidade, calefação etc.), conforme previsto no art. 1.331 do Código Civil.

Assim, no condomínio edilício, ocorre uma fusão indissolúvel de propriedade exclusiva com propriedade condominial tradicional, cuja soma forma um todo único e diferente de cada um dos institutos que lhe dão origem. É por isso que a lei afirma que a cada unidade imobiliária caberá, como parte inseparável, uma fração ideal no solo e nas outras partes comuns.

É por essa razão que parte da doutrina, como Flauzilino, amparado nas lições de Caio Mario, afirma ser o condomínio edilício um direito real autônomo, previsto no Código Civil (embora não figurante do rol do art. 1.225 do Código Civil), e que se distingue dos demais direitos reais por ser um direito complexo, decorrente da fusão indissolúvel de dois direitos reais distintos.

Relevante anotar que tal posição não é pacífica na doutrina. Há autores importantes, como Mario Pazutti Mezzari, que sustentam que "a instituição do regime de condomínio edilício não constitui direitos reais. Os direitos reais preexistentes (propriedade, nua-propriedade, usufruto, enfiteuse, hipoteca etc.) continuam válidos e eficazes. (...) O que se constitui é um regime de propriedade diferenciado. O imóvel fica afetado ao regime do condomínio edilício, com suas regras diferenciadas, mas o direito permanece inalterado" (MEZZARI, Mario Pazutti. *Condomínio e incorporação no registro de imóveis*, p. 56-57).

Desse modo, para esse posicionamento, o condomínio edilício é apenas uma forma de manifestação da propriedade, uma maneira de afetação específica dela. É apenas uma modalidade nova do condomínio, e não um direito real.

Em todo caso, para que exista o condomínio edilício, é indispensável haver realmente, de forma simultânea, tanto a propriedade comum quanto a exclusiva. Há diversos casos em que foi negada a instituição do condomínio edilício pelo registro de imóveis pelo fato de a propriedade comum prevista ser tão irrisória que descaracteriza o instituto, configurando verdadeira tentativa de burla às leis do uso e ocupação do solo, em especial, a lei de loteamento.

Por exemplo: João é proprietário de um terreno de esquina de 200,00 m². Ele não consegue o desdobro do terreno pelo fato de os terrenos resultantes não terem, cada um, o mínimo de 125,00 m², embora pudessem ter mais de 5,00 metros de confrontação com via pública, por ser esquina (vide art. 4º, II, da Lei n. 6.766/79). Intencionando construir dois sobrados para vender, ele elabora projeto com o intuito de instituir, futuramente no registro de imóveis, o condomínio especial.

Cada sobrado ocupa área certa, determinada e exclusiva, com saída própria direta para a via pública, com medidor próprio de água, luz e esgoto. Não possuem nada de área comum, a não ser a caixa de água e os muros e as paredes que separam uma construção da outra.

Tal situação constitui óbvia tentativa de burla da lei de parcelamento do solo e deve ser recusada pelo registrador por não configurar a existência real do condomínio edilício.

Muito diferente é o caso em que João destina uma área comum de circulação de pedestre e carros e constrói dois, três, quatro etc. sobrados de frente para essa área comum. Mesmo que tenham relógios de água, caixa de água e luz separados, o encanamento passa pelas construções dos vizinhos ou área comum, todos têm acesso à rua pela via comum. Portanto, não constitui burla à lei do parcelamento do solo.

Tais exemplos podem causar certo estranhamento pelo fato de que, normalmente, pensa-se em condomínio edilício como sendo aquele constituído em planos horizontais de lajes, denominados edifícios (também chamados de "prédios"). Porém, a Lei n. 4.591/64, em seu art. 8º, claramente prevê a possibilidade de ser aplicada tanto para o conjunto de casas térreas ou assobradadas (também chamado de condomínio vertical ou de muro) quanto para os edifícios de dois ou mais pavimentos (também chamado de condomínio horizontal). A aparente inversão na nomenclatura decorre de se terem como parâmetros do primeiro os muros de divisão (sempre verticais) e do segundo, as lajes de cada andar (sempre horizontais).

Questão interessante é: existe a possibilidade de instituir condomínio edilício no caso de haver um único proprietário, ou é requisito a existência de mais de um proprietário? Inicialmente, temos a posição do professor Caio Mario, que assim dispõs:

> "(...) o primeiro elemento natural da propriedade horizontal é a pluralidade subjetiva, pois que se há um prédio composto de vários apartamentos, porém pertencente na sua integridade a um só dono, não há falar, por inutilidade econômica e por desnecessidade jurídica, em propriedade horizontal" (PEREIRA, Caio Mario da Silva. *Condomínio e incorporações*, p. 112).

No entanto, o mesmo ilustre mestre, em outro trecho de sua famosa obra, em que elenca hipóteses que levam à constituição do condomínio especial, escreve:

> "F – A alienação que o proprietário exclusivo de um edifício faça, desmembrando-o em unidades autônomas, importa, pela multiplicação de proprietários, na criação da propriedade horizontal, como a venda em hasta pública por andares destacados, no propósito de lograr melhor preço do que o leilão do prédio em globo" (PEREIRA, Caio Mario da Silva. *Condomínio e incorporações*, p. 109).

Interpretando conjuntamente tais posições, conclui-se que deve ser admitida a instituição do condomínio edilício quando for um só proprietário. Porém, o condomínio edilício somente passará a existir, de forma efetiva, quando duas ou mais unidades autônomas passarem a pertencer a pessoas diversas.

Tal necessidade está estampada no art. 1.333 do Código Civil, que exige "titulares", no plural. Além disso, o termo "convenção" a reforça, por ser da natureza da convenção a exigência da presença de mais de uma pessoa. Afinal, ninguém estabelece convenção consigo mesmo, mas com outras pessoas:

> Art. 1.333. A convenção que constitui o condomínio edilício deve ser subscrita pelos titulares de, no mínimo, dois terços das frações ideais e torna-se, desde logo, obrigatória para os titulares de direito sobre as unidades, ou para quantos sobre elas tenham posse ou detenção.

Dessa forma, permitir a instituição do condomínio edilício, quando houver um só proprietário, tem o sentido de viabilizar a venda de unidades autônomas, uma vez já concluída a construção. Para isso, é necessário também o registro concomitante da convenção e do regimento interno, evitando, assim, situação litigiosa futura, em que a convenção não esteja ainda registrada e dependente da aprovação dos novos titulares das unidades autônomas. É instituição condicional, útil diante da necessidade econômica da vida moderna, mas que somente configura efetivamente o condomínio edilício com a concreta pluralidade de proprietários.

Segue, abaixo, resumo comparativo entre as características do condomínio comum e do especial:

Condomínio Comum	Condomínio Edilício
Transitoriedade: a indivisão pode ser contratada por, no máximo, 5 anos.	Insuscetível de divisão.
Uso exclusivo (ou parte certa): não deve ser admitido, ao menos no registro de imóveis. Pode ocorrer apenas faticamente, mas constitui etapa de extinção do condomínio comum.	Uso exclusivo: não permitido das áreas comuns, mas inerente ao próprio direito das áreas exclusivas.
Alienação: deve obedecer ao direito de preferência.	Alienação: sobre unidade autônoma, sem direito de preferência. Área comum é inalienável.
Necessidade de pluralidade de condôminos para sua formação.	Desnecessária a pluralidade de condôminos, pode ser apenas um titular. *Porém, sua efetiva existência exige pluralidade de proprietários.*
Aplicável a imóveis sem construção ou com construção.	Não se aplica a imóveis sem área construída.
Não exige ato formal de constituição, além da pluralidade de titulares.	Exige ato formal registrado para sua instituição.

62.3.3 A questão da personalidade jurídica

Muito se discute na doutrina se os condomínios edilícios possuem ou não personalidade jurídica (a aptidão genérica para adquirir direitos e contrair obrigações), uma vez que celebram, em nome próprio, uma série de negócios jurídicos necessários para sua manutenção e contínua existência. Há contratação de porteiros, faxineiros, de serviços de manutenção da rede elétrica, dos encanamentos, da piscina, compra de material elétrico e de limpeza etc.

A doutrina tradicional, e que prevalece até hoje, sustenta não haver personalidade jurídica própria, já que, para que isso ocorra, é necessário expressa previsão legal. Não se discute a utilidade de ser considerado como pessoa jurídica, mas sua situação peculiar, em que, entre outras questões, haveria sócios automáticos (a mera aquisição de uma unidade autônoma constituiria a pessoa automaticamente como sócio) e, se não for vendida a unidade adquirida, que não possuiriam o direito de retirar-se da sociedade, leva à necessidade de regramento jurídico próprio e específico, atualmente inexistente.

Por isso, predomina ainda a tese de ser o condomínio apenas um dos entes despersonalizados, mas possuidor da capacidade específica de figurar como parte na relação processual, mesmo não sendo sujeito de direito. Além desse direito, possui ainda capacidade para atuar como sujeito em diversas relações, como anteriormente mencionado.

Contudo, devemos ressaltar que essa questão ainda é polêmica, havendo corrente minoritária contrária, a qual sustenta haver sim a personificação do condomínio com sua instituição. Christiano Cassettari afirma em sua obra *Elementos de Direito Civil*, 2ª edição, Editora Saraiva, p. 74 e 75, que o condomínio edilício possui personalidade jurídica, motivo pelo qual pode adquirir imóveis, tais como um terreno ao lado para a criação de vagas de garagem ou ampliação das já existentes. Essa posição é corroborada por Maria Helena Diniz (*Curso de Direito Civil Brasileiro*, 27ª edição, v. 4, Editora Saraiva, p. 246) e Silvio de Salvo Venosa (*Direito Civil*, v. V, Editora Atlas, p. 290). Mostra, também, que essa posição é seguida pelo Enunciado 246, aprovado na III Jornada de Direito Civil do Conselho da Justiça Federal (CJF).

Nessa mesma linha, recomendamos também a leitura da brilhante decisão prolatada no processo 000.03.050361-2, em 10-7-2003, pelo então Juiz da 1ª Vara de Registros Públicos de São Paulo e hoje desembargador, Dr. Venício Antonio de Paula Salles. Mesmo o ilustre magistrado tendo mudado sua decisão posteriormente, conforme processo 000.03.163383-8, ambas as decisões são de leitura altamente recomendada para qualquer debate nessa questão.

62.3.4 A aquisição de imóveis pelo condomínio edilício

Muitas vezes, a questão da personalidade ou falta de personalidade do condomínio edilício vem, na verdade, a preparar o terreno para outra questão: já que o condomínio especial é ente despersonalizado, possuindo apenas capacidade para agir nos casos previstos normativamente, pode este condomínio ser proprietário de bem imóvel?

Como regra geral, não é possível, pois não é ente personalizado e não é esta uma das capacidades atribuídas a ele. Porém, existem exceções. Prevalece o entendimento de que o condomínio edilício está legitimado a adquirir imóveis, em pelo menos duas hipóteses gerais.

A primeira decorre do art. 63 da Lei n. 4.591/64, o qual autoriza a Comissão de Representantes a adquirir futura unidade em construção, se o contratante estiver atrasado no pagamento de três ou mais parcelas. Desperta ainda mais interesse, pois nem sequer existe propriamente dito o condomínio, mas apenas o registro da incorporação. Nesse caso, a comissão deverá deliberar a respeito da aquisição e, valendo-se do mandado legalmente outorgado a ela pelo mesmo artigo, de forma a, representando o inadimplente, alienar para terceiros ou mesmo para o próprio condomínio a ser construído a futura unidade do inadimplente.

Tal hipótese é muito rara, por ser necessário que a incorporação ocorra no regime de "a preço de custo", sendo que a maioria das incorporações não ocorre sob esse regime. Além disso, é necessário que ao adquirente seja adequadamente explicado sobre a aplicabilidade do art. 63 da Lei n. 4.591/64 (isso normalmente ocorre por meio do contrato, mas pode ser feito por outra forma idônea).

A segunda hipótese admitida é bem mais comum e decorre da aplicação analógica do art. 63. Admite-se a aquisição de outros imóveis pelo condomínio edilício quando for adjudicado em seu favor por dívidas de algum de seus condôminos. Isso requer prévia assembleia geral ordinária, autorizando a aquisição.

Muito embora seja admitida com base no art. 63, tal construção interpretativa tem como fundamento garantir o pleno exercício do direito de ação. Tem como requisitos indispensáveis para que possa ocorrer:

a) Ser adjudicação EXCLUSIVAMENTE decorrente de ação de cobrança de débitos condominiais (não se deve admitir adjudicação por dívidas decorrentes de outras causas, como eventual indenização, mesmo que seja contra condômino).

b) Ter essa adjudicação aprovação UNÂNIME em assembleia geral ESPECIALMENTE convocada para esse fim, excluindo, apenas, o voto do causador do débito por incompatibilidade lógica.

62.3.5 Constituição do condomínio especial

O art. 1.332 do Código Civil prevê que se institui o condomínio edilício por ato entre vivos ou testamento, registrado no Cartório de Registro de Imóveis, devendo constar daquele ato, além do disposto em lei especial: I – a discriminação e individualização das unidades de propriedade exclusiva, estremadas uma das outras e das partes comuns; II – a determinação da fração ideal atribuída a cada unidade, relativamente ao terreno e partes comuns; III – o fim a que as unidades se destinam. Quando do registro da instituição, deve ser exigida, também, a convenção do condomínio (art. 1.333, Código Civil), que será registrada no Livro n. 3 – Registro Auxiliar, nos termos do art. 167, I, 17 cumulado com o art. 178, III, ambos da Lei n. 6.015/73. Essa convenção deve abranger ainda o regimento interno.

> "Enquanto na Convenção são traçados os princípios gerais e os direitos subjetivos dos condôminos, dentro do esquema de matérias que o Código Civil topograficamente previu como de conteúdo obrigatório e mais aqueles julgados importantes pela comunidade. (...) o Regimento Interno visa a esclarecer detalhes da Convenção, desenvolvendo assuntos periféricos e peculiaridades relativas ao uso e ao funcionamento do edifício (...)" (FLAUZILINO, *Condomínios e incorporações no registro de imóveis*, p. 142).

Em outras palavras: necessita de manifestação expressa de vontade e do registro. Tal manifestação deve ser feita por todos os coproprietários do imóvel. Sem que ocorra tal binômio (vontade e registro), até podemos ter a propriedade condominial comum de um edifício, mas não existirá o direito real próprio do condomínio edilício. Por isso, a sua publicidade é de natureza constitutiva, uma vez que sem registro não se constituirá o condomínio edilício.

Embora não esteja explicitado na lei, o ato antecedente lógico e necessário é a prévia averbação da construção, mediante requerimento, instruído com "habite-se" emitido pela municipalidade (cada município tem um procedimento ligeiramente diferente) mais a certidão negativa de débitos emitida pelo INSS em relação à obra, conforme previsão contida no art. 167, II, 4, da Lei n. 6.015/73.

Não se deve confundir a necessidade de o condomínio edilício ser instituído, nos termos do art. 1.332 do Código Civil, pela totalidade dos proprietários (ou, havendo prévio registro de incorporação, por manifestação de vontade do incorporador) com o quórum necessário para aprovar a convenção desse condomínio, que é de 2/3 dos proprietários, conforme previsto no art. 1.333 do Código Civil.

Superadas essas questões, resta saber qual a natureza do título apto para a sua constituição.

Sendo por testamento, a lei não faz distinção entre as diversas modalidades previstas. Assim, é de se admitir que seja instituído por qualquer das formas testamentárias admitidas por lei. Relevante observar que, pela própria natureza do testamento, somente produzirá efeitos após o falecimento do testador e a abertura do inventário e partilha deste.

A questão é mais polêmica quando a manifestação de vontade é feita por ato entre vivos, em função do art. 108 do Código Civil, que dispõe:

> Art. 108. Não dispondo a lei em contrário, a **escritura pública é essencial** à validade dos **negócios jurídicos** que visem à constituição, transferência, **modificação** ou renúncia de **direitos reais sobre imóveis** de valor superior a trinta vezes o maior salário mínimo vigente no País (grifos nossos).

Para aqueles que adotam a tese de ser o condomínio edilício um direito real previsto no Código Civil, cujo registro é constitutivo desse direito, nos termos do mencionado art. 108, sendo o valor do imóvel (incluindo as benfeitorias) superior a 30 salários mínimos, é requisito legal de que o instrumento de instituição por ato entre vivos deva ser por escritura pública.

Contudo, embora existam diversos estados da federação que seguem tal posição, muitos outros estados, como São Paulo,[43] entendem ser possível o registro da

---
43. Conforme item 211, Capítulo XX, das Normas de Serviço da Egrégia Corregedoria Geral da Justiça paulista.

instituição do condomínio edilício por meio de mero instrumento particular, com as firmas reconhecidas. Tal posição está em perfeita conformidade com a tese de que o condomínio edilício é apenas uma forma de manifestação da propriedade, uma forma de afetação específica dela. É apenas uma modalidade nova do condomínio, e não um direito real.

Por fim, deve o instituidor atender também às normas técnicas elaboradas pela Associação Brasileira de Normas Técnicas (ABNT), conforme determina o art. 53 da Lei n. 4.591/64. Tais normas estão contidas na NBR 12.721.

62.3.5.1 As vagas de garagem

Questão sempre delicada é a das garagens, sejam essas vagas em áreas cobertas (construídas) ou descobertas, desde que destinadas ao abrigo de veículos. A lei municipal vai determinar as regras gerais sobre as vagas de garagem, especialmente se existe número mínimo por unidade autônoma. Muitos dos litígios existentes entre os condôminos referem-se às vagas de garagem, daí a crucial importância em se especificar adequadamente seu tratamento jurídico.

Conforme a opção de quem institui o condomínio edilício, elas podem se apresentar de diversos modos:

1) Coisa de Uso Comum: os espaços são de propriedade comum (ou seja, não constituem área de uso privativo), sem vinculação a qualquer unidade e uso reservado, podendo qualquer um estacionar em qualquer vaga que encontrar. Em muitos casos, existe até a previsão da necessidade de uso de manobrista.

2) Acessório das Unidades: nesse caso, a área destinada à guarda de veículos é ainda área comum (pelas normas da ABNT, essas áreas são de uso comum de divisão não proporcional), mas cada unidade adquire o direito real relativamente autônomo (embora se discuta se seria direito real ou meramente um direito acessório) de usar essas vagas. Por sua vez, elas podem assumir as seguintes formas:

a) Vaga determinada: além do direito ao uso, a vaga é delimitada e indicada claramente no espaço.

b) Vaga indeterminada: não há delimitação, demarcação física. Existe apenas o direito ao uso.

3) Unidades Autônomas: nessa hipótese, a garagem é unidade de propriedade exclusiva, devendo possuir matrícula própria. Para tal, deve atender a todos os princípios registrais e aos requisitos da Lei n. 6.015/73. Assim, deve possuir saída para a via pública, diretamente ou por passagem comum (art. 1.331, § 4º, Código Civil); ter-lhe sido atribuída fração ideal do terreno e das coisas comuns; ser perfeitamente delimitada fisicamente (portanto, é vedada a vaga autônoma indeterminada) e perfeitamente descrita como unidade autônoma.

Contudo, não deixa de ser destinada à guarda de veículos e seu uso deve se dar conforme determinado na convenção do condomínio e na lei. Pode se apresentar, por sua vez, de duas formas:

a) Garagem como uma única unidade autônoma: toda a garagem, todo o espaço destinado ao abrigo de veículos, forma uma única unidade autônoma. Sua propriedade pode ser de uma só pessoa ou compartilhada por diversas pessoas.

b) Vagas de garagem como unidades autônomas: é a forma cada vez mais corrente nos dias de hoje, sendo cada vaga (que pode se destinar a abrigar um ou mais veículos) tratada como uma unidade autônoma.

Quanto à possibilidade de alienação das vagas de garagem, devemos ter em mente qual a forma em que se apresenta a vaga de garagem. Sendo coisa de uso comum, não há como promover sua venda, uma vez que o art. 1.339, *caput* e § 1º, veda tal venda em separado.

Sendo a forma adotada a de acessório da unidade autônoma, originalmente, o § 2º do art. 2º da Lei n. 4.591/64 possibilitava a alienação de vagas para outro condômino, mas vedava sua alienação para pessoa estranha ao condomínio. Com o Código de 2002, veio o § 2º do art. 1.339 a alterar tal posição, ao dispor:

> § 2º É permitido ao condômino alienar parte acessória de sua unidade imobiliária a outro condômino, só podendo fazê-lo a terceiro se essa faculdade constar do ato constitutivo do condomínio, e se a ela não se opuser a respectiva assembleia geral.

Assim, hoje, a alienação para outro condômino é livre, mas, se for para estranhos ao condomínio, tal alienação depende de prévia autorização em assembleia geral. Se houver expressa disposição na convenção, não é necessário convocar nova assembleia geral, pois esta já ocorreu. Por outro lado, isso significa que a convenção pode expressamente vedar a alienação de vaga de garagem para pessoa estranha ao condomínio.

Grande era a polêmica quando se tratava de vaga de garagem constituída como unidade autônoma. Em razão do disposto nos §§ 1º e 2º do art. 2º da Lei n. 4.591/64, a doutrina dividia-se entre aqueles que entendiam não haver restrições para alienação da unidade autônoma para terceiros e aqueles que sustentavam a aplicação das mesmas regras da venda da vaga acessória, posição inclusive adotada pelo professor Caio Mario, autor do projeto da Lei n. 4.591/64.

Até 4 de abril de 2012, o Código Civil, em seu art. 1.331, § 1º, dispunha que:

> § 1º As partes suscetíveis de utilização independente, tais como apartamentos, escritórios, salas, lojas, sobrelojas **ou abrigos para veículos**, com as respectivas frações ideais no solo e nas outras partes comuns, **sujeitam-se à propriedade exclusiva, podendo ser alienadas e gravadas livremente por seus proprietários** (grifos nossos).

Dessa forma, conforme dispunha o § 1º supratranscrito, as partes suscetíveis de utilização independente, entre as quais inclui expressamente os "abrigos para veículos" que fossem unidades autônomas, podiam ser alienadas e gravadas livremente por seus proprietários, até para estranhos. Muito embora isso pudesse ter superado a polêmica em sua maior parte, gerou grandes problemas de ordem prática na vida das pessoas em cujo condomínio edilício tivesse sido adotada essa forma de garagem.

Esse dispositivo foi alterado pela Lei n. 12.607, de 4 de abril de 2012, passando a ter a seguinte redação:

§ 1º As partes suscetíveis de utilização independente, tais como apartamentos, escritórios, salas, lojas e sobrelojas, com as respectivas frações ideais no solo e nas outras partes comuns, sujeitam-se à propriedade exclusiva, podendo ser alienadas e gravadas livremente por seus proprietários, exceto os abrigos para veículos, que não poderão ser alienados ou alugados a pessoas estranhas ao condomínio, salvo autorização expressa na convenção de condomínio.

Dessa forma, após a promulgação e publicação da Lei n. 12.607, não se pode mais admitir a venda ou a locação de vaga de garagem, mesmo que objeto de matrícula autônoma, SALVO se autorizada expressamente pela convenção do condomínio. Aspecto que chama a atenção é que veda inclusive a locação para estranhos, gerando importante regra de pacificação.

62.3.5.2 A atribuição

A atribuição é ato autônomo, muitas vezes facultativo,[44] e que deve ocorrer concomitantemente ao da instituição do condomínio. Como regra geral, a atribuição busca a extinção do condomínio comum sobre a nova unidade autônoma que é criada.

Está prevista no art. 167, I, 23, da Lei n. 6.015/73, que assim dispõe:

> 23) dos julgados e atos jurídicos entre vivos que dividirem imóveis ou os demarcarem inclusive nos casos de incorporação que resultarem em constituição de condomínio e atribuírem uma ou mais unidades aos incorporadores.

Enquanto a instituição do condomínio edilício busca delimitar e separar juridicamente as áreas de propriedade comum daquelas de propriedade exclusiva, a atribuição tem como objetivo atribuir titularidade distinta para cada unidade. Por isso, são atos distintos, mas o da atribuição somente pode ocorrer concomitantemente ao da instituição. Ambos serão registrados na matrícula-mãe do condomínio e, após, será aberta a matrícula da unidade autônoma já em nome da pessoa à qual foi atribuída.

Muitos entendem que a atribuição, verdadeira divisão de imóvel, pode ocorrer sem necessidade de escritura pública em razão de, naquele momento, transmutar-se o condomínio comum em edilício, organizando o que compete a cada um, sendo assim considerada uma forma de divisão atípica. Contudo, não é pacífica tal posição, existindo fortíssimos argumentos pela exigência da escritura pública, já que a lei não faz ressalva alguma, devendo ser aplicado o art. 108 do Código Civil.

Independentemente da posição que se adote, é pacífico que, após a instituição, deixa de ser possível o ato de atribuição. Então, qualquer ato de extinção do condomínio comum incidente sobre unidades autônomas será realizado por escritura pública de divisão, de forma que se respeitem as frações ideais de cada um. Ademar Fioranelli destaca que, qualquer que seja a razão que levou as partes a possuírem frações ideais do imóvel, seja por fração ideal simples do solo, seja por fração ideal vinculada à unidade autônoma futura, a atribuição das unidades autônomas exige que

---

44. Ninguém é obrigado a permanecer num condomínio comum, mas também não é obrigado a extingui-lo se for a vontade de todos os condôminos permanecer nesta situação. Exceção ocorre quando há prévia incorporação, quando, então, é dever do incorporador entregar aos compradores as unidades autônomas prometidas.

haja coincidência entre a parte ideal possuída e aquela especificada quando houve a instituição do condomínio.

Não existindo tal coincidência, será necessário igualar os quinhões, com as respectivas tornas, por meio de transmissão adequada, com o recolhimento do imposto devido, deixando o ato de ser assim simples atribuição.

Existe ainda outro aspecto a se ponderar na atribuição, a chamada pré-atribuição. Ela ocorre quando existir o prévio registro da incorporação imobiliária (tema que será abordado mais adiante nesta obra), em que as alienações das frações ideais são feitas vinculadas às futuras unidades autônomas. Discute-se, então, a necessidade ou não do registro da atribuição quando da instituição do condomínio, de modo que cada comprador receba exatamente a unidade que adquiriu.

Hoje, a posição que tem prevalecido é pela necessidade do registro da atribuição em relação às frações ideais vendidas vinculadas às futuras unidades autônomas, em função de a pré-atribuição operada com o registro da incorporação somente vincular aquele comprador a ter o direito de haver aquela unidade futura, mesmo enquanto for proprietário no regime do condomínio comum. Contudo, no que tange às frações ideais adquiridas antes do registro da incorporação ou, após esta, adquiridas sem vinculação à futura unidade, não resta discussão quanto à necessidade de se promover a atribuição, caso se queira atribuir propriedade individual a cada um dos condôminos.

62.3.6 Modificação do condomínio edilício

Uma vez instituído o condomínio edilício, a regra geral é a de que será imutável tal situação, até que se extinga. Porém, eventualmente, podem decidir os condôminos alterar a construção, criando novas unidades autônomas ou promovendo outras alterações que também impliquem em alteração das frações ideais do condomínio.

Assim, não é qualquer obra que irá acarretar na modificação do condomínio, mas apenas aquelas que impliquem em alteração dos cálculos das frações ideais do imóvel titularizado, tendo em vista cada proprietário de unidade autônoma. Nesses casos, o Código Civil, em seu art. 1.343, determina que depende da aprovação da unanimidade dos condôminos.

62.3.7 Extinção do condomínio edilício

Estabelece o art. 1.357 do Código Civil que se extingue o condomínio edilício se a edificação for total ou consideravelmente destruída, ou ameace ruína; os condôminos deliberarão em assembleia sobre a reconstrução, ou venda, por votos que representem metade mais uma das frações ideais.

Além das causas previstas no art. 1.357, existem outras previstas pela doutrina. De toda forma, do mesmo modo que se constitui o direito pelo registro na matrícula, extingue-se também pelo registro (*lato sensu*, pois é ato de averbação), conforme art. 248 da Lei n. 6.015/73, abrindo matrícula nova para o terreno, transportando todos os direitos reais. Assim, são hipóteses de extinção:

a) Perecimento da coisa: qualquer que seja o motivo do perecimento, a obra pode ser destruída, conforme o art. 1.357 do Código. Nesse caso, o Código Civil determina que os condôminos deliberarão em assembleia sobre a reconstrução ou venda, por votos que representem metade mais uma das frações ideais.

Caso deliberem contrariamente à reconstrução, isso leva à extinção do condomínio edilício pelo simples fato de não mais existir fisicamente a construção como especificada no registro de imóveis. Como consequência, restarão os condôminos como coproprietários no terreno, na razão das frações ideais por cada um titularizadas.

Por fim, é importante destacar que, mesmo que acordem os condôminos na reconstrução, é quase impossível que a nova obra seja exatamente igual à antiga. Sendo minimamente diferente, será exigida nova instituição e especificação.

b) Requerimento da unanimidade dos proprietários: tal ato de extinção é admitido mediante a anuência de todos os condôminos, bem como dos titulares de direitos reais sobre todas as unidades existentes. Difere do caso anterior na medida em que o edifício ainda se encontra inteiro e seguro para o uso a que se destina.

c) Desapropriação: não é efeito automático da desapropriação a extinção do condomínio edilício, mas depende de ato de vontade do ente desapropriante, que exercerá juízo de conveniência e oportunidade sobre a manutenção do regime especial ou sua extinção. Contudo, para a extinção, deve o poder público vir a titularizar a totalidade das frações ideais ou conseguir a anuência dos demais condôminos.

d) Um único proprietário: ocorre da mesma forma que no caso da desapropriação, não sendo automático, mas dependente de manifestação expressa de vontade, tendo as mesmas limitações.

62.4 A INCORPORAÇÃO IMOBILIÁRIA

62.4.1 Introdução

A atividade de incorporação imobiliária é aquela que antecede a construção do edifício e a instituição do condomínio, detalhando a construção que se fará. Com isso, é permitida a venda antecipada das futuras unidades autônomas por meio de oferta ao público em geral. Para tal, o art. 32 da Lei n. 4.591/64 exige que deva ser registrada previamente a incorporação imobiliária, apresentando todo o extenso rol de documentos exigidos nela.

Tal cautela é fruto da experiência. A anterior norma reguladora dos condomínios edilícios, o Decreto n. 5.841, de 25-6-1928, não abordava a questão, ficando sem tutela específica essa atividade. Com isso, inúmeros golpes foram realizados ao longo dos anos por incorporadores inescrupulosos, prejudicando um número muito maior de incorporadores honestos e a população em geral. Basta se pensar que o valor da obra sempre atinge vários milhões para perceber o potencial econômico da atividade e o potencial lesivo dela.

Assim, uma das principais preocupações da Lei n. 4.591/64 foi regular a venda de unidades futuras, coisa que faz até hoje, uma vez que norma alguma, nem mesmo o Código Civil de 2002, revogou-a nesse aspecto. Dessa forma, só é necessário o registro da incorporação imobiliária se for a intenção do empreendedor vender as futuras unidades autônomas antes da conclusão da obra e da instituição do condomínio edilício.

62.4.2 Conceito e natureza jurídica

Existe certa controvérsia na definição da natureza jurídica da incorporação imobiliária. Há quem diga que é contrato, há quem diga que é ato. É, segundo o art. 28 da Lei n. 4.591/64, a atividade exercida com o intuito de promover e realizar a construção para alienação total ou parcial de edificações compostas de unidades autônomas, sendo obrigatório ser feita quando se pretende alienar futuras unidades autônomas que ainda não existem. A referida lei reforça tal posição, dispondo, em seu art. 66, cometer contravenção penal quem aliena futura unidade sem antes promover o registro da incorporação.

Mario Pazutti Mezzari define como a atividade de um empresário que viabiliza o projeto de um determinado empreendimento, submetendo-o ao regime especial da Lei n. 4.591/64, e faz oferta pública para alienação das unidades futuras, acompanhando e responsabilizando-se pelo empreendimento até o final.

Caio Mario afirma que incorporação imobiliária é contrato pelo qual o incorporador, pessoa física ou jurídica, obriga-se à construção de edificação ou conjunto de edificações compostas de unidades autônomas, para alienação total ou parcial.

O registro, na matrícula do imóvel, da incorporação estabelece e vincula as frações ideais do terreno às futuras unidades autônomas, responsabilizando o incorporador pela entrega, em prazo certo, pelo preço e pelas condições de entrega da obra concluída.

A partir do registro, o imóvel passa a ter destinação específica: nele, será construído um condomínio edilício, formado por unidades autônomas, das quais cada proprietário poderá usar e dispor livremente, e áreas de uso comum, em que haverá propriedade condominial comum aos diversos proprietários das unidades autônomas. O registro da incorporação é ato declaratório, que visa discriminar e individualizar as diversas espécies de áreas que comporão as edificações a serem construídas sob a forma de unidades isoladas entre si, residenciais ou não residenciais.

Contudo, a incorporação por si não constitui o condomínio edilício. Para que isso ocorra, será necessária, após a conclusão das obras, a averbação da construção e a instituição do condomínio edilício em conformidade com os ditames legais.

62.4.3 Do registro

Em uma incorporação, a figura do incorporador é central, pois é este quem deverá rogar tal registro. Pelo art. 29, considera-se incorporador a pessoa física ou jurídica, comerciante ou não, que, embora não efetuando a construção, comprometa-se com a venda de frações ideais de terreno ou a efetive dessa forma, objetivando a vinculação de tais frações a unidades autônomas, em edificações a serem construídas ou em construção sob regime condominial, ou que meramente aceite propostas para efetivação de tais transações, coordenando e levando a termo a incorporação e responsabilizando-se, conforme o caso, pela entrega, a certo prazo, a certo preço e com determinadas condições, das obras concluídas.

Chama a atenção o fato de que a lei não exige que o incorporador seja o proprietário do terreno. Dispõe o art. 31 que a iniciativa e a responsabilidade das incorporações imobiliárias caberão ao incorporador, que somente poderá ser:

a) O proprietário do terreno, o promitente comprador, o cessionário deste ou promitente cessionário com título que satisfaça os requisitos da alínea a do art. 32 (deve constar cláusula de imissão na posse do imóvel, e que não haja estipulações impeditivas de sua alienação em frações ideais e inclua consentimento para demolição e construção, devidamente registrado).

b) O construtor ou corretor de imóveis (nestes casos, a lei exige ainda que o incorporador seja investido, pelo proprietário de terreno, o promitente comprador e cessionário deste ou o promitente cessionário, de mandato outorgado por instrumento público, em que se faça menção expressa à Lei n. 4.591/64 e se transcreva o disposto em seu art. 35, § 4º, para concluir todos os negócios tendentes à alienação das frações ideais de terreno, e se obrigue pessoalmente pelos atos que praticar na qualidade de incorporador).

Nesse caso, é necessário ainda que sejam (e comprovem isso) profissionais habilitados a atuar e tenham vínculo contratual com o proprietário do terreno ou titular de quaisquer dos outros direitos reais indicados no item a) supra.

c) O ente da Federação imitido na posse a partir de decisão proferida em processo judicial de desapropriação em curso ou o cessionário deste, conforme comprovado mediante registro no registro de imóveis competente.

O instrumento a ser usado para registro da incorporação pode ser o instrumento particular (com firmas reconhecidas) ou escritura pública. Por objetivar a oferta pública de futura unidade a ser construída, em regra, tal requerimento deve incidir sobre terreno ou constar pedido de averbação de demolição. Também, se inicialmente abranger vários imóveis, é necessário requerer previamente a fusão/unificação destes, seguindo todo o trâmite usual (projeto, aprovação e autorização municipal, averbação nas matrículas, se atendidos os requisitos registrais).

Sendo o incorporador pessoa jurídica, são necessárias algumas cautelas a mais. Como regra geral, deve ser apresentada, com o requerimento, cópia autenticada do contrato social ou estatuto social e posteriores alterações devidamente registradas. Sendo pessoa jurídica estatutária, deve vir também a ata de eleição e posse da diretoria, e eventual ata da assembleia geral, autorizando o ato, se necessário, nos termos do estatuto. Deve ainda ser apresentada certidão da respectiva junta comercial ou do registro civil das pessoas jurídicas, comprovando ser aquele o texto em vigor. Tal cautela é necessária para comprovar quem realmente detém poder de representar a sociedade.

Junto a esse requerimento, deve ser apresentado pelo incorporador o chamado memorial de incorporação. Recebidos o memorial e os documentos, o oficial, depois de autuá-los, dará recibo ao apresentante. Nele, deve vir a qualificação completa do incorporador, do alienante (normalmente o proprietário, mas não necessariamente, podendo ser promitente comprador ou permutante, ou cessionário destes. Nesses casos, deve ser qualificado o proprietário também). Deve, ainda, constar a descrição completa do imóvel, bem como o registro aquisitivo pelo alienante (requisitos mínimos dos arts. 176 e 225 da Lei n. 6.015/73). Se não corresponder ao descrito na matrícula, ou este altera o requerimento para atender à descrição tabular ou promove prévia retificação da área em conformidade com o disposto no art. 213 da Lei n. 6.015/73.

No bojo do memorial de incorporação, deve constar breve descrição de como será a construção (se condomínio vertical, horizontal ou misto; bem como o número de pavimentos, capacidade da garagem, a área a ser construída etc.). Essa descrição é a caracterização resumida do prédio, sem detalhes técnicos, de forma compreensível para o leigo. Em seguida, deve fornecer a caracterização das unidades autônomas, com sua descrição unitária. Tal descrição servirá para abertura das futuras matrículas de cada unidade autônoma, sendo que, no caso de condomínio de casas (condomínio vertical), deve ser indicada a área privativa de terreno e a área privativa nele construída.

Também é no memorial de incorporação que se deve conter caracterização das áreas comuns, de forma clara e precisamente indicada.

Por fim, além do requerimento e do memorial de incorporação, a lei exige uma extensa lista de documentos, os quais devem acompanhar o pedido de registro da incorporação, a seguir relacionados:

a) TÍTULO (art. 32, a, da Lei n. 4.591/64)

O incorporador deve apresentar um dos seguintes títulos, que deve estar devidamente registrado na matrícula do imóvel:

- Título de Propriedade (ex.: Escritura de Venda e Compra, formal de partilha, carta de adjudicação/arrematação).
- Promessa, irrevogável e irretratável, de compra e venda.
- Cessão de direitos.
- Permuta.

Em todos os casos, deve constar cláusula de imissão na posse do imóvel, sendo que, no título registrado, não pode haver estipulações impeditivas de sua alienação em frações ideais. Não sendo título de propriedade, este deve conter autorização do proprietário para demolir e construir.

b) CERTIDÕES (art. 32, b, da Lei n. 4.591/64)

Com a obrigação de que sejam apresentadas as certidões negativas relacionadas, intenciona o legislador promover uma averiguação sobre a idoneidade do incorporador e do proprietário do terreno. Por isso, todas as certidões devem ser relativas aos proprietários e promitentes compradores/permutantes e ao incorporador e seus cônjuges, se forem as partes indicadas casadas, qualquer que seja o regime. Ademar Fioranelli destaca (2001, p. 571) que:

> "Cumpre notar que, na ocorrência de existir como Incorporador, o construtor investido de poderes conferidos pelo promitente comprador ou cessionário, tríplice figura haverá, com necessidade de exigência de certidões em nome das três pessoas: o titular do domínio, o promitente comprador ou cessionário e o construtor Incorporador. No caso de pessoas físicas, indispensáveis, também, certidões dos respectivos cônjuges".

Sendo pessoa jurídica, as certidões criminais deverão referir-se aos representantes legais da incorporadora. Todas as certidões deverão ser extraídas na Comarca da situação do imóvel e, se distintas, naquelas onde domiciliadas as pessoas anteriormente mencionadas.

Relevante observar que, diferentemente do que dispõe a lei de parcelamento do solo urbano, Lei n. 6.766/79, a Lei n. 4.591/64 não exige a apresentação das certidões relativas aos proprietários anteriores aos atuais. Assim, não é correta sua eventual exigência.

Pelo fato de a lei ser omissa em vários detalhes, especialmente nesse quesito, muitos estados possuem normativa um pouco diferente em certos detalhes, mas, como regra geral, as normas a serem seguidas são as mesmas em todo o Brasil. Exemplo disso é o prazo máximo das certidões. Fere o espírito da lei admitir certidão sem estipular prazo máximo, mas ela, por sua vez, não estipulou prazo nenhum.

Muitos estados possuem postura normativa própria para isso, mas uma interpretação geral e prudente seria usar o prazo máximo que a própria certidão estipular (exemplo das certidões emitidas pela Receita Federal). Caso a certidão seja omissa, é recomendável usar o prazo máximo de 6 (seis) meses da data de sua emissão, por uso analógico dos prazos admitidos para certidões fiscais.

As certidões exigidas são:

1. Justiça Federal – Cível e Criminal (cada uma pelo período de 10 anos).
2. Justiça do Trabalho – Embora não seja prática em muitas serventias imobiliárias, é uma justiça especializada cível, e a lei usa a expressão genérica de "certidões cíveis".
3. Justiça Estadual – Cível, em geral, e Criminal (cada uma pelo período de 10 anos).
4. Tributos Federais – Certidão Conjuntiva de Débitos, negativa de débitos (ou positiva com efeitos negativos), relativa às pessoas previstas. Caso o imóvel tenha sido rural nos últimos cinco anos, será necessária também a negativa do ITR referente ao imóvel.
5. INSS – Sendo pessoa jurídica ou pessoa física equiparada, nos termos da Lei n. 8.212/91 (observação: não confundir com a CND da obra, a qual somente será apresentada quando da averbação da construção). Observar que esta hoje já está abrangida pela CND de tributos federais.
6. Tributos Estaduais – Negativa de Débitos ou Positiva com Efeito Negativo.

7. Tributos Municipais – Pelo fato de o município fiscalizar impostos de incidência pessoal e também os *propter rem*, possuindo cadastro imobiliário para isso, é necessário verificar tanto a situação das pessoas quanto a do imóvel a ser incorporado. Assim:

- Certidão negativa (ou com efeito de negativa) em relação às pessoas anteriormente indicadas.
- Certidão negativa relativa ao imóvel.

8. Ônus Real – Relativos ao imóvel, certidão emitida em inteiro teor pelo registro de imóveis em que se encontra a matrícula do imóvel.

9. Protesto – Período de 5 anos.

É de se observar que o fato de a certidão ser positiva não necessariamente obstará o registro da incorporação. No tocante aos ônus fiscais ou reais (constantes da certidão de ônus real), salvo nos casos em que implique em impedimento de alienação, o § 5º do art. 32 expressamente determina que não impedem o registro, que será feito com as devidas ressalvas, mencionando-se, em todos os documentos, extraídos do registro, a existência e a extensão dos ônus.

No caso das Certidões Cíveis e Criminais, caso alguma seja positiva e a ação que constar tiver repercussão econômica ou qualquer pertinência com imóvel, necessário apresentar também uma certidão complementar, denominada na prática forense de certidão de objeto e pé.

No que tange às certidões de protesto, ainda que sejam positivas, ensina Amadei que o objetivo aqui é informar e alertar quanto aos riscos para o adquirente, não devendo constituir óbice ao registro.

c) HISTÓRICO VINTENÁRIO DOS TÍTULOS DE PROPRIEDADE (art. 32, c, da Lei n. 4.591/64)

O histórico dos títulos de propriedade do imóvel nada mais é do que relatório redigido pelo incorporador, contendo breve descrição de todas as pessoas que foram proprietárias do imóvel nos últimos 20 anos, indicando ainda o título que instrumentalizou tal aquisição, o número de seu registro na matrícula e a data.

Isso deve ser comprovado, anexando, ao histórico, certidões atualizadas de todas as matrículas ou dos registros anteriores envolvidos, abrangendo o período de 20 anos. Porém, não se exige a apresentação dos títulos em si (tal exigência somente se faz para o título registrado por último). Em muitas ocasiões, uma certidão em inteiro teor já abrange o período dos vinte anos exigidos pela lei, mas, às vezes, é necessário fornecer certidão das matrículas anteriores, tantas quantas forem necessárias, até atingir o lapso temporal.

O histórico será, então, verificado pelo oficial de registro de imóveis, que fiscalizará pelo atendimento do princípio da continuidade antes de efetuar o registro da incorporação na matrícula.

Tal prazo é de vinte anos, pois esse era o prazo máximo da usucapião na vigência do Código Civil de 1916. Contudo, o simples fato de esse prazo máximo ter sido reduzido para 15 anos no Código atual não autoriza o registrador imobiliário a reduzir o prazo de exigência, uma vez que 20 anos é o prazo textualmente exigido pela lei.

d) PROJETO DE CONSTRUÇÃO DEVIDAMENTE APROVADO PELAS AUTORIDADES COMPETENTES (art. 32, d, da Lei n. 4.591/64)

A competência para aprovação dos projetos de construção é da autoridade municipal de onde se localiza o imóvel, em conformidade com a legislação municipal (normalmente abrange, no mínimo, a lei orgânica, plano diretor e a lei de uso e ocupação do solo municipal).

Normalmente, encontramos limitações quanto ao potencial construtivo máximo (m^2 total que pode ser construído), altura máxima, número de pavimentos, quantidade de garagens por unidade, índice de impermeabilização do solo, questões quanto à higiene do prédio, devendo o projeto seguir as normas técnicas estabelecidas pela ABNT, bem como outras que o poder público local considerar por bem regular. Contudo, tal controle não faz parte da atuação do registrador, devendo este simplesmente se ater à verificação da aprovação do projeto apresentado.

São apresentadas para o registro todas as plantas da edificação, constando termo de aprovação pela autoridade municipal, assinadas pelo profissional responsável e pelo incorporador, com firmas reconhecidas por notário, bem como documento expedido pelo poder público local (normalmente denominado de "Alvará de Autorização" ou outro termo semelhante) em que há a aprovação do projeto.

Por fim, os diversos estados da federação, muitas vezes, possuem normas próprias que interferem na aprovação do projeto, como é o caso de São Paulo, que possui órgão estadual denominado GRAPROHAB para controle centralizado de tais normas.

e) CÁLCULO DAS ÁREAS DAS EDIFICAÇÕES, DISCRIMINANDO, ALÉM DA GLOBAL, A DAS PARTES COMUNS E INDICANDO CADA TIPO DE UNIDADE A RESPECTIVA METRAGEM DE ÁREA CONSTRUÍDA (art. 32, e, da Lei n. 4.591/64)

O quadro de áreas é de responsabilidade do profissional técnico e deve seguir as normas fixadas pela ABNT nos termos da NBR 12.271.

f) CERTIDÃO NEGATIVA DE DÉBITO PARA COM A PREVIDÊNCIA SOCIAL, QUANDO O TITULAR DO TERRENO FOR RESPONSÁVEL PELA ARRECADAÇÃO (art. 32, f, da Lei n. 4.591/64)

Tal questão já foi abordada na parte das certidões, lembrando apenas que aqui se trata especificamente do titular do terreno. Nos termos da legislação hoje em vigor, a pessoa jurídica e a pessoa física equiparada a esta podem ser obrigadas ao recolhimento de contribuições sociais, nos termos da Lei n. 8.212/91 e do Decreto n. 3.048/99. Para a comprovação adequada da inexistência de débito, é necessário obter a certidão negativa de débito ou positiva com efeito de negativa.

g) MEMORIAL DESCRITIVO DAS ESPECIFICAÇÕES DA OBRA PROJETADA, SEGUNDO NORMAS DA ABNT (art. 32, g, da Lei n. 4.591/64)

Segue as normas da ABNT, detalhando, por exemplo, o material a ser usado, especificações e marca. Refere-se aos pisos, às janelas, às portas, aos elevadores etc.

h) AVALIAÇÃO DO CUSTO GLOBAL DA OBRA, ATUALIZADA A DATA DO ARQUIVAMENTO, CALCULADA DE ACORDO COM A NORMA DA ABNT COM BASE NOS CUSTOS UNITÁRIOS, DISCRIMINANDO-SE, TAMBÉM, O CUSTO DE CONSTRUÇÃO DE CADA UNIDADE, DEVIDAMENTE AUTENTICADA PELO PROFISSIONAL RESPONSÁVEL PELA OBRA (art. 32, h, da Lei n. 4.591/64)

O custo unitário básico da construção civil é publicado pelo Sindicato da Construção Civil (SINDUSCON) de cada Estado. A partir daí, preenchendo os quadros previstos na NBR 12.271, é que o incorporador chega ao valor global da construção, bem como de cada unidade.

i) DISCRIMINAÇÃO DAS FRAÇÕES IDEAIS DE TERRENO COM AS UNIDADES AUTÔNOMAS QUE A ELAS CORRESPONDERÃO (art. 32, i, da Lei n. 4.591/64)

É a simples discriminação da fração ideal que corresponde a cada unidade. Exemplo: apartamento 11: 1,223%; apartamento 12: 1,002% etc. O fundamental é que a soma das frações ideais deve totalizar 1 inteiro, ou 100%.

j) MINUTA DA FUTURA CONVENÇÃO DE CONDOMÍNIO (art. 32, j, da Lei n. 4.591/64)

A convenção constitui as regras gerais do condomínio. Segundo Flauzilino (*Condomínios e incorporações no registro de imóveis*, p. 126):

> "A Convenção do Condomínio representa o padrão jurídico-administrativo que determina as regras básicas da administração e o relacionamento dos condôminos e das demais pessoas que acessarem o prédio (...). Por imperativo legal, submetem-se às regras condominiais os titulares de direitos sobre as unidades autônomas signatários da convenção e aqueles ausentes ou omissos, bem como os novos adquirentes de unidades por ato *inter vivos* ou *causa mortis*, os inquilinos, comodatários, visitantes, familiares, empregados etc. (...)".

Mas o Código Civil, em seu art. 1.334, V, exige que a convenção do condomínio venha necessariamente acompanhada do regimento interno. Flauzilino (*Condomínios e incorporações no registro de imóveis*, p. 142) ensina que, "enquanto na Convenção são traçados os princípios gerais e os direitos subjetivos dos condôminos, dentro do esquema de matérias que o Código Civil topograficamente previu como de conteúdo obrigatório e mais aqueles julgados importantes pela comunidade, sem, no entanto, casuisticamente descer às minúcias, pormenores e disposições secundárias, o Regimento Interno visa a esclarecer assuntos periféricos e peculiaridades relativas ao uso e ao funcionamento do edifício, objetivando imposição de limites e uma convivência harmônica entre as pessoas".

Nos termos do art. 1.334, § 1º, do Código Civil, podem a convenção e, consequentemente, o regimento interno ser redigidos por instrumento particular ou escritura pública.

k) DECLARAÇÃO EM QUE SE DEFINA A PARCELA DO PREÇO DE QUE TRATA O INCISO II, DO ART. 39 (art. 32, l, da Lei n. 4.591/64)

A aquisição do terreno pelo incorporado pode se dar, integralmente ou parcialmente, por permuta de unidade futura. Ele entrega o terreno ao incorporador, recebendo como pagamento, seja de forma integral ou parcial, unidades futuras a serem construídas, sendo que o título para a celebração desse negócio jurídico segue as regras gerais do art. 108 do Código Civil, ou seja, normalmente se fará pela forma da escritura pública. O registro da transmissão será condicional (condicionada à entrega da unidade futura).

Se a unidade estiver especificada na escritura e já houver sido registrada a incorporação ou for apresentada concomitantemente a esta, já se registrará a transmissão da fração ideal da unidade futura, pendente apenas a averbação de construção.

Se não estiver especificada, posteriormente será feita a atribuição ou a nova escritura (não de permuta, pois esta já se efetivou, mesmo que de forma condicional), para individualização do bem (escritura de divisão).

Dessa forma, deve ser claramente indicado em que situação se enquadra a incorporação, bem como as eventuais unidades a serem entregues em pagamento do terreno, atendendo aos requisitos do art. 39 da Lei n. 4.591/64, caso estas já tenham sido especificadas.

l) CERTIDÃO DO INSTRUMENTO PÚBLICO DE MANDATO REFERIDO NO § 1º DO ART. 31 (art. 32, m, da Lei n. 4.591/64)

Sempre que o titular do direito real autorizar que outra pessoa seja o incorporador, que, nos termos da lei, somente poderá ser o construtor ou o corretor de imóveis, deverá ser outorgada procuração pública com poderes especiais para realizar todos os atos necessários à efetivação e à conclusão da incorporação, bem como da alienação das futuras unidades autônomas.

Tal instrumento deve conter, além desses poderes, a descrição do empreendimento e do imóvel em que ocorrerá o empreendimento, bem como a determinação do § 4º do art. 35 da Lei n. 4.591/64.

m) DECLARAÇÃO EXPRESSA EM QUE SE FIXE, SE HOUVER, O PRAZO DE CARÊNCIA (art. 32, n, da Lei n. 4.591/64)

Prazo de carência é o lapso temporal, a contar do registro da incorporação, em que o incorporador poderá desistir da incorporação, mesmo tendo vendido ou prometido à venda unidades futuras. Tal prazo pode ser fixado pelo incorporador até o limite de 180 dias (§ 2º do art. 34 cumulado com o art. 33, ambos da Lei n. 4.591/64). Isso permite a ele constatar se a incorporação será bem-sucedida ou não e, caso não seja, desistir de prosseguir com ela sem maiores consequências para si. O exercício desse direito pelo incorporador se faz mediante simples requerimento averbado na matrícula.

Porém, não cria um direito puramente potestativo para o incorporador, pois este deve necessariamente especificar quais as causas que legitimam o exercício desse direito. Tais cláusulas devem necessariamente ser conferidas pelo registrador à luz do Código de Defesa do Consumidor, de forma a afastar eventuais cláusulas abusivas.

Estabelecer prazo de carência é uma faculdade que a lei confere ao incorporador. Por isso, não é obrigatório que este o faça. Mas, se o fizer, deve restituir integralmente os valores já pagos pelos eventuais adquirentes ou promitentes adquirentes, conforme as regras das relações de consumo, ou seja, corrigidos monetariamente e acrescidos de juros de 6% ao ano, pelo menos.

Questão muito importante é diferenciar prazo de carência de prazo de validade do registro da incorporação. Este último é prazo para que a incorporação se efetive. Para que isso ocorra, basta a venda, registrada na serventia ou não, de uma unidade autônoma no prazo de 180 dias (art. 33 da Lei n. 4.591/64). Dito de outra forma, o legislador também se preocupou em verificar a viabilidade econômica da incorporação, exigindo uma prova mínima disso, feita pela venda de, ao menos, uma unidade no prazo de 180 dias.

Não realizada venda alguma no prazo de validade do registro, este deve ser cancelado. Porém, em função de o registrador não ter como saber da existência ou não de eventuais vendas não registradas, tal cancelamento depende de ordem judicial, ou de requerimento expresso do incorporador (com declaração de não ter havido venda alguma), ou de requerimento do incorporador instruído com anuência por escrito de todos os adquirentes (e declaração do incorporador de não ter havido nenhuma outra venda além dessa), nunca realizada de ofício.

Por fim, pode ocorrer de, dentro do prazo de carência, o incorporador não denunciar a incorporação, embora não reunidas as condições de implementação do empreendimento. Nesse caso, poderá o proprietário ou titular de direitos aquisitivos sobre o terreno fazê-lo nos cinco dias subsequentes, após o vencimento do prazo de carência, em face da inércia do incorporador, nos termos do § 3º do art. 35 da Lei n. 4.591/64:

§ 3º Se, dentro do prazo de carência, o incorporador não denunciar a incorporação, embora não se tenham reunido as condições a que se refere o § 1º, o outorgante do mandato de que trata o § 1º, do art. 31, poderá fazê-lo nos cinco dias subsequentes ao prazo de carência, e nesse caso ficará solidariamente responsável com o incorporador pela devolução das quantias que os adquirentes ou candidatos à aquisição houverem entregue ao incorporador, resguardado o direito de regresso sobre eles, dispensando-se, então, do cumprimento da obrigação fixada no *caput* deste artigo.

Destaca-se que a lei expressamente prevê que, nesse caso, ficará solidariamente responsável com o incorporador pela devolução das quantias que os adquirentes ou candidatos à aquisição tiverem dado ao incorporador, resguardado o direito de regresso, dispensando-se, então, a outorga dos contratos.

n) ATESTADO DE IDONEIDADE FINANCEIRA, FORNECIDO POR ESTABELECIMENTO DE CRÉDITO QUE OPERE NO PAÍS HÁ MAIS DE CINCO ANOS (art. 32, o, da Lei n. 4.591/64)

É a declaração prestada por estabelecimento de crédito existente há mais de 5 anos, relativa à idoneidade financeira do incorporador, específica para o empreendimento que se busca registrar. Tal declaração pode inclusive ser condicionada ao cumprimento de certas medidas acautelatórias pelo incorporador, como submeter a incorporação ao regime de afetação (posteriormente abordado).

o) DECLARAÇÃO, ACOMPANHADA DE PLANTAS ELUCIDATIVAS, SOBRE O NÚMERO DE VEÍCULOS QUE A GARAGEM COMPORTA E OS LOCAIS DESTINADOS À GUARDA DELES (art. 32, p, da Lei n. 4.591/64)

As vagas de garagem constituem um dos elementos do condomínio que mais geram discórdia, por isso é fundamental que sejam minuciosamente descritas e detalhadas. Dessa forma, deve ser apresentada declaração, acompanhada de plantas elucidativas detalhadas, sobre o número de veículos que a garagem comporta e os locais destinados à guarda deles.

p) A QUESTÃO DO CONTRATO-PADRÃO (art. 32, n, da Lei n. 4.591/64)

Questão que gera muitas dúvidas é a do contrato-padrão. A Lei n. 4.591/64 prevê a possibilidade de depósito de um contrato-padrão, que serve de modelo para os contratos que o incorporador irá celebrar com os adquirentes das futuras unidades em construção. Contudo, em momento algum, determina ser obrigatório seu depósito, diferentemente do que estabelece a lei de parcelamento do solo, Lei n. 6.766/79.

Por isso, parte da doutrina entende ser necessário o depósito do contrato-padrão pelo incorporador. Porém, não é essa a posição preponderante, pois a lei não o exigiu como norma geral. Ensina Mario Pazutti Mezzari que, em regra, na incorporação, não é obrigatório o depósito do contrato-padrão, pois o incorporador poderá, a cada contrato, lançar todas as cláusulas. Contudo, se quiser valer-se da faculdade do *caput* do art. 67 da Lei n. 4.951/64, lançando no contrato apenas as cláusulas variáveis, remetendo as cláusulas fixas e imutáveis ao contrato depositado no registro de imóveis, esse contrato deverá ser necessariamente depositado.

Em São Paulo, existe parecer proferido no processo 57.421/2003, em 7-6-2004, tendo como relator o Dr. José Marcelo Tossi Silva, em que se reconhece ser desnecessário o depósito do contrato-padrão na serventia.

Se não o fizer e redigir contratos com falsas referências ao contrato-padrão supostamente depositado, incorre nas penas do art. 66 da Lei n. 4.591/64 (contravenção penal contra a economia popular).

Existe ainda outra questão importante no que se refere ao contrato a ser celebrado entre o incorporador e o adquirente. Havendo ou não depósito do contrato-padrão, a prática do mercado imobiliário não é a de instrumentalização de imediato do contrato, e sim de um ajuste preliminar (também chamado de carta-proposta) celebrado nos estandes de venda entre o representante do incorporador e o adquirente.

Após a instrumentalização desse contrato preliminar, tem o incorporador o prazo máximo de 45 dias, a contar do termo final do prazo de carência, se houver ou, se não houver prazo de carência, da data de qualquer documento de ajuste preliminar, para promover a celebração do contrato relativo à fração ideal de terreno, nos termos do art. 35 da Lei n. 4.591/64.

Descumprida a obrigação no prazo para a celebração do contrato, o ajuste preliminar ou a carta-proposta poderão ter ingresso no RI, sendo averbado na matrícula-mãe. Com isto, será constituído um direito real oponível a terceiros, com direito a adjudicação compulsória do contrato correspondente (art. 35, § 4º, da lei).

Além disso, nessa hipótese de descumprimento, o incorporador estará sujeito à multa de 50% sobre as quantias recebidas, cobrada pela via executiva, em favor do adquirente ou do candidato à aquisição (art. 34, § 5º, da lei).

q) O REGIME DE AFETAÇÃO (arts. 31-A a 31-E da Lei n. 4.591/64)

Desde a entrada em vigor da Lei n. 10.931/2004 (que incluiu à Lei n. 4.591/64 os arts. 31-A a 31-E), o registro da incorporação passou a poder gerar novo efeito: a critério do incorporador, poderá a incorporação ser submetida ao regime de afetação a qualquer tempo até o final da incorporação, não sendo requisito que ocorra quando do seu registro. Tal afetação é ato facultativo por parte do incorporador.

A afetação ocorre por meio de requerimento do incorporador apresentado com termo deste e, sendo o caso, termo também firmado pelos titulares de direitos reais de aquisição sobre o terreno, procedendo-se à averbação dessa afetação.

Com isso, o terreno e as acessões objeto do contrato, bem como os demais bens ou direitos a ela vinculados, serão afastados do patrimônio do incorporador, constituindo o patrimônio de afetação, que poderá ser utilizado como garantia real em operação de crédito, cujo produto deve ser exclusivamente destinado à conclusão das obras e entrega das unidades autônomas aos respectivos adquirentes.

Na afetação do acervo patrimonial da incorporação, pode ser incluído o terreno; as acessões; as receitas provenientes das vendas; as obrigações vinculadas ao negócio; os encargos fiscais e trabalhistas da obra.

Ela traz como efeito a vinculação desse conjunto de direitos e obrigações à consecução da obra, sendo que eventuais débitos ou créditos que, ao final, resultem da incorporação serão acrescidos ao patrimônio geral. Eventuais insucessos do incorporador em outros negócios não afetam a incorporação que tenha seu patrimônio a ela afetado, nem sua falência afetará esse patrimônio, nos termos do art. 31-F da Lei n. 4.591/64, permitindo a conclusão das obras e a efetiva realização do empreendimento, uma vez que o patrimônio afetado somente responderá pelas obrigações decorrentes do próprio empreendimento.

Com sua instituição, é o incorporador obrigado a manter contabilidade própria, destacada da contabilidade da empresa incorporadora e uma conta-corrente específica, para o patrimônio afetado.

Importante destacar que, com isso, o patrimônio afetado não adquire personalidade jurídica distinta da do incorporador, não havendo verdadeira separação do patrimônio afetado em relação ao patrimônio geral, apenas uma vinculação.

O que se vincula ao regime especial são as quantias pagas pelos adquirentes, que ficam afetadas à consecução da incorporação respectiva, sendo vedado o desvio destas para outras finalidades, mas limitado ao necessário para a execução da obra e a regularização perante o registro de imóveis.

Interessante observar que despesas efetuadas pelo incorporador antes da averbação do termo de afetação devem também ser ressarcidas pelo patrimônio afetado, nos termos do art. 31-A, § 6º, da Lei n. 4.591/64: "Os recursos financeiros integrantes do patrimônio de afetação serão utilizados para pagamento ou reembolso das despesas inerentes à incorporação".

Contudo, nem tudo o que se refere à obra poderá ser afetado, pois o art. 31-A, § 8°, da lei exclui do patrimônio de afetação: "I – os recursos financeiros que excederem a importância necessária à conclusão da obra (art. 44), considerando-se os valores a receber até sua conclusão e, bem assim, os recursos necessários à quitação de financiamento para a construção, se houver; e II – o valor referente ao preço de alienação da fração ideal de terreno de cada unidade vendida, no caso de incorporação em que a construção seja contratada sob o regime por empreitada (art. 55) ou por administração (art. 58)".

Dá-se a extinção do patrimônio de afetação, nos termos do art. 31-E da lei, pela: I – averbação da construção, registro dos títulos de domínio ou de direito de aquisição em nome dos adquirentes e, quando for o caso, extinção das obrigações do incorporador perante a instituição financiadora do empreendimento; II – revogação em razão de denúncia da incorporação, depois de restituídas aos adquirentes as quantias por eles pagas (art. 36), ou de outras hipóteses previstas em lei; III – liquidação deliberada pela assembleia geral (art. 31-F, § 1°, da lei).

62.5 O CONDOMÍNIO DE LOTES

O condomínio de lotes é uma tese bastante difundida no meio imobiliário e consiste basicamente numa mescla de loteamento com condomínio edilício, formando um híbrido dos dois institutos. Para quem admite sua existência, justificam-na juridicamente com base no disposto no art. 3° do Decreto-lei n. 271, de 28 de fevereiro de 1967, que dispõe:

> Art. 3° Aplica-se aos loteamentos a Lei n. 4.591, de 16 de dezembro de 1964, equiparando-se o loteador ao incorporador, os compradores de lote aos condôminos e as obras de infraestrutura à construção da edificação.
>
> § 1° O Poder Executivo, dentro de 180 dias regulamentará este Decreto-lei, especialmente quanto à aplicação da Lei n. 4.591, de 16 de dezembro de 1964, aos loteamentos, fazendo inclusive as necessárias adaptações.

Percebe-se pela análise do dispositivo que, com sua aplicação, seria atendido o requisito essencial da prévia edificação, inerente ao condomínio edilício, pela simples construção da infraestrutura, possibilitando a criação de condomínios edilícios constituídos por meros lotes. Uma vez averbada a construção dessa infraestrutura, seria possível fazer a especificação e instituição do condomínio edilício, com a abertura das unidades autônomas constituídas apenas pelos lotes de terreno, sem nenhuma edificação feita, nem necessidade de apresentação de projeto de construção para as unidades.

Porém a aplicação de tal dispositivo não é pacífica, sendo questionada pela falta do decreto regulamentador previsto no § 1°. Além do mais, a doutrina favorável a tal tese entende, unanimemente, ser necessária lei municipal específica permitindo e regulamentando o seu uso, tanto pela necessidade urbanística,[45] quanto pela natureza híbrida desse instituto, não abrangido inteiramente pelas normas municipais para o parcelamento do solo, nem pelas do condomínio edilício.

Existem, contudo, algumas observações a serem feitas a respeito do tema.

Primeiramente, a questão da vigência ou não de tal dispositivo legal. O referido decreto dispõe, em seu art. 1º, que "o loteamento urbano rege-se por este Decreto-lei". Todavia, o art. 1º da Lei n. 6.766/79 também estabelece que "O parcelamento do solo para fins urbanos será regido por esta Lei", havendo, assim, norma mais moderna e também especial regulamentando inteiramente a mesma questão, ou seja, o parcelamento do solo urbano.

Assim, é muito forte o argumento de que o art. 1º do Decreto-lei n. 271/67 estaria revogado diante da edição da Lei n. 6.766/79. Embora referida lei não tenha revogado expressamente o dispositivo em questão nem sequer trazido regra semelhante, pode-se sustentar que o art. 1º não continua vigendo.

Isso porque a Lei n. 6.766/79 criou um novo microssistema específico e completo para o parcelamento do solo, e não simplesmente alterou algumas nuances específicas das regras então vigentes. Também não fez ressalva de admissibilidade para eventual norma anterior. Ademais, o processo legislativo para a criação da Lei n. 6.766/79 era a oportunidade perfeita para a regulamentação dessa figura híbrida, o que não ocorreu.

Existe ainda o problema da ausência do decreto regulamentador exigido pelo art. 3º, § 1º, do Decreto-lei n. 271/67. Apesar de o *caput* desse artigo determinar a aplicação supletiva da Lei n. 4.591/64 aos loteamentos, o seu § 1º exige o seguinte: "O Poder Executivo, dentro de 180 dias regulamentará este Decreto-lei, especialmente quanto à aplicação da Lei n. 4.591, de 16 de dezembro de 1964, aos loteamentos, fazendo inclusive as necessárias adaptações".

Dessa análise extraímos de forma clara que a Lei n. 4.591/64 deve ser aplicada supletivamente à lei de loteamentos, significando dizer que sobre a base jurídica da lei de loteamentos devem ser acrescidas normas da Lei n. 4.591/64. Todavia, aí surge um novo problema, decorrente da falta do decreto regulamentador, o qual poderia ter feito "as necessárias adaptações" à lei de loteamento, e não o fez.

Vale destacar que, como visto, a norma vigente quanto ao loteamento do solo urbano é a Lei n. 6.766/79 e esta lei dispõe que:

> Art. 2º (...)
> § 5º A infraestrutura básica dos parcelamentos é constituída pelos equipamentos urbanos de escoamento das águas pluviais, iluminação pública, esgotamento sanitário, abastecimento de água potável, energia elétrica pública e domiciliar e vias de circulação.
> Art. 4º Os loteamentos deverão atender, pelo menos, aos seguintes requisitos:

---

45. Lembrando que a legislação de condomínios edilícios não prevê área reservada para a municipalidade instalar equipamentos públicos e nem área verde.

I – as áreas destinadas a sistemas de circulação, a implantação de equipamento urbano e comunitário, bem como a espaços livres de uso público, serão proporcionais à densidade de ocupação prevista pelo plano diretor ou aprovada por lei municipal para a zona em que se situem.

Analisando os dispositivos transcritos acima, observamos que em um loteamento é sempre obrigatória a existência de diversas áreas públicas, além das ruas de circulação interna. Tais áreas visam a atender às diversas necessidades públicas decorrentes da urbanização de novas glebas e do consequente adensamento populacional da região. O art. 22 da Lei n. 6.766/79 determina que, com o registro especial, ocorrerá automaticamente a transmissão da propriedade de todas essas áreas para o domínio do poder público municipal.

Por isso, a aceitação do condomínio de lotes é questão polêmica no Brasil, permitido seu uso em alguns estados, e em outros, não. Contudo, predomina a permissão para seu uso.

Recentes alterações feitas pela Lei 13.465/2017 deixaram claro que o legislador quis permitir a criação do condomínio de lotes. Primeiro, foi alterado o Código Civil, inserindo no final do capítulo do Condomínio Edilício a seção "Do Condomínio de Lotes". Por essa alteração, passou a constar do Código Civil que pode haver em terrenos, partes designadas de lotes que são propriedade exclusiva e partes que são propriedade comum dos condôminos.

Por essa razão fica claro que, embora o nome seja "condomínio de lotes" e seja uma figura híbrida entre condomínio especial e o loteamento, predomina sua natureza de condomínio especial, pois, além do acima exposto, a lei determina que se aplica, no que couber, ao condomínio de lotes o disposto sobre condomínio edilício no Código Civil, respeitada a legislação urbanística.

Permite ainda, de forma expressa, a incorporação imobiliária, determinado que a implantação de toda a infraestrutura ficará a cargo do empreendedor.

Por fim, relevante destacar que sua natureza é ainda híbrida e por essa razão foi inserido no artigo 2º da LPS o § 7º, que afirma que o lote poderá ser constituído sob a forma de imóvel autônomo ou de unidade imobiliária integrante de condomínio de lotes.

62.6 O CONDOMÍNIO URBANO SIMPLES

A lei 13.465/2017 criou uma nova forma de condomínio, denominado de condomínio urbano simples. Por ela, quando um mesmo imóvel contiver construções de casas ou cômodos, poderá ser instituído condomínio urbano simples, respeitados os parâmetros urbanísticos locais, e serão discriminadas, na matrícula, a parte do terreno ocupada pelas edificações, as partes de utilização exclusiva e as áreas que constituem passagem para as vias públicas ou para as unidades entre si. Tal condomínio urbano simples é expressamente regido pela Lei 13.465/2017 em seus artigos 61 e seguintes, e, ainda, no que couber, pelo disposto na legislação civil, tal como os arts. 1.331 a 1.358 da Lei no 10.406/2002.

Assim, tal e qual o condomínio edilício comum, sua implantação requer prévia autorização municipal para verificar se foram respeitados os parâmetros urbanísticos locais e assim permitir seu registrado. Além disso, sua instituição somente ocorre com o efetivo registro, a ser feito na matrícula do imóvel cuja construção já tenha sido averbada; nesse sentido serão discriminadas a parte de uso comum de todos os condôminos e as partes de uso privativo.

Com o registro, em seguida deverão ser abertas as matrículas individuais de cada unidade autônoma, as quais podem ser livremente negociadas e transferidas sem a necessidade de anuência dos demais condôminos, da mesma forma que ocorre no condomínio especial comum.

Contudo, por força do disposto no artigo 61, a parte de uso comum não pode ser constituída por nada mais do que passagem para as vias públicas ou para as unidades entre si. Para compreender melhor isso, é importante ainda trazer a informação de que a parte final do *caput* do artigo 62 dispensa expressamente a necessidade da existência de convenção do condomínio para a instituição do condomínio urbano simples.

Isso significa que o objetivo do legislador foi possibilitar a aplicação do regime do condomínio especial para as construções menores e que, muito comumente, vêm a ser particionadas por acordo particular entre os proprietários (ou mesmo por vontade do proprietário exclusivo), os quais possuem apenas frações ideais representativas do condomínio comum. Isso ocorre com muita frequência em todas as cidades do Brasil. É o caso, por exemplo, de um sobrado em área comercial, o qual foi adaptado para passar a ser composto por diversas salas comerciais, tanto no nível térreo quanto do primeiro andar, sendo o acesso a esse andar feito por uma ou mais escadas de uso comum.

Não tem o condão de permitir obras mais elaboradas e sofisticadas, com extensa área de lazer e outras construções de uso comum dos proprietários. Até por esse motivo é que que se dispensa a convenção e se permite que a gestão das partes comuns seja feita de comum acordo entre os condôminos, podendo, caso queiram, ser formalizada por meio de instrumento particular.

Por fim, embora tenha por objetivo permitir o regime condominial especial em construções mais simples, não existe nenhum dispositivo legal na nova lei que vede a utilização da incorporação para vender tais unidades, caso o incorporador deseje fazer a prévia venda das unidades futuras que surgirão da instituição do condomínio urbano simples. Também não existe nada na Lei 4.591/64 que venha a obstar o uso da incorporação para construir imóveis dessa natureza. Pelo contrário, pois o art. 29 dessa lei deixa claro que a incorporação deve existir quando uma pessoa (física ou jurídica) desejar compromissar ou efetivar a venda de frações ideais de terreno objetivando a vinculação de tais frações a unidades autônomas, em edificações a serem construídas ou em construção sob regime condominial e responsabilizando-se pela entrega, a certo prazo, preço e determinadas condições, das obras concluídas. E o condômino urbano simples atende a todas estas exigências.

62.7. A MULTIPROPRIEDADE

A Multipropriedade foi instituída pela Le i13.777/18) e pode ser definida como sendo o regime de condomínio em que cada um dos proprietários de um mesmo imóvel é titular de uma fração de tempo, à qual corresponde a faculdade de uso e gozo, com exclusividade, da totalidade do imóvel, a ser exercida pelos proprietários de forma alternada.

Importante destacar uma importante diferenciação deste novo regime de propriedade em relação aos demais regimes condominiais, segundo o parágrafo único do artigo 1358-C do Código Civil a multipropriedade não se extinguirá automaticamente se todas as frações de tempo forem do mesmo multiproprietário.

O artigo 1.358-D do Código Civil traz características do objeto da multipropriedade, sendo elas:

a) A indivisibilidade: Esta característica difere o imóvel em sistema de multipropriedade do imóvel objeto de condomínio do código civil. Isto por que na multipropriedade o objeto não se sujeita a ação de divisão ou extinção de condomínio, ações estas que são direitos dos condôminos estabelecidos pela regra geral do condomínio civil

b) A multipropriedade inclui as instalações, os equipamentos e o mobiliário destinados a seu uso e gozo. Neste aspecto este tipo de propriedade compartilhada demonstra claramente seu aspecto único se assemelhando com a utilização de áreas comuns de condomínios edilícios, mas destas se diferenciando a medida que este uso compartilhado se dá de forma privativa de acordo com os períodos estipulados, sendo o compartilhamento não simultâneo.

Quanto aos períodos de tempos estabelecidos, no regime de multipropriedade, cada fração de tempo é indivisível. Sendo que o período correspondente a cada fração de tempo será de, no mínimo, 7 (sete) dias, seguidos ou intercalados, e poderá ser: I – fixo e determinado, no mesmo período de cada ano; II – flutuante, caso em que a determinação do período será realizada de forma periódica, mediante procedimento objetivo que respeite, em relação a todos os multiproprietários, o princípio da isonomia, devendo ser previamente divulgado; ou III – misto, combinando os sistemas fixo e flutuante.

Todos os multiproprietários terão direito a uma mesma quantidade mínima de dias seguidos durante o ano, podendo haver a aquisição de frações maiores que a mínima, com o correspondente direito ao uso por períodos também maiores.

Quanto a forma de instituição a multipropriedade pode ser instituída por ato entre vivos ou testamento, registrado no competente cartório de registro de imóveis, devendo constar daquele ato a duração dos períodos correspondentes a cada fração de tempo.

Este regime condominial, como visto anteriormente, exige a estipulação de uma convenção de condomínio que deve ser registrada no Livro 3 – Registro Auxiliar da serventia onde se situa o imóvel. Esta convenção de condomínio deve determinar no mínimo:

I – os poderes e deveres dos multiproprietários, especialmente em matéria de instalações, equipamentos e mobiliário do imóvel, de manutenção ordinária e extraordinária, de conservação e limpeza e de pagamento da contribuição condominial;

II – o número máximo de pessoas que podem ocupar simultaneamente o imóvel no período correspondente a cada fração de tempo;

III – as regras de acesso do administrador condominial ao imóvel para cumprimento do dever de manutenção, conservação e limpeza;

IV – a criação de fundo de reserva para reposição e manutenção dos equipamentos, instalações e mobiliário;

V – o regime aplicável em caso de perda ou destruição parcial ou total do imóvel, inclusive para efeitos de participação no risco ou no valor do seguro, da indenização ou da parte restante;

VI – as multas aplicáveis ao multiproprietário nas hipóteses de descumprimento de deveres.

O Código Civil prevê ainda que o instrumento de instituição da multipropriedade ou a convenção de condomínio em multipropriedade poderá estabelecer o limite máximo de frações de tempo no mesmo imóvel que poderão ser detidas pela mesma pessoa natural ou jurídica. Sendo que Em caso de instituição da multipropriedade para posterior venda das frações de tempo a terceiros, o atendimento a eventual limite de frações de tempo por titular estabelecido no instrumento de instituição será obrigatório somente após a venda das frações.

Quanto aos direitos e obrigações do multiproprietário o Código Civil estabelece em seu artigo. 1.358-I.que são direitos do multiproprietário, além daqueles previstos no instrumento de instituição e na convenção de condomínio em multipropriedade:

I – usar e gozar, durante o período correspondente à sua fração de tempo, do imóvel e de suas instalações, equipamentos e mobiliário; (Incluído pela Lei 13.777, de 2018)

II – ceder a fração de tempo em locação ou comodato;

III – alienar a fração de tempo, por ato entre vivos ou por causa de morte, a título oneroso ou gratuito, ou onerá-la, devendo a alienação e a qualificação do sucessor, ou a oneração, ser informadas ao administrador;

IV – participar e votar, pessoalmente ou por intermédio de representante ou procurador, desde que esteja quite com as obrigações condominiais, em:

a) assembleia geral do condomínio em multipropriedade, e o voto do multiproprietário corresponderá à quota de sua fração de tempo no imóvel;

b) assembleia geral do condomínio edilício, quando for o caso, e o voto do multiproprietário corresponderá à quota de sua fração de tempo em relação à quota de poder político atribuído à unidade autônoma na respectiva convenção de condomínio edilício.

No que se refere ao deveres temos que são obrigações do multiproprietário, além daquelas previstas no instrumento de instituição e na convenção de condomínio em multipropriedade: I – pagar a contribuição condominial do condomínio em multipropriedade e, quando for o caso, do condomínio edilício, ainda que renuncie ao uso e gozo, total ou parcial, do imóvel, das áreas comuns ou das respectivas instalações, equipamentos e mobiliário; II – responder por danos causados ao imóvel, às instalações, aos equipamentos e ao mobiliário por si, por qualquer de seus acompanhantes, convidados ou prepostos ou por pessoas por ele autorizadas; III – comunicar imediatamente ao administrador os defeitos, avarias e vícios no imóvel dos quais tiver ciência durante a utilização; V – não modificar, alterar ou substituir o mobiliário, os equipamentos e as instalações do imóvel; V – manter o imóvel em estado de conservação e limpeza condizente com os fins a que se destina e com a natureza da respectiva construção; VI – usar o imóvel, bem como suas instalações, equipamentos e mobiliário, conforme seu destino e natureza; VII – usar o imóvel exclusivamente durante o período correspondente à sua fração de tempo; VIII – desocupar o imóvel, impreterivelmente, até o dia e hora fixados no instrumento de instituição ou na convenção de condomínio em multipropriedade, sob pena de multa diária, conforme convencionado no instrumento pertinente; IX – permitir a realização de obras ou reparos urgentes.

No tocante as penalidades aplicáveis aos multiproprietários, as mesmas devem estar previstas expressamente na convenção de condomínio e poderão consistir em: I – multa, no caso de descumprimento de qualquer de seus deveres; II – multa progressiva e perda temporária do direito de utilização do imóvel no período correspondente à sua fração de tempo, no caso de descumprimento reiterado de deveres.

Por outro lado a própria lei já estabelece a responsabilidade pelas despesas referentes a reparos no imóvel, bem como suas instalações, equipamentos e mobiliário, que será: I – de todos os multiproprietários, quando decorrentes do uso normal e do desgaste natural do imóvel; II – exclusivamente do multiproprietário responsável pelo uso anormal, sem prejuízo de multa, quando decorrentes de uso anormal do imóvel.

No que se refere a transmissão da multipropriedade importante destacar que como é a regra geral no tocante aos promitentes compradores e os cessionários de direitos relativos a cada fração de tempo aplicam-se as regras estabelecidas na convenção de condomínio.

Neste tema ainda, a lei é clara em dispensar a anuência ou cientificação dos demais multiproprietários, não dando a estes direito de preferência (como ocorre no condomínio comum do código civil), salvo se este for instituído no instrumento de instituição ou convenção de condomínio, podendo esta preferência ser estabelecida em favor dos demais mutltiproprietários ou do instituidor do condomínio em multipropriedade.

Vale destacar que, no que se referem aos débitos atribuídos a parte da multipropriedade transmitida o Código Civil mantém a regra geral de solidariedade entre o alienante e o adquirente, salvo este tenha obtido declaração de inexistência de débitos referente à fração de tempo no momento de sua aquisição.

Quanto a forma de transferência a lei não traz nenhuma excepcionalização de modo que entendemos que a mesma deve ser instrumentalizada por escritura pública a não ser que o negócio se enquadre na exceção prevista no art. 108 do Código Civil.

Quanto ao valor fiscal atribuído entendemos que o mesmo deve ser obtido através da divisão do valor fiscal total pela quantidade de tempo transferida.

Cabe ressaltar que o regime de multipropriedade pode surgir junto com o imóvel ou ser instituído posteriormente deixando o Código Civil claro que o condomínio edilício existente pode adotar o regime de multipropriedade em parte ou na totalidade de suas unidades autônomas.

Esta pode ser a solução esperada por muitas pessoas que possuem apartamento em locais turísticos, mas que o utilizam poucas vezes ao ano. Neste caso o regime de multipropriedade poderia ser uma solução para a divisão dos custos com alienação apenas de parte do tempo da propriedade. Esta situação de fato já existia quando um grupo de amigos comprava uma propriedade no sistema de pool, todavia, a regulamentação legal veio para amparar esta necessidade dando os regramentos específicos para este compartilhamento, evitando assim conflitos entre as partes.

Para a adoção do regime de multipropriedade em parte ou na totalidade das unidades autônomas de um condomínio edilício é necessária a previsão no instrumento de instituição; ou a deliberação da maioria absoluta dos condôminos.

Neste caso a convenção de condomínio edilício deve prever, além das matérias elencadas: I – a identificação das unidades sujeitas ao regime da multipropriedade, no caso de empreendimentos mistos; II – a indicação da duração das frações de tempo de cada unidade autônoma sujeita ao regime da multipropriedade; III – a forma de rateio, entre os multiproprietários de uma mesma unidade autônoma, das contribuições condominiais relativas à unidade, que, salvo se disciplinada de forma diversa no instrumento de instituição ou na convenção de condomínio em multipropriedade, será proporcional à fração de tempo de cada multiproprietário; IV – a especificação das despesas ordinárias, cujo custeio será obrigatório, independentemente do uso e gozo do imóvel e das áreas comuns; V – os órgãos de administração da multipropriedade; VI – a indicação, se for o caso, de que o empreendimento conta com sistema de administração de intercâmbio, na forma prevista no § 2º do art. 23 da Lei 11.771, de 17 de setembro de 2008, seja do período de fruição da fração de tempo, seja do local de fruição, caso em que a responsabilidade e as obrigações da companhia de intercâmbio limitam-se ao contido na documentação de sua contratação; VII – a competência para a imposição de sanções e o respectivo procedimento, especialmente nos casos de mora no cumprimento das obrigações de custeio e nos casos de descumprimento da obrigação de desocupar o imóvel até o dia e hora previstos; VIII – o quórum exigido para a deliberação de adjudicação da fração de tempo na hipótese de inadimplemento do respectivo multiproprietário; IX – o quórum exigido para a deliberação de alienação, pelo condomínio edilício, da fração de tempo adjudicada em virtude do inadimplemento do respectivo multiproprietário.

Quando tivermos a transformação total ou parcial de unidades de um condomínio edilício em multipropriedade o regimento interno do condomínio edilício deve prever: I – os direitos dos multiproprietários sobre as partes comuns do condomínio edilício; II – os direitos e obrigações do administrador, inclusive quanto ao acesso ao imóvel para cumprimento do dever de manutenção, conservação e limpeza; III – as condições e regras para uso das áreas comuns; IV – os procedimentos a serem observados para uso e gozo dos imóveis e das instalações, equipamentos e mobiliário destinados ao regime da multipropriedade; V – o número máximo de pessoas que podem ocupar simultaneamente o imóvel no período correspondente a cada fração de tempo; VI – as regras de convivência entre os multiproprietários e os ocupantes de unidades autônomas não sujeitas ao regime da multipropriedade, quando se tratar de empreendimentos mistos; VII – a forma de contribuição, destinação e gestão do fundo de reserva específico para cada imóvel, para reposição e manutenção dos equipamentos, instalações e mobiliário, sem prejuízo do fundo de reserva do condomínio edilício; VIII – a possibilidade de realização de assembleias não presenciais, inclusive por meio eletrônico; IX – os mecanismos de participação e representação dos titulares; X – o funcionamento do sistema de reserva, os meios de confirmação e os requisitos a serem cumpridos pelo multiproprietário quando não exercer diretamente sua faculdade de uso; XI – a descrição dos serviços adicionais, se existentes, e as regras para seu uso e custeio.

Lembrando que o regimento interno poderá ser instituído por escritura pública ou por instrumento particular conforme a escolha dos condôminos.

O artigo. 1.358-R. do Código Civil traz uma exigência a mais no caso do condomínio edilício em que tenha sido instituído o regime de multipropriedade em parte ou na totalidade de suas unidades autônomas, estabelecendo que este terá necessariamente um administrador profissional. Sendo que seu § 2º estabelece também que o administrador do condomínio referido no *caput* deste artigo será também o administrador de todos os condomínios em multipropriedade de suas unidades autônomas.

O administrador será mandatário legal de todos os multiproprietários, exclusivamente para a realização dos atos de gestão ordinária da multipropriedade, incluindo manutenção, conservação e limpeza do imóvel e de suas instalações, equipamentos e mobiliário e poderá modificar o regimento interno quanto aos aspectos estritamente operacionais da gestão da multipropriedade no condomínio edilício. Sendo que este pode ser ou não um prestador de serviços de hospedagem.

Regra importante foi trazida pelo artigo 1.358-S do Código Civil ao estabelecer expressamente que na hipótese de inadimplemento, por parte do multiproprietário, da obrigação de custeio das despesas ordinárias ou extraordinárias, é cabível, na forma da lei processual civil, a adjudicação ao condomínio edilício da fração de tempo correspondente. Esta previsão legal evita toda a discussão jurisprudencial travada sobre o tema no que se refere aos condomínios edilícios.

Na hipótese de o imóvel objeto da multipropriedade ser parte integrante de empreendimento em que haja sistema de locação das frações de tempo no qual os titulares possam ou sejam obrigados a locar suas frações de tempo exclusivamente por meio de uma administração única, repartindo entre si as receitas das locações independentemente da efetiva ocupação de cada unidade autônoma, poderá a convenção do condomínio edilício regrar que em caso de inadimplência: I – o inadimplente fique proibido de utilizar o imóvel até a integral quitação da dívida; II – a fração de tempo do inadimplente passe a integrar o *pool* da administradora; III – a administradora do sistema de locação fique automaticamente munida de poderes e obrigada a, por conta e ordem do inadimplente, utilizar a integralidade dos valores líquidos a que o inadimplente tiver direito para amortizar suas dívidas condominiais, seja do condomínio edilício, seja do condomínio em multipropriedade, até sua integral quitação, devendo eventual saldo ser imediatamente repassado ao multiproprietário.

Quanto a renuncia da multipropriedade o Código Civil também traz regras especiais estabelecendo que o multiproprietário somente poderá renunciar de forma translativa a seu direito de multipropriedade em favor do condomínio edilício. A renúncia neste caso só é admitida se o multiproprietário estiver em dia com as contribuições condominiais, com os tributos imobiliários e, se houver, com o foro ou a taxa de ocupação.

Por fim, neste ponto a lei estabelece que as convenções dos condomínios edilícios, os memoriais de loteamentos e os instrumentos de venda dos lotes em loteamentos urbanos poderão limitar ou impedir a instituição da multipropriedade nos respectivos imóveis, vedação que somente poderá ser alterada no mínimo pela maioria absoluta dos condôminos.

Vistas as especificidades acima mencionadas, segundo o artigo o artigo 1.358-B do Código Civil a multipropriedade reger-se-á pelo disposto nas regras de condomínio edilício, e, de forma supletiva e subsidiária, pelas demais disposições do Código Civil observadas as disposições das Leis 4.591/64 e o Código de Defesa do Consumidor (Lei 8.078/90).

Quando o imóvel se destinar ao regime da multipropriedade, além da matrícula do imóvel, haverá uma matrícula para cada fração de tempo, na qual se registrarão e averbarão os atos referentes à respectiva fração de tempo (§ 10, art. 176, LRP). Todavia, cada fração de tempo poderá, em função de legislação tributária municipal, ser objeto de inscrição imobiliária individualizada.

Ainda sobre o seu aspecto registral na hipótese de fração de tempo destinada à realização, no imóvel e em suas instalações, em seus equipamentos e em seu mobiliário, de reparos indispensáveis ao exercício normal do direito de multipropriedade, a fração de tempo adicional, destinada à realização de reparos, constará da matrícula referente à fração de tempo principal de cada multiproprietário e não será objeto de matrícula específica.

63
DOS LOTEAMENTOS E DESMEMBRAMENTOS URBANOS

63.1 INTRODUÇÃO

Ao lado do condomínio edilício, é o parcelamento do solo urbano uma das principais formas de expansão dos centros urbanos na modernidade. Enquanto a incorporação e o condomínio edilício promovem a verticalização e o consequente adensamento populacional, o parcelamento do solo promove a expansão horizontal da cidade, que passa a ocupar uma área territorial mais extensa.

Parcelamento do solo é a subdivisão do solo, seja urbano ou rural, podendo ou não exigir registro especial, sendo, conforme o caso, atividade regida pela Lei Federal n. 6.766/79 (Lei do Parcelamento do Solo urbano – LPS) e Lei n. 6.015/73 (Lei de Registros Públicos – LRP), em seu art. 167, II, 4, ou ainda pelo Decreto-lei n. 58/37 e pela Instrução Normativa 17-b do INCRA.

No caso do solo urbano, podemos dizer que consiste na atividade de dividir áreas maiores em menores, com ou sem o aproveitamento da infraestrutura urbana já existente. Pode ocorrer por meio do loteamento (em que se cria toda a infraestrutura, especialmente com a abertura de ruas), desmembramento (em que ocorre o aproveitamento da infraestrutura existente, especialmente sem a abertura de ruas), ambas as formas regidas pela LPS, e ainda por meio do desmembramento de pequena monta, maneira regida pelo art. 167, II, 4, da LRP.

Embora seja uma atividade privada, normalmente empresarial, no final do século XX a importância social e o impacto urbanístico do parcelamento do solo urbano foram reconhecidos pelas autoridades públicas, que começaram a regulamentar intensamente a atividade, criando diversos requisitos em termos urbanísticos, de infraestrutura e documental, a fim de evitar a atuação predatória de uma minoria inescrupulosa de loteadores que se locupletavam à custa da comunidade.

Hoje a principal legislação que regulamenta a questão do parcelamento do solo urbano é a Lei Federal n. 6.766, de 1979. É importante observar que a competência legislativa da União para legislar sobre questões urbanísticas não é exclusiva, e sim concorrente com os Estados e os Municípios. Dessa forma, a União pode estabelecer regras de caráter geral, que uniformizam o procedimento, enquanto os Estados tutelam os interesses regionais, especialmente das áreas metropolitanas e eventuais conflitos entre interesses locais, bem como aos Municípios compete a especificação das regras relevantes aos interesses locais, de acordo com a realidade local.

Por fim, deve ser destacado que, embora a principal forma do parcelamento do solo seja a do solo urbano, ainda existe o parcelamento do solo rural, regulamentado pelo

Decreto-lei n. 58/37. Tal ato não se confunde com o simples destaque de área rural para a venda para terceiro, servindo, sim, para a colonização de vastas áreas, sendo ainda frequente seu uso nas áreas de expansão da fronteira agrícola.

Inicialmente abordaremos a questão do ponto de vista urbano e, ao final, abordaremos o imóvel rural.

63.2 CONCEITOS

Antes de procedermos ao detalhamento dos atos abordados neste capítulo, precisamos conceituar alguns dos elementos articulados na lei. O art. 2º da Lei n. 6.766/79 determina que o parcelamento do solo urbano poderá ser feito mediante loteamento ou desmembramento, observadas as disposições dessa lei e as das legislações estaduais e municipais pertinentes. Além disso, alguns conceitos são de extrema importância para o adequado conhecimento da LPS. Assim:

a) Parcelamento: é o fracionamento de glebas que poderá ser feito por loteamentos ou desmembramentos.

b) Loteamento: é a subdivisão de gleba em lotes destinados à edificação, com abertura de novas vias de circulação, de logradouros públicos ou prolongamento, modificação ou ampliação das vias existentes.

c) Desmembramento: é a subdivisão de gleba em lotes destinados à edificação, desde que não implique na abertura de novas vias e logradouros públicos, nem no prolongamento, modificação ou ampliação dos já existentes. Portanto, implica no aproveitamento das vias de circulação e de infraestrutura existentes.

d) Lote: terreno servido de infraestrutura básica, decorrente do loteamento ou do desmembramento, cujas dimensões atendam aos índices urbanísticos definidos pelo plano diretor ou lei municipal para a zona em que se situe. A infraestrutura básica são os equipamentos urbanos definidos em lei, a seguir elencados. No caso de parcelamentos situados nas zonas habitacionais declaradas por lei como Zonas Habitacionais de Interesse Social (ZHIS), a lei exige um pouco menos de infraestrutura, conforme indicados:

1) escoamento das águas pluviais (ZHIS);

2) iluminação pública;

3) esgotamento sanitário (ZHIS);

4) abastecimento de água potável (ZHIS);

5) energia elétrica pública e domiciliar (ZHIS);

6) vias de circulação (ZHIS).

Como novidade, a Lei 13.465/2017 inseriu o § 7º no artigo 2º da Lei 6.766/76, o qual determina que o lote poderá ser constituído sob a forma de imóvel autônomo ou de unidade imobiliária integrante de condomínio de lotes.

e) Áreas Públicas: são aquelas automaticamente transmitidas para a titularidade do poder público com o registro do loteamento (art. 22 da LPS). Contudo, não é mais apenas o registro que transmite a propriedade dessas áreas.

O parágrafo único do art. 22 saneou antiga falha na legislação, ao dispor que, na hipótese de parcelamento do solo implantado e não registrado, o Município poderá requerer, por meio da apresentação de planta de parcelamento elaborada pelo loteador ou aprovada pelo Município e de declaração de que o parcelamento se encontra implantado, o registro das áreas destinadas a uso público, que passarão dessa forma a integrar o seu domínio.

São áreas públicas aquelas destinadas a:

1) sistema de circulação;
2) implantação de equipamentos urbanos (equipamentos públicos de abastecimento de água, esgoto, energia elétrica etc.) e comunitários (equipamentos públicos de educação, cultura, saúde, lazer e similares);
3) espaços livres de uso público.

O registrador não tem mais obrigação de fiscalizar a porcentagem de áreas públicas, pois se presume verificada com a aprovação do loteamento. A porcentagem é proporcional à densidade da ocupação aprovada, sendo que o art. 4º, § 1º, determina que a legislação municipal definirá, para cada zona em que se divida o território do Município, os usos permitidos e os índices urbanísticos de parcelamento e ocupação do solo, que incluirão, obrigatoriamente, as áreas mínimas e máximas de lotes e os coeficientes máximos de aproveitamento.

f) Faixa *non aedificandi*: poderá ser exigida, complementarmente, pelo Poder Público sua reserva para manutenção/execução de equipamentos urbanos ou preservação de recursos existentes.

g) Área urbana e conversão de área rural em urbana: a LPS é lei de parcelamento do solo urbano, e não do rural; por isso, só se aplica ao parcelamento de imóveis urbanos. Para fins do registro de imóveis, não é relevante se é rural o imóvel por destinação ou localização. Basta verificar se este se encontra no cadastro imobiliário municipal, quando então será urbano, ou no cadastro de imóveis rurais do INCRA, quando então será rural.

Determina o art. 3º da LPS que somente será admitido o parcelamento do solo para fins urbanos em zonas urbanas, de expansão urbana ou de urbanização específica, assim definidas pelo plano diretor ou aprovadas por lei municipal. Ou seja, cabe ao município definir e organizar sua zona urbana, bem como definir a área em que essa zona urbana deverá crescer, transformando a parte rural em urbana.

É muito comum que o loteamento se desenvolva sobre área que era rural e passará a ser urbana ou, mais comumente, zona de expansão urbana. Para tal, o art. 53 da LPS determina que todas as alterações de uso do solo rural para fins urbanos dependerão de prévia audiência do Instituto Nacional de Colonização e Reforma Agrária (INCRA), do Órgão Metropolitano, se houver, onde se localiza o Município, e da aprovação da

Prefeitura Municipal, ou do Distrito Federal quando for o caso, segundo as exigências da legislação pertinente.

Na prática, o interessado leva ao conhecimento do INCRA a lei municipal que tornou a área em urbana ou de expansão urbana, mais a prova da inscrição dessa área no cadastro municipal, requerendo o cancelamento do cadastro nesse órgão. Analisada a regularidade da documentação, o INCRA emite termo autorizando a baixa no registro de imóveis, que deve ser requerido pelo proprietário. Tal ato é vinculado, bastando a comprovação ao INCRA da mudança da destinação do imóvel.

h) Loteamento Clandestino e Irregular: é comum que sejam usados os termos loteamento clandestino e loteamento irregular como se fossem sinônimos, mas existe diferença entre eles.

É clandestino o loteamento que surgiu sem nenhuma interferência do poder público, sem nem ter a aprovação do projeto pelo poder público local. Tais loteamentos, muitas vezes, ocorrem em áreas que são vedadas para a ocupação humana, como áreas de preservação permanentes (beira de cursos de água, lagoas, encostas etc.), que pode dificultar sua regularização ou mesmo obrigar a demolição das obras realizadas na gleba. Isso configura situação muito mais grave e desorganizada do que se for o loteamento irregular.

É irregular o loteamento que chegou a ser aprovado pelo poder público local, mas que teve descumprida alguma de suas outras obrigações, seja de registrar o loteamento no registro de imóveis, seja no descumprimento do cronograma de execuções de obra, ou mesmo na execução falha. É situação normalmente muito menos caótica e, por ter a aprovação do poder público local, obriga este a zelar pela adequada conclusão do empreendimento.

63.3 DO PROJETO

O loteamento (incluindo o desmembramento) traz implicações não somente urbanísticas, com o aumento horizontal da cidade, mas também ambientais, impactando no ambiente urbano, na cobertura vegetal da cidade, em questões de cursos naturais de água, água pluvial, esgoto, lixo, mobilidade urbana etc.

Por essa razão é que o projeto de loteamento (e de desmembramento), para ser aprovado, deve atender a uma série de requisitos urbanísticos e também ambientais. Tal aprovação constitui limitação ao poder de dispor do proprietário, limitação esta que se justifica diante do impacto social e ambiental do parcelamento. Até por isso também é que constitui crime qualificado (conforme art. 50, parágrafo único, I, da Lei n. 6.766/79)[46] a venda de lotes antes do seu registro na serventia imobiliária competente.

---

46. Art. 50. Constitui crime contra a Administração Pública.
    I - dar início, de qualquer modo, ou efetuar loteamento ou desmembramento do solo para fins urbanos, sem autorização do órgão público competente, ou em desacordo com as disposições desta Lei ou das normas pertinentes do Distrito Federal, Estados e Municípios;

Inicialmente o projeto deverá ser apresentado para aprovação preliminar perante a municipalidade e deve seguir as regras e requisitos dos artigos iniciais da LPS, especialmente dos arts. 12 ao 17, bem como as posturas municipais aplicáveis ao caso.

Mas a própria LPS determina que aos Estados caberá disciplinar a aprovação pelos Municípios dos loteamentos e desmembramentos nas seguintes condições:

> I – quando localizados em áreas de interesse especial, tais como as de proteção aos mananciais ou ao patrimônio cultural, histórico, paisagístico e arqueológico, assim definidas por legislação estadual ou federal;
>
> II – quando o loteamento ou desmembramento localizar-se em área limítrofe do Município, ou que pertença a mais de um Município, nas regiões metropolitanas ou em aglomerações urbanas, definidas em lei, estadual ou federal;
>
> III – quando o loteamento abranger área superior a 1.000.000 m² (um milhão de metros quadrados).

Por fim, às vezes nem mesmo poderá o poder público local aprovar o projeto. É o que ocorre no caso de o imóvel estar situado em alguma das regiões metropolitanas. Nesse caso, o projeto de loteamento ou desmembramento localizado em área de Município integrante de região metropolitana, o exame e a anuência prévia à aprovação do projeto caberão à autoridade metropolitana.

63.4 O ART. 18 DA LEI 6.766/79 E DEMAIS DOCUMENTOS NECESSÁRIOS

Superadas as necessárias aprovações locais e, conforme o caso, estaduais, deve a parte apresentar o projeto de desmembramento ou de loteamento para registro no registro de imóveis em cuja área de competência territorial se encontra o imóvel. Para isso, deve apresentar requerimento específico e ainda apresentar anexo todo o extenso rol de documentos previstos pelo art. 18 da LPS, além de alguns outros previstos na lei.

Tal requerimento pode ser apresentado na forma de instrumento particular (com firmas reconhecidas), embora nada vede que seja por meio de escritura pública. Deve ser assinado por todos os proprietários, inclusive por cônjuge que, pelo regime de bens, não tenha a propriedade, nem tenha que normalmente prestar a outorga uxória. Isso

---

II - dar início, de qualquer modo, ou efetuar loteamento ou desmembramento do solo para fins urbanos sem observância das determinações constantes do ato administrativo de licença;

III - fazer ou veicular em proposta, contrato, prospecto ou comunicação ao público ou a interessados, afirmação falsa sobre a legalidade de loteamento ou desmembramento do solo para fins urbanos, ou ocultar fraudulentamente fato a ele relativo.

Pena: Reclusão, de 1(um) a 4 (quatro) anos, e multa de 5 (cinco) a 50 (cinquenta) vezes o maior salário mínimo vigente no País.

Parágrafo único: O crime definido neste artigo é qualificado, se cometido.

I - por meio de venda, promessa de venda, reserva de lote ou quaisquer outros instrumentos que manifestem a intenção de vender lote em loteamento ou desmembramento não registrado no Registro de Imóveis competente.

II - com inexistência de título legítimo de propriedade do imóvel loteado ou desmembrado, ressalvado o disposto no art. 18, §§ 4º e 5º, desta Lei, ou com omissão fraudulenta de fato a ele relativo, se o fato não constituir crime mais grave

Pena: Reclusão, de 1 (um) a 5 (cinco) anos, e multa de 10 (dez) a 100 (cem) vezes o maior salário mínimo vigente no País.

ocorre pelo fato de a LPS, em seu art. 18, VII, exigir o expresso consentimento do cônjuge para que se loteie a área, independentemente de ser comunheiro ou não e também do regime de bens. Sendo qualquer das partes representada por procurador, deve ser apresentada procuração particular, com firma reconhecida por tabelião de notas, ou pública, qualquer uma contendo poderes expressos para requerer o registro do loteamento ou anuir com este.

Esse requerimento deverá descrever detalhadamente o imóvel sobre o qual recairá o registro especial, nos termos do art. 225, *caput* e § 1º, da LRP, conforme descrição constante da matrícula, com a indicação de seu número.

Questão interessante que pode ocorrer é na eventualidade de o imóvel a ser loteado abranger várias matrículas. Como regra geral, em respeito ao princípio da unitariedade da matrícula, nesses casos devem os registros ser unificados/fundidos em uma só matrícula para, só então, promover o registro especial. Se não for possível, deve então ser promovido o registro especial em cada uma das áreas distintas. Feitas as considerações gerais, passemos à análise dos documentos específicos exigidos pela LPS.

63.4.1 Título de propriedade (art. 18, I, LPS)

Esse dispositivo exige a apresentação do próprio título, que deve estar devidamente registrado e que atribuiu ao loteador a propriedade do imóvel (exs.: escritura de aquisição; formal de partilha; carta de sentença etc.). Tal regra é excepcionada pelo § 4º do mesmo artigo, que determina não ser necessário apresentar tal título no caso de parcelamento popular, destinado às classes de menor renda, em imóvel declarado de utilidade pública, com processo de desapropriação judicial em curso e imissão provisória na posse. Isso decorre da força originária da aquisição que se opera em função da desapropriação judicial.

63.4.2 Histórico dos títulos de propriedade do imóvel, acompanhados dos respectivos comprovantes (art. 18, II, LPS)

O histórico dos títulos de propriedade do imóvel, abrangendo os últimos vinte anos, é simples relatório que narra a forma em que os proprietários anteriores adquiriram a propriedade do imóvel. Deve ser instruído com cópias autenticadas ou originais, ou certidões da autoridade que elaborou o documento (exs.: escritura de venda e compra, certidão do tabelião etc.),[47]15, de cada um dos títulos registrados mencionados, bem como da certidão vintenária do imóvel, a fim de permitir a conferência da veracidade de suas informações.

---

47. Cabe destacar que existe outra corrente, também expressiva, que sustenta não ser necessária a apresentação destes títulos, bastando a referência a eles constante do histórico instruído com a certidão da matrícula do imóvel, a qual serviria de comprovante. Contudo, não nos filiamos a esse entendimento, pois, embora seja facilitadora do processo de registro, não permite o exame dos termos e condições constantes do título anteriormente registrado, a fim de apurar eventuais omissões e falhas que possam impactar nessa aquisição antecedente e que possa, por sua vez, impactar na segurança dos futuros compradores dos lotes que serão criados.

Eventual ônus real existente não irá necessariamente obstar o registro do loteamento, mas pressupõe a anuência do titular do direito real sobre a coisa alheia e implicará no transporte integral deste ônus para cada uma das matrículas dos novos lotes, desde que não impeça a alienação dos lotes futuros ou o registro do próprio loteamento.

63.4.3 Certidões (art. 18, III e IV, LPS)

Todas as certidões devem ser relativas aos proprietários atuais e seus cônjuges (mesmo que não seja meeiro); também, como regra geral, é necessário apresentar a certidão de todos os proprietários anteriores, no período de 20 anos indicado pela lei (apurado pela data do registro efetuado na matrícula). Isso é de grande importância, pois difere do procedimento da incorporação, que não a exige, mas que é usado, de forma errônea, em muitos registros de imóveis quando do registro da incorporação.

Relevante observar ainda que todas as certidões deverão ser extraídas na comarca da situação do imóvel e, se distintas, naquelas onde domiciliadas as pessoas anteriormente mencionadas. Sendo o loteador o poder público, são dispensáveis as certidões negativas de débitos tributários, de ações penais e cíveis, bem como de protesto de títulos, conforme ensinam Vicente Celeste Amadei e Vicente de Abreu Amadei.

Estes mesmos autores ensinam que a existência de certidão positiva pode ou não impedir o registro do loteamento. Isso depende de a situação de risco indicada pela certidão indicar risco concreto (que impede) ou mero risco potencial (que não impede), servindo este último para acautelar o eventual comprador, que terá condição de ter pleno conhecimento dos riscos do negócio que pretende celebrar:

a) Risco concreto: Certidões de Tributos (qualquer que seja) e de Ações Reais.

b) Risco potencial: Certidões de Protesto e de Ações Pessoais.

Importante destacar que o risco potencial não obsta, necessariamente, o registro, mas indica existência de risco. Desta forma, fica ao prudente critério do registrador imobiliário proceder ao registro ou não do loteamento, mediante documentação apresentada pelo loteador de que o risco é aceitável (exemplo disto ocorre no caso de a dívida ser de valor total baixo e o patrimônio total do loteador, de grande monta, superar em muito o valor da dívida). Se o oficial do Registro de Imóveis julgar insuficiente a comprovação feita, deverá suscitar dúvida para o juiz corregedor permanente nos termos do art. 18, § 2º, da LPS.

Caso a certidão não indique prazo de validade específico próprio, é prudente e razoável que o oficial exija que não tenham sido expedidas há mais de três meses, face à velocidade das transações operadas na modernidade e à consequente agilidade na mutação da situação documentada pela certidão apresentada.

São certidões que devem ser apresentadas:

1) Tributos incidentes sobre o imóvel (Certidão negativa ou positiva com efeito de negativa):

- Tributos federais – em regra, as certidões neste caso serão apenas a emitida conjuntamente pela SRF/PGN, e que abrange também os débitos gerais com o e a do INSS. Note que, se o imóvel for terreno de marinha (enfiteuse da União), requer-se CND do SPU. Se ainda o imóvel foi rural até cinco anos atrás, deve ser exigida também a CND do ITR.

- Tributos Estaduais.
- Tributos Municipais – a CND é vinculada ao número de cadastro do imóvel na prefeitura local.

2) Certidão do distribuidor – deve ser apresentada tanto do loteador (sempre com a do cônjuge também) quanto de todos que tenham sido titulares de direitos reais sobre a gleba nos últimos 10 anos:

- Justiça Federal – Cível e Criminal (o período da pesquisa de cada certidão é de 10 anos).
- Justiça do Trabalho – do distribuidor (para ações em curso) e também a CNDT.
- Justiça Estadual – Cível (Ações Reais e Pessoais) e Criminal.

Tratando-se de pessoa jurídica, as certidões dos distribuidores criminais deverão referir-se aos representantes legais da loteadora. Tratando-se de empresa constituída por outras pessoas jurídicas, tais certidões deverão referir-se aos representantes legais destas últimas.

Sempre que das certidões constar a distribuição de ações cíveis/criminais/trabalhistas, deve ser apresentada certidão complementar, denominada na prática forense de certidão de objeto e pé, esclarecedora de seu desfecho ou estado atual, a não ser que pela própria natureza da ação, desde logo aferida da certidão do distribuidor, não tenha qualquer repercussão econômica, ou, de outra parte, relação com o imóvel objeto do loteamento.

3) Protesto de título.

Tanto do loteador (sempre com a do cônjuge também) como dos que foram titulares de direitos reais sobre a gleba nos últimos 10 anos. O protesto não necessariamente irá obstar o registro. Contudo, se configurar risco concreto (ex.: ser, ao todo, de valor alto; apontado para fins falimentares), irá obstar o registro.

4) Certidão negativa de ônus reais do imóvel.

É certidão emitida pelo Registro de Imóveis, relativo ao imóvel a ser loteado. Havendo algum ônus gravando o imóvel, em regra, tal fato não será impeditivo do registro se o titular do ônus inscrito anuir expressamente com o loteamento. Se isso ocorrer, tal ônus será transportado para cada lote a ser aberto.

Porém, no caso da alienação fiduciária de bem imóvel em garantia, como regra geral, esta obstará o registro especial, pois é direito real de garantia sobre bem próprio, ou seja, o credor é o dono do imóvel com condição resolutiva, e o devedor-fiduciante é proprietário com condição suspensiva. Somente será permitido o registro se ambos requererem, constando ainda expressamente a autorização do credor para que se proceda a venda das unidades futuras por parte do devedor-fiduciante.

63.4.4 Memorial descritivo da área loteada (art. 9º, § 2º, LPS)

É uma descrição, o mais detalhada possível, do imóvel e do projeto do loteamento que se implantará, tanto no aspecto físico quanto no dominial, bem como de seu uso após o fracionamento em lotes.

Devem constar de referido memorial:

a) Descrição detalhada do imóvel, inclusive indicando número de matrícula e o registro aquisitivo.

b) Indicação e qualificação do proprietário (ou dos proprietários).

c) Descrição geral e sucinta do loteamento (área total, quadras, lotes em cada uma, a destinação – residencial ou comercial, quantidade de ruas, equipamentos urbanos e sistemas de lazer, em todos estes com indicação da área ocupada na gleba original, infraestrutura em geral, como luz, água e esgoto etc.). Importantíssimo constar a clara indicação de quais são as áreas públicas que passarão automaticamente, com o registro, para o domínio do poder público.

d) Conter indicação de aprovação pela Municipalidade, com data e local. Deve indicar ainda se houve aprovação por outras repartições necessárias, conforme a legislação local e estadual.

e) Indicação sucinta do cronograma (se houver) de execução das obras – caso as obras já estejam concluídas, deve ser declarado isso e apresentado o Termo de Vistoria e Conclusão das Obras em sua integralidade, emitido pelo poder público municipal. Nessa hipótese, fica dispensada a garantia da execução.

f) Indicação adequada da garantia de execução da obra e aceitação pela municipalidade (caso haja cronograma de execução de obras).

Muito cuidado deve ser tomado no memorial para se ter certeza de que o imóvel descrito e sua área total correspondem aos que figuram na matrícula. Caso o loteador pretenda adotar alguma restrição convencional para os futuros adquirentes dos lotes (ex.: imposição de área mínima construída; restrição quanto ao desdobro dos lotes etc.), deve indicá-la, solicitando que figure do registro e das matrículas dos lotes. Tais restrições nunca poderão se referir às áreas do domínio público.

63.4.5 Termo de aprovação (art. 10, LPS)

É a apresentação de simples Termo de Aprovação do Loteamento pela autoridade pública local, de forma a instruir o processo a ser arquivado na serventia.

63.4.6 Cronograma de execução das obras (art. 9º, *caput*)

O loteador pode realizar todas as obras antes de proceder ao registro do loteamento (mas sem vender área alguma). Porém, o mais usual é que estipule um prazo para a execução dessas obras, conforme cronograma apresentado e aprovado pelo poder público. O prazo máximo admitido pela LPS é de 4 anos, a contar do registro do loteamento.

63.4.7 Instrumento de garantia (art. 9º)

Toda vez que o loteador for executar as obras de infraestrutura por meio de cronograma de obras, é necessária a apresentação de garantias de seu cumprimento. Não há regra na LPS que delimite as garantias aceitáveis. Tal ato compete à legislação local ou, na omissão, à prudência administrativa do executivo local, jamais devendo o registrador entrar em seu mérito. Normalmente é feito por meio de garantia real, usualmente por meio de hipoteca de lotes futuros, ou mesmo pela alienação fiduciária destes. Porém, pode a garantia ser também fidejussória, sendo mais comum, nesses casos, a fiança bancária.

Em todo caso, obrigatoriamente deve constar da garantia que só findará com a integral conclusão das obras. Sendo garantia real, deve ser apresentada para registro com os demais documentos do registro do loteamento, aplicando-se ainda as regras usuais do art. 108 do Código Civil.

Em todo caso, a garantia é prestada sempre a favor da Municipalidade local, pois esta será responsável pela execução das obras em caso de inadimplemento do loteador. A adequação da garantia prestada é de exclusiva responsabilidade do município, não competindo ao registro indagar de sua adequação, salvo previsão de garantia expressamente constante de lei local, quando, então, deverá zelar para o cumprimento da legislação local.

63.4.8 Planta do loteamento (art. 9º, LPS)

As plantas precisam ser as mais completas possíveis, contendo, além da certificação de aprovação pelo poder municipal, os seguintes elementos:

a) Indicação de cada quadra e dos lotes a ela subordinados.

b) Identificação de cada lote (ex.: 1, 2, 3 etc.), por quadra.

c) Indicação precisa, na respectiva confrontação, de cada medida perimetral (confrontações) e suas áreas, de cada lote e das áreas públicas.

d) Sendo lotes/áreas públicas (destinados para praças, postos de saúde etc.) de formato geométrico irregular, deve indicar o ângulo interno de deflexão.

e) Constar as curvas de níveis.

63.4.9 Relação dos lotes (art. 9º, LPS)

É a descrição detalhada, por escrito, de cada lote e das áreas públicas, necessária para abertura das respectivas matrículas. Cada lote e área pública (menos as ruas) devem ser descritos da seguinte forma:

a) localização e nome do logradouro para o qual faz frente;

b) número do lote e sua quadra;

c) distância métrica da esquina mais próxima;

d) se tem formato geométrico regular ou irregular (nesse último caso, será necessário indicar os ângulos de deflexão interna);

e) medidas perimetrais (ex.: medindo de frente para a Rua 01 10,00 metros; medindo do lado direito, de quem da rua olha para o terreno, 25,00 metros);

f) área do terreno;

g) todos os confrontantes, indicando preferencialmente imóvel (ex.: confrontando de frente com a Rua 01; na direita, de quem da rua olha para o terreno, com Lote 03 desta quadra; na esquerda, de quem da rua olha para o terreno, com o Lote 05 desta quadra e nos fundos com os Lotes 22 e 21 desta quadra);

h) se houver medida em curva, além de indicar a medida do perímetro, necessário indicar também, tanto na planta quanto na descrição, o raio interno da curvatura;

i) a designação cadastral atribuída pela prefeitura municipal, se houver.

63.4.10 Contrato-padrão – obrigatório (arts. 18, VI, e 26 da LPS)

É obrigatória a apresentação, por parte do loteador, de minuta-padrão dos contratos de compromisso de venda e compra. Registrado o loteamento, o modelo depositado é vinculante para o loteador, que o deverá seguir exatamente sempre, podendo alterar apenas as partes variáveis. Nada impede que se proceda, a qualquer tempo, à alteração posterior do modelo do contrato depositado. Porém, somente vinculará os contratos celebrados após seu depósito no registro de imóveis.

A LPS determina que a minuta depositada deverá conter, pelo menos, as seguintes indicações:

a) nome, registro civil, cadastro fiscal no Ministério da Fazenda, nacionalidade, estado civil e residência dos contratantes;

b) denominação e situação do loteamento, número e data da inscrição;

c) descrição do lote ou dos lotes que forem objeto de compromissos, confrontações, área e outras características;

d) preço, prazo, forma e local de pagamento, bem como a importância do sinal;

e) taxa de juros incidentes sobre o débito em aberto e sobre as prestações vencidas e não pagas, bem como a cláusula penal, nunca excedente a 10% (dez por cento) do débito e só exigível nos casos de intervenção judicial ou de mora superior a 3 (três) meses (vide discussões a seguir, pois, não obstante sua redação, requer uma leitura conjunta com o Código de Defesa do Consumidor);

f) indicação sobre a quem incumbe o pagamento dos impostos e taxas incidentes sobre o lote compromissado;

g) declaração das restrições urbanísticas convencionais do loteamento, supletivas da legislação pertinente.

Nesse item, o aspecto mais relevante para o registrador é que constitui dever deste conferir o contrato para impedir que figurem cláusulas abusivas no seu bojo. Vicente Celeste Amadei e Vicente de Abreu Amadei (*Como lotear uma gleba*, p. 169) citam como exemplos de cláusulas abusivas:

I – Cláusula de retratabilidade, pois o contrato de promessa de venda e compra de imóvel loteado é sempre irretratável (art. 25, LPS).

II – Cláusula impeditiva de adjudicação compulsória ou que negue seu registro (art. 25, LPS).

III – Vedação de transferência do lote pelo comprador, ou que condicione à anuência do loteador.

IV – Considerar o contrato rescindido em caso de falência ou recuperação de qualquer das partes (art. 30, LPS).

V – Cláusula prevendo que se considere, em caso de inadimplemento do adquirente, o contrato automaticamente rescindido, independentemente de prévia notificação, ou que negue a possibilidade de purgar a mora (art. 32, caput e §§ 1º e 2º, LPS).

VI – Conter, para o caso de rescisão por inadimplemento do adquirente, cláusula de não indenizar as acessões e as benfeitorias necessárias ou úteis, feitas em conformidade com o contrato e com a lei (art. 34, LPS).

VII – Cláusula que determine o uso compulsório da arbitragem, que imponha representante para concluir ou realizar outro negócio (art. 51, VII e VIII, do Código de Defesa do Consumidor).

VIII – Cláusula que estipule pagamento em ouro ou moeda estrangeira (art. 1º do Decreto-lei n. 857/69 e art. 53, § 3º, do Código de Defesa do Consumidor) ou use o dólar como indexador (entendimento jurisprudencial do Tribunal de Justiça de São Paulo).

IX – Estipulação de taxa de administração para outorga de escrituras definitivas ou para anuir em cessões (transferências dos lotes), pois tais atos são obrigações do loteador.

X – Previsão de múltiplos indexadores – é abusivo se for determinado o uso daquele que for maior ou de um valor mediano. Pode ser usado um indexador e prever, no caso de não mais vir a existir tal indexador, outro subsidiariamente.

XI – Cláusula penal (ou multa por descumprimento da obrigação no prazo estipulado). Há certo imbróglio, pois o art. 26, V, da LPS admite até 10%, mas o Código de Defesa do Consumidor em seu art. 52, § 1º, só admite até 2%. Nesse caso deve prevalecer o Código de Defesa do Consumidor, por se tratar de relação de consumo.

XII – Cláusula que estipule cobrança do custo de obras de infraestrutura – não se admite com cláusula à parte, pois tais despesas devem ser embutidas no custo do lote vendido.

Os referidos autores são cautelosos com o caso especial de devolução ou perda de parcelas pagas, seja por desistência do negócio, seja pela incapacidade em pagar do adquirente. Ensinam que constitui caso especial, pois necessita da interpretação conjunta do art. 35 da Lei n. 6.766/79 com o art. 53 do Código de Defesa do Consumidor. Concluem que o procedimento correto depende da porcentagem do preço total que já foi pago pelo adquirente. Dependendo desse valor, deve ser aplicada uma legislação ou outra:

I – Pago mais de 1/3 do preço: o loteador deve devolver tudo o que foi pago (art. 35 LPS), podendo apenas descontar a cláusula penal, limitada a 2%, mas tal cláusula só é exigível no caso de intervenção penal ou mora superior a 3 meses.

II – Pago até 1/3 do preço: não pode haver perda total do que foi pago pelo adquirente, mas também não há o dever de devolver tudo por parte do loteador, sendo assim afastado o art. 35 da LPS e aplicável o art. 53 do Código de Defesa do Consumidor.

Assim, admite-se a cláusula de perda parcial da quantia paga até 1/3 do valor total. Essa porcentagem de perda tem como limite o valor máximo de 10% do 1/3 cheio, admitindo-se porcentagens de perda variáveis, conforme o montante total já pago (porcentagem maior, no início do cumprimento do contrato, e menor, perto do pagamento do 1/3).

63.4.11 Comunicação e publicação de edital (art. 19, LPS)

Uma vez examinada e encontrada em ordem a documentação, o oficial do Registro de Imóveis encaminhará comunicação à Prefeitura, antes do registro, conforme art. 19 da LPS. Feito isso, o oficial irá redigir edital do loteamento, em resumo e com pequeno desenho de localização da área, e o entregará à parte para que providencie sua publicação em três dias consecutivos.

O edital será publicado apenas no jornal de circulação local. Não havendo, em jornal de circulação da região. Se o jornal local não for diário, a publicação nele será feita em 3 (três) dias consecutivos de circulação. Nas capitais, a LPS exige ainda que a publicação seja feita, também, no Diário Oficial.

63.5 O REGISTRO DO LOTEAMENTO E SEUS EFEITOS

Com o registro do loteamento, fica facultada ao oficial a abertura, desde o momento do registro, das matrículas dos lotes criados em conformidade com o projeto apresentado. Porém, isso não é obrigatório, podendo ser abertas as matrículas conforme forem demandadas, salvo se expressamente requerido pelo loteador, quando do requerimento do registro do loteamento ou em ato posterior, a qualquer tempo.

Para se ter o controle disso, a prática registral de muitos estados criou uma ficha auxiliar das matrículas, em que se relacionam os lotes agrupados pelas quadras, deixando um espaço em branco para o número da matrícula que foi ou que será aberta. De qualquer forma, caso não se adote tal sistema de ficha auxiliar, deve a abertura da matrícula de cada lote ser, então, averbada na matrícula-mãe do loteamento.

Além de permitir o fracionamento da gleba-mãe, em função do registro do loteamento, determina o art. 22 da LPS que, desde essa data, passam a integrar o domínio do Município as vias e praças, os espaços livres e as áreas destinadas a edifícios públicos e outros equipamentos urbanos, constantes do projeto e do memorial descritivo. Inclusive, a redação de seu parágrafo único estabelece que, na hipótese de parcelamento do solo implantado e não registrado, o Município poderá requerer, por meio da apresentação de planta de parcelamento elaborada pelo loteador ou aprovada pelo Município e de declaração de que o parcelamento se encontra implantado, o registro das áreas destinadas a uso público, que passarão dessa forma a integrar o seu domínio.

Questão interessante, decorrente desse registro especial, é a previsão do art. 26, § 6º, da LPS, que dispõe que os compromissos de compra e venda, as cessões e as promessas de cessão valerão como título para o registro da propriedade do lote adquirido, quando acompanhados da respectiva prova da quitação. Isso é uma exceção ao art. 108 do Código Civil e à regra geral da escritura pública. Sendo exceção, deve ser interpretada restritivamente.

Inicialmente deve ser apresentada prova inequívoca de quitação. Pairando qualquer dúvida, há de ser rejeitada. Se instrumento particular, cai na regra geral do art. 221, II, da LRP, exigindo-se, por isso, as firmas reconhecidas das partes e testemunhas, além da prova do recolhimento do ITBI e demais documentos normalmente exigidos para o registro de instrumentos particulares desprovidos de fé pública.

Outro aspecto interessante decorrente do registro do loteamento é que este constitui exceção à regra geral do nosso sistema de publicidade indireta do registro. Enquanto a regra é de que o usuário somente tem acesso às informações dos registros por meio de certidões, nunca acessando diretamente os livros e as fichas, no loteamento o legislador optou por criar uma exceção.

Foi estabelecida a possibilidade de publicidade direta, sendo franqueado aos interessados acesso direto ao processo de loteamento e aos contratos depositados em cartório, que poderão ser examinados por qualquer pessoa, a qualquer tempo, independentemente do pagamento de custas e emolumentos, ainda que a título de busca (art. 24, LPS). Tal medida visa aumentar a transparência da documentação para os eventuais adquirentes, que poderão analisar todo o extenso rol de documentos apresentados.

Por fim, cumpre destacar que, após o registro do loteamento, a eventual falência das partes tem efeitos reduzidos, já que a lei em seu art. 30 determina que a sentença declaratória de falência ou insolvência de qualquer das partes não rescindirá os contratos que tenham por objeto a área loteada ou lotes dela. Se a falência ou insolvência for do proprietário da área loteada ou do titular de direito sobre ela, incumbirá ao síndico ou ao administrador dar cumprimento aos referidos contratos; se do adquirente do lote, seus direitos serão levados à praça.

63.5.1 Fraude à LPS

Em razão de a LPS possuir grande rigor documental, e de ser difícil atender às suas exigências, muitos loteadores, por uma razão ou outra, buscam formas de burlar as previsões contidas nesta lei. Uma forma clássica de tentar burlar a LPS é pelo desdobro sucessivo da mesma área. Muitos estados possuem entendimentos, seja jurisprudencial, seja doutrinário, ou mesmo determinação expressa em seus códigos de normas, de que até determinado número de áreas resultantes fica dispensado o registro especial. Daí o loteador de má fé, conhecedor disso, promove inicialmente o desdobro simples da área inicial no número máximo permitido para a dispensa. Logo depois promove novamente o desdobro máximo permitido nas matrículas incialmente resultantes, e daí sucessivamente, até esgotar o potencial da área. Por óbvio, isto é uma fraude que deve ser obstado pelo registro de imóveis.

Outra forma clássica é pela doação de área para a municipalidade, com o objetivo de esta área ser convertida em rua. Em seguida, a parte ingressa no registro de imóveis com pedido de desdobro simples da área remanescente, que agora passa a ter confrontação com rua. Lembrando que, por determinação da LPS, sempre que for necessário abrir ou prolongar rua é necessário promover o registro do loteamento, não importando quantos lotes irão resultar disso. Não se deve confundir tal situação com a desapropriação de área, feita pela municipalidade, para promover a abertura ou prolongamento de rua, pois, nesse caso, não existe a finalidade fraudatória caracterizada pela doação.

A forma mais difundida é o uso de frações ideais com áreas certas e determinadas, no imóvel rural. Ou seja, cria o condomínio comum do Código Civil, mas já definindo a área de cada um, o dito condomínio *pro diviso*. Tal condomínio na verdade não existe perante o direito, sendo apenas forma de classificação doutrinária de quando já existe a extinção fática do condomínio comum, mas que ainda não ocorreu de direito no plano jurídico.

Por isso não se deve jamais admitir a registro qualquer ato que estipule fração ideal vinculada a área certa e determinada, pois esse é um grande instrumento de burla das leis do parcelamento do solo, devendo tal conduta ser fortemente combatida pelas autoridades públicas, inclusive o registro de imóveis, pois somente beneficia o loteador que deixa de apresentar os documentos e as garantias necessárias para um desenvolvimento urbano seguro e saudável, muitas vezes transferindo dessa forma grande parte do custo de implantação do loteamento para a coletividade, aumentando seu lucro em detrimento da sociedade.

Recentemente foi criada uma nova forma de fraude à LPS, dessa vez por meio da criação de associação. Em seu estatuto social, além de constar os objetivos obrigatórios de qualquer associação (esporte lazer, cultura etc.) são inseridos diversos dispositivos que deixam claro que o objetivo real é a constituição de um condomínio de moradores, inclusive fazendo referência expressa a questões como taxa de condômino, regras para o uso das coisas comuns, aos lotes dos moradores e limitações aos tipos de construções que os moradores poderão realizar.

Tal modalidade de fraude é impossível para um registro de imóveis puro barrar, uma vez que quem deve obstar isto é o registro de títulos e documentos e civil da pessoa jurídica em que se busca o registro constitutivo dessa associação fraudulenta, com base no artigo 115 da Lei 6.015/73.

63.6 ALTERAÇÃO E CANCELAMENTO DO LOTEAMENTO APÓS SEU REGISTRO

Qualquer alteração do projeto do loteamento, uma vez registrado, deve seguir o previsto no art. 28 da lei. Qualquer alteração ou cancelamento parcial do loteamento registrado dependerá de acordo entre o loteador e os adquirentes de lotes atingidos pela alteração, bem como da aprovação pela Prefeitura, devendo ser depositado no RI, em complemento ao original com a devida averbação. A anuência deve ser da totalidade dos adquirentes, estando ou não com título registrado. Isso implica que, após certo período de vendas, fica quase impossível a alteração ou cancelamento parcial do loteamento.

Dependendo do grau da alteração, pode implicar na necessidade de se refazer inteiramente o processo de aprovação. Por exemplo, se a alteração acarretar significativo adensamento populacional, necessidade de implantação de novos equipamentos urbanos ou impacto ambiental, por exemplo, deve-se exigir também nova aprovação dos órgãos estadual e municipal competentes; alteração que implique em novas aberturas de vias públicas poderá exigir até novo registro especial, cancelando o originalmente realizado.

Se for necessário o cancelamento do registro especial, só poderá ser feito (conforme art. 23 da LPS): I – por decisão judicial; II – a requerimento do loteador, com anuência da Prefeitura, ou do Distrito Federal quando for o caso, enquanto nenhum lote houver sido objeto de contrato; III – a requerimento conjunto do loteador e de todos os adquirentes de lotes, com anuência da Prefeitura, ou do Distrito Federal quando for o caso, e do Estado.

Não sendo autorizado o cancelamento por decisão judicial, o registro de Imóveis fará publicar, em resumo, edital do pedido de cancelamento, podendo este ser impugnado no prazo de 30 (trinta) dias contados da data da última publicação. Findo esse prazo, com ou sem impugnação, o processo será remetido ao juiz competente para homologação do pedido de cancelamento, ouvido o Ministério Público. Determina a lei que essa homologação deverá ser precedida de vistoria judicial destinada a comprovar a inexistência de adquirentes instalados na área loteada.

63.7 DISTINÇÃO ENTRE CONDOMÍNIO E LOTEAMENTO

O condomínio edilício e o parcelamento do solo urbano, o qual é predominantemente realizado por meio do loteamento, são institutos distintos e que não se confundem.

O condomínio edilício tem como requisito para poder ser constituído a existência de "(...) edificações, partes que são propriedade exclusiva, e partes que são propriedade comum dos condôminos".[48] Ou seja, sua instituição requer a existência de edificações. Não é por outra razão que o Código Civil o denomina condomínio edilício.

Flauzilino dos Santos observa que o instituto "(...) traz em si a ideia de uma construção de vulto, para fixar-se no gênero edificações de que tanto edifício quanto casas térreas ou assobradadas são espécies".[49]

Muito embora uma das características mais importantes do condomínio seja a necessidade de existência de edificação, existem outras características importantes, sendo que algumas, para os fins desse estudo, merecem especial destaque:

a) o condomínio edilício é regulamentado pelos arts. 1.331 e seguintes do Código Civil e também pelos artigos da Lei n. 4.591/64 com eles compatíveis;

b) a constituição desse tipo de condomínio é feita pela união indissolúvel da propriedade exclusiva com a propriedade comum de bens (art. 1.331 do Código Civil);

c) todos os proprietários devem seguir a convenção do condomínio e seu regimento interno registrados no cartório de registro de imóveis (arts. 1.333 e 1.334, V, do Código Civil);

d) toda a área do condomínio, seja de propriedade exclusiva, seja de propriedade comum, é particular e pertence aos condôminos, seja de forma exclusiva, seja de forma coletiva (art. 1.331, §§ 1º e 2º, do Código Civil);

---
48. Art. 1.331 da Lei n. 10.406/2002.
49. SANTOS, 2012, p. 153-154.

e) os condôminos têm o dever legal de contribuir para as despesas do condomínio na proporção das suas frações ideais, salvo disposição em contrário na convenção (art. 1.336, I, do Código Civil);

f) as partes de propriedade exclusiva podem ser alienadas e gravadas livremente por seus proprietários, exceto os abrigos para veículos, que não poderão ser alienados ou alugados a pessoas estranhas ao condomínio, salvo autorização expressa na convenção de condomínio (art. 1.331, § 1º, do Código Civil);

g) as partes comuns são utilizadas por todos os condôminos e não podem ser alienados separadamente, ou divididas (art. 1.331, § 2º, do Código Civil).

Por outro lado, o parcelamento do solo urbano traz outros institutos com características completamente diversas. O parcelamento do solo urbano pode ocorrer por meio de loteamentos (quando a divisão da gleba implicar abertura de ruas), desmembramentos (quando não houver necessidade de abertura de ruas), ambos regidos pela Lei n. 6.766/79, ou ainda por meio de desmembramentos de pequena monta, usualmente denominados também desdobros, regidos pelas legislações urbanísticas municipais e pelo art. 167, II, "4", da Lei n. 6.015/73.

O uso de uma ou outra dessas modalidades do parcelamento do solo ocorre levando-se em conta os seguintes fatores:

a) necessidade ou não de abertura de ruas;

b) necessidade ou não de obras de infraestrutura;

c) intuito comercial da divisão, com oferta pública dos lotes;

d) quantidade de lotes gerados.

Vale frisar também que não importa a modalidade adotada, o parcelamento do solo urbano sempre estará caracterizado pela divisão de uma área de terra maior em mais de um lote urbano aptos a serem edificados.

Disso se extrai uma das principais vantagens do uso do parcelamento do solo para os chamados loteamentos fechados, visto que a edificação prévia não é necessária. Basta apenas que todos os lotes resultantes da divisão sejam aptos a serem edificados, ao prudente critério do respectivo proprietário e atendidas as posturas municipais cabíveis, o que é um grande atrativo mercadológico, seja porque muitas pessoas anseiam por construir suas casas dos sonhos de acordo com seus gostos e características pessoais, seja porque muitas não dispõem dos recursos financeiros suficientes para já contratarem a construção da casa quando da aquisição do terreno.

Nesse sentido dispõe a Lei n. 6.766/79, especialmente em seu art. 2º. Também é expressamente essa a opinião exarada pelo Superior Tribunal de Justiça na Recurso Especial 709.403 – SP (2004/0174391-0):

> Com base nessas considerações, pode-se inferir que o loteamento, disciplinado pela Lei 6.766/79, difere-se do condomínio horizontal de casas, regulado pela Lei 4.591/64 (art. 8º). E a diferença fundamental entre o loteamento (inclusive o fechado) e o condomínio horizontal de casas consubstancia-se no fato de que, no primeiro, há mero intuito de edificação (finalidade habitacional), sem que, para tanto, haja sequer plano aprovado de construção. No segundo, no entanto, se ainda não houver a edificação pronta ou em construção, deve, ao menos, existir aprovação de um projeto de construção.

Das três formas do parcelamento do solo urbano, a que geralmente resulta na maior quantidade de criação de lotes é o loteamento. Trata-se de modalidade que efetivamente leva as cidades ao crescimento, urbanizando novas áreas, dividindo grandes glebas de terras com a concomitante instalação de toda a infraestrutura urbana e abertura das ruas. Como consequência, a quase totalidade dos parcelamentos do solo que objetivam ser "fechados" é realizada por meio dessa modalidade.

Podemos citar ainda outras características que devem ser destacadas, especificamente no que se refere aos loteamentos:

a) são regulamentados pela Lei n. 6.766/79;

b) são constituídos pelo parcelamento de uma gleba de terras, com a instalação de infraestrutura urbana e abertura de ruas;

c) os lotes resultantes continuam a pertencer ao proprietário da gleba loteada;

d) desde a data de registro do loteamento, passam a integrar o domínio do município as vias e praças, os espaços livres e as áreas destinadas a edifícios públicos e outros equipamentos urbanos, constantes do projeto e do memorial descritivo (art. 22 da Lei n. 6.766/79);[50]

e) não existe obrigação legal adicional de qualquer natureza decorrente da propriedade dos lotes, além da normal para a propriedade imobiliária (p. ex.: obediência às posturas municipais para a propriedade imobiliária, pagamento do IPTU etc.), de forma que não existe previsão legal para imposição de taxas contributivas para os lotes estabelecidas de forma compulsória;

f) os direitos do proprietário do lote incidem apenas sobre o imóvel autonomamente descrito na respectiva matrícula, não abrangendo outras partes, uma vez que nessa modalidade não existem as chamadas áreas comuns dos condomínios edilícios;

g) as regras para a sua alienação são as gerais estabelecidas pelo Código Civil para a alienação de imóveis.

Isso posto, é possível perceber que, da confrontação dos dois institutos, o condomínio edilício tem sobre o loteamento diversas vantagens para a constituição de bolsões residenciais fechados, dentre as quais podemos destacar:

a) Toda a gleba sobre a qual está implantado o condomínio permanece sendo de propriedade particular. Disso decorre que não existem ruas internas, mas somente áreas particulares de circulação interna, sejam para pedestres, sejam para veículos automotores. Por isso os moradores podem restringir a livre circulação de pessoas e veículos nessas vias sem qualquer problema jurídico, uma vez que elas são de propriedade particular e não pública, não havendo possibilidade de existir área pública encravada no interior da área.

---

50. Mesmo nos casos de regularização fundiária estabelecidos pela Lei n. 11.977/2009, são transferidas para o domínio público essas áreas, conforme os arts. 51, II, 52 e 67, conjugados com o parágrafo único do art. 22 da Lei n. 6.766/79.

b) Todos os proprietários, presentes e futuros, têm o dever de contribuir pecuniariamente para as coisas comuns do condomínio e ainda obedecerem às regras estipuladas na convenção e no regimento interno, ou seja, existe força cogente para essas regras.

A grande dificuldade enfrentada pelo condomínio edilício na modalidade horizontal, de casas, e que, todavia, não é enfrentada pelo loteamento, é a necessidade de ao menos haver a existência de um projeto de construção para as casas a serem edificadas nos terrenos, aliada à enorme dificuldade de se alterar o projeto dessas construções.

Na tentativa de unir as vantagens de cada instituto simultaneamente, minimizando as desvantagens e, ainda, oferecendo uma roupagem jurídica consistente para os anseios da sociedade, surgiram duas importantes teses jurídicas: o chamado "loteamento fechado", pautado na Lei n. 6.766/79, e o chamado "condomínio de lotes", híbrido de loteamento e condomínio edilício.

63.8 LOTEAMENTOS FECHADOS

Loteamento fechado constitui-se na prática de impedir o acesso de pessoas estranhas às áreas do loteamento, normalmente construindo guaritas de controle de fluxo e muros ao redor da área. A Lei n. 6.766/79 atualmente não contém nenhuma previsão a respeito da possibilidade de "fechar" loteamentos. Contudo, tal questão configura-se como de interesse local, podendo ser regulamentada por legislação municipal.

Mas, do ponto de vista registral, pouco importa haver legislação local, autorizando ou não o fechamento. O procedimento e as consequências do registro são os mesmos, até pelo fato de serem competência legislativa exclusiva da União as questões registrais. As áreas públicas continuarão a ser automaticamente transferidas para o poder público. O município apenas regulamentará questões de uso do solo, bem como questões urbanísticas. Tais questões, embora tenham significativo impacto no empreendimento do ponto de vista mercadológico, são extrarregistro, que não devem ser trazidas para o registro de imóveis e, muito menos, constar do registro do loteamento.

A Lei 13.465/2017 inseriu o § 8º no artigo 2º da LPS, possibilitando o loteamento de acesso controlado (mas não o fechado), desde que autorizado pela municipalidade. Tal dispositivo prevê que constitui loteamento de acesso controlado a modalidade de loteamento cujo controle de acesso será regulamentado por ato do poder público Municipal, sendo vedado o impedimento de acesso a pedestres ou a condutores de veículos, não residentes, devidamente identificados ou cadastrados.

63.9 O DESMEMBRAMENTO DE PEQUENA MONTA (DISPENSA DO REGISTRO ESPECIAL DA LPS)

Não obstante haver uma lei específica posterior para o registro dos loteamentos e desmembramentos, a Lei n. 6.015/73 continuou a contar com previsão para averbação de desmembramentos e dos loteamentos, em seu art. 167, II, 4. A doutrina entendeu não ter sido inteiramente revogado tal dispositivo, pois criou o conceito de desmembramento de pequena monta, o qual está dispensado do registro especial da LPS. Tal dispensa jamais ocorrerá para os casos de loteamentos, sendo admitida apenas para os casos de desmembramento.

A dispensa decorre de uma interpretação teleológica da LPS, que tem duplo objetivo: tutelar os interesses dos adquirentes e promover um controle urbanístico. Quando não há risco em nenhuma das duas situações, é admitida a dispensa para o caso concreto. Não existe regra geral para isso, nem mesmo pelo número de lotes, sendo dependente do prudente juízo do registrador. É comum, em certos lugares, a afirmação de que se admite a dispensa quando for caso de criação de até 10 áreas. Contudo, isso não atende aos requisitos da lei. Embora sirva como um importante critério de caráter objetivo, há casos em que admitir a criação de 10 áreas novas configura riscos aos adquirentes, mas existem outros em que limitar a apenas 10 seria muito pouco.

Ensinam Vicente Celeste Amadei e Vicente de Abreu Amadei que "É necessário, pois, associar o critério objetivo da quantidade de unidades imobiliárias resultantes do desmembramento com os outros elementos próprios de cada caso para, então, saber com precisão se estamos (ou não) diante de situação de dispensa de registro especial". Alertam, também, os autores que "ainda se deve estar atento para verificar se, pela via da averbação de desmembramento com dispensa de registro especial, não se visa à burla da Lei n. 6.766/79 com reparcelamentos sucessivos (exemplo: primeiro se desmembra a gleba em dez lotes, depois cada um desses lotes em seis ou quatro novas unidades etc.), pois nesses casos a dispensa de registro especial deve ser negada, seja qual for a quantidade final de novas unidades imobiliárias que o último desmembramento tem por escopo" (*Como lotear uma gleba*, p. 241-242).

Sendo admitida a dispensa, deve o desmembramento ser requerido pelos proprietários da área por requerimento com firmas reconhecidas. Tal requerimento deve vir acompanhado de planta, descrevendo o imóvel todo, as áreas a serem destacadas e, se houver, a descrição da área remanescente. Deve acompanhar o memorial descritivo das áreas – sendo ambos elaborados por profissional técnico habilitado e devidamente aprovados pela municipalidade (essa normalmente certifica na planta e, no memorial descritivo, sua aprovação e emite alvará de desdobro vinculado) –, além da ART recolhida do profissional responsável.

63.10 O LOTEAMENTO DE IMÓVEIS RURAIS

A legislação que regulamentava os loteamentos antes da Lei n. 6.766/79 era o Decreto-lei n. 58/37, que regia tanto o loteamento urbano quanto o rural. Com a entrada em vigor da LPS, o Decreto-lei n. 58/37 (Lei do Parcelamento do Solo Rural – LPSR) passou a regular apenas o loteamento rural.

Estipula o art. 1º da LPSR que os proprietários ou coproprietários de terras rurais ou terrenos urbanos, que pretendam vendê-los, divididos em lotes e por oferta pública, mediante pagamento do preço a prazo em prestações sucessivas e periódicas, são obrigados, antes de anunciar a venda, a depositar os documentos exigidos pela lei no cartório do registro de imóveis da circunscrição respectiva. Dessa forma, somente se exige o registro do loteamento nos termos da LPSR quando:

I – houver divisão do imóvel em lotes;

II – ocorrer oferta pública dos lotes;

III – mediante pagamento a prazo em prestações sucessivas e periódicas.

Assim, não é qualquer divisão de terras rurais (independentemente da quantidade de glebas resultantes) que exige o parcelamento nos moldes estabelecidos pela LPSR. Mesmo que no parcelamento exista abertura de vias públicas, se este não for submetido à oferta pública para pagamento parcelado não estarão incursas as restrições da LPSR, devendo apenas se submeter à aprovação do INCRA, uma vez que todo loteamento rural deve contar com a prévia aprovação do INCRA para seu registro.[51]

Observar que a regra geral da prévia aprovação do INCRA para parcelamentos rurais não se aplica a singelos parcelamentos superiores ao módulo mínimo de fracionamento (o chamado FMP, que vem indicado no CCI), sem o intuito de comercialização geral. Porém, no meio registral existe certa polêmica a respeito da possibilidade de o proprietário desmembrar imóvel rural em lotes sem que, com esses desmembramentos, já se apresente título de venda, ou compromisso nesse sentido. De um lado existe a posição pela impossibilidade de desmembramento de imóvel sem que haja alienação, com base na sistemática geral do Estatuto da Terra, que menciona apenas o parcelamento para venda (parcelamento deve vir acompanhado do título de transmissão).

Porém, tem ganhado cada vez mais força a posição contrária, com julgados cada vez mais frequentes nessa linha, de que não existe vedação expressa ao parcelamento independentemente de venda da área a ser desmembrada. Assim, como ao particular é permitida a prática dos atos que não ofendam a lei, não havendo esta, não se deve cercear o regular exercício do direito constitucionalmente garantido à propriedade.

---

51. Tal aprovação foi durante muito tempo regulamentada pela Instrução Normativa 17-B, de 1980. Contudo o art. 35 da Instrução Normativa 80/2015 a revogou expressamente.

64
Regularização Fundiária Urbana

A regularização fundiária pode ser conceituada como sendo o conjunto de medidas jurídicas, ambientais e sociais que visam à regularização de ocupações irregulares de imóveis e à titulação de seus ocupantes, de modo a garantir o direito social à moradia e o pleno desenvolvimento das funções sociais da propriedade urbana e rural e o direito ao meio ambiente ecologicamente equilibrado.

Dessa definição podemos extrair que a regularização dominial é apenas um dos aspectos da regularização fundiária e se materializa por meio de um procedimento que pode envolver várias etapas e aspectos. Fundamentalmente, ela se desenvolve em duas etapas – regularização da situação do imóvel-base e, em seguida, concessão da titularização para as pessoas que ocupem as respectivas unidades. Logicamente, antes de se poder conceder o título, devem ser saneados eventuais empecilhos à abertura da matrícula e ao posterior registro do título a ser apresentado, sob pena da mais absoluta ineficácia da regularização fundiária promovida.

Ao longo dos anos, o legislador pátrio tem reiteradamente buscado aprimorar o sistema de regularização fundiária brasileiro. Inicialmente, seu regramento foi dado pela Lei n. 11.977/2009, mas tal sistemática foi reformulada pela Lei n. 13.465/2017, que ampliou um pouco mais a regularização fundiária rural, especialmente por meio de modificação da legislação da reforma agrária. Mesmo assim o foco continuou sendo mantido na regularização de imóveis urbanos, a qual passou a ser chamada pela nova lei de "Reurb".

Na égide da lei anterior, o procedimento de regularização fundiária urbana tramitava perante o registro de imóveis. Contudo, na nova sistemática, todo o procedimento deverá tramitar perante o município no qual se encontra situado o núcleo urbano que deverá ser regularizado, conforme dispõe o art. 30 da Lei n. 13.465/2017. Todo o procedimento, como a avaliação de classificação de modalidade, legitimidade da pessoa de pedir e o próprio julgamento da viabilidade do pedido, **tramitará perante a municipalidade**, a qual julgará ao final o procedimento e concederá, atendidos os requisitos específicos de cada caso, o título necessário para o registro da aquisição da propriedade dos imóveis aos ocupantes.

Segundo o art. 14, são **legitimados a requerer a instauração** do procedimento da Reurb:

I – a União, os Estados, o Distrito Federal e os Municípios, diretamente ou por meio de entidades da administração pública indireta;

II – os seus beneficiários, individual ou coletivamente, diretamente ou por meio de cooperativas habitacionais, associações de moradores, fundações, organizações sociais, organizações da sociedade civil de interesse público ou outras associações civis que tenham por finalidade atividades nas áreas de desenvolvimento urbano ou regularização fundiária urbana;

III – os proprietários de imóveis ou de terrenos, loteadores ou incorporadores;

IV – a Defensoria Pública, em nome dos beneficiários hipossuficientes; e

V – o Ministério Público.

É importante destacar também que a norma afirma que tais pessoas são legitimadas não somente a promover todos os atos necessários à regularização fundiária, mas também a requerer os atos de registro.

A Reurb pode tramitar por *duas modalidades*. A primeira é a *Reurb de Interesse Social*, abreviadamente denominada de "Reurb-S", a qual é aplicável aos núcleos urbanos informais ocupados predominantemente por população de baixa renda, assim declarados em ato do poder executivo municipal. A segunda modalidade é a *Reurb de Interesse Específico*, abreviadamente denominada de "Reurb-E", a qual é aplicável aos núcleos urbanos informais ocupados por população não qualificada como sendo predominantemente de baixa renda.

Na atual sistemática, embora existam algumas diferenças pontuais aqui e acolá entre as duas modalidades, a diferença entre uma e outra reside essencialmente no fato de a Reurb-S ser gratuita em todos os seus aspectos, como o registro perante o cartório, inclusive com isenção de pagamentos de tributos ou mesmo penalidades tributárias de quaisquer espécies, enquanto na Reurb-E isso não acontece. Todas as opções e ferramentas à disposição de uma modalidade são utilizáveis na outra, inclusive quando o núcleo estiver implantado sobre bem público, havendo solução consensual, condicionada ao pagamento do justo valor da unidade imobiliária regularizada.

Chama atenção nessa questão da gratuidade da Reurb-S a previsão expressa de *sanção*, contida no § 6º deste artigo, para os cartórios que não cumprirem o disposto no artigo ou que retardarem ou não efetuarem o registro de acordo com as normas previstas na Lei n. 13.465/2017, por ato não justificado, ficando sujeitos às sanções previstas no art. 44 da Lei n. 11.977/2009, observado o disposto nos §§ 3º-A e 3º-B do art. 30 da Lei n. 6.015/1973, os quais tratam das sanções impostas ao registrador civil pelo descumprimento das gratuidades. Por fim, é interessante notar que, mais adiante, o art. 73 da lei determina que devem os estados criar e regulamentar fundos específicos destinados à compensação, total ou parcial, dos custos referentes aos atos registrais da Reurb-S previstos nesta lei.

No que tange aos institutos jurídicos utilizáveis na Reurb, é extensa a lista prevista, *de forma meramente exemplificativa*, no art. 15 da lei: I – a legitimação fundiária e a legitimação de posse; II – a usucapião; III – a desapropriação em favor dos possuidores; IV – a arrecadação de bem vago; V – o consórcio imobiliário; VI – a desapropriação por interesse social; VII – o direito de preempção; VIII – a transferência do direito de construir; IX – a requisição, em caso de perigo público iminente; X – a intervenção do poder público em parcelamento clandestino ou irregular, nos termos do art. 40 da Lei n. 6.766/1979; XI – a alienação de imóvel pela administração pública diretamente para seu detentor, nos termos da alínea *f* do inciso I do art. 17 da Lei n. 8.666, de 21 de junho de 1993; XII – a concessão de uso especial para fins de moradia; XIII – a concessão de direito real de uso; XIV – a doação; e XV – a compra e venda.

Dessa forma, ficou muito claro que, no procedimento de regularização fundiária, o ente regularizante pode se valer de qualquer instituto jurídico existente, seja ele previsto ou não na lei de regularização fundiária, que julgar necessário para atingir sua finalidade.

Findo o procedimento e sendo ele bem-sucedido, a autoridade competente para o processamento administrativo deverá indicar as intervenções a serem executadas, se for o caso, conforme o projeto de regularização fundiária. Deve também aprovar o projeto de regularização fundiária resultante do processo de regularização fundiária e identificar e declarar os ocupantes de cada unidade imobiliária com destinação urbana regularizada, e os respectivos direitos reais.

Em seguida, deve expedir a **Certidão de Regularização Fundiária** (CRF), a qual é o ato administrativo de aprovação da regularização. Esse é o título básico para ser apresentado a registro no cartório de registro de imóveis, conforme o art. 167, I, 43 da LRP, e deverá acompanhar o projeto aprovado e deverá conter, ainda, no mínimo: I – o nome do núcleo urbano regularizado; II – a localização; III – a modalidade da regularização; IV – as responsabilidades das obras e serviços constantes do cronograma; V – a indicação numérica de cada unidade regularizada, quando houver; VI – a listagem com nomes dos ocupantes que houverem adquirido a respectiva unidade, por título de legitimação fundiária ou mediante ato único de registro, bem como o estado civil, a profissão, o número de inscrição no cadastro das pessoas físicas do Ministério da Fazenda e do registro geral da cédula de identidade e a filiação.

64.1 LOTEAMENTOS IRREGULARES IMPLANTADOS NA VIGÊNCIA DA LEI 6.766/79

Dentre os documentos exigidos para o registro dos loteamentos urbanos, descritos no art. 18 da Lei 6.766/79, encontramos no inciso V do referido artigo cópia do ato de aprovação do loteamento e comprovante do termo de verificação pela Prefeitura Municipal da execução das obras exigidas por legislação municipal, que incluirão, no mínimo, a execução das vias de circulação do loteamento, demarcação dos lotes, quadras e logradouros e das obras de escoamento das águas pluviais, ou da aprovação de um cronograma, com a duração máxima de quatro anos, acompanhado de competente instrumento de garantia para a execução das obras.

A especificação desse requisito é importante para que possamos entender as espécies de loteamentos irregulares existentes. Assim, teremos três tipos diferentes de loteamentos irregulares: a) loteamentos sem aprovação da prefeitura, também chamados loteamentos clandestinos; b) loteamentos que foram aprovados pela prefeitura, mas que não foram levados a registro; e, por fim, c) os loteamentos que foram aprovados e registrados, mas que não cumpriram o cronograma de obras aprovado pela prefeitura, nem obtiveram a sua prorrogação (caso em que se dá a caducidade da aprovação). Essas duas últimas espécies são também conhecidas, conjuntamente, como loteamentos irregulares.

Segundo o Juiz Marcelo Martins Berthe (citado no livro *Prática nos processos*, de Afonso Celso F. Rezende, p. 352): "A caducidade da aprovação por falta de execução das obras de infraestrutura poderá ocorrer após o registro e durante o prazo de execução das obras. Caso elas não sejam executadas dentro do cronograma, conforme projeto apresentado, o loteador não poderá continuar alienando lotes porque o loteamento estará em situação absolutamente irregular. Será o caso, então, de bloqueio das matrículas dos lotes ainda não alienados até a regularização da situação jurídica do loteamento, junto a municipalidade com nova aprovação".

Sendo o loteamento aprovado sem implementação da infraestrutura (com prazo para implementação), geralmente a Prefeitura exige garantias para essa aprovação, que em regra são dadas por meio de hipotecas ou alienações fiduciárias de imóveis.

Caso os loteadores deixem de cumprir as obrigações perante a Prefeitura, fica facultado a esta requerer a venda judicial dos bens dados em garantia e aplicar o seu produto no cumprimento das obrigações.

Além da execução dessas garantias, a prefeitura, o DF ou o Ministério Público poderá notificar o loteador para que promova as regularizações, sendo que os adquirentes dos lotes de loteamento que não se ache registrado, executado ou no qual o loteador tenha sido notificado e que tenham adquirido seus lotes a prazo podem deixar de pagar o loteador e começar a depositar os referidos valores diretamente no registro de imóveis. Nesse caso, se o loteador não promover as regularizações necessárias, poderá a própria prefeitura se utilizar desses valores para promovê-las.

Esse procedimento está previsto no art. 38 da Lei n. 6.766/79, que estabelece que, verificado que o loteamento ou desmembramento não se acha registrado ou regularmente executado ou notificado pela Prefeitura Municipal, ou pelo DF quando for o caso, deverá o adquirente do lote suspender o pagamento das prestações restantes e notificar o loteador para suprir a falta.

O § 1º do referido artigo continua o detalhamento do procedimento, estabelecendo que, ocorrendo a suspensão do pagamento das prestações restantes, na forma do *caput*, o adquirente efetuará o depósito das prestações devidas junto ao Registro de Imóveis competente, que as depositará em estabelecimento de crédito, em conta com incidência de juros e correção monetária, cuja movimentação dependerá de prévia autorização judicial.

Regularizado o loteamento pelo loteador, este solicitará judicialmente a autorização para levantar as prestações depositadas, com os acréscimos de correção monetária e juros, sendo necessária a citação da Prefeitura, ou do Distrito Federal quando for o caso, para integrar o processo judicial aqui previsto, bem como audiência do Ministério Público, visto que devem concordar com os levantamentos, atestando o cumprimento da regularização.

Após o reconhecimento judicial de regularidade do loteamento, o loteador notificará os adquirentes dos lotes, por intermédio do Registro de Imóveis competente, para que passem a pagar diretamente as prestações restantes, a contar da data da notificação.

Todavia, no caso de o loteador deixar de atender à notificação para a regularização do loteamento até o vencimento do prazo contratual, ou quando o loteamento ou desmembramento for regularizado pela Prefeitura Municipal, ou pelo Distrito Federal quando for o caso, nos termos do art. 40 da Lei n. 6.766/79, o loteador não poderá, a qualquer título, exigir o recebimento das prestações depositadas.

Como já verificado, então, a Prefeitura Municipal, ou o DF quando for o caso, se desatendida a notificação pelo loteador, poderá regularizar loteamento ou desmembramento não autorizado ou executado sem observância das determinações do ato administrativo de licença, para evitar lesão aos seus padrões de desenvolvimento urbano e na defesa dos direitos dos adquirentes de lotes (art. 40 da Lei n. 6.766/79).

Nesse caso, a Prefeitura Municipal, ou o Distrito Federal, obterá judicialmente o levantamento das prestações depositadas, com os respectivos acréscimos de correção monetária e juros a título de ressarcimento das importâncias despendidas com equipamentos urbanos ou expropriações necessárias para regularizar o loteamento ou desmembramento.

As importâncias despendidas pela Prefeitura Municipal, ou pelo Distrito Federal quando for o caso, para regularizar o loteamento ou desmembramento, caso não sejam integralmente ressarcidas pelos valores levantados dos depósitos feitos pelos compradores, serão exigidas na parte faltante do loteador.

Se o loteador integrar grupo econômico ou financeiro, qualquer pessoa física ou jurídica desse grupo, beneficiária de qualquer forma do loteamento ou desmembramento irregular será solidariamente responsável pelos prejuízos por ele causados aos compradores de lotes e ao Poder Público.

Caso o loteador não promova o ressarcimento dos valores faltantes, a Prefeitura Municipal, ou o Distrito Federal quando for o caso, poderá receber as prestações dos adquirentes, até o valor devido.

É importante destacar que, segundo o § 5º do art. 40 da Lei n. 6.766/79, a regularização de um parcelamento pela Prefeitura Municipal, ou DF quando for o caso, não poderá contrariar as regras de vedação do parcelamento do solo dispostas no art. 3º, nem deixar de atender aos requisitos mínimos exigidos pelo art. 4º da Lei n. 6.766/79, ressalvado o disposto no § 1º desse último.

O referido art. 3º da Lei n. 6.766/79 estabelece que somente será admitido o parcelamento do solo para fins urbanos em zonas urbanas, de expansão urbana ou de urbanização específica, assim definidas pelo plano diretor ou aprovadas por lei municipal.

A Lei n. 6.766/79 somente regulamenta o parcelamento do solo urbano, sendo que o artigo em análise delimita o que pode ser considerado urbano para os fins dessa lei. Dessa forma, não há como se invocar a aplicação da referida lei para parcelamentos ocorridos dentro da área rural, os quais serão considerados simples desmembramentos, a não ser que se enquadrem nos aspectos previstos no art. 1º do Decreto-lei n. 58/37; ou seja, caso se trate de desmembramentos com oferta pública e pagamento parcelado, deverão atender aos requisitos do referido Decreto-lei.

O parágrafo único do art. 3º da Lei n. 6.766/79 prossegue com as restrições ao parcelamento do solo, estabelecendo que não será permitido o parcelamento do solo:

> I – em terrenos alagadiços e sujeitos a inundações, antes de tomadas as providências para assegurar o escoamento das águas;
>
> II – em terrenos que tenham sido aterrados com material nocivo à saúde pública, sem que sejam previamente saneados;
>
> III – em terreno com declividade igual ou superior a 30%, salvo se atendidas as exigências específicas das autoridades competentes;
>
> IV – em terrenos onde as condições geológicas não aconselham a edificação;
>
> V – em áreas de preservação ecológica ou naquelas onde a poluição impeça condições sanitárias suportáveis, até a sua correção.

As hipóteses elencadas demonstram risco à vida ou à saúde da população que eventualmente ocuparia o empreendimento, ou trariam danos ao meio ambiente, de forma que não se poderá nem aprovar loteamentos nessas regiões, nem se promover a regularização, caso tenham sido realizados clandestinamente.

Isso se dá tendo em vista que tais áreas se mostram, em regra, impróprias para a habitação, de modo que, mesmo se existisse no local uma situação consolidada, o poder público teria que remover as famílias que residissem no local, para a própria segurança delas.

O art. 4º da Lei n. 6.766/79 estabelece quais os requisitos mínimos que devem ser atendidos por um loteamento:

> I – a especificação das áreas destinadas a sistemas de circulação, a implantação de equipamento urbano e comunitário, bem como a espaços livres de uso público, serão proporcionais à densidade de ocupação prevista pelo plano diretor ou aprovada por lei municipal para a zona em que se situem;
>
> II – os lotes terão área mínima de 125 m² e frente mínima de 5 metros, salvo quando a legislação estadual ou municipal determinar maiores exigências, ou quando o loteamento se destinar a urbanização específica ou edificação de conjuntos habitacionais de interesse social, previamente aprovados pelos órgãos públicos competentes;
>
> III – ao longo das águas correntes e dormentes e das faixas de domínio público das rodovias e ferrovias, será obrigatória a reserva de uma faixa não edificável de 15 metros de cada lado, salvo maiores exigências da legislação específica;
>
> IV – as vias de loteamento deverão articular-se com as vias adjacentes oficiais, existentes ou projetadas, e harmonizar-se com a topografia local.

O § 1º do referido artigo estabelece que a legislação municipal definirá, para cada zona em que se divida o território do Município, os usos permitidos e os índices urbanísticos de parcelamento e ocupação do solo, que incluirão, obrigatoriamente, as áreas mínimas e máximas de lotes e os coeficientes máximos de aproveitamento.

No que se refere à regularização de loteamentos promovida pela prefeitura, ou pelo DF, fica dispensado esse requisito, visto que se trata de situações consolidadas nas quais o deslocamento das pessoas, em regra, geraria um prejuízo maior do que a manutenção delas no local.

Dentro do estudo da regularização fundiária, é de extrema importância entendermos a evolução e a conceituação atual do termo Função Social da Propriedade.

A Função Social da Propriedade foi um dos marcos trazidos pela Constituição Federal de 1988, que em vários pontos flexibilizou o direito de propriedade, possibilitando em muitos aspectos a regularização fundiária nos moldes hoje previstos.

O instituto da Função Social da Propriedade deixou clara a supremacia do interesse coletivo em detrimento do particular, inclusive em relação à propriedade, estimulando a ideia de desapropriações tanto para a criação de novas moradias como para a regularização das já existentes.

Assim, o art. 182, § 2º, da Constituição Federal estabelece que a propriedade urbana cumpre sua função social quando atende às exigências fundamentais de ordenação da cidade expressas no plano diretor.

Visando regulamentar as políticas de desenvolvimento urbano, surgiu o Estatuto da Cidade (Lei n. 10.257/2001), cujo art. 4º institui que, para atender aos fins da referida lei, seria utilizada, entre outros instrumentos, a instituição de Zonas Especiais de Interesse Social (ZEIS).

As ZEIS são importante instrumento dentro da regularização fundiária, uma vez que indicam a eleição do interesse público sobre aquela área, de modo que, em virtude desse interesse acentuado, a legislação acabou por criar facilidades para as regularizações dessas áreas.

Assim, as ZEIS, segundo o inciso V do art. 47 da Lei n. 11.977/2009, são parcela de área urbana instituída pelo plano diretor ou definida por outra lei municipal, destinada predominantemente à moradia de população de baixa renda e sujeita a regras específicas de parcelamento, uso e ocupação do solo.

O plano diretor é o instrumento básico de desenvolvimento e expansão urbana de acordo com o art. 182, § 2º, da Constituição Federal, sendo obrigatório para todas as cidades com mais de 20 mil habitantes.

Geralmente são destinadas à implementação de ZEIS áreas onde ocorre a concentração de população de baixa renda carente de infraestrutura, tais como:

a) áreas particulares nas quais a comunidade de baixa renda adquiriu a propriedade pela Usucapião Urbana, por meio da posse para fins de moradia, bem como áreas públicas objeto da Concessão do Direito Real de Uso (art. 183 da Constituição);

b) loteamentos irregulares nos quais há interesse público em promover a regularização fundiária e a complementação da infraestrutura urbana, bem como a recuperação ambiental;

c) terrenos não edificados, necessários à implantação de programas habitacionais de interesse social;

d) áreas com concentração de habitação coletiva precária, onde haja interesse público de se promoverem programas habitacionais destinados a atender a população de baixa renda moradora da região.

Como existe um grande interesse do Poder Público nas regularizações dessas áreas, conforme já destacamos, o legislador optou por realizar algumas flexibilizações na legislação, para que esse fim possa ser atingido mais facilmente. Dessa forma, faremos uma breve análise dessas flexibilizações, para que possamos compreender melhor a utilização do instituto.

Começamos, então, com o art. 213, II, § 11, da Lei n. 6.015/73, que determina que independe de retificação a regularização fundiária de interesse social realizada em Zonas Especiais de Interesse Social, nos termos da Lei n. 10.257/2001, promovida por Município ou pelo DF, quando os lotes já estiverem cadastrados individualmente ou com lançamento fiscal há mais de 10 anos.

Essa dispensa possibilita que o Poder Público, quando atendidos os requisitos elencados pelo dispositivo, não necessite se valer do procedimento retificatório para corrigir erros, omissões ou imprecisões no registro dos imóveis que estão sofrendo a regularização.

A medida busca facilitar e agilizar as regularizações dessas áreas, visto que por vezes a retificação pode se mostrar trabalhosa e demorada, quando o interessado não conseguir a anuência dos confrontantes, ou ainda quando faltarem elementos que possibilitem a utilização da via extrajudicial, caso em que o procedimento tem que ser remetido para o Poder Judiciário, que, devido ao acúmulo de serviço, tem falhado em proporcionar a rapidez almejada pela sociedade.

Assim, nesses casos, bastará à Prefeitura, ou ao Distrito Federal, apresentar planta e memorial descritivo da área, contendo já as correções necessárias, para que a nova descrição seja averbada na matrícula, independentemente de qualquer outro procedimento, a não ser a qualificação registral do título.

Essa dispensa tem gerado muita polêmica entre os pensadores do direito registral imobiliário, havendo aqueles que consideram ser isso uma afronta à segurança jurídica em função da possibilidade que a aplicação dessa geraria de sobreposição de área em relação aos imóveis vizinhos, uma vez que os titulares desses imóveis lindeiros não tiveram a oportunidade de se manifestar a respeito.

Todavia, como já observamos anteriormente, mesmo que essas sobreposições viessem a ocorrer gerando prejuízo para os eventuais interessados nos imóveis lindeiros, estas seriam justificadas pela sobreposição dos interesses públicos em relação aos particulares.

Ademais, para que ocorra a referida dispensa é necessário que os lotes possuam lançamento no cadastro municipal há mais de 20 anos, motivo pelo qual, mesmo que em algum momento tenha havido invasão de divisas, muito provavelmente tal situação já estará consolidada pela usucapião.

Além disso, o registrador deve tentar identificar ao máximo a origem das áreas, de forma que, caso haja outras matrículas envolvidas na formação da área, em cada qual seja feito o controle de disponibilidade da área.

Outra flexibilização que encontramos na legislação, no que se refere às áreas consideradas como zonas especiais de interesse social, é a dispensa de alguns requisitos de infraestrutura básica necessários para a implementação de um loteamento.

Como nas referidas áreas já existe um assentamento populacional sem qualquer infraestrutura, sendo que o padrão da regularização nestes casos não pode ser o mesmo que seria exigido de um loteador para inicializar um loteamento. Nesse caso, mesmo o essencial já representa uma grande melhoria para a vida da população que reside na área.

Dessa forma, de acordo com o art. 2º, § 6º, da Lei n. 6.766/79, os equipamentos urbanos mínimos exigidos, para uma regularização em uma ZEIS, são: 1) escoamento das águas pluviais; 2) abastecimento de água potável; 3) soluções para escoamento sanitário e energia elétrica domiciliar; e 4) vias de circulação.

Por outro lado, segundo o § 5º do referido artigo, os equipamentos urbanos mínimos exigidos para quaisquer outros loteamentos são: 1) escoamento das águas pluviais; 2) iluminação pública (dispensado ZHIS); 3) esgotamento sanitário (mitigado ZHIS); 4) abastecimento de água potável; 5) energia elétrica pública e domiciliar (mitigado); e 6) vias de circulação.

64.2 LOTEAMENTOS IRREGULARES IMPLANTADOS ANTES DA VIGÊNCIA DA LEI N. 6.766/79

Sempre houve uma distinção entre os loteamentos urbanos implantados antes e depois da Lei 6.766/79. Até a sistemática registral da constituição e transferência dos direitos decorrentes da promessa de venda e compra dos lotes, conforme artigo 167, II, 3 da LRP.

O novo procedimento de regularização fundiária não distou e traz um tratamento especialíssimo para essas áreas. Em seu artigo 69, estabeleceu que as glebas parceladas para fins urbanos anteriormente a 19 de dezembro de 1979, que não possuírem registro, poderão ter a sua situação jurídica regularizada mediante o registro do parcelamento, desde que esteja implantado e integrado à cidade.

Os únicos requisitos que fez foi de que esteja implantado e integrado à cidade. Isso é relevante pois afasta certas circunstâncias da regularização. É comum, por exemplo, existirem pequenos empreendedores que promovem parcelamentos ilegais de pequenas áreas rurais, muitas vezes na beira de rios, lagos e represas. Mesmo com o adensamento populacional daí decorrente, estas "chácaras" ou "ranchos" não se enquadram nessa situação.

Atendidos esses requisitos e apresentado a documentação exigida, tem como grande benefício o previsto no § 2º do artigo 69 da Lei 13.465/2017, o qual estabelece a dispensa da apresentação do projeto de regularização fundiária, de estudo técnico ambiental, de CRF ou de quaisquer outras manifestações, aprovações, licenças ou alvarás emitidos pelos órgãos públicos.

Para tanto, basta o interessado requerer ao oficial do cartório de registro de imóveis a efetivação do registro do parcelamento, munido dos seguintes documentos, nos termos do artigo 69 da Lei 13.465/2017:

> I – planta da área em regularização assinada pelo interessado responsável pela regularização e por profissional legalmente habilitado, acompanhada da Anotação de Responsabilidade Técnica (ART) no Conselho Regional de Engenharia e Agronomia (Crea) ou de Registro de Responsabilidade Técnica

(RRT) no Conselho de Arquitetura e Urbanismo (CAU), contendo o perímetro da área a ser regularizada e as subdivisões das quadras, lotes e áreas públicas, com as dimensões e numeração dos lotes, logradouros, espaços livres e outras áreas com destinação específica, se for o caso, dispensada a ART ou o RRT quando o responsável técnico for servidor ou empregado público;

II – descrição técnica do perímetro da área a ser regularizada, dos lotes, das áreas públicas e de outras áreas com destinação específica, quando for o caso;

III – documento expedido pelo Município, atestando que o parcelamento foi implantado antes de 19 de dezembro de 1979 e que está integrado à cidade.

64.3 DEMARCAÇÃO URBANÍSTICA

É normal que a ocupação irregular seja implantado sobre imóvel de terceiros (particular ou público), seja por que esse terceiro foi quem promoveu o parcelamento irregular, seja por que a área foi invadida, o fato é que essa é a realidade com a qual se defronta o ente que busca regularizar a situação dominial dessas áreas. Também é comum ocorrer que essas áreas abranjam a área de múltiplos proprietários diferentes, seja em sua totalidade, seja em parte. Sem falar que os imóveis atingidos podem ter, ou não, registro no registro de imóveis.

Com isso, pode-se perceber como pode ser complicado promover a regularização.

Uma das ferramentas opcionais disponibilizadas e que muito pode ajudar a organizar e facilitar o procedimento é a demarcação urbanista. Por meio dela o poder público poderá, com base no levantamento da situação da área a ser regularizada e na caracterização do núcleo urbano informal a ser regularizado, confrontar a situação fática com o que se encontra registrado (ou não registrado) e, feita essa apuração, apresentar a descrição detalhada da área a ser regularizada ao registro de imóveis de modo a permitir identificar quais registros serão atingidos pela regularização fundiária e em quais proporções, permitindo a averbação dessa informação nos registros atingidos (sejam eles matrículas ou transcrições).

Afirma a doutrina que ela tem dupla função: (i) descrever e definir os limites da área onde seria registrado o projeto de regularização (especialmente para os casos em que não houvesse registro da área); e (ii) identificar os ocupantes, para posterior legitimação de posse.[52]

A demarcação urbanística, por si só, não transfere o domínio da propriedade e nem é condição para o processamento e a efetivação da Reurb. Contudo, por afetar diretamente o interesse dos proprietários dos imóveis originais atingidos, exige que estes sejam notificados para se manifestarem. A lei determina que o auto de demarcação urbanística deve ser instruído com os seguintes documentos:

---

52. MACEDO, Paola de Castro Ribeiro. O novo panorama da Regularização Fundiária Urbana de acordo com a Medida Provisória n.759, de 22 de dezembro de 2016. Disponível em:<http:// iregistradores.org.br/o-novo-panorama-da-regularização-fundiaria-urbana-de-acordo-com-a-medida-provisória-no-759-de-22-de-dezembro-de-2016/>. Acesso em: 20 out. 2017.

I – planta e memorial descritivo da área a ser regularizada, nos quais constem suas medidas perimetrais, área total, confrontantes, coordenadas georreferenciadas dos vértices definidores de seus limites, números das matrículas ou transcrições atingidas, indicação dos proprietários identificados e ocorrência de situações de domínio privado com proprietários não identificados em razão de descrições imprecisas dos registros anteriores;

II – planta de sobreposição do imóvel demarcado com a situação da área constante do registro de imóveis.

Feita a apuração inicial, o poder público notificará os titulares de domínio e os confrontantes da área demarcada, pessoalmente ou por via postal, com aviso de recebimento, no endereço que constar da matrícula ou da transcrição, para que estes, querendo, apresentem impugnação à demarcação urbanística, no prazo comum de 30 dias. Eventuais titulares de domínio ou confrontantes não identificados, ou não encontrados ou que recusarem o recebimento da notificação por via postal, serão notificados por edital, para que, querendo, apresentem impugnação à demarcação urbanística, no prazo comum de 30 dias. Interessante que as notificações dos interessados, a critério do poder público municipal, poderão ser realizadas pelo registro de imóveis do local do núcleo urbano informal a ser regularizado.

A lei estabelece que a ausência de manifestação dos indicados será interpretada como concordância com a demarcação urbanística e determina que a notificação conterá a advertência de que a ausência de impugnação implicará a perda de eventual direito que o notificado titularize sobre o imóvel objeto da Reurb.

Se houver impugnação e as partes não conseguirem se comporem a respeito, o procedimento fica obstado. Contudo, é facultado ao poder público prosseguir com o procedimento em relação à parcela não impugnada.

Decorrido o prazo sem impugnação ou sendo superada a oposição ao procedimento, o auto de demarcação urbanística será encaminhado ao registro de imóveis e averbado nas matrículas por ele alcançadas. Essa averbação informará: I – a área total e o perímetro correspondente ao núcleo urbano informal a ser regularizado; II – as matrículas alcançadas pelo auto de demarcação urbanística e, quando possível, a área abrangida em cada uma delas; e III – a existência de áreas cuja origem não tenha sido identificada em razão de imprecisões dos registros anteriores.

Importante foi a previsão de que se o auto de demarcação urbanística incidir sobre imóveis ainda não matriculados, previamente à averbação, será aberta matrícula, que deverá refletir a situação registrada do imóvel, dispensadas a retificação do memorial descritivo e a apuração de área remanescente.

É de destacar que não se exigirá, para a averbação da demarcação urbanística, a retificação da área não abrangida pelo auto de demarcação urbanística, ficando a apuração de remanescente sob a responsabilidade do proprietário do imóvel atingido, o que não deixa de ser um contrassenso, uma vez que se estás regularizando um imóvel e simultaneamente remetendo outro imóvel a uma situação de irregularidade, ao menos no aspecto da descrição.

64.4 LEGITIMAÇÃO DE POSSE

A Lei define que a legitimação de posse constitui ato do poder público destinado a conferir título, por meio do qual fica reconhecida a posse de imóvel objeto da Reurb, com a identificação de seus ocupantes, do tempo da ocupação e da natureza da posse, o qual é conversível em direito real de propriedade, na forma prevista nela. Restringe a possibilidade do uso da legitimação da posse exclusivamente para os procedimentos de regularização fundiária. Lembrando apenas que a legitimação de posse não se aplica aos imóveis urbanos situados em área de titularidade do poder público, pois de outra forma feriria vedação constitucional à usucapião de imóveis públicos.

Após o registro do parcelamento ou do condomínio regularizado, será efetuada a abertura das matrículas das unidades resultantes; todavia, estas ainda serão abertas em nome dos titulares dominiais constantes nas matrículas e/ou transcrições das origens das áreas, ou seja, aquelas existentes na serventia imobiliária antes do início do procedimento de regularização fundiária. Ficaria sem sentido todo o procedimento de regularização fundiria se não houvesse mecanismo de atribuir aos ocupantes desses imóveis o título dominial.

Por isso, após o registro do parcelamento regularizado, o poder público concederá título de legitimação de posse aos ocupantes cadastrados e este poderá ser registrado na matrícula da unidade aberta (artigo 167, I, 44 da LRP), inclusive estabelecendo-se que esse direito poderá ser transferido por causa mortis ou por ato *inter vivos*, nos termos do § 1º do artigo 25 da Lei 13.465/2017.

O título de legitimação de posse consiste no reconhecimento por parte do poder público de direito em favor do detentor da posse direta. O registro do referido título não implica, em um primeiro momento, na transferência da propriedade da área, gerando apenas a publicidade do direito à posse desse imóvel. É uma forma de marcar o início do prazo de cinco anos (nos termos do artigo 183 da CF), após o qual o beneficiário desse direito poderá solicitar sua conversão em propriedade.

Nesse sentido, dispõe o artigo 26 que sem prejuízo dos direitos decorrentes do exercício da posse mansa e pacífica no tempo, aquele em cujo favor for expedido título de legitimação de posse, decorrido o prazo de cinco anos de seu registro, terá a conversão automática dele em título de propriedade, desde que atendidos os termos e as condições do art. 183 da Constituição Federal, independentemente de prévia provocação ou prática de ato registral.

Assim, podemos afirmar que a legitimação de posse é uma forma de usucapião administrativa, a primeira que foi prevista na legislação pátria, pois já existia na legislação da regularização fundiária anterior, a Lei 11.977/2009. Contudo, tem limitação severa, uma vez que somente pode ser usada no âmbito da regularização fundiária.

É importante destacar que a conversão da legitimação da posse em propriedade independe do prévio registro do título da legitimação da posse. Contudo, seu registro pode servir como importante marco comprobatório do início da fluência desse prazo.

A legitimação da posse também não restringe a conversão em propriedade nos casos de usucapião especial. Sendo o caso de usucapião de qualquer outra modalidade, o título de legitimação de posse poderá ser convertido em título de propriedade, desde que satisfeitos os requisitos de usucapião estabelecidos na legislação em vigor, a requerimento do interessado, perante o registro de imóveis competente.

Por se tratar essencialmente de aquisição da propriedade por usucapião, na modalidade administrativa, a lei estabelece que a conversão da legitimação de posse em propriedade constitui forma originária de aquisição de direito real, de modo que a unidade imobiliária com destinação urbana regularizada restará livre e desembaraçada de quaisquer ônus, direitos reais, gravames ou inscrições, eventualmente existentes em sua matrícula de origem, exceto quando disserem respeito ao próprio beneficiário.

Na legislação anterior (Lei 11.977/2009) havia previsão de requisitos específicos para a concessão da legitimação de posse e, se fossem infringidos, a previsão de cancelamento do título, mas a norma atual retirou isto, exigindo apenas que sejam cumpridas as exigências da usucapião que se aplicar ao caso específico. Contudo, o artigo 27 indica que deveria haver alguma exigência na nova norma, pois estabelece que o título de legitimação de posse poderá ser cancelado pelo poder público emitente quando constatado que as condições estipuladas na lei deixaram de ser satisfeitas, sem que seja devida qualquer indenização àquele que irregularmente se beneficiou do instrumento. Contudo, não há condição alguma estipulada na norma atual.

Também a forma como se faz a conversão da legitimação de posse em propriedade também não é claramente explicada pela lei. Só se menciona que nos casos não contemplados pelo art. 183 da Constituição Federal a conversão em título de propriedade ocorrerá, a requerimento do interessado, perante o registro de imóveis competente, nada explicando como se comprova isso. Além disso, em relação aos casos que se enquadram no artigo 183 da Constituição Federal, nada explica.

Independentemente de como venha a ser resolvida essa questão prática, o artigo 42 do item I do artigo 167 da Lei de Registros Públicos, prevê o registro da conversão da legitimação de posse em propriedade, nos termos previstos pelo artigo 60 da Lei 11.977/2009. Essa norma continua válida, mesmo que faça expressa menção à norma anterior revogada, pois apenas alterou-se a fonte das regras atuais do instituto.

Talvez a solução esteja na norma anterior, a qual previa que para requerer a referida conversão, o adquirente deverá apresentar:

I – certidões do cartório distribuidor, demonstrando a inexistência de ações em andamento que versem sobre a posse ou a propriedade do imóvel;

II – declaração de que não possui outro imóvel urbano ou rural;

III – declaração de que o imóvel é utilizado para sua moradia ou de sua família; e

IV – declaração de que não teve reconhecido anteriormente o direito à usucapião de imóveis em áreas urbanas.

Todos esses documentos visam a comprovação da reunião dos requisitos da usucapião especial urbana, que exige posse mansa e pacífica de área urbana de até duzentos e cinquenta metros quadrados, por cinco anos, ininterruptamente e sem oposição, utilizando-a para sua moradia ou de sua família, desde que não seja proprietário de outro imóvel urbano ou rural. Em caso de outra forma de usucapião, bastaria adequar tais exigências.

64.5 LEGITIMAÇÃO FUNDIÁRIA

A legitimação fundiária é o ato administrativo praticado pelo ente processante da Reurb que permite atribuir, de forma originária, o "direito real de propriedade" do imóvel que está sendo regularizado aos ocupantes. Consiste verdadeiramente em mais uma modalidade de usucapião administrativa reconhecida pela municipalidade.

Existe uma impropriedade na redação da norma. O artigo 23 expressamente afirma que será atribuído o "direito real de propriedade" ao imóvel objeto da Reurb, quer seja este originalmente área particular ou quer seja área pública. E mais, no § 4º complementa tal regulação, afirmando que "na Reurb-S de imóveis públicos, a União, os Estados, o Distrito Federal e os Municípios, e as suas entidades vinculadas, quando titulares do domínio, ficam autorizados a reconhecer o direito de propriedade aos ocupantes do núcleo urbano informal regularizado por meio da legitimação fundiária".

Obviamente, a lei não pode violar expressa vedação constitucional a respeito da usucapião de áreas públicas. O que pensamos que deve ser entendido nesse caso, ao se tratar de áreas públicas, é que poderá ser conferido o direito real que for aplicável ao caso (como, por exemplo, o direito real à moradia) e não simplesmente o direito real de propriedade.

Em todo caso, a maior limitação de aplicabilidade da legitimação fundiária decorre do fato de apenas poder ser usada no âmbito da Reurb. Contudo, nesse sentido, não importa a modalidade de Reurb, em ambas poderá ser usada. Apenas ocorre que na Reurb-S, a legitimação fundiária somente será concedida ao beneficiário se forem atendidas as seguintes condições:

I – o beneficiário não seja concessionário, foreiro ou proprietário de imóvel urbano ou rural;

II – o beneficiário não tenha sido contemplado com legitimação de posse ou fundiária de imóvel urbano com a mesma finalidade, ainda que situado em núcleo urbano distinto; e

III – em caso de imóvel urbano com finalidade não residencial, seja reconhecido pelo poder público o interesse público de sua ocupação.

Findo o procedimento e concedida a legitimação fundiária aos interessados, o poder público emitirá o Certificado de Regularização Fundiária (CRF) e a encaminhará ao registro de imóveis. O interessante é que a norma prevê que ficam dispensados a apresentação de título individualizado, podendo ser encaminhado sobre a forma de listagem dos ocupantes e sua devida qualificação e a identificação das áreas que ocupam.

Por fim, é de se constar que registro da CRF passou a ser previsto pelo artigo 167, I, 43 da LRP e o registro da legitimação fundiária pelo item 44 do mesmo artigo.

64.6 USUCAPIÃO ESPECIAL E COLETIVA

Como já observamos, a regularização fundiária é um processo que tramita perante a municipalidade e envolve mais do que a regularização dominial dos ocupantes das áreas, abrangendo ainda sua regularização urbanística e ambiental de acordo com os casos específicos.

Todavia, ao tratarmos do tema, não podemos deixar de fazer uma breve análise sobre alguns dos demais instrumentos utilizados para se obter a regularização dominial das áreas em nome dos ocupantes efetivos.

Podemos dizer que os principais instrumentos utilizados para que atinjamos o objetivo da regularização dominial, além da chamada usucapião administrativa existente dentro do contexto da regularização fundiária (que formalmente não possui esse nome, mas que resulta, na prática, nesse efeito) são as usucapiões especiais urbanas, individuais e coletivas, bem como as concessões de uso, tanto as gerais quanto as especiais para os fins de moradia, existindo ainda casos em que o poder público se utiliza de autorizações e permissões de uso para regulamentar situações concretas. Com a entrada em vigor do novo Código de Processo Civil, Lei n. 13.105/2015, foi criado ainda o procedimento geral da usucapião extrajudicial, ao introduzir o art. 216-A na Lei n. 6.015/73. Tal dispositivo será abordado mais adiante.

Faremos uma análise geral das usucapiões especiais urbanas, individuais e coletivas, ressaltando que elas ocorrem com a reunião dos requisitos estabelecidos para os institutos, independentemente de qualquer manifestação do poder público. Dessa forma, elas podem ser reconhecidas isoladamente, caso em que o interessado deverá entrar com um pedido de reconhecimento judicial, ou dentro de um procedimento de regularização, hipótese em que geralmente o reconhecimento dos institutos é uma das medidas a serem tomadas, fazendo parte de um contexto maior, que exige a participação em maior ou menor grau do poder público.

A usucapião especial urbana individual tem como fundamento o art. 183 da Constituição Federal, bem como o art. 9º do Estatuto da Cidade (Lei n. 10.257/2001) e o art. 1.240 do Código Civil, que estabelece que aquele que possuir como sua área ou edificação urbana de até duzentos e cinquenta metros quadrados, por cinco anos, ininterruptamente e sem oposição, utilizando-a para sua moradia ou de sua família, adquirir-lhe-á o domínio, desde que não seja proprietário de outro imóvel urbano ou rural.

O título de domínio será conferido ao homem ou à mulher, ou a ambos, independentemente do estado civil, sendo que não será reconhecido ao mesmo possuidor mais de uma vez. Segundo o § 3º do art. 9º do Estatuto da Cidade, o herdeiro legítimo somente continua, de pleno direito, a posse de seu antecessor, se já residir no imóvel por ocasião da abertura da sucessão.

Já a usucapião especial urbana coletiva está prevista no art. 10 do Estatuto da Cidade (Lei n. 10.257/2001), que estabelece que as áreas urbanas com mais de duzentos e cinquenta metros quadrados, ocupadas por população de baixa renda para sua moradia, por cinco anos, ininterruptamente e sem oposição, onde não for possível identificar os terrenos ocupados por cada possuidor, são suscetíveis de serem usucapidas coletivamente, desde que os possuidores não sejam proprietários de outro imóvel urbano ou rural.

Diferentemente do que ocorre na usucapião especial individual, o possuidor pode, para o fim de contar o prazo exigido por esse artigo, acrescentar sua posse à de seu antecessor, contanto que ambas sejam contínuas, não exigindo que já resida no imóvel no momento do falecimento.

A usucapião especial coletiva de imóvel urbano será declarada pelo juiz, mediante sentença em função da qual será expedido mandado que servirá de título para registro no cartório de registro de imóveis. Nessa sentença, o juiz atribuirá igual fração ideal de terreno a cada possuidor, independentemente da dimensão do terreno que cada um ocupe, salvo hipótese de acordo escrito entre os condôminos, estabelecendo frações ideais diferenciadas.

Esse tipo de usucapião geralmente é utilizado em situações em que exista dificuldade para se identificar precisamente qual a área do terreno que cada família utiliza, sendo que muitas vezes as áreas são compartilhadas, utilizadas coletivamente.

Em virtude dessa peculiaridade, o legislador criou como regra nesses casos um condomínio especial, em que cada qual será detentor de uma fração ideal do todo, sendo que essa fração em princípio será igual para cada família, a menos que haja um acordo por escrito entre todos os ocupantes, estabelecendo diferentemente as frações.

Esse condomínio especial será indivisível e não será passível de extinção, salvo por deliberação favorável tomada por, no mínimo, dois terços dos condôminos, no caso de execução de urbanização posterior à constituição do condomínio.

As deliberações relativas à administração do condomínio especial serão tomadas por maioria de votos dos condôminos presentes, obrigando também os demais, discordantes ou ausentes.

As ações de usucapião especial urbana tanto individual como coletiva serão gratuitas, sendo que essa gratuidade se estende inclusive perante o registro de imóveis.

Na pendência de usucapião especial, ficam sobrestadas as ações possessórias e petitórias sobre o bem, sendo que a declaração do reconhecimento dessas usucapiões poderá ser invocada como matéria de defesa nessas ações e, diferentemente do que ocorre em regra nas demais usucapiões, o reconhecimento dessas usucapiões alegadas como defesa no bojo dessas ações possessórias ou petitórias valerá como título hábil para seu ingresso no registro de imóveis.

Esses tipos de usucapião podem ser propostos pelo possuidor, copossuidor (com os demais) ou, como substituto processual, por associação de moradores, regularmente constituída, com personalidade jurídica, desde que explicitamente autorizada pelos representados.

64.7 O REGISTRO DA REGULARIZAÇÃO FUNDIÁRIA URBANA

Uma vez processada a regularização pelo poder público, ao final a autoridade competente irá proferir decisão a respeito, mediante ato formal, ao qual se dará publicidade. Feito isso será expedida o CRF (certificado de regularização fundiária) pelo Município. Em seguida, essa CRF será encaminhada para o registro de imóveis do local em que se situe a unidade regularizada, juntamente com o projeto de regularização fundiária aprovado.

Não compete ao registro de imóveis fiscalizar o correto processamento do procedimento administrativo da regularização fundiária, se houve a notificação correta de todas as partes envolvidas, se houve respeito aos prazos corretos etc. O que compete ao registro é qualificar o título que será apresentado para registro e verificar se todas os requisitos legais e normativos estão plenamente atendidos nele.

Contudo, deve ser atentamente observado uma questão a respeito do procedimento administrativo que tramitou perante a municipalidade: se todos os proprietários originais do imóvel foram, ou não, notificados a respeito do trâmite do procedimento de regularização e as consequências que isso poderá trazer para o seu direito, conforme previsto no artigo 31.

Havendo omissão, deve o registrador emitir tais notificações faltantes, de forma simplificada, indicando os dados de identificação do núcleo urbano a ser regularizado, sem a anexação de plantas, projetos, memoriais ou outros documentos, convidando o notificado a comparecer à sede da serventia para tomar conhecimento da CRF com a advertência de que o não comparecimento e a não apresentação de impugnação, no prazo legal, importará em anuência ao registro.

O artigo 40 da norma determina que a Certidão de Regularização Fundiária (CRF) é o ato administrativo de aprovação da regularização que deverá acompanhar o projeto aprovado. Esta deverá conter, no mínimo: I – o nome do núcleo urbano regularizado; II – a localização; III – a modalidade da regularização; IV – as responsabilidades das obras e serviços constantes do cronograma; V – a indicação numérica de cada unidade regularizada, quando houver; VI – a listagem com nomes dos ocupantes que houverem adquirido a respectiva unidade, por título de legitimação fundiária ou mediante ato único de registro, bem como o estado civil, a profissão, o número de inscrição no cadastro das pessoas físicas do Ministério da Fazenda e do registro geral da cédula de identidade e a filiação.

Normalmente o registro da CRF e do projeto de regularização fundiária ocorrerá perante o oficial do cartório de registro de imóveis da situação do imóvel, e independerá de determinação judicial ou do Ministério Público. Pode ocorrer que o imóvel regularizado abranja área situada em mais de uma circunscrição imobiliária. Nesse caso, o registro tem que ocorrer perante cada um dos diversos oficiais dos cartórios de registro de imóveis.

O parágrafo único do artigo 43 criou uma regra de extensão da competência territorial das serventias ao determina que quando os imóveis regularizados estiverem situados na divisa das circunscrições imobiliárias, as novas matrículas das unidades imobiliárias serão de competência do oficial do cartório de registro de imóveis em cuja circunscrição estiver situada a maior porção da unidade imobiliária regularizada.

Uma vez ingressada a regularização no cartório, este deverá analisar a viabilidade ou não do registro e fazê-lo ou emitir a nota de exigência no prazo de 15 dias. Todo o procedimento deverá ser concluído no prazo de 60 dias, prorrogável por até igual período, mediante justificativa fundamentada do oficial do cartório de registro de imóveis

Sendo registrável, será aberta nova matrícula para a área regularizada (se necessário) e serão abertas matrículas individualizadas para os lotes e áreas públicas resultantes do projeto de regularização aprovado. Em seguida se fará o registro dos direitos reais indicados na CRF nas matrículas dos respectivos lotes, com base na relação constante da CRF, dispensada a apresentação de título individualizado.

Caso a área a ser regularizada abranja mais de uma matrícula, se abrirá nova matrícula para a área objeto de regularização, destacando-se a área abrangida na matrícula de origem (lei dispensa a apuração de área remanescente).

É de se destacar que norma determina que o registro da CRF dispensa a comprovação do pagamento de tributos ou penalidades tributárias de responsabilidade dos legitimados e que o registro da CRF aprovado independe de averbação prévia do cancelamento do cadastro de imóvel rural no Instituto Nacional de Colonização e Reforma Agrária (Incra).

Feitos a qualificação e o registro da CRF e do projeto, deve o registro de imóveis notificar o Incra, o Ministério do Meio Ambiente e a Secretaria da Receita Federal do Brasil para que esses órgãos cancelem, parcial ou totalmente, os respectivos registros existentes no Cadastro Ambiental Rural (CAR) e nos demais cadastros relacionados a imóvel rural, relativamente às unidades imobiliárias regularizadas.

Para esse registro, muito importante observar que, afim de atender o princípio da especialidade, a lei indica que o oficial do cartório de registro de imóveis adotará o memorial descritivo da gleba apresentado com o projeto de regularização fundiária e deverá averbá-lo na matrícula existente, anteriormente ao registro do projeto, independentemente de provocação, retificação, notificação, unificação ou apuração de disponibilidade ou remanescente.

Uma vez registrada a CRF, será aberta matrícula para cada uma das unidades imobiliárias regularizadas. Para os atuais ocupantes das unidades imobiliárias objeto da Reurb, os compromissos de compra e venda, as cessões e as promessas de cessão valerão como título hábil para a aquisição da propriedade, quando acompanhados da prova de quitação das obrigações do adquirente, e serão registrados nas matrículas das unidades imobiliárias correspondentes, resultantes da regularização fundiária.

Por fim, de destacar que o registro da CRF, muito assemelhadamente com o que ocorre no loteamento, traz como consequência a automática incorporação ao patrimônio público das vias públicas, as áreas destinadas ao uso comum do povo, os prédios públicos e os equipamentos urbanos, na forma indicada no projeto de regularização fundiária aprovado. Inclusive, a requerimento do Município, o oficial de registro de imóveis abrirá matrícula para as áreas que tenham ingressado no domínio público.

65
DIREITO REAL DE LAJE

A Lei 13.465/2017 criou uma nova modalidade de direito real, o direito real de laje, tendo inclusive alterado o artigo 1.225 do Código Civil, inserindo essa nova modalidade em seu inciso XIII, e sua regulamentação no artigo 1.510-A e seguintes do código, além de acrescer o §9º ao artigo 176 da LRP.

Inicialmente cabe definir o que é a laje. Segundo o Dicionário Aurélio,[53] um dos significados de laje é "obra contínua de concreto armado, a qual constitui sobrado, teto de um compartimento, ou piso".

É por isso que o artigo 1.510-A afirma que o proprietário de uma construção-base poderá ceder a superfície superior ou inferior de sua construção a fim de que o titular da laje mantenha unidade distinta daquela originalmente construída sobre o solo, compreendendo o espaço aéreo ou o subsolo de terrenos públicos ou privados, tomados em projeção vertical, como unidade imobiliária autônoma, não contemplando as demais áreas edificadas ou não pertencentes ao proprietário da construção-base.

Essencialmente constitui na transferência para terceiros do direito de usar o espaço, superior ou inferior, à laje, inclusive para fins de construção, servindo a laje como espécie de fronteira delimitadora. O proprietário da construção base continuará a ser o mesmo, apenas que o direito de usar o espaço, superior ou inferior, delimitado pela laje é que será transferido para terceiro. Assim, a instituição do direito real de laje não implica a atribuição de fração ideal de terreno ao titular da laje ou a participação proporcional em áreas já edificadas.

Por essas características é que parte da doutrina tem sustentado, com muita precisão, que seria desnecessária a criação de um direito real novo, posto que, na essência, não passaria de uma modalidade do direito de superfície. Para Roberto Paulino de Albuquerque Júnior "O direito de laje não constitui um direito real novo, mas uma modalidade de direito de superfície que, desde 2001, já tem previsão expressa na legislação brasileira, a superfície por sobrelevação. O que caracteriza o direito de superfície e distingue o seu tipo dos demais direitos reais é a possibilidade de constituir um direito tendo por objeto construção ou plantação, separadamente do direito de propriedade sobre o solo".

O que parece ser realmente inovador nessa questão é, além do procedimento de constituição extremamente simplificado como veremos adiante, a possibilidade de se instituir o direito real de laje de modo sucessivo, pois a lei prevê que o titular da laje

---
53. FERREIRA, Aurélio Buarque de Holanda. *Novo Dicionário da Língua Portuguesa*. 2. ed. revista e ampliada. Rio de Janeiro: Editora Nova Ferreira, 1986.

poderá ceder a superfície de sua construção para a instituição de um sucessivo direito real de laje, desde que haja autorização expressa dos titulares da construção-base e das demais lajes e respeitadas as posturas edilícias e urbanísticas vigentes.

Chama atenção também que é usado de forma simplificada as regras referentes ao condomínio especial, pois a norma já prevê, sem necessidade de projeto de especificação, o que vem a ser automaticamente, por força da lei, as partes comuns do edifício, conforme previsto no artigo 1.510-C, § 1º, vindo a abranger as estruturas como os alicerces, colunas, pilares, paredes-mestras e todas as partes restantes que constituam a estrutura do prédio; o telhado ou os terraços de cobertura; as instalações gerais de água, esgoto, eletricidade, aquecimento, ar condicionado, gás, comunicações e semelhantes que sirvam a todo o edifício; e as coisas que sejam afetadas ao uso de todo o edifício.

Também são usadas as regras condominiais no tocante ao rateio das despesas comuns, pois estas serão partilhadas entre o proprietário da construção-base e o titular da laje, segundo a proporção estipulada em contrato.

Sua instituição ocorre de modo muito simplificado, apenas por meio da abertura de uma matrícula própria no registro de imóveis e por meio da averbação desse fato na matrícula da construção-base e nas matrículas de lajes anteriores, com remissão recíproca, conforme previsto no §9º do artigo 176 da LRP e, uma vez constituído, garante aos titulares desse direito plenos direitos de dela usar, gozar e dispor.

É interessante que, na comparação com o condomínio especial, diferentemente do que ocorre neste, os titulares de direito real de laje existentes no edifício e o proprietário da construção base têm, entre si, direito de preferência na aquisição em caso de alienação, sendo que o titular da construção base possui prioridade em relação aos titulares das lajes e, entre estes, a prioridade é para a laje mais próxima à unidade sobreposta a ser alienada.

Por fim, é de destacar que a instituição do direito real de laje deve ser autorizada pela municipalidade, a qual deve ter norma dispondo sobre posturas edilícias e urbanísticas associadas ao direito real de laje.

66
Direito Real de Uso de Imóvel Público

Os bens públicos não estão sujeitos a usucapião, mas, dependendo da situação, para atenderem às necessidades do desenvolvimento urbano e para regularizar situações jurídicas consolidadas, pode o Estado dar anuência para a utilização desses bens, por meio de autorização, permissão ou concessão de uso desses imóveis.

As autorizações e permissões de uso são atos precários, podendo ser revogados a qualquer tempo pelo poder público, não constituindo direitos reais, motivo pelo qual não têm ingresso na serventia imobiliária.

Já a concessão de direito real de uso, como o próprio nome diz, enquadra-se na categoria dos direitos reais, estando inclusive no rol dos direitos reais previstos pelo Código Civil em seu art. 1.225, de modo que, para sua constituição, deve ser submetida a registro na matrícula do imóvel ao qual se refere.

De qualquer modo, para que esse ato seja possível, o primeiro passo será que o imóvel sobre o qual se pretenda registrar a concessão já esteja matriculado em nome do poder público; caso contrário, será necessário que se promovam os procedimentos objetivando este fim (ação discriminatória, ação demarcatória, abertura de matrículas de áreas transferidas ao poder público em função de loteamentos, registro de desapropriações ou doações em nome do poder público etc.).

Vistas essas características gerais, existem, ainda, dois tipos de concessão de direito real de uso. A primeira delas é geral e pode ser destinada a várias finalidades vinculadas ao interesse público, inclusive para os fins de moradia, estando prevista no Decreto-lei n. 271/67. Já a segunda é específica para os fins de moradia e é regulamentada pela MP n. 2.220/2001, e pelo Estatuto da Cidade (Lei n. 10.257/2001) e pela Lei 9.636/98.

Nesse capítulo, trataremos da concessão de direito real de uso geral, sendo que o estudo da concessão de uso especial para fins de moradia será tratado no próximo capítulo, que procurará também traçar um paralelo com as principais diferenças entre os institutos.

Assim, a concessão de direito real de uso geral é o contrato pelo qual a Administração transfere o uso remunerado ou gratuito de terreno público a particular, como direito real resolúvel, para que dele se utilize em fins específicos de urbanização, industrialização, edificação, cultivo ou qualquer outra exploração de interesse social.

Nesse sentido, encontramos o art. 7º do Decretolei n. 271/67, que estabelece que é instituída a concessão de uso de terrenos públicos ou particulares, remunerada ou gratuita, por tempo certo ou indeterminado, como direito real resolúvel, para fins específicos de regularização fundiária de interesse social, urbanização, industrialização, edificação, cultivo da terra, aproveitamento sustentável das várzeas, preservação das comunidades tradicionais e seus meios de subsistência ou outras modalidades de interesse social em áreas urbanas.

Podemos analisar que esse tipo de concessão de direito real de uso pode servir a diversas finalidades, sendo muito comum, inclusive, utilizar-se do instituto em análise para incentivar a industrialização em cidades de menor porte. Nesses casos, geralmente, o poder público cria distritos industriais e oferece a concessão de direito real de uso de áreas de forma gratuita, desde que o concessionário atenda a alguns requisitos estabelecidos no contrato, tais como garantia de emprego de um número préestipulado de moradores da cidade, ou geração de patamares predefinidos de impostos e serviços etc.

Observa-se, também, do citado artigo que é possível, nesse caso, que o instituto seja concedido também sobre terrenos particulares, todavia, ao final, resume as finalidades de concessão como modalidades de interesse social. Assim, para compatibilizar as duas ideias, pensamos que, mesmo que o instituto seja concedido sobre áreas particulares, a concessão deve se dar com a intervenção do poder público, que identificará o interesse social e poderá tanto firmar algum tipo de acordo com o particular, para que a concessão seja feita pelo próprio poder público, ou aparecer como interveniente na concessão feita diretamente pelo particular.

O § 1º do referido artigo estabelece que a concessão de uso poderá ser contratada, por instrumento público ou particular, ou por simples termo administrativo, e será inscrita e cancelada em livro especial. No que se refere à inscrição em livro especial, todavia, ela não mais se aplica no sistema atual, sendo que a referida concessão deverá ser registrada na matrícula do imóvel.

Desde a inscrição da concessão de uso, o concessionário fruirá plenamente do terreno para os fins estabelecidos no contrato e responderá por todos os encargos civis, administrativos e tributários que venham a incidir sobre o imóvel e suas rendas. O contrato, todavia, poderá estabelecer restrições ou formas específicas para o uso.

Devemos ter em mente, nesse caso, que esse tipo de contrato é uma faculdade do poder público, que usará do seu poder discricionário para avaliar a conveniência e a oportunidade de sua implementação. Assim, a conveniência, a oportunidade e o interesse público propriamente dito podem fazer com que o poder público crie condições especiais para o uso, bem como limitações.

Podemos citar como exemplo a concessão de uso sobre uma área na qual exista uma vegetação nativa que o poder público pretenda conservar, fato que pode limitar a utilização, de forma que se permita certa exploração, mas dentro de técnicas previamente aprovadas de manejo sustentável.

Segundo o § 3º do referido art. 7º do Decreto-lei n. 271/67, resolve-se a concessão antes de seu termo, desde que o concessionário dê ao imóvel destinação diversa da estabelecida no contrato ou termo, ou descumpra cláusula resolutória do ajuste, perdendo, nesse caso, as benfeitorias de qualquer natureza.

A resolução da concessão deve ser apurada pelo órgão concessor, que nesse caso deverá encaminhar um termo de resolução da concessão de direito real de uso ao cartório que a tenha registrado, para que este possa realizar a averbação da baixa do direito.

Esse tipo de concessão de direito real de uso, salvo disposição contratual em contrário, transfere-se por ato *inter vivos*, ou por sucessão legítima ou testamentária, registrandose a transferência.

Segundo o § 5º do referido art. 7º do Decreto-lei n. 271/67, para a concessão desse tipo de direito real de uso, deverá ser observada a anuência prévia: a) do Ministério da Defesa e dos Comandos da Marinha, do Exército ou da Aeronáutica, quando se tratar de imóveis que estejam sob sua administração; e b) do Gabinete de Segurança Institucional da Presidência de República, quando se tratar de áreas indispensáveis para a segurança nacional, nos termos do inciso III do § 1º do art. 91 da Constituição Federal.

67
TERMOS ADMINISTRATIVOS OU SENTENÇAS DECLARATÓRIAS DE CONCESSÃO DE USO ESPECIAL PARA FINS DE MORADIA

Como já visto, a concessão de direito real de uso prevista no Decreto-lei n. 271/46 não é o único tipo de concessão de direito real de uso existente, sendo que com ela convive a chamada concessão de uso especial para fins de moradia, prevista no art. 4º, V, "h", Lei n. 10.257/2001, na Medida Provisória n. 2.220/2001 e no art. 6º da nossa Constituição Federal de 1988. Também está no rol dos direitos reais previstos pelo Código Civil em seu art. 1.225, XI.

Assim, o art. 1º da referida medida provisória (com nova redação dada pela Lei 13.465/2017) estabelece que aquele que, até 22 de dezembro de 2016, possuiu como seu, por cinco anos, ininterruptamente e sem oposição, até duzentos e cinquenta metros quadrados de imóvel público situado em área com características e finalidade urbanas, e que o utilize para sua moradia ou de sua família, tem o direito à concessão de uso especial para fins de moradia em relação ao bem objeto da posse, desde que não seja proprietário ou concessionário, a qualquer título, de outro imóvel urbano ou rural.

Observa-se que o dispositivo exposto visa regularizar situações pretéritas, e não estimular ocupações desordenadas, na medida em que a posse tem que ter completado o período de cinco anos até a data da edição da medida provisória em análise, ou seja, o qual era inicialmente, até 30 de junho de 2001, mas que passou a ser até 22 de dezembro de 2016 com a alteração feita pela Lei 13.465/2017.

Outra alteração importante feita por essa lei foi que antes era exigido que o imóvel fosse "situado em área urbana", ou seja, estivesse dentro do perímetro urbano ou em área de expansão urbana da cidade, o que se determina por lei municipal. Já a nova redação permite uma aplicação muito mais flexível ao deixar muita mais margem ao juízo de valor do administrador público, pois requer que o imóvel esteja "em área com características e finalidade urbanas".

A concessão do instituto será necessariamente gratuita, diferentemente do que ocorre com a concessão de direito real de uso geral, que pode ser gratuita ou onerosa. Essa gratuidade está baseada na própria natureza do instituto, visto que ele não é um direito conferido facultativamente pelo poder público de acordo com a sua discricionariedade, mas, sim, um direito subjetivo da parte que pode compelir o poder público a realizar a referida concessão, desde que tenha preenchido os requisitos estabelecidos pela legislação.

Ao observar os requisitos e a regulamentação do instituto em análise, verificamos que em muito se assemelha à usucapião especial, com as diferenciações de se dar sobre imóveis públicos, ter termo final para a reunião dos requisitos e não conceder a propriedade propriamente dita, mas, sim, o direito real de uso especial para fins de moradia.

Assim, nos moldes da usucapião especial, também não será concedida ao mesmo cessionário mais de uma vez e permite ao herdeiro continuar na posse do imóvel, desde que já resida nele por ocasião da abertura da sucessão.

A concessão de uso especial para fins de moradia é um direito real de grande abrangência, diferindo da propriedade apenas pela possibilidade de revogação, caso o beneficiário dê à propriedade destinação diferente da moradia ou adquira outra propriedade ou a concessão de uso de outro imóvel urbano ou rural.

O art. 2º da Medida Provisória n. 2.220/2001 dispõe sobre a concessão de uso especial para fins de moradia em sua modalidade coletiva, estabelecendo que, nos imóveis com mais de duzentos e cinquenta metros quadrados, ocupados até 22 de dezembro de 2016, por população de baixa renda para sua moradia, por cinco anos, ininterruptamente e sem oposição, cuja área total dividida pelo número de possuidores seja inferior a duzentos e cinquenta metros quadrados por possuidor, a concessão de uso especial para fins de moradia será conferida de forma coletiva, desde que os possuidores não sejam proprietários ou concessionários, a qualquer título, de outro imóvel urbano ou rural nos imóveis com mais de duzentos e cinquenta metros quadrados, que, até 30 de junho de 2001, estavam ocupados por população de baixa renda para sua moradia, por cinco anos, ininterruptamente e sem oposição, onde não for possível identificar os terrenos ocupados por possuidor, a concessão de uso especial para fins de moradia será conferida de forma coletiva, desde que os possuidores não sejam proprietários ou concessionários, a qualquer título, de outro imóvel urbano ou rural.

Da análise do dispositivo percebe-se novamente a semelhança com a usucapião especial, nesse caso a coletiva, sendo que se permite também ao possuidor acrescentar sua posse à de seu antecessor, contanto que ambas sejam contínuas.

Também, da mesma forma que ocorre na usucapião especial coletiva, será atribuída igual fração ideal de terreno a cada possuidor, independentemente da dimensão do terreno que cada um ocupe, salvo hipótese de acordo escrito entre os ocupantes, estabelecendo frações ideais diferenciadas. Nesse caso, a fração ideal atribuída a cada possuidor não poderá ser superior a duzentos e cinquenta metros quadrados.

Por fim, o prazo limite da ocupação, assim como para os imóveis urbanos, o qual era inicialmente até 30 de junho de 2001, passou a ser até 22 de dezembro de 2016 com a alteração feita pela Lei 13.465/2017 e foi estabelecido um limite objetivo, ao exigir que a área total, dividida pelo número de possuidores, seja inferior a duzentos e cinquenta metros quadrados por possuidor. Antes não havia isso, apenas a previsão de ser aplicável nos casos onde não fosse possível identificar os terrenos ocupados por possuidor.

Segundo o art. 6º da Medida Provisória n. 2.220/2001, o título de concessão de uso especial para fins de moradia será obtido pela via administrativa perante o órgão competente da Administração Pública ou, em caso de recusa ou omissão deste, pela via judicial, sendo que a Administração Pública terá o prazo máximo de 12 meses para decidir o pedido, contado da data de seu protocolo.

Como analisamos, o direito à concessão de uso especial para fins de moradia é um direito subjetivo da parte que não pode ser negado pelo poder público, uma vez que ela tenha reunido os requisitos estabelecidos na legislação.

Todavia, se por algum motivo a parte não conseguir essa concessão administrativamente, ou se assim preferir, poderá requerer o direito judicialmente. Nesse caso, o direito será declarado via sentença, sendo esta uma forma originária da aquisição do direito.

Na hipótese de bem imóvel da União ou dos Estados, o interessado deverá instruir o requerimento de concessão de uso especial para fins de moradia com certidão expedida pelo Poder Público municipal, que ateste a localização do imóvel em área urbana e a sua destinação para moradia do ocupante ou de sua família.

O título conferido por via administrativa ou por sentença judicial servirá para efeito de registro no cartório de registro de imóveis, estando o seu ingresso na serventia imobiliária previsto no art. 167, I, 37 da Lei de Registros Públicos.

67.1 AUTORIZAÇÃO DE USO URBANÍSTICA

Outro instituto previsto na Medida Provisória n. 2.220/2001 que merece uma breve análise é a autorização de uso urbanística.

A autorização de uso especial de imóvel público está prevista no art. 9º da referida medida provisória, que dispõe que é facultado ao poder público competente conceder autorização de uso àquele que, até 22 de dezembro de 2016 (prazo novamente alongado pela Lei 13.465/2017), possuiu como seu, por cinco anos, ininterruptamente e sem oposição, até duzentos e cinquenta metros quadrados de imóvel público situado em área com características e finalidade urbanas para fins comerciais, também a ser feita de forma gratuita.

Num primeiro momento, cumpre ressaltar a principal diferenciação entre a autorização especial de uso para fins de moradia e a concessão especial de uso para fins de moradia, qual seja, a destinação do imóvel possuído. Enquanto na primeira a destinação tem que ser para fins comerciais, na segunda o fim deverá ser de moradia.

Esse instituto é muito empregado no âmbito das regularizações fundiárias feitas sobre imóveis públicos, visto que nessas regiões geralmente existem comércios que também precisam de regularização, mas que, se não fosse pelo referido instituto, teriam maior dificuldade de regularização, visto que não se enquadrariam na concessão de uso especial para fins de moradia, ficando sujeitas a uma maior discricionariedade por parte do poder público, que regulamenta as concessões de direito real de uso de uma forma geral.

De acordo com art. 9º, § 1º, da MP n. 2.220/2001, essa autorização só pode ser conferida de forma gratuita, não podendo o Poder Público exigir contraprestação sobre o ato. Note que o dispositivo refere-se ao Poder Público, de forma que o instituto pode ser concedido por qualquer dos entes públicos (União, Estados ou Municípios).

Importante salientar que, quanto à autorização, o dispositivo deixa claro que é uma faculdade do Poder Público, diferentemente do que ocorre com a concessão especial de uso para fins de moradia, em que, como se verá mais adiante, o possuidor tem direito subjetivo ao recebimento do benefício, desde que preenchidos os requisitos apontados pela lei, não se permitindo ao poder público qualquer avaliação de mérito quanto à conduta a ser efetivada.

Ao contrário, na autorização de uso inexiste direito subjetivo previamente definido na lei, mas mera expectativa de direito do possuidor, que somente terá sucesso no que pretende se a Administração, na avaliação discricionária, entender que é conveniente a outorga do ato.

A autorização de uso urbanística não se confunde com a autorização de uso tradicional, tendo em vista que, nessa última, o poder discricionário da Administração é mais amplo, uma vez que não há requisitos expressos em lei para que o consentimento se materialize. Há, pois, discricionariedade não só no momento da concessão do ato, como também quanto às condições em que o imóvel vai ser utilizado.

A formalização da autorização de uso de natureza urbanística se processa mediante ato administrativo. O conteúdo básico da autorização de uso de natureza urbanística é a anuência que o Poder Público expressa quanto à possibilidade de o indivíduo usar determinado imóvel público.

A competência administrativa para praticar o ato administrativo de autorização de uso de natureza urbanística é da pessoa de direito público que tiver o domínio da área objeto da posse.

Uma questão interessantíssima referente ao instituto em debate diz respeito à sua definitividade, ou seja, se ele gera em favor do beneficiário direito subjetivo à sua permanência, sendo vedado à Administração revogá-lo por critérios administrativos.

Entendemos que essa estabilidade é inerente ao instituto na medida em que se pretende com isso dar segurança às relações jurídicas e tirar da clandestinidade ocupações irregulares do solo.

No que se refere à possibilidade de junção de posses para a autorização de uso de natureza urbanística, a lei admite que o possuidor acrescente sua posse à de seu antecessor, estabelecendo, todavia, a condição de que as posses sejam contínuas (art. 9º, § 2º).

A legislação abriu ainda a possibilidade ao Poder Público de a autorização de uso ter por objeto imóvel diverso daquele em que o interessado exerce a posse, o que seria útil, por exemplo, no caso de a ocupação provocar risco à vida ou à saúde dos ocupantes (art. 9º, § 3º, c/c art. 4º, MP n. 2.220).

Note-se, contudo, que a decisão de transferência de local para a hipótese de autorização de uso é facultativa, diversamente do que ocorre quando se trata da concessão de uso especial para fins de moradia, hipótese em que a lei obriga a Administração a garantir o exercício do direito em outro local.

Será ainda facultado ao Poder Público outorgar a autorização de uso em outro local em algumas outras hipóteses, todas ligadas de alguma forma à ordem urbanística. São elas: a) quando se tratar de bem de uso comum do povo; b) área destinada a projeto de urbanização; c) área reservada à construção de represas e obras congêneres; d) áreas de interesse da defesa nacional, da preservação ambiental e da proteção dos ecossistemas naturais; e) imóveis situados em via de comunicação.

68
Retificação no Registro de Imóveis

Temos como pressuposto que o registro sempre deve exprimir a verdade. Quando por algum problema no sistema não houver essa total coincidência, deve o interessado reclamar para o restabelecimento dessa correspondência. Nesse sentido, temos o art. 1.247 do CC, que assim estabelece: "Se o teor do registro não exprimir a verdade, poderá o interessado reclamar que se retifique ou anule".

Assim, o citado artigo faculta à parte requerer a correção, quando esta for possível, ou, sendo esta impossível, o cancelamento do próprio ato registrário. Isso se faz tendo em vista que a segurança jurídica do nosso sistema se funda justamente nessa fé de que o registro exprimirá a realidade, e, caso assim não o seja, o interessado terá como exigir que se restabeleça essa correspondência. Todavia, antes de adentrarmos na análise do procedimento retificatório em si, é necessário deixar claro que esse ideal de coincidência entre o registro e a realidade nem sempre se alcança por meio da retificação. Isso se dá pois devemos sempre manter em mente que, quando falamos de REGISTRO, não estamos nos referindo a um simples CADASTRO.

Quando falamos em CADASTRO IMOBILIÁRIO, devemos ter em mente uma catalogação de propriedades segundo suas descrições físicas, com finalidade predominantemente fiscal, mas que se destina também a levantamentos estatísticos a fim de direcionar as políticas públicas.

Contudo, quando falamos em REGISTRO IMOBILIÁRIO, estamos nos referindo também a um tipo de catalogação que se baseia nas descrições físicas do imóvel (semelhança), todavia essa catalogação se faz de forma diversa e para fins diversos.

Quando falamos em sistema registral, estamos tratando de direitos. Esses direitos, por sua vez, são derivados de regime da titulação proveniente de um sistema jurídico que em última análise visa garantir a propriedade e os direitos reais sobre ela incidentes.

Assim, a realidade que se busca atingir no Registro de Imóveis é a decorrente de títulos hábeis para a produção, extinção ou alteração de direitos reais inscritíveis.

Dessa forma, um imóvel pode ter uma descrição fática inconteste que não pode ser incerta no Registro de Imóveis por meio de uma mera retificação. Isso pode se dar pois parte desse imóvel é de uma área de posse, por exemplo, caso em que primeiro será necessário que se declare a propriedade da parte, por meio do procedimento próprio, para depois se fazer inseri-la na serventia imobiliária. Ou ainda pode ser o caso de o imóvel não existir na serventia como um imóvel autônomo, tratando-se de uma fração ideal de um imóvel maior, fato que não admite especificação de área certa e determinada, enquanto este continuar inserido em área maior por ferir o princípio da unitariedade da matrícula (cada matrícula deve conter um único imóvel, e cada imóvel deve ser representado por uma única matrícula).

Pode ocorrer, também, que a discrepância resulte de um erro ocorrido na formação do direito, por exemplo, na hipótese em que a parte queria vender dois hectares de uma área, mas faz constar na escritura somente um. Nessa hipótese, seria necessária a complementação da vontade para a correção do erro, visto que na realidade o procedimento de registro foi correto. Temos então que a retificação de registro visa a correção de falha existente no procedimento de registro, e não de qualquer falha que tenha causado discrepância entre a realidade fática e o sistema registrário.

Visto isso, temos que a retificação do registro busca trazer precisão aos atos praticados pelo registro de imóveis, reforçando, assim, a segurança emitida pelo nosso sistema, de modo que sempre foi permitida no direito brasileiro. Tanto é assim que o Código Civil de 1916 já previa essa hipótese no art. 860, que dispunha: "se o teor do registro não exprimir a verdade, poderá o interessado reclamar que se retifique".

Como já analisamos, o nosso sistema registrário atribui à inscrição imobiliária, em regra, presunção relativa de veracidade, possibilitando que não só os vícios existentes no título possam atingir o registro, como também que possíveis erros, omissões ou imprecisões existentes no procedimento registrário possam ser corrigidos por meio da retificação.

Apesar de sempre ter existido em nosso sistema, a retificação imobiliária passou por uma grande transformação com o advento da Lei n. 10.931/2004, a qual ampliou muito as hipóteses em que pode o registrador proceder administrativamente a retificações de atos existentes na serventia. Dessa forma, podemos afirmar que, após o advento da Lei n. 10.931/2004, na maioria das vezes poderá o registrador proceder às correções necessárias sobre seus atos para que se espelhem na realidade, sem a necessidade da intervenção do Poder Judiciário, seja em sua atuação administrativa, seja em sua atuação jurisdicional.

Em vista disso, faz-se necessária a análise do procedimento retificatório antes da Lei n. 10.931/2004, para que possamos entendê-lo e, assim, perceber a magnitude das mudanças trazidas pela referida lei.

Dessa forma, o antigo art. 213 da Lei n. 6.015/73 dispunha que:

> Art. 213. A requerimento do interessado, poderá ser retificado o erro constante do registro, desde que tal retificação não acarrete prejuízo a terceiro. § 1º A retificação será feita mediante despacho judicial, salvo no caso de erro evidente, o qual o oficial, desde logo, corrigirá, com a devida cautela. § 2º Se da retificação resultar alteração da descrição das divisas ou da área do imóvel, serão citados, para se manifestarem sobre o requerimento, em 10 (dez) dias, todos os confrontantes e o alienante ou seus sucessores.

Da leitura do dispositivo acima, observa-se que antigamente tínhamos três procedimentos para a retificação de erro registral, ou seja, em caso de erro evidente, de retificação de área e de retificação de registro.

No primeiro procedimento, a correção podia ser realizada de ofício ou a requerimento da parte, mas era reservada à correção de erros verificados mediante uma simples análise documental, erros percebidos de imediato, sem necessidade de qualquer interpretação.

O erro evidente era entendido como erro material de fácil identificação, visível sem a necessidade de maiores estudos, aquele cuja correção independesse de qualquer conjectura.

Sua extensão variava de acordo com a interpretação dada pelo registrador, mas estava sempre restrito à correção de erros óbvios sem o menor potencial danoso. Segundo Passarelli, "O 'erro evidente', contudo, conforme já assentado, é o que decorre do erro do Registrador na tomada de dados do título. Assim, tanto os erros de elementos indicativos do próprio título, dos titulares da relação jurídica, dos direitos objeto da mesma e do imóvel podem ser corrigidos por averbação singela".[54]

Assim, em muitos casos a jurisprudência deixou de admitir até mesmo a inserção de área decorrente de simples cálculo matemático por entender que essa hipótese não está enquadrada dentro do erro evidente, tendo em vista não se tratar de erro, e sim de omissão.

Como se vê, o registrador ficava de mãos atadas e, mesmo que tivesse elementos tabulares que o levassem à certeza de um dado, este não poderia ser inserto por ele administrativamente, devendo sempre recorrer ao Judiciário.

A atuação do Judiciário num primeiro momento era dividida entre os procedimentos de retificação de área e de retificação de registro. O procedimento de retificação de área era um procedimento de jurisdição voluntária que visava a correção de imperfeições capazes de alterar as medidas perimetrais do imóvel, bem como gerar alterações de área e até mesmo alterações de enquadramento do imóvel na base territorial.

Dessa forma, nesses casos, por haver potencialidade danosa, deveriam ser ouvidos os confrontantes e o antigo titular do domínio, caso não se houvesse passado o prazo da usucapião ordinária, ou seja, vinte anos, de acordo com o Código Civil de 1916.

Já o procedimento de retificação de registro abrangia casos desprovidos de potencialidade danosa e que, assim, permitiam procedimento administrativo unilateral por parte de quem pleiteava as correções. Interessante ressaltar que tanto no procedimento de retificação de área como no de retificação de registro se exigia a participação do Ministério Público no papel de *custos legis*.

A Lei n. 10.931/2004 alterou consideravelmente o art. 212 da LRP, que assim passou a dispor:

> Art. 212. Se o registro ou a averbação for omissa, imprecisa ou não exprimir a verdade, a retificação será feita pelo Oficial do Registro de Imóveis competente, a requerimento do interessado, por meio do procedimento administrativo previsto no art. 213, facultado ao interessado requerer a retificação por meio de procedimento jurisdicional.

Percebemos, pela atual redação de seu art. 212, que a Lei n. 6.015/73 mudou o foco das retificações para que ocorram perante a serventia registral (regra), facultando-se à parte requerer a retificação por meio judicial (exceção).

---
54. PASSARELLI, Luciano Lopes. *As retificações no registro de imóveis*, p. 83.

Essa alteração ainda explicitou mais amplamente as possibilidades de retificação, ao passo que, além dos casos em que o registro não exprima a verdade, acrescentou os casos de ser o ato impreciso ou omisso e, por fim, esclareceu a possibilidade de essas correções serem feitas também nas averbações.

Quanto às averbações, devemos deixar claro que, apesar de a redação anterior não as ter contemplado expressamente, existia entendimento pacífico no sentido de que a palavra "registro" contida no antigo dispositivo tinha caráter amplo, devendo ser considerada como todo ato registrário, incluindo, assim, os atos de averbação e abertura de matrícula. Dessa forma, mesmo a nova lei não tendo especificado também os atos de abertura de matrícula, bem como outros praticados dentro da esfera registral, o entendimento que se dá ao dispositivo é o de que qualquer ato praticado no âmbito da serventia registral imobiliária é passível de retificação.

O art. 212 e o art. 213 da Lei n. 6.015/73 trouxeram quatro modalidades de procedimento de retificação:

a) Retificação de ofício.

b) Procedimento sumário de retificação (ou retificação abreviada ou retificação unilateral).

c) Procedimento ordinário de retificação (ou retificação consensual ou retificação bilateral).

d) Procedimento judicial de retificação (ou retificação judicial).

Trouxe ainda a previsão de situações que independem de um procedimento de retificação específico para que se possam alterar as características do imóvel. O enfoque diferenciador entre os tipos de procedimento, a partir da referida lei, passou da potencialidade danosa para a contenciosidade da situação. Dessa forma, antes da edição da Lei n. 10.931/2004 havia o procedimento de retificação de erro evidente, que era procedimento à parte utilizado apenas em casos restritos em que a verificação do erro fosse óbvia, o procedimento da retificação de área e o procedimento da retificação de registro. O maior elemento diferenciador entre esses dois últimos tipos de retificações residia na existência ou não de potencialidade danosa para a retificação pretendida. Assim, caso estivesse presente no caso em análise, necessariamente deveria ocorrer a retificação por meio do procedimento de retificação de área; caso contrário, deveriam as partes recorrer ao antigo procedimento de retificação de registro.

Hoje, todavia, não é possível que uma retificação com potencialidade danosa seja feita de ofício ou a requerimento do interessado sem oitiva dos demais interessados (aqueles que poderiam ser potencialmente atingidos); contudo, o que impede uma retificação de ser promovida administrativamente não é a existência simples dessa potencialidade danosa, mas, sim, a existência desta aliada ao dissenso das partes sobre o tema.

Vistas estas premissas básicas no que se refere ao procedimento retificatório, passamos então a analisar mais detalhadamente suas hipóteses.

68.1 RETIFICAÇÃO DE OFÍCIO OU SUMÁRIA

Tanto a hipótese de retificação que pode ser realizada de ofício pelo registrador quanto a iniciada a pedido do interessado pelo procedimento sumário, sem necessitar da anuência dos confrontantes do imóvel, estão previstas conjuntamente no art. 213, I, da Lei n. 6.015/73, que assim dispõe: O oficial retificará o registro ou averbação: "I – de ofício ou a requerimento do interessado nos casos de".

A questão de quem constitui "pessoa interessada" é abordada mais adiante, no capítulo referente à retificação ordinária.

Assim, passemos à análise das hipóteses previstas no art. 213 da LRP de retificação de ofício ou sumária.

a) omissão ou erro cometido na transposição de qualquer elemento do título;

Trata-se, nesse caso, do antigo erro evidente, o qual continuou a poder ser corrigido administrativamente, inclusive de ofício pelo registrador. Importante atentar-se, porém, que para esse caso, sempre que possível, o título que deve ser analisado para se fazer a comparação com o registro e se constatar a possível omissão ou erro deve ser aquele arquivado na serventia (no caso de documentos particulares) ou a escritura com os carimbos e assinatura do cartório, indicando ser esse o título originalmente levado a registro. Se assim não o for, devemos ter um cuidado redobrado para haver certeza de que o teor do título apresentado agora para retificação era igual ao do apresentado inicialmente quando do registro. Isso se dá para evitar a apresentação de título com conteúdo diverso do que foi apresentado para registro, pois possíveis alterações na vontade da parte não podem ser consideradas erro no procedimento de registro, de modo que não podem ser inclusas no registro de imóveis por meio desse procedimento, muito menos se utilizando para isso de forma unilateral, tendo em vista que, se houver alteração na vontade, pode surgir a potencialidade danosa.

Deve-se ressaltar que, mesmo se tratando de erro evidente, a retificação de forma unilateral só poderá ser feita na hipótese de não causar dano efetivo ou potencial a terceiro.

Assim, por exemplo, o caso de omissão de um ônus real no registro de um imóvel posteriormente alienado não poderá ser corrigido administrativamente em detrimento do terceiro adquirente presumidamente de boa-fé.

b) indicação ou atualização de confrontação;

Seguindo com o rol de situações elencadas pelo art. 231, I, da Lei n. 6.015/73 como passíveis de serem retificadas de ofício ou a requerimento do interessado, encontramos o item b, que determina poderem ser feitas, por essa forma de procedimento, a indicação ou a atualização de confrontação. O art. 225 da LRP estabelece entre o rol de informações que deve constar do título "as confrontações", especificando os "nomes dos confrontantes".

> Art. 225. Os tabeliães, escrivães e juízes farão com que, nas escrituras e nos autos judiciais, as partes indiquem, com precisão, os característicos, as confrontações e as localizações dos imóveis, mencionando os **nomes dos confrontantes** e, ainda, quando se tratar só de terreno, se este fica do lado ímpar do logradouro, em que quadra e a que distância métrica da edificação ou da esquina mais próxima, exigindo dos interessados certidão do Registro Imobiliário (grifo nosso).

Apesar de o entendimento atual ser no sentido de que a confrontação deve-se dar preferencialmente com o próprio imóvel confinante, em vez de seu proprietário, admite-se a atualização dos proprietários quando já constantes das matrículas, bem como a inclusão do número da matrícula do imóvel lindeiro. Isso se dá como uma regra de transição, visto que a maioria dos imóveis ainda possuem pessoas como confrontantes; sendo assim, é necessário que da pessoa que está na matrícula e que era proprietária à época cheguemos ao proprietário atual, para que possamos incluir o imóvel vizinho como confrontante.

O entendimento de que os imóveis devem confrontar com imóveis é totalmente condizente com o nosso sistema atual de registro, o qual tem sua organização voltada ao imóvel. Esse entendimento ainda facilita a estabilidade, evitando a constante necessidade de atualização de confrontações na medida em que o imóvel é, em princípio, imutável, ocorrendo as mutações como exceção apenas nos casos solicitados pela parte, tais como nos desmembramentos, fusões, loteamentos etc. Entretanto, as pessoas não são perpétuas, de forma que, mesmo que não exista intenção de alteração dos proprietários, essa mudança eventualmente ocorrerá com a morte destes.

Importante que deixemos claro quem são os confrontantes para fins de inclusão na matrícula. Em relação ao assunto, interessante relembrarmos que a matrícula é o repositório dos direitos reais existentes sobre o imóvel. Por vezes é chamada de fólio real em virtude dessa característica. Assim, a matrícula não engloba situações meramente obrigacionais, devendo ser considerados confrontantes para fins de descrição tabular apenas os proprietários dos imóveis vizinhos, e a propriedade só se adquire com o registro.

Desse modo, para fins de inscrição na matrícula, o confrontante que deve ser inscrito na matrícula não se confunde necessariamente com o confrontante encontrado na realidade fática. Isso se dá, pois, o confrontante que se encontra no imóvel vizinho não necessariamente é o proprietário do imóvel, podendo ser um simples posseiro, um adquirente com título ainda não registrado, ou ainda um mero permissionário.

Devemos ressaltar, então, que não se pode confundir o confrontante tabular, ou seja, aquele que deve ser inserido na matrícula, com o confrontante para fins de anuência no procedimento de retificação. No caso do anuente, a expressão confrontante deixa de estar necessariamente ligada somente ao direito de propriedade do imóvel, ligando-se à potencialidade danosa decorrente do procedimento retificatório, que inexiste na mera atualização ou indicação de confrontante (nesse sentido, ver o disposto no inciso II, § 9º, do art. 213 da LRP). Dessa forma, para fins de anuência, será necessária, sim, também a concordância do posseiro ou do comprador com título ainda não registrado, mas estes não poderão constar na matrícula como confrontantes.

Vale ressaltar que, como decorre da explicação anterior, a certidão da prefeitura municipal não é documento hábil para fazer ingressar no registro de imóveis a atualização de confrontantes, tendo sido essas certidões requisitadas por algumas serventias de forma errônea para tal finalidade.

Tal fato se dá em virtude de que as informações contidas na prefeitura não necessariamente coincidem com as constantes no registro de imóveis e de que essa discrepância é fundada no fato de que esses órgãos tutelam direitos distintos, trazendo-nos de volta a diferença entre cadastro e registro.

Podemos chamar de cadastro toda organização de dados voltada para um objetivo específico. Dessa forma, os dados referentes aos imóveis constantes nas prefeituras municipais formam um tipo de cadastro, enquanto os dados constantes nas serventias imobiliárias formam outro.

Os dados constantes nas prefeituras municipais, no que se refere aos imóveis, são organizados de forma a orientar as políticas públicas em relação ao uso e à ocupação do solo urbano, bem como o processo de urbanização em si, além dos impostos incidentes sobre a propriedade.

No que se refere à cobrança de impostos, o Imposto sobre a Propriedade Predial e Territorial Urbana (IPTU) é devido tanto pelo proprietário do imóvel como detentor de seu domínio útil quanto pela pessoa que estiver na posse do imóvel. Em virtude disso, a posse ingressa nesse tipo de cadastro e é necessária para orientação das finalidades a que ele se propõe.

Entretanto, o cadastro existente no registro de imóveis tem como finalidade primordial tutelar os direitos reais sobre o imóvel, sendo em virtude disso diferenciado dos demais tipos de cadastro com a denominação de registro.

Assim sendo, caso se aceitasse a certidão de confrontações emitida pela prefeitura sem maiores critérios[55] como documento hábil para comprovação de confrontações no registro de imóveis, correríamos o risco de fazer ingressar no registro de imóveis informações e situações que não estão de acordo com sua finalidade, trazendo incongruência e insegurança para o sistema. No que se refere ao uso e à ocupação do solo, para que ocorra um desmembramento ou fusão de imóvel urbano, é necessário primeiro que se obtenha autorização da prefeitura municipal. Em virtude disso, quando a pessoa requer essa autorização, se deferida, já ocorre a modificação do imóvel no cadastro da prefeitura; todavia, não é raro que essa modificação não chegue a ingressar no registro de imóvel. Assim, se a informação não chegou a ingressar no imóvel em relação ao ato que foi praticado, como podemos admitir que essa informação entre no imóvel vizinho? Se assim procedermos, indicaremos um imóvel como confrontante, que na realidade não existe dentro do âmbito registral imobiliário.

c) alteração de denominação de logradouro público, comprovada por documento oficial;

Esse tipo retificatório não é nenhuma novidade, já previsto pelo art. 167, II, 13, da LRP, que estabelecia a possibilidade de averbação "*ex officio*" dos nomes de logradouros, decretados pelo Poder Público em vista da Lei Municipal que a alterou, devendo ser arquivada na serventia.

A inovação aqui é que se permite a atualização com outros documentos expedidos pelo poder público em que se constate a alteração do nome, pois a alínea fala em

---

55. Às vezes deve ser aceita sim, como importante fonte suplementar de documentação. Podemos dar como exemplo o caso, não tão incomum, de o imóvel lindeiro não ter registro algum, ou seja, ser imóvel fora do fólio real. Tal situação não deve impedir o proprietário de exercer o seu direito à retificação, mas o oficial deve ter o máximo de cuidado e cautela nesses casos.

comprovação por documento oficial, e não pela lei municipal, simplesmente como se entendia antigamente em virtude do art. 167, II, 13, citado.

O caso mais típico e corriqueiro é se valer da guia de IPTU, em que constam os dados do imóvel (área de terreno e área construída) e o número do contribuinte, que deve espelhar os dados constantes na matrícula. Os dados constantes nesse documento que se referem às medidas do terreno, bem como às eventuais construções, não podem ser provados por esse documento, visto que se refere aos direitos reais, e como tais devem ser comprovados pela óptica registrária. Todavia, o número do cadastro e o nome da rua são atribuídos pela prefeitura e por esta alterados, de forma que esse documento equivale a uma certidão emitida por esta, validando os referidos dados.

d) retificação que vise à indicação de rumos, ângulos de deflexão ou inserção de coordenadas georreferenciadas, em que não haja alteração das medidas perimetrais;[56]

Essa hipótese é muito semelhante à expressa no inciso II do referido artigo que autoriza a retificação a requerimento do interessado, no caso de inserção ou alteração de medida perimetral de que resulte, ou não, alteração de área.

Todavia, temos que a hipótese elencada no inciso I admite a retificação unilateral porque não apresenta potencialidade danosa, enquanto a prevista no inciso II exige a anuência dos confrontantes justamente pela existência dela. Isso porque a alínea *d* do inciso I fala apenas em indicação, ou seja, havendo omissão, **o dado será acrescido sem que haja alteração das medidas perimetrais e da área total**. Se houver qualquer modificação dessas medidas, obrigatoriamente deve a parte ser remetida para o procedimento ordinário ou o judicial. Assim, todas as hipóteses aqui previstas são de meros acréscimos de dados, a fim de contribuir para a precisão cartográfica da poligonal descrita na matrícula.

Na parte final do dispositivo, encontramos ainda indicação da possibilidade de inserção de coordenadas georreferenciadas em que não haja alteração das medidas perimetrais. Isso permite que se usem pontos georreferenciados como pontos de amarração mais precisos na descrição do imóvel urbano, além dos elementos obrigatórios, como distância da esquina ou prédio mais próximo e quadra em que se localiza o imóvel.

Visa também, juntamente com o inciso II do § 11 do art. 213 da LRP, evitar que o imóvel rural passe por todo o procedimento retificatório para que o georreferenciamento ingresse no registro de imóvel, sendo cumpridos apenas os seus requisitos.

Entretanto, pela própria mudança na forma de medição trazida pelo georreferenciamento, é quase impossível a aplicação desse artigo na prática se interpretado literalmente. O dispositivo fala em inserção de coordenadas georreferenciadas em que não haja alteração das medidas perimetrais, todavia a discrepância de precisão entre os sistemas faz com que essas alterações ocorram em quase todos os casos. Isso leva em conta que estamos nos referindo a imóveis que, antes de serem georreferenciados,

---

56. Observe que a alteração desse dispositivo determinada pela Medida Provisória n. 759, de 2016, quando de sua conversão para a Lei n. 13.429/2017, *não foi* incorporada no texto final convertido em lei.

já se encontravam perfeitamente descritos e caracterizados, não sendo esta a realidade da maioria dos imóveis rurais no Brasil, sendo que muitas vezes o imóvel precisará, para ser georreferenciado, que com o georreferenciamento ocorra uma concomitante retificação ordinária ou judicial para complementação e correção de seus dados. Mais ainda, mesmo que o imóvel esteja precisamente descrito, pela própria sistemática hoje adotada pelo INCRA quando da implantação do Sistema de Gestão Fundiária – SIGEF, é impossível a coincidência de todas as medidas perimetrais e da área.

O dispositivo fala em inserção de coordenadas georreferenciadas sem, contudo, especificar se está se referindo ao cumprimento das obrigações trazidas pela Lei n. 10.261/2001 ou se estaria tratando apenas da possibilidade de inserção de uma diferente forma de medição sem a necessidade de se requerer a anuência dos confrontantes, em virtude de terem sido mantidas as medidas perimetrais, de forma que não haveria potencialidade danosa.

Assim, em virtude de tal dispositivo ter, em princípio, possibilitado o ingresso dessas coordenadas sem que se atendesse aos requisitos da Lei n. 10.261/2001 e de que tal fato poderia induzir terceiros a erro sobre o atendimento dos referidos requisitos, no estado de São Paulo essa hipótese final foi truncada em razão de a Corregedoria Geral da Justiça ter emitido o parecer n. 243/05-E, publicado no *DOE* em 22-8-2005, que entende não poder ser usada a técnica cartográfica do georreferenciamento para a descrição de áreas rurais sem a devida certificação do INCRA, sendo que aqui transcrevemos parte da referida decisão para melhor compreensão de seus motivos:

> "(...) Foi questionado, outrossim, se 'aqueles que optarem pelo georreferenciamento já deverão atender de imediato a certificação de que trata o § 1º do art. 9º do Decreto 4.449/02, ou poderão fazê-lo dentro do prazo que for entendido como aplicável'. Obviamente, a providência deverá ser imediata. A obtenção do certificado de não sobreposição emitido pelo INCRA é parte integrante e relevante do sistema de individualização imobiliária disciplinado no dito decreto. Logo, não é de se admitir o ingresso, no fólio real, de identificação truncada; incompleta. Nem parceladamente, a prestações. Configura a certificação verdadeiro requisito a ser observado. Aliás, sua exigência é um dos aspectos essenciais do mapeamento cadastral que se almeja erigir. Destarte, a bem da própria higidez do Registro Imobiliário, deverá ser desqualificado o ingresso da nova descrição quando o memorial não vier devidamente certificado. Do contrário, ferir-se-ia a lógica da estrutura concebida e se correria o risco, até, de permitir a vulneração da tábua por modificação aventureira das características da área rural, uma vez que sem a chancela de segurança do órgão oficial responsável. Além disso, a certificação diferida para o futuro poderia nunca chegar, criando-se perplexidade acerca do destino a ser dado àquela descrição precipitadamente abrigada (...)".

Devemos ressaltar, ainda, que a certificação feita pelo INCRA dos imóveis georreferenciados não se restringe a apenas verificar a sobreposição dos imóveis levados a esse novo cadastro como também busca verificar se foram utilizados os equipamentos adequados de medição, bem como se esta foi realizada por profissionais habilitados.

O intuito da escolha da forma de medição georreferenciada foi o de aprimorar a descrição dos imóveis rurais no Brasil, sendo essa técnica via satélite muito mais precisa do que o sistema de rumos e marcos até então utilizado. Todavia, essa informação só será correta se a medição for feita com o aparelho adequado e por profissional com conhecimento suficiente para operá-lo de forma correta. Caso esses requisitos não sejam observados, podem ocorrer casos em que, em vez de aprimorar o sistema de medição, a mudança de técnica crie verdadeiros estragos na descrição do imóvel.

Por fim, como destacado anteriormente nesse item, tais considerações não se aplicam para imóveis urbanos, que podem ser descritos por meio de coordenadas georreferenciadas sem necessidade de certificação do INCRA.

> e) alteração ou inserção que resulte de mero cálculo matemático feito a partir das medidas perimetrais constantes do registro;[57]

Essa hipótese ocorre quando a descrição do imóvel possuir todas as medidas e todos os ângulos de deflexão do imóvel, de modo que por um simples cálculo matemático se possa chegar à medida da área de forma inequívoca.

Outra hipótese que podemos citar como exemplo dessa situação é a descrição de imóvel que indica que ele tem formato regular, sendo um retângulo perfeito, com a descrição da área, a medida da frente e de um dos lados apenas, sem se preocupar em dizer que a medida da frente é igual à dos fundos e a de um lado é igual à do outro, caso em que essas informações poderiam ser inseridas de ofício ou a requerimento do interessado, sendo elas inequívocas.

Chama a atenção o fato de ser "mero" cálculo matemático. Tal "mero" cálculo deve exigir somente o conhecimento básico de operações matemáticas. Não se pode, com base nisso, exigir do registrador o conhecimento de matemática mais avançado para a qualificação de pedido pautado nesse item. Claro que, possuindo o registrador o domínio mais avançado da matemática, suficiente para conferir situações mais complexas, nada impede que se valha desse conhecimento. O que não pode ocorrer é se **exigir** dele que tenha esse conhecimento técnico.

> f) reprodução de descrição de linha divisória de imóvel confrontante que já tenha sido objeto de retificação;

Também não apresenta potencialidade danosa, visto que, quando da descrição da linha do imóvel confrontante, já deve ter ocorrido o consenso a seu respeito ou ainda decisão judicial pondo fim ao litígio. Assim, de uma forma ou de outra houve a apuração das divisas do imóvel, podendo estas serem aproveitadas para compor a descrição de seus imóveis confrontantes na parte em que estes compartilham a mesma divisa.

> g) inserção ou modificação dos dados de qualificação pessoal das partes, comprovada por documentos oficiais, ou mediante despacho judicial quando houver necessidade de produção de outras provas;

O registrador deve tomar muitíssimo cuidado ao acrescentar dados na qualificação pessoal das partes para verificar se realmente esses dados são daquela pessoa que consta do registro. Assim, é complicado acrescentar o número do RG e o do CPF a uma qualificação do tipo José da Silva, brasileiro, casado, agricultor. Quantas pessoas não existem exatamente com esses dados?

---

57. Novamente deve ser observado que a alteração desse dispositivo determinada pela Medida Provisória n. 759, de 2016, quando de sua conversão para a Lei n. 13.429/2017, *não foi* incorporada no texto final convertido em lei.

Dessa forma, o registrador deve se cercar o máximo possível de cuidados para fazer esse tipo de averbação. Um elemento que poderia trazer grande grau de certeza sobre a coincidência entre a pessoa que está no balcão e a constante do registro é o traslado que foi utilizado para a efetuação do registro, pois se presume que somente o proprietário teria esse documento.

No caso de incerteza, as partes poderão recorrer ao Judiciário para a produção de provas mais complexas, como a testemunhal, caso em que a inserção ou modificação dos dados se dará mediante despacho judicial num processo de justificação.

Um exemplo clássico dessa necessidade de produção de provas é quando no registro consta que a pessoa é casada, e ela alega ser solteira. Como não existe documento hábil para provar com segurança que a pessoa é solteira, mesmo mediante a apresentação de certidão atualizada de nascimento, essa prova provavelmente terá que ser produzida judicialmente.

Apesar da descrição conjunta dessas hipóteses como sendo ensejadoras de retificação de ofício e sumária, entendemos que não são todas as hipóteses aí descritas que poderiam ser corrigidas simplesmente de ofício.

Isso se dá tendo em vista o princípio da instância, segundo o qual o oficial só agiria mediante provocação, o que daria direito ao interessado a manter a situação constante do registro.

Assim, entendemos que em algumas dessas hipóteses seria indispensável que a retificação se operasse somente mediante requerimento do interessado. Mesmo porque em muitas das hipóteses enumeradas seriam necessárias as apresentações de documentações comprovando o erro, que somente poderiam ser produzidas pela parte interessada.

Desse modo, entendemos que a retificação de ofício se limitaria a corrigir erros materiais constatados mediante a utilização de documentos preexistentes na serventia registral imobiliária. Poderiam ser citadas como hipóteses que aceitariam a correção de ofício a transposição de dados do título causal; a atualização do nome do confrontante ou da confrontação em atenção a documento oficial; a alteração da denominação do logradouro com base em documento oficial e a inserção de área decorrente de mero cálculo, quando a descrição tabular possuir todas as medidas e ângulos do imóvel etc.

Analisadas as hipóteses do inciso I, passamos a um dos principais focos de discussão dessa lei, ou seja, a retificação consensual (ou ordinária) prevista no inciso II do art. 213.

68.2 RETIFICAÇÃO ADMINISTRATIVA CONSENSUAL OU ORDINÁRIA (CONFRONTANTES)

> Art. 213, II, LRP – a requerimento do interessado, no caso de inserção ou alteração de medida perimetral de que resulte, ou não, alteração de área, instruído com planta e memorial descritivo assinado por profissional legalmente habilitado, com prova de anotação de responsabilidade técnica no competente Conselho Regional de Engenharia e Arquitetura – CREA, bem assim pelos confrontantes.

Essa modalidade retificatória aplica-se, como visto acima, a todos os casos de inserção ou alteração de medidas perimetrais que resultem ou não em alteração da área, motivo pelo qual se difere da retificação unilateral prevista no mesmo art. 213, I, *d*.

Cumpre ressaltar que esse tipo de retificação é possível desde que haja elementos tabulares, ou seja, elementos existentes dentro da serventia imobiliária, que embasem o pedido e a consensualidade de todos os confrontantes. Dessa forma, não basta que todos os confrontantes estejam de acordo; caso o oficial verifique que não existem elementos na serventia que suportem o pedido da parte ou, pelo contrário, se existirem elementos que contrariem o pedido de retificação, ela não poderá ser obtida extrajudicialmente. Nesse caso será necessário produzir e analisar as provas para dirimir as discrepâncias, sendo que esses atos só podem ser realizados dentro da esfera jurisdicional, obedecidos os princípios do contraditório e da ampla defesa.

Assim, para que se proceda a uma retificação extrajudicial, o mínimo que deve existir na serventia são os confrontantes do imóvel, devendo aqui ser entendidos como os proprietários dos imóveis vizinhos. Sem essa informação não há como se verificar se as pessoas que aparecem anuindo na planta e no memorial descritivo são as pessoas que deveriam assinar, situação que inviabilizaria o controle a ser feito pela serventia e permitiria facilmente que se procedesse a aquisições de novas áreas mascaradas dentro de um procedimento retificatório.

Analisaremos essa questão mais detalhadamente quando tratarmos da falta de impugnação do procedimento retificatório e de sua análise pelo registrador.

Iniciando o estudo do procedimento de retificação administrativa ou consensual, é importante delimitar quem seria a pessoa hábil para requerer este procedimento. O inciso fala "a requerimento do interessado", de forma que, mesmo que a pessoa não seja o proprietário do imóvel, desde que demonstre interesse jurídico na retificação, poderá requerê-la. É claro que o proprietário sempre será interessado e, caso não seja ele a pessoa a iniciar o procedimento, deverá ser ouvido.

Reparemos, todavia, que não é qualquer interesse que confere à pessoa o direito à solicitação do procedimento retificatório. O interesse nesse caso deve ser qualificado como interesse jurídico. E o que é isso?

Podemos defini-lo como sendo aquele no qual o interessado poderá ter seus direitos afetados diretamente pelo resultado do ato. Assim, no caso da retificação, terá interesse jurídico aquele que possuir direitos que serão afetados com a correção dos erros existentes sobre o objeto. Podemos citar como exemplos de pessoas que teriam interesse jurídico na retificação o compromissário comprador, o herdeiro com inventário pendente, o adquirente com escritura ainda não registrada, o titular de direito real de garantia sobre o bem, o enfiteuta, o superficiário etc.

Outra questão de suma importância que se apresenta, antes de adentrarmos no procedimento especificamente, é a possibilidade de aumento da área do imóvel por meio de um procedimento retificatório, bem como a existência ou não de um limite para esse aumento.

Em primeiro lugar, deve-se destacar que a retificação não é uma forma adequada para a aquisição de áreas novas a qualquer título; o que pode ocorrer é a verificação de que a área verdadeira do imóvel é diferente da constante da matrícula por algum erro cometido sobre ela, e nesse caso a correção desse erro pode vir a demonstrar que a área do imóvel sempre foi maior do que a constante na sua matrícula, o que, para ser corrigido, ensejará o aumento da área constante no registro.

Assim, sem dúvida sobre a ocorrência desse erro, a correção da área pode ser tanto para maior quanto para menor, não havendo limitação para esse aumento ou diminuição.

Existe, todavia, um entendimento acerca da razoabilidade do erro a ser corrigido, o qual deve ser utilizado para que se tomem maiores cuidados e se analise a plausibilidade de erros que acarretem grandes discrepâncias de áreas. Com base nesse entendimento, devemos aplicar às retificações o art. 500 do Código Civil, o qual nas vendas *ad mensura* admite como razoável as variações de medições sobre um imóvel que se limitem a 5% deste. Importante destacar, porém, que essa conjugação não deve ser utilizada como limite absoluto e muito menos como único critério para o impedimento das retificações administrativas. Deve-se, sim, usar este critério para ensejar maiores investigações se a discrepância ultrapassar os 5%, partindo-se do pressuposto de que não se poderia atribuir tal discrepância a um simples erro de medição.

Exemplo de situação que poderia resultar em uma retificação com alteração de área superior a 5% seria aquele em que o interessado demonstrasse que, por algum motivo, deixou-se de computar na área externada hoje pela matrícula uma área proveniente de imóvel que foi fundido a outro, gerando o imóvel atual.

Devemos lembrar que mesmo 5%, tratando-se de área grande, pode representar grande quantidade de terras e não deve ser o único critério para a análise da retificação, devendo-se sempre analisar a plausibilidade do erro alegado frente aos elementos existentes na serventia.

Os cuidados que devem ser tomados quando a retificação visar apontar discrepância maior que 5% são muito bem externados no Processo n. 000.04.077916-5, em parecer emitido pelo Dr. Venicio Antonio de Paula Salles, que à época era Juiz da Primeira Vara de Registros Públicos de São Paulo. O ilustre magistrado traz uma ideia de que, caso a retificação indique uma discrepância superior a 5% da área do imóvel, é recomendado que o interessado apresente não só o levantamento da área a ser retificada, mas também o levantamento de áreas vizinhas, pois, segundo suas palavras: "... tal exigência se justifica, posto que a questão de retificação atua sobre a titularidade patrimonial, de forma que a ciência ou anuência dos confrontantes deve vir cercada dos melhores esclarecimentos possíveis".

Importante perceber que isso é um parâmetro para a atuação prudente do registrador. Não há norma explícita no ordenamento que impeça a retificação de área para mais ou para menos de 5%. Contudo, a atribuição inerente do registro de tutelar a segurança jurídica dos imóveis a ele confiado faz revelar a real importância desse parâmetro, pois seu valor é para aumentar as cautelas e os cuidados que devem ser tomados no procedimento retificatório quando ocorrer modificações que superem os 5%, podendo, caso não seja trazido elementos de convencimento suficientes para o oficial realizar o ato, servir para indeferir a retificação pleiteada.

Vimos que, segundo o art. 213, II, da Lei n. 6.015/73, o requerimento do interessado deve ser instruído com planta e memorial descritivo assinado por profissional legalmente habilitado, com prova de anotação de responsabilidade técnica no competente Conselho Regional de Engenharia e Arquitetura (CREA), bem assim pelos confrontantes.

Dessa forma, é importante esclarecermos no que consiste a Anotação de Responsabilidade Técnica no competente Conselho Regional, mais conhecida como ART. Esta é o documento hábil para identificar os profissionais qualificados para determinada obra e relacioná-los às obras e serviços, vinculando-os ao serviço em uma possível responsabilização posterior.

Podemos aproveitar o ensejo do assunto para salientar que não são somente os procedimentos retificatórios que necessitam da apresentação da Anotação de Responsabilidade Técnica; segundo o art. 1º da Lei n. 6.496/77, "Todo contrato, escrito ou verbal, para a execução de obras ou prestação de quaisquer serviços profissionais referentes à Engenharia, à Arquitetura e à Agronomia fica sujeito à Anotação de Responsabilidade Técnica (ART)".

Assim, o mesmo se aplica para serviços de desmembramento, remembramento, loteamentos, averbações de construção, georreferenciamentos etc.

Deve-se ressaltar que, por mais simples que seja a retificação, não há como dispensar a planta e o memorial descritivo elaborado por profissional habilitado, bem como a Anotação de Responsabilidade Técnica.

Com a promulgação da Lei n. 12.378, de 31 de dezembro de 2010, que regulamenta o exercício da Arquitetura e do Urbanismo no país, foi destacada do Conselho de Engenharia e Arquitetura – CREA a competência sobre os arquitetos que constituírem conselho próprio, o Conselho de Arquitetura e Urbanismo – CAU. O CREA manteve a mesma sigla, passando a significar Conselho de Engenharia e Agronomia.

Para os profissionais ligados ao CREA, exige-se ainda a ART. Contudo, para os profissionais ligados ao CAU e que possam ter atribuição para executar projetos técnicos dessas naturezas, será exigido o Registro de Responsabilidade Técnica – RRT.

Tendo o profissional preenchido e recolhido a ART ou o RRT, não compete ao registrador de imóveis verificar se aquele é "Profissional Técnico" com atribuições legais suficientes para a elaboração daqueles projetos, pois tal fiscalização é atribuição do respectivo conselho profissional.

Ainda analisando o art. 213, II, da Lei n. 6.015/73, observamos que, com a planta, o memorial descritivo e a Anotação de Responsabilidade Técnica, deve ser apresentada a anuência dos confrontantes com o procedimento retificatório.

Os confrontantes devem ser entendidos como os titulares de direitos reais sobre os imóveis vizinhos, ou possuidores que exerçam posse *ad usucapionem*, que possam ser prejudicados com as alterações trazidas pela retificação da área.

A amplitude da expressão que não se limita aos proprietários dos imóveis vizinhos é trazida pelo próprio art. 213, II, § 10, que esclarece: "Entendem-se como confrontantes não só os proprietários dos imóveis contíguos, mas, também, seus eventuais ocupantes".

Por mais que o conceito de confrontante, para fins de anuência no procedimento retificatório, inclua também outros que não o proprietário do imóvel vizinho, é preciso deixar claro que em regra a anuência deverá ser dada tanto pelo proprietário tabular quanto pelo posseiro, pois não há como auferir nesse momento se esse posseiro (que não seja mero detentor) já teria ou não adquirido a propriedade por meio da usucapião. O mesmo ocorre caso a propriedade esteja desdobrada, existindo direitos reais múltiplos, como ocorre no caso da superfície, da enfiteuse, do usufruto etc.

Caso a pessoa esteja na posse do imóvel com base em mera detenção, permissão ou autorização, sua anuência é dispensável, tendo em vista que o potencial danoso da retificação se dá em relação à propriedade ou a direitos incidentes sobre esta, de modo que somente as pessoas que tenham relação com ela devem anuir.

O profissional que fizer o levantamento deve indicar quem são os ocupantes do local e qual é a natureza da ocupação, sendo essa declaração de exclusiva responsabilidade desse profissional e do requerente da retificação.

O oficial poderá fazer diligências no imóvel para constatação da situação em face dos confrontantes e da localização da área, mas isso é uma mera faculdade, e não uma obrigação.

O próprio art. 213 da Lei n. 6.015/73 traz alguns esclarecimentos no que se refere à anuência em algumas situações específicas, como é o caso do condomínio.

Segundo o art. 213, II, § 10, o condomínio geral, de que tratam os arts. 1.314 e seguintes do Código Civil, será representado por qualquer dos condôminos.

Dessa forma, caso o imóvel seja de propriedade de várias pessoas em conjunto, qualquer uma delas que prestar sua anuência responde pelas outras, segundo os ditames da lei. Nessa hipótese, caso algum dos outros condôminos se sinta prejudicado, não poderá, pelo fato de não ter sido ouvido pessoalmente, cancelar a retificação, podendo, todavia, ingressar em juízo contra o condomínio que prestou anuência para que responda por eventuais perdas e danos que a anuência possa ter causado aos demais condôminos que não se expressaram no procedimento retificatório.

Já no que se refere ao condomínio edilício, prossegue o art. 213, II, § 10, estabelecendo que será representado, conforme o caso, pelo síndico ou pela Comissão de Representantes. A representação do condomínio edilício é feita pelo síndico nos casos em que o condomínio já foi formalmente constituído e aquele já foi nomeado. Antes disso, esta representação se dá pela Comissão de Representantes.

No caso de a anuência ser dada por um confrontante casado, não podemos aplicar-lhe a regra do art. 10, § 1º, I, do Código de Processo Civil, que exige a citação do cônjuge nas ações que versem sobre direitos imobiliários, pois, além de o caso em tela não se tratar de um processo propriamente dito, no caso da anuência não há uma disputa, bem como não se renuncia a nenhum direito. Demonstra-se apenas a conformidade do erro apresentado no procedimento retificatório.

Contudo, não há aqui também que se invocar o art. 1.647, I, do Código Civil, que preceitua que nenhum dos cônjuges pode, sem autorização do outro, exceto no regime da separação absoluta, alienar ou gravar de ônus reais os bens imóveis. Isso se dá levando-se em consideração que a anuência no procedimento de retificação não se caracteriza como um ato de alienação nem de oneração do bem, não estando, assim, enquadrada na hipótese elencada.

A situação do confrontante casado se assemelha muito à encontrada nos casos do condomínio do Código Civil. Embora os cônjuges, dependendo do regime de bens, possuam a comunhão sobre o bem, o que não equivale à situação encontrada no condomínio, tais situações possuem muitos pontos em comum, de modo a se poder fazer uma analogia. Ademais, se o legislador permitiu que qualquer dos condôminos, que não precisa necessariamente possuir uma relação próxima com os demais, responda pela vontade destes, não teria cabimento não estender esse raciocínio aos cônjuges, que têm uma relação íntima, partilhando não só bens materiais como também uma vida em comum.

Ressalva-se que deve ser observado o regime de bens para evitar que, caso somente um dos cônjuges seja proprietário, a anuência se dê pelo outro.

Outra questão de grande pertinência dentro das anuências de confrontantes no procedimento retificatório é a de fixar se sempre será necessária a anuência de todos os confrontantes. Essa questão tem real relevância se pensarmos que existe a possibilidade de a retificação versar somente sobre uma das medidas perimetrais que faça divisa com apenas um dos confrontantes. Entendemos que nesse caso, como não há possibilidade alguma de lesão ao direito dos demais confrontantes (pois em relação a eles as divisas são mantidas), não há por que se exigir a anuência destes. Devemos sempre lembrar que a retificação administrativa consensual, como o próprio nome diz, está baseada na consensualidade da modificação e que a consensualidade somente é exigida quando houver alteração. Dessa forma, não havendo alteração, não surge a possibilidade de lesão de direitos, e em consequência não há que se falar na necessidade de consensualidade.

Expressando esse entendimento, encontramos o § 16 do art. 213 da Lei n. 6.015/73, incluído pela Lei n. 12.424/2011, que estabelece que, na retificação de que trata o inciso II do *caput*, serão considerados confrontantes somente os confinantes de divisas que forem alcançadas pela inserção ou alteração de medidas perimetrais.

Todavia, para dispensar a anuência de algum confrontante do imóvel, devemos tomar muito cuidado; precisa haver CERTEZA de que as divisas em relação aos que não compareceram como anuentes permaneceram inalteradas.

As assinaturas dos confinantes devem ter as firmas reconhecidas, tendo-se em vista que, mesmo não havendo essa exigência de forma expressa pela lei, trata-se de documento particular, de forma que para tal o sistema registrário exige o reconhecimento de acordo com o *caput* e o inciso II do art. 221 da Lei n. 6.015/73, que assim dispõem: "Somente são admitidos a registro os escritos particulares autorizados em lei, assinados pelas partes e testemunhas, com as firmas reconhecidas, dispensado o reconhecimento quando se tratar de atos praticados por entidades vinculadas ao Sistema Financeiro da Habitação".

Outra dúvida que por vezes surge, no que se refere às anuências no procedimento retificatório, é sobre a necessidade da anuência do município nos procedimentos de retificação de imóveis urbanos, atuando ele no seu papel de fiscalizador e regulador do solo urbano.

Em relação a esse caso, a resposta é negativa, pois o procedimento retificatório não é uma alteração na disposição do solo urbano, sendo sim esta mera correção de um erro encontrado dentro do sistema registrário que fez com que houvesse discrepância entre o que se encontra atualmente no registro e os direitos adquiridos pelas partes. Dessa forma, não se trata de uma inovação, de uma modificação, como ocorre nos casos de desmembramentos e remembramentos, mas, sim, de mera correção, não ensejando, assim, a atuação do município no seu papel fiscalizador e regulador do solo urbano.

Dessa forma, se é dispensada a anuência do município na hipótese anteriormente elencada, podem ocorrer casos em que apareça como confrontante do imóvel que está sendo retificado. Nessa hipótese, deverá prestar sua anuência como qualquer outro confrontante.

Se levarmos ao pé da letra essa afirmação, em regra todos os imóveis urbanos fazem frente para uma via municipal, do que se extrairia que o município sempre seria confrontante do imóvel e, assim, sempre teria que prestar anuência nos procedimentos retificatórios de imóveis urbanos, tornando meramente filosófica a discussão de a que título ele compareceria aos referidos procedimentos. Todavia, se adotarmos o entendimento de que somente o confrontante que for possivelmente afetado pela retificação teria interesse em comparecer, chegaremos à conclusão de que somente seria necessária a anuência do município se a retificação pretendida no imóvel pudesse trazer a possibilidade de avanço do imóvel sobre o logradouro público, ou ainda se confrontar com outro imóvel de domínio da municipalidade que não seja via pública.

Um assunto de grande interesse para a retificação também é a relação dos imóveis com os bens públicos.

Segundo o art. 98 do Código Civil de 2002, "São públicos os bens do domínio nacional pertencentes às pessoas jurídicas de direito público interno; todos os outros são particulares, seja qual for a pessoa a que pertencerem".

A classificação dos tipos de bens públicos se encontra descrita no art. 99 do Código Civil, que estabelece que são bens públicos:

> I – os de uso comum do povo, tais como rios, mares, estradas, ruas e praças;
>
> II – os de uso especial, tais como edifícios ou terrenos destinados a serviço ou estabelecimento da administração federal, estadual, territorial ou municipal, inclusive os de suas autarquias;
>
> III – os dominicais, que constituem o patrimônio das pessoas jurídicas de direito público, como objeto de direito pessoal, ou real, de cada uma dessas entidades.

Os bens de uso comum do povo são aqueles que, destinados a um fim público, podem ser utilizados indistintamente por todos, sem necessidade de consentimento da administração, tais como as ruas, praças, rios etc.

A regulamentação dessa utilização, bem como a cobrança de taxas sobre sua utilização, não descaracteriza esse tipo de bem.

Já os bens de uso especial não podem ser utilizados indistintamente por todos, tendo em vista possuírem destinação pública específica, de modo que só podem ser utilizados segundo ela. São estes os prédios dos órgãos governamentais, os veículos públicos etc.

Por último, os bens dominiais são aqueles que não têm uma destinação pública, ou seja, aqueles que não se encontram afetados. Integram o patrimônio do Estado como objeto de direito pessoal ou real. Sobre eles, a administração exerce poderes de proprietário.

Analisadas as modalidades de bens públicos, cabe destacar que adquirem essa qualidade independentemente de titulação, ou seja, conforme a utilização dada a eles.

Assim, mesmo que o Poder Público tenha se apossado do imóvel irregularmente, tendo dado a este destinação pública, ele se tornará público, cabendo ao antigo proprietário apenas direito a indenização, se for o caso.

Outra especificidade dos imóveis públicos, que na realidade é decorrente do princípio de que são bens públicos todos aqueles que têm destinação pública, é a desnecessidade de seu registro.

Essas ideias são amplamente utilizadas quando tratamos de vias públicas. Nesse sentido, temos a lição do eminente administrativista Hely Lopes Meirelles, que entende que a integração de áreas no domínio público pode se dar, excepcionalmente, "por simples destinação, que as tornam irreivindicáveis por seus primitivos proprietários. Essa transferência por destinação se opera pelo só fato da transformação da propriedade privada em via pública sem oportuna oposição do titular, independente, para tanto, de qualquer transcrição ou formalidade administrativa".

De todo o exposto, temos que vias públicas (ruas, avenidas, estradas e rodovias) são bens públicos e, como tais, devem estar excluídos da abrangência do imóvel que está sendo retificado.

Entretanto, não podemos confundir vias públicas com servidões de passagem, e estas últimas com passagem forçada.

As servidões de passagem são direitos reais sobre os imóveis alheios que, contudo, não lhe retiram a propriedade. A área referente à servidão de passagem deve estar inclusa na matrícula do prédio serviente, sendo descrita e caracterizada na matrícula apenas para especificação de que parte do imóvel está sujeita a ônus, possuindo averbação na matrícula do prédio dominante noticiando este fato, se for servidão particular.

A servidão é estabelecida para facilitar ou tornar mais útil a propriedade do prédio dominante. Não decorre de um imperativo, mas de busca de utilidade, facilidade ou maior comodidade na satisfação de necessidades do proprietário.

Já a passagem forçada decorre do direito de vizinhança, dando direito ao proprietário de prédio encravado de exigi-la, visto que, de outro modo, seu prédio se tornaria inútil, pois não teria acesso à via pública, nascente ou porto.

Essa restrição está prevista no art. 1.285 do CC, que assim dispõe: "O dono do prédio que não tiver acesso a via pública, nascente ou porto, pode, mediante pagamento de indenização cabal, constranger o vizinho a lhe dar passagem, cujo rumo será judicialmente fixado, se necessário".

Apesar das diferenças quanto à possibilidade de sua implementação, a passagem forçada também não se destaca do imóvel que a ela foi submetido, devendo ser considerada como parte de sua área.

Assim, tanto a servidão de passagem como a passagem forçada são restrições incidentes sobre parte certa e determinada do imóvel vizinho que, contudo, não transferem a propriedade.

Importante lembrar que, havendo ruas, estradas, rodovias ou ferrovias que cortem o imóvel, fazendo com que este perca a continuidade, imprescindível será a abertura de tantas matrículas quanto forem os pedaços que ficarem individualizados pelas estradas, ruas, rodovias ou ferrovias, em virtude do princípio da unitariedade da matrícula.

Vistos os principais aspectos a respeito da anuência dos confrontantes, percebe-se que a regra, como já analisado, é que ela se apresente com o pedido de retificação instituído com planta, memorial descritivo e anotação de responsabilidade técnica do profissional que tiver procedido ao levantamento.

Esta anuência geralmente é dada na própria planta para que não haja dúvida sobre o que está sendo retificado, não devendo ser usualmente admitida em documento apartado, o que possibilitaria posterior alteração da descrição.

Existem casos, todavia, em que, pelos mais variados motivos, o interessado pode não ter conseguido diretamente a anuência do confrontante. Nestes casos, pode-se requerer ao Registro de Imóveis competente que efetue a notificação do confrontante para que este, dentro de 15 dias, impugne o pedido de retificação sob pena de anuência tácita.

No que se refere às notificações extrajudiciais, a regra usual é que são efetuadas pelas serventias de registro de títulos e documentos. Todavia, existem alguns casos específicos expressamente previstos na lei que determinam que este tipo de notificação seja efetuado diretamente pelo registro de imóveis. Esse deslocamento de competência se dá em virtude de que, nesses casos, as notificações fazem parte de um procedimento que deve correr perante a serventia imobiliária, sendo que os resultados dessas notificações influenciam diretamente no desenrolar do procedimento, devendo assim ser controlado pelo registrador imobiliário.

Além da notificação para que o confrontante preste anuência no procedimento retificatório, podemos citar como exemplo desse tipo de notificação, que deve ser requerida diretamente pela serventia imobiliária, a notificação para pagamento de prestação em atraso garantida por alienação fiduciária (art. 26, § 1º, da Lei 9.514/97), na qual o não pagamento desencadeia a emissão da certidão de inadimplência que possibilitará a consolidação, bem como a notificação para pagamento de parcela em atraso de compromisso de compra e venda de imóvel loteado, caso em que o inadimplemento poderá ensejar o cancelamento administrativo do registro do compromisso (art. 32, § 1º, da Lei n. 6.766/79) e o depósito feito pelo comprador de lote em loteamento ou desmembramento irregular (art. 35, § 1º, da Lei n. 6.766/79).

Então, em alguns casos, e dentre estes em se tratando de notificação a ser feita ao confrontante no procedimento de retificação administrativa, deve ser necessariamente solicitada ao cartório de registro de imóveis. Uma vez feita a solicitação, a notificação pode ser realizada diretamente pelo próprio registro de imóveis por seus funcionários, pelo correio com aviso de recebimento, ou ainda ser realizada pelo cartório de registro de títulos e documentos da comarca da situação do imóvel ou do domicílio de quem deva recebê-la, a requerimento do registro de imóveis que está processando o pedido de retificação.

Apesar de terem sido apresentadas três possibilidades de notificação, ou seja, a realizada diretamente pelo registro de imóveis, a realizada pelo correio com aviso de recebimento a pedido do registro de imóveis, ou ainda a realizada pelo cartório de registro de títulos e documentos, a qual também pode ser feita diretamente por um funcionário deste ou pelo correio com aviso de recebimento, devemos deixar claro que o registro de imóveis só tem competência para prática de atos dentro de sua circunscrição, de modo que, caso o endereço a ser notificado não se encontre na sua área territorial, será imprescindível que a notificação seja requerida ao registro de títulos e documentos que englobe o endereço.

Dessa explicação surgiria a indagação de que se poderia o registro de imóveis da circunscrição do imóvel solicitar ao registro de imóveis do local o endereço para realizar a notificação. A resposta nesse caso é negativa. Como vimos anteriormente, a competência originária para os atos de notificação é da serventia de registro de títulos e documentos, sendo em alguns casos deslocada para a serventia de registro de imóveis em razão do fato de que algumas notificações são realizadas com a finalidade de instruir procedimentos dentro da serventia imobiliária e devem, assim, ser controladas por esta. Dessa forma, a serventia que controla o procedimento retificatório é a que recebeu o pedido e, caso ela delegue a notificação a um outro órgão, deverá seguir as regras de competência originária, por não existir motivo para deslocamento nesse caso, visto que não existiria procedimento atrelado à notificação na serventia de registro de imóveis do local do domicílio do confrontante.

Ainda no que se refere à forma da notificação, apesar de a lei facultar a possibilidade de a notificação ser feita pelo correio, com aviso de recebimento, a parte deve ser sempre alertada sobre a menor segurança trazida por essa modalidade, uma vez que o carteiro não tem fé pública para identificar a pessoa que receberá a notificação, o que poderia levar a uma vulnerabilidade e a possível invalidação do procedimento retificatório por falta de anuência do confrontante notificado dessa forma.

Isso se dá na medida em que não é somente a anuência expressa que dá ensejo à continuidade da retificação; a ausência de impugnação ou a impugnação despida de fundamentação geram presunção de anuência com o pedido retificatório.

Da notificação deverá constar necessariamente o prazo de 15 dias para a impugnação e a advertência de que a sua falta implicará em presunção de anuência. Deverá também vir acompanhada de cópia do requerimento de retificação e dos documentos que o instruírem (plantas, memoriais etc.), sem os quais não haverá possibilidade de exame para uma possível impugnação ou anuência por parte do notificado, não gerando assim a referida presunção no silêncio do notificado.

Ainda dentro da análise das notificações no procedimento retificatório, o art. 213, II, § 3º, da Lei n. 6.015/73, estabelece que ela será dirigida ao endereço do confrontante constante do Registro de Imóveis, podendo ser dirigida ao próprio imóvel contíguo ou àquele fornecido pelo requerente.

Desse dispositivo observamos que cabe à parte escolher o endereço ao qual será destinada a retificação. Todavia, o oficial deve sempre esclarecer que a parte deve procurar esgotar todas as possibilidades de encontrar o confrontante. Caso essas possibilidades não sejam esgotadas e a parte solicite, por exemplo, a notificação do confrontante em um endereço X, e depois se descubra que ele se encontrava no imóvel vizinho ou no endereço constante como sendo seu domicílio na matrícula do imóvel de que é proprietário, provavelmente o confrontante que não foi encontrado pessoalmente para prestar sua anuência, caso queira impugnar a retificação judicialmente, terá grande chance de êxito em seu pleito, visto que não foi consultado sobre ela e estava em um dos locais em que se presume que deveria ter sido procurado.

Caso a parte esgote todas as possibilidades e a outra parte ainda não seja encontrada, ou ainda tendo o notificante obtido a informação de que o confrontante se encontra em lugar incerto e não sabido, tal fato será certificado pelo oficial encarregado da diligência, promovendo-se a notificação do confrontante mediante edital.

O edital deverá ser publicado pelo próprio interessado por duas vezes em jornal local de grande circulação, tendo o notificado um prazo de 15 dias para manifestar sua impugnação perante o registro de imóveis por onde está correndo o procedimento, sob pena de anuência tácita.

Importante destacar também que a lei não especifica a frequência com que devem ser feitas as publicações desses editais, mencionando apenas que devem ser publicadas duas vezes, de modo que não há como inferir se elas devem ser consecutivas, como defendem alguns, com base no art. 19 da Lei n. 6.766/79, que fala em três vezes em dias consecutivos e que o prazo para impugnação se conta a partir da data da última publicação.

A lacuna da lei deve ser suprida de início pela analogia (art. 4º da Lei de Introdução às Normas do Direito Brasileiro – Decreto-lei n. 4.657/42). Como o processo de retificação é o procedimento administrativo que tem como base o processo judicial, deve-se usar como base analógica o Código de Processo Civil brasileiro, que trata exatamente dessas questões em seu art. 232. Assim, o inciso IV do referido artigo resolve a questão de qual deve ser a data *a quo* para contagem do prazo de 15 dias para impugnação: 15 dias da primeira publicação.

Quanto à periodicidade da publicação, não encontramos analogia, mas, se considerarmos que o prazo corre da primeira publicação, com certeza a segunda deve ocorrer em prazo razoável para que o confrontante apresente sua impugnação antes dos 15 dias.

68.3 FALTA DE IMPUGNAÇÃO DO PROCEDIMENTO RETIFICATÓRIO

Segundo o art. 213, II, § 5º, da Lei n. 6.015/73: "Findo o prazo sem impugnação, o oficial averbará a retificação requerida; se houver impugnação fundamentada por parte de algum confrontante, o oficial intimará o requerente e o profissional que houver assinado a planta e o memorial a fim de que, no prazo de cinco dias, se manifestem sobre a impugnação".

Apesar da dicção do texto legal, não se pode interpretar literalmente este dispositivo, pois ele poderia dar a entender que o oficial ficaria vinculado e na falta de impugnação seria obrigado a deferi-la, o que não condiz com a realidade.

O fato é que, mesmo não havendo impugnação, caso o oficial constate, por meio dos elementos tabulares existentes na serventia e/ou dos elementos apresentados, a existência de sobreposição, o mascaramento de uma ação de usucapião ou qualquer fato que fuja da simples retificação, o procedimento deve ser indeferido de forma fundamentada.

O mesmo ocorre quando não for possível identificar todos os confinantes tabulares, quando não for possível constatar com certeza que o registro corresponde ao imóvel descrito pelo requerente na planta e no memorial descritivo, ou em qualquer caso de dúvidas relevantes sobre os elementos da retificação.

68.3.1 Apresentada impugnação

Havendo impugnação fundamentada, o processo só poderá continuar perante o Registro de Imóveis se houver desistência de uma das partes ou acordo entre elas.

Não são consideradas fundamentadas as impugnações genéricas, bem como aquelas com fundamentação impossível ou absurda.

A impugnação deve, pelo menos em tese (sem se entrar no mérito da veracidade ou não das informações que dependeriam de análise probatória a ser discutida judicialmente), impossibilitar a retificação como pretendida pelo requerente.

Segundo o art. 213, II, § 6º, da Lei n. 6.015/73, "Havendo impugnação e se as partes não tiverem formalizado transação amigável para solucioná-la, o oficial remeterá o processo para o juiz competente, que decidirá de plano ou após instrução sumária, salvo se a controvérsia versar sobre o direito de propriedade de alguma das partes, hipótese em que remeterá o interessado para as vias ordinárias".

Note que, havendo se iniciado um litígio, a retificação será transformada em judicial, todavia continuará de forma sumária e administrativa, a menos que a controvérsia gire em torno do direito de propriedade de uma das partes, caso em que será remetida às vias ordinárias.

Esse direito de propriedade, todavia, não deve ser entendido como discordâncias milimétricas sobre as divisas, mas, sim, em casos em que se discutam efetivas sobreposições. Assim, a controvérsia não deve versar sobre a forma de medição, mas, sim, sobre quem tem o melhor direito sobre uma faixa de terras. Ou seja, uma parte alega ter adquirido aquela terra por meio de seu título, enquanto a outra alega que a referida faixa de terra se encontrava dentro do título que originou a sua aquisição. Nesse caso, deve-se analisar quem tem o melhor direito, e estará assim caracterizada a controvérsia sobre o direito de propriedade que demanda toda a dilação probatória existente no procedimento ordinário jurisdicional.

Importante deixar claro também que a negativa do oficial SEMPRE gerará uma remessa obrigatória do procedimento ao juiz, independentemente do inconformismo da parte interessada, como se observa do parágrafo em análise, diferentemente do que ocorre na regra geral na qual, havendo qualificação negativa por parte do oficial, o título somente será objeto de análise pelo juiz caso a parte dê início ao procedimento de dúvida registrária.

Não há nenhum óbice para que, mesmo havendo impugnação do feito, as partes em dissenso solicitem a prorrogação do prazo de remessa ao juiz, visando nessa prorrogação se tentar uma conciliação.

Remetido o procedimento ao juiz, estará esgotada a prenotação perante o Registro de Imóveis, de modo que, caso o pedido seja deferido pelo corregedor, eventual decisão favorável à retificação deve ser novamente protocolada por ser um novo título a ingressar na serventia. Isso se dá pelo fato de que os documentos que instruem o pedido retificatório serão encaminhados ao juízo, sem que nenhum deles fique pendente na serventia. Acresce-se a este fato a circunstância de o procedimento retificatório não gerar direito de prioridade em razão de sua natureza não se mostrar contraditória com outros títulos que possam eventualmente ingressar em relação ao imóvel que se pretende retificar, como será analisado mais adiante, quando trataremos especificamente da necessidade de protocolização no procedimento retificatório e seus efeitos.

68.4 APURAÇÃO DE ÁREAS REMANESCENTES

Seguindo com a análise do art. 213, II, da Lei n. 6.015/73, encontramos o seu § 7º, que dispõe: "Pelo mesmo procedimento previsto neste artigo poderão ser apurados os remanescentes de áreas parcialmente alienadas, caso em que serão considerados como confrontantes tão somente os confinantes das áreas remanescentes".

Em vista do referido dispositivo, pode-se perceber que a Lei n. 10.931/2002 também se preocupou com um problema corrente das serventias registrais imobiliárias de nosso país, ou seja, os imóveis descaracterizados por desmembramentos nos quais não houve a preocupação de descrever o remanescente.

Essa disposição legal é apenas explicitação desse tipo de situação que também se enquadraria perfeitamente na hipótese genérica de inclusão ou alteração de medida perimetral prevista no inciso II do art. 213. Todavia, o legislador fez questão de inclui-la visando evitar controvérsias futuras, uma vez que em muitos desses imóveis a retificação valeria para a inclusão ou alteração de todas ou quase todas as medidas perimetrais.

Também, para evitar dúvidas, a lei estabeleceu que serão confrontantes apenas aqueles que tiverem nas áreas vizinhas no momento do pedido da retificação, descartando os proprietários de áreas desmembradas que deixaram de ser confinantes com o imóvel que está sendo retificado.

Podemos citar como exemplo o seguinte caso hipotético. Tínhamos o imóvel A, do qual foram desmembrados o imóvel B e posteriormente o imóvel C, que ficou entre A e B. Em caso de apuração do remanescente de A, apenas C deverá anuir, tendo em vista que B não faz mais divisa com A.

Todavia, para não restar dúvida quanto à confrontação ou não do imóvel anteriormente desmembrado, recomenda-se a feitura de uma planta contendo todos os imóveis desmembrados e, aí sim, nessa planta serão identificados os atuais confrontantes.

68.5 RETIFICAÇÃO OU DEMARCAÇÃO DE ÁREAS PÚBLICAS

Vale lembrar que, por força do § 8º, do art. 213, o procedimento de retificação previsto nesse artigo vale também para as terras públicas que já constem de registro, conforme se transcreve: "As áreas públicas poderão ser demarcadas ou ter seus registros retificados pelo mesmo procedimento previsto neste artigo, desde que constem do registro ou sejam logradouros devidamente averbados".

Esse parágrafo também é caso de explicitação para dirimir possíveis dúvidas que surgissem, mas que, de forma geral, estariam insertas nas possibilidades de retificações previstas no inciso II do art. 213.

Isso porque a retificação administrativa tem o intuito de dinamizar e facilitar a correção de imperfeições existentes na descrição de imóveis, visando torná-los um espelho da realidade. Em vista disso, não haveria por que se excluírem os imóveis públicos já matriculados desse procedimento.

Devemos deixar claro, todavia, que existem muitos imóveis públicos que não se encontram matriculados, seja porque são oriundos de terras devolutas nunca antes levadas ao registro de imóveis, seja em virtude do fato de o poder público nunca ter se preocupado com o registro na medida em que, em regra, os imóveis públicos não são alienados e não estão sujeitos a penhora, bem como não são dados em garantia a terceiros, de modo que por esse motivo existem teorias que defendem até a desnecessidade de seu registro.

Podemos observar nesse sentido os ensinamentos de Afrânio de Carvalho, citados por Maria Helena Diniz, em sua obra *Sistemas de registro de imóveis* (p. 493), que afirmava: "o Registro de Imóveis acolheria apenas os imóveis particulares, deixando livres os imóveis públicos". Mas esse panorama tem mudado com a necessidade de regularização fundiária, pois muitas vezes as áreas invadidas são públicas, o que demanda sua inclusão prévia no fólio real a fim de permitir a titulação.

Independentemente de qual seja o motivo para a falta de registro, imprescindível que se esclareça que, caso o imóvel público não se encontre matriculado ou transcrito na serventia, o procedimento retificatório não será a via adequada para trazê-lo à esfera registral. Para isso, será necessário que se proceda a uma ação discriminatória ou demarcatória ou algum dos demais instrumentos criados para a regularização fundiária.

68.6 ALTERAÇÃO OU ESTABELECIMENTO DE DIVISAS POR ESCRITURA PÚBLICA

Segundo o art. 213, II, § 9º, da Lei n. 6.015/73: "Independentemente de retificação, dois ou mais confrontantes poderão, por meio de escritura pública, alterar ou estabelecer as divisas entre si e, se houver transferência de área, com o recolhimento do devido imposto de transmissão e desde que preservadas, se rural o imóvel, a fração mínima de parcelamento e, quando urbano, a legislação urbanística".

Podemos observar, no parágrafo em análise, que a escritura pública substitui o procedimento administrativo caso o acerto entre os confinantes se restrinja apenas às suas divisas.

Importante esclarecer, porém, que, se não houver dúvidas sobre as divisas nas matrículas envolvidas, deve-se observar o procedimento comum de venda de parte de um imóvel para anexação em outro, ou seja, devem ser apresentados no registro de imóveis o mapa e o memorial descritivo da parte que está sendo vendida (para desmembramento), bem como da área remanescente e ainda da área resultante da fusão com o imóvel confinante para a abertura de nova matrícula. Tudo isso com a autorização da Prefeitura Municipal em caso de imóvel urbano.

Esse entendimento é extraído do fato de que essa hipótese está inserida em um parágrafo do art. 213 da Lei n. 6.015/73, o qual se refere à retificação de registro, de modo que somente poderia ser utilizada nos casos delimitados pelo *caput*.

Essa aprovação, bem como os memoriais de desmembramento, é dispensada no processo retificatório para dirimir imprecisões nas confrontações, no qual devem apenas ser apresentados mapa e memorial descritivo das propriedades confinantes com a área final retificada, incluídos os marcos e as divisas faltantes ou alterados os incorretos.

68.7 HIPÓTESES DE DISPENSA DE RETIFICAÇÃO

A Lei n. 10.931/2004 inovou ainda ao trazer possibilidades de se alterarem os dados constantes no registro de imóveis independentemente de processo retificatório, o que significa dizer que nesses casos as possíveis correções de erros existentes ingressam no registro de imóveis com ou sem anuência dos confrontantes. Vale dizer, todavia, que se o registrador observar que a situação não se enquadra como uma retificação, sendo caso de aquisição ou qualquer outra hipótese, ele deve qualificar o título negativamente, não efetuando as alterações no imóvel. Essas disposições se encontram no art. 231, II, § 11, da Lei n. 6.015/73.

A primeira dessas hipóteses estabelece que independe de retificação a regularização fundiária de interesse social realizada em Zonas Especiais de Interesse Social (ZEIS), nos termos da Lei n. 10.257, de 10 de julho de 2001, promovida por município ou pelo Distrito Federal, quando os lotes já estiverem cadastrados individualmente ou com lançamento fiscal há mais de vinte anos.

Assim, a declaração de uma área como sendo uma zona especial de interesse social visa a regularização fundiária de assentamentos habitacionais irregulares com concentração de população de baixa renda, assim como de melhoria da infraestrutura urbana e de serviços públicos essenciais.

A definição dessas áreas tem como objetivo o estabelecimento de um plano de zoneamento próprio que vise o desenvolvimento dessas regiões, fazendo com que se integrem à cidade.

Existem muitos pensadores do direito registral imobiliário que defendem a impossibilidade de aplicação dessa dispensa, visto que seria uma afronta à segurança jurídica, podendo invadir áreas confrontantes que não teriam oportunidade para se manifestarem.

Isso porque, como já visto, com essa dispensa os confrontantes não serão notificados nem se deverá buscar previamente as suas anuências, bem como não existe abertura para impugnação do feito, de modo que eventuais prejudicados deverão recorrer às vias judiciais ordinárias para terem seus interesses assegurados.

Todavia, defendemos que a referida dispensa se encaixa à ideia das ZEIS, uma vez que o interesse na regularização se sobrepõe aos interesses dos eventuais proprietários lesados que deverão ir em busca das respectivas indenizações, visto que nessa hipótese, como a área já estaria afetada a um interesse público, teríamos o caso da chamada desapropriação indireta.

Isso tudo, ainda, caso eventuais confrontantes estejam sendo desprovidos de suas propriedades e não estejam presentes os requisitos da usucapião, sendo que na maioria dos casos já estaria caracterizada, na medida em que se exige lançamento fiscal dos lotes há mais de 20 anos.

Admitimos que, quanto a esse raciocínio, poderia ser levantada a ideia de que a desapropriação e a usucapião têm forma própria para ingresso na serventia imobiliária, todavia, pensamos que se trata de exceção prevista expressamente pelo legislador para situações específicas consolidadas nas quais está presente a supremacia do interesse público e que justificaria a dispensa em nome da efetividade do procedimento e em virtude da irreversibilidade do caso concreto.

Lembramos ainda que, até ser revogado pela Lei n. 13.465/2017, na regularização de interesse social de área de ZEIS a propriedade somente seria transferida ao particular após o procedimento de demarcação urbanística, sendo previstas a notificação e a impugnação dos confrontantes (art. 288-D, § 4º, da Lei n. 6.015/73) aos moldes do que ocorre no procedimento retificatório do art. 213 da Lei n. 6.015/73.

Caso a regularização não se utilize do referido instrumento, a mudança de titularidade deverá ser formalizada de acordo com os demais instrumentos existentes em nossa legislação, e nestes todos é necessário o conhecimento do proprietário tabular, seus herdeiros ou sucessores com oportunidade para a manifestação deles (usucapião, desapropriação seguida de concessão de uso, seja especial para fins de moradia ou não, ou seguida de eventuais permissões ou doações feitas pelo Poder Público).

Desse modo, o levantamento feito pela Prefeitura ou pelo Distrito Federal ingressaria diretamente no registro de imóveis independentemente de qualquer procedimento. Todavia, como observado anteriormente, **todos os títulos que ingressem na serventia imobiliária estão sujeitos à qualificação registral**. Assim, o levantamento deverá estar perfeitamente descrito e caracterizado para atender ao princípio da especialidade objetiva do imóvel, bem como se deve indicar as áreas originais sujeitas à retificação e estas devem ser compatíveis com o projeto apresentado, observando o oficial tratar-se realmente de um caso de retificação.

Lembramos que, se o imóvel for público e não estiver cadastrado, será necessário em primeiro lugar que se apure a titularidade do Poder Público e se abra a matrícula em seu nome. Para isso, encontramos alguns caminhos.

Em regra, quando tratarmos de terras que sempre foram públicas, ou seja, aquelas que nunca foram transferidas a particulares ou que o foram mediante condições suspensivas ou resolutivas que, ao não serem cumpridas, implicaram em sua devolução ao Poder Público, é necessário que se faça o prévio procedimento demarcatório ou discriminatório, e, nesse caso, como visto anteriormente, as terras públicas poderão ser demarcadas, utilizando-se o procedimento de retificação previsto no art. 213, II, da LRP.

Pode ocorrer, todavia, que a terra seja pública hoje em virtude de doação feita por particular ou desapropriação promovida pelo Poder Público, casos em que deve ocorrer a identificação desses títulos para que sejam levados a registro.

Entramos, ainda, nas hipóteses em que as áreas foram transferidas ao Poder Público em virtude da implementação de loteamentos; caso tenham ocorrido durante a vigência da Lei n. 6.766/79, o registro do loteamento já implica em transferência das áreas destinadas às vias de circulação e aos equipamentos urbanos ao Poder Público, segundo o art. 22 da Lei 6.766/79.

No que se refere aos loteamentos urbanos implantados, ainda que não inscritos ou registrados, encontramos a autorização para a abertura da matrícula já em nome do poder público no art. 195-A da Lei n. 6.015/73, desde que obedecido o procedimento nele previsto.

Por fim, no inciso V do referido artigo, também introduzido pela Lei n. 12.424/2011, encontramos a dispensa de retificação para o registro do parcelamento de glebas para fins urbanos anterior a 19 de dezembro de 1979, que esteja implantado e integrado à cidade, nos termos do art. 71 da Lei n. 11.977, de 7 de julho de 2009.

Nesse caso, entendemos que o dispositivo reforça a ideia já esboçada de que nos casos de regularização fundiária haveria uma supremacia do interesse público sobre o particular que dispensaria a retificação, além do fato de estarmos tratando de situações consolidadas que, por si sós, em regra, já teriam reunidas as características da usucapião, caso a situação concreta tenha se estendido sobre algum imóvel vizinho.

Seguindo com as hipóteses de correção de erros, omissões ou imprecisões do registro que dispensam o procedimento retificatório, encontramos a dispensa prevista no caso da adequação da descrição do imóvel rural às exigências dos arts. 176, §§ 3º e 4º, e 225, § 3º, dessa lei. O dispositivo em questão trata da adequação da descrição do imóvel rural ao georreferenciamento.

Para entendermos melhor essa hipótese, é necessário que se esclareça o que se enquadraria nessa adequação do imóvel rural ao georreferenciamento.

Assim, temos que tomar cuidado para que o georreferenciamento não mascare uma retificação. Dessa forma, entendemos que, para que ele se enquadre na categoria de adequação e se dispense a retificação, não poderiam ocorrer mudanças significativas nem na área nem no traçado do imóvel georreferenciado, uma vez que a adequação ao georreferenciamento de forma simples e resumida implica em dizer que se alteraria a forma de medição do imóvel para o sistema georreferenciado acrescido da certificação do INCRA sobre a inexistência de sobreposições de áreas até a data da referida certificação.

Encontramos também o inciso III introduzido pela Lei n. 12.424/2011, que inclui nas hipóteses de dispensa de retificação a adequação da descrição de imóvel urbano decorrente de transformação de coordenadas geodésicas entre os sistemas de georreferenciamento oficiais.

68.8 FACULDADE DE REALIZAÇÃO DE DILIGÊNCIAS PELO OFICIAL

Grande inovação trazida pela Lei n. 10.931/2004 é a prevista no § 12 do art. 213 da Lei n. 6.015/73, que dispõe que poderá o oficial realizar diligências no imóvel para a constatação de sua situação em face dos confrontantes e localização na quadra.

A diligência do oficial (bem como de seu escrevente autorizado) poderá ocorrer sempre que houver conflito entre os dados apresentados para retificação e os elementos tabulares existentes na serventia que gerem dúvidas a respeito da localização do imóvel, de possíveis sobreposições de áreas ou sobre a autenticidade dos confinantes apresentados.

Trata-se de uma faculdade do registrador, e não de uma obrigação, que visa permitir que o oficial use elementos extratabulares para fundamentar possíveis qualificações negativas do procedimento retificatório. Vale lembrar que a regra nas serventias imobiliárias é a de que o oficial deve se basear somente nas informações oficiais, ou seja, aquelas existentes dentro da serventia e as trazidas pelas partes. Assim, esse dispositivo é uma exceção à regra geral que permite ao oficial transformar qualquer tipo de constatação que obtenha em informação oficial, ou seja, aquela que pode ser utilizada validamente em sua análise.

68.9 POSSIBILIDADE DE APROVEITAMENTO DO TÍTULO ANTERIOR À RETIFICAÇÃO

O § 13 do art. 213 da Lei n. 6.015/73 demonstrou uma grande sensibilidade do legislador ao dispor que, não havendo dúvida quanto à identificação do imóvel, o título anterior à retificação poderá ser levado a registro, desde que requerido pelo adquirente, promovendo-se o registro em conformidade com a nova descrição.

Muitas vezes, o registro é levado à retificação justamente em virtude de um título preexistente impossibilitado de registro devido a erro anterior objeto da retificação. Caso o legislador não houvesse previsto essa exceção, se fosse um título que surgisse antes de um procedimento retificatório, retratando exatamente o que se encontrava na matrícula ou transcrição do imóvel, e posteriormente ocorresse a retificação para corrigir qualquer tipo de erro ou suprir omissão ou imprecisão, o título não comportaria registro por não atender ao princípio da especialidade objetiva.

Em virtude do referido dispositivo, então, temos que, caso o título seja formado pelos elementos do imóvel anteriormente à retificação, mesmo essa descrição tendo sido alterada pelo procedimento retificatório, não haveria dúvidas sobre se tratar do mesmo imóvel, de modo que esse título teria ingresso na serventia imobiliária mediante expresso requerimento do adquirente, sendo essa uma exceção expressa ao princípio da especialidade objetiva.

68.10 RESPONSABILIDADE DO PROFISSIONAL E DO REQUERENTE ACERCA DOS DADOS APRESENTADOS

Questão muito polêmica, quando do surgimento da Lei n. 10.931/2002, girou em torno dos limites da responsabilidade do registrador imobiliário, bem como do profissional que elaborou a planta e o memorial descritivo e a parte que a requereu no que diz respeito ao procedimento retificatório.

No início, alguns juristas chegaram a defender que o oficial seria responsável pela verificação da veracidade dos dados apresentados, bem como pela conferência do trabalho técnico em virtude da possibilidade, anteriormente estudada, de ele realizar diligências.

Essa tese coibiu enormemente a aplicabilidade da legislação, ao passo que o registrador (pessoa sem a formação técnica no campo de medições de terras) se sentia ameaçado com a possibilidade de responsabilização, havendo inclusive quem defendesse que o oficial deveria contratar alguém com o referido conhecimento para conferir os dados na serventia (o que na maioria das serventias se mostrava inviável frente ao custo).

Porém, no que se refere à veracidade dos fatos, o § 14 do art. 213 da Lei n. 6.015/73 é bem claro ao dispor que, verificado a qualquer tempo não serem verdadeiros os fatos constantes do memorial descritivo, responderão os requerentes e o profissional que o elaborou pelos prejuízos causados, independentemente das sanções disciplinares e penais.

Assim, esse parágrafo demonstra que a responsabilidade sobre a veracidade dos fatos alegados é do profissional que elaborou os mapas e memórias e da parte que está requerendo a retificação.

Seguindo esse raciocínio, o trabalho técnico deve espelhar a realidade, e falhas técnicas dessa elaboração implicam em falhas na veracidade do apresentado, sendo estas também de responsabilidade do profissional que as elaborou, o que não poderia ser diferente, tanto que ele deve apresentar uma anotação de responsabilidade técnica (ART) ou um registro de responsabilidade técnica (RRT) referente ao trabalho. Ainda, a responsabilidade por falhas técnicas do profissional também é estendida ao requerente que elegeu o profissional para elaboração do trabalho.

Note que o dispositivo não fala que as responsabilidades do profissional e do requerente se restringem aos casos de dolo, de forma que estes responderão também nos casos de imprudência, negligência ou imperícia na elaboração da planta, memorial descritivo e demais informações.

Hoje o entendimento é pacificado no sentido de que a responsabilidade do oficial se restringe à confirmação dos dados apresentados frente aos elementos tabulares, bem como pela conferência da apresentação pelas partes de todos os documentos elencados pela legislação, aliado ao cumprimento de todas as formalidades exigidas por esta.

68.11 NECESSIDADE DE PROTOCOLIZAÇÃO DO PROCEDIMENTO RETIFICATÓRIO

O procedimento de retificação administrativa deve ter o seu requerimento protocolado no Livro n. 1 da serventia com os documentos que o instruem. Esse entendimento decorre do disposto no art. 182 da Lei n. 6.015/73, que dispõe: "Todos os títulos tomarão, no Protocolo, o número de ordem que lhes competir em razão da sequência rigorosa de sua apresentação".

Dessa forma, sendo o pedido de retificação um título que pretende ingresso na serventia imobiliária, tal ingresso deve se dar por meio do protocolo que, entre outras funções, tem o objetivo de controlar os documentos que se encontram na serventia. Contudo, essa exigência não se justifica quando a retificação é feita de ofício, pois nesse caso não existe ingresso de nova documentação, sendo que todos os dados necessários à retificação já se encontram na serventia.

A existência de protocolo, todavia, não implica no controle de prioridade em relação aos procedimentos retificatórios, nem na necessidade de obediência do prazo de 30 dias da prenotação.

No que se refere ao prazo geral de 30 dias para efetivação do ato no caso da retificação administrativa consensual, geralmente este se demonstra inviável pela própria sistemática da retificação, principalmente quando há solicitação de intimação pela serventia para que o confrontante preste a sua anuência ao procedimento de retificação, visto que nesse caso a soma dos prazos para a entrega da notificação com o prazo de impugnação da retificação ultrapassa os 30 dias.

Quanto à prioridade, também não se aplica aos procedimentos retificatórios, pois não há por que se obstar que atos posteriores sejam inscritos no mesmo imóvel, pois não existe contrariedade em relação ao procedimento retificatório. Além disso, se a retificação fosse judicial, não haveria nenhum óbice para ingresso de novos títulos, de forma que não há razão para se adotar maior rigor no procedimento administrativo do que o exigido para o processo judicial. Deve-se ressaltar, entretanto, que eventual transmissão da propriedade durante o procedimento retificatório traz, sem sombra de dúvidas, um novo interessado, ou seja, o adquirente que deverá prestar sua anuência no procedimento.

69
Georreferenciamento

Georreferenciar significa descrever o imóvel, incluindo pontos geodésicos obtidos por satélite em órbita geoestacionária (técnica de agrimensura dotada de extrema precisão). Todavia, o termo georreferenciamento tomou nova dimensão com a Lei Federal n. 10.267/2001, que o cercou de uma série de características e requisitos determinados pelo INCRA e o tornou uma exigência a ser cumprida por todos os imóveis rurais do país.

Assim, o termo georreferenciamento deve hoje ser entendido como o mapeamento de um imóvel rural por meio das coordenadas e vértices definidores dos limites dos imóveis rurais pelo Sistema Geodésico Brasileiro com precisão posicional fixada pelo INCRA (art. 176, § 4º, Lei n. 6.015/73).

Ciente das falhas do sistema dominial nacional, as autoridades federais resolveram promover o recadastramento imobiliário compulsório de toda a área rural, promulgando a famosa Lei Federal n. 10.267, de 28-8-2001, regulamentada pelos Decretos 4.449/2002 e 5.570/2005.

Assim, percebe-se que não deve ser confundido georreferenciamento com retificação, pois o georreferenciamento na acepção da palavra nada mais é do que uma técnica topográfica que foi estabelecida como elemento de precisão para dar suporte a uma nova forma de cadastro imobiliário rural, buscando a eficiência do sistema.

Contudo, esses institutos caminham juntos na busca de precisão do cadastro imobiliário, como analisaremos a seguir; inclusive, podemos afirmar que foi a necessidade de se promover o georreferenciamento de forma simples e ágil que propiciou o surgimento da Lei n. 10.931/2002, que revolucionou a retificação de registros imobiliários no Brasil, embora não tenha sido a única, pois a mesma lei beneficiou em muito a indústria da construção civil, permitindo abreviar enormemente o prazo para lançamento de novas incorporações imobiliárias e loteamentos.

O Decreto n. 4.449/2002 previa a possibilidade de averbação da descrição georreferenciada independentemente da retificação do registro, mesmo quando esta pudesse alterá-lo por qualquer modo, como pode se observar do seu art. 9º e parágrafos originais, que transcrevemos em parte.

Assim, o § 5º do referido artigo estabelecia: "O memorial descritivo, que de qualquer modo possa alterar o registro, será averbado no serviço de registro de imóveis competente mediante requerimento do interessado, contendo declaração firmada sob pena de responsabilidade civil e criminal, com firma reconhecida, de que não houve alteração das divisas do imóvel registrado e de que foram respeitados os direitos dos confrontantes, acompanhado da certificação prevista no § 1º deste artigo, do CCIR e da prova de quitação do ITR dos últimos cinco exercícios, quando for o caso".

Na sequência, encontrávamos o § 6º do mesmo artigo, que complementava as cautelas previstas pelo legislador ao afirmar que: "A documentação prevista no § 5º deverá ser acompanhada de declaração expressa dos confinantes de que os limites divisórios foram respeitados, com suas respectivas firmas reconhecidas".

Dessa forma, observamos que a ideia inicial, quando o legislador idealizou o georreferenciamento, era a de que a substituição da descrição do imóvel pelas suas medidas, obtidas por meio das coordenadas georreferenciadas, poderia se dar independentemente de qualquer processo retificatório, bastando para isso que houvesse tanto uma declaração do requerente de que os limites divisórios foram respeitados, não havendo alteração nas divisas do imóvel, como declaração dos confinantes no mesmo sentido.

Todavia, mesmo com a declaração de que as divisas foram respeitadas à época, não era prevista a possibilidade de inclusão desses dados administrativamente. Lembrem-se de que nessa época a regra era a retificação promovida perante os órgãos judiciários, sendo admitida administrativamente apenas a retificação de erros evidentes, os quais eram interpretados de forma restrita.

Dessa forma, o previsto no Decreto n. 4.449/2002 conflitava frontalmente com o disposto no art. 213 da Lei de Registros Públicos.

Estabelecia ainda o mesmo decreto, no § 8º do referido art. 9º, que, não sendo apresentadas as declarações constantes no § 6º e a certidão prevista no § 1º, o oficial encaminhará a documentação ao juiz de direito competente, para que a retificação seja processada nos termos do art. 213 da Lei n. 6.015, de 1973.

Todavia, essa ressalva não era suficiente para deslocar a competência dessas alterações do Judiciário para o âmbito da serventia imobiliária, pois a distinção entre os procedimentos não era feita com base na consensualidade, de modo que, mesmo com consenso, não era permitida a inclusão de dados perimetrais sem a remessa do feito aos órgãos judiciais.

Em virtude desse conflito, o decreto passou a ter sua validade questionada, sendo certa na hierarquia das normas a impossibilidade de um decreto se sobrepor a lei. Frente a esse entendimento, o decreto deveria ser interpretado de acordo com a Lei n. 6.015/73, que determinava a remessa de todos os feitos que implicassem na alteração ou inclusão de dados no registro, exceto os provenientes de erro evidente, ao Poder Judiciário.

Esse entendimento, porém, gerou um grande risco de colapso para o sistema registral, uma vez que a sobrecarga do Poder Judiciário implica numa inevitável demora de seus feitos, o que não atendia às necessidades do georreferenciamento, que foi previsto como um procedimento célere, aliado ao fato de que, justamente pela crença do legislador em sua celeridade, a essa época já estavam previstos prazos fatais para a implementação da nova medida nos imóveis rurais sob pena do travamento da maioria de seus atos registrários.

Nesse sentido, observamos que a Lei n. 10.267/2001, ao alterar o art. 176 da Lei n. 6.015/73, já trazia à época as restrições a serem impostas ao imóvel rural que não cumprisse as determinações do georreferenciamento, como observamos em seu § 3º, que transcrevemos: "Nos casos de **desmembramento, parcelamento ou remembra-**

mento de imóveis rurais, a identificação prevista na alínea *a* do item 3 do inciso II do § 1º será obtida a partir de memorial descritivo, assinado por profissional habilitado e com a devida Anotação de Responsabilidade Técnica – ART, contendo as coordenadas dos vértices definidores dos limites dos imóveis rurais, georreferenciadas ao Sistema Geodésico Brasileiro e com precisão posicional a ser fixada pelo INCRA, garantida a isenção de custos financeiros aos proprietários de imóveis rurais cuja somatória da área não exceda a quatro módulos fiscais".

Trazia já também, no § 4º, disposição semelhante em relação à transferência dos referidos imóveis, ao dispor: "A identificação de que trata o § 3º tornar-se-á obrigatória para efetivação de registro, em qualquer situação de transferência de imóvel rural, nos prazos fixados por ato do Poder Executivo".

Frente às obrigatoriedades já impostas e ao impasse ocasionado devido ao conflito do referido decreto com a Lei n. 6.015/73, surgiu à época um perigo real de travamento do registro de imóveis no País, que impulsionou o legislador a buscar alternativas para que o projeto do recadastramento rural se tornasse efetivo sem prejudicar as demais operações imobiliárias. Essas buscas resultaram na Lei n. 10.931/2004.

Hoje, após a Lei n. 10.931/2004 e o Decreto n. 5.570/2005, o georreferenciamento está expressamente previsto no art. 213 da Lei n. 6.015/73 como uma das hipóteses que ensejam a alteração da descrição do imóvel sem a necessidade de se recorrer ao procedimento retificatório, embora com a limitação já mencionada.

Dessa forma, apesar de hoje existir a possibilidade da retificação administrativa, mesmo assim o legislador previu que, caso estejamos tratando simplesmente da alteração na forma da descrição do imóvel para atender aos requisitos do georreferenciamento, inclusive com a declaração do requerente e dos confrontantes de que as divisas foram respeitadas, não é necessário que se sigam todos os seus passos, bastando que se atenda aos requisitos do próprio georreferenciamento, previstos no Decreto n. 4.449/2002, modificado pelo Decreto n. 5.570/2005, os quais, todavia, são muito semelhantes.

Devemos lembrar, entretanto, que para que se possa utilizar a referida dispensa, o procedimento de georreferenciamento deve ser puro, ou seja, não deve trazer em si alterações que corrijam as imprecisões ou omissões já existentes na descrição do imóvel, caso em que o procedimento adotado deve ser o de retificação.

Estabelecemos, então, os parâmetros para a utilização de um procedimento ou de outros, todavia ressaltamos que os procedimentos são muito semelhantes, o que torna necessário analisar quais os requisitos do procedimento de georreferenciamento e no que esses se diferenciam do procedimento de retificação de registro previsto no art. 213 da Lei n. 6.015/73.

Assim, no procedimento de **georreferenciamento puro**, todos os documentos já devem ser apresentados no momento da protocolização, não existindo espaço para a notificação de confrontante nem para a realização de diligências pelo oficial, visto que não estamos tratando de alteração do traçado do imóvel, o que em tese não geraria dúvidas em relação aos documentos já existentes na serventia, não sendo necessário se utilizar da realidade fática para a análise de sua plausibilidade.

Dessa forma, não haveria maiores indagações a serem feitas, nem possibilidade de remessa do feito ao Judiciário, a não ser na hipótese de a documentação não se apresentar em conformidade com o estabelecido na lei, caso em que o oficial deveria qualificar negativamente o título, sendo essa qualificação sujeita ao procedimento de dúvida.

Devemos deixar bem claro, no entanto, que, mesmo havendo as declarações por parte dos confinantes e do requerente de que as medidas perimetrais estão sendo respeitadas, se o oficial verificar que não se trata de uma mera alteração da forma de medição e que está ocorrendo uma efetiva alteração no imóvel, ele DEVE converter o procedimento para o de retificação de área, com todas as características e cautelas que ele apresenta.

Dessa forma, no procedimento de georreferenciamento, o interessado deve protocolar na serventia requerimento, solicitando a inclusão das medidas georreferenciadas do imóvel, já acompanhado de:

1) Planta e memorial certificados pelo INCRA, assinados pelo profissional técnico habilitado com a Anotação de Responsabilidade Técnica (ART).
2) Declaração dos confinantes, com firmas reconhecidas, atestando expressamente que os limites divisórios foram respeitados.
3) Requerimento do interessado com declaração, com firma reconhecida, de que foram respeitados os direitos dos confrontantes.
4) Prova de quitação dos últimos cinco impostos territoriais rurais (declaração e guia de recolhimento).
5) Certificado de Cadastro do Imóvel Rural que está sendo georreferenciado.
6) Certificação do INCRA de que os trabalhos técnicos foram realizados de acordo com os parâmetros designados e que até o momento da referida certificação a medição apresentada não se sobrepunha a nenhuma outra existente dentro dos cadastros do referido órgão.

No que se refere à certificação promovida pelo INCRA, deve ficar muito claro que ela não implica em reconhecimento do domínio ou da exatidão das medidas apresentadas, mas simplesmente atesta que até aquele momento não existe sobreposição de áreas submetidas a essa apreciação e que os trabalhos técnicos foram realizados de acordo com as diretrizes estabelecidas pelo instituto.

A certificação a ser efetivada pelo INCRA como requisito para o cumprimento do processo de georreferenciamento está prevista no § 1º do art. 9º do Decreto n. 4.449/2002, que regulamentou a Lei n. 10.267/2001 e assim dispõe: "Caberá ao INCRA certificar que a poligonal objeto do memorial descritivo não se sobrepõe a nenhuma outra constante de seu cadastro georreferenciado e que o memorial atende às exigências técnicas, conforme ato normativo próprio".

Devemos lembrar que, como visto acima, a certificação pelo INCRA não implica em prova de domínio e ainda também não atesta a veracidade dos dados apresentados pelas partes.

Já analisamos que o georreferenciamento é um requisito imposto pela Lei n. 10.267/2001, que visa o recadastramento de todos os imóveis rurais do país, e que para tanto o legislador estabeleceu prazos para o seu cumprimento, os quais passamos agora a analisar.

69.1 PRAZOS PARA O CUMPRIMENTO DOS REQUISITOS DO GEORREFERENCIAMENTO DE IMÓVEIS RURAIS

Antes de adentrarmos diretamente na análise dos prazos fixados para o georreferenciamento dos imóveis rurais no Brasil, necessário se faz analisarmos qual o termo inicial que devemos utilizar na contagem destes prazos. Isso se dá, pois, a exigência inicial para esse recadastramento foi criada a partir da edição da Lei 10.267/2001, que alterou os arts. 176 e 225 da Lei 6.015/73, todavia essa lei não trouxe em si todos os requisitos para a implementação do georreferenciamento, tendo sido complementada em momento posterior pelos Decretos 4.449/2002 e 5.570/2005.

Após inúmeras discussões a respeito do tema, entendeu-se que a data da edição da Lei n. 10.267/2001 não seria viável como o termo inicial para a contagem dos prazos para o atendimento da exigência dos imóveis rurais, tendo em vista que nesse momento, mesmo se a pessoa quisesse georreferenciar e certificar seu imóvel, não poderia fazê-lo em virtude de não estarem ainda estabelecidas as regras procedimentais para a realização desses atos.

Assim, o entendimento que passou a viger doutrinariamente, e depois foi incorporado à legislação pelo Decreto n. 5.570/2005 (e hoje se encontra no art. 10, § 3º, do Decreto n. 4.449/2002), foi o de que o termo inicial seria 20-11-2003, data em que foi editada a norma regulamentadora do georreferenciamento pelo INCRA – Portaria do INCRA n. 1.101, de 19 de novembro de 2003, publicada no *Diário Oficial da União* no dia 20 de novembro de 2003.

Fixado o termo inicial para a contagem do prazo, observamos que o legislador optou por realizar um escalonamento nos prazos para o cumprimento do requisito, de acordo com o tamanho da propriedade rural, visando, assim, diluir a demanda e com isso absorver sem sobrecarga esse papel dentro do INCRA.

Desse modo, estabeleceu-se no art. 10 do Decreto n. 4.449/2002 que:

I) imóveis rurais com área de cinco mil hectares ou mais teriam prazo de 90 dias para serem georreferenciados, ou seja, deveriam ter cumprido esse requisito até 17 de fevereiro de 2004;

II) imóveis rurais com área de mil a menos de cinco mil hectares teriam prazo de um ano, ou seja, deveriam estar georreferenciados desde 20 de novembro de 2004;

III) imóveis rurais com área de quinhentos a menos de mil hectares teriam prazo de cinco anos (conforme alteração procedida pelo Decreto Federal n. 5.570/2005), ou seja, deveriam estar georreferenciados desde 20 de novembro de 2008;

IV) imóveis com área de duzentos e cinquenta a menos de quinhentos hectares teriam prazo de dez anos (conforme alteração procedida pelo Decreto n. 7.620, de 21 de novembro de 2011), ou seja, deverão ser georreferenciados até 20 de novembro de 2013;

V) imóveis com área de cem a menos de duzentos e cinquenta hectares teriam prazo de treze anos (conforme alteração procedida pelo Decreto n. 7.620, de 21 de novembro de 2011), ou seja, deverão ser georreferenciados até 20 de novembro de 2016;

VI) imóveis com área de vinte e cinco a menos de cem hectares teriam prazo de dezesseis anos (conforme alteração procedida pelo Decreto n. 7.620, de 21 de novembro de 2011), ou seja, deverão ser georreferenciados até 20 de novembro de 2019;

VII) imóveis com área inferior a vinte e cinco hectares teriam prazo de vinte anos (conforme alteração procedida pelo Decreto n. 7.620, de 21 de novembro de 2011), ou seja, deverão ser georreferenciados até 20 de novembro de 2023.

Após transcorridos tais prazos, de acordo com a dimensão da área do imóvel rural, o Oficial do Registro de Imóveis fica proibido de praticar na matrícula imobiliária os seguintes atos:

a) desmembramento;

b) parcelamento;

c) remembramento;

d) transferência de área total;

e) criação ou alteração da descrição do imóvel, resultante de qualquer procedimento judicial ou administrativo (art. 10, § 2º, do Decreto Federal n. 4.449/2002, com a redação conferida pelo Decreto Federal n. 5.570/2005).

Apesar desse escalonamento de prazos, no caso de ações judiciais que tenham como objeto o imóvel rural, **ajuizadas** após o dia 1º-11-2005, a exigência de georreferenciamento é imediata, qualquer que seja a dimensão da área, conforme se observa no art. 2º do Decreto n. 5.570/2005, que assim dispõe:

> A identificação do imóvel rural objeto de ação judicial, conforme previsto no § 3º do art. 225 da Lei n. 6.015, de 31 de dezembro de 1973, será exigida nas seguintes situações e prazos:
>
> I – imediatamente, qualquer que seja a dimensão da área, nas ações ajuizadas a partir da publicação deste Decreto;
>
> II – nas ações ajuizadas antes da publicação deste Decreto, em trâmite, serão observados os prazos fixados no art. 10 do Decreto n. 4.449, de 2002.

Como a publicação do referido decreto se deu em 1º-11-2005, todas as ações que tenham como objeto imóvel rural ajuizadas a partir dessa data já devem conter as coordenadas georreferenciadas e obter a certificação do INCRA antes do ingresso dos mandados que materializarem suas decisões nas serventias imobiliárias.

Uma questão interessante, no que se refere ao tema, diz respeito às escrituras lavradas antes da exigência do georreferenciamento do imóvel. Podem estas ser registradas mesmo após esses imóveis terem sido georreferenciados ou seria necessário que fossem rerratificadas para adequar a descrição do imóvel às suas coordenadas georreferenciadas?

Muito sábio o legislador nesse sentido, tendo em vista que criou um dispositivo legal no qual se enquadra a possibilidade de registro de escrituras lavradas sem o georreferenciamento, mesmo após a sua averbação, como forma de exceção ao princípio da especialidade objetiva do registro de imóveis. Essa previsão teve como objetivo garantir segurança de negócios já realizados, gerando transição mais tranquila para esse novo sistema.

A previsão dessa possibilidade está no art. 213, § 13, da LRP, que assim estabelece: "Não havendo dúvida quanto à identificação do imóvel, o título anterior à retificação poderá ser levado a registro desde que requerido pelo adquirente, promovendo-se o registro em conformidade com a nova descrição".

Nessa mesma linha de raciocínio, podemos propor outra questão. Depois de vencidos os prazos, podem os tabeliães continuar a lavrar escrituras de imóveis rurais que não tenham sido georreferenciados?

A resposta para essa questão é afirmativa, em decorrência tanto da possibilidade anteriormente analisada de se registrarem escrituras e títulos anteriores à retificação, desde que não haja dúvidas a respeito do imóvel ao qual se refiram, como do fato de que a restrição imposta pela legislação se refere única e exclusivamente aos atos de registro, não se referindo à lavratura de escrituras, como se pode observar no § 2º do art. 10 do Decreto n. 4.449/2002, que estabelece que, após os prazos assinalados para o georreferenciamento, fica defeso **ao oficial do registro de imóveis** a prática dos atos estabelecidos pelo referido decreto, quais sejam, desmembramento; parcelamento; remembramento; transferência de área total e criação ou alteração da descrição do imóvel, resultante de qualquer procedimento judicial ou administrativo.

Observa-se então que em nenhum momento se fez qualquer tipo de restrição quanto à escritura. Todavia, consideramos prudente da parte do tabelião que estiver lavrando esse tipo de escritura ressalvar no seu texto a impossibilidade de registro até que se atenda aos requisitos legais, como forma de resguardar futuras responsabilidades.

69.2 GRATUIDADE DO PROCEDIMENTO DE GEORREFERENCIAMENTO

Uma questão sem grande efetividade prática até o momento diz respeito à gratuidade do procedimento de georreferenciamento. Segundo o § 3º do art. 176 da Lei n. 6.015/73, nos casos de desmembramento, parcelamento ou remembramento de imóveis rurais, a identificação prevista na alínea *a* do item 3 do inciso II do § 1º será obtida a partir de memorial descritivo, assinado por profissional técnico habilitado e com a devida ART, contendo as coordenadas dos vértices definidores dos limites dos imóveis rurais, georreferenciadas ao Sistema Geodésico Brasileiro e com precisão posicional a ser fixada pelo INCRA, **garantida a isenção de custos financeiros aos proprietários de imóveis rurais cujo somatório da área não exceda a quatro módulos fiscais**.

Do referido dispositivo extrai-se que bastaria que o proprietário não tivesse mais de quatro módulos fiscais de terra para que obtivesse a gratuidade, não sendo necessário que possua um único imóvel, nem que seus imóveis sejam contíguos, não se dispondo ainda nada a respeito da sua capacidade de arcar com os custos do procedimento.

Ainda dentro do assunto, o art. 8º do Decreto n. 4.449/2002, ao dispor sobre o que deve ser incluído dentro dessa gratuidade, estabelece que os custos financeiros de que tratam o § 3º do art. 176 e o § 3º do art. 225 da Lei n. 6.015, de 1973, compreendem os serviços técnicos necessários à identificação do imóvel, garantida a isenção ao proprietário de imóvel rural cujo somatório não exceda a quatro módulos fiscais.

Dessa forma, num primeiro momento, a gratuidade abrangeria os serviços técnicos destinados à identificação do imóvel; seguindo, o § 2º do Decreto n. 4.449/2002 que estabelece que o INCRA proporcionará os meios necessários para a identificação do imóvel rural, devendo o ato normativo conjunto de que trata o art. 7º desse Decreto estabelecer os critérios técnicos e procedimentos para a execução da medição dos imóveis para fim de registro imobiliário, podendo, inclusive, firmar convênio com os estados e o Distrito Federal, propiciando a interveniência dos respectivos órgãos de terra.

O dispositivo segue avante ainda em seu § 3º, dispondo que, para beneficiar-se da isenção prevista neste artigo, o proprietário declarará ao órgão responsável pelo levantamento que preenche os requisitos do *caput* deste artigo, de acordo com as regras a serem estabelecidas em ato normativo do INCRA.

Malgrado essa disposição, até o presente momento não foi editada a referida portaria, de modo que não existe a possibilidade de o proprietário que se enquadra nessas condições obter a gratuidade do serviço.

Nesse ponto, surge um impasse. Se, por um lado, o legislador assegurou na lei a gratuidade do referido serviço e, por outro, não possibilitou formas de as partes usufruírem desse benefício, não se abriu nenhuma diferenciação de prazos para estes casos, de modo que teoricamente eles já estariam correndo, e, uma vez atingida a data limite, os referidos imóveis ficariam sujeitos às restrições impostas pela legislação.

Todavia, se analisarmos bem, a situação em muito se assemelha com a discussão que surgiu acerca do termo inicial para a contagem dos prazos para o georreferenciamento. Em relação à questão, ficou entendido que não haveria como se começar a contar o prazo para a exigência, enquanto não ficasse regulamentada a forma pela qual deveria ser cumprida. Voltando ao caso da gratuidade, podemos traçar um paralelo na medida em que não existe como o proprietário cumprir a exigência legal, utilizando-se do benefício trazido pela própria lei antes da regulamentação, motivo pelo qual entendemos que, para esses casos em específico, o prazo para o georreferenciamento ainda não teria começado a correr, não obstante os prazos gerais elencados no art. 10 do Decreto. Isso porque, como o módulo fiscal varia de região para região do país, tais imóveis podem ter as mais variadas extensões e, mesmo assim, estarem abrangidos pela gratuidade.

69.3 HIPÓTESES DE NECESSIDADE DE GEORREFERENCIAMENTO DO IMÓVEL

Outra questão interessante diz respeito à abrangência das restrições impostas pela falta de georreferenciamento do imóvel rural. Já observamos que ela impede o desmembramento; parcelamento; remembramento; a transferência e a criação ou alteração da descrição do imóvel, resultante de qualquer procedimento judicial ou administrativo. Todavia, a falta desse requisito impediria a inscrição de direitos reais de garantia sobre o imóvel?

Para respondermos melhor a questão, vamos fazer uma análise comparativa da legislação sobre o tema. O § 3º do art. 176 da Lei n. 6.015/73 dispõe que nos casos de desmembramento, parcelamento ou remembramento de imóveis rurais a identificação prevista na alínea *a* do item 3 do inciso II do § 1º será obtida a partir de memorial descritivo, assinado por profissional habilitado e com a devida Anotação de Responsabilidade Técnica (ART), contendo as coordenadas dos vértices definidores dos limites dos imóveis rurais, georreferenciadas ao Sistema Geodésico Brasileiro e com precisão posicional a ser fixada pelo INCRA, garantida a isenção de custos financeiros aos proprietários de imóveis rurais cujo somatório da área não exceda a quatro módulos fiscais.

Seguindo com a análise do artigo, em seu § 4º estabelece-se que a identificação de que trata o § 3º tornar-se-á obrigatória para efetivação de registro, em qualquer situação de transferência de imóvel rural, nos prazos fixados por ato do Poder Executivo.

Se fôssemos levar em conta somente esses dispositivos para responder à questão anteriormente proposta, teríamos que o georreferenciamento é obrigatório apenas nos casos de transferência de imóvel rural, de forma que não o seria para o registro de ônus reais. Apesar de muitos doutrinadores defenderem que, como o intuito final da constituição de um ônus real em regra é o de reservar aquele bem para o pagamento de uma dívida preexistente que em última análise importaria na sua alienação para o pagamento da referida dívida, tal ato seria considerado um início de alienação e como tal deveria ser vedado. Todavia, entendemos que esse argumento não deve prevalecer, uma vez que nada impede que as exigências sejam cumpridas antes de o bem ser levado à praça, e nesse meio tempo o registro traria a efetividade da garantia sem importar em ato de transmissão.

Dessa forma, se analisado isoladamente o art. 176 da Lei n. 6.015/73, não haveria muitas dúvidas a respeito do tema. Todavia, o Decreto n. 4.449/2002, que regulamenta o georreferenciamento, estabelece em seu art. 10, § 2º, que, após os prazos introduzidos pelo referido decreto, fica defeso ao oficial do registro de imóveis a prática de quaisquer atos registrais envolvendo áreas rurais até que seja feita a identificação do imóvel na forma georreferenciada.

Frente a isso, acirrou-se a discussão sobre sua necessidade no caso de registro de hipoteca e outras hipóteses de oneração. A corrente que prevaleceu no que se refere a essa discussão, no entanto, é a de que, tendo em vista que um decreto regulamentador, como é o caso do n. 4.449/2002, não pode alterar a lei que visa regulamentar, e que a Lei n. 10.267/2001 só estabelece que o georreferenciamento é obrigatório nas situações de transferência de imóvel rural, deve-se entender que não é necessário para o registro de hipotecas e outros ônus reais e demais direitos reais sobre coisas alheias.

Acrescente-se a isso o princípio geral de hermenêutica jurídica de que a norma restritiva deve ser interpretada de forma restritiva e que a lei somente cria restrição para a transferência, o desmembramento e o remembramento, e então se perceberá que não pode o decreto regulamentador almejar ampliar o alcance da restrição.

Questão diversa se apresenta no caso do registro de alienação fiduciária de bem imóvel, visto que essa, como o próprio nome diz, importa em alienação, caso em que enseja a necessidade da inclusão das medidas geodésicas.

REFERÊNCIAS BIBLIOGRÁFICAS

AMADEI, Vicente Celeste; AMADEI, Vicente de Abreu. *Como lotear uma gleba*: o parcelamento do solo urbano em seus aspectos essenciais – loteamento e desmembramento. 2. ed. São Paulo: Millennium, 2002.

BALBINO FILHO, Nicolau. *Registro de imóveis*. São Paulo: Atlas, 1996.

BARBOSA FILHO, Marcelo Fortes. O registro de imóveis, os títulos judiciais e as ordens judiciais. In: JACOMINO, Sérgio (Org.). *Thesaurus registral, notarial e imobiliário*. São Paulo: Irib/Anoreg-SP, 2003. v. 2, versão 2.0.

BATALHA, Wilson de Souza Campos. *Comentários à Lei de Registros Públicos*: Lei n. 6.015, de 31 de dezembro de 1973. Rio de Janeiro: Forense, 1997.

CARRAZZA, Roque Antonio. *Curso de direito tributário*. São Paulo: Malheiros, 2002.

CARVALHO, Afrânio de. A matrícula no registro de imóveis. In: DIP, Ricardo; JACOMINO, Sérgio (Org.). *Direito registral*. São Paulo: Ed. RT, 2011. v. VI (Coleção Doutrinas Essenciais).

CARVALHO, Afrânio de. *Registro de imóveis*: comentários ao sistema de registro em face da Lei n. 6.015, de 1973, com as alterações da Lei n. 6.216, de 1975. Rio de Janeiro: Forense, 1976.

CASSETTARI, Christiano. *Direito agrário*. São Paulo: Atlas, 2012.

CASSETTARI, Christiano. *Elementos de direito civil*. 13. ed. São Paulo: Saraiva, 2013.

CENEVIVA, Walter. *Lei dos Registros Públicos comentada*. São Paulo: Saraiva, 2010.

CENEVIVA, Walter. Registro de imóveis: o sistema alemão e o brasileiro. In: DIP, Ricardo; JACOMINO, Sérgio (Org.). *Direito registral*. São Paulo: Ed. RT, 2011. v. II (Coleção Doutrinas Essenciais).

CENEVIVA, Walter. *Lei dos Notários e dos Registradores comentada (Lei n. 8.935/94)*. 4. ed. São Paulo: Saraiva, 2002.

COELHO, Fábio Ulhoa. *Manual de direito comercial*. São Paulo: Saraiva, 2004.

DINIZ, Maria Helena. *Código Civil anotado*. 11. ed. São Paulo: Saraiva, 2005.

DINIZ, Maria Helena. *Sistemas de registros de imóveis*. São Paulo: Saraiva, 2000.

DIP, Ricardo Henry Marques. *Direito administrativo registral*. São Paulo: Saraiva, 2010.

ERPEN, Décio Antônio. O registro torrens e o sistema imobiliário atual. In: DIP, Ricardo; JACOMINO, Sérgio (Org.). *Direito registral*. São Paulo: Ed. RT, 2011. v. VI (Coleção Doutrinas Essenciais).

ERPEN, Décio Antônio; PAIVA, João Pedro Lamana. Panorama histórico do registro de imóveis no Brasil. In: DIP, Ricardo; JACOMINO, Sérgio (Org.). *Direito registral*. São Paulo: Ed. RT, 2011. v. II (Coleção Doutrinas Essenciais).

FIORANELLI, Ademar. *Das cláusulas de inalienabilidade, impenhorabilidade e incomunicabilidade*. São Paulo: Saraiva, 2009.

FIORANELLI, Ademar. *Direito registral imobiliário*. Porto Alegre: Sérgio Antônio Fabris, 2001.

GOMES, Orlando. *Obrigações*. 12. ed. Rio de Janeiro: Forense, 1999.

GONÇALVES, Carlos Roberto. *Direito civil brasileiro: direito das coisas*. 3. ed. São Paulo: Saraiva, 2008. v. V.

GONÇALVES, Carlos Roberto. *Direito civil brasileiro*: direito de família. 5. ed. São Paulo: Saraiva, 2008. v. VI.

GONÇALVES, Marcus Vinícius Rios. *Novo curso de direito processual civil*: teoria geral e processo de conhecimento (1ª parte). São Paulo: Saraiva, 2007. v. 1.

JUNQUEIRA, José de Mello. *Alienação de coisa imóvel* – Lei n. 9.514, de 20.11.97. s.l.: ARISP – Associação dos Registradores Imobiliários de São Paulo, 1998.

KONNO, Alyne Yumi. *Registro de imóveis*: teoria e prática. São Paulo: Memória Jurídica, 2007.

LOPES, Miguel Maria de Serpa. *Tratado dos registros públicos*. Brasília: Editora Brasília Jurídica, 1996. v. II.

MELLO, Celso Antônio Bandeira de. *Curso de direito administrativo*. 25. ed. São Paulo: Malheiros, 2008.

MELO, Marcelo Augusto Santana de. O meio ambiente e o registro de imóveis. In: Melo, Marcelo Augusto Santana de; Criado, Francisco de Assis Palacios; JacomiNo, Sérgio (Coord.). *Registro de imóveis e meio ambiente*. São Paulo: Saraiva, 2010.

MELO JR., Regnoberto Marques de. *Lei de Registros Públicos comentada*. Rio de Janeiro: Freitas Bastos, 2003.

MEZZARI, Mario Pazutti. *Condomínio e incorporação no registro de imóveis*. Porto Alegre: Norton Editor, 2010.

NERY JÚNIOR, Nelson; NERY, Rosa Maria de Andrade. *Código de Processo Civil comentado e legislação extravagante*. São Paulo: Revista dos Tribunais, 2008.

NEVES, Rubia Carneiro. *Cédula de crédito*: doutrina e jurisprudência. Belo Horizonte: Del Rey, 2002.

OLIVEIRA, Marcelo Salaroli de. *Publicidade registral imobiliária*. São Paulo: Saraiva, 2010.

OLIVEIRA, Nelson Corrêa. *Aplicações do direito na prática notarial e registral*: 1.870 questões. 2. ed. Porto Alegre: Síntese, 2004.

ORLANDI NETO, Narciso. *Retificação do registro de imóveis*. São Paulo: Oliveira Mendes, 1997.

PAIVA, João Pedro Lamana. *Procedimento de dúvida no registro de imóveis*. São Paulo: Saraiva, 2009.

PASSARELLI, Luciano Lopes. *As retificações no registro de imóveis*. Porto Alegre: Sérgio Antônio Fabris, 2008.

PELUZO, Cezar (Coord.). *Código Civil comentado*: doutrina e jurisprudência: Lei n. 10.406, de 10.01.2002. 2. ed. Barueri: Manole, 2008.

PEREIRA, Caio Mario da Silva. *Condomínio e incorporações*: edição atualizada segundo a legislação vigente. Rio de Janeiro: Forense, 1996.

REALE, Miguel. *Lições preliminares de direito*. 24. ed. São Paulo: Saraiva, 1998.

RIBEIRO, Luís Paulo Aliende. *Regulação da função pública notarial e de registro*. São Paulo: Saraiva, 2009.

RODRIGUES, Silvio. *Direito civil*. São Paulo: Saraiva, 1985. v. I.

RODRIGUES, Silvio. *Direito civil*. São Paulo: s.n., 1996. v. II.

SABBAG, Eduardo. *Manual de direito tributário*. São Paulo: Saraiva, 2009.

SALLES, Venício. *Direito registral imobiliário*. São Paulo: Saraiva, 2007.

SANTOS, Flauzilino Araújo dos. *Condomínios e incorporações no registro de imóveis*: teoria e prática. São Paulo: Mirante, 2012.

SILVA, José Afonso da. Os princípios constitucionais fundamentais. *Revista do Tribunal Regional Federal da 1ª Região*, Brasília, v. 6, n. 4, p. 17-22, out./dez. 1994.

SILVA, Ulysses da. *Direito imobiliário*: o registro de imóveis e suas atribuições: a nova caminhada. Porto Alegre: Sérgio Antônio Fabris, 2008.

SILVA, Ulysses da. (Coord.) *O Código Civil e o registro de imóveis*. Porto Alegre: Sérgio Antônio Fabris, 2004.

SILVA FILHO, Elvi. Do cancelamento no registro de imóveis. In: DIP, Ricardo; JACOMINO, Sérgio (Org.). *Direito registral*. São Paulo: Ed. RT, 2011. v. VI (Coleção Doutrinas Essenciais).

SWENSON, Walter Cruz. *Lei de Registros Públicos anotada*. São Paulo: Juarez de Oliveira, 2003.

VELÁZQUEZ, Victor Hugo Tejerina. Sistemas de transmissão do direito de propriedade: um estudo no direito alemão. *Revista Impulso*, Piracicaba, v. 9, n. 20, 1997.

VENOSA, Sílvio de Salvo. *Direito civil*. São Paulo: Atlas, 2004. v. III.